立信会计系列精品教材
国家级特色专业教材
普通高等院校"十三五"规划教材

财务管理学

CAIWU GUANLIXUE

（第三版）

主　编　曹惠民
副主编　张玉英　杨克泉

立信会计出版社
LIXIN ACCOUNTING PUBLISHING HOUSE

图书在版编目(CIP)数据

财务管理学 / 曹惠民主编. —3版. —上海：立信会计出版社，2019.1(2022.2重印)
立信会计系列精品教材
ISBN 978-7-5429-6044-3

Ⅰ.①财… Ⅱ.①曹… Ⅲ.①财务管理-教材 Ⅳ.①F275

中国版本图书馆CIP数据核字(2019)第003417号

责任编辑　　陈　旻
封面设计　　南房间

财务管理学(第三版)

CAIWU GUANLIXUE

出版发行	立信会计出版社		
地　　址	上海市中山西路2230号	邮政编码	200235
电　　话	(021)64411389	传　真	(021)64411325
网　　址	www.lixinaph.com	电子邮箱	lixinaph2019@126.com
网上书店	http://lixin.jd.com		http://lxkjcbs.tmall.com
经　　销	各地新华书店		
印　　刷	常熟市华顺印刷有限公司		
开　　本	787毫米×1092毫米　　1/16		
印　　张	26.75		
字　　数	660千字		
版　　次	2019年1月第3版		
印　　次	2022年2月第4次		
印　　数	6 301—8 400		
书　　号	ISBN 978-7-5429-6044-3/F		
定　　价	58.00元		

如有印订差错，请与本社联系调换

序

上海立信会计金融学院是中国现代会计教育的发源地之一。立信会计这一品牌由我国现代会计之父、会计学家及会计教育家潘序伦博士所创立。立信会计因其会计教育、会计师事务所与会计出版社三位一体的办学模式而使其教材在国内独树一帜。在我国会计国际趋同及其企业会计准则体系已经形成并不断完善，资本市场的发展对会计信息不断提出新的要求，会计诚信受到普遍关注的背景下，高等院校会计学专业无论是教学的理念，还是教学的内容与手段，都发生了很大变化。为适应这一变化，我们组织编写并不断更新这套"立信会计系列精品教材"。这套系列教材以高等院校会计学本科专业的学生为使用对象，由《会计学原理》《中级财务会计学》《高级财务会计学》《成本会计学》《管理会计学》《财务管理学》《审计学》与《电算化会计》八本教材构成，涵盖了高等院校本科会计学专业的八门核心课程，也适用于财务管理、审计学以及工商管理等财经类专业的教学。

之所以将这套系列教材列为精品教材，是因为本套教材的编写将努力传承潘老校长开创的立信会计教材编写的良好传统，吸收潘老校长以及各位立信会计前辈编写立信会计教材的精华，吸收国内外同类教材的精华，吸收当前会计理论与会计教育研究成果的精华，采用教授领衔、任课老师参与的原则，将教材编写与精品课程建设、教师的教学以及学生的学习紧密地结合起来，在内容上将会计理论与会计实务有机地结合起来。

尽管我们将这套会计系列教材定格为精品教材，也为编写与更新这套教材作出了努力，但限于水平，教材中仍会有种种不足。会计学科是与社会经济环境密切相关的，新的会计业务与新的会计问题总是在不断地出现，也需要对教材进行及时更新。为此,真诚地期待各位专家、学者及广大的使用者对这套教材的任何方面,提出意见和建议,以便再版时进行改进,使其成为名副其实的精品教材。

2018 年 4 月

第三版前言

本书自 2007 年 5 月出版以来,深受广大读者的欢迎,印数超过了 5 万册。同时,承蒙广大读者和兄弟院校的支持与关心,给我们反馈了很多很好的意见与建议。根据这些意见与建议,我们结合自己在教学过程中积累的经验和体会,在保持原有的框架和基本内容的基础上,对本书作了修订。本次修订主要涉及以下几个方面。

1. 根据"立信会计系列精品教材"的总体要求修改了封面和版式,使之与"国家级特色专业教材"已经完成修订改版的其他教材一致。

2. 修订了部分内容,主要包括例题资料的时效性及指标的更新。

3. 各章均增加了习题数量,更新了少数案例。

本次修订均由原分工的作者负责完成,主编作了复核和校订。由于编者的水平有限,书中疏漏或不妥之处,望读者予以指正。

曹惠民
于上海立信会计金融学院
2019 年 1 月

前　　言

本教材是"立信会计系列精品教材"之一。作为高等院校会计学、财务管理学、审计学专业的主干课程，财务管理课程的任务是使学生了解财务管理的基本原理，熟悉财务管理的主要环节，掌握财务管理的基本方法，形成投资理财的新理念。本教材比较科学、系统地阐述了企业财务管理的基本理论、内容、方法与技能，其总体编写特点为：

(1) 以企业理财为主体，以财务活动为主线。内容分财务管理总论，财务管理基础知识，财务报表分析，筹资决策，资本成本与资本结构，项目投资决策，证券投资与资本资产定价模型，营运资金管理，利润分配管理，企业价值评估，财务预算，财务控制，公司并购、重组与清算等十三章进行论述。

(2) 将财务管理的基本理论与财务管理的发展动态结合起来。兼收并蓄中外管理科学的优秀理论与方法，反映财务管理学科的最新成果与发展趋势，体现时代性与先进性；以财务管理目标为导向，体系科学、结构合理，体现循序渐进、由浅入深的原则；在保证学科体系完整性的条件下，立足于我国企业财务管理实际，将理论与实践结合，具有较强的应用性和可操作性。

(3) 注重对学生财务管理知识结构的构建和分析能力的培养。章前有本章提要，便于学生把握每章的总体内容和重点；章后有主要术语、复习思考题、习题和案例分析，有利于学生掌握所学知识、提高思考与分析问题的能力；最后附有习题答案的主要数据，方便学生自主学习并检验学习成效。

本教材由曹惠民担任主编，负责拟订编写大纲、设计体例和确定内容结构，并负责总纂、修改和定稿；张玉英、杨克泉担任副主编，协助主编承担相应的工作。本教材的第一章、第五章、第九章由曹惠民编写,第二章由杨月芬编写,第三章、第十二章由张玉英编写,第四章由吴向阳编写,第六章由徐蕴华编写,第七章由柴庆孚编写,第八章由李锋编写,第十章、第十三章由杨克泉编写,第十一章由贺妍编写。

本教材主要以高等院校会计学、财务管理、审计学专业本科生为对象,也可满足工商管理、税务、金融等财经类其他专业学生学习财务管理的需要;既可以作为高等院校全日制学生学习财务管理的教材,也可以作为高等院校成人教育学生学习财务管理的教材,还可以作为在职会计人员进修和教师授课的参考用书。

为了方便教学,本教材配备了教学课件,如果您需要,请向立信会计出版社索取。

在教材编写过程中,我们参考了国内外的优秀教材,汲取了其中的精华;我们还引用了一些上市公司的财务数据,在此向这些教材的作者及有关的上市公司谨致谢意。

虽然我们以精品教材为目标并尽我们所能编写了本教材,但疏漏和不足之处在所难免,欢迎读者批评指正,以便再版时修订,不断提高本教材的质量。

曹惠民
2007 年 5 月

目 录

第一章 财务管理总论 ... 1
本章提要 ... 1
第一节 财务管理概述 ... 1
一、财务管理的产生与发展 ... 1
二、财务管理的概念 ... 2
三、财务管理的内容 ... 4
第二节 财务管理目标 ... 6
一、企业财务管理目标的选择 ... 6
二、不同利益主体财务管理目标的矛盾与协调 ... 7
第三节 财务管理工作环节 ... 8
一、财务预测 ... 9
二、财务决策 ... 9
三、财务预算 ... 9
四、财务控制 ... 9
五、财务分析 ... 9
第四节 财务管理环境 ... 9
一、法律环境 ... 10
二、经济环境 ... 11
三、金融市场环境 ... 12
主要术语 ... 13
复习思考题 ... 13
习题 ... 14
案例分析 ... 16

第二章 财务管理基础知识 ... 22
本章提要 ... 22
第一节 资金的时间价值 ... 22
一、资金时间价值概述 ... 23
二、一次性收付款项的终值和现值 ... 24
三、年金终值和年金现值 ... 28
四、资金时间价值计算中的几个特殊问题 ... 35
第二节 风险与报酬 ... 39

一、风险与财务决策 ·· 39
　　二、风险的类型 ·· 40
　　三、风险衡量 ·· 41
　　四、风险与报酬的确定 ·· 44
主要术语 ·· 46
复习思考题 ·· 47
习题 ·· 47
案例分析 ·· 51

第三章　财务报表分析 ·· 53
　本章提要 ·· 53
　第一节　财务报表分析概述 ·· 53
　　一、财务报表分析的含义 ·· 53
　　二、财务报表分析的目的 ·· 54
　　三、财务报表分析的标准 ·· 55
　　四、财务报表分析的一般步骤 ·· 56
　　五、财务报表分析的局限性 ·· 57
　第二节　财务报表分析的基本方法 ·· 57
　　一、比率分析法 ·· 57
　　二、因素分析法 ·· 58
　　三、趋势分析法 ·· 59
　第三节　财务比率分析 ·· 62
　　一、企业偿债能力分析 ·· 62
　　二、资产管理比率分析 ·· 71
　　三、盈利能力分析 ·· 74
　　四、上市公司财务比率分析 ·· 78
　　五、企业发展能力分析 ·· 82
　第四节　企业财务状况的综合评价 ·· 83
　　一、财务比率综合评分法 ·· 83
　　二、杜邦分析法 ·· 85
　主要术语 ·· 88
　复习思考题 ·· 88
　习题 ·· 88
　案例分析 ·· 94

第四章　筹资决策 ·· 96
　本章提要 ·· 96

第一节 筹资概述 ··· 97
　一、筹资的概念与目的 ·· 97
　二、筹资的分类与方式 ·· 97
　三、筹资的基本原则 ·· 98
　四、筹资额的预测方法 ·· 98
第二节 权益资金筹集 ··· 102
　一、吸收直接投资 ·· 102
　二、股票筹资 ·· 103
第三节 负债资金筹集 ··· 109
　一、银行借款 ·· 109
　二、发行债券 ·· 110
　三、认股权证 ·· 112
　四、可转换债券 ·· 114
　五、融资租赁 ·· 115
　六、商业信用 ·· 117
主要术语 ··· 119
复习思考题 ··· 119
习题 ··· 120
案例分析 ··· 123

第五章 资本成本与资本结构 ··· 127
本章提要 ··· 127
第一节 资本成本 ··· 128
　一、资本成本概述 ·· 128
　二、个别资本成本 ·· 129
　三、综合资本成本 ·· 132
　四、边际资本成本 ·· 133
第二节 杠杆原理 ··· 135
　一、经营杠杆 ·· 135
　二、财务杠杆 ·· 136
　三、综合杠杆 ·· 138
第三节 资本结构及其优化 ··· 139
　一、资本结构的意义 ·· 139
　二、最佳资本结构 ·· 139
主要术语 ··· 144
复习思考题 ··· 145
习题 ··· 145

案例分析 …………………………………………………………………………… 150

第六章　项目投资决策 …………………………………………………………… 152
　本章提要 ……………………………………………………………………………… 152
　第一节　项目投资决策的相关概念 ………………………………………………… 152
　　一、项目投资的含义与类型 ……………………………………………………… 152
　　二、项目投资的程序 ……………………………………………………………… 153
　　三、项目计算期 …………………………………………………………………… 153
　　四、现金流量 ……………………………………………………………………… 154
　　五、确定现金流量时应考虑的问题 ……………………………………………… 157
　第二节　项目投资决策评价指标 …………………………………………………… 161
　　一、非贴现指标 …………………………………………………………………… 161
　　二、贴现指标 ……………………………………………………………………… 163
　第三节　项目投资决策分析方法的应用 …………………………………………… 170
　　一、独立方案的对比与选优 ……………………………………………………… 171
　　二、互斥方案的对比与选优 ……………………………………………………… 172
　　三、固定资产的更新决策 ………………………………………………………… 176
　　四、项目投资决策的案例分析 …………………………………………………… 179
　第四节　投资风险分析 ……………………………………………………………… 181
　　一、风险调整贴现率法 …………………………………………………………… 181
　　二、风险调整现金流量法 ………………………………………………………… 182
　主要术语 ……………………………………………………………………………… 182
　复习思考题 …………………………………………………………………………… 182
　习题 …………………………………………………………………………………… 183
　案例分析 ……………………………………………………………………………… 188

第七章　证券投资与资本资产定价模型 ………………………………………… 190
　本章提要 ……………………………………………………………………………… 190
　第一节　证券投资概述 ……………………………………………………………… 191
　　一、证券投资的分类与特点 ……………………………………………………… 191
　　二、证券投资的目的与一般程序 ………………………………………………… 192
　第二节　债券投资 …………………………………………………………………… 193
　　一、债券投资的收益评价 ………………………………………………………… 193
　　二、债券投资的优缺点 …………………………………………………………… 196
　第三节　股票投资 …………………………………………………………………… 196
　　一、股票投资的收益评价 ………………………………………………………… 196
　　二、股票投资的优缺点 …………………………………………………………… 199

第四节 投资基金 ... 199
一、投资基金的内容与分类 ... 199
二、投资基金的价值与收益率 ... 201
三、投资基金的优缺点 ... 202

第五节 证券投资的风险与组合 ... 202
一、证券投资的风险 ... 202
二、证券投资组合 ... 204

第六节 资本资产定价模型 ... 210
一、资本资产定价模型的内容及其基本假设 ... 210
二、资本市场线 ... 210
三、证券市场线 ... 212

主要术语 ... 217
复习思考题 ... 218
习题 ... 218
案例分析 ... 222

第八章 营运资金管理 ... 224
本章提要 ... 224

第一节 营运资金概述 ... 225
一、营运资金的概念 ... 225
二、营运资金的特点 ... 225
三、营运资金管理的基本要求 ... 225

第二节 货币资金管理 ... 226
一、置存货币资金的原因与成本 ... 226
二、最佳货币资金持有量的确定 ... 227
三、货币资金的日常管理 ... 231

第三节 应收账款管理 ... 232
一、应收账款的作用及成本 ... 232
二、信用政策 ... 233
三、应收账款的日常管理 ... 238

第四节 存货管理 ... 239
一、存货与存货成本 ... 239
二、存货控制的方法 ... 239

主要术语 ... 244
复习思考题 ... 244
习题 ... 244
案例分析 ... 249

第九章　利润分配管理 … 250
本章提要 … 250
第一节　利润分配概述 … 250
一、利润分配基本原则 … 251
二、利润分配的一般程序 … 251
第二节　股利分配政策 … 252
一、股利理论 … 252
二、股利分配政策与内部筹资 … 254
第三节　股利种类及其支付 … 255
一、股利种类 … 255
二、股利支付程序 … 259
第四节　股票分割 … 260
一、股票分割的概念 … 260
二、股票分割对有关财务指标的影响 … 260
三、股票分割的意义 … 261
主要术语 … 261
复习思考题 … 262
习题 … 262
案例分析 … 266

第十章　企业价值评估 … 268
本章提要 … 268
第一节　企业价值评估概述 … 268
一、企业价值评估的含义 … 269
二、企业价值评估的目的与用途 … 269
第二节　现金流量模型 … 270
一、现金流量模型的基本形式 … 270
二、现金流量模型的种类 … 271
三、现金流量模型参数的估计 … 272
四、现金流量模型的应用 … 284
第三节　经济利润模型 … 290
一、经济利润模型的原理 … 290
二、经济利润估价模型的应用 … 292
第四节　相对价值模型 … 294
一、相对价值模型的原理 … 294
二、相对价值模型的应用 … 297

主要术语 …… 298
复习思考题 …… 298
习题 …… 298
案例分析 …… 301

第十一章 财务预算 …… 302
本章提要 …… 302
第一节 财务预算概述 …… 302
一、财务预算的概念及内容 …… 302
二、财务预算的作用 …… 305
第二节 财务预算的编制方法 …… 307
一、固定预算和弹性预算 …… 307
二、增量预算和零基预算 …… 311
三、定期预算与滚动预算 …… 312
第三节 现金预算与预计财务报表编制 …… 314
一、现金预算的编制 …… 314
二、预计财务报表的编制 …… 326
主要术语 …… 329
复习思考题 …… 329
习题 …… 329
案例分析 …… 336

第十二章 财务控制 …… 338
本章提要 …… 338
第一节 财务控制概述 …… 338
一、财务控制的概念 …… 338
二、财务控制的种类 …… 339
三、财务控制的程序 …… 340
四、财务控制的方式 …… 340
第二节 责任中心 …… 342
一、责任中心设置的基本原则 …… 343
二、收入中心 …… 344
三、成本中心 …… 344
四、利润中心 …… 347
五、投资中心 …… 349
第三节 内部转移价格 …… 352
一、内部转移价格的含义及作用 …… 352

二、内部转移价格的种类 ········· 352
主要术语 ········· 358
复习思考题 ········· 358
习题 ········· 358
案例分析 ········· 362

第十三章 公司并购、重组与清算 ········· 363
本章提要 ········· 363
第一节 公司并购 ········· 363
一、公司并购相关概念 ········· 363
二、公司并购的分类 ········· 365
三、公司并购的动因 ········· 366
四、公司并购的财务分析 ········· 366
五、公司反并购的策略 ········· 370
第二节 公司重组 ········· 372
一、公司重组的内容 ········· 372
二、公司重组的种类 ········· 373
三、公司重组的方式 ········· 373
第三节 公司清算 ········· 375
一、公司清算的类型 ········· 375
二、破产清算的财务管理 ········· 376
三、破产预警系统 ········· 380
主要术语 ········· 381
复习思考题 ········· 382
习题 ········· 382
案例分析 ········· 384

附录一 习题参考答案 ········· 386

附录二 资金时间价值系数表 ········· 400

参考文献 ········· 408

第一章 财务管理总论

学习目的与要求

- 了解财务管理的产生与发展。
- 理解财务管理的概念和内容。
- 掌握财务管理的目标。
- 掌握财务管理的工作环节。
- 理解财务管理的环境。

本章提要

(1) 财务活动是指资金的筹集、运用、收回及分配等一系列行为。其中资金的运用、收回又称为投资,所以筹资活动、投资活动和分配活动构成财务活动的基本内容。

(2) 财务关系是指企业组织财务活动所发生的企业与各方面的经济利益关系。

(3) 企业财务是指企业生产经营过程中的资金运动及其所体现的财务关系。

(4) 财务管理是企业组织财务活动、处理财务关系的一项经济管理工作。

(5) 财务管理目标是企业财务管理工作(尤其是财务决策)所依据的最高准则,是企业财务活动所要达到的最终目标。有关财务管理目标主要有三种观点,即利润最大化、资本利润率(每股利润)最大化和企业价值最大化。目前,理论界和实务界比较倾向于采用"企业价值最大化"作为财务管理目标,本书也以此为基础展开讨论。

(6) 财务管理工作环节是指财务管理的工作步骤和一般程序,其内容包括:财务预测、财务决策、财务预算、财务控制和财务分析等。

(7) 财务管理环境是指对企业财务活动和财务管理产生影响作用的企业内部和外部的各种条件,包括内部财务管理环境和外部财务管理环境。企业财务管理环境一般是指外部财务环境。影响企业外部财务环境的因素主要包括:法律环境、经济环境和金融市场环境等。

第一节 财务管理概述

一、财务管理的产生与发展

财务管理是社会经济管理发展的必然要求,并随社会经济管理而产生和发展。财务管理概念、理论和方法的形成经历了较为漫长的过程。

在西方,财务管理的萌芽可以追溯到15~16世纪。那时,地中海沿岸的一些城市商业已迅速发展,商业企业经营的产生和发展需要商业资本,因此出现了一些商业组织,向社会公众筹资入股,按股分红,这就是最原始的企业财务活动。

17~18世纪,随着资本的原始积累和生产规模的扩大,股份公司逐渐发展成为一种典型的企业组织。尤其是19世纪50年代以后,随着西方国家产业革命的完成,制造业的迅速崛起,企业规模不断扩大,企业生产经营发展所需的资金越来越多,股份公司迅速发展,专业化的财务管理应运而生。财务管理实践的发展,促使财务管理的理论和方法逐渐成形。1897年,美国著名财务学家格林出版了《公司财务》专著,标志着财务管理理论的初步形成。

西方国家的财务管理发展主要经历了三个阶段。

第一阶段,筹资财务管理阶段。20世纪初期,随着资本主义发展,企业迅速发展壮大,竞争更加激烈。为了扩大规模,应对竞争,企业需要筹措大量资本。因此,这一阶段,企业财务管理的主要任务是如何有效筹集企业发展所需要的资本以及合理安排资本结构。

第二阶段,内部管理阶段。20世纪30年代爆发了世界性的经济危机,使得破产倒闭的企业空前增多,企业面临生存危机,企业间的市场竞争日益激烈,企业为了的生存、发展,财务管理的重心从外部扩张的资本筹集转到内部财务管理上。这一阶段企业财务管理更注重合理运用企业拥有或控制的经济资源,加强财务分析和规划,提高资本的使用效益。

第三阶段,投资财务管理阶段。20世纪50年代以后,随着企业经营及环境的深刻变化,市场竞争更趋激烈,企业经营更具风险。企业财务管理的成败不仅取决于合理的资本筹集和有效的资本运用,还取决于企业有利的投资决策。因此,财务管理的中心由资本筹集和资本运用转向风险投资决策。

我国财务管理理论与实践同样也有一个逐步演变的过程,总体而言,1978年以前,企业财务管理工作是在高度集中的计划经济体制和相应的财政体制下建立和发展起来的,政府对企业财务管理工作的开展起直接作用;而在1978年之后,随着经济体制和企业经营机制改革的不断深化,财务管理工作逐步回归企业,财务管理的内容也日益丰富。

二、财务管理的概念

任何企业的生产经营活动,都是运用人力、资金、物资与信息等各项生产经营要素来进行的,其中包含了生产经营的业务活动和财务活动两个方面。与之对应的,在企业中必然存在两种基本管理活动,即生产经营管理活动和财务管理活动。企业财务是指企业生产经营过程中的资金运动及其所体现的财务关系。财务管理是组织企业财务活动,处理财务关系的一项经济管理工作。理解企业财务管理的基本概念,必须了解资金运动、财务活动及财务关系等相关概念。

(一) 资金运动

资金是企业生产经营过程中商品价值的货币表现,其实质是再生产过程中运动着的价值。企业再生产过程是实物商品的使用价值的生产和交换与价值的形成和实现过程的统一。货币资金转化成实物商品,一般需经过采购、生产和销售三个基本环节,最终又回复到货币资金形态,其实物形态依次从原材料转化为在产品、产成品,其过程如图1-1所示。

货币资金转化为非货币资金,又回到货币资金,这一过程循环往复,构成了企业的资金运动。

(二) 财务活动

如前所述,企业资金运动过程是资金形态的不断转化及其增值过程,这一过程是通过

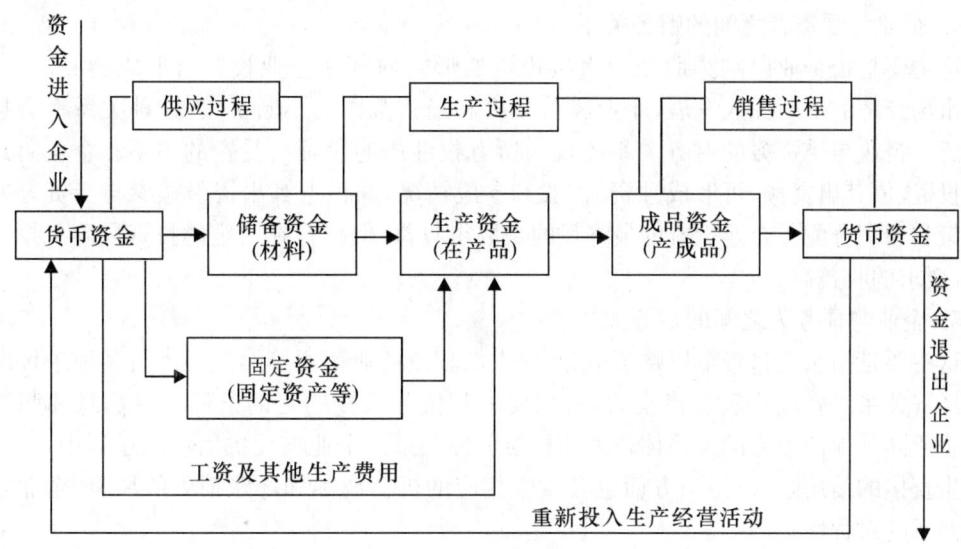

图 1-1 资金运动过程

一系列的财务活动实现的。所谓财务活动是指资金的筹集、运用、收回及分配等一系列行为,其中资金的运用、收回又称为投资。筹资活动是资金运动的前提,投资活动是资金运动的关键,分配活动是基于投资成果进行的,体现了企业投资与筹资的目标要求。

（三）财务关系

企业的财务活动是以企业为主体进行的,企业作为法人在组织财务活动过程中,必然与企业内外部有关各方发生广泛的经济利益关系,这就是企业的财务关系。企业的财务关系可概括为七个方面。

1. 企业与国家行政管理者之间的财务关系

作为国家行政管理者——政府,担负着维护社会正常的秩序、保卫国家安全、组织和管理社会活动等任务。政府为完成这些任务,必然无偿参与企业利润的分配。企业则必须按照国家税法规定缴纳各种税款,包括所得税、流转税和计入成本的税金。这种关系体现为一种强制和无偿的分配关系。

2. 企业与投资者之间的财务关系

这主要是指企业的所有者向企业投入资本形成的所有权关系,企业的所有者主要有：国家、个人和法人单位,它具体表现为独资、控股和参股关系。企业作为独立的经营实体,独立经营,自负盈亏,实现所有者资本的保值与增值。所有者以出资人的身份,参与企业税后利润的分配,体现为所有权性质的投资与受资的关系。

3. 企业与债权人之间的财务关系

这主要是指债权人向企业贷放资金,企业按借款合同的规定按时支付利息和归还本金所形成的经济关系。企业的债权人主要有：金融机构、企业和个人。企业除利用权益资金进行经营活动外,还要借入一定数量的资金,以便扩大企业经营规模,降低资金成本。企业同债权人的财务关系在性质上属于债务与债权关系。在这种关系中,债权人不向资本投资者那样有权直接参与企业经营管理,对企业的重大活动不享有表决权,也不参与剩余收益的分配,但在企业破产清算时享有优先求偿权。因此,债权人投资的风险相对较小,收益也较低。

4. 企业与受资者之间的财务关系

这主要是指企业以购买股票或直接投资的形式向其他企业投资所形成的经济关系。随着市场经济的不断深入发展,企业经营规模和经营范围的不断扩大,这种关系将会越来越广泛。企业与受资方的财务关系体现为所有权性质的投资与受资的关系。企业向其他单位投资,依其出资额,可形成独资、控股和参股情况,并根据其出资份额参与受资方的重大决策和利润分配。企业投资的最终目的是取得收益,但也存在一定的投资风险。投资风险大,要求的收益高。

5. 企业与债务人之间的财务关系

这主要是指企业将资金以购买债券、提供借款或商业信用等形式出借给其他单位所形成的经济关系。企业将资金借出后,有权要求其债务人按约定的条件支付利息和归还本金。企业同其他债务人的关系体现为债权与债务关系。企业在提供信用的过程中,一方面会产生直接的信用收入;另一方面也会发生相应的机会成本和坏账损失的风险,企业必须考虑两者的对称性。

6. 企业内部各部门之间的财务关系

这主要是指企业内部各部门之间在生产经营各环节中相互提供产品或劳务所形成的经济关系。企业内部实行责任预算、责任考核与评价的情况下,企业内部各责任中心之间相互提供产品与劳务,应以内部转移价格进行核算。这种在企业内部形成的资金结算关系,体现了企业内部各部门之间的利益均衡关系。

7. 企业与职工之间的财务关系

这主要是指企业向职工支付劳动报酬过程中所形成的经济关系。职工是企业的劳动者,他们以自身提供的劳动作为参加企业分配的依据。企业根据劳动者的劳动情况,用其收入向职工支付工资、津贴和奖金等,体现着职工个人和集体在劳动成果上的分配关系。

三、财务管理的内容

根据以上分析,财务管理是基于企业再生产过程中客观存在的财务活动和财务关系而产生的,是企业组织财务活动、处理与各方面财务关系的一项经济管理工作。企业筹资、投资和利润分配构成了完整的企业财务活动,与此对应的,企业筹资管理、投资管理和利润分配管理便成为企业财务管理的基本内容。

(一) 筹资管理

筹资管理是企业财务管理的首要环节,企业发行股票、发行债券、取得借款、赊购、融资租赁等都属于筹资行为,筹资是企业投资活动的基础。事实上,在企业发展过程中,筹资及筹资管理是贯穿始终的。无论在企业创立之时,还是在企业成长过程中追求规模扩张,甚至在日常经营周转过程中,都可能需要筹措资金。可见筹资是指企业为了满足投资和用资的需要,筹措和集中所需资金的过程。在筹资过程中,企业一方面要确定筹资的总规模,以保证投资所需要的资金;另一方面要选择筹资方式,降低筹资的代价和筹资风险。

可供企业选择的资金来源很多,资金来源习惯上称为资金渠道。按不同标准,对资金来源可进行不同的分类。

1. 权益资金和负债资金

企业的资金来源按产权关系,可分为权益资金和负债资金。权益资金是指企业股东提供的资金。它不需要归还,筹资风险小,但其期望的报酬率高。负债资金是由债权人提供的资金,它要按期归还,有一定的风险,但其要求的报酬率比权益资金低。一般来说,企业完全通过权益资金筹资是不明智的,不能得到负债经营的好处,享受不到财务杠杆利益。但负债的比例越大则风险也越大,企业随时可能陷入财务危机。因此,筹资决策的一个重要内容是确定最佳的资本结构。

2. 长期资金和短期资金

企业资金来源按使用的期限,可分为长期资金和短期资金。长期资金是指企业可以长期使用的资金,通常使用期限在1年以上,包括权益资金和长期负债。短期资金是指1年内需要归还的资金,主要包括短期借款和其他流动负债。长期资金和短期资金的筹资速度、筹资成本、筹资风险以及借款时企业所受到的限制不同。因此,筹资决策要解决的另一个重要内容是安排长期资金与短期资金的比例关系。

(二) 投资管理

投资是指企业资金的运用,是为了获得收益或避免风险而进行的资金投放活动。在投资过程中,企业必须考虑投资规模;同时,企业还必须通过投资方向和投资方式的选择,确定合理的投资结构,以提高投资效益、降低投资风险。投资是企业财务管理的重要环节。投资决策对企业未来经营成败具有根本性影响。企业的投资决策可按不同的标志分类。

1. 直接投资和间接投资

投资按其方式不同,可分为直接投资和间接投资。直接投资是指将资金投放在生产经营性资产上,以便获得利润的投资,如购买设备、兴建厂房、开办商店等。间接投资又称证券投资,是指将资金投放在金融商品上,以便获得利息或股利收入的投资,如购买政府债券、购买企业债券和企业股票等。

2. 长期投资和短期投资

投资按影响的期限长短,可分为长期投资和短期投资。长期投资是指其影响超过1年的投资,如固定资产投资和长期证券投资,前者又称资本性投资。短期投资是指其影响和回收期限在1年以内的投资,如应收账款、存货和短期证券投资。短期投资又称流动资产投资或营运资金投资。由于长期投资涉及的时间长、风险大,直接决定着企业的生存和发展,因此,在决策分析时更应重视资金时间价值和投资风险价值。

3. 对内投资和对外投资

投资按其范围不同,可分为对内投资和对外投资。对内投资是对企业自身生产经营活动的投资,如购置流动资产、固定资产、无形资产等。对外投资是以企业合法资产对其他单位或对金融资产进行投资,如企业与其他企业联营、购买其他企业的股票、债券等。

(三) 利润(股利)分配管理

企业通过投资必然要取得收入,获得资金的增值。分配总是对投资的结果而言的,是指对投资成果的分配。投资成果表现为取得各种收入,以及收入扣除各种成本费用后获得的利润。所以,广义地说,分配是指对投资收入(如销售收入)及利润进行分割和分派的过程,而狭义的分配仅指对净利润的分配。利润(股利)分配管理要解决的问题,是在企业获得的税后利润中,有多少分配给投资者、有多少留在企业作为再投资之用。如果利润发放过多,会影响企业再投资能力,使未来收益减少,不利于企业长期发展;如果利润分配过少,可能引起投资者不满。因此,利润分配决策的关键是确定利润的支付率。影响企业利润决策的因素很多,企业必须根据实际情况制定出企业最佳的利润分配政策。

第二节 财务管理目标

一、企业财务管理目标的选择

任何管理都是有目的的行为,财务管理也不例外。财务管理目标是企业财务管理工作尤其是财务决策所依据的最高准则,是企业财务活动所要达到的最终目标。

目前,人们对财务管理目标的认识尚未统一,主要有三种观点:利润最大化、资本利润率最大化(或每股利润最大化)和企业价值最大化。

(一)利润最大化

这种观点认为,利润代表了企业新创造的财富,利润越多则说明企业的财富增加得越多,越接近企业的目标。这种观点的缺陷是:

(1)利润最大化是一个绝对数指标,没有考虑企业的投入与产出之间的关系,难以在不同资本规模的企业或同一企业的不同期间进行比较。

(2)没有区分不同时期的收益,没有考虑资金的时间价值。投资项目收益现值的大小,不仅取决于其收益将来值总额的大小,还要受取得收益时间的制约。因为早取得收益,就能早进行再投资,进而早获得新的收益,利润最大化目标则忽视了这一点。

(3)没有考虑风险问题。一般而言,某一投资项目可能的收益越高,伴随的风险也越大。例如,投资股票的期望收益比投资债券的期望收益高,但相应的风险也大。追求最大利润,有时会增加企业风险,但利润最大化的目标不考虑企业风险的大小。

(4)利润最大化可能会使企业财务决策带有短期行为,即片面追求利润的增加,不考虑企业长远的发展。

(二)资本利润率(或每股利润)最大化

这种观点认为,应该把企业利润与投入的资本相联系,用资本利润率(或每股利润)作为企业财务管理目标。其观点本身概念明确,将企业实现的利润与投入的资本或股本进行对比,可以在不同资本规模的企业或期间进行对比,揭示其盈利水平的差异。但是这种观点本质上还是以利润为基础的,因此仍然存在三个问题:一是没有考虑资金的时间价值;二是没有考虑风险问题;三是企业财务决策会出现短期行为。

(三)企业价值最大化

投资者创立企业的重要目的在于创造尽可能多的财富,这种财富首先表现为企业的价值。企业价值的大小取决于企业潜在或预期的获利能力。这种观点认为,企业价值最大化可以通过企业的合理经营,采用最优的财务决策,充分考虑资金的时间价值和风险与报酬的关系,在保证企业长期稳定发展的基础上,使企业总价值达到最大。这是现代西方财务管理理论公认的财务目标,认为这是衡量企业财务行为和财务决策的合理标准。本书采纳这种观点,并在此基础上讨论财务管理的理论和实务。

对于股份制企业,企业价值最大化可表述为股东财富最大化。对于上市的股份公司,股东财富最大化可用股票市价最大化来代替。股票市价是企业经营状况及业绩水平的动态描述,代表了投资大众对公司价值的客观评价。股票价格是由公司未来的收益和风险决定的,其股价的高低,不仅反映了资本和获利之间的关系,而且体现了预期每股收益的大小、取得的时间、所冒的风险以及企业利润分配政策等诸多因素的影响。企业追求其市场价值最大化,有利于避免企业在追求利润上的短期行为,因为不仅目前的利润会影响企业的价值,预期未来的利润对企业价值的影响所起的作用更大。

企业是一个通过一系列合同或契约关系将各种利益主体联系在一起的组织。企业应将长期稳定发展摆在首位,强调在企业价值增长中满足与企业相关各利益主体的利益。企业只有通过维护与企业相关者的利益,承担起应有的社会责任(如保护消费者利益、保护环境、支持社会公众活动等),才能更好地实现企业价值最大化这一财务管理目标。

由于企业价值最大化是一个抽象的目标,在运用时也存在一些缺陷:

(1) 非上市企业的价值确定难度较大。虽然通过专门评估(如资产评估)可以确定其价值,但评估过程受评估标准和评估方式的影响,使估价不易客观和标准,从而影响企业价值的准确性与客观性。

(2) 股票价格的变动除受企业经营因素影响之外,还要受其他企业无法控制的因素影响。

二、不同利益主体财务管理目标的矛盾与协调

企业从事财务管理活动,必然发生企业与各个方面的经济利益关系,在企业财务关系中,最为重要的关系是所有者、经营者与债权人之间的关系。企业必须处理、协调好这三者之间的矛盾与利益关系。

(一) 所有者与经营者的矛盾与协调

1. 所有者与经营者的矛盾

企业是所有者的企业,企业价值最大化代表了所有者的利益。现代公司制企业所有权与经营权完全分离,经营者不持有公司股票或持有少量的股票,其经营的积极性就会降低,因为经营者努力工作的所得不能全部归自己所有。此时他会选择干得轻松点,不愿意为提高股价而冒险,并设法用企业的钱为自己谋福利,如坐豪华轿车、奢侈的出差旅行等,因为这些开支可计入企业成本由全体股东分担。有的甚至蓄意压低股票价格,以自己的名义借款买回,导致股东财富受损,自己从中渔利。由于两者追求目标不同,必然导致经营者利益和股东财富最大化的冲突,即经营者(经理)个人利益最大化和股东财富最大化的矛盾。

2. 所有者与经营者矛盾协调

为了协调所有者与经营者的矛盾,防止经营者背离股东目标,一般有两种方法:

(1) 监督。经营者背离股东目标的条件是双方的信息不一致。经营者掌握企业实际的经营控制权,对企业财务信息的掌握远远多于股东,因而容易出现"内部人控制"的现象。为了协调这种矛盾,就要加强对经营者的监督,并采取必要的措施。第一,股东要求经营者定期公布财务报表,及时向股东通报企业的经营情况和财务状况。第二,对经营者实行定期审计制度,若发现经营者有损害企业利益的行为,及时予以纠正,如果情况严重,可考虑将其解聘甚至追求法律责任。但监督只能减少经营者违背股东意愿的行为,因为股东是分散的、得不到充分的信息,全面监督实际上做不到,还会受到合理成本的制约。

(2) 激励。就是将经营者的管理绩效与其所得的报酬联系起来,使经营者分享企业增加的财富,鼓励他们自觉采取符合股东目标的行为,如允许经营者在未来某个时期以约定的固定价格购买一定数量的公司股票。股票价格提高后,经营者自然获取股票涨价收益;或以每股收益、资产报酬率、净资产收益率以及资产流动性指标等对经营者的绩效进行考核,以其增长率为标准,给经营者以现金、股票奖励。但激励作用与激励成本相关,报酬太低,不起激励作用;报酬太高,又会加大股东的激励成本,减少股东的自身利益。可见,激励也只能减少经营者违背股东意愿的行为,不能解决全部问题。

通常情况下,企业采用监督和激励相结合的办法使经营者的目标与企业目标协调起

来,力求使监督成本、激励成本和经营者背离股东目标的损失之和最小。

3. 所有者与经营者矛盾协调的外部作用

除了企业自身的努力之外,由于外部市场竞争的作用,也促使经营者把公司股票价格最高化作为其经营的首要目标。这种外部作用主要有三个方面:

(1) 经营者人才市场评价。经营者人才作为一种人力资源,其价值是由市场决定的。来自资本市场的信息反映了经营者的经营绩效,公司股价高说明经营者经营有方,股东财富增加,同时经营者在人才市场上的价值也高,聘用他的公司会向他付出高报酬。此时经营者追求利益最大的愿望便与股东财富最大的目标一致。

(2) 经营者被解聘的威胁。现代公司股权的分散使个别股东很难通过投票表决来撤换不称职的总经理。同时由于经营者被授予了很大的权力,他们实际上控制了公司。股东即使看到他们经营企业不力、业绩欠佳也无能为力。进入20世纪80年代以来,许多大公司为机构投资者控股,养老基金、共同基金和保险公司在大企业中所占的股份,足以有能力解聘总经理。由于高级经理会受到被解聘的威胁,这就能促使他们不断创新、努力经营,为股东的最大利益服务。

(3) 公司被兼并的威胁。如果公司经营者经营不力或决策错误,将导致股票价格下跌,当股票价格下跌到一定水平时,就会有被其他公司兼并的危险。被兼并公司的经营者在合并公司的地位一般都会下降,甚至被解雇,这对经营者利益的损害是很大的。因此经营者为保住自己的地位和已有的权力,会竭尽全力使公司的股价最大化,这是和股东利益一致的。

(二) 所有者与债权人的矛盾与协调

债权人把资金借给企业,其追求的目标是安全、及时地收回本金和利息。由于投资回报是固定的,因此债权人不希望企业投资高风险项目,也不希望企业因为举新债而降低偿债能力。所有者(股东)的目标是公司价值(股东财富)最大化,因此,所有者有可能未经债权人同意,要求经营者投资于比债权人预计风险要高的项目,这会增加负债的风险。若高风险的项目一旦成功,额外利润就会被所有者独享;但若失败,债权人却要与所有者共同负担由此而造成的损失,这对债权人来说风险与收益是不对称的。此外,所有者(股东)未征得现有债权人同意,而要求经营者发行新债券或借新债,这会加大企业破产的风险,致使旧债券或老债的价值降低,侵犯了债权人的利益。因此,在企业财务拮据时,所有者和债权人之间的利益冲突加剧。

所有者与债权人的上述矛盾协调,一般通过以下方式解决:

(1) 限制性借款。通过对借款的用途进行限制,防止企业擅自投资于高风险项目,同时还可对企业举新债的条件及金额作出限制。

(2) 收回借款不再借款。当债权人发现公司有侵蚀其债权价值的意图时,采取收回债权和不给予公司重新放款的措施来保护自身的权益。

除债权人外,与企业经营者有关的各方都与企业有合同关系,都存在着利益冲突和限制条款。企业经营者若侵犯雇员、客户、供应商和所在社区的利益,都将影响企业目标的实现。所以说,企业是在一系列限制条件下实现企业价值最大化的。

第三节 财务管理工作环节

财务管理工作环节是指财务管理的工作步骤和一般程序,也可称为财务管理循环。企业财务管理一般包括五个环节。

一、财务预测

财务预测是企业根据财务活动的历史资料,考虑现实条件与要求,运用特定方法对企业未来的财务活动和财务成果作出的科学预计或测算。财务预测是进行财务决策的基础,是编制财务预算的前提。

财务预测所采用的方法主要有两种:一是定性预测,是指在企业缺乏完整的历史资料或有关变量之间不存在较为明显的数量关系条件下,专业人员进行的主观判断与推测。二是定量预测,是指企业根据比较完备的资料,运用数学方法,建立数学模型,对事物的未来进行的预测。在实际工作中,通常将两者结合起来进行财务预测。

二、财务决策

财务决策是企业财务人员按照企业财务管理目标,利用专门方法对各种备选方案进行比较分析,并从中选出最优方案的过程。它不是拍板决定的瞬间行为,而是提出问题、分析问题和解决问题的全过程。正确的决策可使企业起死回生,错误的决策可导致企业毁于一旦,所以财务决策是企业财务管理的核心,其成功与否直接关系到企业的兴衰成败。

三、财务预算

财务预算是企业运用科学的技术手段和数量方法,对未来财务活动的内容及指标进行综合平衡与协调的具体规划。财务预算以财务决策确立的方案和财务预测提供的信息为基础进行编制,是财务预测和财务决策的具体化,是财务控制和财务分析的依据,贯穿于企业财务活动的全过程。

四、财务控制

财务控制是在财务管理过程中,利用有关信息和特定手段,对企业财务活动所施加的影响进行的调节。实行财务控制是落实财务预算、保证预算实现的有效措施,也是责任绩效考评与奖惩的重要依据。

五、财务分析

财务分析是根据企业核算资料,运用特定方法,对企业财务活动过程及其结果进行分析和评价的一项工作。财务分析既是本期财务活动的总结,也是下期财务预测的前提,具有承上启下的作用。通过财务分析,可以掌握企业财务预算的完成情况,评价财务状况,研究和掌握企业财务活动的规律,改善财务预测、财务决策、财务预算和财务控制,提高企业财务管理水平。

第四节 财务管理环境

企业存在于一定的社会、文化、政治、法律和经济环境中,并与其发生各方面的联系。企业的发展离不开环境,作为企业管理的一个重要组成部分,财务管理不可避免地受到社会、文化、政治、法律和经济环境的影响。企业财务管理环境是指对企业财务活动和财务管理产生影响作用的企业内外部的各种条件。通过环境分析,可以提高企业财务行为对环境的适应能力、应变能力和利用能力,以便更好地实现企业财务管理目标。

企业财务管理环境按其存在的空间,可分为内部财务环境和外部财务环境。内部财务环境的主要内容包括企业资本实力、生产技术条件、经营管理水平和决策者的素质等四个方面。由于内部财务环境存在于企业内部,因此属于企业可以从总体上采取一定的措施加以控制和改变的因素。而外部财务环境存在于企业外部,它们对企业财务行为的影响无论是有形的硬环境,还是无形的软环境,企业都难以控制和改变,更多的是适应和因势利导。本章主要介绍外部财务环境。影响企业外部财务环境的有多种因素,其中最主要的有法律环境、经济环境和金融市场环境等因素。

一、法律环境

财务管理的法律环境是指企业和外部发生经济关系时所应遵守的各种法律、法规和规章。市场经济是一种法制经济,企业的一切经济活动总是在一定法律规范范围内进行的。一方面,法律提出了企业从事一切经济业务所必须遵守的规范,从而对企业的经济行为进行约束;另一方面,法律也为企业合法从事各项经济活动提供了保护。

(一) 企业财务管理中应遵循的法律、法规

1. 企业组织法

企业是市场经济的主体,不同组织形式的企业所适用的法律不同。现代企业组织的主要形式有如下几种。

(1) 独资企业。独资企业是由一个自然人投资的企业,业主对企业有绝对控制权,同时对全部债务负有无限连带责任。

(2) 合伙企业。由两个或两个以上合伙人出资的企业称为合伙企业。合伙企业由合伙人共同拥有企业资产的所有权,共同经营,共担风险,共负盈亏。合伙企业的合伙人对企业债务负有无限连带责任。

(3) 公司制企业。公司是指按公司法登记设立,由众多投资者出资组建的法人组织。公司享有由股东投资形成的全部法人财产权,依法自主经营、自负盈亏。公司股东按其所持股份或出资比例分享收益和其他权利并承担有限责任。公司制企业主要有两种形式:一是有限责任公司,是指由50个以下股东共同出资,每个股东以其出资额为限对公司承担有限责任,公司以其全部资产对债务承担有限责任的企业法人组织。二是股份有限公司,是指其全部资本分为等额股份,股东以其所持股份为限对公司承担责任,公司以其全部资产对债务承担有限责任的企业法人组织。

每个国家均有相应的法律来规范上述三类企业的行为。因此,不同组织形式的企业在进行财务管理时,必须熟悉其企业组织形式对财务管理的影响,从而作出相应的财务决策。

2. 税收法规

税法是税收法律制度的总称,是调整税收征纳关系的法规规范。与企业相关的税种主要有以下五种。

(1) 所得税类:包括企业所得税、个人所得税。

(2) 流转税类:包括增值税、消费税、城市维护建设税。

(3) 资源税类:包括资源税、城镇土地使用税、土地增值税。

(4) 财产税类:包括房产税、契税、车船税。

(5) 行为税类:包括印花税等。

3. 财务法规

企业财务法规制度是规范企业财务活动、协调企业财务关系的法规文件。我国目前企业财务管理法规制度有:企业财务通则、行业财务制度和企业内部财务制度等三个层次。

4. 其他法规

其他法规包括证券交易法、票据法、银行法等。

（二）法律环境对企业财务管理的影响和制约

从整体上说，法律环境对企业财务管理的影响和制约主要表现在以下方面：

（1）在筹资活动中，国家通过法律规定了筹资的最低规模和结构。例如，《公司法》规定有限责任公司的注册资本为在登记机关登记的公司全体股东认缴的出资额；规定了筹资的前提条件和基本程序，并对公司发行债券和股票的条件作出了严格的规定。

（2）在投资活动中，国家通过法律规定了投资的方式和条件。例如，《公司法》规定股份公司的发起人可以用货币资金出资，也可以用实物、工业产权、非专利技术、土地使用权作价出资；规定了投资的基本程序、投资方向和投资者的出资期限及违约责任，如企业进行证券投资必须按照《证券法》的规定程序进行，企业投资必须符合国家的产业政策、符合公平竞争的原则。

（3）在分配活动中，国家通过法律来约束企业的利润分配。例如，《企业所得税法》《公司法》《企业财务通则》及《企业会计制度》规定了企业成本开支的范围和标准，企业应缴纳的税种及计算方法，利润分配的前提条件、分配去向、一般程序及比例。在生产经营活动中，国家规定的各项法律也会引起财务安排的变动或者说在财务活动中必须予以考虑。

二、经济环境

财务管理作为一种微观管理活动，与其所处的经济管理体制、经济结构、经济发展状况、宏观经济调控政策等经济环境密切相关。

（一）经济管理体制

经济管理体制是指在一定的社会制度下，生产关系的具体形式以及组织、管理和调节国民经济的体系、制度、方式和方法的总称。经济管理体制分为宏观经济管理体制和微观经济管理体制两类。宏观经济管理体制是指整个国家宏观经济的基本经济制度，而微观经济管理体制是指一国的企业体制及企业与政府、企业与所有者关系的经济制度。宏观经济体制对企业财务行为的影响主要体现在企业必须服从和服务于宏观经济管理体制，在财务管理的目标、财务主体、财务管理的手段与方法等方面与宏观经济管理体制的要求相一致。微观经济管理体制对企业财务行为的影响与宏观经济体制相联系，主要体现在如何处理企业与政府、企业与所有者之间的财务关系。

（二）经济结构

经济结构一般是指从各个角度所反映的社会生产和再生产的构成，包括产业结构、地区结构、分配结构和技术结构等。经济结构对企业财务行为的影响主要体现在产业结构上。一方面，产业结构会在一定程度上影响甚至决定财务管理的性质，不同产业所要求的资金规模或投资规模不同，不同产业所要求的资本结构也不一样；另一方面，产业结构的调整和变动要求财务管理作出相应的调整和变动，否则企业日常财务运作艰难，财务目标难以实现。

（三）经济发展状况

任何国家的经济发展都不可能呈长期的快速增长之势，而总是表现为"波浪式前进，螺旋式上升"的状态。当经济发展处于繁荣时期时，经济发展速度较快，市场需求旺盛，销售额大幅度上升。企业为了扩大生产，需要增加投资，与此相适应则需筹集大量的资金以满足投资扩张的需要。当经济发展处于衰退时期时，经济发展速度缓慢，甚至出现负增长，企业的产量和销售量下降，投资锐减，资金时而紧缺、时而闲置，财务运作出现较大困难。另外,经济发展中的通货膨胀也会给企业财务管理带来较大的不利影响,主要表现在:资金占用额迅速增加;利率上升,企业筹资成本加大;证券价格下跌,筹资难度增加;利润虚增,资金流失。

（四）宏观经济调控政策

政府具有对宏观经济发展进行调控的职能。在一定时期,政府为了协调经济发展,往往通过计划、财税、金融等手段对国民经济总运行机制及子系统提出一些具体的政策措施。这些宏观经济调控政策对企业财务管理的影响是直接的,企业必须按国家政策办事,否则将寸步难行。例如,当国家采取收缩的调控政策时,会导致企业的现金流入减少、现金流出增加、资金紧张、投资压缩;反之,当国家采取扩张的调控政策时,企业财务管理则会出现与之相反的情形。

三、金融市场环境

金融市场是指资金筹集的场所。广义的金融市场是指一切资本流动(包括实物资本和货币资本)的场所,其交易对象为:货币借贷、票据承兑和贴现、有价证券的买卖、黄金和外汇买卖、办理国内外保险、生产资料的产权交换等。狭义的金融市场一般是指有价证券市场,即股票和债券的发行和买卖市场。

（一）金融市场的分类

(1) 按交易的期限分为短期资金市场和长期资金市场。短期资金市场是指资金交易期限不超过1年的市场。因为短期有价证券易于变成货币或作为货币使用,所以短期资金市场也称为货币市场。长期资金市场是指股票和债券交易期限在1年以上的市场。因为发行股票和债券主要用于固定资产等资本货物的购置,所以长期资金市场也称为资本市场。

(2) 按交易的性质分为发行市场和流通市场。发行市场是指从事新证券和票据等金融工具买卖的转让市场,也称为初级市场或一级市场。流通市场是指从事已上市的旧证券或票据等金融工具买卖的转让市场,也称为次级市场或二级市场。

(3) 按交易的直接对象分为同业拆借市场、国债市场、企业债券市场、股票市场和金融期货市场等。

(4) 按交割的时间分为现货市场和期货市场。现货市场是指买卖双方成交后,当场或几天之内买方付款、卖方交出证券的交易市场。期货市场是指买卖双方成交后,在双方约定的未来某一特定的时日才交割的交易市场。

（二）金融市场与企业财务活动

企业从事投资活动所需要的资金,除了所有者投入以外,主要从金融市场取得。金融政策的变化必然影响企业的筹资与投资。所以,金融市场环境是企业最为主要的环境因素,它对企业财务活动的影响主要有:

(1) 金融市场为企业提供了良好的投资和筹资的场所。当企业需要资金时,可以在金融市场上选择合适的方式筹资,而当企业有闲置的资金时,又可以在市场上选择合适的投资方式,为其资金寻找出路。

(2) 金融市场为企业的长短期资金相互转化提供方便。企业可通过金融市场将长期资金,如股票、债券,变现转为短期资金;也可以通过金融市场购入股票、债券等,将短期资金转化为长期资金。

(3) 金融市场为企业财务管理提供有意义的信息。金融市场的利率变动反映资金的供求状况,有价证券市场的行情反映投资人对企业经营状况和盈利水平的评价。这些都是企业生产经营和财务管理的重要依据。

（三）我国主要的金融机构

（1）中国人民银行。中国人民银行是我国的中央银行,它代表政府管理全国的金融机构和金融活动,经理国库。

（2）政策性银行。政策性银行是指由政府设立,以贯彻国家产业政策、区域发展政策为目的,不以营利为目的的金融机构。我国目前有三家政策银行:国家开发银行、中国进出口银行、中国农业发展银行。

（3）商业银行。商业银行是以经营存款、放款、办理转账结算为主要业务,以营利为主要经营目标的金融企业。我国商业银行有:国有独资商业银行、股份制商业银行,如中国工商银行、交通银行、招商银行等。

（4）非银行金融机构。我国主要的非银行金融机构有:保险公司、信托投资公司、证券机构、财务公司、金融租赁公司。

（四）金融市场利率

在金融市场上,利率是资金使用权的价格。其计算公式为：

$$利率＝纯利率＋通货膨胀附加率＋风险附加率$$

纯利率是指没有风险和通货膨胀情况下的平均利率。在没有通货膨胀时,国库券的利率可以视为纯利率。

通货膨胀附加率是指由于通货膨胀会降低货币的实际购买力,为弥补其购买力损失而在纯利率的基础上加上的附加率。

风险附加率是指由于存在违约风险、流动性风险和期限风险而要求在纯利率和通货膨胀之外附加的利率。其中,违约风险附加率是指为了弥补因债务人无法按时还本付息而带来的风险,由债权人要求附加的利率;流动性风险附加率是指为了弥补因债务人资产流动性差而带来的风险,由债权人要求附加的利率;期限风险附加率是指为了弥补因偿债期长而带来的风险,由债权人要求附加的利率。

主 要 术 语

1. 资金运动
2. 财务关系
3. 筹资活动
4. 投资活动
5. 分配活动
6. 财务活动
7. 利润最大化
8. 每股利润最大化
9. 企业价值最大化
10. 财务预测
11. 财务决策
12. 财务预算
13. 财务控制
14. 财务分析
15. 财务环境
16. 法律环境
17. 经济环境
18. 金融市场环境
19. 金融机构
20. 利率

复 习 思 考 题

1. 企业财务管理的目标是什么？其理由何在？

2. 为什么说"企业价值最大化"目标考虑了风险与时间价值?
3. 所有者和经营者为什么会产生矛盾?如何协调?
4. 财务管理有哪些工作环节?其核心是什么环节?能起到承上启下作用的是什么环节?
5. 财务管理的法律环境主要包括哪些内容?
6. 非银行金融机构主要包括哪些?

习　　题

一、判断题

1. 企业与政府之间的财务关系体现为受资与投资的关系。　　　　　　　　（　）
2. 金融市场的纯利率是指没有风险和通货膨胀情况下的平均利率。　　　　（　）
3. 西方财务管理发展的第一阶段是投资管理阶段。　　　　　　　　　　　（　）
4. 以每股利润最大化作为财务管理的目标,考虑了资金的时间价值,但没有考虑投资的风险价值。　　　　　　　　　　　　　　　　　　　　　　　　　　　（　）
5. 企业财务管理是基于企业再生产过程中客观存在的资金运动而产生的,是企业组织资金运动的一项经济管理工作。　　　　　　　　　　　　　　　　　　　（　）
6. 企业财务活动的内容,也是企业财务管理的基本内容。　　　　　　　　（　）
7. 企业组织财务活动中与有关各方所发生的经济利益关系称为财务关系,但不包括企业与职工之间的关系。　　　　　　　　　　　　　　　　　　　　　　（　）
8. 期限风险附加率是指为了弥补因偿债期长而带来的风险,由债权人要求附加的利率。　　　　　　　　　　　　　　　　　　　　　　　　　　　　　　　（　）
9. 财务公司是一种特殊的商业银行。　　　　　　　　　　　　　　　　　（　）
10. 股票市价是一个能够较好地反映企业价值最大化目标实现程度的指标。　（　）
11. 在经济萧条时期,企业应进一步压缩投资规模,并放宽信用政策,以保证资金周转的顺畅。　　　　　　　　　　　　　　　　　　　　　　　　　　　　　（　）
12. 财务管理的主要内容是投资管理、筹资管理、收益分配管理等,因此,财务管理的内容不涉及成本方面的问题。　　　　　　　　　　　　　　　　　　　　（　）

二、单项选择题

1. 企业筹措和集中资金的财务活动是指(　　)。
   A. 分配活动　　　　　　　　　B. 投资活动
   C. 决策活动　　　　　　　　　D. 筹资活动
2. 企业财务管理的核心工作环节为(　　)。
   A. 财务预测　　　　　　　　　B. 财务决策
   C. 财务预算　　　　　　　　　D. 财务控制
3. 以企业价值最大化作为财务管理目标存在的问题是(　　)。
   A. 没有考虑资金的时间价值　　B. 没有考虑投资的风险价值
   C. 企业的价值难以评定　　　　D. 容易引起企业的短期行为
4. (　　)是财务预测和财务决策的具体化,是财务控制和财务分析的依据。
   A. 财务预测　　　　　　　　　B. 财务决策
   C. 财务控制　　　　　　　　　D. 财务预算
5. 财务管理的目标是(　　)。

A. 现金流量最大化 B. 市场份额最大化
C. 预期盈利最大化 D. 股价最大化

6. 股东与经营者发生冲突的原因可归结为(　　)。
A. 信息不对称 B. 权益不同
C. 地位不同 D. 行为目标不同

7. 企业价值最大化目标强调的是企业(　　)。
A. 预期获利能力 B. 实际获利能力
C. 现有生产能力 D. 潜在销售能力

8. 作为企业财务管理目标,每股利润最大化目标较之利润最大化目标的优点在于(　　)。
A. 考虑了资金的时间价值
B. 考虑了投资风险价值
C. 反映了创造利润与投入资本之间的关系
D. 能够避免企业的短期行为

9. 财务管理的目标可用股东财富最大化来表示,能表明股东财富的指标是(　　)。
A. 利润总额 B. 每股利润
C. 资本利润率 D. 每股股价

10. 出资者对债务负有无限连带责任的经济组织是(　　)。
A. 上市公司 B. 股份有限公司
C. 独资企业 D. 有限责任公司

11. 股东与经营者发生冲突的根本原因在于(　　)。
A. 具体行为目标不一致 B. 掌握的信息不一致
C. 利益动机不一致 D. 在企业中的地位不同

12. 对于企业来说,其不能生存要终止的直接原因是(　　)。
A. 不能偿还到期债务 B. 重大诉讼失败
B. 长期亏损,扭亏无望 D. 产品成本增加过快

三、多项选择题

1. 企业财务活动主要包括(　　)。
A. 筹资活动 B. 投资活动
C. 人事管理活动 D. 分配活动

2. 由于(　　),企业价值最大化通常被认为是一个较为合理的财务管理目标。
A. 更能揭示市场认可企业的价值 B. 考虑了资金的时间价值
C. 考虑了投资风险价值 D. 企业价值确定容易

3. 企业财务管理目标如果定为利润最大化,它存在的缺点是(　　)。
A. 没有考虑资金的时间价值 B. 没有考虑投资风险价值
C. 不能反映利润与投入资本的关系 D. 可能导致企业短期行为

4. 企业财务管理包括(　　)几个环节。
A. 财务预测、决策 B. 财务预算
C. 财务控制 D. 财务分析

5. 财务管理环境主要包括(　　)。

  A. 经济环境   B. 法律环境
  C. 金融市场环境   D. 政治环境

6. 为协调经营者与所有者之间的矛盾,股东必须支付(　　)。
  A. 约束成本   B. 监督成本
  C. 激励成本   D. 经营成本

7. 为协调所有者与债权人的矛盾,可采取的措施包括(　　)。
  A. 规定资金的用途   B. 规定信用条件
  C. 提高利率   D. 规定担保条件

8. 我国现行的税收法律法规,把税收分为所得税、流转税和(　　)几种大类。
  A. 行为税   B. 占用税
  C. 财产税   D. 资源税

9. 金融市场利率由(　　)构成。
  A. 名义利率   B. 纯利率
  C. 通货膨胀附加率   D. 风险附加率

10. 财务管理十分重视股价的高低,其原因有(　　)。
  A. 股价代表了公众对企业价值的评价
  B. 股价反映了资本与获利之间的关系
  C. 股价反映了每股利润和风险的大小
  D. 股价反映了财务管理目标的实现程度

11. 股东通过经营者伤害债权人利益的常用方式为(　　)。
  A. 不顾工人的健康和利益
  B. 不尽最大努力实现企业财务管理目标
  C. 不经债权人的同意,投资于比债权人预期风险要高的新项目
  D. 不征得债权人的同意而发行新债

12. 财务管理十分重视股价的高低,其原因为(　　)。
  A. 股价代表了公众对公司价值的评价
  B. 股价反映了财务管理目标的实现程度
  C. 股价反映了公司风险的大小
  D. 股价反映了公司的经营业绩
  E. 股价反映了每股收益与风险的关系

案 例 分 析

一、案例资料

(一) 事件起因

  2010年8月国美股权之争在媒体推动下,由一家上市公司的内部事件迅速上升为全民关注的社会事件,引起了广泛的社会热议。陈晓作为前永乐电器的创始人和掌门人,在永乐电器被国美收购并被黄光裕任命为国美电器的CEO后,双方曾经有过一段"蜜月合作期"。但在2008年黄光裕被捕后,双方矛盾因为国美未采取有利其个人和减轻其罪责判罚的措施,引入贝恩资本使得黄光裕家族的股权比例大幅降低至35.55%,取消高管团队的期权激励方案被国美拒绝等原因逐渐展开。2010年8月4日,双方的矛盾突然公开化,黄光

裕向国美电器发函要求召开临时股东大会,至此关乎国美电器以后姓"黄"还是姓"陈"的股权之争正式展开。

1. 2010年8月5日香港联交所上午发布公告

交易所通告:国美电器停牌
2010-08-05 09:53:20

国美电器控股有限公司(该公司)的股份(证券代号:00493)将于今天(2010-08-05)上午9:20起暂停买卖。因此,与该公司有关的所有结构性产品亦将同时暂停买卖。

2. 2010年8月5日香港联交所中午再度发布公告

国美电器暂停股份买卖
2010-08-05 11:08:46

应国美电器控股有限公司之要求,其股份将自2010年8月5日(星期四)上午9:30起暂停买卖,以待刊发有关股价敏感资料之公告。

3. 2010年8月5日晚间国美电器控股有限公司发布公告

国美电器根据上市规则第13.09(1)条发布的公布及恢复买卖
2010-08-05 19:11:46

本公布根据香港联合交易所有限公司(联交所)证券上市规则(上市规则)第13.09(1)条的规定发布。

对黄光裕先生提出的索偿

国美电器控股有限公司("国美"或"公司")公布,经过数月的内部调查,公司董事局("董事局")决议,对公司的间接持股股东及前任执行董事,即黄光裕先生("黄先生")进行法律起诉,其中包括,就关于其于2008年1月及2月前后回购公司股份中被指称的违反公司董事的信托责任及信任的行为(统称"违反行为"),寻求赔偿。

公司于2010年8月5日在香港特别行政区高等法院,针对黄先生的上述违反行为递交传唤文件以正式起诉,并追偿由上述"违反行为"导致公司所遭受的损失。董事局将根据上市规则在适当时间就针对黄先生的法律起诉的重大发展发布进一步公告。

收到黄光裕先生独资拥有的公司的要求信函

公司同时公布董事局通过动议就黄先生的"违反行为"采取法律行动后,公司昨天晚上约19:30分及今天早上从黄先生独资拥有并为公司的主要股东的Shinning Crown Holdings Inc("Shinning Crown")收到要求举行临时股东大会审议以下动议的信函("要求信函"):

—— 撤销公司今年股东周年大会通过的一般授权
—— 撤销陈晓的公司执行董事及董事局主席职务
—— 撤销孙一丁的公司执行董事的职务,但保留他为公司行政副总裁职务
—— 提名邹晓春为公司执行董事
—— 提名黄燕虹为公司执行董事

在要求信函里，Shinning Crown 称近一年来公司业绩下滑，并将此归咎于由陈晓先生领导的董事局管理不当，Shinning Crown 从而提出撤销陈晓先生及孙一丁先生在董事局现在的职位。

Shinning Crown 已说明除非公司在规定的时间内召集临时股东大会，Shinning Crown 会基于自己拥有公司已发行的普通股权 10% 以上的权力按公司的组织章程及《百慕大公司法 1981》自行召开临时股东大会审议以上动议。

在需要就临时股东大会发出通告之前，按《百慕大公司法 1981》，公司有不超过 21 天的时间去正式考虑对要求信函的回复。不过，董事局已于今天开会考虑并对要求信函提供初步的回复。董事局一致相信要求信函中的动议没有依据且是单一股东个人利益驱动的。董事局对现任的管理团队有充足的信心并相信管理团队始终，并将继续以兼顾公司及全体股东的最佳利益的原则来决策和行事。

黄先生的被捕及其后的定罪对公司产生了严重的负面不确定因素，并且不可避免地在某种程度上持续对公司的业务产生重大的不良影响，特别是严重限制公司的资本融资能力。为了应付这一系列挑战，在由陈晓先生领导的董事局的指引下，管理团队及员工共同努力，成功恢复国美的财政稳定及业务运营的强劲势头。管理团队及员工团结一致经营业务，改善深化与客户及供应商的关系，并审时度势地打造了新的发展策略。因此，董事局坚决反对撤销陈晓先生及孙一丁先生的现在职务并视该撤销为没有理据之举。因为，这将对公司刚显示步出由于从黄先生的被捕及定罪所带来的困局的迹象后再一次对公司业务的稳定性及持续发展造成严重和潜在的破坏。另外，在尊重有关人士的前提下，董事局认为黄先生提名的候选人缺乏陈晓先生及孙一丁先生所拥有的丰富的行业经验和业内普遍认可的领导力。

董事局亦坚决反对撤销公司数月前举行的股东周年大会中获股东批准公司发新股的一般授权。撤销该授权将严重限制管理层对获得资本的灵活性并将限制公司的营运及未来的发展潜力，进而导致公司在竞争激烈的市场环境中处于明显的劣势。

自去年引入贝恩资本（"贝恩"）作为公司的策略性投资者后，公司与贝恩团队合作无间，贝恩除了为公司带来资金，更引进国际的行业知识及严谨的企业治理守则，解决了公司的急需同时也给公司注入了活力。

在未来的几周，陈晓先生将会详细陈述在贝恩支持下所制定的国美新战略，以进一步拓展公司的网络和增强其零售能力。董事局相信国美业务的持续发展前景光明，基于良好的经济背景和未来中国经济的持续增长，在一个未完全成型、快速发展的中国市场中，董事局相信国美将继续引领行业的发展。

董事局一致相信，黄先生透过 Shinning Crown 的行为在整体上并不代表公司及全体股东的最佳利益，由董事局主席陈晓、总裁王俊洲所领导的现有管理团队所组成的谨言慎行、全情投入的职业经理人，才能更好地服务于公司及全体股东的最佳利益。董事局强烈呼吁股东们在这一时刻给予公司支持。董事局将及时告知股东此次事件的最新的发展。

鉴于要求信函中的两项动议分别提及撤销陈晓先生作为董事局主席和国美执行董事的职务，撤销孙一丁先生作为国美执行董事的职务，孙一丁先生和陈晓先生放弃就此事项于今天的董事局会议进行投票。另外，因为另一位董事伍健华先生亦是 Shinning Crown 要求信函的要求人的董事，所以伍健华先生亦放弃就要求信函的全部动议于今天的董事局会议进行投票。

恢 复 买 卖

　　本公司的股票已于 2010 年 8 月 5 日上午 9:30 起在联交所暂停买卖。于 2010 年 8 月 6 日上午 9:30 起恢复公司股票买卖的申请,已经递交联交所。
　　上述三个公告揭开了黄光裕和陈晓对国美控股权之争的序幕。
(二) 事件进程
　　2010 年 8 月 4 日,黄光裕致函国美董事会要求撤销陈晓职务。
　　2010 年 8 月 5 日,国美电器起诉股东黄光裕,要求其为违规行为赔偿。
　　2010 年 8 月 12 日,国美管理层集体表态"共进退",力挺陈晓。
　　2010 年 8 月 18 日,黄光裕公开信称陈晓乘人之危,欲使国美变外资。
　　2010 年 8 月 23 日,国美公布上半年业绩,净利润同比增长 65.86%。
　　2010 年 8 月 30 日,黄光裕要求认购国美新股 55%~65% 股份。
　　2010 年 8 月 30 日,黄光裕之妻杜鹃二审获缓刑,有望参加股东大会。
　　2010 年 9 月 1 日,黄光裕也打股权激励牌,欲策反国美管理层。
　　2010 年 9 月 3 日,国美电器致函股东寻支持,称黄光裕虚张声势。
　　2010 年 9 月 5 日,黄光裕狱中发表公开信,称争取早日重返社会。
　　2010 年 9 月 7 日,香港独立股评人呼吁支持国美管理层。
　　2010 年 9 月 8 日,黄光裕家族出售地产欲套现 60 亿元。
　　2010 年 9 月 15 日,贝恩债转股成国美第二大股东。
　　2010 年 9 月 17 日,贝恩称支持国美董事会和管理层。
　　2010 年 9 月 20 日,国美两机构小股东公开为陈晓拉票。
　　2010 年 9 月 22 日,国美向港证监会投诉黄氏家族利诱投资者换支持。
　　2010 年 9 月 23 日,黄光裕率先投票罢免陈晓。
　　2010 年 9 月 26 日,黄光裕方面再发致股东公开函拉票。
　　2010 年 9 月 27 日,国美管理层发声明:和股东沟通大门永远敞开。
　　2010 年 9 月 28 日,国美电器股东大会。
(三) 股东大会结果
　　以下为本次股东大会决议的 8 项普通决议案:
　　重选竺稼为非执行董事【通过】,赞成 94.76% 反对 5.24%。
　　重选 Ian Andrew Reynolds 为非执行董事【通过】,赞成 54.65%,反对 45.35%。
　　重选王励弘为非执行董事【通过】,赞成 54.66%,反对 45.34%。
　　即时撤销本公司于 2010 年 5 月 11 日召开的股东周年大会上通过的配发、发行及买卖本公司股份之一般授权【通过】,赞成 54.62%,反对 45.38%。
　　即时撤销陈晓作为本公司执行董事兼董事会主席之职务【被否决】,赞成 48.11%,反对 51.89%。
　　即时撤销孙一丁作为本公司执行董事职务【被否决】,赞成 48.12%,反对 51.88%。
　　即时委任邹晓春作为本公司的执行董事【被否决】,赞成 48.13%,反对 51.87%。
　　即时委任黄燕虹作为本公司的执行董事【被否决】,赞成 48.17%,反对 51.83%。
　　国美电 8 项议案,除了撤销配发、发行和买卖国美股份的一般授权获得通过外,另外撤销陈晓、孙一丁的董事职务,及委任邹晓春和黄燕虹为执行董事的提案均未能通过。

(四)事件后续

2010 年 11 月 11 日,国美电器控股有限公司发布公告

2010 - 11 - 11   13:40:46

国美电器与 Shinning Crown 订立谅解备忘录建议扩大董事会及建议委任董事

本公告根据上市规则第 13.09(1)条刊发。

谅 解 备 忘 录

本公司已于 2010 年 11 月 10 日与 Shinning Crown 订立具法律约束力的谅解备忘录,内容建议:(1)将许可的董事最高人数从 11 人(如 1992 年 1 月 31 日股东决议所定)增加至 13 人("扩大董事会");(2)委任邹晓春先生("邹先生")和黄燕虹女士("黄女士")(均由 Shinning Crown 提名)分别担任执行董事和非执行董事("建议委任")。

以股东在公司即将举行的股东特别大会上批准委任邹先生为执行董事及委任黄女士为非执行董事为前提,邹先生和黄女士亦将获委任担任各董事委员会的成员。邹先生将被委任为董事会属下提名委员会和执行委员会成员,而黄女士将被委任为董事会属下薪酬委员会成员。

根据该谅解备忘录条款,双方均已承诺在所有方面合作,落实各项行动和措施,以为本公司和股东的整体最佳利益打造一家更强及更具赢利能力的公司。

本公司和 Shinning Crown 分别有权终止谅解备忘录,但需(其中包括)提前 30 日向对方发出书面通知。

建议扩大董事会

目前,董事会由 11 名董事组成,即:执行董事陈晓先生、伍健华先生、王俊洲先生、魏秋立女士及孙一丁先生;非执行董事竺稼先生、Ian Andrew Reynolds 先生及王励弘女士;及独立非执行董事史习平先生、陈玉生先生及 Thomas Joseph Manning 先生。

根据公司章程细则第 101 条,本公司拟寻求在股东特别大会上获得股东批准,将许可的董事最高人数从 11 人增加至 13 人。

建议委任董事

根据公司章程细则第 102(A)条,本公司拟寻求在股东特别大会上获得股东批准,以委任邹先生担任执行董事并委任黄女士担任非执行董事。

以在股东特别大会上获得股东批准为前提,邹先生将被委任为执行董事而黄女士将被委任为非执行董事,任期 3 年,从股东特别大会结束起计。

2010 年 11 月 16 日晚间,国美电器控股有限公司发布公告

国美电器股东特别大会通告

2010 - 11 - 16   18:19:19

兹通告,国美电器控股有限公司("本公司")的股东特别大会("股东特别大会")将于 2010 年 12 月 17 日上午 10:00,假座香港金钟道 88 号太古广场 1 座港丽酒店七层显利厅为如下目的召开。

作为特殊事项,以审议并酌情通过以下普通决议案:

(1) 增加许可的董事最高人数,从 11 人增加至 13 人;

(2) 委任邹晓春先生为本公司的执行董事,并即时生效;

(3) 委任黄燕虹女士为本公司的非执行董事,并即时生效。

备受关注的国美陈黄谈判终于迎来首次和解协议。知情人士说,从目前看,国美董事会已经无条件同意大股东的要求,增加两名董事会席位,由大股东提名的两位人选将进入董事会,邹晓春将担任执行董事,黄燕虹将担任非执行董事,邹晓春和黄燕虹亦将获委任担任各董事委员会的成员。

二、思考分析

(1) 黄光裕作为国美电器大股东,持有 32.47% 的股份,为何在这场国美控制权争夺战中落败?

(2) 在黄光裕的提案中"即时撤销本公司于 2010 年 5 月 11 日召开的股东周年大会上通过的配发、发行及买卖本公司股份之一般授权"为何能通过?

(3) 国美电器董事会和大股东达成了首次和解表明了什么?

(4) 国美控制权之争,给我们带来了哪些启示?

第二章 财务管理基础知识

学习目的与要求

- 了解资金时间价值产生的条件。
- 了解风险的概念、种类和特点。
- 理解资金时间价值的含义和作用。
- 理解投资风险与报酬之间的关系。
- 掌握资金时间价值的计算方法。
- 掌握风险衡量的基本方法。
- 能利用资金时间价值的基本原理,来衡量企业的价值并在企业的筹资、投资和利润分配活动中进行简单的财务决策分析。

本章提要

(1) 资金的时间价值是指资金在不同时点上价值量的差额,它有其产生的前提条件和源泉。资金的时间价值一般有绝对数和相对数两种表现形式,通常用相对数表示。资金时间价值与利率在概念上是有明显差别的,由于资金时间价值的增长过程与利息的计算过程在数学上相似,因此,在换算时采用利息的各种计算方法。

(2) 资金的时间价值涉及现值和终值两个概念。现值即本金,是现在的价值;终值即本利和,是将来的价值。现值和终值既可按单利也可按复利计算,但一般按复利计算。

(3) 资金时间价值的计算包括一次性收付款项和非一次性收付款项(年金)的计算。一次性收付款项是指在某一特定时点上一次性支出或收入,经过一段时间后再一次性收回或支出的款项。年金是在一定时期内,每隔相同的时间,收入或支出相同金额的系列款项,有普通年金、预付年金、递延年金和永续年金四种形式。

(4) 风险是某项行动结果的不确定性,但风险与不确定性又不同。财务活动经常是在有风险的情况下进行的,企业面临的主要风险有市场风险和企业特有风险两种。

(5) 对风险可用期望值和标准差(或标准系数)来衡量。风险和报酬之间存在密切的关系,风险越大,所期望的报酬越高。投资报酬由风险报酬和无风险报酬构成。

第一节 资金的时间价值

资金的时间价值是财务管理的一个重要价值观念,它能正确地揭示不同时点上资金之间的换算关系,企业在筹资、投资和利润分配等活动中都需要考虑资金的时间价值。如果离开了时间价值因素,就无法正确计算不同时期的财务收支,也无法正确评价企业的盈亏。因此它是学习财务管理的基础,只有掌握了资金时间价值的基本概念和计算方法,才能理解它们在筹资、投资和利润分配中的具体作用。

一、资金时间价值概述

(一)资金时间价值的概念

在商品经济中,经常会遇到这样一种现象,一定量的资金在不同时点上具有不同价值,现在的1元钱也比将来的1元钱更值钱,即使不存在通货膨胀也是如此。

例如,现在有1万元,银行的年利率为5%,那么1年后可得到1.05万元,于是现在的1万元就与1年后的1.05万元相等。这是因为现在的1万元经过1年时间增值了500元,这增值的500元就是资金在周转使用过程中经过1年时间产生的新的价值。

同样,企业的资金投入到生产经营中,经过生产过程的不断运行,资金的不断运动,会创造新的价值,使资金得以增值。因此,一定量的资金投入生产经营或存入银行,会取得一定利润或利息,从而产生资金的时间价值。

资金的时间价值是指一定量的资金在不同时点上价值量的差额,也称为货币的时间价值。资金在周转使用过程中会由于时间的因素,使资金在不同的时点价值不同,从而形成差额价值。

(二)资金时间价值的来源和产生条件

资金的时间价值是资金在周转过程中随着时间的推移而发生的价值增值,但它不是由"时间"创造的,也不是由"耐心"创造的,它是在生产经营中产生的,来源于劳动者在生产过程中创造的剩余价值。资金时间价值产生的前提条件,是由于商品经济的高度发展和借贷关系的普遍存在,出现了资金使用权与所有权的分离,资金的所有者把资金使用权转让给使用者,而使用者必须把资金增值的一部分支付给资金的所有者作为报酬。资金占用的金额越大、使用的时间越长,所有者所要求的报酬就越高。资金在周转过程中的价值增值是资金时间价值产生的根本源泉。

(三)资金时间价值的作用

由于资金时间价值非常重要且涉及所有的理财活动,我们通常把它称为理财的"第一原则"。在我国不仅有资金时间价值存在的客观基础,而且也有应用它的必要性。把资金时间价值引入财务管理,在资金筹集、运用和分配等方面考虑这一因素,能提高财务管理的水平,保证筹资、投资、分配等决策的进行。

资金时间价值的作用主要有:

1. 资金时间价值是衡量企业经济效益、考核经营成果的重要依据

资金时间价值代表着无风险下的社会平均资金利润率水平(社会平均资金利润率应是企业资金利润率的最低限度),而企业资金利润率正是反映企业资金利用效果的综合指标,在一定程度上也是企业经济效益的集中表现。因此资金时间价值问题,实际上是资金使用的经济效益问题,离开了资金时间价值,就缺乏了衡量企业资金利用效果的标准。此外,企业的各项财务收支都是在某一时点上发生的,离开了资金时间价值,就无法正确估量不同时期的财务收支,也就无法正确评价企业的盈亏。

2. 资金时间价值是进行投资、筹资、分配决策的重要条件

资金时间价值揭示了不同时点上收付资金的换算关系,这是正确进行财务决策的必要

前提。在投资决策中,根据资金时间价值原理,可把不同时点上的投资额和投资收益折算成某一时点上,可以正确评价该项投资的经济效益,从而作出正确的投资决策;在筹资决策中,根据资金时间价值原理,可以比较各种筹资方案的综合资本成本,选择最优的资本结构,从而采取最佳的筹资方案;在利润分配决策中,根据各项现金流出和现金流入的时间确定现金的运转情况,可以合理选择利润的分配方法。因此,各项财务决策活动都离不开资金时间价值的应用,要正确进行财务决策,必须掌握资金时间价值的基本概念和计算方法。

(四)资金时间价值的表现形式

资金的时间价值有两种表现形式:一种是绝对数的表现形式,是资金在周转使用过程中产生的增值额;另一种是相对数的表现形式,是在没有风险和没有通货膨胀条件下的社会平均资金利润率或通货膨胀率很低时的政府债券利率。资金的时间价值是企业资金利润率的最低限度,也是企业使用资金的最低成本率,通常用相对数表示。

值得注意的是,资金时间价值与利率是有明显差别的,利率不仅包括时间价值,而且还包括风险因素和通货膨胀因素。由于资金时间的增长过程与利息的计算过程在数学上相似,因此,在换算时采用利息的各种计算方法。

综合上述可知,资金在不同的时点上具有不同的价值,不同时点上的资金不能直接比较,必须换算到相同的时点上才能比较。因此,掌握资金时间价值的计算就很重要。资金时间价值的计算包括一次性收付款项和非一次性收付款项(年金)的计算。

二、一次性收付款项的终值和现值

一次性收付款项是指在某一特定时点上一次性的支出或收入、经过一段时间后再一次性收回或支出的款项。

计算资金的时间价值,首先要掌握两个重要的概念:现值和终值。现值是指未来某一时点上的一定量现金折算到现在的价值,也即资金在其运动起点的价值,俗称本金。终值是指现在一定量的现金在将来某一时点上的价值,也即资金在其运动终点的价值,俗称本利和。

终值和现值的计算涉及利息的计算方法,而利息的计算方法又有单利和复利两种,因此一次性收付款项的终值与现值的计算也有单利和复利之分。

(一)单利的计算

单利是指在规定的期限内只对本金计算利息的方法,每期的利息收入即使不取出在下一期也不计入本金,不再计算利息。

假设:P——现值;

F——第 n 年年末的终值;

i——利率(贴现率、折现率);

n——计算利息的期数;

I——利息。

1. 单利的利息

$$I = P \cdot i \cdot n$$

每年的利息额实际上就是资金的增值额。

2. 单利的终值

$$F=P+P\cdot i\cdot n=P\cdot(1+i\cdot n)$$

资金的终值就是本金与每年的利息额之和。从终值的计算公式中可知,在单利计息时,一定利率条件下,终值与计息期数之间具有线性关系,如图2-1所示。

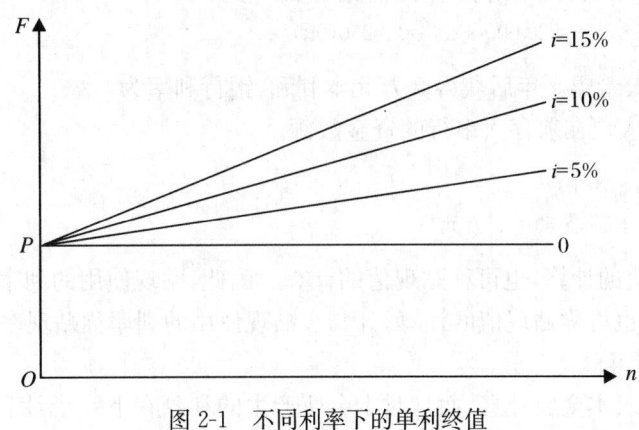

图2-1 不同利率下的单利终值

3. 单利的现值

$$P=F\div(1+i\cdot n)$$

在单利计息的方式下,终值与现值的计算是互逆的。由终值计算现值的过程通常称为折现。在单利计息时,一定利率条件下,现值与计息期数之间呈反方向变化,如图2-2所示。

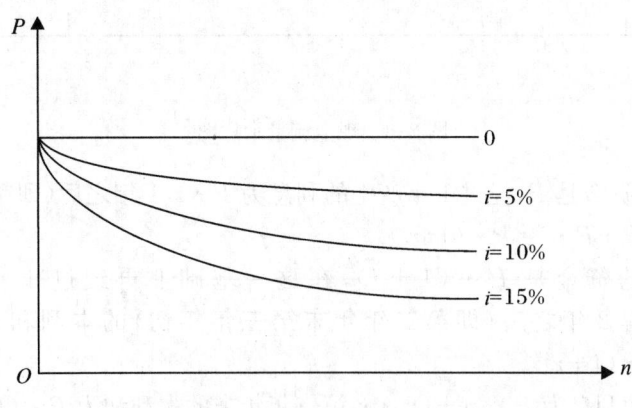

图2-2 不同利率下的单利现值

【例2-1】 将一笔5万元的现金存入银行,银行1年期利率为5%。
要求:计算第一年年末、第二年年末的终值和利息。

解: $I_1=P\cdot i\cdot n=5\times5\%\times1=0.25(万元)$

$I_2=P\cdot i\cdot n=5\times5\%\times2=0.5(万元)$

$F_1=P\cdot(1+i\cdot n)=5\times(1+5\%\times1)=5.25(万元)$

$F_2=P\cdot(1+i\cdot n)=5\times(1+5\%\times2)=5.5(万元)$

计算表明,第一年的利息在第二年不再计息,只有本金在第二年计息。此外,无特殊说明,给出的利率均为年利率。

【例 2-2】 某人持有一张带息票据,面额为 20 000 元,票面利率为 5%,出票日期为 6 月 3 日,到期日为 9 月 1 日(90 天)。

要求:计算该持有者到期可得的利息及本利和。

解: $I = P \cdot i \cdot n = 20\,000 \times 5\% \times (90 \div 360) = 250(元)$
$F = P + P \cdot i \cdot n = 20\,000 + 250 = 20\,250(元)$

【例 2-3】 某人希望 5 年后获得 5 万元本利和,银行利率为 5%。

要求:计算该人现在须存入银行的资金数额。

解: $P = F \div (1 + i \cdot n) =$
$5 \div (1 + 5\% \times 5) = 4(万元)$

[例 2-3]求现值的计算,也可称贴现值的计算。因此,贴现使用的利率称贴现率。

求现值的计算也可称贴现值的计算。因此,贴现使用的利率称贴现率。

(二) 复利的计算

复利是指不仅对本金要计息,而且对本金所产生的利息在下一个计息期也要计入本金一起计息,即"利滚利"。这里的计息期是指相邻两次计息的时间间隔,如年、月、日等。除非特别指明,计息期一般为 1 年。

1. 复利终值

复利终值是指一定量的本金按复利计算的若干年后的本利和,即现有资金 P,经过 n 年,其终值 F 为多少?我们先将该问题用现金流量示意图来表示,如图 2-3 所示。

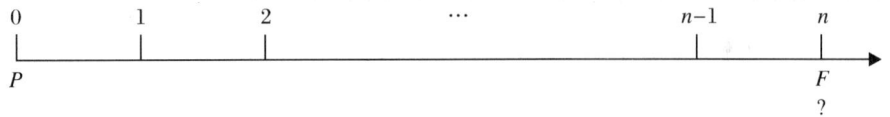

图 2-3 现金流量示意图

第一年年初的资金是 P,经过 1 年产生的利息为 $P \cdot i$,1 年之后(即第一年年末第二年年初)的本利和为 $P + P \cdot i = P \cdot (1 + i)$。

第二年年初的资金是 $P \cdot (1 + i)$,在这一基础上再经过 1 年产生的利息为 $P \cdot (1 + i) \cdot i$,于是 2 年之后(即第二年年末第三年年初)的本利和为 $P \cdot (1 + i) + P \cdot (1 + i) \cdot i = P \cdot (1 + i)^2$。

同理,第三年的利息为 $P \cdot (1 + i)^2 \cdot i$,第三年年末的本利和为 $P \cdot (1 + i)^3$。

以此类推,第 n 年的利息为 $P \cdot (1 + i)^{n-1} \cdot i$,第 n 年年末的本利和为 $P \cdot (1 + i)^n$。所以复利终值的计算公式为:

$$F = P \cdot (1 + i)^n$$

式中 $(1 + i)^n$ 被称为"1 元复利终值系数",用符号 $(F/P, i, n)$ 表示,其数值可通过查"1 元复利终值系数表"直接获得。同时,从复利终值的计算公式中可以看出,在一定利率条件下,复利终值与计息期数之间具有同向关系,通过延长投资年限或提高复利率可以使投资的将来值变大,如图 2-4 所示。

【例 2-4】 某人现在将 5 万元现金存入银行,银行利率为 5%。

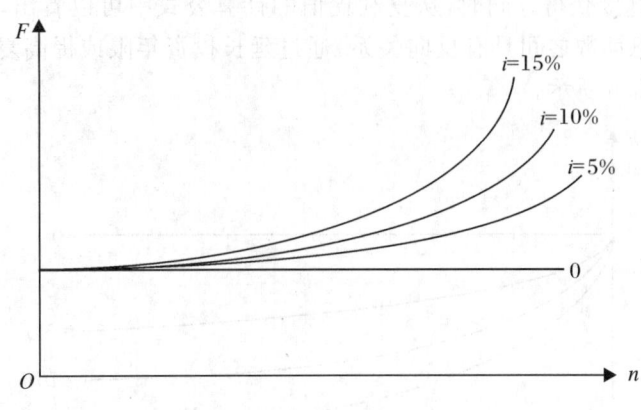

图 2-4　不同利率条件下的复利终值

要求：计算第一年年末和第二年年末的本利和。

解：　第一年年末的本利和$(F) = P \cdot (1+i)^1$

$= 5 \times (F/P, 5\%, 1)$

$= 5 \times 1.05 = 5.25$(万元)

第二年年末的本利和$(F) = P \cdot (1+i)^2$

$= 5 \times (F/P, 5\%, 2)$

$= 5 \times 1.1025 = 5.5125$(万元)

上式中的$(F/P, 5\%, 2)$表示利率为5%、期限为2年的复利终值系数。该系数表明，在年利率为5%的条件下，现在的1元与2年后的1.1025元相等。

将单利终值与复利终值比较可以发现，在第一年年末，单利终值和复利终值是相等的，而在第二年年末，单利终值和复利终值不相等，两者相差12.5元(5 512.5－5 500)，这是因为第一年本金所产生的利息在第二年也要计算利息，即：

$250 \times 5\% = 12.5$(元)

因此，从第二年开始，单利终值和复利终值是不相等的。

2. 复利现值

复利现值是指在将来某一特定时间取得或支出一定数额的资金，按复利折算到现在的价值，即将来n年后有资金F，那么现在的资金价值P为多少？先将该问题用现金流量示意图来表示，如图 2-5 所示。

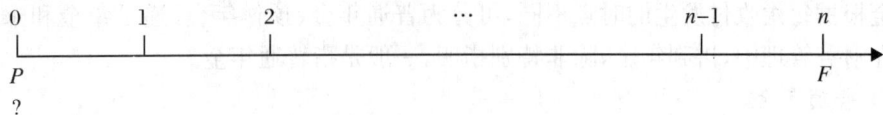

图 2-5　现金流量示意图

如前所述，现值和终值的计算是互逆的，因此，根据复利终值的计算公式可求得复利现值，复利现值的计算公式为：

$$P = F/(1+i)^n = F \cdot (1+i)^{-n}$$

式中的$(1+i)^{-n}$被称为"1元复利现值系数"，用符号$(P/F, i, n)$表示，其数值可查"1元复利现值系数表"直接获得。同时,从复利现值的计算公式中可以看出,在一定利率条件下,复利现值与计息期数之间具有反向关系,通过延长投资年限或提高复利率可以使投资的现值变小,如图2-6所示。

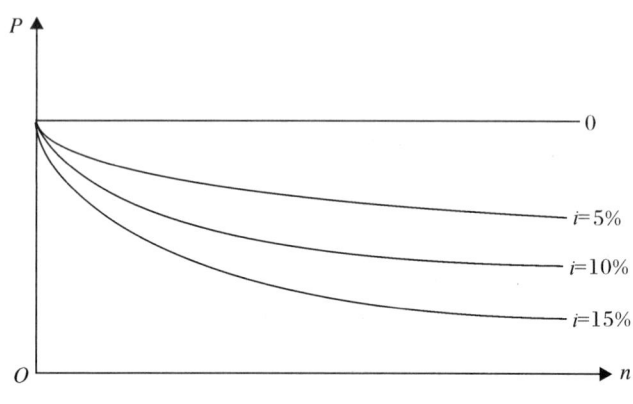

图2-6 不同利率条件下的复利现值

【例2-5】 某人希望5年后获得100万元本利和,银行利率为5%。

要求:计算某人现在应存入银行的资金数额。

解: $P = F \cdot (1+i)^{-n}$
$= F \cdot (P/F, 5\%, 5)$
$= 100 \times 0.7835 = 78.35 (万元)$

$(P/F, 5\%, 5)$表示利率为5%、期限为5年的复利现值系数。该系数表明,在年利率为5%的条件下,5年后的1元与现在的0.7835元相等。

三、年金终值和年金现值

年金是指在一定时期内,每隔相同的时间,收入或支出相同金额的系列款项。在年金问题中,系列等额收付款项的间隔期只要满足相等的条件即可,间隔期可以不是一年。例如,每季末等额支付的债券利息也是年金。

年金收付方式在金融领域和经济领域中的应用比较广泛,如债券利息、折旧、租金、等额分期付款、养老金、保险费、零存整取等都是以年金方式来支付的。

年金具有连续性和等额性的特点。连续性要求在一定时期内,每间隔相等时间就要发生一次收付业务,中间不得中断,必须形成系列;等额性要求每期收付款项的金额必须相等。

年金根据每次收付发生的时点不同,可分为普通年金、预付年金、递延年金和永续年金四种。在财务管理中,讲到年金,除非特别指明,一般是指普通年金。

(一) 普通年金

普通年金是指一定时期内,在每期的期末、间隔相等时间、收入或支出相等金额的系列款项。每一间隔期,有期初和期末两个时点,由于普通年金是在期末这个时点上发生收付的,故又称后付年金。

1. 普通年金的终值

普通年金的终值是指一定时期内每期期末等额收付款项的复利终值之和,即每期期末收入或支出的相等款项,按复利计算,在最后一期期末所得的本利和。年金终值用F_A表示,每期期末收入或支出的款项用 A 表示,利率用 i 表示,期数用 n 表示,那么每期期末收入或支出的款项,折算到第 n 期期末的终值(F_A)如图 2-7 所示。

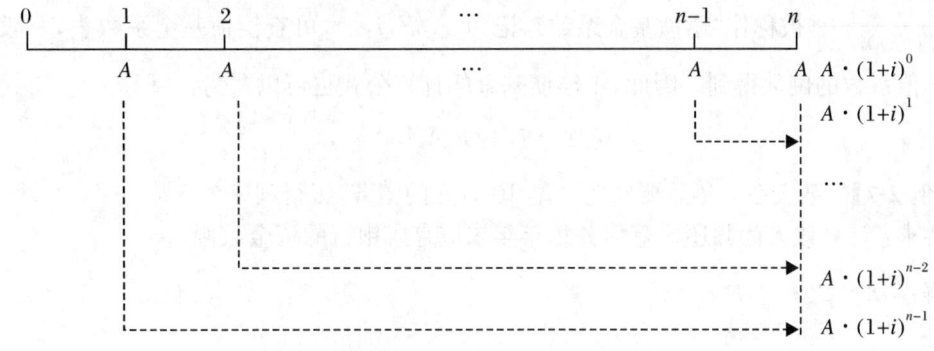

图 2-7 普通年金的终值

第 n 期期末支付或收入的款项 A 折算到最后一期期末(第 n 期期末)的终值为 $A \cdot (1+i)^0$。

第 $(n-1)$ 期期末支付或收入的款项 A 折算到最后一期期末(第 n 期期末)的终值为 $A \cdot (1+i)^1$。

……

第二期期末支付或收入的款项 A 折算到最后一期期末(第 n 期期末)的终值为 $A \cdot (1+i)^{n-2}$。

第一期期末支付或收入的款项 A 折算到最后一期期末(第 n 期期末)的终值为 $A \cdot (1+i)^{n-1}$。

那么,n 期的年金终值之和$(F_A) = A \cdot (1+i)^0 + A \cdot (1+i)^1 + \cdots + A \cdot (1+i)^{n-2} + A \cdot (1+i)^{n-1}$。

经整理

$$F_A = A \cdot \frac{(1+i)^n - 1}{i}$$

$\frac{(1+i)^n - 1}{i}$ 被称为"1 元年金终值系数",记为$(F/A, i, n)$,表示普通年金为 1 元、利率为 i、经过 n 期的年金终值是多少,可直接查"1 元年金终值系数表"获得。

【例 2-6】 某企业有一投资项目,在 5 年建设期内每年年末向银行借款 100 万元,利率为 5%。

要求:计算该项目竣工时应付的银行本息数额。

解: $F_A = A \cdot (F/A, 5\%, 5)$
    $= 100 \times 5.5256 = 552.56$(万元)

2. 年偿债基金

偿债基金是指为了在约定的未来某一时点清偿某笔债务或积累一定数额的资金而必须分次等额存入的存款准备金。由于每次存入的等额存款准备金类似年金存款,因而同样可以获得按复利计算的利息,所以这笔债务(积累的资金)实际上等于年金终值,每年提取偿债基金就等于年金 A。偿债基金的计算就是已知年金终值(F_A),反过来求每年支付的年金数额(A),实际上也就是年金终值的逆运算,计算公式为:

$$A = F_A \cdot \frac{i}{(1+i)^n - 1}$$

$\frac{i}{(1+i)^n - 1}$ 被称作"偿债基金系数",记为 $(A/F, i, n)$,可查偿债基金系数表,一般根据年金终值系数的倒数得到。因此,年偿债基金的计算公式也可以写为:

$$A = F_A \div (F/A, i, n)$$

【例 2-7】 某人在 5 年后要偿还一笔 10 万元的债务,银行利率为 5%。

要求:计算该人为归还这笔债务每年年末应存入银行的资金数额。

解: $A = F_A \cdot (A/F, i, n)$
$= F_A / (F/A, i, n)$
$= 10 \div (F/A, 5\%, 5)$
$= 10 \div 5.5256 = 1.81(万元)$

3. 普通年金的现值

普通年金的现值是指一定时期内每期期末等额收支款项的复利现值之和,即为了在每期期末取得或支出相等金额的款项,现在需要一次投入或借入多少资金。年金现值用 P_A 表示,每期期末收入或支出的款项用 A 表示,利率用 i 表示,期数用 n 表示,那么每期期末收入或支出的款项,折算到整个收付期期初的年金现值(P_A)如图 2-8 所示。

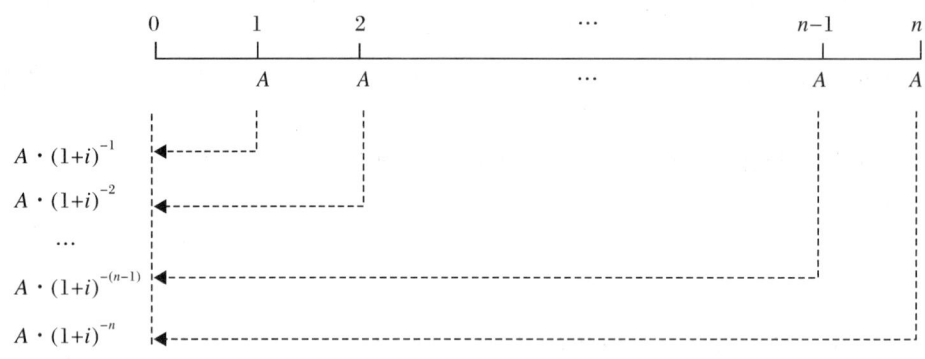

图 2-8 普通年金的现值

第一期期末支付或收入的款项 A 折算到第一期期初(时点为 0)的现值为 $A \cdot (1+i)^{-1}$。

第二期期末支付或收入的款项 A 折算到第一期期初(时点为 0)的现值为 $A \cdot (1+i)^{-2}$。

……

第 $(n-1)$ 期期末支付或收入的款项 A 折算到第一期期初(时点为 0)的现值为 $A \cdot (1+i)^{-(n-1)}$。

第 n 期期末支付或收入的款项 A 折算到第一期期初(时点为 0)的现值为 $A \cdot (1+i)^{-n}$。

那么,n 期的年金现值之和 $P_A = A \cdot (1+i)^{-1} + A \cdot (1+i)^{-2} + \cdots + A \cdot (1+i)^{-(n-1)} + A \cdot (1+i)^{-n}$。

经整理
$$P_A = A \cdot \left[\frac{1-(1+i)^{-n}}{i} \right]$$

$\dfrac{1-(1+i)^{-n}}{i}$ 被称为"1元年金现值系数",记作$(P/A,i,n)$,表示普通年金为1元、利率为i、经过n期的年金现值是多少,可直接查"1元年金现值系数表"获得。

【例2-8】 某人要出国5年,请你代付物业管理费,每月的物业管理费为1 000元,每年年末支付,银行利率为5%。

要求:计算该人应一次给你多少元来代付5年的物业管理费。

解: $A = 1\,000 \times 12 = 12\,000$(元)

$P_A = A \cdot (P/A, i, n)$

$\quad = 12\,000 \times (P/A, 5\%, 5)$

$\quad = 12\,000 \times 4.3295 = 51\,954$(元)

4. 年资本回收额

资本回收额是指在给定的年限内等额回收初始投入的资本或等额清偿所欠的债务。由于未回收或未清偿部分要按复利计算,因而初始投入的资本或所欠的债务就等同于年金现值,资本回收额就等同于年金A,于是资本回收额的计算就是已知年金现值,反过来求每年支付的年金数额,实际上也就是年金现值的逆运算,计算公式如下:

$$A = P_A \cdot \dfrac{i}{1-(1+i)^{-n}}$$

$\dfrac{i}{1-(1+i)^{-n}}$ 被称为"回收系数",记作$(A/P,i,n)$,可查表获得,也可利用年金现值系数的倒数求得。因此,年资本回收额的计算公式也可以写为:

$$A = P_A / (P/A, i, n)$$

【例2-9】 某人购入一套商品房,须向银行按揭贷款100万元,准备20年内于每年年末等额偿还,银行贷款利率为5%。

要求:计算每年年末应归还银行的资金数额。

解: $A = P_A \cdot (A/P, i, n)$

$\quad = P_A / (P/A, i, n)$

$\quad = 100 \div (P/A, 5\%, 20)$

$\quad = 100 \div 12.4622 = 8.0243$(万元)

(二)预付年金

预付年金是指一定时期内,在每期的期初、间隔相等时间、收入或支出相等金额的系列款项。由于预付年金是在每期期初这个时点上发生收付的,故也称先付年金或即付年金。

预付年金与普通年金的主要区别在于收付款的时点不同,普通年金在每期的期末收付款项,预付年金在每期的期初收付款项。预付年金与普通年金的收付示意图如图2-9、图2-10所示。

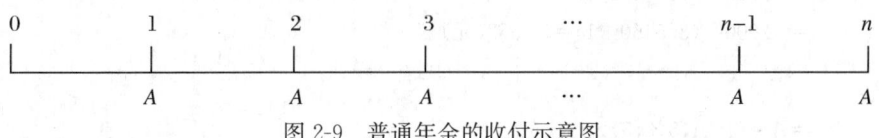

图2-9 普通年金的收付示意图

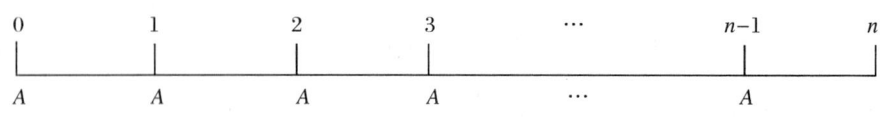

图 2-10 预付年金的收付示意图

1. 预付年金的终值

预付年金的计算与普通年金的计算一样,有终值和现值两种形式。从图 2-9、图 2-10 可知,n 期的预付年金与 n 期的普通年金相比,其收付款的次数是一样的,只是收付款的时点不一样。预付年金的终值比普通年金的终值多计算一期的利息,因此,在普通年金终值与现值的基础上,乘以 $(1+i)$ 便可计算出预付年金的终值。或者在普通年金终值系数的基础上,期数加 1,系数减 1,也可得到预付年金的终值。

即: $\qquad F_A = A \cdot (F/A, i, n) \cdot (1+i)$

或 $\qquad F_A = A \cdot [(F/A, i, n+1) - 1]$

【例 2-10】 将[例 2-6]中收付款的时间改为每年年初,其余条件不变。

要求:计算第五年年末的本利和。

解: $F_A = A \cdot [(F/A, i, n+1) - 1]$
$= 100 \times [(F/A, 5\%, 5+1) - 1]$
$= 100 \times (6.8019 - 1) = 580.19 (万元)$

或者

$F_A = A \cdot (F/A, 5\%, 5) \times (1+5\%)$
$= 100 \times 5.5256 \times (1+5\%) = 580.19 (万元)$

与[例 2-6]的普通年金终值相比,相差 27.63 万元(580.19 − 552.56),该差额实际上就是预付年金比普通年金多计 1 年利息而造成的,即:

$$552.56 \times 5\% = 27.63 (万元)$$

2. 预付年金的现值

同样,预付年金的现值比普通年金的现值少折现一期,因此,在普通年金现值的基础上,乘上 $(1+i)$ 便可计算出预付年金的现值。或者在普通年金现值系数的基础上,期数减 1,系数加 1,也可得到预付年金的现值。

即 $\qquad P_A = A \times (P/A, i, n)(1+i)$

或者 $\qquad P_A = A \times [(P/A, i, n-1) + 1]$

【例 2-11】 将[例 2-8]中收付款的时间改在每年年初,其余条件不变。

要求:计算第一年年初应一次存入银行的资金数额。

解: $P_A = A \cdot [(P/A, i, n-1) + 1]$
$= 12\,000 \times [(P/A, 5\%, 5-1) + 1]$
$= 12\,000 \times (3.5460 + 1) = 54\,552 (元)$

或者

$P_A = A \cdot (P/A, 5\%, 5) \times (1+5\%)$
$= 12\,000 \times 4.3295 \times (1+5\%) = 54\,551.70 (元)$

与[例 2-8]的普通年金现值相比,相差 2 597.70 元(54 551.70－51 954),该差额实际上是由于预付年金现值比普通年金现值少折现 1 年造成的,即:

$$51\,954 \times 5\% = 2\,597.70(元)$$

（三）递延年金

前两种年金的首次收付时间都发生在整个收付期的第一期(第一期期末或第一期期初),但有时会遇到首次收付不是发生在第一期,而是隔了几期(假设为 m 期,$m \geq 1$)后才在以后的每期期末发生系列的等额收支款项。这种年金形式就是递延年金,它是普通年金的特殊形式。因此,凡是不在第一期发生收付的年金,就称为递延年金。

假设前 m 期没有发生年金,$(m+1)$期至$(m+n)$期有 n 期普通年金 A,递延年金的收付示意图如图 2-11 所示。

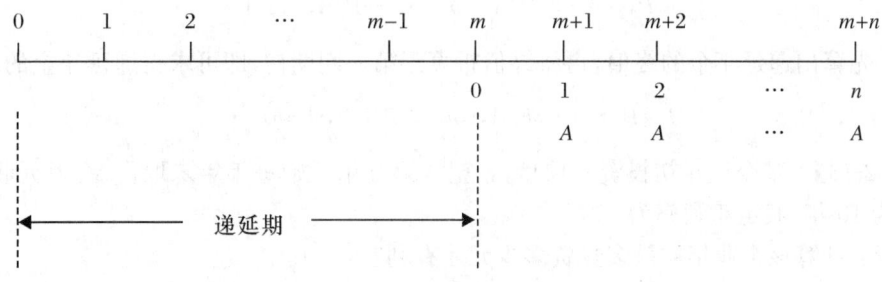

图 2-11　递延年金的收付示意图

如果前 m 期也有普通年金 A,则$(m+n)$期的普通年金收付示意图如图 2-12 所示。

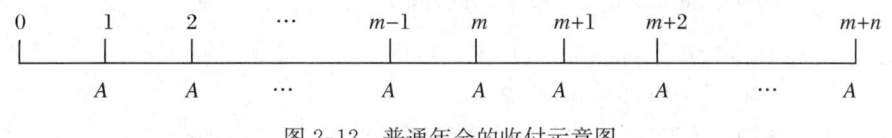

图 2-12　普通年金的收付示意图

从图 2-11 中可知,递延年金的第一次年金收付没有发生在第一期,而是隔了 m 期(这 m 期就是递延期),在第$(m+1)$期的期末才发生第一次收付,并且在以后的 n 期内,每期期末均发生等额的现金收支。与普通年金相比,尽管期限一样,都是$(m+n)$期,但普通年金在$(m+n)$期内,每个期末都要发生收支,而递延年金在$(m+n)$期内,只在后 n 期发生收支,前 m 期无收支发生。

递延年金的计算也有终值和现值两种形式。

1. 递延年金的终值

在图 2-11 中,先不看递延期,年金一共支付了 n 期,只要将这 n 期年金折算到期末,即可得到递延年金终值。所以,递延年金终值的大小,与递延期无关,只与年金共支付了多少期有关,它的计算方法与普通年金相同,计算公式为:

$$F_A = A \cdot (F/A, i, n)$$

【例 2-12】　某企业于年初投资一项目,从第五年开始至第十年,每年年末可得收益 50 万元,假定年利率为 5%。

要求:计算投资项目年收益的终值。

解:　$F_A = A \cdot (F/A, i, n)$

$$=50\times(F/A,5\%,6)$$
$$=50\times6.8019=340.095(万元)$$

2. 递延年金的现值

递延年金的现值计算关键在于确认递延期,主要有以下三种方法:

(1) 把递延年金视为 n 期的普通年金,先求出年金在递延期期末 m 点的现值,再将 m 点的现值调整到第一期的期初。

$$P_A = A \cdot (P/A,i,n) \cdot (P/F,i,m)$$

(2) 假设递延期也发生收支,则变成一个 $(m+n)$ 期的普通年金,先算出 $(m+n)$ 期的年金现值,再扣除未发生年金收支的 m 期(递延期)年金现值,即可求得递延年金现值。

$$P_A = A \cdot [(P/A,i,m+n) - (P/A,i,m)]$$

(3) 先算出递延年金的终值,再将终值折算到第一期期初,即可求得递延年金的现值。

$$P_A = A \cdot (F/A,i,n) \cdot (P/F,i,m+n)$$

【**例 2-13**】 某企业年初投资一项目,希望从第五年开始每年年末取得 50 万元收益,投资期限为 10 年,假定年利率为 5%。

要求:计算该企业年初最多投资多少元才有利。

解(1): $P_A = A \cdot (P/A,i,n) \cdot (P/F,i,m)$
$= 50 \times (P/A,5\%,6) \times (P/F,5\%,4)$
$= 50 \times 5.0757 \times 0.8227 = 208.79(万元)$

解(2): $P_A = A \cdot [(P/A,i,m+n) - (P/A,i,m)]$
$= 50 \times [(P/A,5\%,10) - (P/A,5\%,4)]$
$= 50 \times (7.7217 - 3.5460) = 208.79(万元)$

解(3): $P_A = A \cdot (F/A,i,n) \cdot (P/F,i,m+n)$
$= 50 \times (F/A,5\%,6) \times (P/F,5\%,10)$
$= 50 \times 6.8019 \times 0.6139 = 208.78(万元)$

(四)永续年金

永续年金是指无限期地收入或支出相等金额的年金,也称永久年金。例如,优先股有固定的股利但没有到期日,其股利可视作是永续年金;有些债券为无限期债券,其利息也可视作是永续年金;另外,利率较高、持续时间较长的普通年金,也可视为永续年金。实际上,永续年金是普通年金的一种特殊形式,由于永续年金的期限趋于无限,没有终止时间,因而没有终值,只有现值。永续年金的现值计算公式为:

$$P_A = A \cdot \frac{1-(1+i)^{-n}}{i}$$

当 $n \to +\infty$,$(1+i)^{-n} \to 0$,因此,永续年金的现值为:

$$P_A = A/i$$

【**例 2-14**】 某企业要建立一项永久性帮困基金,计划每年拿出 20 万元帮助失学儿童,年利率为 5%。

要求：计算现应筹集的资金数额。

解： $P_A = A/i = 20 \div 5\% = 400(万元)$

现应筹集 400 万元资金，就可每年拿出 20 万元帮助失学的儿童。

四、资金时间价值计算中的几个特殊问题

（一）不等额现金流量的终值和现值计算

前面讲的年金是指每次收入或付出的款项都相等，是系列收付款项中一种比较特殊的情况。实际上，更多的是每次收入或付出的款项并不相等，这就需要计算这些不等额现金流量的终值和现值之和。

假设： A_0——第一年年初的收付款；

A_1——第一年年末的收付款；

A_2——第二年年末的收付款；

……

A_n——第 n 年年末的收付款。

1. 不等额现金流量的终值

不等额现金流量终值的计算过程可用图 2-13 表示。

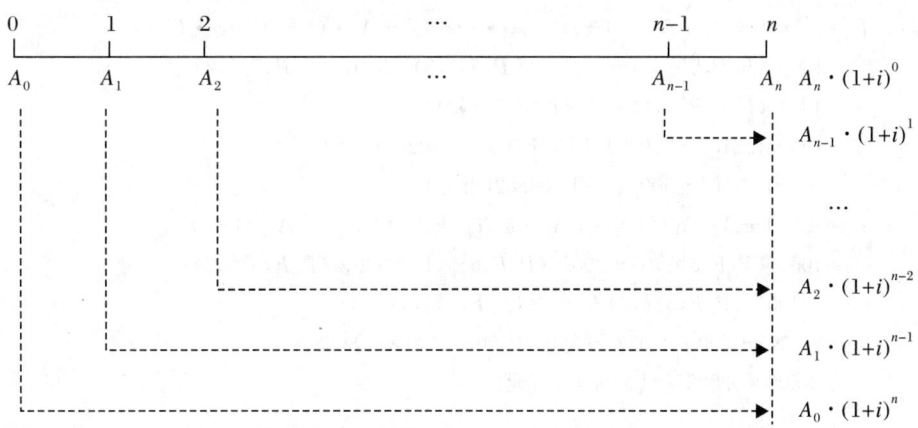

图 2-13 不等额现金流量终值的计算示意图

由图 2-13 可得：

$$F = A_0 \cdot (1+i)^n + A_1 \cdot (1+i)^{n-1} + A_2 \cdot (1+i)^{n-2} + \cdots$$
$$+ A_{n-1} \cdot (1+i) + A_n \cdot (1+i)^0 = \sum_{t=0}^{n} A_t \cdot (1+i)^{n-t}$$

2. 不等额现金流量的现值

不等额现金流量现值的计算过程可用图 2-14 表示。

由图 2-14 可得：

$$P = A_0/(1+i) + A_1/(1+i) + A_2/(1+i)^2 + \cdots$$
$$+ A_{n-1}/(1+i)^{n-1} + A_n/(1+i)^n = \sum_{t=0}^{n} A_t/(1+i)^t$$

【例 2-15】 有一笔现金收付的资料，如表 2-1 所示，贴现率为 5%。

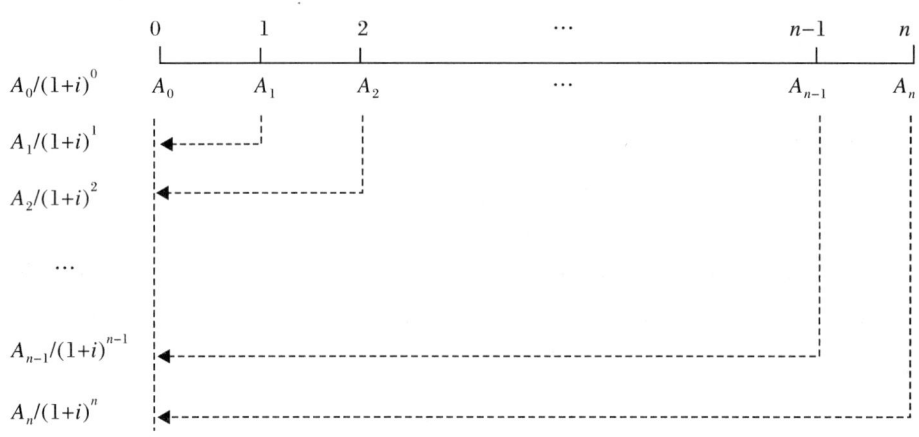

图 2-14 不等额现金流量现值的计算示意图

表 2-1 现金收付资料表

年(t)	0	1	2	3	4
现金流量(万元)	100	200	300	400	500

要求：计算这笔不等额现金流量的终值和现值。

解：$F = A_0 \cdot (1+i)^4 + A_1 \cdot (1+i)^3 + A_2 \cdot (1+i)^2 + A_3 \cdot (1+i) + A_4 \cdot (1+i)^0$

$= 100 \times (F/P, 5\%, 4) + 200 \times (F/P, 5\%, 3) + 300 \times (F/P, 5\%, 2)$

$= 400 \times (F/P, 5\%, 1) + 500 (F/P, 5\%, 0)$

$= 100 \times 1.2155 + 200 \times 1.1576 + 300 \times 1.1025$

$\quad + 400 \times 1.05 + 500 \times 1 = 1\,603.82(万元)$

$P = A_0/(1+i) + A_1/(1+i) + A_2/(1+i)^2 + A_3/(1+i)^3 + A_4/(1+i)^4$

$= 100 \times (P/F, 5\%, 0) + 200 \times (P/F, 5\%, 1) + 300 \times (P/F, 5\%, 2)$

$\quad + 400 \times (P/F, 5\%, 3) + 500 \times (P/F, 5\%, 4)$

$= 100 \times 1 + 200 \times 0.9524 + 300 \times 0.907 + 400 \times 0.8638$

$\quad + 500 \times 0.8227 = 1\,319.45(万元)$

（二）年金和不等额现金流量混合情况下的终值和现值计算

在年金和不等额现金流量混合的情况下，除了可用上述不等额现金流量终值和现值的计算方法外，还可用更为简便的方法来计算。我们先对一部分连续等额付款的现金流量，用年金公式分段计算终值和现值，然后对不等额的现金流量，用复利公式计算，最后把它们加总，便得出年金和不等额现金流量混合情况下的终值和现值。

【例 2-16】 有一投资项目，第一年至第三年每年年底可获得投资收益 200 万元，第四年年底可获得投资收益 500 万元，第五年至第六年每年年底可获得投资收益 700 万元，贴现率为 5%。

要求：计算投资收益的终值和现值。

解：在该例题中，第一年至第三年的投资收益相等，可看作是一个 3 年期的普通年金，第五年至第六年的投资收益也相等，可看作是一种递延年金。这样，这笔投资收益的终值和现值可按下列方法求得：

$F = 200 \times (F/A, 5\%, 3) \times (F/P, 5\%, 3) + 500 \times (F/P, 5\%, 2) + 700 \times (F/A, 5\%, 2)$

$$= 200 \times 3.1525 \times 1.1576 + 500 \times 1.1025 + 700 \times 2.05$$
$$= 2716.12(万元)$$
$$P = 200 \times (P/A, 5\%, 3) + 700 \times [(P/A, 5\%, 6) - (P/A, 5\%, 4)] + 500 \times (P/F, 5\%, 4)$$
$$= 200 \times 2.7232 + 700 \times (5.0757 - 3.5460) + 500 \times 0.8227$$
$$= 2026.78(万元)$$

（三）计息期短于 1 年的资金时间价值计算

在前面终值和现值的计算中，所涉及的利率均为年利率，并且每年复利一次。但在实际业务中，计息期不一定是 1 年，可以是半年、1 个季度或 1 个月。例如，债券利息每半年支付一次，股利有时每季支付一次，这就出现了以半年、1 个季度、1 个月甚至以天数为期间的计息期。

如果计息期短于 1 年，利息在 1 年内要复利几次，这时给出的年利率称名义利率，用 r 表示，每年复利的次数用 m 表示，根据名义利率计算出的每年复利一次的年利率被称为实际利率，用 i 表示。实际利率和名义利率之间的关系为：

$$i = (1 + r/m)^m - 1$$

从上式中可知：在计息期短于 1 年的情况下，名义利率小于实际利率，并且计息期越短，1 年中按复利计息的次数就越多，实际利率就越高，利息额也越大。

【例 2-17】 某人现存入银行 5 万元，年利率 5%，每季度复利一次。
要求：计算 2 年后能取得的本利和。
解（1）：先根据名义利率与实际利率的关系，将名义利率折算成实际利率。

$$i = (1 + r/m)^m - 1$$
$$= (1 + 5\% \div 4)^4 - 1 = 5.09\%$$

再按实际利率计算资金的时间价值。

$$F = P \cdot (1 + i)^n$$
$$= 5 \times (1 + 5.09\%)^2 = 5.52(万元)$$

解（2）：将已知的年利率 r 折算成期利率 r/m，期数变为 $m \cdot n$。

$$F = P \cdot (1 + r/m)^{m \cdot n}$$
$$= 5 \times (1 + 5\% \div 4)^{2 \times 4}$$
$$= 5 \times (1 + 0.0125)^8 = 5.52(万元)$$

（四）贴现率（利率）的计算

在资金的时间价值计算中，利率一般是给定的，但在财务管理中，经常会遇到已知计息期数、终值和现值，求贴现率（利率）的问题。

贴现率的计算，一般先计算终值、现值系数，然后根据计算出来的系数及相关系数表求贴现率。

根据复利终值、现值的计算公式，可知：

复利终值系数 $(F/P, i, n) =$ 终值/现值
复利现值系数 $(P/F, i, n) =$ 现值/终值
年金终值系数 $(F/A, i, n) =$ 年金终值/年金
年金现值系数 $(P/A, i, n) =$ 年金现值/年金

然后查相应的系数表,在表中有可能找到正好等于上述终值(或现值)系数的数值,只要读出该系数所在列的 i 值,即为所求的 i。如果无法找到正好等于上述系数的数值,则要查找最接近上述系数的两个上下临界系数值 β_1、β_2 以及与 β_1、β_2 对应的临界利率 i_1、i_2,然后用插入法计算 i。插入法的计算公式如下:

$$i = i_1 + [(终值或现值系数 - \beta_1) \div (\beta_2 - \beta_1)] \cdot (i_2 - i_1)$$

【例 2-18】 把 10 000 元存入银行,按复利计算,5 年后可获本利和 12 763.24 元。

要求:计算银行的利率。

解: $(P/F, i, 5) = 现值/终值 = 10\,000 \div 12\,763.24 = 0.7835$

查"1 元复利现值系数表",与 $n=5$ 相对应的利率中,5% 的系数为 0.7835,因此利率 $i=5\%$。

【例 2-19】 现在存入银行 30 000 元,按复利计算。

要求:计算能保证在以后的 10 年中每年年末得到 4 500 元的银行利率。

解: 年金现值系数 $(P/A, i, n) = 年金现值/年金 = 30\,000 \div 4\,500 = 6.6667$

查"1 元年金现值系数表",当 $n=10$ 时,

$(P/A, 8\%, 10) = 6.7101$ → $i_1 = 8\%$, $\beta_1 = 6.7101$

$(P/A, 9\%, 10) = 6.4177$ → $i_2 = 9\%$, $\beta_2 = 6.4177$

$i = 8\% + (6.6667 - 6.7101) \div (6.4177 - 6.7101) \times (9\% - 8\%)$

$i = 8.15\%$

(五)期间的计算

期间的计算,其原理和步骤与贴现率(利率)的计算是一样的。根据终值、现值的计算公式,可知:

$$复利终值系数(F/P, i, n) = 终值/现值$$

$$复利现值系数(P/F, i, n) = 现值/终值$$

$$年金终值系数(F/A, i, n) = 年金终值/年金$$

$$年金现值系数(P/A, i, n) = 年金现值/年金$$

在已知 F、P、i 时,根据计算出来的系数查相应的复利系数表,在表中沿着已知的 i 所在列纵向查找,有可能找到正好等于上述系数的系数值,其对应的 n 值即为所求的期间值。如果无法找到正好等于上述系数的系数值,则要查找最接近上述系数的两个上下临界系数值 β_1、β_2 以及与 β_1、β_2 对应的临界期间 n_1、n_2,然后用插入法计算 n。插入法的计算公式如下:

$$n = n_1 + (终值或现值 - \beta_1) \div (\beta_2 - \beta_1) \cdot (n_2 - n_1)$$

【例 2-20】 某企业准备购买一台新的机器设备来更新目前的旧机器设备。新机器设备的价格比旧机器设备的价格高 10 万元,但每年可节省费用 2 万元,年利率为 5%。

要求:计算新的机器设备至少要使用的年数。

解: $(P/A, i, n) = 年金现值/年金 = 10 \div 2 = 5$

查"1元年金现值系数表",当 $i=5\%$ 时,

$(P/A,5\%,5)=4.3296 \rightarrow n_1=5, \beta_1=4.3296$

$(P/A,5\%,6)=5.0757 \rightarrow n_2=6, \beta_2=5.0757$

用插入法计算:

$n=5+(5-4.3296)\div(5.0757-4.3296)\times(6-5)=5.9$(年)

第二节 风 险 与 报 酬

企业的经济活动大多是在风险和不确定的情况下进行的,离开了风险就无法正确评价企业收益的高低。风险与报酬原理是"企业理财的第二原则",它揭示了风险同收益之间的关系,与资金时间价值原理一样,也是财务决策的基本依据。因此我们应该理解和掌握风险和报酬的概念以及计算方法。

一、风险与财务决策

(一)风险的概念

风险是指在一定条件下、一定时期内,某一项行动发生多种不同结果的可能性。人们一般可以事先估计采取某种行动可能导致的各种结果,以及每种结果出现的可能性大小,但无法确定最终结果是什么。例如,掷一枚硬币,我们可以事先知道硬币落地时有正面朝上和反面朝上两种结果,并且每种结果出现的可能性各为50%,但谁也无法事先知道硬币落地时究竟是正面朝上还是反面朝上,这就是风险。

从财务管理角度而言,风险就是企业在财务活动中由于各种难以预料和无法控制的因素,使企业的实际收益与预期收益发生背离,从而蒙受经济损失的可能性。例如,企业所期望的收益率是30%,而实际获得的收益率是20%,两者的差异即反映了风险。

总之,某一行动的结果有多种可能并且不确定,就有风险,如果某一行动的结果是确定,就没有风险。但是要注意的是,风险与危险不同,危险专指负面效应,是损失发生及其程度的不确定性。人们对危险需要识别、衡量、防范和控制。风险的概念比危险广泛,它包括危险,危险只是风险的一部分,风险的另一部分是机会。因此,某项投资活动如果存在风险,说明危险和机会并存。

风险有其自身的特点。首先,风险具有客观性。对于特定的投资活动而言,其风险大小是客观存在的,但是人们可以选择是否冒风险或者冒多大的风险。例如,投资国库券,其收益的不确定性较小;投资股票,则收益的不确定性大得多。到底是投资国库券还是投资股票,这是由人的主观决定的,但是一旦决定下来,风险的大小就无法再改变了。其次,风险的大小会随着时间延续而变化。例如,某投资项目的成本,事先的预计可能不是很准确,实际成本与预计成本的差异可能较大,风险也较大,但越接近项目完工,预计的成本越准确。随着时间的延续,不确定性在缩小,风险也在缩小,项目完成,其结果也就完全肯定了。因此,风险是"一定时期内"的风险。

(二)财务决策

企业的财务决策,几乎都是在风险和不确定性的情况下进行的。按照风险的程度大小,企业的财务决策可分为三种。

1. 确定性决策

决策者对未来的情况是完全已知并确定的决策,称为确定性决策。例如,某公司用500万元投资利率为3%的国债,由于国债是国家发行的债券,到期得到3%的报酬几乎是肯定的。因此,一般认为这种投资为确定性投资。

2. 风险性决策

决策者对未来的情况不能完全确定,但知道可能出现的结果及每种结果出现的概率(概率的具体分布是已知的或者能作出大致的估计),这种情况下的决策为风险性决策。例如,购买股票,已知这种股票在经济繁荣时能获得20%的报酬,在经济状况一般时能获得10%的报酬,在经济萧条时只能获得2%的报酬。现根据各种资料分析,明年经济繁荣的概率为50%,经济状况一般的概率为30%,经济萧条的概率为20%。这种决策便属于风险性决策。对于这种投资,其相应的报酬可能是20%,也可能是10%或2%,到底是哪一种结果,决策者并不能完全肯定,但是决策者知道每一种情况出现的可能性——有50%的可能获得20%的报酬,有30%的可能获得10%的报酬,有20%的可能获得2%的报酬。

3. 不确定性决策

决策者对未来的情况不但不能完全确定,而且对其出现的概率也不清楚,这种情况下的决策为不确定性决策。例如,企业准备投资煤炭开发工程,如果能找到理想的煤层可获得100%的收益率,如果找不到理想的煤层则将发生亏损,但是能否找到理想的煤层、获利与亏损的可能性各有多少都事先很难预料,这种投资决策便属于不确定性决策。

企业的大多数财务决策都是风险性决策和不确定性决策,其中更多的是不确定性决策。由于不确定性决策对各种情况出现的可能性不清楚,无法计量,因此在实务中,通常对不确定性决策先估计一个大致的概率,这样,不确定性决策就转化为风险性决策了。在财务管理中,对风险性和不确定性不作严格区分。讲到风险,可能是指一般意义上的风险,也可能是指不确定性问题。

二、风险的类型

企业面临的风险主要有两种:市场风险和企业特有风险。

(一)市场风险

市场风险是指影响所有企业的风险。它由企业外部因素引起,涉及所有的投资对象,企业无法控制、无法分散,且不能通过多元化投资来分散,又称系统风险或不可分散风险。例如,经济周期风险、利率风险、战争风险、自然灾害风险、通货膨胀风险等。

(二)企业特有风险

企业特有风险是指由于个别企业的特有事件造成的风险,又称非系统风险或可分散风险。它是随机发生的,不涉及所有企业和所有项目,只与个别企业和个别投资项目有关,且可以通过多元化投资来分散,如开发新产品失败、销售份额减少、工人罢工、诉讼失败等。非系统风险根据风险形成的原因,可进一步分为经营风险和财务风险。

1. 经营风险

经营风险又称商业风险,是指由于生产经营条件的变化对企业收益带来的不确定性。这些生产经营条件的变化可能来自企业内部,也可能来自企业外部。这些内外部变化,使企业的生产经营产生不确定性,最终引起收益变化。例如,由于原材料价格变动,新材料、新设备的出现等因素给供应方面带来的影响;由于产品生产方向不符合市场需求,生产组织不合理等因素给生产方面带来的影响;由于产品销售失策,广告推销不佳,货款回收不及时给销售方面带来的影响等。

2. 财务风险

财务风险又称筹资风险,是指由于企业举债而给财务成果带来的不确定性。企业在资金不足的情况下,或者为了充分利用财务杠杆的作用,就会运用负债的方式进行筹资。但是用负债进行筹资,不论企业是否盈利,都须按时向债权人支付利息和偿还本金,如果企业的营业利润不足以支付债务的本金和利息,企业就会陷入财务危机,严重的可能导致破产,这就是负债经营的风险。如果一个企业没有负债,全部用自有资金经营,那么,该企业只有经营风险,没有财务风险。

企业负债经营,虽可解决企业资金短缺的困难、提高自有资金的盈利能力,但同时也改变了企业的资金结构,还须还本付息,并且借入资金所获得的利润是否大于支付的利息额,具有不确定性。此外,在全部资金来源中,借入资金所占的比重大,企业的财务负担就重,风险程度也就增加;借入资金所占的比重小,企业的财务负担就轻,风险程度也就减轻。因此,保持合理的资金结构,维持适当的债务水平是风险管理的关键。企业既要充分利用举债经营来获得财务杠杆收益,提高自有资金的盈利能力,同时要防止过度举债而引起的财务风险的增大。

三、风险衡量

风险具有普遍性和广泛性,会影响企业的财务活动和经营活动,因此正确地衡量风险,将风险程度予以量化就显得十分重要。由于风险是可能值对期望值的偏离,我们可利用概率、概率分布、期望值、标准差和标准差系数来计算与衡量风险的大小。

(一)概率

在完全相同的条件下,某一事件可能发生也可能不发生,可能出现这种结果也可能出现另外一种结果,这类事件称为随机事件。随机事件是否发生和发生的可能性大小,可用概率反映。例如,企业的投资报酬是200万元的概率为0.5,这表示企业获得200万元投资报酬的可能性是50%。通常我们用X表示随机事件,X_i表示随机事件的第i种结果,P_i表示第i种结果出现的概率。随机事件的概率必须满足下列两个条件:

(1) $0 \leqslant P_i \leqslant 1, i=1,2,3,\cdots,n$。

(2) $\sum_{i=1}^{n} P_i = 1$。

每个随机事件发生的概率最小为0,最大为1。概率越大,表示该事件发生的可能性越大;反之,概率越小,表示该事件发生的可能性越小。如果某一事件肯定发生,概率为1;如果某一事件肯定不发生,概率为0。随机事件所有可能结果出现的概率之和一定为1,即包括了全部可能发生的情况。

【例 2-21】 某企业投资两个项目,在不同市场情况下,各种可能的报酬率及概率如表2-2所示。

表 2-2 项目报酬率及概率表

市场情况	A项目预期报酬率(X_i)	B项目预期报酬率(X_i)	概率(P_i)
繁荣	50%	70%	0.3
正常	20%	20%	0.5
疲软	0	−30%	0.2

从表 2-2 中可见,所有的 P_i 均在 0 和 1 之间,且 $P_1+P_2+P_3=0.3+0.5+0.2=1$。在这里,概率表示每一种经济情况出现的可能性,同时也就是各种不同预期报酬率出现的可能性。在表 2-2 中,将来经济情况出现繁荣的可能性是 0.3,假如这种情况真的出现,投资 B 项目可获得 70%的报酬率,也就是说投资 B 项目获得 70%报酬率的可能性是 0.3。当然,报酬率作为一种随机变量,受多种因素的影响,为了简化问题,一般假设其他因素都相同,只强调经济情况一个因素对预期报酬率的影响。

(二)概率分布

在[例 2-21]中,我们假定市场经济状况只存在繁荣、正常、疲软三种,实际上,可能出现的经济状况有无数种,如果对每种可能出现的经济情况都给予相应的概率(所有的概率之和等于 1),并分别预计其报酬率,然后把它们绘制在直角坐标系中,构成分布图,则称为概率分布。

概率分布一般用坐标图来反映,横坐标表示某一事件的结果,纵坐标表示每一结果相应的概率。在预期收益相同的情况下,投资的风险程度同收益的概率分布有密切的联系。概率分布越集中,实际可能的结果就会越接近预期收益,实际收益率低于预期收益率的可能性越小,投资的风险程度也越小;反之,概率分布越分散,投资的风险程度也越大。

概率分布有两种类型:一是离散型(非连续型)概率分布,其特点是各种可能结果只有有限个值,概率分布在几个特定的随机变量点上,概率分布图是不连续图像,如图 2-15 所示;二是连续型概率分布,其特点是各种可能结果有无数个值,概率分布在连续图像上的两点之间的区间上,概率分布图形成由一条曲线覆盖的平面,如图 2-16 所示。

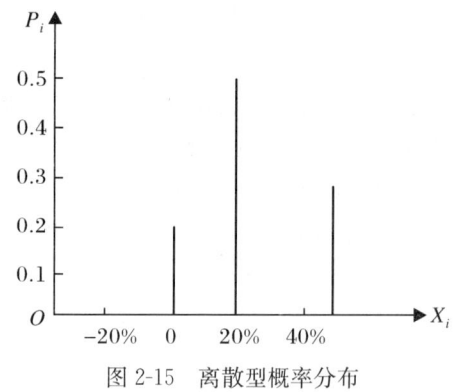

图 2-15　离散型概率分布

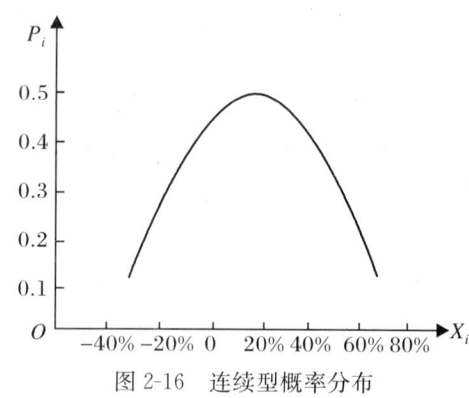

图 2-16　连续型概率分布

(三)期望值

期望值是可能发生的结果与各自概率之积的加权平均值,反映投资者的合理预期,用 E 表示。期望值的计算公式为:

$$E=\sum_{i=1}^{n}X_i \cdot P_i$$

【例 2-22】 利用[例 2-21]中的资料。

要求:计算项目预期报酬率的期望值。

解: $E_A=0\times0.2+20\%\times0.5+50\%\times0.3=25\%$

$E_B=(-30\%)\times0.2+20\%\times0.5+70\%\times0.3=25\%$

两个项目的期望值相同,但其概率分布不同。A 项目报酬率的分散程度小,变动范围在 0~50%;B 项目报酬率的分散程度大,变动范围在 -30%~70%。说明尽管两个项目的期望值相同,但风险程度不同。为了定量地衡量风险大小,还要应用标准差和标准差系数指标。

(四) 标准差

标准差是用来衡量概率分布中各种可能值与期望值的偏离程度,反映风险的大小,用 σ 表示。标准差的计算公式为:

$$\sigma = \sqrt{\sum_{i=1}^{n}(X_i - E)^2 \cdot P_i}$$

标准差用来反映决策方案的风险,是一个绝对数,用来比较期望值相同情况下的投资项目的风险程度。在 n 个方案的情况下,若期望值相同,则标准差越大,表明各种可能值偏离期望值的幅度越大,结果的不确定性越大,风险也越大;反之,标准差越小,表明各种可能值偏离期望值的幅度越小,结果的不确定性越小,则风险也越小。

【例 2-23】 利用[例 2-21]的数据。

要求:计算标准差。

解:$\sigma_A = \sqrt{\sum_{i=1}^{n}(X_i - E)^2 \cdot P_i}$
$= \sqrt{(50\% - 25\%)^2 \times 0.3 + (20\% - 25\%)^2 \times 0.5 + (0\% - 25\%)^2 \times 0.2} = 18.03\%$

$\sigma_B = \sqrt{\sum_{i=1}^{n}(X_i - E)^2 \cdot P_i}$
$= \sqrt{(70\% - 25\%)^2 \times 0.3 + (20\% - 25\%)^2 \times 0.5 + (-30\% - 25\%)^2 \times 0.2} = 35\%$

A、B 两个项目的期望值相同,但 A 项目的标准差比 B 项目的标准差小,表明 A 项目的风险比 B 项目的风险小。

(五) 标准差系数

标准差系数是指标准差与期望值的比值,用 q 表示,计算公式为:

$$q = \frac{\sigma}{E} \times 100\%$$

标准差系数是一个相对数,可用来衡量期望值不同时,投资项目的风险程度。标准差系数越大,表明可能值与期望值偏离程度越大,结果的不确定性越大,风险也越大;反之,标准差系数越小,表明可能值与期望值偏离程度越小,结果的不确定性越小,风险也越小。

【例 2-24】 利用[例 2-21]的数据。

要求:计算标准差系数。

解:$q_A = \frac{\sigma}{E} \times 100\% = \frac{18.03\%}{25\%} \times 100\% = 72.12\%$

$q_B = \frac{\sigma}{E} \times 100\% = \frac{35\%}{25\%} \times 100\% = 140\%$

从标准差系数中也可看出,虽然两个项目的平均报酬率(期望值)相同,但风险大小不同。B 项目的风险大于 A 项目的风险,即 B 项目取得高报酬的可能性大,同时亏损的可能性也大;A 项目取得高报酬的可能性小,亏损的可能性也小。当然,在该例中,A 项目和 B 项目的期望报酬率相同,可直接用标准差来比较两个项目的风险水平。但如果比较项目的期望报酬率不同,则一定要计算标准差系数,才能进行比较。

四、风险与报酬的确定

（一）风险和报酬的关系

风险广泛地存在于企业的财务活动和经营管理活动中，并影响着企业的财务目标。一般情况下，企业会尽量回避风险，但有的企业却会冒着风险进行投资，这是为什么呢？因为冒着风险投资可以获得更多的额外报酬，即风险报酬。

风险报酬，是指投资者冒着风险投资而获得的超过无风险报酬的额外报酬，也称为风险价值或风险价格。投资者从事风险活动的实际结果与预期结果（期望值）会发生偏离，这种偏离可能是反方向的（低于期望值），也可能是正方向的（高于期望值）。即一方面可能蒙受损失，产生不利影响；另一方面可能会取得成功，获得风险报酬，并且风险越大，失败后的损失也越大，成功后的风险报酬也越高。由于这种巨大风险背后隐藏着巨大成功和高回报的可能，因此成为人们冒风险从事各项经济活动的一种动力。风险和收益的并存性，使人们愿意去从事各种风险活动。

风险报酬通常有绝对数（风险报酬额）和相对数（风险报酬率）两种表示方法，在财务管理中，通常用相对数——风险报酬率来计量。

标准差系数虽然能正确评价项目投资风险程度的大小，但无法将风险和收益结合起来进行分析。比如，我们要对某一投资项目进行决策，并不是要比较投资项目的风险水平，而是要比较投资项目的收益率，因此就不能用标准差系数来评价，而要用风险报酬率来评价。风险报酬率的计算公式为：

$$R_R = b \cdot q$$

式中　R_R——风险报酬率；

　　　b——风险报酬系数；

　　　q——标准差系数（风险程度）。

风险报酬系数是将标准差系数转化为风险报酬的一种系数。按[例2-24]，假设A项目的风险报酬系数是7%，B项目的风险报酬系数是9%，则两个投资项目的风险报酬率分别为：

A项目：$R_R = b \cdot q = 7\% \times 72.24\% = 5.06\%$

B项目：$R_R = b \cdot q = 9\% \times 140.04\% = 12.60\%$

计算表明，A项目的风险小，风险报酬率低；B项目的风险大，风险报酬率也高。

总之，风险和报酬之间存在密切的关系，高风险的项目必然有高报酬，低风险的项目必然低报酬。如果不考虑通货膨胀，那么，投资者冒着风险进行投资所希望得到的总的投资报酬率为无风险报酬率与风险报酬率之和，即：

$$K = R_F + R_R = R_F + b \cdot q$$

式中　K——投资报酬率；

　　　R_F——无风险报酬率。

上述的各项关系如图2-17所示。

无风险报酬率是在没有风险状态下的投资报酬率，通常可用资金的时间价值加上通货膨胀因素来确定，而在不考虑通货膨胀的情况下，即为资金的时间价值。无风险报酬率具有预期报酬的确定性，与投资时间的长短有关，在财务管理中，一般可用政府债券利率或存

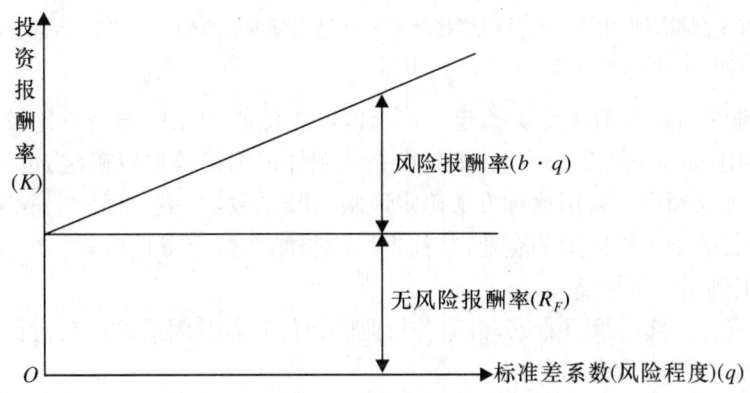

图 2-17 投资报酬率与风险程度的关系

款利率表示。

风险报酬率是超过资金时间价值的额外报酬,具有预期报酬的不确定性,与风险程度和风险报酬系数有关,并成正比关系。

在[例 2-24]中,如果无风险报酬率是 10%,则两个投资项目的投资报酬率分别为:

A 项目：$K=R_F+R_R=10\%+5.06\%=15.06\%$

B 项目：$K=R_F+R_R=10\%+12.60\%=22.60\%$

(二) 风险报酬系数的确定

在投资报酬率中,风险报酬系数的确定,主要有四种方法:

(1) 根据以往的同类项目加以确定。风险报酬系数 b,可以参照以往同类项目的历史资料,运用上述有关公式来确定。例如,有一公司准备投资某一项目,该项目的总投资报酬率为 18%,报酬率的标准差系数为 80%,无风险报酬率为 6%,根据 $K=R_F+b \cdot q$,可得:

$$b=(K-R_F)\div q=(18\%-6\%)\div 80\%=15\%$$

(2) 根据标准差系数和投资报酬率之间的关系来确定。标准差系数是衡量风险大小的重要标准,因此,借助以往项目的标准差系数和投资报酬率之间的关系,可用高低点法来估算风险报酬系数。风险报酬系数 b 的计算公式为:

$$b=(最高投资报酬率-最低投资报酬率)\div(最高标准差系数-最低标准差系数)$$

【例 2-25】 某公司以往投资项目的投资报酬率和标准差系数之间的关系如表 2-3 所示。

表 2-3 投资项目的投资报酬率及标准差系数表

投 资 项 目	投资报酬率	标准差系数
A	13%	10%
B	17%	60%
C	20%	80%

要求:计算风险报酬系数。

解：b =（最高投资报酬率－最低投资报酬率）÷（最高标准差系数－最低标准差系数）
　　　=（20%－13%）÷（80%－10%）=10%

（3）由企业领导会同有关专家确定。以上两种方法必须在历史资料比较充分、完整的情况下才能运用，如果缺乏历史资料，则可由企业领导根据经验加以确定，也可由企业组织有关专家定性评议确定。采用这种方法确定风险报酬系数，在很大程度上取决于企业对风险的态度。比较敢于承担风险的企业，往往把风险报酬系数定得低些；反之，比较稳健的企业，则把风险报酬系数定得高些。

（4）由国家有关部门组织专家，根据各行业的条件和有关因素，确定各行业的风险报酬系数，定期公布，供投资者参考使用。

（三）风险对策

1. 规避风险

任何经济单位对风险的对策，首先考虑的是避免风险，凡风险造成的损失不能由该项目可能获得的利润予以抵消时，避免风险是最可行的简单方法。例如，拒绝与信用差的厂商往来业务；放弃明显会导致亏损的投资项目；新产品在试制阶段发现较多问题应立刻停止等。

2. 减少风险

企业应从制度、决策、组织和控制、培育核心能力上提高企业防御风险的能力。减少风险主要有两个方面：一是控制风险因素，减少风险的发生；二是控制风险发生的频率和降低风险损害程度。减少风险的常用方法有：进行准确的预测，如汇率预测、利率预测、债务人信用评估等；对决策进行多方案选优；及时与政府部门沟通获取政策信息；在开发新产品前，充分进行市场调研；实行设备预防检修制度以减少设备事故；选择抗风险能力强的技术方案，进行预先的技术模拟实验；采用多领域、多项目、多品种的投资以分散风险。

3. 转移风险

企业以一定的代价（保险费、担保费和利息等），采用某种方式（参加保险、信用担保、租赁经营、票据贴现等），将风险损失转嫁给他人承担，以避免可能给企业带来的灾难性损失。例如，向专业性保险公司投保；采取合资、联营、增发新股、发行债券、联合开发等措施实现风险共担；通过技术转让、特许经营、战略联盟、租赁经营和业务外包等实现风险转移。

4. 接受风险

对于损失较小的风险，如果企业有足够的财力和能力承受风险损失时，可以采用风险自担和风险自保方式自行消化风险损失。风险自担就是在风险发生时，直接将损失摊入成本或费用，或冲减利润；风险自保就是企业预留一笔风险金或随着生产经营的进行，有计划地计提风险基金，如坏账准备、存货跌价准备等。

主 要 术 语

1. 资金的时间价值
2. 终值、现值
3. 年金
4. 资本回收额、偿债基金
5. 名义利率、实际利率
6. 市场风险、企业特有风险
7. 财务风险、经营风险
8. 风险报酬

复习思考题

1. 理论上资金时间价值的概念与实务中银行的存贷款利率有何区别?
2. 如何理解风险和报酬的关系? 为什么投资者愿意冒风险将全部资金投资于企业或股票等而不愿意把资金全部存入银行?
3. 资金时间价值的实质是什么? 它在财务管理中有什么作用?
4. 利率(i)的提高或年限(n)的减少会对将来值产生怎样的影响?
5. 你现有一笔资金要存入银行,利率都是5%。银行A按年计息,银行B按半年计息,银行C按天计息。你会选择哪一家银行? 为什么?

习 题

一、判断题

1. 资金的时间价值是指随着时间的推移而发生的增值。( )
2. 在终值与利率一定的情况下,计息期越多,复利现值就越小。( )
3. 永续年金可视作期限无限的普通年金,终值与现值的计算可在普通年金的基础上求得。( )
4. 政府债券利率可视为资金的时间价值。( )
5. 单利与复利是两种不同的计息方式,因此单利终值与复利终值在任何情况下都不同。( )
6. 年度内的复利次数越多,实际利率高于名义利率的差额就越大。( )
7. 财务管理中的风险主要是指那些无法达到预期报酬的可能性。( )
8. 对于不同的投资方案,其标准差越大,风险越大;标准差越小,风险越小。( )
9. 风险是一种危险,也是一种不确定性。( )
10. 风险和收益是对等的。风险越大,获得高收益的机会也越多,期望的收益率也越高。( )
11. 货币时间价值的计算方法与利息的计算方法相同,所以货币时间价值等同于存入银行获得的利息。( )
12. 非系统风险可通过多样化投资来分散。( )
13. 投资决策中用来衡量项目风险的可以是项目的期望值、标准差和标准差系数。( )
14. 递延年金的终值大小与递延期无关,计算方法与普通年金的终值计算方法相同。( )
15. 一个企业即便没有负债,全部用自有资金经营,也存在财务风险。( )

二、单项选择题

1. 在利息不断资本化的条件下,资金时间价值的计算基础是( )。
   A. 单利　　　　　　　　　　B. 复利
   C. 资金的供给与需求　　　　D. 年金
2. 下列互为倒数关系的是( )。
   A. 复利现值系数与复利终值系数　　B. 年金现值系数与年金终值系数
   C. 复利现值系数与年金现值系数　　D. 复利终值系数与年金终值系数

3. 某一债券的面值为1 000元,票面年利率为10%,如果1年内按季计息,则实际收益率为( )。
   A. 10.17%   B. 10.38%
   C. 10.25%   D. 10.43%

4. 某人年初存入银行5 000元,假设银行按每年10%的复利计息,每年年末提出1 000元,已知$(P/A,10\%,7)=4.868$,$(P/A,10\%,8)=5.3349$,则最后一次能够足额提款的时间是( )。
   A. 第五年年末   B. 第六年年末
   C. 第七年年末   D. 第八年年末

5. 对于不同经济情况报酬率的概率分布与投资风险的关系的正确描述是( )。
   A. 概率分布越均匀,风险越低
   B. 概率分布越集中,风险越低
   C. 概率分布越分散,风险越低
   D. 概率分布越均匀,风险越高

6. A、B两种投资方案年收益的期望值相等,A方案的标准差为16%,B方案的标准差为25%,则下列判断正确的是( )。
   A. A方案比B方案风险小   B. B方案比A方案风险小
   C. A、B两方案风险相同   D. 无法判断

7. 资金的时间价值相当于没有风险和没有通货膨胀下的( )。
   A. 社会平均资金利润率   B. 企业利润率
   C. 复利下的利息率   D. 单利下的利息率

8. 企业财务风险的形成来自( )。
   A. 市场销售   B. 生产技术
   C. 生产质量   D. 对外举债

9. 在期望值不同时,比较风险的大小,可采用( )。
   A. 标准差   B. 标准差系数
   C. 期望值   D. 概率

10. 投资者愿意冒风险去投资,是因为( )。
    A. 可获得报酬   B. 可获得利润
    C. 可获得风险报酬 D. 可获得无风险报酬

11. 企业发行债券,在名义利率相同的情况下,对其最不利的复利计息期是( )。
    A. 一年   B. 半年
    C. 一季   D. 一月

12. 在下列各项资金时间价值系数中,与资本回收系数互为倒数关系的是( )。
    A. $(P/F,i,n)$ B. $(P/A,i,n)$
    C. $(F/P,i,n)$ D. $(F/A,i,n)$

13. 第一年年末,单利终值和复利终值( ),自第二年年末起,单利终值和复利终值( )。
    A. 相等,不相等   B. 不相等,相等
    C. 相等,相等   D. 不相等,不相等

14. 在期数一定的情况下,折现率越大,年金现值系数(　　)。
    A. 越小　　　　　　　　　　　　B. 越大
    C. 不变　　　　　　　　　　　　D. 无法确定
15. 有两个投资额相等的项目可供选择,投资获利和有效期均为10年,A项目每年年末可回收2万元,B项目前5年每年年末可回收2.5万元,后5年每年末可回收1.5万元,若银行利率为10%,项目获利大的为(　　)。
    A. 无法判断　　　　　　　　　　B. A项目
    C. B项目　　　　　　　　　　　D. 两个项目获利水平一样

三、多项选择题

1. 对于资金的时间价值来说,下列表述中,正确的有(　　)。
    A. 资金的时间价值不可能由时间创造,只能由劳动创造
    B. 只有把货币作为资金投入生产经营才能产生时间价值,即时间价值是在生产经营中产生的
    C. 时间价值的绝对数是资金在生产经营过程中带来的增值额
    D. 时间价值的相对数是不考虑风险和通货膨胀情况下的社会平均资金利润率
    E. 时间价值是对投资者推迟消费的耐心给予的报酬
2. 年金具有(　　)等特点。
    A. 等额性　　　　　　　　　　　B. 系列性
    C. 连续性　　　　　　　　　　　D. 固定性
3. 影响资金时间价值大小的因素包括(　　)。
    A. 风险　　　　　　　　　　　　B. 期限
    C. 本金　　　　　　　　　　　　D. 利率
4. 下列可看作是永续年金的有(　　)。
    A. 普通股股利(固定股利分配政策)　B. 国库券利息
    C. 优先股股利　　　　　　　　　D. 长期债券利息
5. 某公司购买一资产,付款条件是:从第四年开始,每年年初支付50万元,连续支付5次,共250万元,假设该公司资金成本率为10%,则相当于该公司现在一次性付款金额为(　　)万元。
    A. $50 \times [(P/A, 10\%, 7) - (P/A, 10\%, 2)]$
    B. $50 \times [(P/A, 10\%, 5) \times (P/F, 10\%, 2)]$
    C. $50 \times [(P/A, 10\%, 8) - (P/A, 10\%, 3)]$
    D. $50 \times [(P/A, 10\%, 5) \times (P/F, 10\%, 3)]$
6. 下列风险中,属于市场风险的有(　　)。
    A. 战争　　　　　　　　　　　　B. 自然灾害
    C. 罢工　　　　　　　　　　　　D. 利率变化
7. 衡量风险时,应考虑的因素有(　　)。
    A. 利率　　　　　　　　　　　　B. 概率
    C. 期望值　　　　　　　　　　　D. 标准差
8. 某企业为了扩大生产规模,向银行借入了一笔贷款,因借款而增加的风险称为(　　)。

A. 市场风险 B. 财务风险
C. 经常风险 D. 筹资风险
E. 商业风险

9. 在不考虑通货膨胀的情况下,投资报酬率的构成要素有(　　)。
A. 资金的时间价值 B. 风险报酬率斜率
C. 通货膨胀率 D. 风险程度

10. 关于风险报酬,下列表述中,正确的有(　　)。
A. 风险报酬有风险报酬率和风险报酬额两种表示方法,在实际工作中,通常以相对数即风险报酬率进行计算
B. 风险越大,获得的风险报酬可能越高
C. 风险报酬额是指投资者因冒风险进行投资所得到的超过资金时间价值的额外收益
D. 风险报酬率是风险报酬额与原投资额的比例

11. 利率与(　　)呈同方向变化。
A. 复利终值 B. 复利现值
C. 年金终值 D. 年金现值

12. 财务活动经常是在有风险的情况下进行的,企业面临的风险有市场风险和企业特有风险、企业特有风险又称(　　)。
A. 系统风险 B. 非系统风险
C. 可分散风险 D. 不可分散风险

13. 按支付的次数和支付的时间不同,年金可分为(　　)。
A. 普通年金 B. 预付年金
C. 递延年金 D. 永续年金

14. A 项目的确定报酬率为 10%,B 项目报酬率有两种可能:一是 50% 的可能性获得 30% 的报酬率,二是 50% 的可能性遭受 10% 的亏损,则下列说法正确的有(　　)。
A. B 项目的期望报酬率为 10%
B. A 项目的风险小于 B 项目
C. B 项目的实际报酬率可能大于 A 项目
D. 投资者绝不可能选择 B 项目

15. 互为倒数关系的是(　　)。
A. 普通年金终值系数和偿债基金系数
B. 普通年金终值系数和普通年金现值系数
C. 复利终值系数和复利现值系数
D. 普通年金现值系数和资本回收系数

四、计算题

1. 某企业年初投资 100 万元生产一种新产品,预计每年年末可得净收益 10 万元,投资年限为 10 年,年利率为 5%。
要求:
(1) 计算该投资项目年收益的现值和终值。
(2) 计算年初投资额的终值。

(3) 对该投资项目作一评价。

2. 向银行申请按揭贷款 100 万元,贷款年利率 8%,分 10 年等额偿还。

要求:

(1) 计算按年复利下每年的还款额。

(2) 计算按季复利下每季的还款额。

3. 某企业 2010 年年初投资一个项目,预计从 2013 年起至 2017 年每年年末可获得净收益 20 万元,年利率为 5%。

要求:计算该投资项目年净收益的终值和现值。

4. 某企业投资一个项目,需连续 3 年于每年年初向银行借款 1 000 万元,年借款利率为 5%,投资项目于第四年年初建成投产。

要求:

(1) 计算该项目 3 年后的投资总额。若将上述的投资额于年初一次性投入,计算投资总额的现值。

(2) 若项目投产后,分 5 年等额归还银行全部借款的本息,计算每年年末应归还的数额。

(3) 若企业在项目建成后,连续 5 年每年可获净利分别为 1 000 万元、1 000 万元、1 000 万元、1 200 万元、1 300 万元,计算相当于项目建成时的现值。

(4) 若企业在项目投产后,将每年的净利全部归还银行的借款本息,计算需多少年还清。

5. 某企业现有 A、B、C 三个投资项目可供选择,预计这三个项目年收益及概率如表 2-4 所示。

表 2-4 项目年收益及概率

市场状况	预计年收益(万元)			概率
	A 项目	B 项目	C 项目	
繁荣	100	110	90	0.3
正常	50	60	50	0.4
疲软	30	20	30	0.3

假设 A 项目的风险价值系数为 8%,B 项目的风险价值系数为 9%,C 项目的风险价值系数为 10%。

要求:

(1) 计算三个投资项目的期望值、标准差、标准差系数。

(2) 计算三个投资项目的风险收益率。

(3) 判断三个投资项目的优劣。

案 例 分 析

1. 某企业准备投资一项目,须向银行贷款 2 000 万元,贷款金额可分 10 年、15 年、20 年或 25 年归还,每年年末还款金额如下:

年限(年)	年还款额(万元)
10	300
15	230
20	210
25	180

要求：结合资金的时间价值，计算分析哪种还款方式最有利。

2. 今天是你的 40 岁生日，你打算当你 65 岁生日的时候退休，目前你投资和储蓄的组成如下：

房产投资：　　　400 000 元
股票：　　　　　100 000 元
现金：　　　　　 10 000 元

房产投资预期的回报率为 3%；股票投资除了原有的金额外，你还打算从今年开始每年年初继续投入 8 000 元，预计股票市场长期投资的回报率为 9%；现金资产除了现有的金额以外，你打算未来的 10 年每年年末储蓄 2 000 元，随后的 15 年每年年末储蓄 10 000 元，预期的货币资金市场回报率为 5%。

在你 65 岁生日的时候，你重新安排你的整个投资组合，那时的回报率为 7%。

要求：

(1) 计算在你 65 岁生日时的资产总价。

(2) 假定现在你要安排退休后 20 年的生活，你打算将 100 000 元捐给当地的红十字会，计算分析每年你最大消费的金额是多少时，才能在你 85 岁生日的那天你所有的财产金额为零。

第三章 财务报表分析

学习目的与要求

- 了解财务比率综合评分法的含义及基本原理。
- 理解财务分析方法原理及应用应注意的问题。
- 理解财务分析各项指标的含义及内容。
- 掌握偿债能力、资产管理能力、盈利能力和发展能力指标的计算与分析方法。
- 掌握杜邦分析体系原理与应用。
- 根据企业的财务会计报表资料,能够分析与评价偿债能力、资产管理能力、盈利能力和发展能力。
- 能对企业的综合财务状况进行财务分析与评价。

本章提要

(1) 财务报表分析是企业财务管理的重要环节和基础性工作。财务报表分析是以企业财务报表及其他有关财务资料为基础,对企业财务活动的过程和结果进行的研究评价过程。通过财务报表分析,可以了解企业的财务状况,总结企业经营活动的利弊得失,分析企业未来的发展趋势,为企业财务决策、计划和控制提供依据。

(2) 财务报表分析内容服从于财务信息使用者的不同目的要求,尽管各个分析主体进行财务分析的侧重点不同,但都要求财务分析揭示企业经营能力、盈利水平和负债偿还能力等方面的信息。财务报表基本分析内容包括:企业偿债能力、资产管理比率、盈利能力、上市公司财务指标和发展能力分析。

(3) 分析企业总体财务状况,需要借助于财务综合评价才能得出结论。财务状况的综合评价包括财务比率综合评分法和杜邦分析法。通过杜邦分析法,可以将净资产收益率与企业经营活动、投资活动和筹资活动有机地联系起来,有利于对企业财务状况和经营成果作出综合的分析与评价。

第一节 财务报表分析概述

一、财务报表分析的含义

企业定期提供的财务报表是企业依据会计准则和会计制度编制的,是向企业管理部门和企业外部与企业有各种利益关系的各方提供的财务信息。财务报表主要有资产负债表、利润表和现金流量表。这些报表描述了企业的经营成果和财务状况。财务报表并非是为特定的使用者编制的,报表上的单项数据不能说明具体问题,报表的使用者为了获取各自所需要的有用信息,就需要进行财务报表分析。财务报表分析是以企业财务报表及其他有关财务资料为基础,对企业财务活动的过程和结果进行的研究评价过程,目的在于判断企业的财务状况,总结企业经营活动的利弊得失,以便进一步分析企业未来的发展趋势,为财务决策、计划和控制提供依据。财务报表分析是企业财务管理的一项基础性工作,也是企业财务管理的一个重要环节。

二、财务报表分析的目的

会计所提供的财务报表有着不同的使用者,这些使用者一般可划分为两大部分:内部使用者和外部使用者。财务报表的内部使用者主要是指企业内部使用会计信息决策、进行管理的各级经理人员;财务报表的外部使用者则包括股东、潜在的投资者、债权人、银行、政府有关机构、经济学家、供应商、证券交易所、客户,以及财务分析和咨询机构等。

财务报表的不同使用者对财务报表所提供的信息有着各自不同的要求。财务报表的内部使用者需要通过财务报表了解企业的财务状况、经营成果和存在的问题,分析预测企业发展前景,以改善决策、提高经营管理效率。对于财务报表的外部使用者来说,虽然出于不同的目的,但所需要的信息主要集中于三个方面:一是关于企业过去经营成果的信息;二是有关企业现行财务状况的信息;三是有关预测企业未来经营成果和现金流量的信息。由于现代企业所有权和经营权的分离,财务报表的外部使用者不能直接接触或直接要求企业提供具体的财务信息,只能通过企业提供的财务报表来了解企业的财务状况和经营成果。

然而,财务报表作为总体反映企业经营活动的工具,只是提供了一系列比较系统概括的财务信息,要根据财务报表所提供的信息进行决策,仅了解表中某些项目的数据是不够的,还必须对财务报表的整体或有关数据进行进一步细致的分析研究。一般而言,分析财务报表的目的是了解企业的偿债能力、评价企业的经营业绩、预测企业未来的财务状况和盈利能力。

(一)帮助投资者进行权益性投资的决策

股票投资者对财务报表的分析通常着重于未来投资报酬和有关投资风险的分析。投资报酬主要来源于企业分派的股利和投资者所持有股权在股票市场上价格变化而产生的资本利得,而投资报酬是与企业的盈利能力、现金流动状况密切相关的。通过财务报表的分析,能使潜在的投资者和股东了解企业过去的经营业绩和现金流动情况,预测未来的发展前景,帮助他们进行明智的投资决策。

(二)帮助债权人进行贷款及购买公司债券的决策

债权人通过贷款或购买企业债券向企业提供资本,以利息形式获取收益并有权到期或分期收回本金。债务的期限有长有短,短期债权人分析财务报表着重于企业相关期间再造现金的能力,即支付利息偿还本金的能力。而长期债权人不仅关心企业短期的偿债能力,而且要分析企业未来的盈利能力,关注企业的长期存续及财务状况。

(三)了解供应商的经营状况

企业掌握和了解其重要的原材料或零部件供应商的经营和发展状况是非常重要的。从供应商的财务报表中可以分析供应商的盈利能力、财务状况和产生现金的能力,评价供应商的持续经营和发展趋势及其对本企业经营活动的影响,从而为选择供货稳定、质量可靠、价格合理的供应商提供依据。

（四）了解客户的财务状况

企业赊销商品确定信用政策同银行提供贷款一样，需要了解客户偿还债务的能力。通过对客户的财务报表分析，了解客户资产的流动状况和支付能力，以制定合理的信用政策。

（五）评价竞争对手的盈利能力和财务状况

在市场竞争的条件下，了解企业的经营状况是必要的。通过对财务报表的分析，可以了解竞争对象的市场份额、盈利水平、成本及费用等情况，有利于产品定价、产品结构调整、市场规划等方面的决策。

（六）改善企业内部管理水平

企业的生存、发展与获利是企业管理的根本目的。要实现这些目标，企业的经营管理者必须综合考虑经营活动的各个方面，科学决策、合理规划。为此就必须对财务报表和有关部门会计数据进行分析，了解企业的资产流动情况和偿还能力，掌握企业的盈利水平和盈利能力，评价资产的使用效率，从而处理好与各方面的关系，采取适当的控制措施，提高企业的管理效率，增强发展活力，塑造企业良好的外部形象。

除上述目的外，财务报表的分析还有一些特殊目的，会计师审计企业财务报表，往往需要分析财务报表以表达适当的审计意见；政府有关机构分析财务报表以行使其监管职能；财务分析家分析财务报表以提供咨询服务。

三、财务报表分析的标准

财务报表分析评价必须选择合适的评价标准。所谓评价标准就是用以比较和衡量各项评价指标的基准指标。财务报表分析的标准主要有预算标准、历史标准和社会标准。

（一）预算标准

预算标准是以预算指标作为评价财务实际状况的尺度，也就是将某项评价指标实际达到的水平同预算指标进行比较。预算标准的优点在于制定预算时已经考虑到各方面的影响因素，其标准比较切合被评价对象的实际情况。因而，这种比较的结果能够反映预算指标完成的实际情况，具有较强的目标引导作用。但作为一种企业内部制定的评价标准，其局限性也是显而易见的。这主要在于预算指标的制定难免会受主观因素的影响，其数据的分析比较缺乏客观性，实际和预算的差异有时就是预算不合理造成的，而不是经营中的问题，而且它只是企业内部对应达到目标的一种判断，对于外部分析者作用不大。

（二）历史标准

历史标准是以历史水平作为评价财务实际情况的尺度，也就是将某项评价指标报告期水平同相应的历史水平进行比较。历史标准一般有以下几种：

（1）以上年同期水平为评价标准。

（2）以某一特定年份同期水平为评价标准。

（3）以历史最好水平为评价标准。

这种纵向比较能够反映某项评价指标报告期水平与基期水平相比的变动方向、幅度以及变动趋势，为进一步总结经验、发现问题、解决矛盾提供依据。但在运用历史标准进行对比时，要注意剔除物价变动、会计核算方法变更、会计政策变更等带来的不可比因素，以合理判断企业财务状况与经营成果。

（三）社会标准

社会标准是将企业财务实际状况置于广泛的社会范围中分析比较而设立的评价与衡量标准。社会标准一般又可分为行业标准、地区标准、国内标准和国际标准，也就是将某项评价指标的实际水平与本行业、本地区、本国以及国际同类指标的一般水平或先进水平进行比较。其中按行业制定的标准在财务报表分析中被广泛采用,其分析可以说明企业在行业中所处的相对地位与水平,从而正确判断企业的变动趋势。

这种横向比较易于观察与反映某项评价指标与社会一般水平或先进水平的差距。由于各企业的评价标准统一,因而具有较强的横向可比性。同时,如将各个时期这种横向比较的结果编制成动态数列,也可在一定程度上进行动态对比,即纵向比较。但在运用社会标准时,也应注意指标之间的可比性问题。

除此之外,企业报表分析中还存在着经验标准。经验标准是指在长期的财务管理实践中,通过对大量实践经验的检验、总结得出的具有普遍意义的基准,如流动比率应不低于2,速动比率应不低于1等等。经验标准毕竟只是对一般情况而言的粗略判断,即不能从理论上加以证明,也绝不是使用于一切领域、一切情况的绝对标准,因此我们在财务报表分析中应用经验标准时,也要联系有关情况,不能凭经验标准生搬硬套。

实际上,各种财务报表分析的评价标准各自有其优点和不足,所以在财务报表分析中应综合应用各种标准,从不同角度对企业经营状况和财务状况进行评价,并要在限定意义上使用分析结论,避免简单化和绝对化。

四、财务报表分析的一般步骤

企业财务报表分析由于分析主体不同、分析目的不同、使用数据范围不同、采用的方法不同等原因,因此不存在固有的、通用的分析程序,其分析步骤应由分析人员根据具体情况设计。无论采用什么样的分析程序,一般都应包括四个步骤。

(一)明确财务报表分析的目的和范围

在进行企业财务报表分析之前,应明确财务报表分析要达到的目的,在此基础上确定财务报表分析的具体内容和范围,即确定分析范围是企业经营活动的全过程还是企业经营活动的某一方面。财务报表分析的目的与范围决定了所要收集资料的数量。

(二)收集、加工、整理信息资料

充分地占有各种有关的信息资料,是有效进行财务报表分析的前提。企业财务报表分析的深度、广度和质量的高低,在很大程度上取决于所掌握的信息资料的真实程度和是否全面。为此,在进行财务报表分析时,应根据财务报表分析的目的与范围,系统地收集有关的数据和资料,如企业的计划资料、会计报表和日常核算资料、同行业同类型企业的有关资料等。在此基础上对所收集的资料进行加工,剔除没有可比性的资料,对于需要核实的资料作进一步的核实等。为了便于利用分析资料,还需要对资料进行归类、分组等整理工作。

(三)选择适当的财务报表分析方法

企业财务报表分析的目的与范围不同,所选用的分析方法也应不同。企业财务报表分析常用的分析方法有多种,各有其特点,在财务报表分析时可选择使用。局部的财务报表分析可采用其中的某一种方法;全面的财务报表分析,应综合运用各种方法,以便通过对比,对企业财务状况和经营成果作出客观全面的评价。

(四)进行分析并写出分析报告

依据经过检查和整理后的分析资料,按照分析要求,利用选定的分析方法,通过对财务指标进行定量分析与定性分析,找出差异及其形成的原因。分析完成后,应当将全部分析资料、观点进行综合概括,总结经验,发现问题,提出改进建议,写出企业财务报表分析报告,提交给信息使用者,以帮助有关方面作出决策。

五、财务报表分析的局限性

财务报表分析能够使经理、投资者、债权人等对企业感兴趣的人士对企业的财务状况有一定的了解，并能够进行比较，从而作为决策的依据。财务报表分析是进行财务分析的有用工具，但是，财务报表分析也有其局限性。主要表现在：

（1）财务报表是按照公认会计原则而编制的，根据这些原则，相应资料所反映的信息就可能与现实有差异。例如，按照历史成本原则，所有资产形成应按照当时的价格计入而不改变。这样，资产账面价值与市场价格就可能会有差异，有时甚至是较大的差异，从而造成对各企业报表进行比较的困难。

（2）在报表的编制过程中，可以使用不同的方法。例如，在核算存货的计价时，可采用先进先出、加权平均等方法；计提折旧可采用直线法、双倍余额递减法等。不同方法的采用会造成成本的差异、费用的差异，而这种差异仅仅是账面的，这样也会造成报表比较的困难。

（3）利用比率分析时，有一个重要的假设前提，即过去的各种条件不变，包括内部和外部条件不变。此假设往往不切合实际，尤其是趋势分析时更应注意。因为在企业经营期间，经济因素、政策因素、产业因素以及企业内部的各种因素都在不断地变动，产品处于产品生命周期的不同阶段时其所产生的收入也是不同的，而财务报表本身并不能解释、辨别这些变动的原因。

（4）同行业不同企业之间的比较。由于企业间的差异，如经营规模差异较大，同行业不同企业的产品所占有的市场份额的差异，也会给报表分析造成困难。

（5）财务报表是对企业过去的经营业绩和财务状况的反映，这些都是历史数据，并不代表着企业的未来。未来企业的外部经济环境和内部情况都有一定程度的不确定性。如果仅依据报表决策会出现重大失误。

第二节 财务报表分析的基本方法

一般来说，财务报表分析通常包括定性分析和定量分析两种类型。定性分析是指分析人员根据自己的知识、经验以及对企业内部情况、外部环境的了解程度所作出的非量化的分析和评价。定量分析是指分析人员运用一定的数学方法和分析工具、分析技巧对有关指标所作的量化分析。财务报表定量分析方法多种多样，但常用方法有比率分析法、因素分析法和趋势分析法。

一、比率分析法

比率分析法是把两个相互联系的项目加以计算对比得出的比率，以确定经济活动变动情况的分析方法。比率指标主要有以下三类。

（一）效率比率

效率比率是反映经济活动中投入与产出、所费与所得的比率，以考察经营成果，评价经济效益，如成本费用利润率、销售利润率及资本利润率等指标。

（二）结构比率

结构比率又称构成比率，是某项经济指标的某个组成部分与总体的比率，以考察总体构成的合理性，如资产负债率指标。

（三）相关比率

相关比率是将两个不同但又有一定关联的项目加以对比计算的比率，以考察经济活动项目之间的相关性，揭示经营管理存在的问题，如流动比率、资金周转率等指标。

比率分析法的优点是计算简便，计算结果容易判断分析，而且可以使某些指标在不同规模企业间进行比较。但要注意以下几点：

（1）对比项目的相关性。计算比率的分子和分母必须具有相关性，否则就不具有可比性。构成比率指标必须是部分与总体的关系；效率比率指标要具有某种投入产出关系；相关比率指标分子、分母也要有某种内在联系，否则比较就毫无意义。

（2）对比口径的一致性。计算比率的子项和母项在计算时间、范围等方面要保持口径一致。

（3）衡量标准的科学性。要选择科学合理的参照标准与之对比，以便对财务状况作出恰当评价。

二、因素分析法

因素分析法是指根据分析指标与形成指标的各个影响因素之间的关系，运用一定的方法，从数量上分别确定各个因素变动对指标影响程度的一种方法。通过因素分析法，可以分清哪些因素是影响分析指标的有利因素，哪些因素是影响分析指标的不利因素；可以揭示影响分析指标变动的关键因素或主要因素，帮助人们抓住主要矛盾，有利于企业进一步改善经营管理。

常用的因素分析法主要是差额计算法。采用因素分析法，在分析时一般假定某个因素变动而其他因素均保持不变，来确定该因素变动对分析指标的影响程度。

例如，某项财务指标 P 由 A、B、C 三大因素的乘积构成，其实际指标与标准指标以及有关因素关系由下式构成：

实际指标： $P_1 = A_1 \cdot B_1 \cdot C_1$

计划指标： $P_0 = A_0 \cdot B_0 \cdot C_0$

实际与计划的总差异为 $P_1 - P_0$，这一总差异同时受到 A、B、C 三个因素的影响。它们各自的变动对指标总差异的影响程度可分别由下式计算求得：

A 因素变动影响： $(A_1 - A_0) \cdot B_0 \cdot C_0$

B 因素变动影响： $A_1 \cdot (B_1 - B_0) \cdot C_0$

C 因素变动影响： $A_1 \cdot B_1 \cdot (C_1 - C_0)$

将以上三因素的影响数相加应该等于总差异 $P_1 - P_0$。

【例 3-1】 某企业甲产品的材料成本见表 3-1，运用因素分析法分析各因素变动对材料成本的影响程度。

表 3-1 材料成本资料表

项 目	计量单位	计 划 数	实 际 数
产品产量	件	160	180
单位产品材料消耗量	千克/件	14	12
材料单价	元/千克	8	10
材料总成本	元	17 920	21 600

根据以上资料分析如下：

材料成本＝产量×单位产品材料消耗量×材料单价

材料成本总差异＝21 600－17 920＝3 680(元)

产量变动对材料成本的影响值：

$$(180-160)\times 14\times 8=2\ 240(元)$$

单位产品材料消耗量变动对材料成本的影响值：

$$180\times(12-14)\times 8=-2\ 880(元)$$

材料单价变动对材料成本的影响值：

$$180\times 12\times(10-8)=4\ 320(元)$$

将以上三因素的影响值相加：

$$2\ 240+(-2\ 880)+4\ 320=3\ 680(元)$$

因素分析法既可以全面分析各因素对某一经济指标的影响，又可以单独分析某个因素对某一经济指标的影响，在财务分析中颇为广泛，但应用因素分析法须注意以下几个问题：

(1) 因素分解的关联性。构成经济指标的各因素确实是形成该项指标差异的内在构成原因，它们之间存在着客观的因果关系。

(2) 因素替代的顺序性。因素替代时，必须按照各因素的依存关系，排列成一定顺序依次替代，不可随意将因素顺序颠倒，否则各个因素的影响值计算就会得出不同的结果。在实际工作中，往往是先替代数量因素，后替代质量因素；先替代实物量、劳动量因素，后替代价值量因素；先替代原始的、主要的因素，后替代派生的、次要的因素。

(3) 顺序替代的连环性。计算每个因素变动的影响数值时，都是在前一次计算的基础上进行的，并采用连环比较的方法确定因素变化的影响结果。只有保持这种连环性，才能使各因素影响之和等于分析指标变动的总差异。

(4) 计算结果的近似性。由于因素分析法计算各个因素变动的影响值会因替代计算顺序的不同而有差别，因而，计算结果具有近似性。

三、趋势分析法

趋势分析法是通过连续数期的会计报表或财务比率，以揭示目前财务状况和未来变动趋势的一种分析方法。观察连续数期的会计报表，比单看一个报告期的报表能了解更多的情况与信息，并能判断企业财务状况的发展变化趋势。不同时期财务趋势分析主要有三种比较方式。

(一) 多期比较分析

多期比较分析是将连续数期的会计报表有关数字并行排列，比较相同指标的增减变动金额及幅度，以此来说明企业财务状况和经营成果变化的分析。一般可以通过编制比较资产负债表、比较利润表及比较现金流量表，计算出各有关项目增减变动的金额及变动百分比。其目的是查明什么项目变化了，什么原因造成这种变化，以及对未来的影响是什么。

【例 3-2】 表 3-2 是 N 公司连续 4 年的利润表资料，按此编制的变动差额与百分比报表如表 3-3 所示。

表 3-2　N 公司利润表

单位：万元

项　目	2015 年	2016 年	2017 年	2018 年
营业收入	2 850	3 135	3 323	3 389
减：营业成本	1 425	1 581	1 685	1 966
营业毛利	1 425	1 554	1 638	1 423
减：销售费用	285	314	332	339
减：期间费用	400	430	600	520
营业利润	740	810	706	564
加：营业外损益	75	65	117	67
利润总额	815	875	823	631
减：所得税费用	269	289	272	208
净利润	546	586	551	423

表 3-3　变动差额与百分比报表

单元：万元

项　目	2016 年		2017 年		2018 年	
	差额	百分比	差额	百分比	差额	百分比
营业收入	285	10%	188	6%	66	2%
减：营业成本	156	11%	104	7%	281	17%
营业毛利	129	9%	84	5%	−215	−13%
减：销售费用	29	10%	18	6%	7	2%
减：期间费用	30	8%	170	40%	−80	−13%
营业利润	70	9%	−104	−13%	−142	−20%
加：营业外损益	−10	−13%	52	80%	−50	−43%
利润总额	60	7%	−52	−6%	−192	−23%
减：所得税费用	20	7%	−17	−6%	−64	−24%
净利润	40	7%	−35	−6%	−128	−23%

其中：(变动)差额=本期金额−上期金额；(变动)百分比=变动差额/上期金额×100%。

通过表 3-3 可以看出：

(1) 营业收入的增长越来越慢。
(2) 营业成本的增长快于营业收入的增长。
(3) 毛利的下降速度很快。
(4) 期间费用呈增长趋势，2018 年得到控制。
(5) 营业外损益变动百分比较大，但绝对额不大。
(6) 净利润呈下降趋势。

因此，可以认为 N 公司盈利能力在下降，主要原因是营业成本大幅度升高。

(二) 结构百分比分析

这种方法以会计报表中某个总体指标作为 100%，再计算出报表各构成项目占该总体指标的百分比，依此来比较各个项目百分比的增减变动，判断有关财务活动的变化趋势。

通常认为,资产负债表的总体指标是资产总额,利润表的总体指标是营业收入,现金流量的总体指标是现金流量合计。这种方法既可用于同一企业不同时期财务状况的纵向比较,又可用于不同企业间的横向比较,并且还可以消除不同时期(不同企业)业务规模差异的影响,有助于正确分析企业财务状况及发展趋势。

【例3-3】 根据表3-2的数据,编制的N公司结构百分比利润表如表3-4所示。

表3-4 N公司结构百分比利润表

项　目	2016年	2017年	2018年
营业收入	100%	100%	100%
减:营业成本	50%	51%	58%
营业毛利	50%	49%	42%
减:销售费用	10%	10%	10%
减:期间费用	14%	18%	15%
营业利润	26%	21%	17%
加:营业外损益	2%	4%	2%
利润总额	28%	25%	19%
减:所得税费用	9%	8%	6%
净利润	19%	17%	13%

通过表3-4可以看到,营业成本占营业收入的比重越来越大,从2016年的50%上升到2018年的58%,相应地,营业毛利占营业收入的比重越来越小。另外,期间费用占营业收入的比重也呈上升趋势,2018年虽有下降,但仍高于2016年所占比重。因此,营业成本增大是公司利润下降的主要原因。

(三)定基百分比分析

定基百分比分析,首先要选取一个基期,将基期报表上的各项数额的指数均定为100,其他各年度财务报表上的数字也均用指数表示,由此得出的定基百分比报表,可以查明各项目的变化趋势。不同时期的同类报表项目的对比计算公式为:

$$报告期指数 = \frac{报告期数值}{基期数值} \times 100$$

【例3-4】 根据表3-2的数据,编制的N公司定基百分比利润表如表3-5所示。

表3-5 N公司定基百分比利润表

项　目	基年2015年	2016年	2017年	2018年
营业收入	100%	110%	117%	119%
减:营业成本	100%	111%	114%	138%
营业毛利	100%	109%	107%	95%
减:销售费用	100%	110%	110%	110%
减:期间费用	100%	108%	150%	130%

（续表）

项　　目	基年 2015 年	2016 年	2017 年	2018 年
营业利润	100%	109%	95%	76%
加：营业外损益	100%	87%	156%	89%
利润总额	100%	107%	101%	77%
减：所得税费用	100%	107%	101%	77%
净利润	100%	107%	101%	77%

从表 3-5 中可以看出，以 2015 年为基期，2018 年营业收入指数上升到 119 的同时，营业成本指数却上升到 138，上升幅度大大超过了营业收入。此外，期间费用也呈升势，2018 年指数增至 130。所以，N 公司利润大幅度下降的原因主要在于营业成本相对于营业收入的增长更快。

趋势分析法的主要局限是，由于各因素特别是偶然因素的影响，使不同时期的会计报表可能不具有可比性。为使数据不受偶然性的影响，在分析时要剔除偶然性因素。此外，当绝对值很小时，计算百分比时应特别注意，因为绝对数很小的变化会使其百分比变化很大。

第三节　财务比率分析

一、企业偿债能力分析

企业偿债能力分析包括短期偿债能力分析和长期偿债能力分析。

（一）短期偿债能力分析

企业短期债务一般要用流动资产来偿付，短期偿债能力是指企业流动资产对流动负债及时足额偿还的保证程度，是衡量流动资产变现能力的重要标志。企业短期偿债能力的衡量指标主要有流动比率、速动比率、现金流量比率和到期债务本息偿付比率等。

1. 流动比率

流动比率是指企业流动资产与流动负债之比。该指标将可以在 1 年内或超过 1 年的一个营业周期内变现或使用的流动资产，与 1 年以内到期的流动负债相比较，是衡量企业偿还短期债务能力的指标。其计算公式为：

$$流动比率 = \frac{流动资产}{流动负债}$$

该指标越高，表明偿还流动负债的能力越强。国际上一般认为流动比率为 2 较适宜。通常，流动比率越低，说明企业的短期偿债能力越差；流动比率越高，说明企业短期支付债务的能力越强。但是，流动比率并不是越高越好。流动比率过高，说明企业有很大一部分资金分布在流动资产上，可能会造成资金闲置，增加企业的机会成本；若分布在存货上的资金过多，很可能是存货积压滞销所致，这会降低企业的盈利能力，增加经营风险。同时，不同国家有不同的情况，同一国家不同行业的流动比率也不应该完全相同。一般而言，如果行业生产周期长，则企业的流动比率就相应提高；如果行业生产周期短，则企业流动比率可以相对降低。所以，最好将该指标值与同行业的平均水平相比较，以说明短期偿债能力的强弱。

根据流动比率评价企业短期偿债能力的强弱，其前提是企业的存货和应收账款的周转期是正常的。如果应收账款存在大量呆账、坏账,存货存在大量长期积压的问题,用流动比率评价企业的短期偿债能力就不够准确。另外,流动比率是一个时点指标,只能反映企业特定时点的流动性,并不能说明其前后流动负债偿还的情况,因而易造成企业利用时点数进行粉饰,在不改善短期偿债能力的情况下,使流动比率得以提高。例如,某企业当前流动资产150万元,其中货币资金60万元,流动负债100万元,当前流动比率为1.5;如果用货币资金归还应付账款50万元,归还后流动比率为2。此时用货币资金归还应付账款这项业务本身并不能提高偿债能力,但流动比率却由1.5提高到2,其原因是由于一般情况下流动资产大于流动负债,即流动比率的分子一般大于分母,分子、分母减少一个相同的金额,分子减少幅度会小于分母下降的幅度,导致流动比率上升。正是由于这个原因,一些企业期末时将借款还清,期初再借入款项,以改善流动比率。

2. 速动比率

速动比率是指速动资产与流动资产的比率,也称酸性试验比率。它是反映短期偿债能力的比率。速动资产是指迅速可以变现的流动资产,主要包括货币资金、交易性金融资产、应收票据、应收账款等。速动资产不包括存货,主要原因是存货的变现能力较差,将来能否正常销售出去不能确定,收回现金更是相对遥远的事情,而依靠降价变卖存货偿还流动负债,只是在不得已的情况下采用的下下策。速动资产也不包括待摊费用、预付账款、1年内到期的非流动资产和其他流动资产等。以速动资产同流动负债对比,说明企业短期债务偿还能力比流动比率具有较高的可信度。

速动资产的计算方法有两种:一种是以流动资产扣除存货计算速动资产。按照这种方法计算的速动比率又称一般速动比率;另一种是直接将货币资金、交易性金融资产、应收票据、应收账款相加计算速动资产。按照这种方法计算的速动比率称为保守速动比率。它们的计算公式为:

$$一般速动比率 = \frac{流动资产 - 存货}{流动负债}$$

$$保守速动比率 = \frac{货币资金 + 交易性金融资产 + 应收账款 + 应收票据}{流动负债}$$

说明:报表中应收利息、应收股利和其他应收款项目可视情况归入速动资产项目。

该指标越高,表明企业偿还流动负债的能力越强。国际上一般认为速动比率为1较适宜,此时说明企业既有好的债务偿还能力,又有合理的流动资产结构。在实际运用中,应当结合行业水平进行分析判断。

以速动比率评价企业的短期偿债能力,前提是应收账款周转情况是正常的。如果企业的应收账款中有较大部分不易收回,可能会成为坏账,那么速动比率就不能真实地反映企业的偿还能力。所以,应收账款的变现能力是影响速动比率可信度的关键因素。

3. 现金流量比率

现金流量比率是指企业经营活动现金净流量与流动负债的比率。以收付实现制为基础的经营活动现金净流量同流动负债对比,能充分体现企业经营活动所产生的现金净流量可以在多大程度上保证当期流动负债的偿还。用该指标评价企业短期债务偿还能力更为谨慎。其计算公式为:

$$现金流量比率 = \frac{经营活动现金净流量}{年末流动负债}$$

公式中分子的数据来自现金流量表,现金流量表的主表是根据收付实现制原则编制的,经营活动现金净流量数据的取得既不受企业会计政策和会计估计选择的影响,又不受流动资产变现能力的影响,因而可以直接反映企业经营活动创造现金流量的实际能力,相对流动比率和速动比率指标而言,现金流量比率更能准确反映企业短期债务的偿还能力。现金流量比率大,不仅表明企业支付到期债务的能力强,而且也表明企业经营活动创造现金流量的能力强,财务状况好。

需要说明的是,由于企业经营活动产生的现金净流量说明本年创造现金的能力,而年末流动负债是下期需要归还的债务,时间基础不同,两者比较的意义受到一定影响。因此,使用这一财务比率既可将未来会计年度预计的经营活动的现金净流量同期末流动负债相比较,也可将年度的经营活动现金净流量同年初流动负债相比较,以说明本年通过经营活动创造现金偿还流动负债的能力。

4. 到期债务本息偿付比率

到期债务本息偿付比率是企业经营活动现金净流量与本期到期债务本息的比率,主要用来衡量本期内到期的债务本金及相关的利息支出可由经营活动所产生的现金来偿付的程度。其计算公式为:

$$到期债务本息偿付比率=\frac{经营活动现金净流量}{本期到期债务本金+利息支出}$$

公式中数据均可从现金流量表中得到,分母中的本期到期债务本金及利息支出来自现金流量表中筹资活动现金流量。

【例3-5】 为便于说明,本章各项财务比率的计算,将主要采用M公司作为例子,该公司的资产负债表、利润及利润分配表和比较现金流量表如表3-6、表3-7、表3-8所示。

表3-6 资产负债表

编制单位:M公司　　　　2018年12月31日　　　　　　　　　单位:万元

资　　产	期初余额	年末余额	负债和股东权益	年初余额	年末余额
流动资产:			流动负债:		
货币资金	125	250	短期借款	225	300
交易性金融资产	60	30	交易性金融负债	0	0
应收票据	55	40	应付票据	20	25
应收账款	995	1 990	应付账款	545	500
预付款项	20	60	预收款项	20	50
其他应收款	110	110	应付职工薪酬	85	70
存货	1 630	595	应交税费	20	25
应收利息	55	200	应付利息	55	60
一年内到期的非流动资产	0	225	应付股利	20	25
流动资产合计	3 050	3 500	其他应付款	45	125
非流动资产:			预计负债	20	45
长期股权投资	225	150	一年内到期的非流动负债	20	260

(续表)

资　产	期初余额	年末余额	负债和股东权益	年初余额	年末余额
长期应收款	0	0	其他流动负债	25	15
固定资产	5 010	6 280	流动负债合计	1 100	1 500
在建工程	0	0	非流动负债：		
工程物资	0	0	长期借款	1 225	2 250
无形资产	115	70	应付债券	1 300	1 200
固定资产清理	0	0	长期应付款	305	300
长期待摊费用	0	0	递延所得税负债	70	50
其他非流动资产	0	0	其他非流动负债	0	0
非流动资产合计	5 350	6 500	非流动负债合计	2 900	3 800
			负债总额	4 000	5 300
			股东权益：		
			股本（每股面值1元）	3 000	3 000
			资本公积	50	80
			盈余公积	200	370
			未分配利润	1 150	1 250
			股东权益合计	4 400	4 700
资产总计	8 400	10 000	负债和股东权益总计	8 400	10 000

表 3-7　利润及利润分配表

编制单位：M公司　　　　　　　　2018年度　　　　　　　　单位：万元

项　目	上年金额	本年金额
一、营业收入	14 250	15 000
减：营业成本	12 515	13 220
税金及附加	140	140
销售费用	100	110
管理费用	200	230
财务费用	480	550
加：投资收益	200	250
二、营业利润	1 015	1 000
加：营业外收入	185	100
减：营业外支出	25	100
三、利润总额	1 175	1 000
减：所得税费用	415	360
四、净利润	760	640
加：年初未分配利润	1 016	1 150

(续表)

项目	上年金额	本年金额
五、可供分配的利润	1 776	1 790
减：提取盈余公积	76	64
应付股利	550	476
六、未分配利润	1 150	1 250

表 3-8　比较现金流量表（主表）

编制单位：M公司　　　　　　2018年度　　　　　　单位：万元

项目	上年金额	本年金额
一、经营活动产生的现金流量		
销售商品、提供劳务收到的现金	14 118	13 244
收到其他与经营活动有关的现金	85	92
现金流入小计	14 203	13 336
购买商品、接受劳务支付的现金	9 515	8 702
支付给职工以及为职工支付的现金	160	180
支付的各项税费	2 236	2 347
支付其他与经营活动有关的现金	620	521
现金流出小计	12 531	11 750
经营活动产生的现金流量净额	1 672	1 586
二、投资活动产生的现金流量		
收回投资收到的现金	86	159
取得投资收益收到的现金	24	15
处置固定资产、无形资产和其他长期资产收到的现金净额	5	10
收到其他与投资活动有关的现金		
现金流入小计	115	184
购建固定资产、无形资产和其他长期资产支付的现金	407	684
投资支付的现金	54	37
支付其他与投资活动有关的现金		
现金流出小计	461	721
投资活动产生的现金流量净额	−346	−537
三、筹资活动产生的现金流量		
吸收投资收到的现金	200	120
取得借款收到的现金	850	1 070
收到其他与筹资活动有关的现金		
现金流入小计	1 050	1 190
偿还债务支付的现金	1 100	1 300
分配股利、利润或偿还利息支付的现金	838	814
支付其他与投资活动有关的现金		
现金流出小计	1 938	2 114
筹资活动产生的现金流量净额	−888	−924
四、现金及现金等价物净增加额	438	125

根据表3-6、表3-8的资料，M公司2018年有关短期偿债能力指标计算所需资料如表3-9

所示。

表 3-9 M 公司 2018 年短期偿债能力指标计算资料

单位：万元

项　　目	年　　初	年　　末
流动资产	3 050	3 500
货币资金	125	250
交易性金融资产	60	30
应收票据	55	40
应收账款	995	1 990
其他应收款	110	110
速动资产合计	1 345	2 420
流动负债	1 100	1 500

另外，2017 年经营活动产生的现金流量净额为 1 672 万元，偿还债务所支付的现金为 1 100 万元，偿还利息所支付的现金为 33 万元；2018 年经营活动产生的现金流量净额为 1 586 万元，偿还债务所支付的现金为 1 300 万元，偿还利息所支付的现金为 42 万元。

则 M 公司的流动比率为：

$$年初流动比率 = \frac{3\,050}{1\,100} = 2.77$$

$$年末流动比率 = \frac{3\,500}{1\,500} = 2.33$$

M 公司的速动比率为：

$$年初速动比率 = \frac{1\,345}{1\,100} = 1.22$$

$$年末速动比率 = \frac{2\,420}{1\,500} = 1.61$$

M 公司现金流量比率为：

$$2017\,年现金流量比率 = \frac{1\,672}{1\,100} = 1.52$$

$$2018\,年现金流量比率 = \frac{1\,586}{1\,500} = 1.06$$

到期债务本息偿付比率为：

$$2017\,年到期债务本息偿付比率 = \frac{1\,672}{1\,100 + 33} = 1.48$$

$$2018\,年到期债务本息偿付比率 = \frac{1\,586}{1\,300 + 42} = 1.18$$

M 公司年初年末流动比率均大于 2，速动比率都比一般公认标准高，现金流量比率和到期债务本息偿付比率也比较正常，说明该公司短期偿债能力有保证。

（二）长期偿债能力分析

企业债权人和投资人不仅关心短期偿债能力，更关心长期偿债能力。因此，在进行短期偿债能力分析的同时，还需进行长期偿债能力分析，以便全面了解企业对总负债偿还的能力及所承担的财务风险。企业长期偿债能力的衡量指标主要有资产负债率和股东权益比率、产权比率和权益乘数、利息保障倍数和现金负债总额比率等。

1. 资产负债率和股东权益比率

资产负债率是指企业负债总额与资产总额的比率,也称负债比率。它反映了企业的资产总额中有多大的比例是通过举债筹资的,有助于确定在企业清算时偿还全部债务的物质保障程度。资产负债率反映企业偿还债务的综合能力。其计算公式为:

$$资产负债率 = \frac{负债总额}{资产总额} \times 100\%$$

这里要注意的是,作为分析企业长期偿债能力的资产负债率指标中的资产总额是全部资产,而不是长期资产;同样,负债总额也是指全部负债。其原因在于,无论是短期负债还是长期负债,都应当由全部资产作为偿还的最终保障,用负债总额除以资产总额,实际上意味着资产总额的变现价值在保证了短期负债偿还后,再用于长期负债的偿还。

资产负债率是衡量企业负债水平及风险程度的重要指标。该指标不论对企业投资人还是企业债权人都是十分重要的。

对债权人而言,希望资产负债率越低越好,资产负债率低表明债权人在企业清算时能得到的清偿保障程度高,本息收回的风险小;反之,资产负债率越高,本息收回的风险越大,企业再筹资的能力将受到极大影响。正因为如此,债权人在决定是否借贷之前,会详细考察企业的资产负债率;此外,还可能在借贷合同中规定借贷期限内企业最高的资产负债率,以确保自身的利益。

对投资者而言,当息税前投资报酬率大于利息率时,希望资产负债率高一些,以获得财务杠杆利益。因为利用负债筹资可以减少发行股票筹资,使原股东容易保持对企业的控制权,为股东创造更多财富;反之,当息税前投资报酬率小于利息率时,希望资产负债率低一些,以回避风险,防止企业步入困境。

对于经营者来说,既不愿意接受较高的负债比率,承受较大的风险责任,也不会长久保持较低的负债比率,使企业的权益净利率得不到较大的增长。管理当局会从企业的整体经营特点和财务的要求出发,追求合理的资产负债率,即最佳的资本结构。在充分保障企业债务安全的前提下,适度提高企业的负债比重,提高资金的利用水平,保持良好的偿债能力,使企业能长期稳定地发展。

目前,国际上一般认为资产负债率在60%左右比较好。当前,我国交通、运输、电力等基础行业的资产负债率一般平均为50%左右。

股东权益比率是指股东权益与资产总额的比率,也称权益比率。该比率可以反映企业资产中有多大比例是所有者投入的。一般而言,这一财务比率越高,表明企业长期偿债能力越强。其计算公式为:

$$股东权益比率 = \frac{股东权益总额}{资产总额} \times 100\% = 1 - 资产负债率$$

负债比率与权益比率虽表述方式不同,但都是反映企业资本结构,衡量债务保障程度的指标。

2. 产权比率和权益乘数

产权比率是指负债总额与股东权益总额的比率,也称负债权益比率。它反映了债权人提供资金与股东所提供资金的对比关系。因此，它可以揭示企业的财务风险以及股东权益对债务的保障程度。其计算公式为：

$$产权比率 = \frac{负债总额}{股东权益总额}$$

产权比率越低，说明企业长期偿债能力越好，债权人贷款的安全越有保障，企业财务风险越小。

权益乘数是指资产总额相当于股东权益总额的倍数。权益乘数越大，说明股东投入的资本在资产中所占比重越小，偿债能力越差。权益乘数是杜邦财务分析体系的重要指标。其计算公式为：

$$权益乘数 = \frac{资产总额}{股东权益总额}$$

权益乘数与资产负债率的关系为：

$$权益乘数 = \frac{资产总额}{股东权益总额} = \frac{1}{股东权益比率} = \frac{1}{1-资产负债率}$$

权益乘数与产权比率的关系为：

$$权益乘数 = \frac{资产总额}{股东权益总额} = 1 + \frac{负债总额}{股东权益总额} = 1 + 产权比率$$

3. 利息保障倍数

利息保障倍数是指息税前利润相当于利息支出的倍数，也称利息所得倍数、已获利息倍数等。利息保障倍数反映了企业以经营所得利润支付债务利息的能力，是利用利润表的资料来分析企业长期偿债能力的指标。其计算公式为：

$$利息保障倍数 = \frac{息税前利润}{利息支出}$$

公式中的息税前利润根据利润总额加利息费用（或财务费用）计算。分母中的利息支出包括财务费用中的利息费用（一般也按财务费用计算）和计入固定资产成本的资本化利息。

一般认为，利息保障倍数应该保持在 3 以上，而且应该观察连续若干期的数据来进行评价。企业的利息保障倍数至少要大于 1，否则，说明企业难以保证用经营所得来按时按量支付债务利息，长此以往，必将出现到期债务不能支付的问题。但是，短期内利息保障倍数低于 1，可能并不影响利息的支付。因为税前利润是采用权责发生制来核算的，本期的息税前利润中已经扣除了一些非付现的成本费用。

4. 现金负债总额比率

现金负债总额比率是指经营活动现金净流量同负债总额的比率。它反映企业用年度经营活动现金净流量承担债务的能力，是反映企业长期偿债能力的指标。其计算公式为：

$$现金负债总额比率 = \frac{经营活动现金净流量}{负债总额}$$

现金负债总额比率越高，说明企业支付债务利息的能力越强，负债经营的能力越强，偿债能力越好。

【例 3-6】 根据表 3-6、表 3-7 和表 3-8 资料，M 公司 2018 年有关长期偿债能力指标计算所需资料如表 3-10 所示。

表 3-10 M 公司 2018 年长期偿债能力指标计算资料

单位:万元

项目	年初	年末
流动资产	3 050	3 500
固定资产	5 010	6 280
长期投资	225	150
长期负债	2 900	3 800
负债	4 000	5 300
股东权益	4 400	4 700
资产总额	8 400	10 000

另外,2017 年利润总额为 1 175 万元,利息费用为 480 万元,经营活动现金净流量为 1 672 万元;2018 年利润总额为 1 000 万元,利息费用为 550 万元,经营活动现金净流量为 1 586 万元。

M 公司的资产负债率为:

$$年初资产负债率 = \frac{4\,000}{8\,400} \times 100\% = 47.62\%$$

$$年末资产负债率 = \frac{5\,300}{10\,000} \times 100\% = 53\%$$

M 公司的股东权益比率为:

$$年初股东权益比率 = 1 - 47.62\% = 52.38\%$$

$$年末股东权益比率 = 1 - 53\% = 47\%$$

M 公司的产权比率为:

$$年初产权比率 = \frac{4\,000}{4\,400} = 0.91$$

$$年末产权比率 = \frac{5\,300}{4\,700} = 1.13$$

M 公司的权益乘数为:

$$年初权益乘数 = 1 + 0.91 = 1.91$$

$$年末权益乘数 = 1 + 1.13 = 2.13$$

M 公司的利息保障倍数为:

$$2017\,年利息保障倍数 = \frac{1\,175 + 480}{480} = 3.45$$

$$2018\,年利息保障倍数 = \frac{1\,000 + 550}{550} = 2.82$$

M 公司的现金负债总额比率为:

$$2017\,年现金负债总额比率 = \frac{1\,672}{4\,000} = 0.42$$

$$2018\text{年现金负债总额比率} = \frac{1\,586}{5\,300} = 0.30$$

从以上计算结果看,M 公司的资产负债率和产权比率都在合理的范围内,说明 M 公司有一定的偿债能力和负债经营能力。利息保障倍数虽不太高,但大于1,说明有一定的偿债能力。现金负债总额比率较低,且 2018 年较 2017 年有所下降,不利于企业偿债能力的提高,说明企业通过经营活动创造现金偿付债务的能力较差。

二、资产管理比率分析

资产管理比率是反映企业利用资金开展业务活动的营运能力方面的财务比率,一般以企业资产的投入与获取的收入进行对比,计算资产的周转速度指标,用以衡量企业资产的管理效率。资产管理比率的高低不仅反映企业资产管理水平的好坏,而且影响企业的盈利能力和偿债能力。

资产周转速度指标分为资产周转率和资产周转期两种。资产周转率是指计算当期营业收入与资产平均余额的比值,表明资产在一定时期内的周转次数。资产周转期是指计算期天数与资产周转率的比值,表明资产每周转一次所需要的时间。其计算公式为:

$$\text{资产周转率} = \frac{\text{营业收入}}{\text{资产平均余额}}$$

$$\text{资产周转期} = \frac{\text{计算期天数}}{\text{资产周转率}}$$

资产周转率数值大或资产周转期数值小,均说明资产周转速度快、资产管理效率高。资产周转速度指标包括总资产周转率、流动资产周转率与周转期、固定资产周转率、存货周转率与周转期、应收账款周转率与周转期等。

1. 总资产周转率

总资产周转率是指企业一定时期营业收入与资产平均余额的比率,也称总资产利用率。它说明企业全部资产的利用效率,是评价企业营运能力的综合性指标。其计算公式为:

$$\text{总资产周转率} = \frac{\text{营业收入}}{\text{资产平均余额}}$$

$$\text{资产平均余额} = \frac{\text{期初总资产} + \text{期末总资产}}{2}$$

总资产周转率是考察企业资产运营效率的一项重要指标,反映企业在经营期间全部资产的管理质量和利用效果。比率越高,说明总资产周转速度越快,销售能力越强,资产利用效率越高。比率越低,说明企业资产经营效率越差,会影响企业的获利能力。实际运用这一财务比率分析时,可以和同行业平均水平相比较,衡量企业的资产管理水平,也可以同上期相比较,了解企业全部资产利用效率的改善情况。需要说明的是,该指标数值的高低,往往受到流动资产周转率、应收账款周转率和存货周转率等指标的影响。

2. 流动资产周转率与周转期

流动资产周转率是指企业一定时期营业收入与流动资产平均余额的比率,是表示流动资产周转速度,用以评价企业全部流动资产利用效率的重要指标。流动资产周转率计算公式为:

$$\text{流动资产周转率} = \frac{\text{营业收入}}{\text{流动资产平均余额}}$$

$$流动资产平均余额 = \frac{期初流动资产 + 期末流动资产}{2}$$

$$流动资产周转天数 = \frac{计算期天数}{流动资产周转次数}$$

或

$$= \frac{平均流动资产 \times 计算期天数}{营业收入}$$

流动资产周转率反映企业流动资产的周转速度,它是从企业全部资产中流动性最强的流动资产角度对企业资产的利用效率进行的分析,以进一步揭示影响企业资产质量的主要因素。通常认为,正常经营情况下流动资产周转率越高(周转天数越少),表明流动资产周转速度越快,可相对节约流动资金,等于相对扩大资产投入,增强企业盈利能力;反之,流动资产周转速度缓慢,则需要补充新的流动资金参加周转,必然降低企业的盈利能力和偿债能力。

3. 固定资产周转率

固定资产是企业生产经营的物资技术基础,直接决定企业的生产经营能力。固定资产周转率是企业一定时期营业收入与固定资产平均净值的比率。它是反映固定资产利用效率的指标。固定资产周转率计算公式为:

$$固定资产周转率 = \frac{营业收入}{固定资产平均净值}$$

$$固定资产平均净值 = \frac{期初净值 + 期末净值}{2}$$

固定资产周转率越高,说明公司固定资产的利用效率越高,管理水平较高。如果固定资产周转率与同行业平均水平相比偏低,说明企业的生产效率较低,生产利用能力不够,可能会影响企业的获利能力。

4. 存货周转率与周转期

存货周转率是企业一定时期的营业成本与存货平均余额的比率。它是反映存货周转速度、变现能力、利用效率、存货质量的指标。存货周转次数计算公式为:

$$存货周转次数 = \frac{营业成本}{存货平均余额}$$

$$存货平均余额 = \frac{期初存货余额 + 期末存货余额}{2}$$

$$存货周转天数 = \frac{计算期天数}{存货周转次数}$$

或

$$存货周转天数 = \frac{存货平均余额 \times 计算期天数}{营业成本}$$

如果企业的生产经营活动具有强的季节性,平均年存货应该按季节或月份余额来计算,先计算出各月份或季节的平均存货,然后再计算全年的平均存货。

存货周转次数越多(周转天数越少),说明存货的变现速度越快,存货利用效率越高,企业的销售能力越强,存货质量越好,占用在存货上的资金越少。分析时,可以与同行业水平或上期周转速度相比较。

5. 应收账款周转率与周转期

应收账款周转率是企业一定时期营业收入与应收账款平均余额的比率。它反映了企业应收账款的周转速度。应收账款周转率计算公式为:

$$应收账款周转率 = \frac{营业收入}{应收账款平均余额}$$

$$应收账款平均余额 = \frac{期初应收账款 + 期末应收账款}{2}$$

$$应收账款平均收账期(周转天数) = \frac{计算期天数}{应收账款周转次数}$$

或

$$= \frac{应收账款平均余额 \times 计算期天数}{营业收入}$$

从理论上讲,应收账款是赊销造成的,因此公式中的营业收入应采用赊销金额。但是在财务报表中并不直接提供赊销金额,所以一般采用营业收入。在各年赊销金额波动不大的情况下,采用营业收入计算的指标同样能比较准确地反映应收账款周转速度的情况,而且,只要坚持一贯性原则,并不影响指标的分析、利用。

通常认为,应收账款周转率越高(周转天数越少),说明应收账款流动性越强,质量越好,短期偿债能力也会增强。由于季节性经营,大量采用分期收款或现金方式结算等,都可能使本指标结果失实,所以,应结合企业的前后期间、行业平均水平进行综合评价。

【例 3-7】 根据表 3-6、表 3-7 资料,M 公司 2018 年有关营运能力指标计算所需资料如表 3-11 所示。

表 3-11　M 公司 2018 年营运能力指标计算资料

单位:万元

项　　目	年　　初	年　　末
流动资产	3 050	3 500
应收账款	1 050	2 030
存货	1 630	595
固定资产净值	5 010	6 280
资产总额	8 400	10 000

说明:表 3-6 中固定资产年初和年末数均为固定资产净值。

另外,2017 年年初流动资产为 3 200 万元,应收账款为 924 万元,存货 1 400 万元,固定资产净值为 4 000 万元,资产总额为 7 500 万元。

2017 年营业收入净额为 14 250 万元,2018 年营业收入净额 15 000 万元。

2017 年营业成本为 12 515 万元,2018 年营业成本为 13 220 万元。

M 公司总资产周转率为:

$$2017 年总资产周转率 = \frac{14\ 250}{(7\ 500 + 8\ 400) \div 2} = 1.79(次)$$

$$2018 年总资产周转率 = \frac{15\ 000}{(8\ 400 + 10\ 000) \div 2} = 1.63(次)$$

M 公司固定资产周转率为:

$$2017 年固定资产周转率 = \frac{14\ 250}{(4\ 000 + 5\ 010) \div 2} = 3.16(次)$$

$$2018 年固定资产周转率 = \frac{15\ 000}{(5\ 010 + 6\ 280) \div 2} = 2.66(次)$$

M公司流动资产周转指标为：

$$2017年流动资产周转次数=\frac{14\ 250}{(3\ 200+3\ 050)\div 2}=4.56(次)$$

$$2018年流动资产周转次数=\frac{15\ 000}{(3\ 050+3\ 500)\div 2}=4.58(次)$$

$$2017年流动资产周转天数=\frac{360}{4.56}=78.95(天)$$

$$2018年流动资产周转天数=\frac{360}{4.58}=78.60(天)$$

从以上计算可知，M公司2017年与2018年流动资产周转指标差异不大，2018年总资产周转速度和固定资产周转速度比上年减慢，其主要原因在于固定资产净值增加幅度要大于营业收入增长幅度，说明企业营运能力有所减弱，这种减弱幅度是否合理，还要视公司目标及与同行业水平的比较而定。

M公司存货周转率指标为：

$$2017年存货周转次数=\frac{12\ 515}{(1\ 400+1\ 630)\div 2}=8.26(次)$$

$$2018年存货周转次数=\frac{13\ 220}{(1\ 630+595)\div 2}=11.88(次)$$

$$2017年存货周转天数=\frac{360}{8.26}=45.38(天)$$

$$2018年存货周转天数=\frac{360}{11.88}=30(天)$$

M公司应收账款周转指标为：

$$2017年应收账款周转次数=\frac{14\ 250}{(924+1\ 050)\div 2}=14.44(次)$$

$$2018年应收账款周转次数=\frac{15\ 000}{(1\ 050+2\ 030)\div 2}=9.74(次)$$

$$2017年应收账款周转天数=\frac{360}{14.44}=24.93(天)$$

$$2018年应收账款周转天数=\frac{360}{9.74}=37(天)$$

从以上计算可知，M公司2018年与2017年流动资产周转指标基本一致，但表现在具体项目上是不平衡的。存货周转速度2018年较2017年加快3.62次，说明存货的流动性较强，存货转化为现金或应收账款的速度较快，从而会增强企业的短期偿债能力及获利能力。应收账款周转天数2018年较2017年增加12.07天，说明企业账款的收回可能存在问题，应进一步查明其具体原因。

三、盈利能力分析

盈利能力是指企业在一定时期赚取利润、实现资金增值的能力，它通常表现为企业收益数额的大小与水平的高低。在正常条件下，企业实现利润的多少，能够体现企业经营管理水平的高低和经济效益的好坏。盈利能力的大小是一个相对的概念，必须将企业的盈利能力与同行业的先进水平、同行业的竞争对手以及企业前期比较，才能作出正确的分析和评价。盈利能力分析主要包括投资收益能力分析、经营获利能力分析、资本保值增值率分析。

（一）投资收益能力分析

1. 净资产收益率

净资产收益率是指企业一定时期净利润与净资产平均余额的比率，也称权益净利率。

净资产收益率充分体现了投资者投入资本获取收益的能力，反映了投资与报酬的关系，是评价企业资本经营效益的核心指标。其计算公式为：

$$净资产收益率=\frac{净利润}{净资产平均余额}\times 100\%$$

2. 总资产报酬率

总资产报酬率是指企业一定时期内获得的息税前利润总额与资产平均余额的比率。总资产报酬率主要用来衡量企业利用资产获取利润的能力，表示企业包括净资产和负债在内的全部资产的总体获利能力，是评价企业资产运营效益的重要指标。其计算公式为：

$$总资产报酬率=\frac{利润总额+利息费用}{资产平均余额}\times 100\%$$

总资产报酬率表示企业全部资产获取收益的水平，全面反映了企业的获利能力和投入产出状况，该指标越高，表明企业投入产出的水平越好，企业的资产运营越有效。通过对该指标的深入分析，可以增强各方面对企业资产经营的关注，促进企业提高单位资产的收益水平。该指标也是企业筹资决策的重要依据，一般情况下，企业可将此指标与市场利率进行比较，如果该指标大于市场利率，则表明企业可以充分利用财务杠杆，进行负债经营，获取尽可能多的收益；如果总资产报酬率较低，说明利用负债是不利的。

3. 总资产净利率

总资产净利率是指企业一定时期净利润与资产平均余额的比率，说明利用资产获取净利润的能力。其计算公式为：

$$总资产净利率=\frac{净利润}{资产平均余额}\times 100\%$$

总资产净利率是一个综合性较强的财务指标，通过分析影响指标的因素，并层层分解，研究彼此间的依存关系，可以揭示公司的获利能力和资产周转速度。总资产净利率与营业净利率和总资产周转率的关系为：

$$总资产净利率=\frac{净利润}{资产平均余额}=\frac{净利润}{营业收入}\times\frac{营业收入}{资产平均总额}$$
$$=营业净利率\times 总资产周转率$$

【例 3-8】 根据表 3-6 和表 3-7 资料，M 公司 2018 年有关投资收益率指标计算所需资料如表 3-12 所示。

表 3-12　M 公司 2018 年投资收益率指标计算资料

单位：万元

项　　目	2017 年	2018 年
净利润	760	640
所得税费用	415	360
财务费用	480	550

另外，2017 年年初资产总额为 7 500 万元，股东权益为 4 000 万元；2018 年年初股东权益为 4 400 万元，资产总额为 8 400 万元；2018 年年末股东权益为 4 700 万元，资产总额为 10 000 万元。

M公司总资产报酬率为：

$$2017年总资产报酬率=\frac{760+415+480}{(7\,500+8\,400)\div 2}\times 100\%=20.82\%$$

$$2018年总资产报酬率=\frac{640+360+550}{(8\,400+10\,000)\div 2}\times 100\%=16.85\%$$

M公司净资产收益率为：

$$2017年净资产收益率=\frac{760}{(4\,000+4\,400)\div 2}\times 100\%=18.10\%$$

$$2018年净资产收益率=\frac{640}{(4\,400+4\,700)\div 2}\times 100\%=14.07\%$$

M公司总资产净利率为：

$$2017年总资产净利率=\frac{760}{(7\,500+8\,400)\div 2}\times 100\%=9.56\%$$

$$2018年总资产净利率=\frac{640}{(8\,400+10\,000)\div 2}\times 100\%=6.96\%$$

由计算结果可知，M公司2018年总资产报酬率、净资产收益率和总资产净利率均低于上年，盈利能力明显降低。需要对公司资产的使用情况，成本开支情况，结合成本效益指标一起分析，以改进管理，提高资产利用效率和企业经营管理水平，增强盈利能力。

（二）经营获利能力分析

1. 营业毛利率

营业毛利率是指企业一定时期营业毛利与营业收入的比率，也称毛利率。其计算公式为：

$$营业毛利率=\frac{营业毛利}{营业收入}\times 100\%$$

$$营业毛利=营业收入-营业成本$$

营业毛利率主要受产品销售价格、单位产品成本的影响，而产品销售价格又受企业市场竞争能力的影响；单位成本的高低受企业成本管理水平的影响。所以，营业毛利率越大，说明企业营业成本低，竞争能力强，经营业务获利能力越强；反之，则说明企业成本过高，产品质量不高，竞争能力不强。另外，营业毛利率的高低还受到行业特点的影响。一般来说，营业周期短、固定成本低的行业，营业毛利率一般较低，如零售业；而营业周期长、固定成本高的行业，营业毛利率通常要高一些。因此，营业毛利率的高低。一般应同行业平均水平相比较。

2. 营业利润率

营业利润率是指企业一定时期营业利润同营业收入的比率，反映了企业全部经营业务的获利能力。其计算公式为：

$$营业利润率=\frac{营业利润}{营业收入}\times 100\%$$

$$营业利润=营业收入-营业成本-税金及附加-销售费用-管理费用-财务费用$$

3. 营业净利率

营业净利率是指企业一定时期净利润与营业收入的比率。其计算公式为：

$$营业净利率 = \frac{净利润}{营业收入} \times 100\%$$

4. 成本费用利润率

成本费用利润率是指企业利润总额与成本费用总额的比率,反映了企业经营过程中发生的耗费与获得的收益之间的关系。其计算公式为:

$$成本费用利润率 = \frac{利润总额}{成本费用总额} \times 100\%$$

一般认为,成本费用包括营业成本、销售费用、管理费用、财务费用等,也有的把营业税金及附加、所得税考虑进去。

【例3-9】 根据表3-7资料,M公司2018年有关经营获利能力指标计算所需资料如表3-13所示。

表3-13 M公司2018年经营获利能力指标计算资料

单位:万元

项目	2017年	2018年
营业收入	14 250	15 000
营业成本	12 515	13 220
营业毛利	1 735	1 780
营业税费	140	140
销售费用	100	110
管理费用	200	230
财务费用	480	550
成本费用总额	13 295	14 110
营业利润	1 050	1 000
利润总额	1 175	1 000
净利润	760	640

M公司营业毛利率为:

$$2017年营业毛利率 = \frac{1\ 735}{14\ 250} \times 100\% = 12.18\%$$

$$2018年营业毛利率 = \frac{1\ 780}{15\ 000} \times 100\% = 11.87\%$$

M公司营业利润率为:

$$2017年营业利润率 = \frac{1\ 050}{14\ 250} \times 100\% = 7.37\%$$

$$2018年营业利润率 = \frac{1\ 000}{15\ 000} \times 100\% = 6.67\%$$

M公司营业净利率为:

$$2017年营业净利率 = \frac{760}{14\ 250} \times 100\% = 5.33\%$$

$$2018\text{年营业净利率} = \frac{640}{15\,000} \times 100\% = 4.27\%$$

M 公司成本费用利润率为：

$$2017\text{年成本费用利润率} = \frac{1\,175}{13\,295} \times 100\% = 8.84\%$$

$$2018\text{年成本费用利润率} = \frac{1\,000}{14\,110} \times 100\% = 7.09\%$$

从上述计算分析可以看出，2018年各项营业利润率指标均比上年有所下降。说明企业盈利能力有所下降，公司应进一步分析利润下降、成本上升的原因，采取有效措施，降低成本，提高盈利能力。

（三）资本保值增值率分析

资本保值增值率是指企业本年末股东权益扣除客观增减因素后同年初股东权益的比率。资本保值增值率表示企业由于当年经营方面的原因使股东权益增减变动的情况，是评价企业财务效益状况的指标。其计算公式为：

$$\text{资本保值增值率} = \frac{\text{扣除客观因素后的年末股东权益}}{\text{年初股东权益}} \times 100\%$$

扣除客观因素后年末股东权益，是指扣除客观因素后对股东权益影响的数额，需要扣除或加回的项目包括客观因素影响的增加额和客观因素影响的减少额。客观因素影响的增加额，如所有者追加投资额等；客观因素影响的减少额，如分配现金股利等。

资本保值增值率是根据"资本保全"原则设计的指标，更加谨慎、稳健地反映了企业资本保全和增值状况。它充分体现了对股东权益的保护，能够及时有效地发现侵蚀股东权益的现象。该指标反映了投资者投入企业资本的保全性和增长性。该指标越高，表明企业的资本保全状况越好，股东权益增长越快，债权人的债务越有保障，企业发展后劲越强。该指标如为负值，表明企业资本受到侵蚀，没有实现资本保全，损害了股东的权益，也妨碍了企业进一步发展壮大，应予以充分重视。

【例 3-10】 根据[例 3-8]有关资料，M 公司资本保值增值率为：

$$2017\text{年资本保值增值率} = \frac{4\,400}{4\,000} \times 100\% = 110\%$$

$$2018\text{年资本保值增值率} = \frac{4\,700}{4\,400} \times 100\% = 107\%$$

该公司 2018 年资本保值增值率比上年有所降低。

四、上市公司财务比率分析

对于上市公司来说，最重要的财务指标是每股收益、每股净资产和净资产收益率。证券信息机构按照每股收益、每股净资产、净资产收益率三项指标高低定期公布上市公司排行榜，可见其重要性。净资产收益率前已述及，下面主要介绍每股收益、市盈率、市净率、股票获利率、股利支付率、股利保障倍数、每股股利和每股经营活动现金流量等相关指标。

1. 每股收益

每股收益是指每股普通股所获得的净利润，也称每股利润或每股盈余。每股收益是表明公司普通股每股获利能力大小的重要指标。其计算公式为：

$$\text{每股收益} = \frac{\text{净利润}}{\text{期末发行在外普通股股份总数}}$$

或 $= \dfrac{\text{净利润}}{\text{该期发行在外普通股加权平均股份总数}}$

公式中的分子一般为本年度的净利润,如果存在优先股时,应当在净利润中减去优先股股利。前一个公式计算出的结果又称摊薄的每股收益,表明公司实现的净利润应归属于期末在册的发行在外的所有普通股股东享有。后一个公式计算出的结果又称基本每股收益,因为分子净利润为时期指标,而分母股份总数是时点指标,所以股数应加权平均计算,尤其当公司的普通股股份数在该时期发生过增减变动,加权平均计算就更显得合理。其中,加权平均普通股股数是以普通股在年度内发行在外的月份数为权数加权计算的。其计算公式为:

$$\text{某年度发行在外普通股加权平均股份总数} = \text{年初股份总数} \pm \left[\text{本年增加(减少)股份总数} \times \left(12 - \text{变动当月月份数}\right)\right] \div 12$$

当股份公司存在稀释性潜在普通股时,应以基本每股收益的计算为基础,在分母中考虑稀释性潜在普通股的影响,同时对分子也作相应的调整。这里的稀释性潜在普通股是指假设当期转换为普通股会减少每股收益的潜在普通股,目前常见的潜在普通股主要包括可转换公司债券、认股权证和股份期权等。稀释每股收益公式为:

$$\text{稀释每股收益} = \dfrac{\text{净利润} + \text{分子调整}}{\text{发行在外普通股加权平均数} + \text{分母调整}}$$

其中,分子调整是指可转换债券当期已确认费用等的税后影响数。

分母调整增加的潜在普通股股数为:一是假定可转换公司债券当期期初或发行日转换为普通股的加权平均股数;二是发行认股权证或股份期权增加的普通股股数,同时还应考虑时间权数。

每股收益是衡量股份公司盈余能力最常用的财务指标。在分析时,可以进行公司间的比较,以评价公司的相对盈利能力;可以进行不同时期的比较,以了解公司盈利能力变化趋势;可以进行经营实绩与盈利预测的比较,以掌握公司的管理能力。

2. 市盈率

市盈率是指上市公司普通股每股市价与每股收益的比率,也称价格盈余比率或价格与收益比率,反映投资者对每元利润所愿支付的价格。其计算公式为:

$$\text{市盈率} = \dfrac{\text{每股市价}}{\text{每股收益}}$$

一般来说,市盈率高,说明投资者对该公司的发展前景看好,愿意出较高的价格购买该公司股票,所以一些成长性较好的高科技公司的股票的市盈率通常要高些。但也应注意,如果某一种股票的市盈率过高,则意味着这种股票具有较高的投资风险。市盈率不仅是分析上市公司净利润与普通股股票价格之间关系的尺度,也是衡量股票投资价值的重要工具。利用市盈率指标和公司其他财务指标,并结合股票市场行情分析,可以解释公司股票目前市价有无高估或低估的情况。因此,无论是企业管理当局还是股票投资者,对这个指标都十分重视。

3. 市净率

市净率是上市公司普通股每股市价与每股净资产的比率,又称净资产倍率,反映市场对公司资产质量的评价。其计算公式为:

$$\text{市净率} = \dfrac{\text{每股市价}}{\text{每股净资产}}$$

$$每股净资产 = \frac{年末股东权益总额}{年末发行在外普通股股份总额}$$

这里的年末股东权益总额是指扣除优先股权益后的余额。

每股净资产是每股股票在公司会计报表上的账面价值，是假设现在公司的净资产能够按照账面价值变现，每股普通股可以分得的价值。实际上，公司如果要进行清算，其变现价值往往与账面价值有较大的悬殊，每股净资产提供了理论上股票的最低价值，如果股票价格低于净资产成本，往往说明公司已无存在的价值。

每股市价是证券市场上交易的结果，是每股股票的现在市场价值。在一般情况下，股票市场价值应高于其历史的账面价值，况且市场价值中还包含投资人对公司未来成长的期望值，反映投资人对公司的评价。所以，一般市净率至少应大于1。若是净利率较高，市价高于账面价值，反映投资人对公司发展前景看好，认为公司资产质量较高，有发展潜力；反之，说明市场对公司发展不看好，反映公司资产质量差，没有发展前景。

4. 股票获利率

股票获利率是普通股每股股利与每股市价的比率，反映股价与股利的比例关系。其计算公式为：

$$股票获利率 = \frac{普通股每股股利}{普通股每股市价} \times 100\%$$

普通股的每股市价是股东买入公司股票的投资成本，而每股股利则是上市公司支付给每股普通股的股利额。因此，该指标不仅可表明公司对股东的投资回报率，也可以反映股东的股票投资在股利方面所获得的报酬率。当然，流通股股东还有第二项投资收益，即股票买进、卖出的差价收益。

5. 股利支付率

股利支付率是普通股每股股利与每股收益的比率，也称股利发放率。若公司无优先股，则是某年度股利总额占该年度净利润的比重。它表明当年股份公司的净利润中有多少用于股利分派，体现了公司股利分配政策。其计算公式为：

$$股利支付率 = \frac{每股股利}{每股收益} \times 100\% = \frac{股利总额}{净利润总额} \times 100\%$$

股利支付率大小主要取决于公司的股利分配政策。一般而言，如果公司的现金流量比较充裕，并且目前没有更好的投资项目，则可能会倾向于发放现金股利；如果公司有较好的投资项目，则可能会少发股利，而将资金用于投资。

6. 股利保障倍数

股利保障倍数是股利支付率的倒数，是反映每股收益为每股股利的倍数，表明公司的净利润（或每股收益）是发放股利的基础和保证。其计算公式为：

$$股利保障倍数 = \frac{每股收益}{每股股利}$$

股利保障倍数是一项安全性指标，其倍数越大，说明公司支付股利的能力越强，对公司股东获取股利报酬的保障程度越高。

7. 每股股利

每股股利是指股份有限公司用于分配的普通股现金股利总额与年末普通股股份总数

之比,反映普通股股东平均每股股份所获得的股利收益。其计算公式为:

$$每股股利 = \frac{普通股现金股利总额}{年末发行在外普通股股份总数}$$

每股股利的高低,不仅取决于公司获利能力的强弱,还取决于公司的股利政策和现金是否充裕。

8. 每股经营活动现金流量

每股经营活动现金流量是公司一定时期经营活动现金净流量与该时期公司普通股股数之比,从现金流量角度反映普通股每股的获利能力。其计算公式为:

$$每股经营活动现金流量 = \frac{某时期经营活动现金净流量}{该期期末(或加权平均)普通股股数}$$

每股经营活动现金流量越高,说明公司支付现金股利的能力越强,收益质量越高。

【例3-11】 根据表3-6、表3-7和表3-8资料,2018年M公司盈利能力指标计算所需资料如下:净利润为640万元,普通股股数为3 000万股,年末股东权益为4 700万元,支付股利为476万元,经营活动现金净流量为1 586万元。并假定M公司的普通股股票每股市价为9元,则M公司盈利指标为:

$$每股收益 = \frac{640}{3\,000} = 0.21(元)$$

$$市盈率 = \frac{9}{0.21} = 43(倍)$$

$$每股净资产 = \frac{4\,700}{3\,000} = 1.57(元)$$

$$市净率 = \frac{9}{1.57} = 5.73$$

$$每股股利 = \frac{476}{3\,000} = 0.16(元)$$

$$股票获利率 = \frac{0.16}{9} \times 100\% = 1.78\%$$

$$股利支付率 = \frac{0.16}{0.21} \times 100\% = 76.19\%$$

$$股利保障倍数 = \frac{0.21}{0.16} = 1.31(倍)$$

$$每股经营活动现金流量 = \frac{1\,586}{3\,000} = 0.53(元)$$

【例3-12】 某上市公司2018年7月1日按面值发行年利率3%的可转换公司债券,面值10 000万元,期限5年,利息每年年末支付一次,发行结束1年后可以转换为股票,转换价格每股5元,即每100元债券可转换为1元面值的普通股20股。2018年该公司归属于普通股股东的净利润为30 000万元,2018年发行在外普通股加权平均数为40 000万股,债券利息不符合资本化条件,直接计入当期损益,所得税税率25%。假设不考虑可转换债券在负债成份和权益成份之间的分拆,且债券票面利率等于实际利率。则该公司稀释每股收益计算如下:

$$基本每股收益 = \frac{30\,000}{40\,000} = 0.75(元)$$

假设全部转股,

$$所增加的净利润 = 10\,000 \times 3\% \times \frac{6}{12} \times (1-25\%) = 112.5(万元)$$

假设全部转股，

$$\text{所增加的年加权平均普通股股数} = \frac{10\,000}{100} \times 20 \times \frac{6}{12} = 1\,000 (\text{万股})$$

$$\text{稀释每股收益} = \frac{30\,000 + 112.5}{40\,000 + 1\,000} = 0.73 (\text{元})$$

五、企业发展能力分析

企业是在发展中求得生存的。发展能力是企业在生存的基础上，不断改善财务状况和经营业绩，扩大规模、壮大实力的潜在能力。企业发展能力分析主要包括销售增长率、资本积累率、资本增长率等。

1. 销售增长率

销售增长率是指企业本年营业收入增长额与上年营业收入总额的比率。销售增长率表示与上年相比，企业营业收入的增减变动情况，是评价企业成长状况和发展能力的重要指标。世界500强就主要以营业收入的多少进行排序的。其计算公式为：

$$\text{销售增长率} = \frac{\text{本年营业收入增长额}}{\text{上年营业收入总额}} \times 100\%$$

销售增长率是衡量企业经营状况和市场占有能力，预测企业经营业务拓展趋势的重要指标。营业收入的不断增加，是企业生存的基础和发展的条件。若该指标小于0，则说明企业的产品不适销对路、质次价高，或是在售后服务等方面存在问题，产品销售不出去，市场份额萎缩。

2. 资本积累率

资本积累率是指企业本年股东权益增长额同年初股东权益的比率。资本积累率表示企业当年资本的积累能力，是评价企业发展潜力的重要指标。资本积累率反映了投资者投入企业资本的保全性和增长性。其计算公式为：

$$\text{资本积累率} = \frac{\text{本年股东权益增长额}}{\text{年初股东权益}} \times 100\%$$

3. 3年销售平均增长率

3年销售平均增长率表明企业销售的连续3年增长情况，体现企业的发展潜力。其计算公式为：

$$3\text{年销售平均增长率} = \left(\sqrt[3]{\frac{\text{当年营业收入总额}}{3\text{年前营业收入总额}}} - 1 \right) \times 100\%$$

3年前营业收入总额是指企业3年以前那一年的营业收入数额。假如评价企业2018年的效绩状况，则3年前营业收入总额是指2015年的营业收入总额。该指标越高，表明企业经营业务竞争能力越强。

4. 3年资本平均增长率

3年资本平均增长率表示企业资本连续3年的积累情况，体现企业的发展水平和发展趋势。其计算公式为：

$$3\text{年资本平均增长率} = \left(\sqrt[3]{\frac{\text{年末股东权益总额}}{3\text{年前年末股东权益总额}}} - 1 \right) \times 100\%$$

3年前年末股东权益总额是指企业3年前的股东权益年末数。假如评价企业2018年的效绩状况,3年前股东权益总额是指2015年年末数。

一般增长率指标仅反映当期情况,在分析上具有"滞后"性,而利用该指标,能够反映企业资本保值增值的历史发展状况,以及企业稳步发展的趋势。该指标越高,表明企业股东权益得到的保障程度越大,企业可以长期使用的资金越充足,抗风险和保持连续发展的能力越强。

5. 总资产增长率

总资产增长率是企业本年总资产增长额同年初资产总额的比率。总资产增长率可用来衡量企业本期资产规模的增长情况,评价企业经营规模总量上的扩张程度。其计算公式为:

$$总资产增长率 = \frac{本年总资产增长额}{年初资产总额} \times 100\%$$

总资产增长率指标是从企业资产总量扩张方面衡量企业的发展能力的,表明企业规模增长水平对企业发展后劲的影响。该指标是考核企业发展能力的重要指标,指标越高,表明企业当年资产经营规模扩张的速度越快。但实际操作时,应注意资产规模质与量的关系,以及企业的后续发展能力,以避免资产盲目扩张。我国上市公司业绩综合排序中,该指标位居第二。

【例3-13】 根据表3-6和表3-7资料,M公司发展能力指标计算所需资料如下:2017年营业收入为14 250万元,年末股东权益为4 400万元,年末总资产为8 400万元。2018年营业收入为15 000万元,年末股东权益为4 700万元,年末总资产为10 000万元,年末固定资产净值为6 190万元,年末固定资产原值为10 000万元。并假定该公司2015年年末股东权益为4 000万元,营业收入为12 000万元。则2018年M公司发展能力指标为:

$$销售增长率 = \frac{15\,000 - 14\,250}{14\,250} \times 100\% = 5.26\%$$

$$资本积累率 = \frac{4\,700 - 4\,400}{4\,400} \times 100\% = 6.82\%$$

$$3年销售平均增长率 = \left(\sqrt[3]{\frac{15\,000}{12\,000}} - 1 \right) \times 100\% = 7.72\%$$

$$3年资本平均增长率 = \left(\sqrt[3]{\frac{4\,700}{4\,000}} - 1 \right) \times 100\% = 5.52\%$$

$$总资产增长率 = \frac{10\,000 - 8\,400}{8\,400} \times 100\% = 19.05\%$$

第四节 企业财务状况的综合评价

通过上述企业财务状况和经营成果各方面的分析可以了解企业各方面能力的基本情况,但它不能说明企业总体财务状况。一个企业可能长期偿债能力不好,但短期偿债能力还可以;另一个企业可能正好相反,对这两个企业总体的评价,需要借助综合分析的方法。这里介绍财务比率综合评分法和杜邦分析法。

一、财务比率综合评分法

财务比率综合评分法,最早是在20世纪初,由美国银行家亚历山大·沃尔提出并使用的方法,所以也称为"沃尔评分法"。财务比率综合评分法是通过选择一系列能够反映企业各方面财务状况的财务比率,对这些财务比率打分得出综合得分,来评价企业综合财务状况的一种方法。沃尔选择了七项财务比率,并分别给定了各项指标在总分中的权重,根据各项指标实际值与该项指标标准值(行业平均水平或理想值)的比值确定各项指标的得分,最后根据各项指标的得分和各该项指标的权重确定综合得分,用以对企业的信用水平进行评分。

财务比率选择应当注意以下几个问题:一要具有全面性,要求包括能反映企业的偿债能力、资产管理能力、盈利能力、发展能力的四大类财务比率。二要具有代表性,即要选择能够说明问题的重要财务比率,避免在评价内容上指标重复设置。例如,资产负债率和产权比率、自有资金比率(股东权益÷总资产)的作用基本相同,选择了资产负债率,一般不应再选择产权比率或自有资金比率。三要具有变化方向的一致性,一般应选择反映企业财务状况的正指标,即选择那些财务比率增大时表示财务状况的改善,财务比率减小时表示财务状况恶化的指标。对于特别重要但属于反映财务状况逆指标的指标如资产负债率,可以倒数表示,即资产负债率可用"资产÷负债"表示。

【例 3-14】 运用财务比率综合评分法,对 M 企业 2018 年综合财务状况的评价如表 3-14 所示。

表 3-14 M 公司财务比率综合评价表

指标 (1)	标准评分值 (2)	标准值 (3)	实际值 (4)	关系比率 (5)=(4)÷(3)	实际得分 (6)=(2)×(5)
流动比率	10	2.0	2.33	1.165	11.65
速动比率	10	1.2	1.65	1.375	13.75
资产/负债	12	2.1	1.89	0.900	10.80
存货周转率	10	8.0	11.88	1.485	14.85
应收账款周转率	8	13.0	9.74	0.749	5.99
总资产周转率	10	2.5	1.63	0.652	6.52
营业净利率	10	15%	4.27%	0.285	2.85
总资产报酬率	15	30%	16.85%	0.562	8.43
净资产收益率	15	25%	14.07%	0.563	8.45
合计	100				83.29

根据表 3-14,企业综合得分为 83.29 分,与 100 分有较大的差距,反映出企业的财务状况存在一定问题。进一步观察可以发现,该企业除流动比率、速动比率及存货的关系比率大于 1 外,其余关系比率均小于 1,尤其是营业净利率、总资产报酬率及总资产周转率远远小于 1,说明企业在盈利和资产管理方面存在较为严重的问题。

沃尔分析理论上存在以下几个问题:

其一,应当选择哪些指标作为综合评价的依据。

其二,如何确定各项指标的权数值。

其三,在沃尔分析中,可能存在因为某些指标很好而掩盖其他一些指标不好的问题。例如,某项指标的权数值为 10,标准比率为 12%,实际比率为 36%,则该项指标的得分(关系比率)为 3 分(36÷12),该项指标的综合得分为 30 分(3×10),则该项指标的得分远远超出其标准得分(10 分),因而可能掩盖其他指标不好的问题。为了避免个别财务比率的异常给总分造成的不合理影响,在沃尔分析中通常规定各项财务比率评分值的上限和下限,即各项财务比率的最高评分值和最低评分值。

尤其是指标的选择和权数值的确定问题,至今仍然未能很好地解决。

二、杜邦分析法

(一) 杜邦分析法的意义

杜邦分析法是由美国杜邦公司创造的,故称杜邦分析法。它是以净资产收益率为核心指标进行综合评价,利用各项主要财务比率与核心指标之间的内在联系,分析财务状况变化原因的一种分析评价方法。杜邦分析体系通过净资产收益率将企业经营活动、投资活动和筹资活动有机地联系在一起,以此为基础,再进一步分析其他财务指标。

根据净资产收益率的计算公式,可将净资产收益率分解为:

$$净资产收益率 = \frac{净利润}{净资产平均余额}$$

$$= \frac{净利润}{资产平均余额} \times \frac{资产平均余额}{净资产平均余额}$$

$$= 总资产净利率 \times 平均权益乘数$$

$$= \frac{净利润}{营业收入} \times \frac{营业收入}{资产平均余额} \times 平均权益乘数$$

$$= 营业净利率 \times 总资产周转率 \times 平均权益乘数$$

经营活动	投资活动	筹资活动
获利能力	资产营运能力	财务杠杆效应

根据上述对净资产收益率的分解,净资产收益率与各项指标的关系如图 3-1 所示。

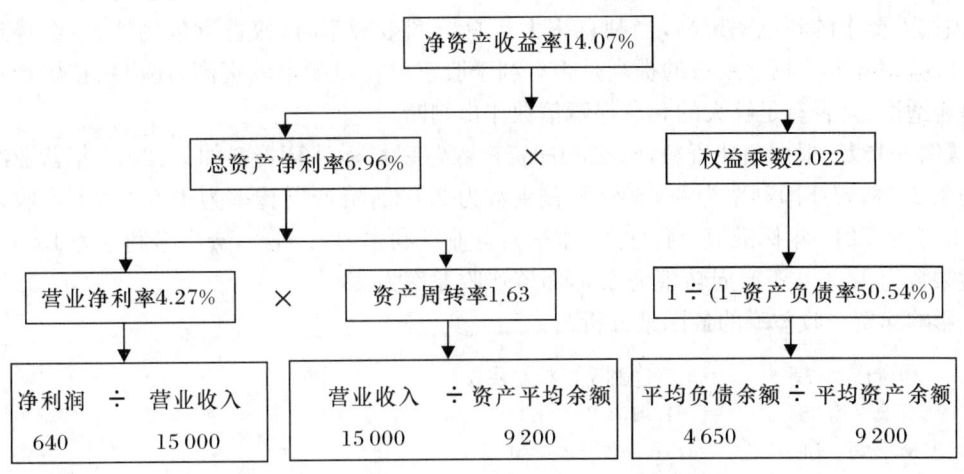

图 3-1 杜邦分析图

在图 3-1 中,权益乘数为平均数,具体计算为:

$$权益乘数 = \frac{资产平均余额}{股东权益平均余额} = \frac{1}{1-平均资产负债率}$$

$$= \frac{(8\,400+10\,000)\div 2}{(4\,400+4\,700)\div 2} = \frac{1}{1-\frac{(4\,000+5\,300)\div 2}{(8\,400+10\,000)\div 2}} = 2.022$$

净资产收益率受营业净利率、总资产周转率和权益乘数的影响,而营业净利率反映企业经营业务的获利能力,总资产周转率反映全部资产的利用效率,权益乘数反映企业的偿债能力。因此，杜邦财务分析指标体系不仅综合反映了企业经营业务的获利能力、资产的营运能力和企业的偿债能力对核心指标净资产收益率共同作用的影响，而且比较充分地运用了资产负债表和利润表的会计信息，有利于对企业财务状况和经营成果作出综合的分析与评价。所以，净资产收益率在各项财务指标中最具有综合性。

(二) 杜邦分析法应用

杜邦财务指标体系通过自上而下的分析、指标的层层分解来揭示企业各项指标间的结构关系，表明各主要指标的影响因素，为决策者优化经营管理，提高企业经营效率提供思路。杜邦分析法的应用在于分解净资产收益率指标，分析该指标变动的原因和变动趋势。

1. 营业净利率的分析

营业净利率与净资产收益率呈正比例关系。营业净利率的高低又受营业毛利率、营业利润率、成本费用利润率的影响。通过这些指标的对比，可以了解营业净利率变动的基本原因，还可进一步根据利润表及其他资料了解营业净利率变动的具体原因。

2. 总资产周转率的分析

净资产收益率一方面取决于经营业务的获利能力，另一方面受营业周期的影响。一定时期营业周期越短，交易次数越多，资产利用效率越高，净资产收益率就越高。总资产周转率取决于固定资产周转率和流动资产周转率，流动资产周转率又受存货周转率、应收账款周转率的影响。通过这些指标的分析，可以了解总资产周转率变化的基本原因。

3. 权益乘数的分析

净资产收益率与权益乘数呈正比例关系。权益乘数越大、负债越多，负债带来的杠杆利益越多，权益报酬率越高。但是，权益乘数越大，意味着企业的负债越多，企业的风险越大，债权人要求的利息率越高，当利息率大于总资产报酬率时，权益乘数的增大，会导致净资产收益率降低。权益乘数的提高是否有利于股东权益报酬率的提高，还应根据资产负债率是否适度、是否有足够大的利息保障倍数作出判断。

【例3-15】 根据前述资料，M公司净资产收益率指标计算资料如下：2018年营业净利率为4.27%，资产净利率为6.96%，权益乘数为2.022，资产周转率为1.63，净资产收益率为14.07%；2018年标准值（行业平均水平）：营业净利率为5.24%，资产净利率为13.10%，权益乘数为1.909，资产周转率为2.5，净资产收益率为25%。

影响净资产收益率的各因素分析为：

净资产收益率　　＝资产净利率×权益乘数
行业平均25%　　＝　13.10% × 1.909
M公司 14.07%　＝　 6.96% × 2.022
资产净利率下降对净资产收益率的影响＝(6.96%－13.10%)×1.909＝－11.72%
权益乘数增加对净资产收益率的影响＝6.96%×(2.022－1.909)＝0.79%

M公司净资产收益率为14.07%，比行业平均水平低10.93%。净资产收益率的下降主要是资产净利率降低所致，将资产净利率进一步分解为：

资产净利率　　　＝营业净利率×资产周转率
行业平均13.10%　＝　5.24%　　×　2.5
M公司 6.96%　　＝　4.27%　　×　1.63
营业净利率下降对资产净利率的影响＝(4.27%－5.24%)×2.5＝－2.43%
资产周转率下降对资产净利率的影响＝4.27%×(1.63－2.5)＝－3.71%

M 公司与行业平均对比,资产净利率下降了 6.14%,是由于营业净利率下降和资产周转率缓慢共同影响所致。说明企业在盈利和资产管理方面存在较为严重的问题,需进一步通过分解利润指标和资产周转率指标来揭示。

【例 3-16】 B 公司 2018 销售额为 62 500 万元,比上年提高 28%,公司处于免税期,其他有关财务比率如表 3-15 所示。

表 3-15　B 公司杜邦分析表

指　　标	行　业　平　均	企　业　实　际
应收账款回收期	36	40
存货周转率	2.5%	2.59%
营业毛利率	38%	40%
营业利润率	10%	9.6%
营业净利率	6.27%	7.2%
财务费用率	3.73%	2.4%
总资产周转率	1.14	1.11
固定资产周转率	1.4	2.02
权益乘数	2.38	2
资产负债率	60%	50%
利息保障倍数	2.68	4
净资产收益率	17.01%	15.96%

要求:以杜邦分析法对 B 公司财务状况作出综合分析评价,指出可能存在的问题,并提出改善公司财务状况的措施。

根据上述资料,B 公司 2018 年企业净资产收益率为 15.96%,低于行业平均水平,说明企业经营业绩较差,财务状况不好。财务状况落后于行业平均水平,基本原因是总资产周转率、权益乘数较低所致;营业净利率高于行业平均水平,对缩小与行业平均水平的差距起了积极作用。

总资产周转率比行业平均水平少 0.03 次,从固定资产周转率来看,固定资产周转率次数高于行业平均水平,说明总资产利用效率不高的原因不在于固定资产的利用情况,因而属于流动资产周转缓慢引起的;从流动资产周转速度看,应收账款周转率低于行业平均水平,而存货周转率高于行业平均水平,说明流动资产周转缓慢主要是应收账款控制不力引起的。

权益乘数略低于行业平均水平,对提高净资产收益率带来不利的影响。从资产负债率的水平上看,行业资产负债率为 60%,B 公司的资产负债率为 50%,低于行业平均水平。在行业平均水平适当的情况下,B 公司资产负债率低于行业平均水平,利息保障倍数远远大于行业平均数,说明 B 公司未能充分利用负债的财务杠杆作用,因而,不利于净资产收益率的提高。

营业净利率高于同行业平均水平 0.93%,具体原因是毛利率较高。该企业营业毛利率高于行业平均水平 2 个百分点,说明企业定价合理,成本控制有效,产品市场竞争力较强。

在毛利率高于行业平均水平的情况下，营业利润率反而低于行业平均水平，营业利润率较低的原因不在于产品价格，也不是由于成本的原因，也可以排除财务费用的因素，因为该例中营业利润率为息税前营业利润率，因而营业利润率较低的原因可能是销售费用或管理费用开支太大。在营业利润率较低的情况下，营业净利率反而高于行业平均水平，其原因除了财务费用较低，企业处于免税期也是重要原因，因此，在较高的营业净利率的背后，也存在一些问题：企业在销售费用、管理费用的控制方面不力，同时收益质量也应予以警惕。

企业要改善财务状况，提高盈利能力，应采取的措施有：应当加强应收账款的管理，制定合理的信用政策，加强对客户的信用分析，以加强应收账款的周转；适当调整资本结构，进一步发挥财务杠杆的作用；加强销售费用、管理费用的控制，进一步提高企业的获利能力。

主 要 术 语

1. 财务报表分析　　　　　　　　2. 比率分析法
3. 因素分析法　　　　　　　　　4. 趋势分析法
5. 流动比率　　　　　　　　　　6. 速动比率
7. 现金流量比率　　　　　　　　8. 资产负债率
9. 产权比率　　　　　　　　　　10. 利息保障倍数
11. 总资产周转率　　　　　　　　12. 流动资产周转率
13. 存货周转率　　　　　　　　　14. 应收账款周转率
15. 净资产收益率　　　　　　　　16. 总资产报酬率
17. 营业净利率　　　　　　　　　18. 资本保值增值率
19. 每股收益　　　　　　　　　　20. 销售增长率
21. 资本积累率　　　　　　　　　22. 杜邦分析法

复 习 思 考 题

1. 为什么要进行财务报表分析？财务报表分析有哪些局限性？
2. 财务报表的基本分析方法有哪些？其实际应用要注意哪些问题？
3. 财务报表中的主要财务比率有哪些？这些指标的作用如何？
4. 为什么说净资产收益率是杜邦分析体系的核心指标？
5. 如何进行杜邦分析法的因素分析？

习　　题

一、判断题

1. 相关比率反映部分与总体的关系。　　　　　　　　　　　　　　　　　　（　）
2. 存货周转率是营业收入与存货平均余额之比。　　　　　　　　　　　　（　）
3. 提高保守的速动比率不仅增强了企业短期偿债能力，而且提高了企业的资金收益水平。　　　　　　　　　　　　　　　　　　　　　　　　　　　　　　　（　）
4. 财务报表分析方法主要有比率分析法、因素分析法和趋势分析法。　　　（　）
5. 在杜邦分析体系中计算权益乘数时，资产负债率是用期末负债总额与期末资产总额来计算的。　　　　　　　　　　　　　　　　　　　　　　　　　　　　（　）

6. 某公司2017年度归属于普通股股东的净利润为2 750万元,发行在外普通股加权平均数为5 000万股。该普通股平均每股市场价格为8元,2017年1月1日,该公司对外发行1 000万份认股权证,行权日为2018年3月1日,每股认股权证可以在行权日以7元的价格认购本公司1股新发行的股份。则该公司稀释每股收益为0.5元。( )

7. 在总资产净利率不变的情况下,资产负债率越低,净资产收益率越高。( )

8. 反映企业发展能力指标主要有销售增长率和利润增长率。( )

9. 权益乘数的高低取决于企业的资金结构,负债比率越高,权益乘数越低,财务风险越大。( )

10. 市净率是指每股市价与每股收益的比率。( )

11. 每股收益越高,意味着股东可以从公司分得越高的股利。( )

12. 某公司今年与上年相比,营业收入增长10%,净利润增长8%,资产总额增加12%,负债总额增加9%,可以判断该公司净资产收益率比上年下降了。( )

13. 计算已获利息倍数指标,其中的利息支出既包括当期计入财务费用中的利息费用,也包括计入固定资产成本的资本化利息。( )

14. 应收账款周转率过高或过低对企业可能都不利。( )

15. 某企业去年的营业净利率为6.2%,资产周转率为1.8;今年的营业净利率为6.4%,资产周转率为1.46。若两年的资产负债率相同,今年的净资产收益率相比去年呈上升趋势。( )

二、单项选择题

1. 企业大量增加速动资产可能导致的结果是( )。
   A. 减少财务风险　　　　　　B. 提高流动资产的收益率
   C. 增加财务风险　　　　　　D. 增加资金的机会成本

2. 下列各项中,不会影响流动比率的业务是( )。
   A. 用现金购买固定资产　　　B. 用现金购买短期债券
   C. 用存货进行对外投资　　　D. 从银行取得长期借款

3. 某企业年初与年末股东权益分别为250万元和400万元,则资本保值增值率为( )。
   A. 62.5%　　　　　　　　　　B. 160%
   C. 60%　　　　　　　　　　　D. 40%

4. 如果营运资金大于0,则以下结论正确的是( )。
   A. 速动比率大于1　　　　　　B. 现金比率大于1
   C. 流动比率大于1　　　　　　D. 短期偿债能力绝对有保障

5. 下列各项中,不含稀释公司每股收益的是( )。
   A. 发行认股权证　　　　　　B. 发行可转换公司债券
   C. 授予管理层股份期权　　　D. 发行短期融资券

6. ( )是判断企业财务结构稳健与否的重要指标。
   A. 资产负债率　　　　　　　B. 产权比率
   C. 现金比率　　　　　　　　D. 流动比率

7. 当企业流动比率大于1时,增加流动资金借款会使当期流动比率( )。
   A. 降低　　　　　　　　　　B. 不变

C. 提高 D. 不确定

8. ( )指标是一个综合性最强的财务比率,也是杜邦分析体系的核心。
   A. 营业利润率 B. 资产周转率
   C. 权益乘数 D. 净资产收益率

9. 在基本条件不变的情况下,下列经济业务中,可能导致总资产报酬率下降的是( )。
   A. 用银行存款支付一笔销售费用 B. 用银行存款购入一台设备
   C. 将可转换债券转换为普通股 D. 用银行存款归还银行借款

10. 某公司年末会计报表上部分数据为:流动负债60万元,流动比率为2,速动比率为1.2,营业成本100万元,年初存货52万元,则本年存货周转次数为( )次。
    A. 1.65 B. 2
    C. 2.3 D. 1.45

11. 市净率指标的计算不涉及的参数是( )。
    A. 年末普通股股东权益 B. 每股市价
    C. 年末普通股股本 D. 年末普通股股数

12. 某企业计划年度营业成本为5 670万元,营业毛利率为20%,流动资产平均余额为1 800万元,则该企业流动资产周转天数为( )天。
    A. 120 B. 150
    C. 60 D. 90

13. 下列项目中,能够提高企业已获利息倍数的是( )。
    A. 所得税税率提高 B. 成本下降增加利润
    C. 用抵押借款购买厂房 D. 宣布并发放股票股利

14. 某公司年税后利润为201万元,所得税税率为25%,利息费用为40万元,则该企业该年已获利息倍数为( )。
    A. 8.25 B. 6.45
    C. 7.7 D. 6.75

15. 某上市公司2017年年底流通在外的普通股股数为1 000万股,2018年3月2日增发新股200万股,2018年6月4日经批准回购本公司股票140万股,2018年的净利润为400万元,派发现金股利30万元,则2018年每股收益为( )元。
    A. 0.36 B. 0.29
    C. 0.4 D. 0.37

三、多项选择题

1. 下列各项指标中,可用于分析企业长期偿债能力的有( )。
   A. 流动比率 B. 速动比率
   C. 权益比率 D. 资产负债率

2. 对资产负债率评价正确的有( )。
   A. 从债权人角度看,负债比率越低越好
   B. 从债权人角度看,负债比率越高越好
   C. 从股东角度看,负债比率越高越好
   D. 从股东与经营者角度看,当资本收益率高于债务利息率时,应适当提高负债比率

3. 下列分析方法中,不属于财务综合分析方法的有( )。
   A. 因素分析法　　　　　　　　B. 杜邦分析法
   C. 趋势分析法　　　　　　　　D. 差异分析法
4. 衡量企业短期偿债能力的指标有( )。
   A. 到期债务本息偿付比率　　　B. 流动比率
   C. 速动比率　　　　　　　　　D. 现金流量比率
5. 财务比率分析的内容包括( )。
   A. 发展能力分析　　　　　　　B. 资产管理能力分析
   C. 盈利能力分析　　　　　　　D. 偿债能力分析
6. 应收账款周转率提高,意味着企业( )。
   A. 短期偿债能力增强　　　　　B. 盈利能力提高
   C. 坏账成本下降　　　　　　　D. 流动比率提高
7. 影响存货周转率的因素有( )。
   A. 营业收入　　　　　　　　　B. 营业成本
   C. 存货计价方法　　　　　　　D. 存货余额
8. 可以表述权益乘数的计算公式有( )。
   A. 权益乘数=资产/股东权益　　B. 权益乘数=1/(1-资产负债率)
   C. 权益乘数=股东权益/资产　　D. 权益乘数=1+产权比率
9. 属于营运能力分析的指标有( )。
   A. 存货周转率　　　　　　　　B. 应收账款周转率
   C. 固定资产周转率　　　　　　D. 流动资产周转率
10. 企业盈利能力分析可以运用的指标有( )。
    A. 资本保值增值率　　　　　　B. 成本利润率
    C. 权益乘数　　　　　　　　　D. 总资产周转率
11. 企业增加速动资产,一般会( )。
    A. 降低企业的机会成本　　　　B. 提高企业的机会成本
    C. 降低企业的财务风险　　　　D. 减少流动资产的收益率
12. 下列各项中,可能直接影响企业净资产收益率指标的措施有( )。
    A. 提高营业净利率　　　　　　B. 提高资产负债率
    C. 提高总资产周转率　　　　　D. 提高流动比率
13. 下列有关反映企业状况的财务指标的表述中,正确的有( )。
    A. 已获利息倍数提高,说明企业支付债务利息的能力降低
    B. 应收账款周转率提高,说明企业的信用销售严格
    C. 净资产收益率越高,说明企业股东权益的获利能力越弱
    D. 净资产收益率越高,说明企业股东权益的获利能力越强
14. 下列说法中,正确的有( )。
    A. 股票获利率是指每股股利与每股市价的比率
    B. 股利支付率是指每股股利与每股收益的比率
    C. 股利支付率与股利保障倍数互为倒数
    D. 市净率是指每股市价与每股净资产的比率

15. 一般情况下,影响流动比率的主要因素有( )。
   A. 存货周转速度　　　　　　　　B. 应收账款数额
   C. 营运资金数额　　　　　　　　D. 已获利息倍数

四、计算题

1. 凯旋公司总资产期初数为800万元,期末数为1 000万元,其中:存货期初数为180万元,期末数为240万元;期初流动负债为150万元,期末流动负债为225万元,期初速动比率为0.75,期末流动比率为1.6,本期总资产周转次数为1.2次(假定该公司流动资产等于速动资产加存货)。

   要求:
   (1) 计算该公司流动资产的期初数与期末数。
   (2) 计算该公司本期营业收入。
   (3) 计算该公司本期流动资产平均余额和流动资产周转次数。

2. 某公司年初存货为15万元,应收账款为12万元。年末流动比率为2,速动比率为1.5,存货周转率为4次,流动资产为42万元,其中现金类资产10万元,本期营业成本率为80%(假设该公司流动资产包括存货、应收账款和现金类资产,其他忽略不计)。

   要求:计算该公司的本年营业收入和应收账款的平均收账期。

3. 某公司2018年年末有关资料如下:
   (1) 货币资产为750万元,固定资产净值为6 100万元,资产总额为16 200万元。
   (2) 应交税费为50万元,实收资本为7 500万元。
   (3) 存货周转率为6次,期初存货为1 500万元,本期营业成本为14 700万元。
   (4) 流动比率为2,产权比率为0.7。

   要求:计算表3-16中未知项目,将该资产负债表(简表)填列完整。

表3-16　××公司资产负债表(简表)
2018年12月31日

项　目		金　额	项　目		金　额
货币资金	(1)	750	应付账款	(6)	
应收账款	(2)		应交税费	(7)	50
存货	(3)		非流动负债	(8)	
固定资产净值	(4)	6 100	实收资本	(9)	7 500
			未分配利润	(10)	
资产合计	(5)	16 200	负债和股东权益合计	(11)	

4. 2017年年末甲公司所有者权益为20 000万元,发行在外普通股4 000万股。2018年4月1日,经公司股东大会决议,以截至2017年年末总股本为基础,向全体股东每股派发0.15元股利,同时派发股票股利每10股送红股1股,工商注册登记变更完成后公司总股本变更为4 400万股,公司适用的所得税税率为25%,2018年7月1日甲公司发行年利率4%

的 10 年期可转换公司债券,面值 800 万元,规定每 100 元债券可转换 1 元面值普通股 90 股,利息每年末支付一次,发行结束 1 年后可以转换股票,债券利息不符合资本化条件,直接计入当期损益。2018 年甲公司实现的净利润为 4 500 万元,2018 年末甲公司股票的市价为 20 元,要求:

(1) 计算基本每股收益。
(2) 计算稀释每股收益。
(3) 计算年末每股净资产。
(4) 计算年末市盈率、市净率。

5. 某公司上年利润总额为 1 250 万元,营业收入为 3 750 万元,平均资产余额为 4 687.5 万元,股东权益为 2 812.5 万元,企业所得税税率为 25%。

要求:
(1) 计算营业净利率。
(2) 计算总资产周转率。
(3) 计算总资产净利率。
(4) 计算净资产收益率。

6. 某公司 2018 年年末资产负债表(简表)如表 3-17 所示。

表 3-17 某公司资产负债表(简表)

单位:万元

资产		负债和股东权益	
货币资金(年初 1 528)	620	应付账款	1 032
应收账款(年初 2 312)	2 688	应付票据	672
存货(年初 1 400)	1 932	其他流动负债	936
固定资产(年初 2 340)	2 340	非流动负债	2 052
		实收资本	2 888
资产总计(年初 7 580)	7 580	负债和股东权益总计	7 580

2018 年利润有关资料如下:营业收入 12 860 万元,营业成本 11 140 万元,毛利 1 720 万元,管理费用 1 160 万元,利息费用 196 万元,利润总额 364 万元,所得税费用 144 万元,净利润 220 万元。

要求:
(1) 计算并填列该公司财务比率表(见表 3-18)。

表 3-18 财务比率表

比率名称		本公司	行业平均数
流动比率	(1)		1.98
资产负债率	(2)		62%
利息保障倍数	(3)		3.8
存货周转率(次)	(4)		6

(续表)

比 率 名 称	本 公 司	行业平均数
应收账款周转天数(天) (5)		35
固定资产周转率(次) (6)		13
总资产周转率(次) (7)		3
营业净利率 (8)		1.30%
总资产净利率 (9)		3.40%
净资产收益率 (10)		8.30%

（2）与行业平均财务比率比较，说明该公司经营管理可能存在的问题。

7. 已知若雪公司资产负债表(简表)如表3-19所示。

表3-19 若雪公司资产负债表(简表)

2018年12月31日   单位：万元

资 产	期 初	年 末	负债和股东权益	期 初	年 末
流动资产			流动负债合计	210	300
货币资金	100	90	非流动负债合计	490	400
应收账款	120	180	负债合计	700	700
存货	230	360			
流动资产合计	450	630	股东权益合计	700	700
固定资产	950	770			
总 计	1 400	1 400	总 计	1 400	1 400

该公司2017年度营业净利率16%，总资产周转率0.5次，权益乘数为2.5，净资产收益率为20%，2018年度营业收入为700万元，净利润为126万元。

要求：

（1）计算2018年流动比率、速动比率、资产负债率。

（2）计算2018年总资产周转率、营业净利率和净资产收益率。

（3）分析营业净利率、总资产周转率和权益乘数变动对净资产收益率的影响。

案 例 分 析

一、案例资料

ABC公司近3年的主要财务数据和财务比率如表3-20所示。

表3-20 ABC公司财务资料表

项 目	2016年	2017年	2018年
营业收入(万元)	4 000	4 300	3 800
资产(万元)	1 430	1 560	1 695

(续表)

项　目	2016年	2017年	2018年
普通股(万股)	100	100	100
留存收益(万元)	500	550	550
股东权益(万元)	600	650	650
权益乘数		2.39	2.5
流动比率	1.19	1.25	1.2
平均收现期(天)	18	22	27
存货周转率	8.0	7.5	5.5
长期债务/股东权益	0.5	0.46	0.46
营业毛利率	20.0%	16.3%	13.2%
营业净利率	7.5%	4.7%	2.6%

假设该公司没有营业外收支和投资收益,所得税税率不变。

二、思考分析

(1) 利用因素分析法分析说明该公司2018年与2017年相比净资产收益率的变化及其原因(按营业净利率、总资产周转率、权益乘数顺序)。

(2) 分析说明该公司资产、负债和股东权益的变化及其原因。

(3) 假如你是该公司的财务经理,在2019年打算从哪些方面着手改善公司的财务状况和经营业绩?

第四章 筹资决策

学习目的与要求

- 了解企业筹资的概念,筹资的分类及目的。
- 掌握企业资金需要量的预测方法,能够运用销售百分比法、线性回归法预测计划年度的内、外资金需要量。
- 了解权益资金筹集的几种形式,各自特点以及各自优缺点。
- 掌握股票上市对企业的意义。
- 了解负债资金筹集的条件、程序与特点以及各自优缺点。
- 掌握公司债券的发行条件以及发行价格的决定因素。
- 理解认股权证的特点、基本要素以及掌握认股权证理论价值的计算。
- 掌握融资租赁的租金计算方法。
- 了解商业信用的形式,掌握应付账款成本的计算与运用。

本章提要

(1) 筹资可以按期限和来源分类,我国企业的主要筹资方式有吸收直接投资、发行股票、发行债券和银行借款;企业在筹资过程中应遵循规模适当、筹资及时、方式经济和来源合法四项原则;企业资金需要量可以通过定性和定量两种方法来预测;企业可以采用销售百分比法、直线回归法来预测计划年度的内、外部资金筹集量。

(2) 权益资金又叫自有资金,是指投资人投入企业的资本金及经营中形成的积累。权益资金的筹集主要采取吸收直接投资、发行股票和留存收益等形式。

(3) 股票发行是指股份公司通过一级市场向投资者发行股票而筹集资金;股票上市是指股份有限公司公开发行的股票经批准在证券交易所进行挂牌交易。

(4) 负债资金的筹集渠道主要有:银行借款、发行债券、融资租赁和商业信用。

(5) 认股权证是指由股份公司发行的、能够按特定的价格、在特定的时间内购买一定数量该公司股票的选择权凭证。

(6) 可转换债券是指由公司发行并规定债券持有人在一定期限内按约定的条件可转换为发行公司股票的债券。发行可转换债券具有债务与权益双重属性,属于混合性筹资。

(7) 租赁是指出租人在承租人给予一定收益的条件下,授予承租人在约定的期限内占有、使用财产权利的一种契约性行为。融资租赁也称为资本租赁或财务租赁,是区别于经营租赁的一种长期租赁形式。

(8) 商业信用是指商品交易中的延期付款或延期交货所形成的借贷关系。

第一节 筹资概述

一、筹资的概念与目的

（一）筹资的概念

筹集资金简称筹资，是指企业根据其生产经营、调整资金结构等的需要而采取适当的方式，取得所需资金的行为。

（二）筹资的目的

资金不仅是企业生产经营活动的前提，也是决定企业生产规模和生产经营发展速度的重要环节；企业筹资的基本目的，是为了自身的维持和发展，它是企业的基本财务活动，不同的筹资规模和筹资结构选择将会对企业的经济效益产生直接的影响。

二、筹资的分类与方式

（一）筹资的分类

企业筹集的资金可按不同标准进行分类，其中最主要是按使用期限的长短和来源渠道进行的分类。

(1) 按使用期限的长短，可把筹集的资金分为短期和长期资金。短期资金是指1年或1年以内使用的资金，主要包括货币资金、应收账款、短期投资、存货等流动资产。短期资金采用商业信用、银行流动资金借款等方式来筹集。

长期资金是指供1年期以上使用的资金。长期资金主要用于新产品的开发和推广、固定资产的更新改造、扩大生产规模、取得无形资产等，一般需要几年甚至更长的时间才能收回。长期资金通常采用发行股票、债券、吸收外来投资、长期借款、融资租赁、留存收益等方式来筹集。

(2) 按资金的来源渠道，可把筹集的资金分为股东权益和负债两类。股东权益是指投资人对企业净资产的所有权，它包括投资人投入的资本及持续经营中形成的积累，具体表现为实收资本（或股本）、资本公积、盈余公积和未分配利润。负债包括各种应付账款、银行借款、应付债券等。

企业通过发行股票、吸收投资人直接投资、内部积累等方式筹集的资金都属于股东权益。股东权益一般是不需要偿还本金的。

企业通过商业信用、银行借款、发行债券等方式筹集的资金属于负债，到期要偿还本金和利息。以这种方式筹集的资金，企业承担的风险要大些，而资金成本较低。

（二）筹资的方式

筹资的方式是指企业筹集资金所采取的具体形式。筹资的渠道是客观存在的，而筹资方式是由企业自主决定的。企业筹资管理的主要内容是如何选择合理的筹资方式，降低筹资成本，提高企业筹资效益。为此，首先要了解筹资方式的种类和特点。

我国企业的主要筹资方式有以下几种：

(1) 吸收直接投资，即直接从投资人处取得货币资金或财产物资作为资本金，用于企业的生产经营活动。

(2) 发行股票，即企业通过证券市场发行股票，从投资人处取得股本金。

(3) 发行债券，即企业通过证券市场发行债券，从投资人处借入资金。

(4) 银行借款,即企业向银行借入货币资金。

(5) 融资租赁,即企业向租赁公司等机构取得固定资产而形成的债务。

(6) 商业信用,即由于企业间的业务往来而发生的债权债务。

三、筹资的基本原则

为了有效地筹集资金,企业在筹资过程中应遵循四项原则。

(一) 规模适当原则

企业筹资的规模不仅受各种因素的制约,而且对筹资的效益有较大的影响。另外,企业对资金的需求也随生产经营活动的变化而有所不同。因此,企业必须根据其实际生产情况,认真进行分析,并采用一定的方法,预测资金的需要量,合理确定筹资规模。只有这样,才能避免因资金不足而影响生产经营活动的正常运行,并防止资金过多而增加资金成本。

(二) 筹资及时原则

筹资及时原则要求资金的筹集不能过早也不能太迟。货币资金具有时间价值,筹资过早,会形成资金闲置,增加资金成本;如果筹资滞后,就会错过投资的最佳时间,甚至造成投资项目的失败。

(三) 方式经济原则

企业筹集资金必须付出一定的代价,即资金成本。在筹资方式不同的条件下,其资金成本是不同的。因此,企业应对各种筹资方式进行比较分析,尽力选择经济、合理、可行的筹资方式。为了降低资金成本,减少财务风险,企业还应安排合理的资金结构。

(四) 来源合法原则

政府部门为了国家经济发展有序进行,对资金市场和企业的筹资行为进行了宏观调控和严格的管理,并制定了一系列的法律和规定。企业在筹资过程中,必须严格遵守这些法律和规定。

四、筹资额的预测方法

科学合理地预测资金需要量,有利于做好筹资计划和准备工作,可以避免筹资失败或资金周转不灵的现象发生。筹资额的预测方法有定性预测法和定量预测法两大类。

(一) 定性预测法

定性预测法是利用直观材料,主要依靠预测人员的知识、经验和综合分析、判断对企业未来的财务状况和资金需要量进行预测的方法。常用的定性预测法有集合意见法、德尔菲法。

1. 集合意见法

集合意见法又称调查研究法。该法先由熟悉财务情况和生产经营情况的专家,根据过去积累的经验进行分析判断,提出初步意见;然后通过召开座谈会的形式,对上述预测的初步意见进行修正补充;经过几次修正补充后,得出预测的最终结果。

2. 德尔菲法

德尔菲法又称专家意见法,是美国兰德公司在20世纪40年代创立的一种定性预测法。它通过寄发调查表的形式征求专家的意见;专家在提出意见后以不记名的方式反馈回来;组织者将得到的初步结果进行综合整理,然后反馈给各位专家,请他们重新考虑后再次提出意见;经过几轮的匿名反馈过程,专家意见基本趋向一致;组织者以此得出预测结果。

(二) 定量预测法

定量预测法是根据资金需要量与生产经营业务之间的数量关系,运用数学方法对资金需要量进行估计的方法。定量预测法主要有销售百分比法、线性回归法等。

1. 销售百分比法

销售百分比法是根据销售额与资产负债表、利润表的有关项目间的比例关系,预测各项目短期资金需要量的方法。该方法有两个基本假设:一是假设某项目与销售额的比例已知并不变;二是假设未来的销售额已知。

该方法的基本原理是:在假设收入、费用、资产与销售收入存在稳定的百分比关系的基础上,根据基期的资料,确定相关项目的百分比,进而通过预测期销售额预计资产、负债和股东权益,然后利用会计等式确定筹资需求。下面通过举例介绍用销售百分比法预测筹资需要量的具体步骤。

【例4-1】 四达公司20×8年的资产负债表、利润表分别如表4-1、表4-2所示。20×8年公司的销售额为4 000万元,假定生产能力已经饱和,预计20×9年的销售额为5 000万元。

表4-1 四达公司20×8年资产负债表(简表)

单位:万元

资 产	年 末 数	负债和股东权益	年 末 数
货币资金	160	短期借款	60
应收账款	480	应付账款	400
存货	880	应付票据	120
固定资产净值	1 600	长期负债	600
		股本	1 500
		留存收益	440
资 产 总 计	3 120	负债和股东权益总计	3 120

表4-2 四达公司20×8年利润表

单位:万元

项 目	金 额
营业收入	4 000
减:营业成本	3 000
销售费用	200
营业利润	800
减:管理费用	500
财务费用	100
税前利润	200
减:所得税费用(25%)	50
税后利润	150

要求:计算20×9年对外筹资需要量。

解:

(1) 确定销售额与资产负债表项目的百分比。在资产负债表中,有些项目会随着销售额的变动同比例变动,这些项目通常称为敏感项目,反之称为非敏感项目。一般而言,流动资产都是敏感项目,如货币资金、应收账款、存货等;固定资产要看生产能力,如果生产能力已经饱和则为敏感项目,如果生产能力尚有剩余则为非敏感项目;其他长期资产均为非敏感项目,如对外长期投资、无形资产等。在流动负债中,短期借款和销售额的相关性不大,因此为非敏感项目;其他的流动负债一般为敏感项目,如应付账款等。长期负债和股东权益均为非敏感项目。

运用销售百分比法,首先要确定资产和负债中与销售额有固定比率关系的敏感项目。

确定销售额与资产负债表项目的百分比,可根据 20×8 年的数据确定。

货币资金÷销售额=$160÷4\,000×100\%=4\%$

应收账款÷销售额=$480÷4\,000×100\%=12\%$

存货÷销售额=$880÷4\,000×100\%=22\%$

固定资产净值÷销售额=$1\,600÷4\,000×100\%=40\%$

应付账款÷销售额=$400÷4\,000×100\%=10\%$

应付票据÷销售额=$120÷4\,000×100\%=3\%$

(2) 计算预计销售额下的资产和负债。

预计资产(负债)=预计销售额×各项目的销售百分比

货币资金=$5\,000×4\%=200$(万元)

应收账款=$5\,000×12\%=600$(万元)

存货=$5\,000×22\%=1\,100$(万元)

固定资产净值=$5\,000×40\%=2\,000$(万元)

应付账款=$5\,000×10\%=500$(万元)

应付票据=$5\,000×3\%=150$(万元)

预计总资产=$200+600+1\,100+2\,000=3\,900$(万元)

预计总负债=$60+500+150+600=1\,310$(万元)

(3) 计算预计留存收益增加额。假定四达公司 20×9 年股利支付率为 30%,销售净利率与 20×8 年的销售净利率 $3.75\%(150÷4\,000×100\%)$ 相同。

留存收益增加=预计销售额×计划销售净利率×(1-股利支付率)

那么   20×9 年预计留存收益=$5\,000×3.75\%×(1-30\%)=131.25$(万元)

(4) 计算外部筹资需要量。外部筹资需要量计算公式为:

外部筹资需要量=预计总资产-预计总负债-预计股东权益

$=3\,900-1\,310-(1\,940+131.25)$

$=518.75$(万元)

四达公司为了完成销售额 5 000 万元,需增加资金 780 万元(3 900-3 120),其中负债的自然增长提供了 130 万元(60+500+150+600-60-400-120-600),留存收益提供了 131.25 万元,本年的对外融资额为 518.75 万元(780-130-131.25)。

2. 线性回归法

线性回归法又称资金习性预测法,是假定资金需要量与业务量之间存在着线性关系,在建立数学模型后根据有关资料,用回归直线方程确定参数来预测资金需要量的方法。其预测模型为:

$$y = a + bx$$

式中　y——资金需要量;
　　　a——不变资金;
　　　b——单位产销量所需变动资金;
　　　x——业务量。

用回归直线法估计 a 和 b,即可预测一定业务量 x 所需要的资金数量 y。

【例 4-2】　四达公司 20×4~20×8 年的销售量和资金需要量的资料如表 4-3 所示,预计 20×9 年的销售量为 8 万件。

要求:预测确定 20×9 年的筹资需要量。

表 4-3　四达公司 20×4~20×8 年销售量与资金需要量表

年　度	销售量(x)/万件	资金需要量(y)/万元
20×4	6.0	500
20×5	5.5	475
20×6	5.0	450
20×7	6.5	520
20×8	7.0	550

解:预测过程如下:

(1) 根据表 4-3 有关资料,计算相关数据如表 4-4 所示。

表 4-4　回归方程有关数据计算表

年　度	销售量(x)	资金需要量(y)	xy	x^2
20×4	6.0	500	3 000	36
20×5	5.5	475	2 612.5	30.25
20×6	5.0	450	2 250	25
20×7	6.5	520	3 380	42.25
20×8	7.0	550	3 850	49
$n=5$	$\sum x = 30$	$\sum y = 2\,495$	$\sum xy = 15\,092.5$	$\sum x^2 = 182.5$

(2) 将表中数据代入下列方程组:

$$\begin{cases} \sum y = na + b\sum x \\ \sum xy = a\sum x + b\sum x^2 \end{cases}$$

得

$$\begin{cases} 2\,495 = 5a + 30b \\ 15\,092.5 = 30a + 182.5b \end{cases}$$

解方程组得　　　　　　　　　$a=205$　　$b=49$

（3）建立线性回归模型为：

$$y = 205 + 49x$$

（4）20×9年销售量为8万件，所求资金需要量为：

$$205 + 49 \times 8 = 597(万元)$$

运用线性回归分析法，首先，要注意筹资规模与业务量间的线性关系，如果实际情况中线性关系不存在，须改用多元回归分析法；其次，确定不变资金与单位资金时，应利用预测年度前连续3年的历史资料，期数越多计算越准确。

第二节　权益资金筹集

权益资金又叫自有资金，是指投资人投入企业的资本金及经营中形成的积累。它是企业的股东权益，是企业得以创立、存在和发展的资本。权益资金的筹集主要采取吸收直接投资、股票筹资和留存收益等形式。

一、吸收直接投资

吸收直接投资是指企业按照"共同投资、共同经营、共担风险、共享利润"的原则，以协议、合同的形式吸收国家、其他法人、个人和外商直接投入资金，形成企业资本金的筹资形式。吸收直接投资与发行股票都是企业筹集自有资金的重要方式。出资者作为企业的所有者有权参加企业的经营管理，同时按其出资额的比例分享利润或承担损失。

（一）吸收直接投资的种类

企业通过吸收直接投资方式筹集的资金主要有以下四种：

（1）吸收国家投资，主要是国家财政拨款，是国家资本金。
（2）吸收企业、事业等法人单位的投资，是法人资本金。
（3）吸收城乡居民和企业内部职工的投资，是个人资本金。
（4）吸收外国投资者和我国港澳台地区投资者的投资，是外商资本金。

（二）吸收直接投资的投资者出资形式

企业在采用吸收直接投资方式筹集资金时，投资者可以采用现金和非现金资产形式出资。

1. 以现金出资

以现金出资是吸收直接投资中最重要的一种出资方式。有了现金，企业便可以购买各种生产资料，支付各种费用，满足企业正常经营和日常周转需要。

2. 以实物出资

以实物出资就是投资者以厂房、建筑物、机器设备等固定资产和原材料、商品等流动资产进行的投资。企业吸收的实物投资一般要符合以下条件：① 确为企业科研、生产、经营所需。② 技术性能较好。③ 作价公平合理。④ 非抵押、担保、诉讼财产。

3. 工业产权出资

工业产权是指专有技术、专利、商标权等无形资产。企业吸收的工业产权投资一般要符合以下条件：① 能帮助研究和开发新的高科技产品。② 能帮助生产适销对路的高科技产品。③ 能帮助改进产品质量，提高生产效率。④ 能帮助企业大幅度降低各种消耗。⑤ 作价合理。

4. 土地使用权出资

土地使用权是指土地经营者对依法取得的土地在一定期限内有进行建筑、生产等活动的权利，使用权人依法可对土地使用权进行投资。吸收土地使用权投资应注意交通、地理位置是否比较适宜，企业是否需要以及作价是否合理。

（三）吸收直接投资的程序

企业吸收直接投资一般要按照以下几个程序操作：

（1）确定吸收直接投资的数量。如果企业新建或扩大经营是采取吸收直接投资的方式，必须先确定所筹集资金的数量，这也是其他筹资方式都应首先考虑的问题。

（2）寻找投资伙伴。为了让更多的投资者了解企业，寻找更多的资金来源，筹资企业应主动宣传自己的经营状况和盈利能力，以便寻找合适的合作伙伴。

（3）签署投资协议。企业吸收直接投资，都应当签署合同或协议等书面文件，以明确各方的权利和义务。

（4）取得所筹集资金。出资方如果采用现金投资方式，通常要编制拨款计划，确定拨款期限、每期数额和划拨方式，企业可以按拨款计划取得现金；出资方采用实物或无形资产投资的，应当首先进行评估，然后办理产权转移手续取得资产。

（四）吸收直接投资的优缺点

1. 吸收直接投资的优点

（1）有利于增强企业信誉。吸收直接投资的资金属于自有资金，能增强企业的信誉和借款能力。

（2）有利于尽快形成生产能力。吸收直接投资不仅可以筹集资金，还能够获得所需的先进设备和技术，有利于尽快形成生产能力，尽快开拓市场。

（3）有利于降低财务风险。吸收直接投资后，企业可根据自身经营状况向投资者分配利润，在经营状况好的情况下可以多支付报酬；在经营状况不好时，就可以不向投资者支付报酬或少支付报酬。

2. 吸收直接投资的缺点

（1）资金成本高。一般说来，采用吸收直接投资方式筹集资金所需负担的资金成本较高，特别是企业经营状况好时更是如此。

（2）企业控制权容易分散。采用吸收直接投资方式筹集资金，投资者一般都要求获得与投资数量相适应的经营管理权，如果外部投资者的投资较多，则投资者会有相当大的管理权，甚至对企业实行完全控制。

二、股票筹资

股票筹资包括内部股权筹资和外部股权筹资，内部股权筹资是通过内部留存收益转增资本带来的变化，而外部股权筹资包括普通股筹资和优先股筹资，会体现在股本或者实收资本等项目的增加。本部分先介绍股票的一般概念和特征以及其分类，然后重点介绍普通股和优先股筹资。

（一）股票的概念和特征

股票是股份有限公司为筹措权益资金而发行的有价证券，是公司签发的证明股东持有股份的权利和承担义务的凭证。股票的特征有：

（1）股票是一种有价证券。股票是虚拟资本而不是真实资本，它本身没有价值。它可以自由买卖并有价格，使股票持有人可以凭借股票获得股息收入和分红。

（2）股票是一种规定格式的证券（要式证券）。我国《公司法》规定，股票应当载明的主要事项有：股票发行单位的名称，股票的种类，股票的发行日期，股票的编号，股份公司的印章及公司董事长的签名等。

（3）股票是一种无偿还期限的有价证券。持有者认购股票后，不能要求退还购买股票的资金。

（4）股票是一种高风险的金融工具。股票在证券市场上价格波动较大，政治因素、经济因素、投资人的心理因素都会影响股票的价格。

（二）股票的种类

1. 按股东权利和义务分为普通股和优先股

普通股是享有普通权利和承担普通义务、股利不固定的股票。普通股是最基本的股票，具备股票的一般特征，是股份公司资本的最基本部分。发行普通股筹资是一种风险型投资。

优先股是股份公司依法发行的具有一定优先权的股票。企业对优先股不承担法定的还本义务，是企业自有资金的一部分。优先股与普通股的融资方式不同，与公司债券较为相似，优先股一般会事先设定股利支付率。

2. 按股票票面是否记名分为记名股票和无记名股票

记名股票是指股票票面上记载股东姓名或名称的股票，对记名股票要发放股东名册，股东只有同时拥有股票和股东名册才能领取股利。记名股票的转让、继承要办理过户手续。

无记名股票是指在票面上不记载股东姓名或名称的股票，公司只记载股票的数量、编号和发行日期。无记名股票的转让、继承无需办理过户手续，买卖双方办理交割手续后就可完成股票的转移。

3. 按股票票面有无金额分为面值股票和无面值股票

面值股票是在股票的面值上记载每股金额的股票。股票面值的主要功能是确定每股股票在公司所占的份额，也表明股东对每股股票所负有限责任的最高限额。

无面值股票是指不在股票的票面上标出金额，只载明其占公司股本总额的比例和股份数的股票。无面值股票的价值随公司财产的增减而变动，股东对公司享有权利和承担义务的大小直接依据股票票面上标明的比例而定。

我国《公司法》规定股票应标明票面金额，而且股票的发行价格不得低于票面金额。

4. 按投资主体的不同分为国家股、法人股和个人股

国家股为有权代表国家投资的部门或机构以国有资产向公司投入而形成的股份，它由国务院授权的部门或机构，或者根据国务院的决定由地方人民政府授权的部门或机构持有并委派股权代表。

法人股是企业法人依其可支配的财产向公司投资而形成的股份，或具有法人资格的事业单位和社会团体以国家允许用于经营的资产向公司投资而形成的股份。

个人股是社会个人或公司内部职工以个人合法财产投入公司而形成的股份。

5. 按发行对象和上市地区分为A股、B股、H股、N股、S股

A股是人民币股，只供我国境内的机构、组织和个人认购和交易，不向外国和我国

港、澳、台地区的投资者出售;B股、H股、N股、S股均属于人民币特种股票,以人民币标明面值,以外币认购和交易,专供外国和我国港、澳、台地区的投资者买卖,我国境内的居民和单位从2001年2月9日起,可以持外币购买B股。B股在上海、深圳证券交易所上市,H股在香港联合交易所上市,S股和N股分别在新加坡交易所和纽约交易所挂牌上市。

（三）普通股筹资

1. 股票发行的目的

明确股票发行的目的,是公司决定发行方式、发行程序和发行条件的前提。发行股票的目的是为了集资,但具体来说有以下不同的目的:① 设立新股份公司,即首次发行股票成立股份公司。② 扩大经营规模,即增资发行,新发行的股票不能超过核定的资本额度,同时还要经政府有关部门批准。

2. 股票发行的条件

为了维护社会经济秩序,股票的发行必须遵循一定的法律与规定。按照国际惯例,股份公司发行股票,必须具备一定的条件,取得发行资格,并办理必要的手续后才能发行。按照我国《公司法》和《证券法》的规定,公司公开发行新股应当符合下列条件:

(1) 其生产经营符合国家产业政策。

(2) 其发行的普通股限于一种,同股同权。

(3) 发起人认购的股本数额不少于公司拟发行的股本总额的35%。

(4) 在公司拟发行的股本总额中,发起人认购的部分不少于人民币3 000万元,但是国家另有规定的除外。

(5) 向社会公众发行的部分不少于公司拟发行的股本总额的25%,其中公司职工认购的股本数额不得超过拟向社会公众发行的股本总额的10%;公司拟发行的股本总额超过人民币4亿元的,证监会按照规定可以酌情降低向社会公众发行的部分比例,但是最低不少于公司拟发行的股本总额的10%。

(6) 发起人在近3年内没有重大违法行为。

(7) 证券委规定的其他条件。

上市公司非公开发行新股,应当符合经国务院批准的国务院证券监督管理机构规定的条件,并报国务院证券监督管理机构核准。

3. 股票首次发行的程序

根据国际惯例,各国股票的发行都有严格的法律规定程序,任何未经法定程序发行的股票都不发生效力。我国公开发行股票的基本程序如下:

(1) 提出募集股份申请。

(2) 公告招股说明书,制作认股书,签订承销协议和代收股款协议。

(3) 招认股份,缴纳股款。

(4) 召开创立大会,选举董事会、监事会。

(5) 办理设立登记,交割股票。

4. 股票的发行方式

股票的发行方式有公开间接发行和不公开直接发行两类。

(1) 公开间接发行,是指通过中介机构,公开向社会发行股票。这种方式发行范围广,发行对象多,易于筹集资本,对社会的影响也大,其手续比较烦琐,发行成本高。我国《证券法》规定以下情形为公开发行:向不特定对象发行证券;向累计超过 200 人的特定对象发行证券;法律、行政法规规定的其他发行行为。

(2) 不公开直接发行,是指向少数特定的对象直接发行,因而不需经中介机构承销。比如我国股份有限公司采用发起设立方式和不公开募集发行新股的方式,就属于不公开直接发行。这种方式灵活性大,发行成本相对较低,但变现性较差。

5. 股票的上市

股票上市是企业筹资的极好方式,对公司既有有利的一面,又有不利的一面。

(1) 股票上市应考虑的因素。股票上市对公司有利的因素有:① 改善公司的财务状况。公司发行股票可以筹集一大笔资金,增大了自有资金的比重,壮大了公司的资金实力。② 利用股票收购其他公司。③ 利用股票市价评价公司。股票上市后,公司股票的市价能很好地反映公司价值的大小。④ 利用股票激励员工。⑤ 提高公司知名度。

股票上市对公司不利的因素有:① 使公司失去隐私权。由于上市公司必须定期披露有关信息,公司的某些商业秘密不得不向社会公众公开。② 限制经营管理人员的操作自由。③ 公司将负担较高的上市费用和信息披露费用。

(2) 股票上市的条件。我国《公司法》和《证券法》规定,股份有限公司申请上市必须符合以下条件:① 股票经国务院证券监督管理机构核准已公开发行。② 公司股本总额不少于人民币 3 000 万元。③ 公开发行的股份达到公司股份总数的 25% 以上;公司股本总额超过人民币 4 亿元的,公开发行股份的比例为 10% 以上。④ 公司最近 3 年无重大违法行为,财务会计报告无虚假记载。

证券交易所可以规定高于上述规定的上市条件,并报国务院证券监督管理机构批准。

(3) 股票上市的暂停与终止。

上市公司有下列情形之一的,由证券交易所决定暂停其股票上市交易:① 公司股本总额、股权分布等发生变化不再具备上市条件。② 公司不按照规定公开其财务状况,或者对财务会计报告作虚假记载,可能误导投资者。③ 公司有重大违法行为。④ 公司最近 3 年连续亏损。⑤ 证券交易所上市规则规定的其他情形。

上市公司有下列情形之一的,由证券交易所决定终止其股票上市交易:① 公司股本总额、股权分布等发生变化不再具备上市条件,在证券交易所规定的期限内仍不能达到上市条件。② 公司不按照规定公开其财务状况,或者对财务会计报告作虚假记载,且拒绝纠正。③ 公司最近 3 年连续亏损,在其后一个年度内未能恢复盈利。④ 公司解散或者被宣告破产。⑤ 证券交易所上市规则规定的其他情形。

6. 普通股筹资的特点

(1) 普通股筹资的优点有:① 没有固定利息负担。公司根据自身的盈利和资金情况可以自由安排股利的发放时间和发放金额。② 没有固定的到期日,不用偿还。发行股票筹集的资金是永久性的,在公司存续期间可一直使用。③ 筹资风险小。由于普通股票没有固定的到期日,不用支付固定的利息,不存在不能还本付息的风险。④ 能增加公司信誉。⑤ 筹资限制少。

(2) 普通股筹资的缺点有:① 筹资成本高。股票的投资者由于承担了比债务更大的风险,一般来说,要有比债务更高的回报,而且股利要求从税后支付,而债务利息可从税前扣除。② 容易分散控制权。当公司发售新股,引进新股东,容易引起控制权的分散。

（四）优先股筹资

2013年11月国务院发布了《关于开展优先股试点的指导意见》，证监会随后在2014年3月发布了《优先股试点管理办法》，这两项规定成为我国优先股筹资的主要规范，上市公司可以发行优先股。

1. 上市公司优先股发行的一般条件

（1）最近3个会计年度实现的年均可分配利润应当不少于优先股1年股息。

（2）最近3年现金分红情况应当符合公司章程及中国证监会的有关规定。

（3）报告期不存在重大会计违规事件。

（4）已发行的优先股不得超过公司普通股份的50%，且筹资额度不得超过发行前净资产的50%。

2. 上市公司公开发行优先股的特别规定

（1）上市公司公开发行优先股，应当符合以下情形之一：① 其普通股为上证50指数成分股。② 以公开发行优先股作为支付手段收购或吸收合并其他上市公司。③ 以减少注册资本为目的回购普通股的，可以公开发行优先股作为支付手段，或者在回购方案实施完毕后，可公开发行不超过回购减资总额的优先股。

中国证监会核准公开发行优先股后不再符合本条第①项情形的，上市公司仍可实施本次发行。

（2）上市公司最近3个会计年度应当连续盈利。扣除非经常性损益后的净利润与扣除前的净利润相比，以孰低者作为计算依据。

（3）上市公司公开发行优先股应当在公司章程中规定以下事项：① 采取固定股息率。② 在有可分配税后利润的情况下必须向优先股股东分配股息。③ 未向优先股股东足额派发股息的差额部分应当累积到下一会计年度。④ 优先股股东按照约定的股息率分配股息后，不再同普通股股东一起参加剩余利润分配。商业银行发行优先股补充资本的，可就第②项和第③项事项另行约定。

（4）上市公司公开发行优先股的，可以向原股东优先配售。

（5）除《优先股试点管理办法》第二十五条的规定外，上市公司最近36个月内因违反工商、税收、土地、环保、海关法律、行政法规或规章，受到行政处罚且情节严重的，不得公开发行优先股。

（6）上市公司公开发行优先股，公司及其控股股东或实际控制人最近12个月内应当不存在违反向投资者作出的公开承诺的行为。

3. 其他规定

（1）优先股每股票面金额为100元。

优先股发行价格和票面股息率应当公允、合理，不得损害股东或其他利益相关方的合法利益，发行价格不得低于优先股票面金额。

公开发行优先股的价格或票面股息率以市场询价或证监会认可的其他公开方式确定。非公开发行优先股的票面股息率不得高于最近两个会计年度的年均加权平均净资产收益率。

（2）上市公司不得发行可转换为普通股的优先股。但商业银行可根据商业银行资本监管规定，非公开发行触发事件发生时强制转换为普通股的优先股，并遵守有关规定。

（3）上市公司非公开发行优先股仅向《优先股试点管理办法》规定的合格投资者发行，

每次发行对象不得超过200人,且相同条款优先股的发行对象累计不得超过200人。

4. 优先股的种类

为了更方便地吸收资本,吸引更多的投资者,有些公司除了发行普通股外,还发行各种各样的优先股。优先股主要有以下几种类型:

(1) 累积优先股与非累积优先股。累积优先股是指在任何营业年度内因亏损等原因而未支付的股息可累积起来,由以后营业年度的盈利优先支付的优先股。累积优先股的股息是指优先股的固定股息,只有在支付了优先股股息后,才能支付普通股股息。非累积优先股则仅按当年利润分配股利。

(2) 参与优先股与不参与优先股。参与优先股是指不仅能取得固定的股息,还有权参与普通股分配利润的优先股。根据参与的程度不同,参与优先股又分为部分参与和全部参与。不参与优先股只能取得固定股利。

(3) 可转换优先股与不可转换优先股。可转换优先股是指股东在一定时期内,可按事先确定的一定比例把优先股转换为普通股的优先股。不可转换优先股则不能转换为普通股。

(4) 可赎回优先股与不可赎回优先股。可赎回优先股是指股份公司可按一定的价格收回的优先股,赎回价格是在赎回条款中规定的,一般高于面值,赎回权归发行该股票的公司。不可赎回优先股是指公司不能收回的优先股。

5. 优先股股东的权利

优先股的优先是相对普通股而言的,其优先主要表现为:

(1) 优先分配股息权。优先股通常有固定的股息,一般按面值的百分比计算。优先股股息除了是固定的外,还必须在普通股之前支付股息。

(2) 优先分配剩余财产权。在企业清算时,分配剩余财产时优先股排在普通股之前,一般按面值加上积累股息计算。

(3) 管理权。优先股的管理权要比普通股小,优先股一般没有投票表决权,只在研究与优先股有关的事项时,优先股股东才有表决权。

6. 优先股筹资的优缺点

(1) 优先股筹资的优点有:① 与普通股一样,没有固定到期日,不用偿还本金。② 股息支付既固定又有一定的弹性。③ 有利于增强公司信誉。优先股扩大了权益基础,可增强公司的信誉度。

(2) 优先股筹资的缺点有:① 筹资成本高。优先股支付的股利是从税后净利中支付的,不像债券利息可以在税前支付。② 筹资限制多。发行优先股,通常有许多限制条款,如对普通股股利支付的限制、对公司借款的限制等,不利于公司的自主经营。③ 财务负担重。优先股需要支付固定的股利,又不能税前列支,当公司盈余下降时,会成为公司一项较重的财务负担。

(五) 留存收益筹资

留存收益是大多数公司的主要资金来源,将留存收益进行再投资是一种较发行普通股更为有利的筹资方式。留存收益主要来源于盈余公积和未分配利润,是企业资金的一项重要来源,它实际上是股东对企业进行追加投资,股东对这部分投资与以前缴给企业的股本一样,也要求有一定的报酬。留存收益的成本计算与普通股基本相同,但不用考虑筹资费用。其优缺点主要如下所述。

1. 留存收益筹资的优点

(1) 资金成本较普通股成本低。用留存收益筹资,不用考虑筹资费用。

(2) 保持普通股东的控制权。用留存收益筹资,不用对外发行股票,由此增加的权益资本不会改变企业的股权结构,不会稀释原有股东的控制权。

(3) 增强企业的信誉。留存收益筹资能够使企业保持较大的可支配现金流,既可解决企业经营发展的资金需要,又能提高企业的举债能力。

2. 留存收益筹资的缺点

(1) 筹资数额有限制。留存收益筹资最大可能的数额是企业当期的税后利润和上年未分配利润之和。如果企业经营亏损,则不存在这一渠道的资金来源。

(2) 资金使用受到限制。留存收益中某些项目的使用,如法定盈余公积金等,要受到国家相关规定的制约。

第三节 负债资金筹集

企业负债资金的筹集主要包括:银行借款,发行债券,可转换债券,认股权证,融资租赁和商业信用。

一、银行借款

银行借款是指企业根据借款合同从有关银行或非银行金融机构借入的需要还本付息的款项。

(一) 银行借款的种类

(1) 按借款的期限分类:短期借款、中期借款、长期借款。

(2) 按借款的条件分类:信用借款、担保借款、票据贴现。

(3) 按提供贷款的机构分类:政策性银行借款和商业银行借款。

(二) 银行借款筹资的程序

(1) 企业提出借款申请。企业申请贷款应具备的条件有:① 借款企业实行独立核算,自负盈亏,具有法人资格。② 借款企业的经营方向和业务范围符合国家政策,借款用途属于银行贷款办法规定的范围。③ 借款企业具有一定的物资和财产保证,担保单位具有相应的经济实力。④ 借款企业具有偿还本金的能力。⑤ 借款企业财务管理和经济核算体制健全,资金使用效益良好。

银行对企业的借款理由进行审查同意后,企业应填写《借款申请书》,银行借款申请书中的主要内容包括:借款用途、借款金额、还款计划、项目经济效益、借款抵押品等。

(2) 银行审查借款申请。银行对企业的申请进行审查,核准企业申请的借款金额和用款计划,主要审查企业的财务状况、企业信用、企业盈利稳定性和项目的可行性。

(3) 双方签订借款合同。借款合同主要包括:借款单位、借款用途、借款金额、借款日期、还款日期、还款计划等。

(4) 企业取得贷款。借款合同生效后,银行可在核定的贷款指标范围内,根据用款计划和实际需要,一次或分次将贷款转入企业的贷款结算户。

(5) 企业还本付息。企业应根据借款合同规定还本付息。

(三) 与银行借款有关的信用条件

(1) 信贷额度。信贷额度是借贷双方在协议中规定的允许借款人借款的最高限额。在信贷额度内，企业可随时按需要使用借款。

（2）周转信贷协定。该协定是指银行具有法律义务承担提供不超过某一最高限额的贷款协定。在协定的有效期内，只要企业借款总额未超过最高限额，银行必须满足企业任何时候提出的借款要求。企业享用周转信贷协定，通常要就贷款限额的未使用部分付给银行一笔承诺费。例如，银行本年度给四达公司的周转信贷额度为1 500万元，承诺费为0.5%，四达公司年度内使用了1 000万元，余额500万元，四达公司该年度应该付给银行的承诺费为：

$$500 \times 0.5\% = 2.5(万元)$$

（3）补偿性余额。补偿性余额是银行要求借款人在银行中保持按贷款限额或实际借用额的一定百分比。从银行的角度，补偿性余额可降低贷款风险；对于借款企业，补偿性余额实际上提高了借款的利率。

例如，四达公司按年利率10%向银行借款50万元，银行要求维持贷款15%的补偿性余额，那么四达公司可用的借款只有42.5万元，该项借款的实际利率为：

$$\frac{50 \times 10\%}{42.5} \times 100\% = 11.8\%$$

（4）借款抵押。银行向财务风险大、信誉度低的企业贷款时，往往需要抵押品担保。短期借款的抵押品经常是借款企业的应收账款、存货、股票、债券等。银行根据抵押品的变现能力来决定贷款金额的多少，抵押借款的成本一般要高于非抵押借款，这是因为银行向客户提供抵押贷款风险很高，管理的要求更高。

（5）偿还条件。贷款的偿还有到期一次偿还和在贷款期内定期（按月、季度）等额偿还两种方式。一般来说，后一种偿还方式的利率要高于名义利率，从企业角度，不希望采用这种还款方式；而银行不希望企业采用前一方式，这是因为到期一次还款会增加企业的财务负担，增加企业拒付的风险。

二、发行债券

（一）债券的含义与特征

债券是债务人依照法定程序发行、承诺按约定的利率和日期支付利息、并在特定日期偿还本金的书面债务凭证。

（二）债券的要素

债券的基本要素包括：

（1）债券面值。面值包括币种和票面金额两个方面。票面金额表示到期要偿还的本金及计算利息的依据。

（2）票面利率。票面利率是指在债券发行时已确定并在债券上注明的名义利率。债券利息等于债券面值与债券票面利率的乘积。

（3）债券期限。债券期限是指债券从发行之日起至到期日止的时间间隔。

（4）发行价格。债券的发行价格应等于未来持有期间所获得的一切现金流入量按照市场利率折现的现值之和。

（三）债券的种类

企业债券按照不同的分类标准大致可分为以下几种：

（1）按债券是否记名划分，企业债券可分为记名债券和无记名债券。如果企业债券上登记有债券持有人的姓名,投资者领取利息时要凭印章或其他有效的身份证明,转让时要在债券上签名,同时还要到发行公司登记,那么,它就称为记名企业债券,反之称为不记名企业债券。

(2) 按是否有担保划分,企业债券可分为担保债券和信用债券。信用债券是指仅凭筹资人的信用发行的、没有担保的债券,信用债券只适用于信用等级高的债券发行人。担保债券是指以抵押、质押、保证等方式发行的债券,其中,抵押债券是指以不动产作为担保品所发行的债券,质押债券是指以其有价证券作为担保品所发行的债券,保证债券是指由第三者担保偿还本息的债券。

(3) 按债券可否提前赎回划分,企业债券可分为可提前赎回债券和不可提前赎回债券。如果企业在债券到期前有权定期或随时购回全部或部分债券,这种债券就称为可提前赎回企业债券,反之则是不可提前赎回企业债券。

(4) 按债券票面利率是否变动,企业债券可分为固定利率债券、浮动利率债券和累进利率债券。固定利率债券是指在偿还期内利率固定不变的债券;浮动利率债券是指票面利率随市场利率定期变动的债券;累进利率债券是指随着债券期限的增加,利率累进的债券。

(5) 按发行人是否给予投资者选择权分类,企业债券可分为附有选择权的企业债券和不附有选择权的企业债券。附有选择权的企业债券,是指债券发行人给予债券持有人一定的选择权,如可转让公司债券、有认股权证的企业债券、可退还企业债券等。可转换公司债券的持有者,能够在一定时间内按照规定的价格将债券转换成企业发行的股票;有认股权证的债券持有者,可凭认股权证购买所约定的公司的股票;可退还的企业债券,在规定的期限内可以退还;反之,债券持有人没有上述选择权的债券,即是不附有选择权的企业债券。

(6) 按发行方式分类,企业债券可分为公募债券和私募债券。公募债券是指按法定手续经证券主管部门批准公开向社会投资者发行的债券;私募债券是指以特定的少数投资者为对象发行的债券。私募债券发行手续简单,一般不能公开上市交易。

(7) 按照期限划分,企业债券可分为短期企业债券、中期企业债券和长期企业债券。根据我国企业债券的期限划分,短期企业债券期限在 1 年以内,中期企业债券期限在 1 年以上 5 年以内,长期企业债券期限在 5 年以上。

(四) 债券的发行条件

(1) 股份有限公司的净资产不低于人民币 3 000 万元,有限责任公司的净资产不低于人民币 6 000 万元。

(2) 累计债券余额不超过公司净资产的 40%。

(3) 最近 3 年平均可分配利润足以支付公司债券 1 年的利息。

(4) 筹集的资金投向符合国家产业政策。

(5) 债券的利率不超过国务院限定的利率水平。

(6) 国务院规定的其他条件。

公开发行公司债券筹集的资金,必须用于核准的用途,不得用于弥补亏损和非生产性支出。上市公司发行可转换为股票的公司债券,除应当符合上述(1)规定的条件外,还应当符合关于公开发行股票的条件,并报国务院证券监督管理机构核准。

(五) 债券的付息方式

(1) 一次付息。一次付息又分为两种:一是利随本清,债券到期时利息连同本金一次性支付给债权人;二是利息预扣方式,即投资者在购买债券获得利息,到期只能获得本金。

(2) 分期付息。分期付息有按年、半年和季度付息三种方式。

(六) 债券的收回和偿还

债券的偿还一般有偿还本金、债券转换和转换股票三种方式。

偿还本金按照偿还的实际时间与规定的到期日之间的关系分为到期偿还、提前偿还和滞后偿还。到期偿还是指债券到期时一次偿还全部本金。提前偿还是指在债券尚未到期之前就予以偿还,只有在公司发行债券的契约中明确规定了有关允许提前偿还的条款,公司才可以进行此项操作。滞后偿还是指发行公司在发行债券时就规定投资者有权在债券到期后按原有利率继续持有债券,直到一个或几个指定日期才偿还本金。

债券转换是指将较早到期的债权换成到期日较晚的债券,一般用新发债券兑换到期或未到期的旧债券。

转换股票是指股份有限公司发行的债券可以按一定的条件转换成公司的股票。

(七) 债券筹资的优缺点

1. 债券筹资的优点

(1) 资金成本低。债券持有人的投资风险要比股东的投资风险低,因此要求的投资报酬就低,债券筹资发行费也比较低。

(2) 有利于保证控制权。债权人无权干涉企业的管理事务,公司的所有者不会损失其对本公司的控制权。

(3) 能发挥财务杠杆作用。当企业的报酬率高于债券利息率时发行债券筹资,便可提高自有资金利润率。

2. 债券筹资的缺点

(1) 筹资风险高。债券有固定的到期日,并定期支付利息,要承担到期还本付息的义务。

(2) 限制条件多。发行债券的限制条件比借款、发行股票都要多且更严格,这可能会影响公司的正常发展和再筹资能力。

(3) 筹资数额有限。利用债券筹资有一定的限度,我国的《公司法》规定,公司发行在外的债权总额不能超过公司净资产的40%。

三、认股权证

(一) 认股权证的特点与种类

认股权证是由股份公司发行的、能够按特定的价格、在特定的时间内购买一定数量该公司股票的选择权凭证。它赋予了权证持有人在一定时期内按约定的价格选择购买股票的权利,如果认股权证到期时持有人放弃购买股票,则公司无法实现融资,因此认股权证是一种特殊的融资方式。

1. 认股权证的特点

(1) 认股权证作为一种特殊的筹资手段,对于公司发行新债券或优先股股票具有促销作用。

(2) 持有人在认股之前,既不拥有债权也不拥有股权,只拥有股票认购权。

(3) 用认股权证购买普通股票,其价格一般低于市价。

2. 认股权证的种类

(1) 按允许购买的期限长短,分为长期认股权证与短期认股权证。长期认股权证的期限通常持续为几年,有的是永久性的。短期认股权证的期限比较短,一般为 90 天。

(2) 按认股权证的发行方式不同,分为单独发行认股权证与附带发行认股权证。单独发行的认股权证是指不依附于其他证券而独立发行的认股权证。附带发行的认股权证是指依附于债券、优先股或普通股发行的认股权证。

(3) 按行使时间的不同,分为美式和欧式认股权证。美式认股权证是指权证持有人在到期日前,可以随时履约;而持有欧式认股权证只能在到期日选择是否履约。不论采用美式或欧式认股权证方案,权证持有人可在到期日之前在二级市场上向他人转让所持权证,但一旦过了到期日,美式或欧式认股权证持有人都会丧失履约权利。

(二) 认股权证的基本要素

认股权证一般包括四个基本要素:

(1) 认购数量。它是指持有人可以购买股票的数量,通常有两种表示方式:规定单位认股权证可以购买股票的数量;或者是规定单位认股权证可以购买多少金额的股票。

(2) 认购价格。它是指按照发行时的约定,持有人到期可以购买公司股票的价格。认购价格一般是不变的,但有的公司会规定当公司股票价格过度上涨时,其价格可以按照预定的公式调整。

(3) 认购期限。它是指认股权证的有效期限,是认股权证持有人行使购买股票的有效期限,一旦认股权证过期即失效。

(4) 赎回条款。有的公司会在发行认股权证时规定有赎回权,即在特定情况下,公司可以赎回自己发行的认股权证。

(三) 认股权证的价值

认股权证有理论价值与实际价值之分。其理论价值的计算公式为:

认股权证理论价值＝(普通股市场价格－普通股认购价格)×认股权证换股比率

$$V=(P-E) \cdot N$$

式中　V——认股权证理论价值;
　　　P——普通股市场价格;
　　　E——普通股认购价格;
　　　N——认股权证换股比率。

影响认股权证理论价值的主要因素有:

(1) 换股比率:与理论价值呈同方向变动。
(2) 普通股市价:与理论价值呈同方向变动。
(3) 执行价格:与理论价值呈反方向变动。
(4) 剩余有效期间:与理论价值呈同方向变动。

认股权证的实际价值是认股权证在证券市场上的市场价格或售价。认股权证的实际价值大于理论价值的部分称为超理论价值的溢价。

(四) 认股权证的行使

认股权证的发行方式不同,其行使权也不同。单独发行的认股权证,其认股权证可以在资本市场上单独出售,也可以认购股票;如果是附带发行的认股权证,认股权证只有在持有人认购股票时才有效。

认股权证在有效期到期时,如果发行证券公司的股票市场价格高于约定的认股价格,认股权证的持有人就会选择行权购买,反之则放弃该权利。但是一般情况下,股票的市场价格会高于约定的认股价格,认股权证的持有人会行使权利购买股票。

(五)认股权证的作用

(1)为公司筹集额外现金。认股权证不论单独发行还是附带发行,大多是为发行公司筹集一笔额外现金,从而增强公司的资本实力和运营能力。

(2)促进其他筹资方式的运用。单独发行的认股权证有利于将来发售股票。附带发行的认股权证可促进其所依附证券发行的效率。

四、可转换债券

可转换债券有时称可转债,是指由公司发行并规定债券持有人在一定期限内可按约定的条件将其转换为发行公司股票的债券。

(一)可转换债券的特性

从筹资公司的角度看,发行可转换债券具有债务与权益双重属性,属于混合性筹资。在规定的期限内,如果债券持有人未将债券转换成股票,债券持有人能够定期获得债券的利息,此时,可转换债券与普通的债券筹资相似,属于债权筹资;如果在规定的期限内,持有人将可转换债券转换成股票,则发行公司将债券负债转换成股东权益,从而具有权益性筹资的属性。

(二)可转换债券的要素

(1)基准股票。一般是指发行公司的普通股。

(2)票面利率。可转换债券的票面利率是指债券券面上记载的用于计算债券利息的利率。票面的利率高低由公司决定,由于可转换债券本身包含一种转换权,这种转换权包含了一定的价值,所以,可转换债券的票面利率就会低于其他公司同期债券的利率。

(3)转换价格和转换比率。转换价格是指可转换债券在转换期内转换成普通股的每股价格。转换比率是指每份可转换债券可转换成普通股的股数。

(4)期限。期限是指债券从发行到兑付的期限。

(5)转换期限。转换期限是指可转换债券持有者行使转换权的有效期间。

(6)赎回条款。赎回条款是指公司有权在某一设定时期内按约定的价格买回尚未转换普通股的可转换债券条款。赎回条款是对发行人的一项保护措施。

(7)回售条款。回售条款是指公司股票价格在一定时期内连续低于转换价格达到一定幅度时,可转换公司债券持有人可以按事先约定的价格将债券卖给发行人的条款。这是为了保护债权人的利益而设立的条款。

【例4-3】 四达公司拟发行可转换债券,发行前1个月该股票的平均价格经测算为每股18元。预计该股票有持续上升的趋势,上升幅度假定为10%。

要求:计算该公司可转换债券的转换价格。

解: 转换价格=18×(1+10%)=19.8(元)

【例4-4】 四达公司发行的可转换债券每份1 000元,转换价格为每股27元,某人持有10份可转换债券。

要求:计算该债券持有人可转换的股数。

$$1\ 000×10÷27=370(股)余10元$$

债券发行公司应对该债券持有人交付370股,另付10元现金。

（三）可转换债券筹资的优缺点

1. 可转换债券筹资的优点

（1）有利于筹集更多资金。可转换债券的转换价格通常高于发行时的股票价格，转换后，其筹资额大于当时发行股票的筹资额，也有利于稳定股票市价。

（2）有利于降低成本。可转换债券的利率通常低于普通债券，可节约利息支出；与普通股融资相比，可以节省股票的发行费用，因此它的资本成本较低。

（3）有利于调整资本结构。由于可转换债券的双重性，可以在债务资本与股权资本中选择转换，从而达到调整资本结构的作用。

（4）减少融资中的利益冲突。发行可转换债券不会过大地增加偿债压力，也不会遭到其他债权人的反对，可转换债券的持有人是公司潜在的股东，与公司的利益趋同。

2. 可转换债券的缺点

（1）导致控制权问题。如果可转换债券的持有人都选择了转换，普通股数量会大幅度增加，原股东的控制权就会受到影响。

（2）财务风险。公司经营业绩较差，则可转换债券大部分不会转换成为普通股，导致公司承受集中偿债压力。

（3）回收条款的规定可能使公司遭受损失。当公司的股票价格在一定时段内连续低于转换价格，可转换债券持有人可按事先约定的价格将所持债券回售给公司，产生回售风险。

五、融资租赁

（一）租赁和融资租赁

租赁是指出租人在承租人给予一定收益的条件下，授予承租人在约定的期限内占有使用财产权利的一种契约性行为。

融资租赁也称为资本租赁或财务租赁，是区别于经营租赁的一种长期租赁形式。

（二）融资租赁的种类

融资租赁包括售后回租、直接租赁和杠杆租赁三种形式。

（1）售后回租。售后回租是承租人根据协议将资产卖给出租人，然后又将其租回使用并按期向出租人支付租金的一种形式。

（2）直接租赁。直接租赁是承租人直接向出租人租入所需要的资产，并向出租人支付租金的一种形式。

（3）杠杆租赁。杠杆租赁一般要有三方当事人，即承租人、出租人和贷款人。承租人按约定支付租金获得资产的使用权；出租人是资产的所有者，又是借款人；出租人在购买资产时只需一部分出资，剩余部分以该资产作抵押向贷款人借入，一旦出租人不能按期偿还债务，资产的所有权就会被转移给贷款人。

（三）融资租赁的程序

（1）选择租赁公司。企业决定采用租赁方式取得设备，首先要了解各家租赁公司的业务能力、资信情况，了解租赁公司租赁条件和租赁费率等资料，加以分析比较，选择租赁公司。

（2）办理租赁委托。企业选定租赁公司后，便可提出申请，办理委托。承租企业填写"租赁申请书"，说明所需设备的具体要求，向租赁公司提供相关的财务状况资料。

（3）签订购货协议。由承租企业与租赁公司合作组织选定设备的供应商，并与其进行技术和商务谈判，在此基础上签订购货协议。

(4) 签订租赁合同。租赁合同是由承租方与租赁公司签订的,是租赁业务的重要文件,具有法律效力。融资租赁合同的内容可分为一般条款和特殊条款。

(5) 办理验货与投保。承租企业按购货协议收到租赁设备时,要进行验收,验收合格后签发交货及验收证书,并提交租赁公司,租赁公司据以向供应商支付设备价款。同时,承租方向保险公司办理投保事宜。

(6) 支付租金。承租企业在租期内按合同规定的租金数额、支付方式向租赁公司支付租金。

(7) 处理租赁期满的设备。融资租赁合同到期时,承租企业根据合同,对设备退租、续租或留购。

(四) 融资租赁的租金

1. 融资租赁租金的构成

融资租赁租金包括租赁资产的成本、租赁资产的成本利息、租赁手续费三大部分。

2. 融资租赁中租金的决定因素

(1) 租赁资产的购置成本,包括设备的买价、运杂费和途中保险费。

(2) 预计租赁设备的残值,即设备租赁到期时预计的变现净值。

(3) 利息,即租赁公司为承租企业购置设备融资而应计的利息。

(4) 租赁手续费,包括租赁设备的营业费用。

(5) 租赁期限,租赁期限的长短不仅影响租金总额,也影响到每期租金的数额。

(6) 租金的支付方式,租金支付的次数越多,每次的支付额就越少。

3. 融资租赁租金的计算方法和支付形式

(1) 如果租金在期初支付,计算每期租金时,租赁资产成本和成本利息按照预付年金现值计算,租赁的手续费按租期平均摊销。

【例 4-5】 四达公司向租赁公司租入一套价值为 1 000 000 元的设备,租赁合同规定:租期 6 年,租金每年年初支付,利率 7%,租赁手续费按设备成本的 3% 计算,租赁期满设备归四达公司所有。

要求:计算四达公司每年年初应支付的租金。

解: 每期租金 = $\{1\,000\,000 \div [(P/A, 7\%, 6-1)+1]\} + (1\,000\,000 \times 3\% \div 6)$

$= [1\,000\,000 \div (4.1003+1)] + 5\,000$

$= 196\,067 + 5\,000 = 201\,067(元)$

【例 4-6】 用[例 4-5]资料,假定租金每年年末支付一次,其他条件不变。

要求:计算每期的租金。

解: 每期租金 $= [1\,000\,000 \div (P/A, 7\%, 6)] + (1\,000\,000 \times 3\% \div 6)$

$= 1\,000\,000 \div 4.7665 + 5\,000$

$= 209\,797 + 5\,000 = 214\,797(元)$

(2) 租金包括租赁资产的成本和成本利息,租赁手续费单独一次付清。

【例 4-7】 假定租赁手续费与租赁开始时一次付清,其他条件与[例 4-5]相同。

要求:计算每期的租金。

解: 每期租金 $= 1\,000\,000 \div [(P/A, 7\%, 6-1)+1]$

$$=1\,000\,000\div(4.1003+1)$$
$$=196\,067(元)$$

本例中,企业第一年租赁设备的现金流出为:
$$196\,067+1\,000\,000\times3\%=226\,067(元)$$

(五)经营租赁与融资租赁的区别

(1)租赁程序不同。经营租赁出租的设备由租赁公司根据市场需要选定,然后再寻找承租企业,而融资租赁出租的设备由承租企业提出要求购买或由承租企业直接从制造商或销售商那里选定。

(2)租赁期限不同。经营租赁期较短,短于资产有效使用期,而融资租赁的租赁期较长,接近于资产的有效使用期。

(3)设备维修、保养的责任方不同。经营租赁由租赁公司负责,而融资租赁由承租方负责。

(4)租赁期满后设备处置方法不同。经营租赁期满后,承租资产由租赁公司收回,而融资租赁期满后,企业可以很少的"名义货价"(相当于设备残值的市场售价)留购。

(5)租赁的实质不同。经营租赁实质上并没有转移与资产所有权有关的全部风险和报酬,而融资租赁的实质是将与资产所有权有关的全部风险和报酬转移给了承租人。

(六)融资租赁筹资的优缺点

1. 融资租赁筹资的优点

(1)融资速度快。融资租赁集"融资"与"融物"于一体,一般比先筹集资金再购置设备的时间要短,能很快形成生产力。

(2)限制条款少。企业运用股票、债券、长期借款等筹资方式要受到很多的条件限制,相比而言,融资租赁的限制要少得多。

(3)设备淘汰风险小。随着科学技术的进步,设备陈旧过时的风险很高,而融资租赁的情况下,承租企业不需要承担这种风险。

(4)财务风险小。全部租金在整个租期内分期支付,可降低不能支付的财务风险。

(5)税收负担轻。融资租赁的租金费用可在所得税前扣除,承租企业能享受到税收上的优惠。

2. 融资租赁筹资的缺点

融资租赁筹资的主要缺点是成本较高,租金总额一般要高于设备价值的30%;另外,融资租赁方式下承租方一般不能享有设备的残值。

六、商业信用

商业信用是指商品交易中的延期付款或延期交货所形成的借贷关系,在短期负债筹资中占有很大的比重,其形式主要有应付账款、应付票据和预收账款。

(一)应付账款

应付账款是企业赊购货物而形成的短期债务,即卖方允许买方在购买货物后一定时期内支付货款的一种形式。卖方通过这种方式促进销售,同时买方通过延期付款,等同于向卖方借款购买商品,从而达到满足短期对资金的需要。应付账款像应收账款一样也有信用条件。它包括:买方在规定折扣期内付款而享受到的免费信用;买方放弃折扣而付出的有代价信用;买方超过规定的信用期推迟付款而强制获得的展期信用。

1. 应付账款的成本

买方企业在卖方规定的折扣期内付款,便可享受免费信用,企业没有付出任何代价。

【例 4-8】 四达公司按"2/10,N/40"的条件购入 100 万元货物。

要求:计算并分析四达公司可享受的信用额度和放弃折扣的机会成本。

解:如果企业在 10 天内付款,便可享受 10 天的免费信用期,并可获得 2 万元($100\times2\%$)的折扣,免费信用额度为 98 万元($100-2$)。

如果四达公司放弃现金折扣,在 10 天后(不超过 40 天)付款,该企业承担了因放弃折扣而造成的机会成本。其计算公式为:

$$放弃现金折扣的成本 = \frac{现金折扣百分比}{1-现金折扣百分比} \times \frac{360}{信用期-折扣期}$$

四达公司放弃现金折扣所负担的机会成本为:

$$\frac{2\%}{1-2\%} \times \frac{360}{40-10} = 24.5\%$$

公式表明,放弃现金折扣的成本与折扣百分比的大小、折扣期的长短呈同方向变化,与信用期的长短呈反方向变化。所以,四达公司如果放弃折扣,其代价是较高的,但当公司准备放弃现金折扣,推迟付款的时间越长,其成本就越小。如果四达公司延期至 60 天付款,其成本为:

$$\frac{2\%}{1-2\%} \times \frac{360}{60-10} = 14.7\%$$

2. 利用现金折扣的决策

在信用条件下,因为不同的信用有不同的代价,买方企业要在选择何种信用之间作出决策。

(1) 如果能以低于放弃现金折扣的机会成本的短期借款利率借入资金,这时买方企业应该在折扣期内付款,享受现金折扣,如在[例 4-8]中,如果同期的短期借款利率为 13%,企业应利用更便宜的短期借款偿还应付账款;反之,企业应该放弃折扣。

(2) 如果在折扣期内用应付账款进行短期投资,短期投资收益率高于放弃折扣的成本,这时应放弃折扣去追求更高的收益。同时,如果企业放弃折扣推迟付款,应将付款日选择在信用期的最后一天,从而降低放弃折扣的成本。

(3) 如果企业由于资金缺乏,准备在信用展期内付款,这时企业要在降低放弃折扣成本与展期付款带来的信誉恶化中作出选择。

(4) 如果两家以上卖方提供不同信用条件,当决定"享受"现金折扣(即在折扣期内付款)时,此时"放弃现金折扣成本"实际上是一种收益,应选择最高的一个。

(二) 应付票据

应付票据是企业进行延期付款商品交易时开具的反映债权债务关系的票据。根据承兑人的不同,应付票据分为商业承兑汇票和银行承兑汇票两种,商业承兑汇票属于商业信用,其支付期最长不超过 6 个月。应付票据可以带息,也可以不带息。应付票据的利率一般比银行借款的利率低,且不用保持相应的补偿余额和支付协议费,所以,应付票据的融资成本低于银行借款成本。但是,应付票据到期必须归还,如若延期便要交付罚金,因而风险较大。

票据式商业信用一般在下述两种情况下使用：① 卖方对买方财务信用不了解。② 买方信用不佳，不为卖方所信任。因此，同应付账款相比，应付票据有着较严格的限制和法律约束，筹资的通融性很小。

（三）预收账款

它是指卖方按购销合同和协议规定，在付出商品前向买方预先收取部分或全部货物价款的信用行为，即卖方向买方借入以商品归还的一笔借款。预收账款对于买方来说，可以取得期货；对卖方来说，可以预先收入一笔款项。预收账款一般用于生产周期长、资金需要量大的货物销售。

（四）商业信用筹资的优缺点

1. 商业信用筹资的优点

（1）商业信用非常方便。因为商业信用与商品买卖同时进行，属于一种自然性融资，不用作非常正规的安排。

（2）如果没有现金折扣或企业不放弃现金折扣，则利用商业信用筹资没有成本。

（3）限制少。如果企业利用银行借款集资，银行往往对贷款的使用规定一些限制条件，而商业信用则限制较少。

2. 商业信用筹资的缺点

商业信用的时间一般较短，如果企业取得现金折扣，则时间会更短；如果放弃现金折扣，则要付出较高的资金成本。

主 要 术 语

1. 筹资
2. 筹资方式
3. 筹资原则
4. 普通股
5. 优先股
6. 股票上市
7. 银行借款
8. 信贷额度
9. 补偿性余额
10. 可转换债券
11. 融资租赁
12. 经营租赁
13. 商业信用
14. 认股权证
15. 转换价格

复 习 思 考 题

1. 我国目前企业的筹资方式和筹资原则是什么？
2. 怎样理解企业筹资的基本原则？
3. 企业资金的需要量是通过什么方式来预测的？
4. 股票与债券各有什么优缺点？
5. 简述股票上市对公司的意义。
6. 简述公司债券的发行条件以及发行价格的决定因素。
7. 认股权证的理论价值是怎样确定的？
8. 简述商业信用的形式及其优缺点。

习 题

一、判断题

1. 权益资本是企业的永久性资本,是一种高成本、低风险的资本来源。（ ）
2. 偿还到期的债务是企业筹资的基本动机。（ ）
3. 发行普通股所筹集的资金在公司存续期间不需要偿还,所以也不需要成本。（ ）
4. 补偿性余额对借款企业的影响是实际利率高于名义利率。（ ）
5. 债券票面利率的高低决定了债券采用何种价格发行。（ ）
6. 当发生通货膨胀时,如果销售量没有增长,则无须对外筹资。（ ）
7. 企业放弃现金折扣的成本与折扣期的长短呈反方向变化,与折扣率的高低和信用期的长短呈同方向变化。（ ）
8. 认股权证选择权的行使增加公司资本总量,不改变公司的资本结构。（ ）
9. 可转换债券的转换不增加公司资本总量,不改变公司资本结构。（ ）
10. 改善资本结构是公司发行优先股筹资的动机之一。（ ）
11. 优先股发行的一般条件首先是普通股为上证50指数成分股。（ ）
12. 可转换债券其合理的回售条款可以有效保护投资人,有利于吸引投资者。（ ）

二、单项选择题

1. 银行向企业发放贷款,若规定了补偿性余额,则企业借款的实际利率(　　)。
   A. 等于零　　　　　　　　B. 低于名义利率
   C. 高于名义利率　　　　　D. 等于名义利率
2. 放弃现金折扣的成本大小与(　　)。
   A. 折扣百分比的大小呈反方向变化
   B. 折扣期的长短呈同方向变化
   C. 折扣期百分比的大小、信用期的长短均呈同方向变化
   D. 折扣期的长短呈反方向变化
3. 商业信用筹资最大的优点是(　　)。
   A. 期限较短　　　　　　　B. 容易取得
   C. 不负担成本　　　　　　D. 是一种短期融资渠道
4. 可转换债券对投资者的吸引力在于:当企业经营好转时,可转换债券可以转换为(　　)。
   A. 企业发行的任何一种债券　　B. 其他债券
   C. 优先股　　　　　　　　　　D. 普通股
5. 企业筹资的适度性原则是指(　　)。
   A. 筹资的数量应当合理
   B. 负债的全部成本中的比重应当适度
   C. 筹资的时间应当及时
   D. 应当尽可能地降低筹资成本
6. 与其他权益资本筹资方式相比,留存收益筹资的优点是(　　)。
   A. 不发生筹资费用
   B. 不发生筹资成本

C. 形成权益资本,提高企业信誉
D. 有利于提高企业对外负债的能力

7. 与借款筹资和发行债券相比,租赁筹资的主要缺点是( )。
   A. 不能获得财务杠杆利益
   B. 不能获得节税收益
   C. 限制条件较多
   D. 资金成本较高

8. 利用认股权证筹资的最大优点是( )。
   A. 取得节税利益　　　　　　B. 提高筹资速度
   C. 降低筹资成本　　　　　　D. 能获得财务杠杆收益

9. 上市公司既可发行可转换债券,也可发行不可转换债券,一般说来( )。
   A. 可转换债券的利率等于不可转换债券的利率
   B. 可转换债券的利率高于不可转换债券的利率
   C. 可转换债券的利率与不可转换债券的利率的关系无法确定
   D. 可转换债券的利率低于不可转换债券的利率

10. 某企业按"2/10,N/40"的条件购进商品,放弃现金折扣期资金的机会成本为( )。
    A. 24.49%　　　　　　　　B. 20.37%
    C. 27.56%　　　　　　　　D. 24.68%

11. 由于租赁公司具有规模、信用以及经验的优势,此时中小企业倾向于采取融资租赁最主要考虑的因素是( )。
    A. 减少不确定性　　　　　　B. 降低交易成本
    C. 节税　　　　　　　　　　D. 获取产业发展信息

三、多项选择题

1. 关于股票发行方式,下列表述正确的有( )。
   A. 公开间接发行,主要是通过中介机构,公开向社会公众发行股票
   B. 我国《证券法》规定,向累计超过200人的特定对象发行证券
   C. 不公开直接发行,只向少数特定的对象直接发行,不需要中介机构承销
   D. 不公开直接发行,发行成本高,发行范围小,股票变现差

2. 公司债券筹资与普通股筹资相比较,( )。
   A. 普通股筹资的风险较低
   B. 公司债券筹资的资金成本相对较高
   C. 普通股筹资可以利用财务杠杆作用
   D. 公司债券利息可以税前列支,普通股股利必须税后支付

3. 关于债权的特征,下列表述中,正确的有( )。
   A. 债券具有分配上的优先权
   B. 债券代表一种债权债务关系
   C. 债券持有人无权参与公司的决策
   D. 债券不能折价发行

4. 影响债券发行价格的因素有( )。

A. 债券面额 B. 市场利率
C. 债券期限 D. 票面利率
E. 通货膨胀率

5. 股票对上市公司而言,具有的意义有( )。
   A. 提高公司的知名度
   B. 提高公司所发行股票的流动性和变现性
   C. 分散了公司的控制权
   D. 有利于确定公司增发新股的发行价格
   E. 便于确定公司的价值

6. 融资租赁的形式有( )。
   A. 售后回租 B. 经营租赁
   C. 杠杆租赁 D. 直接租赁

7. 企业利用商业信用筹资的形式主要有( )。
   A. 赊销商品 B. 预收账款
   C. 应付账款 D. 应付票据

8. 企业在负债筹资的决策中,除了考虑资金成本因素外,还需考虑的因素有( )。
   A. 偿还方式 B. 偿还条件
   C. 财务风险 D. 限制条件

9. 可转换债券筹资的优点有( )。
   A. 财务风险小 B. 增强筹资的灵活性
   C. 有利于稳定股票价格 D. 可节约利息支出

10. 以下描述符合认股权证特征的有( )。
    A. 认股权证的行使会导致资本总量的增加
    B. 认股权证的发行通常是作为吸引投资者购买公司证券的一种促销手段
    C. 认股权证筹资的最大好处在于降低了筹资成本
    D. 一般来说,认股权证的理论价格高于市场价格

11. 按照当事人之间的关系,租赁的种类有( )。
    A. 直接租赁 B. 杠杆租赁
    C. 融资租赁 D. 售后回租

四、计算题

1. 某公司20×8年1月1日从租赁公司以融资租赁的方式租入一台设备,价款为40 000元,租赁期为4年,到期后设备归承租方所有,租赁期间贴现率为15%。
   要求:计算采用预付等额年金方式支付的租金。

2. 假设某公司发行了期限为15年、票面价值为100元的债券。在10年的任何时候,公司债权的持有者都可以用每份债券调换5股普通股,则调换比率为5。
   要求:计算债券的转换价格。

3. 某普通股股票现行市场价格为每股48元,认股权证规定认购价为35元,每张认股权证可购得5张普通股。
   要求:计算该认股权证的理论价格。

4. 四达公司20×8年资产负债表如表4-5所示。当年公司的销售额为15 000万元,税

后利润为270万元。

表 4-5　四达公司 20×8 年资产负债表(简表)

单位：万元

资　　产	年 末 数	负债和股东权益	年 末 数
货币资金	75	短期借款	105
应收账款	2 400	应付账款	2 640
存货	2 610	应付票据	500
固定资产净值	285	长期负债	45
		实收资本	1 250
		留存收益	830
资 产 总 计	5 370	负债和股东权益总计	5 370

假定20×8年生产能力有剩余。预计20×9年的销售额为18 000万元，销售净利率增长10%，公司所得税税率为25%，税后利润留用比例为50%。

要求：采用销售百分比法预测20×9年的外部筹资额。

5. 四达公司20×4～20×8年的销售量和资金需要量的资料如表4-6所示。预计20×9年的销售量为9万件。

表 4-6　四达公司 20×4～20×8 年销售量与资金需要量表

年　　度	销售量(x)/万件	资金需要量(y)/万元
20×4	8.0	800
20×5	7.0	750
20×6	6.0	600
20×7	7.5	750
20×8	8.0	800

要求：确定20×9年的筹资需要量。

案 例 分 析

一、案例资料

华工科技产业股份有限公司，成立于1999年年底，是由华中理工大学科技开发总公司、华中理工大学印刷厂、武汉建设投资公司、武汉鸿发信息技术公司、华中理工大学机电工程公司、江汉石油钻头股份有限公司共同发起设立的股份有限公司，主营激光器、激光加工系列设备及成套设备、激光医疗设备等。

2000年上半年，公司本着"为客户提供满意产品，为股东创造丰厚回报，为员工营造创新空间"的宗旨，确立经营目标，实施"华工激光""华工图像""华工高理"和"开目软件"的品牌战略，以创新求发展，实现了主营业务收入4 593.44万元，净利润1 587.81万元，比去年同期分别增长了26.10%和9.23%。截至2000年6月末，发行人总股本达到11 500万元，总资产59 512万元、净资产56 420万元。

经中国证券委员会批准,公司向社会公众发行普通股股票(A)3 000万股,以募集生产经营所需资金。股票发行上市后公司总股本为 11 500 万股。

1. 华工科技产业股份有限公司公开向社会公众发行 3 000 万股的有关情况
(1) 股票名称:华工科技产业股份有限公司,简称"华工科技"。
(2) 股票种类:人民币普通股(A)股。
(3) 发行总数:3 000 万股。
(4) 每股面值:13.98 元。
(5) 发行时间:2000 年 6 月 8 日。
(6) 发行地区:与深圳证券交易所系统联网的证券营业网点。
(7) 公开发行对象:在深圳证券交易所开立账户的境内自然人和法人(国家法律、法规禁止者除外)。
(8) 股票发行人:华工科技产业股份有限公司;法人代表:王延觉。
(9) 主承销商:长江证券有限责任公司。

2. 发行人近 3 年的主要财务指标(见表 4-7)

表 4-7 发行人近 3 年的主要财务指标

人民币:千元

财 务 指 标	1999 年	1998 年	1997 年
总资产	185 007.13	135 145.01	118 779.47
流动资产	127 009.42	94 998.67	67 406.25
长期投资	8 856.24	100.00	
固定资产	37 738.67	27 825.91	26 716.00
无形、递延资产	11 402.80	12 220.43	24 657.22
流动负债	43 076.86	2 742.51	22 298.30
长期负债	0	1 000.00	0.30
股东权益	141 521.61	106 246.46	95 728.60
资本公积	38 968.28		
主营业务收入	93 400.48	81 331.56	57 978.20
主营业务利润	45 331.49	41 452.17	33 567.41
利润总额	31 193.93	22 153.50	18 268.87
净利润	30 556.76	22 212.61	18 452.68
未分配利润	12 969.81		

3. 公司大股东持股及股本结构情况
(1) 公司大股东持股情况(见表 4-8):

表 4-8 公司大股东持股情况

股 东 名 称	持股数(股)	持股比例
华中理工大学科技开发总公司	65 454 900	56.917%
华中理工大学印刷厂	7 027 400	6.111%
江汉石油钻头股份有限公司	6 856 600	5.962%

(续表)

股 东 名 称	持股数(股)	持股比例
武汉建设投资公司	397 755	3.459%
同盛证券投资基金	100 000	0.870%
金奉基金	993 665	0.864%
武汉鸿发信息技术公司	876 100	0.762%
华中理工大学机电工程公司	807 500	0.702%
开元基金	700 287	0.609%
景宏证券投资基金	550 000	0.478%

(2) 公司股本结构(见表4-9):

表 4-9 公司股本结构

单位:万股

类 别	2000年中期	1999年年末	1998年年末
境内法人股	8 500	8 500	8 500
A股	3 000	—	—
总股本	11 500	8 500	8 500

4. 发行公司发展战略

切实贯彻"以人为本"的经营理念,以全国首批试点大学科技园之一的华中理工大学科技园为产业基地,以进入资本市场为契机,加强技术创新力度,致力于高科技成果产业化,为股东创造满意的回报。

5. 产业发展方向

(1) 建设全国最大的激光产业基地,继续保持激光技术在国内领先的地位,并努力追赶国际先进水平。

(2) 发挥公司在光机电一体化和制造业软件与信息系统集成方面的强大优势,实现对设计、制造、信息管理、先进制造工具的应用,多方面集成解决方案,为应用企业提供制造全过程服务,提高我国制造工具业技术水平和管理水平,并大力发挥激光技术、数控技术在国防现代化中的应用。

(3) 建设全国最大的激光全息防伪包装材料生产基地和敏感元器件研究开发生产基地,进一步缩短与国际先进水平的差距,并逐渐打入海外市场。

公司还将充分运用资本运营等手段,根据产业和技术的关联性发展其他有潜力的项目,不断形成新的利润增长点。

6. 生产经营计划

到2001年,公司各类销售收入力争达到2.5亿元,利润8 000万元;2005年分别达到7.9亿元和3.5亿元。其中:

(1) 对于目前盈利能力较强、规模较大的激光防伪标识与包装、PTC电子元器件产业,将不断加大研究开发力度,增加产品种类、扩大生产规模,使其产值在2001年分别达到8 000万元和5 000万元;2005年争取达到15 000万元和10 000万元。

(2) 力争2005年使各类激光器及激光加工、医疗等设备的销售达到2.5亿元;加强数控产品的研究开发力度和生产规模,到 2005 年销售实现 1.3 亿元。

(3) 加大软件与系统集成业务投入,到 2001 年实现软件销售及各种收入 488 万元;2005 年达到 1.6 亿元。

7. 营销网络建设

为保证公司销售目标的实现,将加大营销网络建设的力度,重新布局各分公司原有的营销网络,推出全面合作伙伴计划,形成一大批稳定的战略性客户,同时积极拓展海外市场,力争在较短的时间内,通过代理和自营迅速打开国际市场,从而为直接进军海外、参与国际竞争铺平道路。

8. 人力资源计划

公司以良好的培训计划、积极的激励机制、向上的企业文化稳定现有的管理人才和技术人才,同时敞开胸怀,广为吸收各地、各类、各科优秀人才,努力形成一支素质高、创新能力强的科技开发队伍。计划在近 3 年内引进激光、数控、计算机、管理、营销等专业硕士、博士以上的高级人才 150 人。

9. 投资、融资计划

公司通过本次发行募集资金约 4.07 亿元,投资于激光产品、数控系统、软件、防伪包装材料、敏感元器件等项目。项目总投资规模达 3.8 亿元,其中固定资产投资为 2.5 亿元。

二、思考分析

(1) 华工科技产业股份有限公司股票发行价格是如何决策的?
(2) 华工科技产业股份有限公司股票筹资规模是如何决策的?
(3) 华工科技产业股份有限公司股票发行价格是如何决策的?
(4) 设立股份有限公司申请公开发行股票与股份有限公司增资发行股票有何不同?
(5) 分析股份有限公司增发新股的利与弊。

第五章 资本成本与资本结构

学习目的与要求

- 理解资本成本的概念。
- 掌握个别资本成本和综合资本成本的计算。
- 了解边际资本成本的计算。
- 掌握经营杠杆、财务杠杆和综合杠杆的含义与计算。
- 理解资本成本结构和最佳资本成本结构的含义。
- 掌握确定最佳资本成本结构的三种方法。

本章提要

(1) 资本成本是企业筹资和用资的代价,是企业选择资金来源,拟定筹资方案的依据,也是企业用资效益的最低尺度。资本成本的计算包括个别资本及综合资本成本的计算。个别资本成本是指各种筹资方式所筹资金的成本,主要包括债务资本成本、优先股资本成本、普通股资本成本和留存收益资本成本,后三者可统称为权益资本成本。综合资本成本是指筹资总额的成本,在数量上它等于各项资本来源个别成本的加权平均数,又称为加权平均成本。

(2) 经营杠杆效应是指在单价和成本水平不变的条件下,销售量的增长会引起息税前利润以更大的幅度增长。描述经营杠杆效应大小的指标是经营杠杆系数(DOL)。

(3) 财务杠杆效应是指在资金构成不变的情况下,息税前利润的增长会引起普通股每股利润以更大的幅度增长。描述财务杠杆效应大小的指标是财务杠杆系数(DFL)。

(4) 综合杠杆效应是经营杠杆和财务杠杆的综合效应。描述综合杠杆效应大小的指标是综合杠杆系数(DTL)。

(5) 资本结构是指企业各种长期资金的构成比例,是筹资质量的集中表现。资本结构的优化方法有比较综合资本成本法、每股利润分析法、比较公司价值法。这些方法适用于不同的情况,从不同的角度优化资本结构。

第一节 资本成本

一、资本成本概述

(一) 资本成本的概念

企业从事生产经营活动必须要使用资金,在市场经济条件下又不可能无偿使用资金,因此,企业除了必须有效、合理地使用资金外,还必须分析把握各种来源资金的使用代价。

资本成本又称资金成本,它是企业为筹集和使用长期资金而付出的代价。资本成本也可理解为是一种机会成本,即企业可以从现有资产获得的、符合投资人期望的最小收益率,也就是投资项目的取舍收益率。

资本成本分为个别资本成本和综合资本成本,个别资本成本是指每一种具体的资本来源的成本,综合资本成本是指筹资总额的成本,在数量上它等于各项资本来源个别成本的加权平均数,又称为加权平均成本。

个别资本成本主要包括资金筹集费和资金占用费两部分。

1. 资金筹集费

资金筹集费是指企业为筹集资金而付出的代价,如向银行支付的借款手续费,向证券承销商支付的发行股票、债券的发行费等。筹资费用通常是在筹措资金时一次支付的,在用资过程中不再发生,可视为筹资总额的一项扣除。

2. 资金占用费

资金占用费又称为资金使用费,是指企业在生产经营、投资过程中因使用资金而支付的代价,如向债权人支付的利息,向股东发放股票的股利等。

(二) 资本成本的意义和作用

在商品经济条件下,资本成本是资金所有权与资金使用权分离的产物,是资金使用者对资金所有者转让资金使用权利的价值补偿,也可以说,投资者的期望报酬就是筹资者的资本成本。

资本成本与资金时间价值既有联系,又有区别。联系在于两者考察的对象都是资金;区别在于资本成本既包括资金时间价值,又包括投资风险价值。

资本成本是企业选择筹资来源和方式、拟订筹资方案的依据,资本成本的高低直接影响着筹资决策;资本成本也是评价投资项目可行性的衡量标准,在投资决策中,一般采用资本成本作为折现率计算净现值,或将资本成本作为基准收益率与内含报酬率比较,以决定项目的取舍;在企业价值评估中,资本成本也是一个重要的参数,在现金流量折现法和经济利润法中,都要使用资本成本作为折现率,计算企业价值。

(三) 资本成本的表现形式

资本成本可以用绝对数表示,也可以用相对数表示。资本成本用绝对数表示即资本总成本,它是筹资费用和用资费用之和。由于它不能反映用资多少,所以较少使用。资本成本用相对数表示即资本成本率,它是资金占用费与筹资净额的比率,一般而言,资本成本多指资本成本率。其计算公式为:

$$资本成本 = \frac{资金占用费}{筹资总额 - 资金筹集费}$$

由于资金筹集费一般以筹资总额的某一百分比计算,因此,上述计算公式也可表现为:

$$\text{资本成本} = \frac{\text{资金占用费}}{\text{筹资总额} \times (1 - \text{筹资费率})}$$

企业以不同方式筹集的资金所付出的代价一般是不同的,企业总的资本成本是由各项个别资本成本及资金比重所决定的。对资本成本的计算必须从个别资本成本开始。

二、个别资本成本

个别资本成本是指各种筹资方式所筹资金的成本,主要包括债务资本成本、优先股资本成本、普通股资本成本和留存收益资本成本,后三者可统称为权益资本成本。

(一)债务资本成本

债务主要指债券和长期借款。债务每年付出的代价是利息,由于利息是税前列支的,因此债务的资金占用费就是每年的税后利息,筹资总额是指实际筹集到的资金,因此应按发行价来确定。债务资本成本的计算公式为:

$$K_b = \frac{I \cdot (1-t)}{B \cdot (1-f_b)} = \frac{i \cdot (1-t)}{1-f_b}$$

式中 K_b——债务资本成本;

I——债务的年利息;

B——债务筹资总额;

t——所得税税率;

f_b——债务筹资费率;

i——债务年利息率。

【例 5-1】 某企业平价发行债券 1 000 万元,筹资费率 2%,票面利率 10%,每年末付息,所得税税率 40%。

要求:计算该债券资本成本。

解: 债券资本成本 $K_b = \dfrac{10\% \times (1-40\%)}{1-2\%} \approx 6.12\%$

【例 5-2】 某企业发行债券 1 000 万元,面额 1 000 元,按溢价 1 050 元发行,票面利率 10%,每年末付息,所得税税率 40%,发行筹资费率 1%。

要求:计算该债券资本成本。

解: 债券资本成本 $K_b = \dfrac{1\,000 \times 10\% \times (1-40\%)}{1\,050 \times (1-1\%)} \approx 5.77\%$

由于利息的支付方式、债务的存续时间不同,因此上述债务资本成本的计算可能不够精确。例如,在[例 5-2]中,利息的支付采用利随本清和每年末付息,其成本是有差异的;即使利息的支付方式相同,但债券的存续期限是 3 年还是 5 年,其成本也是有差异的。所以上述计算方法只能看作是一种简便方法,由于这种方法把不同时点支付的利息看成是等同的,因此也可称之为静态法。那么,怎样才能使债务资本成本的计算更为精确呢?因为债权人的收益就是债务人的成本,因此可以根据债券收益率估价模型确定债务成本。由于这种方法要考虑利息支付的时点并予以折现,因此被称为动态法。

在动态法下,债务资本成本是使下式成立的 K_b:

$$B \cdot (1-f_b) = \sum_{i=1}^{n} \frac{I \cdot (1-t)}{(1+K_b)^i} + \frac{M}{(1+K_b)^i}$$

式中 K_b——债务资本成本;

I——债务的年利息;

B——债务筹资总额；

M——债务筹资本金；

t——所得税税率；

f_b——债务筹资费率；

i——年份。

为了便于记忆，上式还可用文字表述为：

现金流入＝未来现金流出的现值

公式中的"现金流入"为实际筹资额。例如，平价发行面值为 5 000 万元债券，发行费忽略不计，则现金流入为 5 000 万元。若需支付 1% 的发行费，则现金流入为 4 950 万元 [5 000×(1－1%)]。若债券溢价 2%，并需支付 1% 的发行费，现金流入为 5 049 万元 [5 000×(1＋2%)×(1－1%)]。

"未来现金流出"包括支付的税后利息和归还的本金两部分，由于利息的支付时间与方式不同，因此未来现金流出的表现形式也可能不同。

因为现金流入是在筹资时点发生的，而未来现金流出是在以后时点发生的，所以要对其折现，而折现率就是投资者要求的报酬率，同时也就是筹资者的筹资成本。

【例 5-3】 利用[例 5-1]中的资料，假定债券期限为 3 年。

要求：用动态法计算债务资本成本。

解：根据题意建立方程式为：

$$1\,000\times(1-2\%)=1\,000\times10\%\times(1-40\%)\times(P/A,K_b,3)+1\,000\times(P/F,K_b,3)$$

整理可得：

$$980=60\times(P/A,K_b,3)+1\,000\times(P/F,K_b,3)$$

解该方程要用"逐步测试法"。

用 $K_b=6\%$ 测试，则：

$$等式右边=60\times(P/A,6\%,3)+1\,000\times(P/F,6\%,3)$$

$$=60\times2.673+1\,000\times0.8396=999.98$$

用 $K_b=7\%$ 测试，则：

$$等式右边=60\times(P/A,7\%,3)+1\,000\times(P/F,7\%,3)$$

$$=60\times2.6243+1\,000\times0.8163=973.76$$

由上述测试可知，本例中的债务成本大于 6% 小于 7%，可采用插入法来确定。

$$K_b=6\%+\frac{999.98-980}{999.98-973.76}\times(7\%-6\%)=6.76\%$$

【例 5-4】 利用[例 5-2]中的资料，假定债券期限为 3 年。

要求：用动态法计算债务资本成本。

解：根据题意建立方程式如下：

$$1\,050\times(1-1\%)=1\,000\times10\%\times(1-40\%)\times(P/A,K_b,3)+1\,000\times(P/F,K_b,3)$$

整理可得：

$$1\,039.5 = 60 \times (P/A, K_b, 3) + 1\,000 \times (P/F, K_b, 3)$$

用 $K_b = 4\%$ 测试，则：

$$等式右边 = 60 \times (P/A, 4\%, 3) + 1\,000 \times (P/F, 4\%, 3)$$

$$= 60 \times 2.7751 + 1\,000 \times 0.889 = 1\,055.51$$

用 $K_b = 5\%$ 测试，则：

$$等式右边 = 60 \times (P/A, 5\%, 3) + 1\,000 \times (P/F, 5\%, 3)$$

$$= 60 \times 2.723\,2 + 1\,000 \times 0.863\,8 = 1\,027.19$$

由上述测试可知，本例中的债务资本成本大于 4% 小于 5%，可采用插入法来确定。

$$K_b = 4\% + \frac{1\,055.51 - 1\,039.5}{1\,055.51 - 1\,027.19} \times (5\% - 4\%) = 4.57\%$$

（二）优先股资本成本

估计股票的未来现金流量比较困难，因此股票资本成本一般采用简便的方法确定，无论是普通股资本成本还是优先股资本成本。

优先股资本成本的确定与债务资本成本有点类似，所不同的是由于股利是税后列支的，不能抵税，因此，优先股每年的资金占用费就是每年发放的股利，优先股股利通常是固定的，表现为面值的一定百分比。

优先股资本成本的计算公式为：

$$K_p = \frac{D}{P_p \cdot (1 - f_p)}$$

式中　　K_p——优先股资本成本；

　　　　D——优先股年股利额；

　　　　P_p——优先股筹资总额；

　　　　f_p——优先股筹资费率。

【例 5-5】　某公司发行优先股，每股 10 元，股利率为 10%，发行费率为 3%。

要求：计算该优先股的资本成本。

解：　优先股资本成本 $(K_p) = \dfrac{10 \times 10\%}{10 \times (1 - 3\%)} \approx 10.31\%$

（三）普通股资本成本

普通股资本成本与优先股资本成本的区别在于普通股的股利是有可能增长的，要推导其准确的计算公式比较困难，一般采用近似公式。

普通股资本成本的计算公式为：

$$K_s = \frac{D_1}{P_s \cdot (1 - f_s)} + G$$

式中　　K_s——普通股资本成本；

　　　　D_1——预期第一年普通股股利；

　　　　P_s——普通股筹资总额；

　　　　f_s——普通股筹资费率；

　　　　G——普通股年股利增长率。

【例 5-6】 某公司发行普通股,每股面值 10 元,溢价 12 元发行,筹资费率为 4%,第一年年末预计股利率 10%,以后每年增长 2%。

要求:计算该普通股资本成本。

解: 普通股资本成本$(K_s)=\dfrac{10\times 10\%}{12\times(1-4\%)}+2\%\approx 10.68\%$

由于投资者的期望报酬就是筹资者的资本成本,因此还可以采用"资本资产定价模型"来确定普通股资本成本。具体计算参见第七章第六节中的专门论述。

(四)留存收益资本成本

一般企业都不会把盈利以股利形式全部分给股东,而且相关的法律法规也不允许这样做,因此,企业只要有盈利,总会有留存收益。留存收益是企业的可用资金,它属于普通股股东所有,其实质是普通股股东对企业的追加投资。留存收益资本成本可以参照市场利率,也可以参照机会成本,更多的是参照普通股股东的期望收益,即普通股资本成本,但它不会发生筹资费用。其计算公式为:

$$K_r=\dfrac{D_1}{P_r}+G$$

式中 K_r——留存收益资本成本;

其余字母的意义同普通股资本成本计算公式。

【例 5-7】 资料见[例 5-6]。

要求:计算该留存收益资本成本。

解: 留存收益资本成本$(K_r)=\dfrac{10\times 10\%}{12}+2\%\approx 10.33\%$

三、综合资本成本

在实际工作中,企业筹措资金往往同时采用几种不同的方式。综合资本成本就是指一个企业各种不同筹资方式总的平均资本成本,它是以各种资本所占的比重为权数,对各种资本成本进行加权平均计算出来的,所以又称加权平均资本成本。其计算公式为:

$$K_W=\sum_{j=1}^{n}K_j\cdot W_j$$

式中 K_W——综合资本成本(加权平均资本成本);

K_j——第 j 种资金的资本成本;

W_j——第 j 种资金占全部资金的比重。

【例 5-8】 某企业共有资金 1 000 万元,其中银行借款占 50 万元、长期债券占 250 万元、普通股占 500 万元、优先股占 150 万元、留存收益占 50 万元;各种来源资金的资本成本率分别为 7%、8%、11%、9%、10%。

要求:计算综合资本成本。

解: 综合资本成本$(K_W)=\dfrac{50\times 7\%+250\times 8\%+500\times 11\%+150\times 9\%+50\times 10\%}{1\,000}=9.7\%$

上述综合资本成本的计算中所用权数是按账面价值确定的。使用账面价值权数,其数据能从资产负债表中取得,但当债券和股票的市价与账面价值相差过多时,计算得到的综合资本成本就会不客观。

计算综合资本成本也可选择采用市场价值权数和目标价值权数。市场价值权数是指债券、股票等以当前市场价格来确定的权数,这样做比较能反映当前实际情况,但因市场价格变化不定而难以确定。目标价值权数是指债券、股票等以未来预计的目标市场价值确定的权数,但未来市场价值只能是估计的。概括地说,以上三种权数分别有利于了解过去、反映现在、预知未来。在计算综合资本成本时,如无特殊说明,则要求采用账面价值权数。

四、边际资本成本

边际资本成本是指资金每增加一个单位而增加的成本。当企业需要追加筹措资金时应考虑边际资本成本的高低。企业追加筹资,可以只采用某一种筹资方式,但这对保持或优化资本结构不利。当筹资数额较大,资本结构又有既定目标时,应通过边际资本成本的计算,确定最优的筹资方式组合。

下面举例说明边际资本成本的计算和应用。

【例 5-9】 华东公司现有资金 1 000 万元,其中长期借款 100 万元,长期债券 200 万元,普通股 700 万元。公司考虑扩大经营规模,拟筹集新的资金。经分析,认为目前的资本结构是最优的,希望筹集新资金后能保持目前的资本结构。经测算,随筹资额的增加,各种资本成本的变动情况如表 5-1 所示。

表 5-1 华东公司筹资资料

资金种类	目标资本结构	新筹资的数量范围(元)	资本成本
长期借款	10%	0~50 000 大于 50 000	6% 7%
长期债券	20%	0~140 000 大于 140 000	8% 9%
普通股	70%	0~210 000 210 000~630 000 大于 630 000	10% 11% 12%

要求:计算筹资总额的分界点和各筹资总额范围的边际资本成本。

1. 计算筹资总额的分界点(突破点)

解:根据目标资本结构和各种个别资本成本变化的分界点(突破点),计算筹资总额的分界点(突破点)。其计算公式为:

$$BP_j = \frac{TF_j}{W_j}$$

式中 BP_j——筹资总额的分界点;

TF_j——第 j 种个别资本成本的分界点;

W_j——目标资本结构中第 j 种资金的比重。

华东公司的筹资总额分界点如表 5-2 所示。

表 5-2 筹资总额分界点计算表

单位:元

资金种类	资本结构	资金成本	新筹资的金额范围	新筹资总额分界点
长期借款	10%	6% 7%	0~50 000 大于 50 000	0~500 000 大于 500 000

(续表)

资金种类	资本结构	资金成本	新筹资的金额范围	新筹资总额分界点
长期债券	20%	8% 9%	0～140 000 大于140 000	0～700 000 大于700 000
普通股	70%	10% 11% 12%	0～210 000 210 000～630 000 大于630 000	0～300 000 300 000～900 000 大于900 000

在表 5-2 中,新筹资总额分界点是指引起某资金种类资本成本变化的分界点。例如,长期借款,筹资总额不超过 50 万元,资本成本为 6%;超过 50 万元,资本成本就要增加到 7%。那么筹资总额在 50 万元左右时,应尽量不要超过 50 万元。然而要维持原有资本结构,必然要多种资金按比例同时筹集,单考虑某个别资本成本是不能维持原有资本结构的,必须考虑综合的边际资本成本。

2. 计算各筹资总额范围的边际资本成本

根据表 5-2 计算结果,可知有 4 个分界点,应有 5 个筹资范围。计算 5 个筹资范围的边际资本成本,结果如表 5-3 所示。

华东公司可以按照表 5-3 的结果规划追加筹资,尽量不要由一段范围突破到另一段范围。

表 5-3　边际资本成本计算表

序号	筹资总额范围(元)	资金种类	资本结构	资本成本	边际资本成本
1	0～300 000	长期借款 长期债券 普通股	10% 20% 70%	6% 8% 10%	0.6% 1.6% 7%
		第一个筹资范围的边际资本成本＝9.2			
2	300 000～500 000	长期借款 长期债券 普通股	10% 20% 70%	6% 8% 11%	0.6% 1.6% 7.7%
		第二个筹资范围的边际资本成本＝9.9%			
3	500 000～700 000	长期借款 长期债券 普通股	10% 20% 70%	7% 8% 11%	0.7% 1.6% 7.7%
		第三个筹资范围的边际资本成本＝10%			
4	700 000～900 000	长期借款 长期债券 普通股	10% 20% 70%	7% 9% 11%	0.7% 1.8% 7.7%
		第四个筹资范围的边际资本成本＝10.2%			
5	900 000 以上	长期借款 长期债券 普通股	10% 20% 70%	7% 9% 12%	0.7% 1.8% 8.4%
		第五个筹资范围的边际资本成本＝10.9%			

第二节 杠杆原理

杠杆是物理学中的概念,所谓杠杆效应是指利用杠杆,可以花较小的力量移动较重物体的效应。财务管理中也存在类似的杠杆效应,如一个变量的小幅变动会引起另一个变量的更大变动。财务管理中的杠杆有经营杠杆、财务杠杆、综合杠杆。

一、经营杠杆

(一)经营杠杆效应

企业在生产经营中会有这么一种现象:在单价和成本水平不变的条件下,销售量的增长会引起息税前利润以更大的幅度增长。这就是经营杠杆效应。固定成本的存在是经营杠杆效应产生的原因,当销售量增加时,变动成本将同比例增加,销售收入也同比例增加,但固定成本总额不变,单位固定成本与销量呈反方向变动,这就会导致单位产品成本降低,每单位产品利润增加,于是利润比销量增加得更快。

例如,天润集团连续3年的销量、利润资料,如表5-4所示。

表5-4 天润集团盈利情况资料

金额单位:元

项　目	第 一 年	第 二 年	第 三 年
单价	550	550	550
单位变动成本	500	500	500
单位边际贡献	50	50	50
销售量	20 000	40 000	60 000
边际贡献	1 000 000	2 000 000	3 000 000
固定成本	500 000	500 000	500 000
息税前利润(EBIT)	500 000	1 500 000	2 500 000

由表5-4可见,从第一年到第二年,销售量增加了100%,息税前利润增加了200%;从第二年到第三年,销售量增加了50%,息税前利润增加了66.67%,这就是经营杠杆效应。企业在可能的情况下适当增加产销量会取得更多的盈利,获取经营杠杆利益。但我们也必须认识到,当企业遇上不利情况而销售量下降时,息税前利润会以更大的幅度下降,即经营杠杆效应也会带来经营风险。经营杠杆效应越大,经营风险也就越大。

(二)经营杠杆系数及其计算

经营杠杆的大小通常可以用经营杠杆系数来计量。经营杠杆系数也称经营杠杆率(DOL),是指息税前利润的变动率相对于销售量变动率的倍数。其定义公式为:

$$经营杠杆系数(DOL)=\frac{息税前利润变动率}{销售量变动率}=\frac{\frac{\Delta EBIT}{EBIT_0}}{\frac{\Delta x}{x_0}}$$

【例5-10】 资料见表5-4。

要求:计算第二年和第三年的经营杠杆系数。

$$DOL_2 = \frac{\frac{1\,500\,000 - 500\,000}{500\,000}}{\frac{40\,000 - 20\,000}{20\,000}} = 2$$

$$DOL_3 = \frac{\frac{2\,500\,000 - 1\,500\,000}{1\,500\,000}}{\frac{60\,000 - 40\,000}{40\,000}} = 1.3333$$

利用上述 DOL 的定义公式计算经营杠杆系数必须掌握利润变动率与销售量变动率，这是事后反映，不便于利用 DOL 进行预测。为此，我们设法推导出一个只需用基期数据计算经营杠杆系数的简便公式。

以下标"0"表示基期数据，下标"1"表示预测期数据，推导如下：

$$DOL = \frac{\frac{\Delta EBIT}{EBIT_0}}{\frac{\Delta x}{x_0}} = \frac{EBIT_1 - EBIT_0}{EBIT_0} \times \frac{x_0}{x_1 - x_0}$$

$$= \frac{cm \cdot (x_1 - x_0)}{EBIT_0} \times \frac{x_0}{x_1 - x_0}$$

$$= \frac{Tcm_0}{EBIT_0} = \frac{基期边际贡献}{基期息税前利润}$$

用 DOL 计算公式不仅可以算出第二、第三年的经营杠杆系数，而且也可算出第四年的经营杠杆系数，如根据表 5-4 资料，得：

$$DOL_2 = \frac{1\,000\,000}{500\,000} = 2$$

$$DOL_3 = \frac{2\,000\,000}{1\,500\,000} = 1.3333$$

$$DOL_4 = \frac{3\,000\,000}{2\,500\,000} = 1.2$$

二、财务杠杆

（一）财务杠杆效应

企业的每股利润会有这么一种现象：在资本构成不变的情况下，息税前利润的增长会引起每股利润以更大的幅度增长。这就是财务杠杆效应，财务杠杆效应产生的原因是当息税前利润增长时，债务利息不变，优先股股利不变，每 1 元息税前利润负担的利息和优先股股利降低了，这就导致普通股每股利润比息税前利润增加得更快。

假设天润集团年债务利息 100 000 元，所得税税率为 30%，普通股 400 000 股，连续 3 年普通股每股利润资料如表 5-5 所示。

表 5-5 天润集团普通股每股利润资料

金额单位：元

项　　目	第 一 年	第 二 年	第 三 年
息税前利润（$EBIT$）	500 000	1 500 000	2 500 000
债务利息	100 000	100 000	100 000

(续表)

项目	第一年	第二年	第三年
税前利润	400 000	1 400 000	2 400 000
所得税	120 000	420 000	720 000
税后利润	280 000	980 000	1 680 000
每股利润(EPS)	0.7	2.45	4.2

由表 5-5 可见，从第一年到第二年，EBIT 增加了 200%，EPS 增加了 250%；从第二年到第三年，EBIT 增加了 66.67%，EPS 增加了 71.43%。利用财务杠杆效应，企业适度负债经营，在盈利条件下可能给普通股股东带来更多的得益，这就是财务杠杆利益。但我们也必须认识到，当企业遇上不利情况而盈利下降时，普通股股东的得益会以更大幅度减少，即财务杠杆效应也会带来财务风险。财务杠杆效应越大，财务风险也就越大。

(二) 财务杠杆系数及其计算

财务杠杆的大小通常可以用财务杠杆系数来计量。财务杠杆系数，也称财务杠杆率(DFL)，是指每股利润的变动率相对于息税前利润变动率的倍数。其定义公式为：

$$财务杠杆系数(DFL) = \frac{每股利润变动率}{息税前利润变动率} = \frac{\Delta EPS/EPS_0}{\Delta EBIT/EBIT_0}$$

【例 5-11】 资料见表 5-5。

要求：计算各年的财务杠杆系数。

$$DFL_2 = \frac{\frac{2.45-0.7}{0.7}}{\frac{1\,500\,000-500\,000}{500\,000}} = 1.25$$

$$DFL_3 = \frac{\frac{4.2-2.45}{2.45}}{\frac{2\,500\,000-1\,500\,000}{1\,500\,000}} = 1.0714$$

利用上述 DFL 的定义公式计算财务杠杆系数必须掌握每股利润变动率与息税前利润变动率，这是事后反映，不便于利用 DFL 进行预测。为此，我们设法推导出一个只需用基期数据计算财务杠杆系数的简便公式。推导如下：

$$DFL = \frac{\Delta EPS/EPS_0}{\Delta EBIT/EBIT_0}$$

$$= \frac{\frac{(EBIT_1-I) \cdot (1-t)-E}{n} - \frac{(EBIT_0-I) \cdot (1-t)-E}{n}}{\frac{(EBIT_0-I) \cdot (1-t)-E}{n}}$$

$$\div \frac{EBIT_1-EBIT_0}{EBIT_0} = \frac{(EBIT_1-EBIT_0) \cdot (1-t)}{(EBIT_0-I) \cdot (1-t)-E}$$

$$\cdot \frac{EBIT_0}{EBIT_1-EBIT_0} = \frac{EBIT_0}{EBIT_0-I-\frac{E}{1-t}}$$

$$= \frac{\text{基期息税前利润}}{\text{基期息税前利润} - \text{债务利息} - \dfrac{\text{优先股股利}}{1 - \text{所得税税率}}}$$

式中　I——债务利息；
　　　t——所得税税率；
　　　E——优先股股利；
　　　n——普通股股数。

对于无优先股的股份制企业或非股份制企业，上述财务杠杆系数的计算公式可简化为：

$$DFL = \frac{EBIT_0}{EBIT_0 - I} = \frac{\text{基期息税前利润}}{\text{基期税前利润}}$$

用 DFL 计算公式不仅可以算出天润集团第二、第三年的财务杠杆系数，而且第四年的财务杠杆系数也可算出，如根据表 5-5 资料，得：

$$DFL_2 = \frac{500\ 000}{400\ 000} = 1.25$$

$$DFL_3 = \frac{1\ 500\ 000}{1\ 400\ 000} = 1.0714$$

$$DFL_4 = \frac{2\ 500\ 000}{2\ 400\ 000} = 1.0417$$

三、综合杠杆

（一）综合杠杆效应

由于存在固定的生产经营成本，会产生经营杠杆效应，即销售量的增长会引起息税前利润以更大的幅度增长；由于存在固定的财务成本（债务利息和优先股股利），会产生财务杠杆效应，即息税前利润的增长会引起普通股每股利润以更大的幅度增长；而一个企业会同时存在固定的生产经营成本和固定的财务成本，因此两种杠杆效应共同发生，将产生连锁作用，销售量稍有变动就会使每股利润以更大幅度的变动。这种现象被称为综合杠杆效应。

（二）综合杠杆系数及其计算

综合杠杆效应通常用综合杠杆系数来计量，综合杠杆系数也称复合杠杆系数，又称总杠杆系数（DTL），是指每股利润的变动率相对于销售量变动率的倍数。其定义公式为：

$$\text{综合杠杆系数}(DTL) = \frac{\text{每股利润变动率}}{\text{销售量变动率}} = \frac{\dfrac{\Delta EPS}{EPS_0}}{\dfrac{\Delta x}{x_0}}$$

可以推导出综合杠杆系数的简便计算公式为：

$$DTL = \frac{\Delta EPS / EPS_0}{\Delta x / x_0} = \frac{\Delta EBIT / EBIT_0}{\Delta x / x_0} \cdot \frac{\Delta EPS / EPS_0}{\Delta EBIT / EBIT_0}$$

$$= DOL \cdot DFL = \frac{Tcm_0}{EBIT_0} \cdot \frac{EBIT_0}{EBIT_0 - I - \dfrac{E}{1-t}} = \frac{Tcm_0}{EBIT_0 - I - \dfrac{E}{1-t}}$$

$$= \frac{\text{基期边际贡献}}{\text{基期息税前利润} - \text{债务利息} - \dfrac{\text{优先股股利}}{1 - \text{所得税税率}}}$$

对于无优先股的股份制企业或非股份制企业，上述综合杠杆系数的计算公式可简化为：

$$DTL = \frac{\text{基期边际贡献}}{\text{基期税前利润}}$$

可见，综合杠杆系数可以由经营杠杆系数与财务杠杆系数相乘得到，也可以由基期数据直接计算得到。考察天润集团表 5-4、表 5-5 资料，用三种方法计算各年 DTL 如下：

第二年： $\qquad DTL_2 = 2 \times 1.25 = 2.5$

$$DTL_2 = \frac{\dfrac{2.45 - 0.7}{0.7}}{\dfrac{40\,000 - 20\,000}{20\,000}} = 2.5$$

$$DTL_2 = \frac{1\,000\,000}{400\,000} = 2.5$$

第三年： $\qquad DTL_3 = 1.3333 \times 1.0714 \approx 1.43$

$$DTL_3 = \frac{\dfrac{4.25 - 2.45}{2.45}}{\dfrac{60\,000 - 40\,000}{40\,000}} \approx 1.43$$

$$DTL_3 = \frac{2\,000\,000}{14\,000\,000} \approx 1.43$$

第四年： $\qquad DTL_4 = 1.2 \times 1.0417 = 1.25$

$$DTL_4 = \frac{3\,000\,000}{2\,400\,000} = 1.25$$

第三节　资本结构及其优化

一、资本结构的意义

资本结构是指企业各种来源的长期资金的构成及其比例关系。资本结构是否合理会影响企业资本成本的高低、财务风险的大小以及投资者的收益，它是企业筹资决策的核心问题。企业资金来源多种多样，但总的来说可分成权益资金和债务资金两类，资本结构问题主要是负债比率问题。一般而言，债务资本成本比权益资本成本低，因此适度增加债务可能会降低企业资本成本，获取财务杠杆利益，但同时也会给企业带来财务风险。

二、最佳资本结构

由上分析可知，利用债务资金具有双重作用，因此企业必须权衡利弊，确定一个最佳资本结构。所谓最佳资本结构是指使企业价值最大、企业综合资本成本最低的资本结构。最佳资本结构在理论上是存在的，但是由于企业内部条件和外部情况经常发生变化，有些因素不易量化，寻找最佳资本结构比较困难。这里介绍一些在特定条件下优化资本结构的方法。运用这些方法计算得到的结果，或许是较优资本结构，在应用这些方法时，还应结合其他因素,以便使资本结构趋于最佳。

(一) 比较资本成本法

当企业对不同筹资方案作选择时,可先分别计算各个备选方案的综合资本成本,然后根据综合资本成本的高低选定一个资本结构较优的方案。

【例 5-12】 某企业原来的资本结构如表 5-6 所示。

表 5-6 某企业资本结构情况

资　金　来　源	金　　额(万元)
普通股 120 万股(面值 10 元,筹资费率 2%)	1 200
长期债券(年利率 10%,筹资费率 2%)	400
长期借款(年利率 9%,无筹资费用)	200
合　　计	1 800

预计年末普通股每股股利为 1 元,预计以后每年股利率将增加 3%。该企业所得税税率为 40%。

该企业现拟增资 300 万元,有以下两个方案可供选择。

甲方案:发行长期债券 300 万元,年利率 11%,筹资费率 2%。普通股每股股利增加到 1.2 元,以后每年需增加 4%。

乙方案:发行长期债券 150 万元,年利率 11%,筹资费率 2%。另以每股 15 元发行股票 150 万元,筹资费率 2%,普通股每股股利增加到 1.2 元,以后每年仍增加 3%。

要求:

(1) 计算原来的综合资本成本。

(2) 试作出增资决策。

解:(1) 原来的综合资本成本:

$$普通股资本成本 = \frac{1}{10 \times (1-2\%)} + 3\% \approx 13.20\%$$

$$长期债券资本成本 = \frac{10\% \times (1-40\%)}{1-2\%} \approx 6.12\%$$

$$长期借款资本成本 = 9\% \times (1-40\%) = 5.4\%$$

$$综合资本成本 = 13.20\% \times \frac{1\,200}{1\,800} + 6.12\% \times \frac{400}{1\,800} + 5.4\% \times \frac{200}{1\,800} = 10.76\%$$

(2) 增资决策方案分析:

甲方案

$$普通股资本成本 = \frac{1.2}{10 \times (1-2\%)} + 4\% \approx 16.24\%$$

旧债券资本成本 $\approx 6.12\%$

长期借款资本成本 $= 5.4\%$

$$新债券资本成本 = \frac{11\% \times (1-40\%)}{1-2\%} \approx 6.73\%$$

$$综合资本成本 = 16.24\% \times \frac{1\,200}{2\,100} + 6.12\% \times \frac{400}{2\,100} + 5.4\% \times \frac{200}{2\,100} + 6.73\% \times \frac{300}{2\,100} \approx 11.92\%$$

乙方案

$$旧普通股资本成本 = \frac{1.2}{10\times(1-2\%)} + 3\% \approx 15.24\%$$

$$旧债券资本成本 \approx 6.12\%$$

$$长期借款资本成本 = 5.4\%$$

$$新债券资本成本 = \frac{11\%\times(1-40\%)}{1-2\%} \approx 6.73\%$$

$$新普通股资本成本 = \frac{1.2}{15\times(1-2\%)} + 3\% \approx 11.16\%$$

$$综合资本成本 = 15.24\%\times\frac{1\,200}{2\,100} + 6.12\%\times\frac{400}{2\,100} + 5.4\%\times\frac{200}{2\,100} + 6.73\%\times\frac{150}{2\,100} + 11.16\%\times\frac{150}{2\,100} = 11.67\%$$

由以上计算结果可知,乙方案的综合资本成本低于甲方案,应采用乙方案增资。

这种方法比较直观,计算也不复杂,是确定资本结构的一种常用方法。由于所拟定的备选方案总是有限的,因此有可能把最佳方案漏掉。

(二)每股利润分析法

每股利润分析法是利用每股利润无差别点来进行资本结构决策的方法。所谓每股利润无差别点,是指两种筹资方式下每股利润相等时的息税前利润,所以每股利润分析法又叫做 EBIT-EPS 分析。根据每股利润无差别点,可以分析判断在什么情况下运用债务筹资(或权益筹资)来安排和调整资本结构。

【例 5-13】 某企业现有资本结构全部为普通股 1 000 万元,每股 10 元,折合 100 万股。现拟增资 200 万元,有甲、乙两种筹资方案可供选择。甲方案:发行普通股 20 万股,每股 10 元。乙方案:发行普通股 10 万股,每股 10 元;另发行债券 100 万元,债券年利率 10%。该企业所得税税率为 40%。

要求:选择有利的筹资方案。

解: $$EPS_甲 = \frac{EBIT\times(1-40\%)}{100+20}$$

$$EPS_乙 = \frac{(EBIT-100\times10\%)\times(1-40\%)}{100+10}$$

令 $EPS_甲 = EPS_乙$,得:

$$\frac{EBIT\times0.6}{120} = \frac{(EBIT-10)\times0.6}{110}$$

$$EBIT = 120(万元)$$

此时 $EPS_甲 = EPS_乙 = 0.6(元)$

在具体判断时,可将小于(或大于)每股利润无差别点的 EBIT 代入两个方案的计算公式中去,便可分别算出两个方案的 EPS,在每股利润无差别点上两个方案的 EPS 应该相等,但离开了每股利润无差别点两个方案 EPS 肯定不相等,可根据 EPS 高低来作出决策。例如,上例中任取 EBIT=200 万元,则:

$$EPS_甲 = \frac{200\times(1-40\%)}{100+20} = 1(元)$$

$$EPS_乙 = \frac{(200-100\times10\%)\times(1-40\%)}{100+10} = 1.04(元)$$

则当企业息税前利润小于 120 万元时选择甲方案增资,大于 120 万元时选择乙方案增资。EBIT-EPS 分析除用上述代数法外,也可用图解法,如图 5-1 所示。

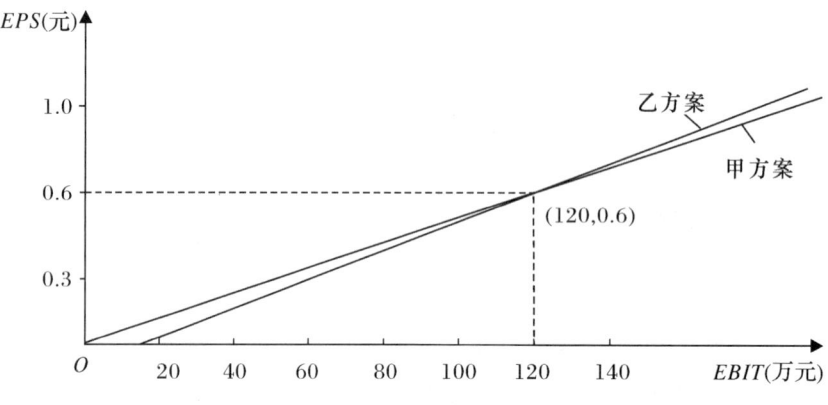

图 5-1 每股利润分析的图解法

每股利润无差别点也可表现为两种筹资方式下每股利润相等时的销售额。

【**例 5-14**】 某企业原有资本 6 000 万元,其中债务资本 2 000 万元(平均利率 10%),普通股资本 4 000 万元(发行普通股 80 万股,每股面值 50 元)。现因投资需要拟筹资 2 000 万元,有两个方案可供选择:

方案一:全部发行普通股,增发 40 万股,每股面值 50 元,平价发行;
方案二:全部发行债券,债券利率为 12%。
企业的变动成本率为 60%,固定成本为 1 000 万元,所得税税率为 40%。
要求:计算分析应选择的筹资方案。
解:销售额为 S,则:

$$EPS_1 = \frac{(S - 0.6S - 1\,000 - 2\,000 \times 10\%) \times (1 - 40\%)}{80 + 40}$$

$$EPS_2 = \frac{(S - 0.6S - 1\,000 - 2\,000 \times 10\% - 2\,000 \times 12\%) \times (1 - 40\%)}{80}$$

令 $EPS_1 = EPS_2$,得:

$$\frac{(0.4S - 1\,200) \times 0.6}{120} = \frac{(0.4S - 1\,440) \times 0.6}{80}$$

$$S = 4\,800(万元)$$

此时 $EPS_1 = EPS_2 = 3.6(元)$

任取 $S = 6\,000$ 万元,则:

$$EPS_1 = \frac{(0.4 \times 6\,000 - 1\,200) \times 0.6}{120} = 6(元)$$

$$EPS_2 = \frac{(0.4 \times 6\,000 - 1\,440) \times 0.6}{80} = 7.2(元)$$

则当企业销售额小于 4 800 万元时选择方案一增资,大于 4 800 万元时选择方案二增资。

这种方法假定每股利润越高每股市价也越高。然而,股票市价受到诸多因素的影响,这种方法的最大缺陷在于没有考虑风险因素。因为随着负债的增加,公司的财务风险加大,股票价格和企业价值会随之下降。因此,仅仅采用 EBIT-EPS 分析法有时会作出不恰当的决策。

(三)比较公司价值法

比较公司价值法是以公司价值的大小作为标准,寻求最佳资本结构的方法。

公司的总价值 V 等于债务价值 B 加上股票价值 S,即:

$$V=B+S$$

为简化起见,假设债务的价值等于其面值。每年的净利润稳定不变,并全部作为股利发放,每年的股票价值计算公式为:

$$S=\frac{(EBIT-I)\cdot(1-T)}{K}$$

式中　$EBIT$——息税前利润;

　　　I——债务利息;

　　　T——所得税税率;

　　　K——股票资本成本。

采用资本资产定价模型可确定股票资本成本。

本计算公式的实质是一个永续年金现值的计算问题。

【例 5-15】　某公司现有资本全部由普通股资本组成,该公司认为现有的资本结构不合理,拟举债购回部分股票予以调整。公司预计息税前利润 1 200 万元,所得税税率 40%,经咨询调查,目前的债务利率和股票资本的情况如表 5-7 所示。

表 5-7　不同债务水平对公司债务资本成本和股票资本成本的影响

债务的市场价值 B(万元)	税前债务成本 K_b	股票的 β 系数	无风险报酬率	平均风险股票必要报酬率	股票资本成本 K_s
0	—	1.1	6%	10%	10.4%
1 000	6%	1.2	6%	10%	10.8%
2 000	7%	1.3	6%	10%	11.2%
3 000	8%	1.5	6%	10%	12.0%
4 000	9%	1.8	6%	10%	13.2%
5 000	11%	2.2	6%	10%	14.8%

要求:确定该公司的最佳资本结构。

解:根据表 5-7 的资料可计算出不同债务水平情况下的公司价值和综合资本成本,计算如下。

股票市场价值的计算如下。

当债务等于 0 时:　$S=\dfrac{(1\,200-0)\times(1-40\%)}{10.4\%}=6\,923.08(万元)$

当债务等于 1 000 万元时:　$S=\dfrac{(1\,200-1\,000\times 6\%)\times(1-40\%)}{10.8\%}=6\,333.33(万元)$

当债务等于 2 000 万元时：$S=\dfrac{(1\,200-2\,000\times 7\%)\times(1-40\%)}{11.2\%}=5\,678.57(万元)$

当债务等于 3 000 万元时：$S=\dfrac{(1\,200-3\,000\times 8\%)\times(1-40\%)}{12\%}=4\,800(万元)$

当债务等于 4 000 万元时：$S=\dfrac{(1\,200-4\,000\times 9\%)\times(1-40\%)}{13.2\%}=3\,818.18(万元)$

当债务等于 5 000 万元时：$S=\dfrac{(1\,200-5\,000\times 11\%)\times(1-40\%)}{14.8\%}=2\,635.14(万元)$

综合资本成本是一个加权平均数，由于股票和债券的市场价值是已知的，因此应采用市场价值作为权数，计算如下：

当债务等于 0 时：　　　综合资本成本＝股票资本成本＝10.4%

当债务等于 1 000 万元时：$K_w=6\%\times(1-40\%)\times\dfrac{1\,000}{7\,333.33}+10.8\%\times\dfrac{6\,333.33}{7\,333.33}=9.82\%$

当债务等于 2 000 万元时：$K_w=7\%\times(1-40\%)\times\dfrac{2\,000}{7\,678.57}+11.2\%\times\dfrac{5\,678.57}{7\,678.57}=9.38\%$

当债务等于 3 000 万元时：$K_w=8\%\times(1-40\%)\times\dfrac{3\,000}{7\,800}+12\%\times\dfrac{4\,800}{7\,800}=9.23\%$

当债务等于 4 000 万元时：$K_w=9\%\times(1-40\%)\times\dfrac{4\,000}{7\,818.18}+13.2\%\times\dfrac{3\,818.18}{7\,818.18}=9.21\%$

当债务等于 2 000 万元时：$K_w=11\%\times(1-40\%)\times\dfrac{5\,000}{7\,635.14}+14.8\%\times\dfrac{2\,635.14}{7\,635.14}=9.43\%$

将上述计算结果汇总于表 5-8。

表 5-8　公司价值和资本成本　　　　　　　　　　　　　单位：万元

债务的市场价值 B	股票市场价值 S	公司的市场价值	税前债务成本 K_b	股票资本成本 K_s	综合资本成本 K_w
0	6 923.08	6 923.08	—	10.4%	10.40%
1 000	6 333.33	7 333.33	6%	10.8%	9.82%
2 000	5 678.57	7 678.57	7%	11.2%	9.38%
3 000	4 800.00	7 800.00	8%	12.0%	9.23%
4 000	3 818.18	7 818.18	9%	13.2%	9.21%
5 000	2 635.14	7 635.14	11%	14.8%	9.43%

从表 5-8 可以发现，当债务为 4 000 万元时公司的总价值最高，同时综合资本成本最低，因此应选择举债 4 000 万元资本结构最佳的筹资方案。

从理论上讲，比较公司价值法是判断资本结构是否最佳的最好方法，但是由于这种方法建立在一定的假设基础上，因此其应用受到了较大的限制。

上述三种优化资本结构的方法都有一定的局限性。企业可根据自己的实际情况选用合适的方法，以便作出恰当的选择。

主 要 术 语

1. 资本成本　　　　　　　　　2. 个别资本成本
3. 综合资本成本　　　　　　　4. 资金筹集费
5. 资金占用费　　　　　　　　6. 债务资本成本

7. 优先股资本成本
8. 普通股资本成本
9. 留存收益资本成本
10. 边际资本成本
11. 经营杠杆系数
12. 财务杠杆系数
13. 综合杠杆系数
14. 资本结构
15. 最佳资本结构
16. 每股利润无差别点

复习思考题

1. 资本成本的主要作用有哪些?
2. 如果债券采用溢价发行,其他条件不变,与平价发行相比,资本成本是上升还是下降? 为什么?
3. 计算综合资本成本的权数有哪几种选择?
4. 为什么边际资本成本要分阶段计算?
5. 产生经营杠杆、财务杠杆的原因分别是什么?
6. 确定最佳资本结构主要有哪几种方法?

习 题

一、判断题

1. 在其他因素一定的条件下,债券发行价格与其资本成本呈正比。( )
2. 在筹资额和利息(股息)率相同时,企业借款筹资与发行优先股筹资的财务杠杆作用是相同的。( )
3. 留存收益是企业经营中的内部积累,这种资金不是向外界筹措的,因而它不存在资本成本。( )
4. 当预计的息税前利润大于每股利润无差别的息税前利润时,负债筹资情况下的每股利润大。( )
5. 资本成本是指资金使用者向资金所有者支付的费用。( )
6. 如果企业的债务资金为零,则财务杠杆系数必等于1。( )
7. 由于财务杠杆的作用,当息税前利润下降时每股利润下降得更快。( )
8. 企业负债比例越高,财务风险越大,因此负债对企业总是不利的。( )
9. 在个别资本成本一定的情况下,企业综合资本成本的高低取决于资金总额。( )
10. 在优化资本结构的过程中,综合资本成本最小的方案一定是每股利润最大的方案。( )
11. 优先股股息与债券利息都要定期固定支付,对企业并无任何差别。( )
12. 在资本总额、息税前利润相同的情况下,企业负债比例越高,财务杠杆系数就越高,财务风险也越大,但每股利润也越大。( )

二、单项选择题

1. 具有简便易行、成本相对较低、限制较少等优点的筹资方式是( )。
   A. 商业信用　　　　　　B. 发行股票
   C. 发行债券　　　　　　D. 长期借款
2. 在计算资本成本时,与所得税有关的资金来源是( )。
   A. 普通股　　　　　　　B. 优先股

C. 银行借款　　　　　　　　D. 留存收益

3. 经营杠杆效应产生的原因是(　　)。
   A. 不变的固定成本　　　　B. 不变的产销量
   C. 不变的债务利息　　　　D. 不变的销售单价

4. 债券的资本成本一般低于股票的资本成本,其主要原因是(　　)。
   A. 债券的筹资费用较少　　B. 债券的发行量少
   C. 债券的利息率固定　　　D. 债券利息在税前支付

5. 息税前利润变动率一般比产销量变动率(　　)。
   A. 小　　　　　　　　　　B. 大
   C. 相等　　　　　　　　　D. 不一定

6. 当经营杠杆系数是5、财务杠杆系数是1.3时,则综合杠杆系数是(　　)。
   A. 5.5　　　　　　　　　 B. 6.5
   C. 3.9　　　　　　　　　 D. 7.2

7. 下列属于资本成本筹资费用项目的是(　　)。
   A. 债券利息　　　　　　　B. 普通股股利
   C. 优先股股利　　　　　　D. 债券发行费

8. 资金每增加一个单位而增加的成本被称为(　　)。
   A. 综合资本成本　　　　　B. 增量资本成本
   C. 临界资本成本　　　　　D. 边际资本成本

9. 每股利润变动率相对于销售额变动率的倍数,即为(　　)。
   A. 经营杠杆系数　　　　　B. 财务杠杆系数
   C. 综合杠杆系数　　　　　D. 边际资本成本

10. 某企业长期资本总额为1 000万元,借入资金占总资本的40%,借入资金的利息率为10%。当企业销售额为1 000万元、息税前利润为240万元时,则财务杠杆系数为(　　)。
    A. 1.2　　　　　　　　　B. 1.25
    C. 1.04　　　　　　　　 D. 1.4

11. 可以作为比较各种筹资方式优劣的尺度的成本是(　　)。
    A. 个别资本成本　　　　　B. 加权平均资本成本
    C. 边际资本成本　　　　　D. 总资本成本

12. 固定成本不变的情况下,销售额越大(　　)。
    A. DOL系数越小,营业风险越大　　B. DOL系数越小,营业风险越小
    C. DOL系数越大,营业风险越大　　D. DOL系数越大,营业风险越小

三、多项选择题

1. 下列属于经营杠杆系数计算公式的有(　　)。
   A. $\dfrac{EBIT_0}{EBIT_0 - I}$　　　　　　B. $\dfrac{Tcm_0}{EBIT_0}$
   C. $\dfrac{\dfrac{\Delta EBIT}{EBIT_0}}{\dfrac{\Delta x}{x_0}}$　　　　　　D. $1 + \dfrac{\text{固定成本}}{\text{基期息税前利润}}$

2. 企业的最佳资本结构是指一定条件下使(　　)的资本结构。
　　A. 综合资本成本最低　　　　B. 每股利润最大
　　C. 企业价值最大　　　　　　D. 债务资金最少
3. 下列属于权益资本成本的有(　　)。
　　A. 普通股资本成本　　　　　B. 优先股资本成本
　　C. 债券资本成本　　　　　　D. 留存收益资本成本
4. 企业只要同时存在(　　)，就会存在综合杠杆效应。
　　A. 固定成本　　　　　　　　B. 利息
　　C. 优先股股利　　　　　　　D. 所得税
5. 如果债券溢价发行并假定没有发行费用，以下关于债券资本成本不正确的说法有(　　)。
　　A. 大于票面利率　　　　　　B. 小于票面利率
　　C. 等于票面利率　　　　　　D. 等于税后票面利率
6. 影响财务杠杆系数的因素有(　　)。
　　A. 息税前利润　　　　　　　B. 固定成本
　　C. 优先股股利　　　　　　　D. 所得税税率
7. 财务杠杆效应产生的原因有(　　)。
　　A. 不变的债务利息　　　　　B. 不变的固定成本
　　C. 不变的优先股股利　　　　D. 不变的销售单价
8. 计算综合资本成本时可选择(　　)作为权数。
　　A. 账面价值　　　　　　　　B. 票面价值
　　C. 市场价值　　　　　　　　D. 目标价值
9. 同综合杠杆系数成正比例变化的有(　　)。
　　A. 销售额变动率　　　　　　B. 每股利润变动率
　　C. 经营杠杆系数　　　　　　D. 财务杠杆系数
10. 资金筹集费是指企业为筹集资金付出的代价，下列属于资金筹集费的有(　　)。
　　A. 发行广告费　　　　　　　B. 股票、债券印刷费
　　C. 债券利息　　　　　　　　D. 股票股利
11. 计算资本成本时用资费用可以在税前扣除的有(　　)。
　　A. 借款利息　　　　　　　　B. 股票股息
　　C. 债券利息　　　　　　　　D. 留存利润
12. 影响财务杠杆系数的因素有(　　)。
　　A. 息税前利润　　　　　　　B. 固定成本
　　C. 优先股股利　　　　　　　D. 所得税率

四、计算题

1. 某企业发行面值为 500 元、票面利率为 10%、偿还期为 5 年的长期债券。该债券的筹资费率为 2%，所得税税率为 30%。

要求：

(1) 采用静态法计算该债券的资本成本。

(2) 如果债券折价 5% 发行，采用动态法计算此债券的资本成本。

2. 计算以下各种情况的个别资本成本:

(1) 某企业发行面值为50元,年股利率为15%的优先股股票,发行该优先股股票的筹资费率为4%。

要求:计算优先股的资本成本。

(2) 某企业发行普通股股票,每股发行价格为10元,筹资费率为5%,预计第一年年末股利为1元,年股利增长率为2%。

要求:计算普通股的资本成本。

(3) 某企业留用利润500万元,预计普通股下一期股利率为15%,以后每年股利增长率为1%。该普通股每股面值5元,发行价8元。

要求:计算留存收益的资本成本。

3. 某企业共有资金2 000万元,其中银行借款100万元、长期债券500万元、普通股1 000万元、留存收益400万元;以上四种资金的资本成本率依次为5%、6%、12%、11%。

要求:计算该企业的综合资本成本。

4. 某企业目前拥有长期资金160万元,其中长期借款20万元、长期债券60万元、普通股80万元。经分析,企业目前的资本结构是最佳的,并认为筹集新资金后仍应保持这一结构。企业拟考虑筹集新资金,扩大经营,各个别资本成本随筹资额增加而变动的情况如表5-9所示。

表5-9 资本成本变动情况表

资金来源	新筹资的数量范围	资本成本
长期借款	5万元内	5%
	5万元以上	6%
长期债券	7.5万元内	7%
	7.5万元以上	8%
普通股	15万元内	10%
	15万元以上	12%

要求:计算该企业新筹资总额的分界点,编制边际资本成本规划表。

5. 已知某公司2006年产销A产品10万件,单价100元,单位变动成本80元,固定成本总额100万元,公司负债总额1 000万元,年利率为5%,所得税税率为40%。

要求:

(1) 计算边际贡献。
(2) 计算息税前利润。
(3) 计算经营杠杆系数。
(4) 计算财务杠杆系数。
(5) 计算综合杠杆系数。

6. 某公司2×06年销售收入200万元,税后净利18万元,财务杠杆系数1.6,固定成本48万元,所得税税率为25%,该公司不发行优先股,预计2×07年销售收入240万元。

要求:计算2×07年比2006年每股利润增加的百分比。

7. 某企业原来的资本结构如下:

资金来源	金额(万元)
长期债券年利率6%	500
优先股年股息率10%	100
普通股(8万股)	400
合计	1 000

普通股每股面值50元,今年期望每股股利5元,预计以后每年股利率将增加2%,发行各种证券的筹资费率均为1%,该企业所得税税率为30%。

该企业拟增资500万元,有两个备选方案可供选择。方案一:发行长期债券500万元,年利率为8%,此时企业原普通股每股股利将增加到6元,以后每年的股利率仍可增加2%。方案二:发行长期债券200万元,年利率为7%,同时以每股60元发行普通股300万元,普通股每股股利将增加到5.5元,以后每年的股利率仍将增长2%。

要求:

(1) 计算该企业原来的综合资本成本。

(2) 分别计算方案一、方案二的综合资本成本并作出决策。

8. 某企业计划年初的资本结构如下:

资金来源	金额(万元)
长期借款(年利率10%)	200
长期债券(年利率12%)	300
普通股(5万股,面值100元)	500
合计	1 000

本年度该企业拟考虑增资200万元,有两种筹资方案。甲方案:发行普通股2万股,面值100元。乙方案:发行长期债券200万元,年利率13%。增资后预计计划年度息税前利润可达到120万元,所得税税率为40%。

要求:采用每股利润无差别点分析法作出筹资方案选择决策。

9. 某公司目前的资金来源包括面值1元的普通股800万股和平均利率为10%的3 000万元债务。该公司现拟投产甲产品,该项目需要投资4 000万元,预计投产后每年可增加息税前利润400万元。该项目有三个筹资方案:① 按11%的利率发行债券。② 按面值发行股利率为12%的优先股。③ 按20元/股的价格增发普通股。该公司目前的息税前利润为1 600万元,所得税税率为40%,证券发行费用忽略不计。

要求:

(1) 计算按不同方案筹资后的每股收益。

(2) 计算增发普通股和债券筹资的每股利润无差别点,以及增发普通股和优先股的每股利润无差别点。

(3) 计算筹资前后的财务杠杆。

(4) 根据以上计算结果分析该公司应选择的筹资方案,并说明理由。

10. 天一公司现有资本全部由普通股资本组成,该公司认为现有的资本结构不合理,拟举债购回部分股票以调整。公司预计息税前利润2 000万元,假定所得税税率为40%,经咨询调查,目前的债务利率和股票资本的情况如表5-10所示。

表 5-10 债务利率和股票资本情况表

债务的市场价值 B(万元)	税前债务成本 K_b	股票的 β 系数	无风险报酬率	平均风险股票必要报酬率
0	—	1.2	7%	10%
500	7%	1.25	7%	10%
1 000	8%	1.4	7%	10%
1 500	10%	1.7	7%	10%
2 000	12%	2.0	7%	10%

要求：
(1) 计算各方案的权益资本成本、公司价值、综合资本成本。
(2) 确定该公司的最佳资本结构。

案 例 分 析

一、案例资料

美国杜邦公司成立于 1802 年。在整个 19 世纪，公司致力于化学制品和纤维制品的开发和生产，逐渐成为美国最大的化学制品公司和行业的技术领先者。1980 年，公司被《幸福》杂志评选为全美 500 家最大工业企业中的第 15 位。

过去，杜邦公司一直以保守的财务政策而著名。但是，到 20 世纪 60 年代末，纤维和塑料行业的竞争增加了杜邦公司维持其保守的财务政策的难度。化学制造行业的迅速扩张引起产品价格大幅下降，使得杜邦公司的毛利和资本报酬率一路下滑，尽管处于销售量扩张期间，但这种情况没有改善，反而更加恶化。1973~1975 年，公司的净利润、总资本报酬率和每股收益的下降均超过 50%，自身积累资金的能力大大不足。

为了应付经营中的资金短缺和降低成本，公司修改了股票发行计划和营运资本的数量，但是资金短缺的问题仍然没有解决。杜邦公司被迫转向债务筹资。公司增加了短期借款，发行了长期债券，使得公司负债比率从 1972 年的 7% 上升到 1975 年的 27%，利息保障倍数从 38.4 下降到 4.6。此后的 5 年中，公司不断努力削减债务，提升经营业绩，使得 1979 年年末负债比率下降到 20%，利息保障倍数也回升到 11.5。在此期间，虽然公司遇到困难，但其债券仍然保持了 AAA 级债券的地位。

然而，1981 年的收购案使得杜邦公司完全偏离了原有的财务政策。80 亿美元的收购价使得杜邦公司不得不发行了 39 亿美元普通股和 38.5 亿美元浮动利率债券。此外，还要承担被收购公司科纳克 19 亿美元的负债。杜邦公司的负债比率急增到 40%，债券等级首次从 AAA 级下滑到 AA 级。

1982 年石油价格波动和行业经济衰退对合并后的杜邦公司无疑是雪上加霜。尽管公司收入是 1979 年的 2.5 倍，但净利润却低于合并之前，总成本报酬率下降了 50%，每股收益下降了 40%。为恢复公司以前的融资环境，杜邦公司利用固定利率的长期债务替换了浮动利率债务，负债比率降到 36%，但利息保障倍数仍很低，公司债券仍然处于 AA 级债券之列。

20 世纪 80 年代后半叶，杜邦财务管理人员面临新的困惑：是保持传统的财务政策，努力维持低负债比率(比如 25%)和 AAA 级债券等级，还是永久放弃传统的保守财务政策，保持40%的负债比率。

要达到前一目标,只有依靠发行大量的权益资本,但是由于受到失败的收购案和经济衰退的影响,资本市场对杜邦股票的评价不高。此外,权益资本的高成本也加重了筹集大额权益资本的困难。而如果采用负债率40%的资本结构政策,企业的许多财务指标可能好转。在经济复苏假设下,高负债政策会获得较高的每股收益、股利和权益报酬率。但是在经济衰退假设下,每股收益报酬率在高负债政策下会下滑得更快。

二、思考分析

(1) 结合案例,说明公司资本结构的形成受到哪些因素的影响。

(2) 分析杜邦公司保守资本结构的利弊。

(3) 如果你是杜邦财务经理,你会向董事会建议采用哪种财务政策?

第六章 项目投资决策

学习目的与要求

- 了解项目投资的概念、类型及项目投资决策的程序。
- 理解现金流量的概念及构成内容。
- 掌握现金净流量的含义及计算方法。
- 掌握各种贴现与非贴现指标的含义、特点及计算方法。
- 掌握项目投资决策评价指标的应用。

本 章 提 要

(1) 项目投资是一种实体性资产的长期投资。从性质上看,它是企业直接的、生产性的对内实物投资,通常包括固定资产投资、无形资产投资和流动资金投资等内容。

(2) 现金流量是指投资项目在其计算期内因资金循环而引起的现金流入和现金流出增加的数量。现金流量包括现金流入量、现金流出量和现金净流量三个具体概念。现金净流量是指投资项目在项目计算期内现金流入量和现金流出量的净额,通常以年为单位。现金净流量的计算分为不考虑所得税因素的现金净流量的计算和考虑所得税因素的现金净流量的计算。

(3) 项目投资决策评价指标根据是否考虑资金的时间价值,可分为非贴现指标和贴现指标两大类。非贴现指标是指没有考虑资金时间价值因素的指标,主要包括投资利润率、投资回收期等指标。贴现指标是指考虑资金时间价值因素的指标,主要包括净现值、净现值率、现值指数、内含报酬率等指标。项目投资决策评价指标的决策应用分为:独立方案的对比与选优、互斥方案的对比与选优和固定资产的更新决策。

第一节 项目投资决策的相关概念

一、项目投资的含义与类型

(一) 投资与项目投资

投资是指将财力投放于一定的对象,以期望在未来获取收益的经济行为。投资按其对象可以分为实体投资与金融投资。实体资产是指具有物质形态的资产,如机器设备、厂房与建筑物、存货等,广义的实体资产还包括无形资产。这些资产是企业进行生产经营活动的基础条件,企业利用这些资产可以增加价值,为股东创造财富。这种投资在企业内部进行,投资行为并不改变资金的控制权归属,只是指定了企业资金的特定用途。金融资产是投资者所选择的、搭配的投资于各种金融工具所形成的资产。金融资产的典型表现形式是所有权凭证,如股票和债券。金融资产仅是一种权益,不具有实物形态。投资人把现金交给别人支配并换取某种所有权凭证,就已经失去了对资金的实际控制权。

项目投资是一种实体性资产的长期投资。从性质上看,它是企业直接的、生产性的对内实物投资,通常包括固定资产投资、无形资产投资和流动资金投资等内容。例如,新产品生产投资、固定资产更新投资等都是为了维持企业既定的生产能力或扩大企业的生产规模而进行的投资。

(二)项目投资的主要类型

(1)新产品开发或现有产品的扩张。为了保持收益的稳定、持续增长,企业需要不断推出新产品,以获取更高的利润,或提高原有产品的生产能力,扩大市场份额。这种投资通常需要添置新的固定资产,甚至还需涉及流动资金投资、增加无形资产等其他长期资产投资。

(2)设备或厂房的更新。随着使用年限的增长、技术的进步,从维持企业的生产能力、提高产品质量、增加企业市场竞争能力的角度来看,企业需要对旧的设备或厂房进行更新,这种投资通常需要更换固定资产。

(3)研究与开发。新技术的发明、新产品的推出无不和研究与开发项目投资有关。这种投资通常不直接产生现实的收入,而得到一项是否投产新产品的选择权。

二、项目投资的程序

(一)项目投资的设计

投资项目是根据企业的长远发展战略、中长期投资计划和投资环境的变化,在把握良好投资机会的情况下提出的。投资规模较大,所需资金较多的战略性项目,应由董事会提议,由各部门专家组成专家小组提出方案并进行可行性研究。投资规模较小,投资金额不大的战术性项目由主管部门提议,并由有关部门组织人员提出方案并进行可行性研究。

(二)项目投资的决策

(1)估算出各投资方案的预期现金流量。
(2)预计未来现金流量的风险,并确定预期现金流量的概率分布和期望值。
(3)确定资本成本的一般水平,即贴现率。
(4)计算各投资方案现金流入量和现金流出量的总现值。
(5)计算项目投资决策的评价指标,如净现值、内部收益率等,作出投资方案是否可行的决策。
(6)企业决策者对比各种投资方案,并最终选出最佳投资方案。

(三)项目投资的执行

对已作出选择的投资项目,企业管理部门要编制资金预算,并筹措所需要的资金,在投资项目实施过程中,要进行控制和监督,使之按期按质完工,投入生产,为企业创造经济效益。

(四)项目再评价

项目的事后评价可以揭示项目预测的偏差,以便企业随时根据变化的情况作出新的评价。

三、项目计算期

项目计算期是指投资项目从投资建设开始到最终清理结束的全部时间,用 n 表示。

项目计算期通常以年为单位,第 0 年称为建设起点,建设期的最后一年年末称为投产日,若建设期不足半年,可假定建设期为 0;项目计算期最后一年年末称为终结点,可假定项目最终报废或清理均发生在终结点,但更新改造项目除外。

项目计算期包括建设期和生产经营期,从项目投产日到终结点的时间间隔称为生产经营期,也叫寿命期,由此可得:

$$项目计算期(n)=建设期+经营期$$

四、现金流量

在进行项目投资决策时,首要环节就是估计投资项目的预算现金流量。所谓现金流量是指投资项目在其计算期内因资金循环而引起的现金流入和现金流出增加的数量。这里的"现金"概念是广义的,包括各种货币资金及与投资项目有关的非货币资产的变现价值。例如,一个项目需要使用原有的厂房、设备和材料等,则相关的现金流量是指它们的变现价值或重置成本,而不是其账面价值。

现金流量包括现金流入量、现金流出量和现金净流量三个具体概念。

(一)现金流入量

现金流入量是指投资项目实施后在项目计算期内所引起的企业现金收入的增加额,简称现金流入,包括以下四个方面:

(1)营业收入。营业收入是指项目投产后每年实现的全部营业收入。为简化核算,假定正常经营年度内,每期发生的赊销额与回收的应收账款大致相等。营业收入是经营期主要的现金流入量项目。

(2)固定资产的余值。固定资产的余值是指投资项目的固定资产在终结报废清理时的残值收入,或中途转让时的变价收入。

(3)回收流动资金。回收流动资金是指投资项目在项目计算期结束时,收回原来投放在各种流动资产上的营运资金。

固定资产的余值和回收流动资金统称为回收额。

(4)其他现金流入量。其他现金流入量是指以上三项指标以外的现金流入量项目。

(二)现金流出量

现金流出量是指投资项目实施后在项目计算期内所引起的企业现金流出的增加额,简称现金流出,包括以下五个方面:

(1)建设投资(含更改投资)。建设投资主要有两个方面:① 固定资产投资,包括固定资产的购置成本或建造成本、运输成本和安装成本等。② 无形资产投资。

建设投资是建设期发生的主要现金流出量。

(2)垫支的流动资金。垫支的流动资金是指投资项目建成投产后为开展正常经营活动而投放在流动资产(存货、应收账款等)上的营运资金。

建设投资与垫支的流动资金合称为项目的原始总投资。

(3)付现成本(或经营成本)。付现成本是指在经营期内为满足正常生产经营而需用现金支付的成本。它是生产经营期内最主要的现金流出量。

$$付现成本=变动成本+付现的固定成本=总成本-折旧额(及摊销额)$$

(4)所得税额。所得税额是指投资项目建成投产后,因应纳税所得额增加而增加的所得税。

(5) 其他现金流出量。其他现金流出量是指不包括在以上内容中的现金流出项目。

（三）现金净流量

现金净流量是指投资项目在项目计算期内现金流入量和现金流出量的净额，由于投资项目的计算期超过 1 年，且资金在不同的时间具有不同的价值，所以本章所述的现金净流量是以年为单位的。现金净流量的计算公式为：

$$现金净流量(NCF)=年现金流入量-年现金流出量$$

当流入量大于流出量时，净流量为正值；反之，净流量为负值。

（四）不考虑所得税因素的现金净流量的计算

投资项目在项目计算期内均可发生现金流入量和现金流出量，所以现金净流量的计算可分为建设期的现金净流量和经营期的现金净流量。

(1) 建设期现金净流量的计算。建设期现金净流量的计算公式可表示为：

$$现金净流量=-该年投资额$$

由于在建设期没有现金流入量，所以建设期的现金净流量总为负值。另外，建设期现金净流量还取决于投资额的投入方式是一次投入还是分次投入，若投资额是在建设期期初一次全部投入的，上述公式中的该年投资额即为原始总投资。

(2) 经营期营业现金净流量的计算。经营期营业现金净流量是指投资项目投产后，在经营期内由于生产经营活动而产生的现金净流量。其计算公式为：

$$现金净流量=营业收入-付现成本=营业收入-(总成本-折旧额)=利润+折旧额$$

如有无形资产摊销额，则：

$$付现成本=总成本-折旧额及摊销额$$

(3) 经营期终结点现金净流量的计算。经营期终结点现金净流量是指投资项目在项目计算期结束时所发生的现金净流量。其计算公式为：

$$现金净流量=营业现金净流量+回收额$$

（五）考虑所得税因素的现金净流量的计算

在上述的讨论中，现金净流量的计算没有考虑所得税因素。但实际上所得税对企业来说是一种现金流出，由税前利润和所得税税率决定，而利润大小又受折旧的影响。因此，讨论所得税对现金流量的影响时，必然要考虑折旧问题。

1. 税后成本和税后收入

如果某企业本年度发生电费 60 000 元，因为电费是一项减免所得税费用，因此实际支付额并不是真实的成本，真实成本应是扣除了所得税影响以后的费用净额，即税后成本。税后成本的计算公式为：

$$税后成本=实际支付额\times(1-所得税税率)$$

如果企业的所得税税率为 25%，据此计算：

$$电费的税后成本=60\ 000\times(1-25\%)=45\ 000(元)$$

与税后成本相对应的概念是税后收入，所得税对企业营业收入也会影响，使营业收入金额的一部分流出企业，这样企业实际的现金流入是纳税以后的收入。税后收入的计算公式为：

$$税后收入 = 收入金额 \times (1 - 所得税税率)$$

这里所说的应税收入是指根据税法需要纳税的收入，不包括项目结束时收回垫支流动资金等现金流入。

2. 折旧的抵税作用

固定资产随着使用，其实物形态不断磨损而变得越来越陈旧。为了补偿其实物损耗，维持再生产过程，必然按照一定的折旧率计量固定资产陈旧程度即价值损耗。将计入产品成本或有关费用的固定资产损耗价值称为固定资产折旧费。

在不考虑所得税的情况下，折旧额变化对现金净流量的计算没有影响。因为企业无论采取什么样的折旧方式，折旧额增加（减少）与利润减少（增加）的数额是相等的，因此折旧变化不影响投资价值。但考虑了所得税因素以后，企业计提折旧会引起成本增加，税前利润减少，从而使所得税减少。折旧是企业的成本，但不是付现成本，如果不计提折旧，企业缴纳所得税将会增加，所以折旧可以起到减少税负的作用，折旧抵税作用直接影响投资现金流量的大小。

从企业的角度来说，为达到税收最小化的目的，最理想的方法是：在资产购置当年，就能从该年的应税收入中将购置资产总成本以折旧费用的形式予以一次性抵扣，然而这种做法通常是一个国家的税法所不允许的。因此，企业唯一可以考虑的是：在税法的约束下，采用合适的折旧方法降低付税成本。

从投资的角度来看，分析折旧对投资项目现金流量影响时应注意以下几点。

（1）折旧费用不是一种现金流量。

（2）扣除折旧费用以后的净收益不是现金流量。

（3）折旧费用是税法允许计入成本的，但要运用税法允许使用的折旧方法。

（4）折旧费用能对税收产生影响，从而通过税收会对现金流量具有间接的影响。

折旧是一项避税的因素，它可以产生较低的税收支出和较高的税后现金流量，折旧抵税额的计算公式为：

$$折旧抵税额（税负减少） = 折旧额 \times 所得税税率$$

例如，企业的折旧额增加了 50 000 元，其他各种因素均不变，所得税税率为 25%。由于企业增加了折旧额 50 000 元，使税前利润减少了 50 000 元，减少所得税 12 500 元（50 000×25%），即企业实际少缴了 12 500 元的所得税，现金净流量增加了 12 500 元。

3. 税后现金净流量

（1）建设期现金净流量。在考虑所得税因素之后，建设期的现金净流量的计算要根据投资项目的类型分别考虑。

如果是新建项目，所得税对现金净流量没有影响。

$$建设期现金净流量 = -该年投资额$$

如果是更新改造项目，固定资产的清理损益就应考虑所得税问题。

（2）经营期现金净流量。在考虑所得税因素之后，经营期的营业现金净流量可按下列方法计算。

根据现金净流量的定义计算的，其计算公式为：

$$现金净流量=营业收入-付现成本-所得税$$

根据年末经营成果计算的,其计算公式为:

$$现金净流量=税后利润+折旧额$$

根据所得税对收入和折旧的影响计算的,其计算公式为:

$$现金净流量=税后收入-税后付现成本+折旧抵税额=$$
$$营业收入\times\left(1-\frac{所得税}{税\ 率}\right)-付现成本\times\left(1-\frac{所得税}{税\ 率}\right)+折旧额\times\frac{所得税}{税\ 率}$$

经营期的终结点现金净流量以营业现金净流量加上回收额即可得出。

五、确定现金流量时应考虑的问题

(一) 现金流量的假设

由于项目投资现金流量的确定是一项很复杂的工作,为了便于确定现金流量的具体内容,简化现金流量的计算过程,特作以下假设。

(1) 全投资假设。假设在确定项目的现金流量时,只考虑全部投资的运动情况,不论是自有资金还是借入资金等形成的现金流量,都将其视为自有资金。

(2) 建设期投入全部资金假设。项目的原始总投资不论是一次投入还是分次投入,均假设它们是在建设期内投入的。

(3) 项目投资的经营期与折旧年限一致假设。假设项目主要固定资产的折旧年限或使用年限与其经营期相同。

(4) 时点指标假设。现金流量的具体内容所涉及的价值指标,不论是时点指标还是时期指标,均假设按照年初或年末的时点处理。其中,建设投资在建设期内有关年度的年初发生;垫支的流动资金在建设期的最后一年年末即经营期的第一年年初发生;经营期内各年的营业收入、付现成本、折旧(摊销等)、利润、所得税等项目均在年末发生;项目最终报废或清理(中途出售项目除外)、回收流动资金均发生在经营期最后一年年末。

(5) 确定性假设。假设与项目现金流量估算有关的价格、产销量、成本水平、所得税税率等因素均为已知常数。

(二) 现金流量的估算

在确定项目投资的现金流量时,应遵循的基本原则是:只有增量现金流量才是与投资项目相关的现金流量。所谓增量现金流量,是指由于接受或放弃某个投资项目所引起的现金变动部分。只有某个投资方案引起的现金流入增加额,才是该方案的现金流入;同理,某个投资方案引起的现金流出增加额,才是该方案的现金流出。为了正确计算投资项目的增量现金流量,要注意三个问题。

1. 区分相关成本和无关成本

相关成本是指与特定决策有关的、在分析评价时必须加以考虑的成本。例如,差额成本、未来成本、重置成本、机会成本等都属于相关成本。与此相反,无关成本是与特定决策无关、在分析评价时不必加以考虑的成本。例如,沉没成本、过去成本、账面成本等往往是无关成本。

(1) 沉没成本。沉没成本是过去发生的支出,而不是新增成本。这一成本是由于过去的决策所引起的,对企业当前的投资决策不产生任何影响,是决策的无关成本。例如,某企业在两年前购置的某设备原价 60 万元,估计可使用 6 年,无残值,按直线法计提折旧,目前账面净值为40万元。由于科学技术的进步,该设备已被淘汰,在这种情况下,账面净值40万元就属于沉没成本。所以,企业在进行投资决策时要考虑的是当前的投资是否有利可图,而不是过去已花掉了多少钱。

如果将无关成本纳入投资方案的总成本,则一个有利的方案可能因此变得不利,一个较好的方案可能变为较差的方案,从而造成决策错误。

(2) 机会成本。在投资决策中,如果选择了某一投资项目,就会放弃其他投资项目,其他投资机会可能取得的收益就是本项目的机会成本。机会成本不是我们通常意义上的成本:它不是实际发生的支出或费用,而是一种潜在的、放弃的收益。例如,一笔现金用来购买股票就不能存入银行,那么存入银行的利息收入就是股票投资的机会成本。例如,某企业现有新产品投资决策,需兴建一车间,兴建车间需要使用企业拥有的一块土地。在进行投资分析时,因为企业不必动用资金去购置土地,可否不将土地的成本考虑在内呢?答案是否定的。因为企业若不利用这块土地来兴建车间,则可将这块土地移作他用,出租或出售,就可得到一笔收入,则这笔收入就是兴建车间的机会成本。假设这块土地出售可得净收入100万元,而土地的账面价值为30万元,兴建车间的机会成本应是100万元,而不是30万元。机会成本作为丧失的收益,离开被放弃的投资机会就无从计量。在投资决策过程中考虑机会成本,有利于全面分析评价所面临的各个投资机会,以便选择经济上最为有利的投资项目。

2. 对公司其他部门的影响

一个项目建成后,该项目会对公司的其他部门和产品产生影响,这些影响所引起的现金流量变化应计入项目现金流量。

3. 对净营运资金的影响

一个新项目投产后,存货和应收账款等流动资产的需求随之增加,同时应付账款等流动负债也会增加。这些与项目相关的新增流动资产与流动负债的差额即净营运资金应计入项目现金流量。

【例6-1】 某项目投资总额为150万元。其中:固定资产投资110万元,建设期为2年,于建设起点分2年平均投入;无形资产投资20万元,于建设起点投入;流动资金投资20万元,于投产开始垫付。该项目经营期10年,固定资产按直线法计提折旧,期满有10万元净残值;无形资产于投产开始分5年平均摊销;流动资金在项目终结时可一次全部收回。另外,预计项目投产后,前5年每年可获得40万元的营业收入,并发生38万元的总成本;后5年每年可获得60万元的营业收入,发生25万元的变动成本和15万元的付现固定成本。

要求:

(1) 计算该项目投资在项目计算期内各年的现金净流量。

(2) 假设所得税税率为25%,计算该项目投资在项目计算期内各年的现金净流量。

解:(1) 不考虑所得税因素的现金净流量计算。

一是建设期现金净流量:

$$NCF_0 = -55 - 20 = -75(万元)$$

$$NCF_1 = -55(万元)$$

$$NCF_2 = -20(万元)$$

二是经营期现金净流量：

$$固定资产年折旧额=\frac{110-10}{10}=10(万元)$$

$$无形资产年摊销额=\frac{20}{5}=4(万元)$$

$$NCF_{3\sim7}=40-38+10+4=16(万元)$$

$$NCF_{8\sim11}=60-25-15=20(万元)$$

三是经营期终结点现金净流量：

$$NCF_{12}=20+10+20=50(万元)$$

（2）考虑所得税因素的现金净流量计算。

一是建设期现金净流量：

$$NCF_0=-55-20=-75(万元)$$

$$NCF_1=-55(万元)$$

$$NCF_2=-20(万元)$$

二是经营期现金净流量：

$$固定资产年折旧额=\frac{110-10}{10}=10(万元)$$

$$无形资产年摊销额=\frac{20}{5}=4(万元)$$

$$NCF_{3\sim7}=(40-38)\times(1-25\%)+10+4=15.5(万元)$$

$$NCF_{8\sim11}=(60-25-15-10)\times(1-25\%)+10=17.5(万元)$$

三是经营期终结点现金净流量：

$$NCF_{12}=17.5+10+20=47.5(万元)$$

【例6-2】 某企业5年前购置一设备，价值78万元，购置时预期使用寿命为15年，残值为3万元。折旧采用直线法，目前已提折旧25万元，账面净值为53万元。利用这一设备，企业每年发生营业收入为90万元，付现成本为60万元。现在市场上推出一种新设备，价值120万元，购入后即可投入使用，使用寿命10年，预计10年后残值为20万元。该设备由于技术先进，效率较高，预期每年可为企业贡献利润总额为50万元。如果现在将旧设备出售，估计售价为10万元。若所得税税率为25%。

要求：

（1）不考虑所得税因素时，计算新旧方案的各年现金净流量。

（2）不考虑所得税因素时，计算更新方案的各年差量现金净流量。

（3）考虑所得税因素时，计算新旧方案的各年现金净流量。

（4）考虑所得税因素时，计算更新方案的各年差量现金净流量。

解： $$旧设备的年折旧额=\frac{53-3}{10}=5(万元)$$

$$新设备年折旧额=\frac{120-20}{10}=10(万元)$$

(1) 不考虑所得税因素时,继续使用旧设备的各年现金净流量。

$$NCF_0 = -10(万元) \quad (变价净收入为机会成本)$$

$$NCF_{1\sim9} = 90 - 60 = 30(万元)$$

$$NCF_{10} = 30 + 3 = 33(万元)$$

不考虑所得税因素时,采用新设备的各年现金净流量。

$$NCF_0 = -120(万元)$$

$$NCF_{1\sim9} = 50 + 10 = 60(万元)$$

$$NCF_{10} = 60 + 20 = 80(万元)$$

(2) 不考虑所得税因素时,更新方案的各年差量现金净流量。

$$\Delta NCF_0 = -120 - (-10) = -110(万元)$$

$$\Delta NCF_{1\sim9} = 60 - 30 = 30(万元)$$

$$\Delta NCF_{10} = 80 - 33 = 47(万元)$$

(3) 考虑所得税因素时,继续使用旧设备的各年现金净流量。

因为旧设备的账面净值 = 53(万元)

所以旧设备出售净损失 = 53 - 10 = 43(万元) （计入营业外支出）

少缴所得税 = 43 × 25% = 10.75(万元) （属现金流入）

$$NCF_0 = -10 - 10.75 = -20.75(万元)(变价净收入和旧设备出售净损失抵税均为机会成本)$$

$$NCF_{1\sim9} = 90 \times (1 - 25\%) - 60 \times (1 - 25\%) + 5 \times 25\% = 23.75(万元)$$

$$NCF_{10} = 23.75 + 3 = 26.75(万元)$$

考虑所得税因素时,采用新设备的各年现金净流量。

$$NCF_0 = -120(万元)$$

$$NCF_{1\sim9} = 50 \times (1 - 25\%) + 10 = 47.5(万元)$$

$$NCF_{10} = 47.5 + 20 = 67.5(万元)$$

(4) 考虑所得税因素时,更新方案的各年差量现金净流量。

$$\Delta NCF_0 = -120 - (-20.75) = -99.25(万元)$$

$$\Delta NCF_{1\sim9} = 47.5 - 23.75 = 23.75(万元)$$

$$\Delta NCF_{10} = 67.5 - 26.75 = 40.75(万元)$$

【例6-3】 某企业拟用50 000元购置设备1台,可使用5年,期末无残值。该设备生产的产品每年销售收入可达30 000元,经营成本为13 000元。假定企业适用所得税税率为25%。

要求:如果分别按直线法、年数总和法计提折旧,分析该方案现金净流量的不同。

解:(1) 以直线法计提折旧时的现金净流量。

设备年折旧额＝50 000÷5＝10 000(元)

$$NCF_0 = -50\,000(元)$$

$$NCF_{1\sim5} = (30\,000 - 13\,000 - 10\,000) \times (1 - 25\%) + 10\,000 = 12\,250(元)$$

(2) 以年数总和法计提折旧时的现金净流量。

第一年设备年折旧额＝50 000×5÷15＝16 667(元)

第二年设备年折旧额＝50 000×4÷15＝13 333(元)

第三年设备年折旧额＝50 000×3÷15＝10 000(元)

第四年设备年折旧额＝50 000×2÷15＝6 667(元)

第五年设备年折旧额＝50 000×1÷15＝3 333(元)

$$NCF_0 = -50\,000(元)$$

$$NCF_1 = (30\,000 - 13\,000 - 16\,667) \times (1 - 25\%) + 16\,667 = 16\,916.75(元)$$

$$NCF_2 = (30\,000 - 13\,000 - 13\,333) \times (1 - 25\%) + 13\,333 = 16\,083.25(元)$$

$$NCF_3 = (30\,000 - 13\,000 - 10\,000) \times (1 - 25\%) + 10\,000 = 15\,250(元)$$

$$NCF_4 = (30\,000 - 13\,000 - 6\,667) \times (1 - 25\%) + 6\,667 = 14\,416.75(元)$$

$$NCF_5 = (30\,000 - 13\,000 - 3\,333) \times (1 - 25\%) + 3\,333 = 13\,583.25(元)$$

第二节 项目投资决策评价指标

为了客观、科学地分析评价各种投资方案是否可行,一般应使用不同的指标,从不同的侧面或角度反映投资方案的内涵。项目投资决策评价指标是衡量和比较投资项目可行性并据以进行方案决策的定量化标准与尺度,它由一系列综合反映投资效益、投入产出关系的量化指标构成。

项目投资决策评价指标根据是否考虑资金的时间价值,可分为非贴现指标和贴现指标两大类。

一、非贴现指标

非贴现指标也称为静态指标,即没有考虑资金时间价值因素的指标,主要包括投资利润率、投资回收期等指标。

(一) 投资利润率

投资利润率又称投资报酬率,是指项目投资方案的年平均利润额占平均投资总额的百分比。投资利润率的决策标准是:投资项目的投资利润率越高越好,低于无风险投资利润率的方案为不可行方案。投资利润率的计算公式为:

$$投资利润率 = \frac{年平均利润额}{平均投资总额} \times 100\%$$

上式中分子是年平均利润额,不是现金净流量,不包括折旧等;分母可以用投资总额的50％来简单计算平均投资总额,一般不考虑固定资产的残值。

【例6-4】 某企业有甲、乙两个投资方案,投资总额均为10万元,全部用于购置新的设备,折旧采用直线法,使用期均为5年,无残值,其他有关资料如表6-1所示。

表6-1 投资方案资料表

单位:元

项目计算期	甲方案		乙方案	
	利润	现金净流量(NCF)	利润	现金净流量(NCF)
0		(100 000)		(100 000)
1	15 000	35 000	10 000	30 000
2	15 000	35 000	14 000	34 000
3	15 000	35 000	18 000	38 000
4	15 000	35 000	22 000	42 000
5	15 000	35 000	26 000	46 000
合计	75 000	75 000	90 000	90 000

要求:计算甲、乙两方案的投资利润率。

解: 甲方案投资利润率 $=\dfrac{15\ 000}{100\ 000\div 2}\times 100\% = 30\%$

乙方案投资利润率 $=\dfrac{90\ 000\div 5}{100\ 000\div 2}\times 100\% = 36\%$

从计算结果来看,乙方案的投资利润率比甲方案的投资利润率高6%(36%−30%),应选择乙方案。

投资利润率具有计算简单明了、容易为决策者所理解的优点。其主要缺点是没有考虑资金的时间价值,以及没有考虑折旧的回收,即没有完整反映现金净流量,无法直接利用现金净流量的信息。

(二)静态投资回收期

投资回收期是指收回全部投资总额所需要的时间。投资回收期是一个非贴现的反指标,回收期越短,方案就越有利。它的计算可分为两种情况。

1. 经营期年现金净流量相等

在经营期年现金净流量相等的情况下,投资回收期的计算公式为:

$$投资回收期 = \dfrac{投资总额}{年现金净流量}$$

如果投资项目投产后若干年(假设为 M 年)内,每年的营业现金净流量相等,且有以下关系成立:

$$M \times 投产后 M 年内每年相等的营业现金净流量(NCF) \geqslant 投资总额$$

则可用上述公式计算投资回收期。

【例6-5】 根据[例6-4]资料。

要求:计算甲方案的投资回收期。

解: 甲方案投资回收期 $=\dfrac{100\ 000}{35\ 000}=2.86$(年)

【例6-6】 某投资项目投资总额为100万元,建设期为2年,投产后第一年至第八年每年现金净流量为 25 万元,第九、第十年每年现金净流量均为 20 万元。

要求:计算项目的投资回收期。

解:因为 8×25≥投资额 100 万元

所以 投资回收期 $=2+\frac{100}{25}=6(年)$

从此例中可知,投资回收期还应分成包括建设期的回收期和不包括建设期的回收期。上例投资回收期为 6 年,就是包括建设期的,不包括建设期的回收期应为 4 年。它们之间的换算关系为:

包括建设期的投资回收期=不包括建设期的投资回收期+建设期

2. 经营期年现金净流量不相等

在经营期年现金净流量不相等的情况下,则需计算逐年累计的现金净流量,然后用插入法计算出投资回收期。

【例 6-7】 根据[例 6-4]资料。

要求:计算乙方案的投资回收期。

解:

表 6-2 投资回收期计算表

单位:元

项目计算期	乙 方 案	
	现金净流量(NCF)	累计现金净流量
1	30 000	30 000
2	34 000	64 000
3	38 000	102 000
4	42 000	144 000
5	46 000	190 000

从表 6-2 可得出,乙方案的投资回收期在第二年与第三年之间,用插入法可计算出:

$$乙方案投资回收期=2+\frac{100\,000-64\,000}{102\,000-64\,000}=2.95(年)$$

静态投资回收期的主要缺点有两个方面:首先是没有考虑资金的时间价值,对回收期长、大型投资项目,容易造成决策失误;其次是忽略了回收期之后的现金净流量对投资收益的贡献,只考虑回收的时间,没有考虑投资方案的全部现金净流量,注重短期行为,忽视长期效益,所以有较大局限性。

为了弥补静态投资回收期指标未考虑资金时间价值的缺陷,人们引入了动态回收期指标。这一指标将未来各期现金净流量予以贴现,然后再计算回收期。尽管它克服了静态投资回收期法的第一个缺点,但第二个缺点仍然存在。

静态投资回收期也有其独特的优势,它计算简单、通俗易懂,可以简略地判断一个投资项目的风险与流动性。

二、贴现指标

贴现指标也称为动态指标,即考虑资金时间价值因素的指标,主要包括净现值、净现值率、现值指数、内含报酬率等指标。

（一）净现值

净现值（NPV）是指在项目计算期内，按一定贴现率计算的各年现金净流量现值的代数和。所用的贴现率可以是企业的资本成本，也可以是企业所要求的最低报酬率水平。净现值的计算公式为：

$$NPV = \sum_{t=0}^{n} NCF_t \cdot (P/F, i, t) = \sum_{t=0}^{n} \frac{NCF_t}{(1+i)^t}$$

式中　n——项目计算期（包括建设期与经营期）；

　　　NCF_t——第 t 年的现金净流量；

　　　$(P/F, i, t)$——第 t 年、贴现率为 i 的复利现值系数。

1. 经营期内各年现金净流量相等、建设期为零

当经营期内各年现金净流量相等、建设期为零时，净现值的计算公式为：

净现值＝经营期每年相等的现金净流量×年金现值系数－投资现值

【例 6-8】 某企业购入设备一台，价值为 60 000 元，按直线法计提折旧，使用寿命 6 年，期末无残值。预计投产后每年可获得利润 7 000 元，假定贴现率为 12％。

要求：计算该投资方案的净现值。

解：$NCF_0 = -60\,000$（元）

$$NCF_{1\sim 6} = 7\,000 + \frac{60\,000}{6} = 17\,000（元）$$

$NPV = -60\,000 + 17\,000 \times (P/A, 12\%, 6) = -60\,000 + 17\,000 \times 4.1114 = 9\,893.8$（元）

2. 经营期内各年现金净流量不相等

经营期内各年现金净流量不相等时，净现值的计算公式为：

净现值＝Σ（经营期各年的现金净流量×各年的现值系数）－投资现值

【例 6-9】 某企业购入机器一台，原价 30 000 元，无残值，按直线法计提折旧，可使用 6 年，预计投产后每年可获得利润分别为 3 000 元、3 000 元、4 000 元、4 000 元、5 000 元、6 000 元，假定贴现率为 12％。

要求：计算该项目的净现值。

解：$NCF_0 = -30\,000$（元）

$$年折旧额 = \frac{30\,000}{6} = 5\,000（元）$$

$NCF_1 = 3\,000 + 5\,000 = 8\,000$（元）

$NCF_2 = 3\,000 + 5\,000 = 8\,000$（元）

$NCF_3 = 4\,000 + 5\,000 = 9\,000$（元）

$NCF_4 = 4\,000 + 5\,000 = 9\,000$（元）

$NCF_5 = 5\,000 + 5\,000 = 10\,000$（元）

$NCF_6 = 6\,000 + 5\,000 = 11\,000$（元）

$NPV = 8\,000 \times (P/F, 12\%, 1) + 8\,000 \times (P/F, 12\%, 2) + 9\,000 \times (P/F, 12\%, 3)$

　　　$+ 9\,000 \times (P/F, 12\%, 4) + 10\,000 \times (P/F, 12\%, 5)$

$$+11\,000\times(P/F,12\%,6)-30\,000$$

$$=8\,000\times0.8929+8\,000\times0.7972+9\,000\times0.7118+9\,000\times0.6355+10\,000\times0.5674$$

$$+11\,000\times0.5066-30\,000=6\,893.1(元)$$

【例 6-10】 某企业拟建一项固定资产,需投资 55 万元,按直线法计提折旧,使用寿命 10 年,期末有 5 万元净残值。该项工程建设期为 1 年,投资额分别于年初投入 30 万元,年末投入 25 万元。预计项目投产后每年可增加营业收入 15 万元,总成本 10 万元,假定贴现率为 10%。

要求:计算该投资项目的净现值。

解:(1)建设期现金净流量:

$$NCF_0=-30(万元)$$

$$NCF_1=-25(万元)$$

(2)经营期营业现金净流量:

$$NCF_{2\sim10}=(15-10)+\frac{55-5}{10}=10(万元)$$

(3)经营期终结现金净流量:

$$NCF_{11}=10+5=15(万元)$$

(4) $NPV=10\times[(P/A,10\%,10)-(P/A,10\%,1)]+15\times(P/F,10\%,11)$

$-[30+25\times(P/F,10\%,1)]=10\times(6.1446-0.9091)+15\times0.3505$

$-(30+25\times0.9091)=4.885(万元)$

【例 6-11】 某公司现准备引进一条流水线,预计需固定资产投资 750 万元,当年可以投产,预计可以经营 5 年。会计部门估计每年固定成本(不含折旧)为 40 万元,变动成本为 185 元/件,固定资产折旧采用直线法,估计净残值为 50 万元;营销部门估计各年销售量均为 4 万件,售价为 250 元/件;生产部门估计需要 250 万元的流动资金投资,预计项目终结点可全部收回。投资人要求的最低报酬率为 10%,企业所得税税率为 25%。

要求:
(1)计算项目各年的现金净流量。
(2)计算项目的净现值。
(3)计算净现值率为零时的营业现金净流量和年销售量。
(4)假如预计的变动成本和销量只在正负 3% 以内是准确的,其他数据的预测是准确的,计算这个项目最好情况下的净现值。

解:(1)年折旧额=(750-50)÷5=140(万元)

各年净利润=[(250-180)×4-(40+140)]×(1-25%)=60(万元)

$NCF_0=-750-250=-1\,000(万元)$

$NCF_{1\sim4}=60+140=200(万元)$

$NCF_5=200+50+250=500(万元)$

(2) 净现值$(NPV) = -1\,000 + 200 \times (P/A, 10\%, 4) + 500 \times (P/F, 10\%, 5)$

$\qquad\qquad\qquad = -1\,000 + 200 \times 3.1699 + 500 \times 0.6209 = -55.57(万元)$

(3) 设经营期1~5年营业现金净流量为NCF：

$\qquad -1\,000 + NCF \times (P/A, 10\%, 5) + 300 \times (P/F, 10\%, 5) = 0$

$\qquad NCF = [1\,000 - 300 \times (P/F, 10\%, 5)] \div (P/A, 10\%, 5)$

$\qquad\qquad = (1\,000 - 300 \times 0.6209) \div 3.7908 = 214.66(万元)$

设销售量为X：

$\qquad [X \times (250 - 180) - (400\,000 + 1\,400\,000)] \times (1 - 25\%) + 1\,400\,000 = 2\,146\,600$

$\qquad X = 100\,443(件)$

当企业销售量达到或超过100 443件，该投资方案就具备了财务可行性。

(4) 最好情况下的单位变动成本$= 185 \times (1 - 3\%) = 179.45(元)$

$\qquad$最好情况下的销量$= 4 \times (1 + 3\%) = 4.12(万件)$

$\qquad$最好情况下的各年净利润$= [4.12 \times (250 - 179.45) - 40 - 140]$

$\qquad\qquad\qquad\qquad\qquad\qquad \times (1 - 25\%) = 82.9995(万元)$

$\qquad NCF_0 = -750 - 250 = -1\,000(万元)$

$\qquad NCF_{1\sim4} = 82.9995 + 140 = 222.9995(万元)$

$\qquad NCF_5 = 222.9995 + 50 + 250 = 522.9995(万元)$

$\qquad$净现值$(NPV) = -1\,000 + 82.9995 \times (P/A, 10\%, 4) + 522.9995 \times (P/F, 10\%, 5)$

$\qquad\qquad\qquad = -1\,000 + 222.9995 \times 3.1699 + 522.9995 \times 0.6209 = 31.6165(万元)$

净现值指标的决策标准是：如果投资方案的净现值大于或等于零，该方案为可行方案；如果投资方案的净现值小于零，该方案为不可行方案；如果几个方案的投资额相同，项目计算期相等且净现值均大于零，那么净现值最大的方案为最优方案。所以，净现值大于或等于零是项目可行的必要条件。

净现值是一个贴现的绝对值正指标，其优点在于：一是综合考虑了资金时间价值，能较合理地反映了投资项目的真正经济价值；二是考虑了项目计算期的全部现金净流量，体现了流动性与收益性的统一；三是考虑了投资风险性，因为贴现率的大小与风险大小有关，风险越大，贴现率就越高。但是该指标的缺点也是明显的，即无法直接反映投资项目的实际投资收益率水平；当各项目投资额不同时，难以确定最优的投资项目。

(二) 净现值率与现值指数

上述净现值是一个绝对数指标，与其相对应的相对数指标是净现值率($NPVR$)与现值指数(PI)。净现值率是指投资项目的净现值与投资现值合计的比值；现值指数是指项目投产后按一定贴现率计算的在经营期内各年现金净流量的现值合计与投资现值合计的比值，其计算公式为：

$$\text{净现值率} = \frac{\text{净现值}}{\text{投资现值}}$$

$$现值指数 = \frac{\Sigma 经营期各年现金净流量现值}{投资现值}$$

净现值率与现值指数有如下关系：

$$现值指数 = 净现值率 + 1$$

净现值率大于零,现值指数大于1,表明项目的报酬率高于贴现率,存在额外收益;净现值率等于零,现值指数等于1,表明项目的报酬率等于贴现率,收益只能抵补资本成本;净现值率小于零,现值指数小于1,表明项目的报酬率小于贴现率,收益不能抵补资本成本。所以,对于单一方案的项目来说,净现值率大于或等于零、现值指数大于或等于1是项目可行的必要条件。当有多个投资项目可供选择时,由于净现值率或现值指数越大,企业的投资报酬水平就越高,所以应采用净现值率大于零或现值指数大于1中的最大者。

【例 6-12】 根据[例 6-8]的资料。

要求：计算净现值率和现值指数。

解： 净现值率 $= \dfrac{9\,893.8}{60\,000} = 0.1649$

现值指数 $= \dfrac{17\,000 \times (P/A, 12\%, 6)}{60\,000} = 1.1649$

现值指数 $=$ 净现值率 $+ 1 = 0.1649 + 1 = 1.1649$

【例 6-13】 根据[例 6-10]的资料。

要求：计算净现值率和现值指数。

解： 净现值率 $= \dfrac{4.885}{30 + 25 \times (P/F, 10\%, 1)} = 0.09265$

现值指数 $= \dfrac{10 \times [(P/A, 10\%, 10) - (P/A, 10\%, 1)] + 15 \times (P/F, 10\%, 11)}{30 + 25 \times (P/F, 10\%, 1)} = 1.09265$

现值指数 $=$ 净现值率 $+ 1 = 0.09265 + 1 = 1.09265$

（三）内含报酬率

内含报酬率(IRR)又称内部收益率,是指投资项目在项目计算期内各年现金净流量现值合计数等于零时的贴现率,亦可将其定义为能使投资项目的净现值等于零时的贴现率。显然,内含报酬率(IRR)满足下列等式：

$$\sum_{t=0}^{n} NCF_t \cdot (P/F, IRR, t) = 0$$

从上式中可知,净现值的计算是根据给定的贴现率求净现值。而内含报酬率的计算是先令净现值等于零,然后求能使净现值等于零的贴现率。所以,净现值不能揭示各个方案本身可以达到的实际报酬率是多少,而内含报酬率实际上反映了项目本身的真实报酬率。用内含报酬率评价项目可行的必要条件是：内含报酬率大于或等于贴现率。

1. 特殊情况

特殊情况应满足三个条件：经营期内各年现金净流量相等,全部投资均于建设起点一次投入,建设期为零,即：

$$经营期每年相等的现金净流量(NCF) \times 年金现值系数(P/A, IRR, t) - 投资总额 = 0$$

内含报酬率具体计算的程序为:
(1) 计算年金现值系数$(P/A, IRR, t)$:

$$年金现值系数 = \frac{投资总额}{经营期每年相等的现金净流量}$$

(2) 根据计算出来的年金现值系数与已知的年限n,查年金现值系数表,确定内含报酬率的范围。

(3) 用插入法求出内含报酬率。

【例6-14】 根据[例6-8]的资料。

要求:计算内含报酬率。

解: $(P/A, IRR, 6) = \frac{60\,000}{17\,000} = 3.5294$

查表可知

16%	IRR	18%
3.6847	3.5294	3.4976

$$IRR = 16\% + \frac{3.6847 - 3.5294}{3.6847 - 3.4976} \times (18\% - 16\%) = 17.66\%$$

2. 一般情况

一般情况是指投资项目在经营期内各年现金净流量不相等,或建设期不为零,投资额是在建设期内分次投入的情况。一般情况都无法应用上述的简便方法计算内含报酬率,必须按定义采用逐次测试的方法,计算能使净现值等于零的贴现率,即内含报酬率。其计算步骤如下:

(1) 估计一个贴现率,用它来计算净现值。如果净现值为正数,说明方案的实际内含报酬率大于预计的贴现率,应提高贴现率再进一步测试;如果净现值为负数,说明方案本身的报酬率小于估计的贴现率,应降低贴现率再进行测算。如此反复测试,寻找出使净现值由正到负或由负到正且接近零的两个贴现率。

(2) 根据上述相邻的两个贴现率用插入法求出该方案的内含报酬率。由于逐步测试法是一种近似方法,因此相邻的两个贴现率不能相差太大,否则误差会很大。

【例6-15】 根据[例6-9]资料。

要求:计算内含报酬率。

解:先按16%估计的贴现率进行测试,其结果净现值2 855.8元,是正数;于是把贴现率提高到18%进行测试,净现值为1 090.6元,仍为正数,再把贴现率提高到20%重新测试,净现值为-526.5元,是负数,说明该项目的内含报酬率在18%～20%。有关测试计算如表6-3所示。

表6-3 内含报酬率测试计算表

单位:元

项目计算期	现金净流量(NCF)	贴现率=16%		贴现率=18%		贴现率=20%	
		现值系数	现值	现值系数	现值	现值系数	现值
0	(30 000)	1	(30 000)	1	(30 000)	1	(30 000)

(续表)

项目计算期	现金净流量（NCF）	贴现率=16% 现值系数	现值	贴现率=18% 现值系数	现值	贴现率=20% 现值系数	现值
1	8 000	0.8621	6 896.8	0.8475	6 780.0	0.8333	6 666.4
2	8 000	0.7432	5 945.6	0.7182	5 745.6	0.6944	5 555.2
3	9 000	0.6407	5 766.3	0.6086	5 477.4	0.5787	5 208.3
4	9 000	0.5523	4 970.7	0.5158	4 642.2	0.4823	4 340.7
5	10 000	0.4762	4 762.0	0.4371	4 371.0	0.4019	4 019.0
6	11 000	0.4104	4 514.4	0.3704	4 074.4	0.3349	3 683.9
净现值			2 855.8		1 090.6		(526.5)

然后用插入法近似计算内含报酬率：

```
    18%            IRR            20%
    |———————————————|———————————————|
NPV=1 090.6      NPV=0         NPV=-526.5
```

$$IRR = 18\% + \frac{1\,090.6 - 0}{1\,090.6 - (-526.5)} \times (20\% - 18\%) = 19.35\%$$

内含报酬率是个动态相对量正指标，它既考虑了资金时间价值，又能从动态的角度直接反映投资项目的实际报酬率，且不受贴现率高低的影响，比较客观，但该指标的计算过程比较复杂。

内含报酬率的计算本身与贴现率的高低无关，但在决策评价时要以贴现率为标准。

3. 内含报酬率的局限性

内含报酬率有两个重要的局限：

(1) IRR 方法与 NPV 方法的不一致性。在一般情况下，IRR 方法与 NPV 方法的结果应该是一致的，但这绝非说两者永远是一致的。

例如，假设投资人要求最低的报酬率为 5%，考虑以下两种相互矛盾的投资情况。

投资甲：当前投资 1 000 元，1 年后收入 1 070 元。经计算，NPV 为 19.05 元，IRR 为 7%。

投资乙：当前投资 5 000 元，1 年后收入 5 300 元。经计算，NPV 为 47.62 元，IRR 为 6%。

从以上两个十分简单的例子中可见，两个投资方案都是可行的，净现值大于零，内含报酬率大于最低的报酬率，用 IRR 法与 NPV 法计算判断的结果是一致的。也就是说，如果甲与乙是独立方案，两方案之间相互独立，彼此互不影响。因此对独立方案的决策，主要是看其经济上是否可行。此时，IRR、NPV 会得出相同的结论。

如果甲与乙投资项目是互斥方案，也就是在决策时选择一个方案必须放弃另一个方案。那么，在判断甲与乙哪一项投资较优时，应用不同的标准会得出不同的结论：运用 IRR 法的标准说明投资甲较优，因为甲方案的 IRR 高于乙方案的 IRR（7%＞6%）；而如运用 NPV 法的标准判断，则认为投资乙较好，因为乙方案的 NPV 大于甲方案的 NPV（47.62 元＞19.05 元）。为什么两种方法会得出不同的结论？对于互斥方案的选择采用 IRR 法与

NPV法在以下两种情况下会产生差异：一是项目投资规模不同，一个项目的投资额大于另一个项目的投资额；二是项目现金净流量模式不同，一个项目的现金净流量随着时间递减，一个项目的现金净流量随着时间递增。尽管在这两种情况下会产生差异，但引起差异的根本原因在于两种方法再投资的假设不同。

净现值法下的再投资报酬率是资金成本，即假设投资项目产生的现金流入量重新投资会产生相当于企业资金成本的利润率，而内含报酬率法假设投资项目产生的现金流入量重新投资产生的利润率与此项目特定内含报酬率相同。通常认为，在资金充足的市场上，资金成本应是投资者要求的均衡收益率，以资金成本作为再投资假设更加合理。所以，当净现值法与内含报酬率法产生矛盾时，人们更愿意采用净现值法作为评价指标。

另外，还可以采用差额内含报酬率法解决两者的矛盾，即计算两个项目的差额现金净流量的内含报酬率，这样选择的结果与净现值法是一致的。

（2）非正常投资项目的决策分析，采用内含报酬率法有多个IRR。非正常投资项目是指在生产经营期的期中或期末，要求有大量现金流出的投资项目。应用内含报酬率法对投资项目进行评价与分析，需要解决三个问题：内含报酬率法可能导致不适当决策；非正常投资项目可能会没有真实的内含报酬率；而最常见的问题是投资项目有多个内含报酬率。

【例6-16】 某公司正在考虑支出1.6亿元开发一个露天矿，该矿将在第一年产生现金净流量10亿元，然后在第二年年末需支出10亿元将其复原。

要求：计算该投资项目的内含报酬率。

解： $NPV = -1.6 + 10 \times (1+IRR)^{-1} - 10 \times (1+IRR)^{-2} = 0$

求得： $IRR_1 = 25\%$

$IRR_2 = 400\%$

上例中说明，这项投资方案有两个内含报酬率25%与400%。多个内含报酬率问题使运用内含报酬率法评价和分析投资方案处于两难境地，在这种情况下，内含报酬率法显然不适用。从理论上讲，净现值法适用于这类决策。

（四）贴现评价指标之间的关系

净现值(NPV)、净现值率($NPVR$)、现值指数(PI)和内含报酬率(IRR)指标之间存在以下数量关系，即：

当 $NPV > 0$ 时，$NPVR > 0$，$PI > 1$，$IRR > i$；

当 $NPV = 0$ 时，$NPVR = 0$，$PI = 1$，$IRR = i$；

当 $NPV < 0$ 时，$NPVR < 0$，$PI < 1$，$IRR < i$。

这些指标的计算结果都受到建设期和经营期的长短、投资金额及方式，以及各年现金净流量的影响。所不同的是净现值为绝对数指标，其余为相对数指标，计算净现值、净现值率和现值指数所依据的贴现率(i)都是事先已知的，而内含报酬率的计算本身与贴现率的高低无关，只是采用这一指标的决策标准是将所测算的内含报酬率与其贴现率进行对比，当 $IRR \geq i$ 时该方案是可行的。

第三节 项目投资决策分析方法的应用

计算评价指标的目的，是为了进行项目投资方案的对比与选优，使它们在方案的对比与选优中正确地发挥作用，为项目投资方案提供决策的定量依据。但投资方案对比与选优的方法会因项目投资方案的不同而有区别。

一、独立方案的对比与选优

独立方案是指彼此之间存在着相互依赖的关系,但又不能相互取代的方案。在只有一个投资项目可供选择的条件下,只需评价其财务上是否可行。

常用的评价指标有净现值、净现值率、现值指数和内含报酬率,如果评价指标同时满足以下条件:$NPV \geqslant 0, NPVR \geqslant 0, PI \geqslant 1, IRR \geqslant i$,则项目具有财务可行性;反之,则不具备财务可行性。而静态的投资回收期与投资利润率可作为辅助指标评价投资项目,但需注意,当辅助指标与主要指标(净现值等)的评价结论发生矛盾时,应当以主要指标的结论为准。

【例 6-17】 根据[例 6-8][例 6-12][例 6-14]的计算结果可知:

$$NPV = 9\,893.8 \text{元} > 0$$

$$NPVR = 0.1649 > 0$$

$$PI = 1.1649 > 1$$

$$IRR = 17.66\% > 12\% (贴现率)$$

计算表明该方案各项主要指标均达到或超过相应标准,所以它具有财务可行性,方案是可行的。

【例 6-18】 某企业拟建造一项生产设备,预计建设期为 1 年,所需原始投资 200 万元,在建设起点一次投入。该设备预计使用寿命为 5 年,使用期满报废清理时无残值。该设备折旧方法采用直线法。该设备投产后每年为企业增加净利润 60 万元,项目的基准投资利润率为 25%。

要求:

(1) 计算项目计算期内各年现金净流量。
(2) 计算该设备的静态投资回收期。
(3) 计算该投资项目的投资利润率。
(4) 假定适用的行业基准折现率为 10%,计算项目净现值和净现值率。
(5) 计算项目内含报酬率。
(6) 评价其财务可行性。

解:(1) $NCF_0 = -200(万元)$

$NCF_1 = 0$

$NCF_{2\sim6} = 60 + 200 \div 5 = 100 \,(万元)$

(2) 不包括建设期的投资回收期 $= 200 \div 100 = 2(年)$

包括建设期的投资回收期 $= 1 + 2 = 3(年)$

(3) 投资利润率 $= 60 \div (200 \div 2) \times 100\% = 60\%$

(4) 净现值 $(NPV) = -200 + 100 \times [(P/A, 10\%, 6) - (P/A, 10\%, 1)]$

$= -200 + 100 \times (4.3553 - 0.9091) = 144.62(万元)$

净现值率 $= 144.62 \div 200 = 0.7231$

(5) 内含报酬率。

用 $i=24\%$ 进行贴现,计算 NPV:

$$NPV=-200+100\times[(P/A,24\%,6)-(P/A,24\%,1)]$$
$$=-200+100\times(3.0205-0.8065)=21.4(万元)$$

用 $i=28\%$ 进行贴现,计算 NPV:

$$NPV=-200+100\times[(P/A,28\%,6)-(P/A,28\%,1)]$$
$$=-200+100\times(2.7594-0.7813)=-2.19(万元)$$
$$IRR=24\%+21.4\div(21.4+2.19)\times(28\%-24\%)=27.63\%$$

(6) 评价:由于该项目净现值 $NPV>0$,净现值率>0,内含报酬率$>i$,包括建设期的回收期=项目计算期的一半,投资利润率高于基准投资利润率,所以投资方案完全具备财务可行性。

二、互斥方案的对比与选优

项目投资决策中的互斥方案(相互排斥方案)是指在决策时涉及的多个相互排斥、不能同时实施的投资方案。互斥方案决策过程就是在每一个入选方案已具备项目可行性的前提下,利用具体决策方法比较各个方案的优劣,利用评价指标从各个备选方案中最终选出一个最优方案的过程。

由于各个备选方案的投资额、项目计算期不相一致,因而要根据各个方案的使用期、投资额相等与否,采用不同的方法作出选择。

(一) 互斥方案的投资额、项目计算期均相等,可采用净现值法或内含报酬率法

所谓净现值法,是指通过比较互斥方案的净现值指标的大小来选择最优方案的方法。所谓内含报酬率法,是指通过比较互斥方案的内含报酬率指标的大小来选择最优方案的方法。净现值或内含报酬率最大的方案为优。

【例6-19】 某企业现有资金100万元可用于固定资产项目投资,有A、B、C、D四个互相排斥的备选方案可供选择,这四个方案投资总额均为100万元,项目计算期都为6年,贴现率为10%,现经计算:

$$NPV_A=8.1253(万元) \quad\quad IRR_A=13.3\%$$
$$NPV_B=12.25(万元) \quad\quad IRR_B=16.87\%$$
$$NPV_C=-2.12(万元) \quad\quad IRR_C=8.96\%$$
$$NPV_D=10.36(万元) \quad\quad IRR_D=15.02\%$$

要求:判断哪一个投资方案为最优。

解:因为C方案净现值为-2.12万元,小于零,内含报酬率为8.96%,小于贴现率,不符合财务可行的必要条件,应舍去。

又因为A、B、D三个备选方案的净现值均大于零,且内含报酬平均大于贴现率。所以A、B、D三个方案均符合财务可行的必要条件。

且 $\quad\quad\quad\quad\quad\quad NPV_B>NPV_D>NPV_A$

$\quad\quad\quad\quad\quad\quad$12.25万元$>$10.36万元$>$8.1253万元

$\quad\quad\quad\quad\quad\quad IRR_B>IRR_D>IRR_A$

$$16.87\% > 15.02\% > 13.3\%$$

所以 B 方案最优,D 方案为其次,最差为 A 方案,应采用 B 方案。

(二) 互斥方案的投资额不相等,但项目计算期相等,可采用差额法

所谓差额法,是指在两个投资总额不同方案的差量现金净流量(记作 ΔNCF)的基础上,计算出差额净现值(记作 ΔNPV)或差额内含报酬率(记作 ΔIRR),并据以判断方案孰优孰劣的方法。

在此方法下,一般以投资额大的方案减投资额小的方案,当 $\Delta NPV \geqslant 0$ 或 $\Delta IRR \geqslant i$ 时,投资额大的方案较优;反之,则投资额小的方案为优。

差额净现值 ΔNPV 或差额内含报酬率 ΔIRR 的计算过程和计算技巧同净现值 NPV 或内含报酬率 IRR 完全一样,只是所依据的是 ΔNCF。

【例 6-20】 某公司拟购入一设备,现有甲、乙两个方案可供选择。甲方案需投资 20 000 元,期初一次投入,建设期为 1 年;垫支流动资金为 3 000 元,于建设期末投入,到期可全部收回;使用寿命 4 年,采用直线法计提折旧,假设设备无残值,设备投产后每年销售收入 15 000 元,每年付现成本 3 000 元。乙方案需投资 20 000 元,采用直线法计提折旧;无建设期,使用寿命 5 年,5 年后设备无残值;5 年中每年的销售收入 11 000 元,总成本 8 000 元。假设所得税税率 25%,投资人要求的必要收益率为 10%。

要求:

(1) 计算两个方案的现金净流量。
(2) 计算两个方案的差额净现值。
(3) 计算两个方案的差额内含报酬率。
(4) 作出采用哪个方案的决策。

解:(1) 甲方案:$NCF_0 = -20\,000(元)$

$NCF_1 = -3\,000(元)$

年折旧额 $= 20\,000 \div 4 = 5\,000(元)$

$NCF_{2\sim4} = (15\,000 - 3\,000) \times (1 - 25\%) + 5\,000 \times 25\% = 10\,250(元)$

$NCF_5 = 10\,250 + 3\,000 = 13\,250(元)$

乙方案:$NCF_0 = -20\,000(元)$

年折旧额 $= 20\,000 \div 5 = 4\,000(元)$

$NCF_{1\sim5} = (11\,000 - 8\,000) \times (1 - 25\%) + 4\,000 = 6\,250(元)$

(2) $\Delta NCF_0 = 0$

$\Delta NCF_1 = -3\,000 - 6\,250 = -9\,250(元)$

$\Delta NCF_{2\sim4} = 10\,250 - 6\,250 = 4\,000(元)$

$\Delta NCF_5 = 13\,250 - 6\,250 = 7\,000(元)$

$\Delta NPV = -9\,250 \times (P/F, 10\%, 1) + 4\,000 \times [(P/A, 10\%, 4) - (P/A, 10\%, 1)]$

$\qquad + 7\,000 \times (P/F, 10\%, 5)$

$\qquad = -9\,250 \times 0.9091 + 4\,000 \times (3.1699 - 0.9091) + 7\,000 \times 0.6209 = 4\,980.33(元)$

用 $i=36\%$ 测算 ΔNPV：

$$\Delta NPV = -9\,250\times(P/F,36\%,1)+4\,000\times[(P/A,36\%,4)-(P/A,36\%,1)]+7\,000\times(P/F,36\%,5)$$

$$= -9\,250\times0.7813+4\,000\times(1.9658-0.7353)+7\,000\times0.2149 = -375.23(元)$$

再用 $i=32\%$ 测算 ΔNPV：

$$\Delta NPV = -9\,250\times(P/F,32\%,1)+4\,000\times[(P/A,32\%,4)-(P/A,32\%,1)]+7\,000\times(P/F,32\%,5)$$

$$= -9\,250\times0.7576+4\,000\times(2.0957-0.7576)+7\,000\times0.2495 = 91.1(元)$$

用插入法计算 ΔIRR：

$$\Delta IRR = 32\% + \frac{91.1-0}{91.1-(-375.23)}\times(36\%-32\%) = 32.78\% > 贴现率10\%$$

```
        i=32%              ΔIRR              i=36%
         |——————————————————|——————————————————|
      ΔNPV=91.1         ΔNPV=0          ΔNPV=-375.23
```

计算表明，差额净现值为 4 980.33 元，大于零，差额内含报酬率为 32.78%，大于贴现率 10%，应选择甲方案。

（三）互斥方案项目计算期不相同，可采用年回收额法

所谓年回收额法，是指通过比较所有投资方案的年等额净现值指标的大小来选择最优方案的决策方法。在此法下，年等额净现值最大的方案为优。

年回收额法的计算步骤如下：

(1) 计算各方案的 NPV。

(2) 计算各方案的年等额净现值，若贴现率为 i，项目计算期为 n，则：

$$年等额净现值 = \frac{净现值}{年金现值系数} = \frac{NPV}{(P/A,i,n)}$$

【例 6-21】 某企业拟投资新建一条流水线，现有两个方案可供选择（折旧采用直线法，所得税税率为 25%）：

A 方案的投资额为 120 万元，于建设期初一次全部投入，建设期为 2 年，经营期为 8 年，最终残值为 20 万元，每年可获得销售收入为 40 万元，发生总成本为 20 万元。

B 方案的投资额为 110 万元，无建设期，经营期为 8 年，最终残值为 10 万元，每年的税后利润为 8.8 万元。

若企业期望的最低报酬率为 10%，所得税税率为 25%。

要求：分析应采用哪个方案。

解：因为 A、B 方案的项目计算期不同，

$$A 方案项目计算期 = 2+8 = 10(年)$$

$$B 方案项目计算期 = 0+8 = 8(年)$$

所以应采用年回收额法来分析评价。

A 方案计算为：

$$年折旧额 = \frac{120-20}{8} = 12.5(万元)$$

$NCF_0 = -120(万元)$

$NCF_{1\sim 2} = 0$

$NCF_{3\sim 9} = (40-20) \times (1-25\%) + 12.5 = 27.5(万元)$

$NCF_{10} = 27.5 + 20 = 47.50(万元)$

$NPV = 27.5 \times [(P/A, 10\%, 9) - (P/A, 10\%, 2)] + 47.5 \times (P/F, 10\%, 10) - 120$

$= 27.5 \times (5.7590 - 1.7355) + 47.5 \times 0.3855 - 120 = 8.9575(万元)$

年回收额 $= \dfrac{8.9575}{(P/A, 10\%, 10)} = \dfrac{8.9575}{6.1446} = 1.4578(万元)$

B方案计算为：

年折旧额 $= \dfrac{110-10}{8} = 12.5(万元)$

$NCF_0 = -110(万元)$

$NCF_{1\sim 7} = 8.8 + 12.5 = 21.3(万元)$

$NCF_8 = 21.3 + 10 = 31.3(万元)$

$NPV = 21.3 \times (P/A, 10\%, 7) + 31.3 \times (P/F, 10\%, 8) - 110$

$= 21.3 \times 4.8684 + 31.3 \times 0.4665 - 110 = 8.2984(万元)$

年回收额 $= \dfrac{8.2984}{(P/A, 10\%, 8)} = \dfrac{8.2984}{5.3349} = 1.5555(万元)$

计算结果表明，虽然A方案的净现值大于B方案，但A方案的年回收额小于B方案，所以应采用B方案。

(四) 其他方案的对比与选优

在实际工作中，有些投资方案不能单独计算盈亏，或者投资方案的收入相同或收入基本相同且难以具体计量，一般可考虑采用"成本现值比较法"或"年成本比较法"来作出比较和评价。所谓成本现值比较法，是指通过计算各个方案的成本现值之和并进行对比来选择最优方案的方法。在此方法下，成本现值之和最低的方案是最优的。成本现值比较法一般适用于项目计算期相同的投资方案间的对比、选优。对于项目计算期不同的方案就不能用成本现值比较法进行评价，而应采用年成本比较法，即比较年平均成本现值对投资方案作出选择。

【例6-22】 某企业有甲、乙两个投资方案可供选择，两个方案的设备生产能力相同，设备的寿命期均为4年，无建设期。甲方案的投资额为64 000元，每年的经营成本分别为4 000元、4 400元、4 600元、4 800元，寿命终期有6 400元的净残值；乙方案投资额为60 000元，每年的经营成本均为6 000元，寿命终期有6 000元净残值。假设企业的贴现率为8%，不考虑所得税因素。

要求：试比较两个方案的优劣。

解：因为甲、乙两方案的收入不知道，无法计算NPV，且项目计算期相同，均为4年，所以应采用成本现值比较法。

甲方案的投资成本现值 $= 64\,000 + 4\,000 \times (P/F, 8\%, 1) + 4\,400 \times (P/F, 8\%, 2) + 4\,600$

$$\times(P/F,8\%,3)+4\,800\times(P/F,8\%,4)-6\,400\times(P/F,8\%,4)$$

$$=64\,000+4\,000\times0.9259+4\,400\times0.8573+4\,600\times0.7938$$

$$+4\,800\times0.7350-6\,400\times0.7350=73\,951.20(元)$$

乙方案的投资成本现值$=60\,000+6\,000\times(P/A,8\%,4)-6\,000\times(P/F,8\%,4)$

$$=60\,000+6\,000\times3.3121-6\,000\times0.7350=75\,462.6(元)$$

根据以上计算结果表明,甲方案的投资成本现值较低,所以甲方案优于乙方案。

【例 6-23】 根据[例 6-22]所给的资料,假设甲、乙投资方案寿命期分别为 4 年和 5 年,建设期仍为零,企业的贴现率仍为 8%,其余资料不变。

要求:分析应选择哪个方案。

解:因为甲、乙两个方案的项目计算期不相同,

$$甲方案项目计算期=0+4=4(年)$$

$$乙方案项目计算期=0+5=5(年)$$

所以不能采用成本现值比较法,而应采用年成本比较法。其计算步骤如下。

(1) 计算甲、乙方案的成本现值:

$$甲方案成本现值=73\,951.20(元) \quad (同[例 6-22]一致)$$

$$乙方案成本现值=60\,000+6\,000\times(P/A,8\%,5)-6\,000\times(P/F,8\%,5)$$

$$=60\,000+6\,000\times3.9927-6\,000\times0.6806=79\,872.60(元)$$

(2) 计算甲、乙方案的年均成本:

$$甲方案的年均成本=\frac{73\,951.20}{(P/A,8\%,4)}=\frac{73\,951.20}{3.3121}=22\,327.59(元)$$

$$乙方案的年均成本=\frac{79\,872.60}{(P/A,8\%,5)}=\frac{79\,872.60}{3.9927}=20\,004.66(元)$$

以上计算结果表明,乙方案的年均成本低于甲方案的年均成本,因此应采用乙方案。

三、固定资产的更新决策

固定资产更新是企业为了加强竞争,对技术上或经济上不宜继续使用的旧设备,用新的设备更换或用先进的技术对原有设备进行局部的改造。

固定资产的更新决策主要研究两个问题:一个是决定是否更新,即继续使用旧设备还是更换新设备;另一个是决定选择什么样的设备更新。实际上,这两个问题是结合在一起考虑的。

【例 6-24】 某公司于两年前购置一台价值为 52 000 元的机床,目前尚可使用 3 年,采用直线法折旧,使用期满有残值 2 000 元。现有同类更先进的机床售价 45 000 元。使用期限为 3 年,期满有残值 3 000 元,折旧采用直线法。使用新机床可使每年销售收入增加 32 000 元,付现变动成本每年增加 19 200 元。除折旧以外的固定成本不变,目前旧设备变现收入 16 000 元。假设贴现率为 12%,所得税税率为 25%。

要求：计算售旧购新方案的差额净现值，并作出决策。

解：

$$旧设备年折旧额=(52\,000-2\,000)\div 5=10\,000(元)$$

$$新设备年折旧额=(45\,000-3\,000)\div 3=14\,000(元)$$

$$旧设备账面价值=52\,000-10\,000\times 2=32\,000(元)$$

$$\Delta NCF_0=-45\,000-[-16\,000-(32\,000-16\,000)\times 25\%]=-25\,000(元)$$

$$\Delta NCF_{1\sim 2}=(32\,000-19\,200)\times(1-25\%)+(14\,000-10\,000)\times 25\%=10\,600(元)$$

$$\Delta NCF_3=10\,600+(3\,000-2\,000)=11\,600(元)$$

$$\Delta NPV=10\,600\times(P/A,12\%,2)+11\,600\times(P/F,12\%,3)-25\,000$$

$$=10\,600\times 1.6901+11\,600\times 0.7118-25\,000=1\,171.94(元)$$

因为 $\Delta NPV=1\,171.94$ 元 >0，所以售旧购新方案可行。

【例 6-25】 某企业有一台设备，购于 4 年前，现在考虑是否需要更新。假定新、旧设备生产能力相同，其他有关资料如表 6-4 所示。假定企业所得税税率为 25%，贴现率为 10%。

要求：判断设备是否更新。

表 6-4　新、旧设备资料表

金额单位：元

项　　目	旧　设　备	新　设　备
原价	800 000	800 000
税法规定残值为 10%	80 000	80 000
税法规定使用年限（年）	10	8
已使用年限（年）	4	0
尚可使用年限（年）	6	8
建设期（年）	0	0
每年付现成本	90 000	70 000
3 年后大修费用	100 000	0
最终报废残值	70 000	90 000
旧设备目前变现价值	150 000	0

解：因为新、旧设备生产能力相同，所以取得的营业收入也相同；又因为新、旧设备的项目计算期不相同，

$$旧设备的项目计算期=6(年)$$

$$新设备项目计算期=0+8=8(年)$$

所以应采用年成本比较法。

首先，分别计算新、旧设备现金流量的总现值，如表 6-5 所示。

表 6-5 新、旧设备现金流量现值计算表

金额单位：元

项　目	现金流量（流出为负）	计算期（年）	系数（贴现率10%）	现　值
继续使用旧设备：				
旧设备变现价值（机会成本）	－150 000	0	1	－150 000
旧设备出售损失减税（机会成本）	－(512 000－150 000)×25%＝－90 500	0	1	－90 500
每年税后付现成本	－90 000×(1－25%)＝－67 500	1～6	4.3553	－293 982.75
每年折旧抵税	$\frac{800\,000\times(1-10\%)}{10}\times 25\%$ ＝18 000	1～6	4.3553	78 395.4
第三年年末税后大修理费用	－100 000×(1－25%)＝－75 000	3	0.7513	－56 347.5
最终报废残值收入	70 000	6	0.5645	39 515
实际残值小于税法残值减税	(80 000－70 000)×25%＝2 500	6	0.5645	1 411.25
合　计				－471 508.6
更换新设备：				
设备投资额	－800 000	0	1	－800 000
每年税后付现成本	－70 000×(1－25%)＝－52 500	1～8	5.3349	－280 082.25
每年折旧抵税	$\frac{800\,000\times(1-10\%)}{8}\times 25\%$ ＝22 500	1～8	5.3349	120 035.25
最终报废残值收入	90 000	8	0.4665	41 985
实际残值大于税法残值增税	(80 000－90 000)×25%＝－2 500	8	0.4665	－1 166.25
合　计				－919 228.25

说明：

（1）因为　旧设备账面净值＝800 000－4×$\frac{800\,000\times(1-10\%)}{10}$＝512 000(元)

所以　旧设备出售净损失＝512 000－150 000＝362 000(元)(计入营业外支出)

少缴所得税＝362 000×25%＝90 500(元)(属机会成本)

（2）第三年旧设备大修理费用 100 000 元属现金流出，－75 000 元[－100 000×(1－25%)]为税后大修理费用。

（3）第六年旧设备有残值收入 70 000 元，第八年新设备有残值收入 90 000 元，属现金

流入。

(4) 因为新、旧设备的最终实际残值与税法规定残值均不相同,这样就会存在多缴与少缴所得税的问题,新设备的实际残值大于税法规定残值,从而增加了企业利润,须多缴所得税—2 500 元[(80 000—90 000)×25%],属现金流出;旧设备的实际残值小于税法规定残值,从而减少了企业利润,可少缴所得税2 500 元[(80 000—70 000)×25%],属现金流入。

其次,分别计算新、旧设备的年均成本。

$$新设备的年均成本 = \frac{919\,228.25}{(P/A,10\%,8)} = \frac{919\,228.25}{5.3349} = 172\,304.68(元)$$

$$旧设备的年均成本 = \frac{471\,508.6}{(P/A,10\%,6)} = \frac{471\,508.6}{4.3553} = 108\,260.88(元)$$

计算结果表明,新设备的年均成本高于旧设备的年均成本,所以企业不应考虑更新,而应继续使用旧设备。

实际上固定资产更新决策也是一种互斥方案选择,由于这种情况比较典型,因此把它单独列示。

四、项目投资决策的案例分析

【**案例1**】 BBC 公司是一家专门生产家具的企业,目前公司准备利用公司一处闲置的厂房(该厂房现出售,当前市场价格为 500 万元),开发四星级、五星级宾馆的客房家具。为了解客房家具的潜在市场,公司支付了 10 万元,聘请咨询机构进行市场调查,调查表明客房家具市场大约有 10%~20%的市场份额有待开发。公司决定对客房家具投资进行成本效益分析。

经过初步筛选,有两个方案提交公司的管理层,有关资料如下。

方案一:甲项目投资额为 700 万元,经测算,其现金净流量为:$NCF_0 = -1\,200$ 万元,$NCF_1 = 0$,$NCF_{2\sim10} = 200$ 万元。

方案二:乙项目投资额为 1 000 万元,在建设起点用 800 万元购置不需要安装的固定资产,预计残值为 100 万元,同时垫支 200 万元流动资金,立即投入生产,预计投产后 1~5 年每年新增 480.67 万元营业收入,每年新增的经营成本为 200 万元;6~10 年每年新增营业利润 266.67 万元;第 10 年回收的固定资产余值和流动资金分别为 100 万元和 200 万元。经过逐次测试,得到以下数据:当设定折现率为 10%和 12%时,乙项目的净现值分别为 115.4514 万元和—29.2476 万元。

公司适用的所得税税率为 25%。该上市公司预期投资报酬率为 10%。

要求:

(1) 分析 10 万元咨询费用应否算作项目的现金流量。

(2) 分析该闲置厂房出售的市场价格 500 万元算作项目的什么成本。

(3) 分析方案一中初始现金净流量为何是—1 200 万元,并计算其内含报酬率。

(4) 计算方案二的年现金净流量(保留整数)和内含报酬率。

(5) 以该公司预期投资报酬率为标准,为公司的管理层作出判断,应当采用哪一方案。

分析并计算如下:

(1) 市场调研 10 万元咨询费属于沉落成本(已经支付),与是否进行客房家具投资无关,不应算作项目的现金流量。

(2) 投资客房家具是利用该公司闲置的厂房,如果出售该厂房,当前的市场价格为500万元,这500万元算作项目的机会成本,是项目的现金流量。

(3) 方案一的投资额虽为700万元,但机会成本(现出售该厂房当前市场价格)为500万元,所以初始现金净流量 $NCF_0 = -1\,200$ 万元。

计算甲项目的内含报酬率,先用6%进行测试:

$$NPV = 200 \times [(P/A, 6\%, 10) - (P/A, 6\%, 1)] - 1\,200 = 83.34(万元)$$

再用8%进行测试:

$$NPV = 200 \times [(P/A, 8\%, 10) - (P/A, 8\%, 1)] - 1\,200 = -43.16(万元)$$

$$IRR = 6\% + [(83.34 - 0) \div (83.34 + 43.16)] \times (8\% - 6\%) = 7.32\%$$

(4) 乙项目的年现金净流量。

年折旧额 $= (800 - 100) \div 10 = 70(万元)$

$NCF_0 = -800 - 200 - 500 = -1\,500(万元)$

$NCF_{1\sim5} = (480.67 - 200 - 70) \times (1 - 25\%) + 70 = 228(万元)$

$NCF_{6\sim9} = 266.67 \times (1 - 25\%) + 70 = 270(万元)$

$NCF_{10} = 270 + 100 + 200 = 570(万元)$

乙项目的内含报酬率 $= 10\% + [(115.4514 - 0) \div (115.4514 + 29.2476)] \times (12\% - 10\%)$

$= 11.60\%$

(5) 因为:方案一内含报酬率7.32%<该公司预期投资报酬率10%,方案二内部收益率11.60%>该公司预期投资报酬率10%,所以:不应当采用方案一,应当采用方案二。

【案例2】 为提高生产效率,ABC企业拟对一套尚可使用5年的设备进行更新改造。新、旧设备的替换将在当年内完成(即更新设备的建设期为零),不涉及增加流动资金投资,采用直线法计提设备折旧,适用的企业所得税税率为25%。相关资料如下:

资料一:已知旧设备的原始价值为299 000元,截至当前的累计折旧190 000元,税法规定的残值为9 000元。现在对外转让可获变价收入90 000元,预计发生清理费用1 000元(用现金支付)。如果继续使用该旧设备,到第五年年末的预计净残值为8 000元。

资料二:该更新改造项目可用A设备替换旧设备,A设备的购置成本为550 000元,税法规定的残值为50 000元。该设备预计到第五年年末回收的净残值为60 000元。使用A设备可使企业第一年增加经营收入110 000元,增加经营成本20 000元;第二年至第四年每年增加营业利润100 000元;第五年增加营业现金净流量114 000元;使用A设备比使用旧设备每年增加折旧80 000元。

资料三:已知当前企业投资报酬率为12%。

要求:(1) 根据资料一计算与旧设备有关的下列指标:当前旧设备折余价值、当前旧设备变价净收入,并分析旧设备出售损失为何可以少缴所得税,该损失少缴所得税是旧设备的现金流入量还是现金流出量。

(2) 根据资料二计算该更新改造方案的如下指标:A设备的差量现金净流量(ΔNCF_t),以企业期望的投资报酬率为决策标准,计算A设备的差额净现值(ΔNPV)。

(3) 按差额净现值法为企业作出是否更新改造设备的最终决策。

分析并计算如下：

(1) 当前旧设备折余价值＝299 000－190 000＝109 000(元)

当前旧设备变价净收入＝90 000－1 000＝89 000(元)

少缴所得税＝(109 000－89 000)×25％＝5 000(元)

旧设备出售损失为 20 000 元(109 000－89 000)，计入营业外支出，使企业利润总额减少了 20 000 元，所以少缴所得税 5 000 元，是旧设备的现金流出量。

(2) A 设备的差量现金净流量(ΔNCF_t)：

$\Delta NCF_0 = -550\,000 - (-89\,000 - 5\,000) = -456\,000$(元)

$\Delta NCF_1 = (110\,000 - 20\,000 - 80\,000) \times (1 - 25\%) + 80\,000 = 87\,500$(元)

$\Delta NCF_{2\sim 4} = 100\,000 \times (1 - 25\%) + 80\,000 = 155\,000$(元)

$\Delta NCF_5 = 114\,000 + (60\,000 - 8\,000) + [(50\,000 - 60\,000) \times 25\% - (9\,000 - 8\,000) \times 25\%]$

$= 163\,250$(元)

新设备的实际残值大于税法规定残值，从而增加了企业利润，须多缴所得税 2 500 元，属现金流出；旧设备的实际残值小于税法规定残值，从而减少了企业利润，可少缴所得税 250 元，属现金流入。

A 设备的差额净现值 ΔNPV：

$\Delta NPV = -456\,000 + 87\,500 \times (P/F, 12\%, 1) + 155\,000$

$\times [(P/A, 12\%, 4) - (P/A, 12\%, 1)] + 163\,250$

$\times (P/F, 12\%, 5) = 47\,138.8$(元)

(3) 因为 A 设备差额净现值 $\Delta NPV = 47\,138.8$ 元＞0，所以应当进行设备的更新改造。

第四节 投资风险分析

前面的分析都假设项目的现金流量是可以确定的，但实际上，真正意义上的投资项目总是有风险的，项目未来现金流量总会具有某种程度的不确定性。也就是说，风险是客观存在的，投资活动充满了风险性。如果决策面临的风险性比较小，一般可忽略其影响，把决策视为确定情况下的决策；如果决策面临的风险比较大，足以影响方案的选择，那么就应对其进行计量并在决策时加以考虑。在有风险的情况下，决策不仅要考虑到资金时间价值，而且要考虑到投资风险价值，投资者冒风险越大，可能得到的风险价值越多，风险报酬率就越高。

对项目投资风险分析的方法常用的有两种：一种是风险调整贴现率法，它是扩大净现值模型的分母，使净现值减少；另一种是调整现金流量法(肯定当量法)，它是缩小净现值模型的分子，也可以使净现值减少。

一、风险调整贴现率法

在不考虑通货膨胀的情况下，风险调整贴现率法是将无风险报酬率调整为考虑风险的投资报酬率(即风险调整贴现率),然后根据风险调整贴现率来计算净现值并据此选择投资方案的决策方法。这种方法的基本思路就是对于高风险的项目必须采用高的贴现率,对于低风险的项目必须采用低的贴现率。

二、风险调整现金流量法

风险调整现金流量法又称肯定当量法。项目投资风险的直接表现就是未来现金流量的不确定性,按风险调整现金流量法的思路就是根据每年风险的大小确定一个肯定当量系数,把这种不确定的现金流量调整为无风险的确定的现金流量,然后根据无风险的报酬率计算净现值等指标,并据以评价风险投资项目的可行性或价值。

风险调整贴现率法是通过调整净现值公式中的分母来考虑风险因素的,在理论上受到了批评,因其用单一的贴现率同时完成风险调整和时间调整。风险调整现金流量法是通过调整净现值公式中的分子来考虑风险因素的,在理论上受到了好评,它克服了风险调整贴现率法将资金时间价值与风险价值混在一起的缺陷,先调整风险,然后把确定的现金净流量用无风险报酬率进行贴现,但要准确、合理地确定当量系数。从实务上看,经常用风险调整贴现率法的主要原因是风险调整贴现率比肯定当量系数容易估计。

主 要 术 语

1. 投资
2. 项目投资
3. 项目计算期
4. 现金流量
5. 现金净流量
6. 付现成本
7. 相关成本
8. 无关成本
9. 沉没成本
10. 机会成本
11. 投资利润率
12. 静态投资回收期
13. 净现值
14. 净现值率
15. 现值指数
16. 内含报酬率
17. 独立方案
18. 互斥方案
19. 差额法
20. 年回收额法
21. 年成本比较法
22. 风险调整现金流量法
23. 风险调整贴现率法

复 习 思 考 题

1. 如何理解投资与项目投资的概念?在市场经济条件下,你认为项目投资决策应遵循哪些程序?
2. 什么是项目投资方案的现金流量、现金净流量?现金净流量与净现值有何区别与联系?
3. 在计算现金净流量时,折旧额在什么情况下具有抵税作用?为什么?
4. 在确定现金流量时应注意什么问题?
5. 试对比分析各种项目投资决策指标的优缺点。
6. 什么是内含报酬率?内含报酬率指标在项目投资决策应用中有何局限性?
7. 什么是独立方案、互斥方案?项目投资决策评价指标如何在互斥方案的选优中应用?
8. 投资风险分析方法有几种?比较它们的优缺点。

第六章 项目投资决策

习　　题

一、判断题

1. 只有增量现金流量才是与项目相关的现金流量。（　　）
2. 一般情况下,使某投资方案的净现值小于 0 的贴现率,一定低于该投资方案的内含报酬率。（　　）
3. 包括建设期的投资回收期应等于累计现金净流量为 0 时的年限再加上建设期。（　　）
4. 在固定资产继续使用还是更新决策中,如果新、旧固定资产生产能力相同,但尚可使用年限不同,则应采用平均年成本法进行比较。（　　）
5. 一方案年等额净现值等于该方案净现值与相关的资本回收系数的商。（　　）
6. 对于独立方案,评价其财务可行性也就是对其作出最终决策的过程。（　　）
7. 多个互斥方案的对比与选优,一般应选择净现值率大的方案。（　　）
8. 不论在什么情况下,都可以通过逐次测试逼近方法计算内含报酬率。（　　）
9. 在考虑所得税因素情况下,同一投资方案分别采用快速折旧法、直线法计提折旧不会影响各年的现金净流量。（　　）
10. 风险调整贴现率法与风险调整现金流量法的共同缺点,均对远期现金流量予以较大的调整,两者的区别在于前者调整净现值公式的分母,后者调整净现值公式的分子。（　　）
11. 投资项目评价所运用的内含报酬率指标的计算结果与项目预定的贴现率高低有直接关系。（　　）
12. 投资利润率和静态的投资回收期这两个静态指标的优点是计算简单,容易掌握,且均考虑了现金流量。（　　）
13. 如果固定资产投资是分次投入的,则意味着该项目的建设期一定大于或等于 1 年。（　　）
14. 终结点现金净流量等于终结点那一年的经营现金净流量与该期回收额之和,其回收额必须大于零。（　　）
15. 在更新改造项目中,因旧设备提前报废发生处理固定资产净损失而引起的抵减所得税不但不会减少当期现金净流量,相反会增加现金净流量。（　　）

二、单项选择题

1. 如果甲、乙两个投资方案的净现值相同,则(　　)。
   A. 甲方案优于乙方案
   B. 乙方案优于甲方案
   C. 甲方案与乙方案均符合项目可行的必要条件
   D. 无法评价甲、乙两方案经济效益的高低
2. 计算投资方案的增量现金流量时,需考虑的项目是(　　)。
   A. 沉没成本　　　　　　　　B. 原始成本
   C. 变现价值　　　　　　　　D. 账面价值
3. 某企业拥有一块土地,其原始成本为 250 万元,账面价值为 180 万元。现准备在这块土地上建造工厂厂房,但如果现在将这块土地出售,可获得收入 220 万元,则建造厂房机

会成本是( )万元。

  A. 250   B. 70

  C. 180   D. 220

4. 在用动态指标对投资项目进行评价时,如果其他因素不变,只有贴现率提高,则下列指标计算结果不会改变的是( )。

  A. 净现值   B. 投资回收期

  C. 内含报酬率   D. 现值指数

5. 采用风险调整现金流量法进行投资项目风险分析,需要调整的项目是( )。

  A. 有风险的贴现率   B. 无风险的贴现率

  C. 有风险的现金净流量   D. 无风险的现金净流量

6. 一个投资方案年销售收入 300 万元,年经营成本 125 万元,折旧额 85 万元,所得税税率为 25%,则该方案年现金净流量为( )万元。

  A. 216.25   B. 152.5

  C. 90   D. 84.25

7. 下列项目中,不能引起现金流出的是( )。

  A. 支付工资   B. 计提折旧

  C. 支付材料价款   D. 垫支流动资金

8. 某企业拟进行一项固定资产投资项目决策,设定折现率为 12%,有四个方案可供选择:其中甲方案的项目计算期为 10 年,净现值为 1 000 万元,$(A/P,12\%,10)=0.177$;乙方案的净现值率为 -15%;丙方案的项目计算期为 11 年,其年回收额为 150 万元;丁方案的内部收益率为 10%。最优的投资方案是( )。

  A. 甲方案   B. 乙方案

  C. 丙方案   D. 丁方案

9. 已知某投资项目按 14% 折现率计算的净现值大于 0,按 16% 折现率计算的净现值小于 0,则该项目的内部收益率肯定( )。

  A. 大于 14%,小于 16%   B. 小于 14%

  C. 等于 15%   D. 大于 16%

10. 已知某投资项目的原始投资额为 500 万元,建设期为两年,投产后第一年至第五年每年 NCF 为 90 万元,第六年至第十年每年 NCF 为 80 万元,则该项目包括建设期的静态投资回收期为( )年。

  A. 6.375   B. 8.375

  C. 5.625   D. 7.625

11. 项目投资决策中,完整的项目计算期是指( )。

  A. 建设期   B. 生产经营期

  C. 建设期+达产期   D. 建设期+生产经营期

12. 如果某一投资方案的净现值为正数,则必然存在的结论是( )。

  A. 投资回收期在 1 年以内   B. 现值指数大于 1

  C. 投资报酬率高于 100%   D. 年均现金净流量大于原始投资额

13. 下列表述不正确的是( )。

  A. 净现值大于零时,说明该投资方案可行

B. 净现值为零时的贴现率即为内含报酬率
C. 净现值是特定方案未来现金流入现值与未来现金流出现值之间的差额
D. 净现值大于零时,现值指数小于1

14. 计算一个投资项目的静态回收期,应该考虑的因素是(   )。
   A. 贴现率   B. 使用寿命
   C. 年现金净流入量   D. 资金成本

15. 对于多个互斥方案的比较和优选,采用年等额净回收额指标时(   )。
   A. 选择投资额较大的方案为最优方案
   B. 选择投资额较小的方案为最优方案
   C. 选择年等额净回收额最大的方案为最优方案
   D. 选择年等额净回收额最小的方案为最优方案

三、多项选择题

1. 现金流出是指由投资项目所引起的企业现金支出的增加额,包括(   )。
   A. 建设投资   B. 付现成本
   C. 年折旧额   D. 所得税

2. 在考虑了所得税因素之后,经营期营业现金净流量的计算公式有(   )。
   A. 营业现金净流量＝营业收入－付现成本－所得税
   B. 营业现金净流量＝税后利润－折旧
   C. 营业现金净流量＝税后收入－税后付现成本＋折旧×所得税税率
   D. 营业现金净流量＝收入×(1－所得税税率)－付现成本×(1－所得税税率)＋折旧

3. 若某投资方案以内部收益率作为评价指标,保证投资方案可行的要求是内部收益率(   )。
   A. 大于零   B. 大于1
   C. 大于资本成本   D. 大于基准贴现率

4. 原始投资额不同的互斥方案的选优可采用(   )。
   A. 净现值法   B. 净现值率法
   C. 年等额净回收额法   D. 差额内部收益率法

5. 计算以下指标时,不需要基准贴现率的有(   )。
   A. 净现值   B. 静态投资回收期
   C. 投资利润率   D. 内含报酬率

6. 公司拟投资一项目10万元,投产后年均销售收入48 000元,付现成本13 000元,预计有效期5年,按直线法计提折旧,无残值,所得税税率为25%,则该项目(   )。
   A. 回收期2.86年   B. 回收期3.2年
   C. 投资利润率22.5%(税后)   D. 投资利润率35%(税后)

7. 在计算税后现金净流量时,可以抵税的项目有(   )。
   A. 折旧额   B. 无形资产摊销额
   C. 残值收入   D. 设备买价

8. 若NPV<0,则下列关系式中,正确的有(   )。
   A. NPVR>0   B. NPVR<0

C. $PI<1$　　　　　　　　　　D. $IRR<i$

9. 净现值法的优点有( )。
   A. 考虑了时间价值　　　　　B. 考虑了投资风险
   C. 考虑了项目计算期全部现金净流量
   D. 可以反映项目实际投资收益率

10. 在独立方案决策过程中,与净现值评价结论可能发生矛盾的评价指标有( )。
    A. 净现值率　　　　　　　　B. 投资利润率
    C. 投资回收期　　　　　　　D. 内部收益率

11. 净现值法与现值指数法的共同之处在于( )。
    A. 都是相对数指标,反映投资的效率
    B. 都必须按预定的贴现率折算现金净流量的现值
    C. 都不能反映投资方案的实际收益率
    D. 都没有考虑资金时间价值

12. 若建设期不为零,则建设期内各年的现金净流量可能会( )。
    A. 等于1　　　　　　　　　B. 大于1
    C. 小于0　　　　　　　　　D. 等于0

13. 完整的工业投资项目的现金流入主要包括( )。
    A. 营业收入　　　　　　　　B. 回收固定资产变现净值
    C. 固定资产折旧　　　　　　D. 回收流动资金

14. 以下各项中,可以构成建设投资内容的有( )。
    A. 固定资产投资　　　　　　B. 无形资产投资
    C. 流动资金投资　　　　　　D. 付现成本

15. 在计算经营期现金净流量时,以下( )项目是相关的。
    A. 利润　　　　　　　　　　B. 回收额
    C. 投资额　　　　　　　　　D. 折旧额

四、计算题

1. 某企业购入机器一台,价值24 000元,可使用年限为5年,无残值。每年销售收入48 000元,付现成本38 000元,贴现率10%。

要求:
(1) 用静态法计算该投资方案的投资利润率、投资回收期。
(2) 用动态法计算该投资方案的净现值、净现值率、现值指数、内含报酬率。

2. 某企业拟进行一项固定资产投资,该项目的现金流量表(部分)如表6-6所示。

表6-6 现金流量表(部分)

单位:万元

项目计算期	建设期		经营期					合计
	0	1	2	3	4	5	6	
净现金流量	−1 000	−1 000	100	1 000	(B)	1 000	1 000	2 900
累计净现金流量	−1 000	−2 000	−1 900	(A)	900	1 900	2 900	
折现净现金流量	−1 000	−943.4	89	839.6	1 425.8	747.3	705	1 863.3

要求：
(1) 计算表 6-6 中用英文字母表示的项目数值。
(2) 计算或确定下列指标：① 静态投资回收期；② 净现值。

3. 某企业投资 15 500 元购入一台设备，当年投入使用。该设备预计残值 500 元，可使用 3 年，按直线法计提折旧，设备投产后每年增加营业现金净流量分别为 6 000 元、8 000 元、10 000 元，企业要求最低投资报酬率为 18%。

要求：计算该投资方案的净现值和内含报酬率，并作出评价。

4. 远大公司拟购入一设备，现有甲、乙两个方案可供选择，甲方案需投资 20 000 元，期初一次投入，建设期为 1 年；在建设期末需垫支流动资金 3 000 元，到期可全部收回；使用寿命 4 年，采用直线法计提折旧，假设设备无残值；设备投产后每年销售收入 15 000 元，每年付现成本 4 400 元。乙方案需投资 20 000 元，采用直线法计提折旧，使用寿命 5 年，5 年后设备无残值；5 年中每年的销售收入 11 000 元，付现成本第一年 4 600 元，以后逐年增加修理费 160 元。假设所得税税率为 25%，投资人要求的必要收益率为 10%。

要求：
(1) 计算两个方案的现金净流量。
(2) 计算两个方案的差额净现值。
(3) 作出应采用哪个方案的决策。

5. 已知：某企业打算变卖一套可使用 5 年的旧设备，另购置一套全新设备来替换它。取得新设备的投资额比旧设备的变价净收入多 100 000 元，到第五年年末，新设备与继续使用旧设备届时的预计净残值相等。

使用新设备，可使企业在 5 年内每年增加营业收入 60 000 元，并增加经营成本 30 000 元，增加折旧 20 000 元。

新设备的替换，不会妨碍企业的正常经营，即更新设备的建设期为零。企业所得税税率为 25%。

要求：
(1) 以差量分析法计算该更新设备项目在项目计算期内各年的差量现金净流量（ΔNCF）。
(2) 根据该项目的差量现金净流量，计算差额内含报酬率（ΔIRR）。
(3) 根据该项目的差额内部收益率指标，分别就以下两种不相关情况，为企业作出是否更新设备的决策，并说明理由：① 该企业的行业基准折现率 i 为 8%；② 该企业的行业基准折现率 i 为 12%。

6. 某投资项目，现有甲、乙两个方案可供选择，两方案各年现金净流量如表 6-7 所示。

表 6-7　两方案年现金净流量表

单位：万元

项目计算期	甲方案		乙方案	
	投资额	年现金净流量	投资额	年现金净流量
0	40		80	
1	40			30

(续表)

项目计算期	甲方案		乙方案	
	投资额	年现金净流量	投资额	年现金净流量
2		40		30
3		45		30
4		50		30
5				30

要求:如果企业以10%作为贴现率,请判断甲、乙两方案哪一个为最优的方案。

7. 某固定资产投资项目,正常投资期为5年,每年年初投资100万元,共需投资500万元,从第六年年初竣工投产,可使用15年,期末无残值,投产后每年经营现金净流入150万元。如果把投资期缩短为2年,每年年初投资300万元,2年共投资600万元,竣工投产后的项目寿命期和现金净流入量均不变。该企业的资金成本为10%,假设项目终结时无残值,不用垫支流动资金。

要求:用年等额净回收额法判断是否应缩短投资建设期。

8. 某公司5年前购入一台机床,价值93万元,购置时预期使用寿命为15年,残值为3万元。折旧采用直线法,目前已提折旧30万元,账面净值为63万元。利用这一设备,企业每年发生营业收入为85万元,付现成本为59.8万元。现在市场上推出一种同等功能的以电脑控制的新型自动化机床,价值120万元,购入后即可投入使用,使用寿命10年,预计10年后残值为20万元。该机床由于技术先进,效率较高,预期每年的净利润可达到30.4万元。如果现在将旧设备出售,估计售价为28.6万元。若该企业的资本成本为10%,所得税税率为25%。

要求:判断该企业是否应用新设备替换旧设备。

9. 某企业拟用新设备取代已使用3年的旧设备,旧设备原价15 000元,当前估计尚可使用3年,每年付现成本2 150元,预计最终实际残值1 750元,目前变现价值7 500元。购置新设备需花费16 000元,预计可使用6年,每年付现成本850元,预计最终实际残值1 000元。该公司预期报酬率10%,所得税税率为25%,税法规定该类设备采用直线法计提折旧,残值为原价的10%。

要求:作出是否更新设备的决策。

10. 某公司拟生产一新产品,需购置一套专用设备,预计价款900 000元,追加流动资金145 822元。设备按5年计提折旧,采用直线法计提,净残值率为零。该新产品预计销售单价为20元/件,单位变动成本为12元/件,固定成本为500 000元(不包括折旧)。该公司所得税税率为25%,投资的最低报酬率为10%。

要求:计算净现值为零时的销售量水平(计算结果保留整数)。

案 例 分 析

一、案例资料

长海电器有限公司现有闲置资金400 000元,为有效地使用这笔资金,公司经理要求各有关部门提供决策资料。

技术情报科将近期收集的资料经过初步筛选,提供以下信息供公司投资决策所用。

(1) 目前国内销售市场上数码照相机紧缺,预计今后15年内总需求量为6 000 000架。目前国内的年生产力为200 000架,而且品种单调,功能不全。公司有生产数码照相机的技术能力,且力量雄厚,不仅可以保证产品质量,而且有改进产品功能、增加花色品种的潜力。

(2) 生产照相机需新建生产车间一幢,新增生产流水线一条。新建车间厂房预计投资155 000元,可使用15年,15年后报废残值按税法规定约5 000元。购建生产流水线有以下两个方案可供选择:

第一,从国内市场订购生产流水线并请设备安装公司施工安装,投资额为310 000元。预计整个工程工期为2年,2年后可正式投产,年生产能力为6 000架。该流水线可连续使用10年,预计10年后报废残值为10 000元(与税法规定残值相同)。

第二,国际市场现有数码照相机旧生产流水线装置待售,售价折合人民币150 000元,如购买该流水线还需支付进口关税、运杂费和安装费共计人民币96 000元。预计建房安装工程需施工1年,1年后可正式投产,年生产能力为5 000架。该流水线可连续使用6年,预计6年后报废残值为6 000元(与税法规定残值相同)。

不论从国内市场还是从国际市场购入生产流水线,一切投资费用支出均需预先支付。

公司销售科经过市场调查,证实公司技术情报科提供的信息基本正确,数码照相机市场需求量很大,公司如生产该种产品,在保证产品质量的前提下,定价为1 300元/架,年销售量可望达到15 000架。

财会科根据上述部门提供的资料进行了成本预测,为决策投资提供下列资料:

第一,如果从国内市场购入流水线进行生产,年固定成本为240 000元(包括厂房、流水线折旧费等,该厂固定资产折旧费用计算采用直线法)。如果从国际市场购入流水线进行生产,年固定成本减少25 600元。

第二,照相机生产的变动成本为1 126元。

第三,照相机销售税税率为8%,所得税税率为25%,银行贴现率为10%。

第四,车间厂房使用6年后,如不使用,可转让给其他厂,预计可收回价款95 000元;如果使用10年后不再使用,可转让,预计可收得价款55 000元。

二、思考分析

根据上述各资料,应如何进行决策?

第七章　证券投资与资本资产定价模型

学习目的与要求

- 了解有价证券的定义、分类、特点和证券投资的程序。
- 掌握债券价值及债券收益率计算。
- 掌握股票价值及股票收益率计算。
- 掌握基金的种类、基金的价值和收益率。
- 掌握证券投资的风险和组合理论。
- 掌握资本资产定价模型方程式的构成。
- 运用资本资产定价模型确定资本成本。

本章提要

(1) 证券是指具有一定票面金额,代表财产所有权和债权,可以有偿转让的凭证。证券投资是指公司将资金投资于股票、债券、基金等证券,并从中获取投资收益的一种投资行为。

(2) 债券的价值是指进行债券投资时投资者预期可获得的现金流入的现值。其投资收益率一般是指购进债券后一直持有至到期日可获得的收益率。

(3) 股票的内在价值由一系列的股利和将来出售股票时售价的现值所构成,通常当股票的市场价格低于股票内在价值时才适宜投资。一般股票投资的收益率是使各期股利及股票售价的复利现值等于股票买价时的贴现率。

(4) 投资基金是通过发行基金股份或受益凭证等有价证券聚集众多的不确定投资者的出资,以规避投资风险并谋取投资收益的证券投资工具。基金的价值取决于基金净资产的现有市场价值,而且基金的价值决定了基金的价格,基金收益率用以反映基金增值的情况,通过基金净资产的价值变化来衡量。

(5) 风险性是证券投资的基本特征之一。风险可分为系统性风险与非系统性风险。为了规避非系统性风险,投资者可采用证券投资组合的方式。

(6) 资本资产定价模型(Capital Assets Pricing Model,CAPM)是在证券组合理论基础上发展起来的一种证券投资理论。它试图揭示多样化投资组合中资产的风险与所要求的收益之间的关系,其表达式为:$K_i = R_f + (K_m - R_f)\beta$,其中 β 系数就是用来测定一种证券的收益随整个证券市场平均收益水平变化程度的指标,它反映了一种证券收益相对于整个市场平均收益水平的变动性或波动性。

第一节　证券投资概述

公司常常将资金投放于有价证券，进行证券投资。这是由于证券具有变现能力强、投资资金多少都不限、能随时调用和转移资金等优点，为公司有效利用资金、充分挖掘资金的潜力提供了条件，因此，证券投资已经成为公司投资的重要组成部分。

一、证券投资的分类与特点

证券投资是指公司（投资者）将资金投资于股票、债券、基金等证券，并从中获取投资收益的一种投资行为。

要了解证券投资的分类，首先要了解证券的分类。

（一）证券的种类

1. 按证券体现的权益关系分类

证券按体现的权益关系可分为所有权证券、信托投资证券和债权证券。所有权证券是一种既不定期支付利息，也无固定偿还期的证券，它代表着投资者在被投资公司所占权益的份额，在被投资公司盈利且宣布发放股利的情况下，才可能分享被投资公司的部分净收益，股票是典型的所有权证券。信托投资证券是由公众投资者共同筹集、委托专门的证券投资机构投资于各种证券，以获取收益的股份或收益凭证，如投资基金。债权证券是一种必须定期支付利息，并要按期偿还本金的有价证券，各种债券如国库券、公司债券、金融债券都是债权证券。所有权证券的投资风险要大于债权证券。投资基金的风险低于股票投资而高于债券投资。

2. 按证券的收益状况分类

证券按收益状况可分为固定收益证券和变动收益证券。固定收益证券是指在证券票面上规定有固定收益率，投资者可定期获得稳定收益的证券，如优先股股票、债券等。变动收益证券是指证券票面无固定收益率，其收益情况随公司经营状况而变动的证券。变动收益证券风险大，投资报酬率也相对较高；固定收益证券风险低，投资报酬率也相对较低。

3. 按证券发行主体分类

证券按发行主体可分为政府证券、金融证券和公司证券三种。政府证券是指中央或地方政府为筹集资金而发行的证券，如国库券等；金融证券是指银行或其他金融机构为筹集资金而发行的证券；公司证券又称企业证券，是企业发行的证券。

4. 按证券到期日的长短分类

证券按到期日的长短可分为短期证券和长期证券。短期证券是指1年内到期的有价证券，如银行承兑汇票、商业本票、短期融资券等。长期证券是指到期日在1年以上的有价证券，如股票、债券等。

（二）证券投资的分类

公司（投资者）按其投资证券的不同，将证券投资分为以下几类：

（1）债券投资。债券投资是指公司将资金投入各种债券的投资，如购买国债、公司债和短期融资债券等，相对于股票投资，债券投资一般风险较小，能获得稳定收益，但要注意投资对象的信用等级。

（2）股票投资。股票投资是指公司购买其他公司发行的股票所作的投资，如购买普通股、优先股股票。股票投资风险较大，收益也相对较高。

(3) 基金投资。基金投资就是将所有投资者所投的资金集合在一起,由基金公司的专家负责管理,用来投资于多家公司的股票或者债券的投资。基金投资因由专家经营管理,风险相对较小,正越来越受广大投资者的青睐。

(4) 组合投资。组合投资是指公司将资金同时投放于债券、股票等多种证券的投资,这样可分散证券投资风险。组合投资是公司证券投资的常用投资方式。

(三) 证券投资的特点

相对于公司的其他投资而言,证券投资具有如下特点:

(1) 交易成本低。证券交易由于具有快速、简便、成本较低等特点,决定了证券投资的交易成本较其他投资低。

(2) 流动性强。因为证券有活跃市场,所以对证券进行投资,其流动性必然也高于投资其他资产。

(3) 价值不稳定。证券的价值因受人为因素的影响较大而不稳定,这些人为因素有的来源于发行证券公司自身内部的经营与管理等微观环境,也有的来源于发行证券公司以外的政治与经济等宏观环境,因而投资证券具有价值不稳定、投资风险大等特点。

二、证券投资的目的与一般程序

(一) 证券投资的目的

公司进行证券投资的目的主要有以下几个方面:

(1) 暂时处置闲置资金。因为大多数公司都依赖银行信用来应付短期交易对现金的需要,但银行信用有时是不稳定的,当公司在现金流出超过现金流入时,将持有的有价证券售出,以增加现金。因此,必须持有有价证券以防由于银行信用所产生的现金短缺。

(2) 满足未来的资金需求。如果公司在将来有一笔资金需求,先将现有现金投资于证券,以便到时售出以满足公司对现金的需要。而对于从事季节性经营的公司,在1年内的旺季时会有剩余现金,而在淡季时会出现现金短缺,这些公司通常在旺季时购入证券,在淡季时出售证券而获取所需资金。

(3) 与长期筹资相配合。由于公司利用长期筹资活动所获得的资金是分次使用的,因此,暂时不用的资金可投资于有价证券,以获取一定收益;当公司进行投资需要资金时,则可出售有价证券,以获得资金。

(4) 获得对被投资公司的控制权。公司可以通过投资普通股票的手段,来实现对发行公司权益性的控制,当这种权益性控制达到相当比例时,就可控制被投资公司的经营方针。

(二) 证券投资的一般程序

(1) 合理选择投资对象。合理选择投资对象是证券投资成败的关键,公司应根据一定的投资原则,认真分析投资对象的收益水平和风险程度,以便合理选择投资对象,将风险降到最低程度,取得较好的投资收益。

(2) 委托买卖。由于投资者无法直接进场交易,买卖证券业务需委托证券商代理。公司可通过电话委托、电脑终端委托、递单委托等方式委托券商代为买卖有关证券。

(3) 成交。证券买卖双方通过中介券商的场内交易员分别出价委托,若买卖双方的价位与数量合适,交易即可达成,这个过程叫成交。

(4) 清算与交割。公司委托券商买入某种证券成功后,即应解交款项,收取证券。清算即指证券买卖双方结清价款的过程。

(5) 办理证券过户。证券过户只限于记名证券的买卖业务。当公司委托买卖某种记名证券成功后，必须办理证券持有人的姓名变更手续。

第二节　债券投资

公司要进行债券投资，首先必须进行债券投资的收益评价，评价债券收益水平主要有两个指标，即债券的价值和收益率。

一、债券投资的收益评价

（一）债券的价值

债券的价值又称债券的内在价值，是指进行债券投资时投资者预期可获得的现金流入的现值。债券的现金流入主要包括利息和到期收回的本金或出售时获得的现金两部分。对投资者而言，只有当债券价值高于其购买价格时，才值得投资。

1. 债券价值计算的基本模型

债券价值的基本模型主要是指按复利方式计算的每年定期付息、到期一次还本情况下债券的估价模型。其价值模型为：

$$BV=\sum_{t=1}^{n}\frac{i \cdot F}{(1+K)^t}+\frac{F}{(1+K)^n}=\sum_{t=1}^{n}\frac{I_t}{(1+K)^t}+\frac{F}{(1+K)^n}$$
$$=i \cdot F \cdot (P/A,K,n)+F \cdot (P/F,K,n)=I \cdot (P/A,K,n)+F \cdot (P/F,K,n)$$

式中　BV——债券价值；

　　　i——债券票面利息率；

　　　I——债券利息；

　　　F——债券到期本金；

　　　K——市场利率或投资人要求的必要收益率；

　　　n——付息总期数。

【例 7-1】 甲公司 2016 年 1 月 1 日发行面值为 1 000 元、票面利率为 6％、期限为 5 年的债券。投资者想于 2018 年 1 月 1 日购买，该债券的市场利率为 8％，价格为每张 930 元。

要求：分析判断该债券是否值得购买。

解：　该债券的价值（BV）＝1 000×6％×（P/A,8％,3）+1 000×（P/F,8％,3）
　　　　　　　　　　　　＝60×2.5771+1 000×0.7938＝948.43（元）

该债券的价值为 948.43 元，高于价格 930 元，所以值得投资。

2. 一次还本付息的单利债券价值模型

我国很多债券属于一次还本付息、单利计算的存单式债券。其价值模型为：

$$BV=F \cdot (1+i \cdot n)/(1+K)^n=F \cdot (1+i \cdot n) \cdot (P/F,K,n)$$

公式中符号含义同前。

【例 7-2】 乙公司 2018 年 1 月 1 日发行面值为 1 000 元、票面利率为 5％、单利计息、期限为 3 年的债券。投资者于发行当日购买，该债券的投资人要求的必要收益率为 6％，价格每张 980 元。

要求：分析判断该债券是否值得购买。

解：　该债券的价值（BV）＝1 000×（1+5％×3）×（P/F,6％,3）
　　　　　　　　　　　　＝1 000×1.15×0.8396＝965.54（元）

该债券的价值为 965.54 元,低于价格 980 元,所以不值得投资。

3. 零息债券的价值模型

零息债券的价值模型是指到期只能按面值收回,期内不计息债券的估价模型。其价值模型为:

$$BV=F/(1+K)^n=F \cdot (P/F,K,n)$$

公式中的符号含义同前。

【例 7-3】 丙公司 2018 年 7 月 1 日发行面值为 1 000 元、期限为 4 年的债券,该债券期内不计息,到期按面值偿还。投资者若于 2019 年 7 月 1 日购买,该债券投资人要求的必要收益率为 6%,价格每张 820 元。

要求:分析判断该债券是否值得投资。

解: 该债券的价值(BV)=1 000×(P/F,6%,3)=1 000×0.8396=839.6(元)

该债券的价值为 839.6 元,高于价格 820 元,所以值得投资。

(二)债券的收益率

债券的收益率是进行债券投资时选购债券的重要标准,是指能使债券的未来现金流入现值等于债券购买价格的贴现率,它可以反映债券投资按复利计算的实际收益率。如果债券的收益率高于投资人要求的必要报酬率,则可购进债券;否则就应放弃此项投资。

1. 短期债券收益率的计算

短期债券由于期限较短,一般不用考虑货币时间价值因素,只需考虑债券价差及利息,将其与投资额相比,即可求出短期债券收益率。其基本计算公式为:

$$K=\frac{BV_1-BV_0+I}{BV_0}$$

式中 BV_0——债券购买价格;

BV_1——债券出售价格;

I——债券利息;

K——债券投资收益率。

【例 7-4】 丁公司于 2018 年 5 月 8 日以 920 元购进一张面值 1 000 元、票面利率 5%、每年付息一次的债券,并于 2019 年 5 月 8 日以 970 元的市价出售。

要求:计算该债券的投资收益率。

解: K=[(970-920+1 000×5%)÷920]×100%=10.87%

该债券的投资收益率为 10.87%。

2. 长期债券收益率的计算

对于长期债券,由于涉及时间较长,需要考虑货币时间价值,其投资收益率一般是指购进债券后一直持有至到期日可获得的收益率,它是使债券利息的年金现值和债券到期收回本金的复利现值之和等于债券购买价格时的贴现率。

(1)一次还本付息的单利债券收益率的计算。

【例 7-5】 A 公司于 2018 年 1 月 1 日拟投资 10 000 张面值为 1 000 元、票面利率为 10%、单利计息、期限 5 年的债券。该债券价格每张为 1 020 元,必要报酬率为 10%。假设该债券到期一次还本付息。

要求:计算该债券到期收益。

解:一次还本付息的单利债券价值模型为:

$$BV = F \cdot (1 + i \cdot n) \cdot (P/F, K, n)$$
$$1\,020 = 1\,000 \times (1 + 5 \times 10\%) \times (P/F, K, 5)$$
$$(P/F, K, 5) = 1\,020 \div 1\,500 = 0.68$$

查"复利现值系数表",得5年期的复利现值系数等于0.68时,收益率$K=8\%$,低于必要报酬率10%,所以不值得投资。

(2)一般债券收益率的计算。一般债券的价值模型为:

$$BV = I \cdot (P/A, K, n) + F \cdot (P/F, K, n)$$

式中 BV——债券的购买价格;

       I——每年获得的固定利息;

       F——债券到期收回的本金或中途出售收回的资金;

       K——债券的投资收益率;

       n——投资期限。

由于无法直接计算收益率,必须采用逐步测试法来计算,即先设定一个贴现率代入上式,如计算出的BV正好等于债券买价,该贴现率即为收益率;如计算出的债券的购买价格与债券买价不等,则须继续测试,再用插入法求出收益率。

【例7-6】 B公司2018年8月1日拟购买面值为1000元、票面利率为8%、每年支付一次利息且平价发行的债券,该债券于2023年7月31日到期,按面值收回本金,另已知必要报酬率为8%。

要求:计算该债券的到期收益率。

解: $I = 1\,000 \times 8\% = 80(元)$,$F = 1\,000(元)$

设 收益率$i = 8\%$

则 $BV = 80 \times (P/A, 8\%, 5) + 1\,000 \times (P/F, 8\%, 5) = 1\,000(元)$

用8%计算出来的债券价值正好等于债券买价,所以该债券的收益率为8%。可见,平价发行的每年复利计息一次的债券,其到期收益率等于票面利率。

如果该公司购买该债券的价格为1200元,即高于面值,要计算该债券收益率,必须使下式成立:

$$1\,200 = 80 \times (P/A, K, 5) + 1\,000 \times (P/F, K, 5)$$

通过前面计算已知,$K = 8\%$时,上面等式右边为1000元。由于利率与现值呈反向变化,即现值越大、利率越小。而债券买价为1200元,收益率一定低于8%,需降低贴现率进一步试算。

用$K_1 = 4\%$试算:

$$BV_1 = 80 \times (P/A, 4\%, 5) + 1\,000 \times (P/F, 4\%, 5)$$
$$= 80 \times 4.4518 + 1\,000 \times 0.8219 = 1\,178.04(元)$$

由于贴现结果仍小于1200元,还应进一步降低贴现率试算。

用$K_2 = 3\%$试算:

$$BV_2 = 80 \times (P/A, 3\%, 5) + 1\,000 \times (P/F, 3\%, 5)$$
$$= 80 \times 4.5797 + 1\,000 \times 0.8626 = 1\,228.98(元)$$

用插入法计算:

$$K = 3\% + \frac{1\,228.98 - 1\,200}{1\,228.98 - 1\,178.04} \times (4\% - 3\%) = 3.57\%$$

所以，如果债券的购买价格为 1 200 元，债券的收益率为 3.57%。

插入法的计算比较麻烦，可用下面的简便法求出近似结果：

$$K = \frac{I + (F - P) \div N}{(F + P) \div 2} \times 100\%$$

式中　P——买价；

　　　N——年数；

　　　I——年支付的利息；

　　　F——到期归还的本金。

沿用[例 7-6]的资料计算该债券的收益率为：

$$K = \frac{1\,000 \times 8\% + (1\,000 - 1\,200) \div 5}{(1\,000 + 1\,200) \div 2} \times 100\% = 3.64\%$$

从本例得知，如果买价和面值不等，则债券的收益率与票面利率不同，且低于投资者要求的必要报酬率 8%，所以不值得投资。

二、债券投资的优缺点

1. 债券投资的优点

（1）投资收益稳定。进行债券投资一般可按时获得固定的利息收入，收益稳定。

（2）投资风险较低。相对于股票投资而言，债券投资风险较低。特别是政府债券，由于有国家财力作后盾，所以通常被视为无风险证券。另外，公司破产时公司债券的持有人对公司的剩余财产有优先求偿权，因而风险较低。

（3）流动性强。大公司及政府债券很容易在金融市场上迅速出售，流动性较强。

2. 债券投资的缺点

（1）无经营管理权。债券投资者只能定期取得利息，无权影响或控制被投资公司。

（2）购买力风险较大。由于债券面值和利率是固定的，如投资期间通货膨胀率较高，债券面值和利息的实际购买力就会降低。

第三节　股　票　投　资

一、股票投资的收益评价

（一）股票的价值

股票的价值又称股票的内在价值，是进行股票投资时所获得的现金流入的现值。股票带给投资者的现金流入包括两部分：股利收入和股票出售时的售价。因此股票的内在价值由一系列的股利和将来出售股票时售价的现值所构成，通常当股票的市场价格低于股票内在价值才适宜投资。

1. 股票价值的基本模型

$$P_0 = \sum_{t=1}^{n} \frac{d_t}{(1+K)^t} + \frac{P_n}{(1+K)^n}$$

式中　P_0——股票内在价值；

　　　d_t——第 t 期的预期股利；

　　　K——投资人要求的必要资金收益率；

P_n——股票在第 n 期的价格或出售时的价格。

股票价值的基本模型要求无限期地预计历年的股利,如果持有期是个未知数,用上述模型实际上很难计算股票价值。因此应用的模型都是假设股利零增长或固定比例增长时的价值模型。

2. 股利零增长、长期持有的股票价值模型

股利零增长、长期持有的股票价值模型为:

$$P_0 = d/K$$

【例 7-7】 甲公司拟投资购买并长期持有某公司股票,该股票每年分配股利 2 元,必要收益率为 10%。

要求:判断该股票价格为多少时适合购买。

解: $P_0 = d/K = 2 \div 10\% = 20(元)$

股票价格低于 20 元时才适合购买。

3. 长期持有股票,股利固定增长的股票价值模型

设上年股利为 d_0,本年股利为 d_1,每年股利增长率为 g,则股票价值模型为:

$$P_0 = \sum_{t=1}^{\infty} \frac{d_0 \cdot (1+g)^t}{(1+K)^t}$$

当 g 为常数,且 $K > g$ 时,上式可简化为:

$$P_0 = \frac{d_0 \cdot (1+g)}{K-g} = \frac{d_1}{K-g}$$

【例 7-8】 乙公司拟投资某公司股票,该股票上年每股股利为 2 元,预计年增长率为 2%,必要投资报酬率为 7%。

要求:判断该股票价格为多少时可以投资。

解: $P_0 = d_0 \cdot (1+g)/(K-g) = 2 \times (1+2\%) \div (7\% - 2\%) = 40.8(元)$

该股票价格低于 40.8 元时才可以投资。

4. 非固定成长股票的价值

有些公司的股票在一段时间里高速成长,在另一段时间里又正常固定增长或固定不变,这样就要分段计算,才能确定股票的价值。

【例 7-9】 丙公司持有 C 公司股票,其必要报酬率为 10%,预计 C 公司未来 3 年股利高速增长,成长率为 30%,此后转为正常增长,增长率为 6%。C 公司最近支付的股利是 3 元。

要求:计算 C 公司的股票价值。

解:首先,计算非正常增长期的股利现值,如表 7-1 所示。

表 7-1 股利现值计算表

年　　序	股　　利	现值系数	现　　值
1	3×1.3=3.9	0.9091	3.5455
2	3.9×1.3=5.07	0.8264	4.1898
3	5.07×1.3=6.591	0.7513	4.9518
合计(3 年股利现值)			12.6871

其次,按固定股利成长模型计算固定增长部分的股票价值。

$$P_3 = \frac{d_3 \cdot (1+g)}{K-g} = \frac{6.591 \times 1.06}{0.1-0.06} = 174.6615(元)$$

由于这部分股票价值是第三年年底以后的股利折算的内在价值,需将其折算为现值。

$$P_3 \cdot (P/F, 10\%, 3) = 174.6615 \times 0.7513 = 131.2232(元)$$

最后,计算股票目前的内在价值。

$$P_0 = 12.6871 + 131.2232 = 143.91(元)$$

(二) 股票投资的收益率

1. 股票长期持有、股利固定增长的收益率的计算

股利固定增长价值模型为:

$$P_0 = \frac{d_1}{K-g}$$

将公式移项整理,求 K,可得到股利固定增长收益率的计算模型:

$$K = \frac{d_1}{P_0} + g$$

【例 7-10】 有一只股票的价格为 40 元,预计下一期的股利是 2 元,该股利将以大约 10% 的速度持续增长。

要求:计算该股票的预期收益率。

解: $K = 2 \div 40 + 10\% = 15\%$

该股票的收益率为 15%。

2. 采用股票价值基本模型的股票投资收益率的计算

一般情况下,公司进行股票投资可以取得股利,股票出售时也可收回一定资金。

只是股利不同于债券利息,股利是经常变动的,股票投资的收益率是使各期股利及股票售价的复利现值等于股票买价时的贴现率。即:

$$P_0 = \sum_{t=1}^{n} \frac{d_t}{(1+K)^t} + \frac{P_n}{(1+K)^n}$$

式中　P_0——股票内在价值;

d_t——第 t 期的预期股利;

K——投资人要求的必要资金收益率;

P_n——股票在第 n 期的价格或出售时的价格。

【例 7-11】 丁公司于 2018 年 6 月 1 日投资 600 万元购买某种股票 100 万股,在 2019 年、2020 年和 2021 年的 5 月 30 日分得每股现金股利分别为 0.6 元、0.8 元和 0.9 元,并于 2021 年 5 月 30 日以每股 8 元的价格将股票全部出售。

要求:计算该项投资的收益率。

解:用逐步测试法计算,先用 20% 的收益率进行测试:

$$P_0 = \frac{0.6 \times 100}{1+20\%} + \frac{0.8 \times 100}{(1+20\%)^2} + \frac{(8+0.9) \times 100}{(1+20\%)^3}$$

$$= 60 \times 0.8333 + 80 \times 0.6944 + 890 \times 0.5787 = 620.59(万元)$$

由于620.59万元比600万元大,再用24%测试:

$$P_0 = \frac{60}{1+24\%} + \frac{80}{(1+24\%)^2} + \frac{890}{(1+24\%)^3}$$
$$= 60 \times 0.8065 + 80 \times 0.6504 + 890 \times 0.5245 = 567.23(万元)$$

然后用插入法计算如下:

$$K = 20\% + [(620.59-600) \div (620.59-567.23)] \times (24\%-20\%) = 21.54\%$$

二、股票投资的优缺点

(一)股票投资的优点

(1) 投资收益高。股票投资风险大,收益也高,只要选择得当,就能取得优厚的投资收益。

(2) 购买力风险低。与固定收益的债券相比,普通股能有效地降低购买力风险。因为通货膨胀率较高时,物价普遍上涨,股份公司盈利增加,股利也会随之增加。

(3) 拥有经营控制权。普通股股票的投资者是被投资公司的股东,拥有一定的经营控制权。

(二)股票投资的缺点

(1) 收入不稳定。普通股股利的有无、多少,须视被投资公司经营状况而定,很不稳定。

(2) 价格不稳定。股票价格受众多因素影响,极不稳定。

(3) 求偿权居后。公司破产时,普通股投资者对被投资公司的资产求偿权居于最后,其投资有可能得不到全额补偿。

第四节 投资基金

一、投资基金的内容与分类

(一)投资基金的内容

投资基金是指通过发行基金股份或受益凭证等有价证券,聚集众多不确定投资者的出资,以规避投资风险并获得投资收益的证券投资工具。

投资基金的组织与运作包括如下几个方面的内容:

第一,由投资基金的发起人设计组织各种类型的投资基金。通过向社会发行基金受益凭证(或基金股份),将社会上众多投资者的零散资金聚集成一定规模的数额来设立基金。

第二,基金的份额用"受益权单位"来确定投资者在某一投资基金中所持份额的尺度。初次发行的基金总额平均分成若干等额的份数,每份即一个受益权单位,表明认购基金所要求达到的最低投资金额。例如,某基金发行时要求以100元的整倍数认购,表明该基金的单位是100元,投资1 000元即拥有10个基金单位。

第三,由指定的基金保管公司来保管和处理基金资产。基金保管公司接受基金管理人的指令,负责基金的投资操作,处理基金投资的资金拨付、证券交割和过户、利润分配及本金偿付等事项。

第四,由指定的基金经理公司(也称为基金管理公司)负责基金的投资运作。基金经理公司负责设计基金品种,制定基金投资计划,确定基金的投资目标和投资策略,以基金的名义购买证券资产或其他资产,向基金保管人发出投资操作指令。

（二）投资基金的分类

1. 根据变现方式的不同，投资基金可分为封闭式基金和开放式基金

（1）封闭式基金。封闭式基金是指基金的发起人在设立基金时，限定了基金单位的发行总额，筹集到这个总额后，基金即宣告成立，并进行封闭，在一定时期内不再接受新投资的基金。基金单位的流通采取在交易所上市的办法，投资者以后要买卖基金单位都必须经过证券经纪商，在二级市场上进行竞价交易。封闭式基金的期限是指基金的存续期，即基金从成立之日起到结束之日止的整个时间。

（2）开放式基金。开放式基金是指基金发起人在设立基金时，基金单位的总数是不固定的，可视经营策略和发展需要追加发行。投资者也可根据市场状况和各自的投资决策，或者要求发行机构按现期净资产值扣除手续费后赎回股份或受益凭证，或者再买入股份或受益凭证，增加基金单位份额的持有比例。

封闭式基金与开放式基金的区别有：第一，基金单位的发行规模要求不同，封闭式基金在招募说明书中列明其基金规模，开放式基金没有发行规模限制。第二，期限不同，封闭式基金通常有固定的封闭期，而开放式基金没有固定期限，投资者可随时向基金管理人赎回。第三，基金单位的交易价格计算标准不同，封闭式基金的买卖价格受市场供求关系的影响，并不必然反映公司的净资产值。开放式基金的交易价格则取决于基金的每单位资产净值的大小，其卖出价一般是基金单位资产净值加5%左右的首次购买费，买入价即赎回价是每个基金单位所代表的资产净值减去一定的赎回费，基本不受市场供求影响。第四，投资策略不同，封闭式基金的基金单位数不变，资本不会减少，因此基金可进行长期投资，基金资产的投资组合能有效地在预定计划内进行。开放式基金因基金单位可随时赎回，为应付投资者随时赎回兑现，基金不能全部用来投资，更不能把全部资本用来进行长线投资，必须保持基金资产的流动性，在投资组合上需保留一部分现金和可随时兑现的金融商品。第五，基金单位转让方式不同，封闭式基金的基金单位在封闭期限内不能要求基金公司赎回，只能在证券交易场所出售给第三者。开放式基金的投资者则可以在首次发行结束一段时间（多为3个月）后，随时向基金管理人或中介机构提出购买或赎回申请。

2. 根据组织形态的不同，投资基金可分为公司型基金和契约型基金

（1）公司型基金。公司型基金是按照《公司法》以公司形态组成的，该基金公司以发行股份的方式募集资金，一般投资者购买该公司的股份即为认购基金，也就成为该公司的股东，凭其持有的基金份额依法享有投资收益。公司型基金的特点有：① 基金公司的设立程序类似于一般股份公司，基金公司本身依法注册为法人，但它委托专业的基金管理公司来经营与管理。② 基金公司的组织结构与一般股份公司类似，设有董事会和持有人大会，基金资产由公司所有，投资者则是这家公司的股东，承担风险并通过持有人大会行使权利。

（2）契约型基金。契约型基金是指把受益人（即投资者）、管理人、托管人三者作为基金的当事人，由管理人与信托人通过签订信托契约的形式发行受益凭证而设立的一种基金，所以它又称为单位信托基金。契约型基金是基于基金契约而组织起来的、由基金管理公司代理投资的基金。基金管理人负责基金的管理操作；基金托管人作为基金资产的名义持有人，负责基金资产的保管和处置，对基金管理人的运作实行监督。

公司型基金与契约型基金的不同点有以下几个方面：第一，投资者的地位不同。公司型基金的投资者购买基金公司的股票后成为该公司的股东，以股息或红利形式取得收益。契约型基金的投资者购买受益凭证后成为基金契约的当事人之一，即受益人。因此，公司

型基金的股东通过股东大会和董事会享有管理基金公司的权力,而契约型基金的投资者没有管理基金资产的权力。第二,资金的性质不同。公司型基金的资金为公司法人的资本,而契约型基金的资金是信托财产。第三,基金的运营依据不同。公司型基金依据基金公司章程运营基金,而契约型基金依据基金契约运营基金。

二、投资基金的价值与收益率

投资基金财务评价所依据的信息来源主要是公开的基金财务报告信息。

(一) 基金的价值

基金的价值是指在基金投资上所能带来的现金净流量。确定基金的价值有以下几个要素。

1. 基金价值的内涵

基金的价值取决于目前能给投资者带来的现金流量,这种目前的现金流量用基金的净资产价值来表达。

基金的价值取决于基金净资产的现在价值,其原因在于:投资基金的未来收益是不可预测的。由于投资基金不断变换投资组合对象,再加上资本利得是投资基金收益的主要来源,加之证券价格波动,从而使得对投资基金未来收益的预计变得不大现实。既然未来不可预测,投资者把握的就是"现在",即基金资产的现有市场价值。

2. 基金单位净值

基金单位净值也称为单位净资产值或单位资产净值。基金的价值取决于基金净资产的现在价值,因此基金单位净值是评价基金业绩最基本和最直观的指标,也是开放型基金申购价格、赎回价格以及封闭型基金上市交易价格确定的重要依据。

基金单位净值是在某一时点每一基金单位(或基金股份)所具有的市场价值,计算公式为:

$$基金单位净值 = \frac{基金资产总额 - 基金负债总额}{基金单位总份额}$$

在基金净资产价值的计算中,基金的负债除了以基金名义对外的融资借款以外,还包括应付投资者的分红、基金应付给基金管理公司的首次认购费、经理费用等各项基金费用。相对来说,基金的负债金额是固定的,基金净资产的价值主要取决于基金总资产的价值。这里,基金总资产的价值并不是指资产总额的账面价值,而是指资产总额的市场价值。

3. 基金的报价

从理论上说,基金的价值决定了基金的价格,基金的交易价格是以基金单位净值为基础的,基金单位净值高,基金的交易价格也高。封闭型基金在二级市场上交易,其交易价由供求关系和基金业绩决定,围绕着基金单位净值上下波动。开放型基金的柜台交易价格则完全以基金单位净值为基础,通常采用两种报价形式:认购价(卖出价)和赎回价(买入价)。开放型基金柜台交易价格的计算公式为:

$$基金认购价 = 基金单位净值 + 首次认购费$$
$$基金赎回价 = 基金单位净值 - 基金赎回费$$

基金认购价也就是基金管理公司的卖出价,卖出价中的首次认购费是支付给基金经理公司的发行佣金。基金赎回价也就是基金管理公司的买入价,赎回价低于基金单位净值是由于抵扣了基金赎回费,以此提高赎回成本,防止投资者的赎回,保持基金资产的稳定性。

收取首次认购费的基金,一般不再收取赎回费。

(二)基金收益率

基金收益率用以反映基金增值的情况,它通过基金净资产的价值变化来衡量。基金净资产的价值是以市价计量的,基金资产的市场价值增加,意味着基金的投资收益增加,基金投资者的权益也随之增加。基金收益率的计算公式为:

$$\text{基金收益率} = \frac{\text{年末持有份数} \times \text{年末基金单位净值} - \text{年初持有份数} \times \text{年初基金单位净值}}{\text{年初持有份数} \times \text{年初基金单位净值}}$$

上式中,持有份数是指基金单位的持有份数。如果年末和年初基金单位的持有份数相同,基金收益率就简化为基金单位净值在本年内的变化幅度。

年初的基金单位净值相当于是购买基金的本金投资,基金收益率也就相当于一种简便的投资报酬率。

三、投资基金的优缺点

(一)投资基金的优点

投资基金的最大优点是能够在不承担太大风险的情况下获得较高收益。这是因为:

(1)投资基金具有资金规模优势。我国的投资基金一般拥有资金20亿元以上,西方大型投资基金一般拥有资金百亿美元以上,这种资金优势可以进行充分的投资组合,能够降低风险,提高收益。

(2)投资基金具有专家理财优势。投资基金的管理人都是投资方面的专家,他们在投资前均进行多种研究,这能够降低风险,提高收益。

(二)投资基金的缺点

(1)在大盘整体大幅度下跌的情况下,投资基金也可能会损失较多,投资人承担较大风险。

(2)无法获得很高的投资收益。投资基金在投资组合过程中,在降低风险的同时,也丧失了获得巨大收益的机会。

第五节 证券投资的风险与组合

一、证券投资的风险

风险性是证券投资的基本特征之一。在证券投资活动中,投资者买卖证券是希望获取预期的收益。在投资者持有证券期间,各种因素的影响可能使预期收益减少甚至使本金遭受损失;持有期间越长,各种因素产生影响的可能性越大。与证券投资活动相关的所有风险统称为总风险。总风险按是否可以通过投资组合加以回避及消除,可分为系统性风险与非系统性风险,其关系如图7-1所示。

(一)系统性风险

系统性风险是指由于政治、经济及社会环境的变动而影响证券市场上所有证券的风险。这类风险的共同特点是:其影响不是作用于某一种证券,而是对整个证券市场发生作用,导致证券市场上所有证券出现风险。由于系统性风险对所有证券的投资总是存在的,并且无法通过投资多样化的方法加以分散、回避与消除,故称不可分散风险。它包括市场风险、利率风险、购买力风险以及自然因素导致的社会风险等。

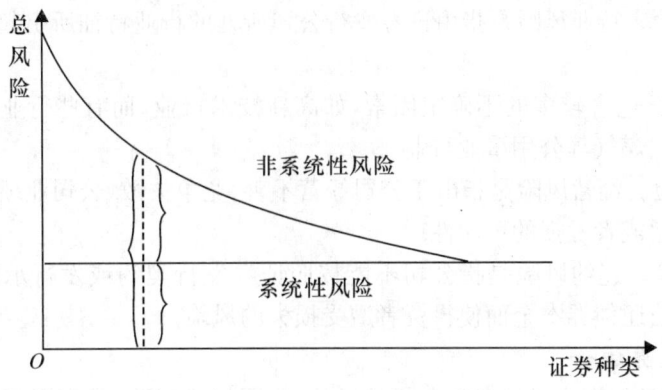

图 7-1　系统性风险与非系统性风险

(1) 市场风险。市场风险是指由有价证券的"空头"和"多头"等市场因素所引起的证券投资收益变动的可能性。

空头市场即熊市,是证券市场价格指数从某个较高点(波峰)开始下降,一直呈下降趋势至某一较低点(波谷)结束。多头市场即牛市,是证券市场价格指数从某一个较低点开始上升,一直呈上升趋势至某个较高点并开始下降时结束。从这一点开始,证券市场又进入空头市场。多头市场和空头市场的这种交替,导致证券投资收益发生变动,进而引起市场风险。多头市场的上升和空头市场的下跌都是就市场的总趋势而言的,显然,市场风险是无法回避的。

(2) 利率风险。利率风险是指由于市场利率变动引起证券投资收益变动的可能性。

因为市场利率与证券价格具有负相关性,即当利率下降时,证券价格上升;当利率上升时,证券价格下降。由于市场利率变动引起证券价格变动,进而引起证券投资收益变动,这就是利率风险。市场利率的波动是基于市场资金供求状况与基准利率水平的波动。不同经济发展阶段市场资金供求状况不同,中央银行根据宏观金融调控的要求调节基准利率水平,当中央银行调整利率时,各种金融资产的利率和价格必然作出灵敏的市场反应,所以利率风险是无法回避的。

(3) 购买力风险。购买力风险又称通货膨胀风险,是指由于通货膨胀所引起的投资者实际收益水平下降的风险。

由于通货膨胀必然引起公司制造成本、管理成本、融资成本的提高,当公司无法通过涨价或内部消化加以弥补时,就会导致公司经营状况与财务状况的恶化,投资者因此会丧失对股票投资的信心,股市价格随之跌落。一旦投资者对通货膨胀的未来态势产生持久的不良预期时,股价暴跌风潮也就无法制止了。世界证券市场发展的历史经验表明,恶性通货膨胀是引发证券市场混乱的祸根。

此外,通货膨胀还会引起投资者本金与收益的贬值,使投资者看似货币收入增加却并不一定真的获利。通货膨胀是一种常见的经济现象,它的存在必然使投资者承担购买力风险,而且这种风险不会因为投资者退出证券市场就可以避免。

(二) 非系统性风险

非系统性风险是指由于市场、行业以及公司本身等因素影响个别公司证券的风险。它是由单一因素造成的、只影响某一证券收益的风险,属个别风险,能够通过投资多样化来抵销,又称可分散风险或公司特别风险。它包括行业风险、经营风险、违约风险等。

(1) 行业风险。行业风险是指由证券发行公司所处的行业特征所引起的该证券投资收益变动的可能性。

有些行业本身包含较多的不确定因素,如高新技术行业,而有些行业则包含较少的不确定因素,如电力、煤气等公用事业行业。

(2) 经营风险。经营风险是指由于公司经营不善、竞争失败、公司业绩下降而使投资者无法获取预期收益或者亏损的可能性。

(3) 违约风险。违约风险是指公司不能按照证券发行契约或发行承诺支付投资者债息、股息、红利及偿还债券本金而使投资者遭受损失的风险。

二、证券投资组合

前已述及,证券投资充满了各种各样的风险,为了规避风险,投资者可采用证券投资组合的方式,即投资者在进行证券投资时,不是将所有的资金都投向单一的某种证券,而是有选择地投向多种证券,这种做法就叫证券的投资组合或者投资的多样化。

现代投资组合理论从 20 世纪 50 年代形成以来,经过了几十年的发展,到 20 世纪 80 年代已趋于成熟,形成了比较完整的理论体系。80 年代以后,这些理论已被写入西方的教科书中,并逐渐为人们的投资实践所应用。

(一) 证券投资组合的策略与方法

1. 证券投资组合的策略

(1) 冒险型策略。这种策略认为,只要投资组合科学而有效,就能取得远远高于平均收益水平的收益,这种组合主要选择高风险、高收益的成长性股票,对于低风险、低收益的股票不屑一顾。

(2) 保守型策略。这种策略是指购买尽可能多的证券,以便分散掉全部可分散风险,得到市场的平均收益。这种投资组合的优点:① 能分散掉全部可分散风险;② 不需要高深的证券投资专业知识;③ 证券投资管理费较低。这种策略收益不高,风险也不大,故被称为保守型策略。

(3) 适中型策略。这种策略介于保守型策略与冒险型策略之间,采用这种策略的投资者一般都善于对证券进行分析。通过分析,选择高质量的股票或债券组成投资组合。他们认为,股票价格是由公司经营业绩决定的,市场上价格一时的沉浮并不重要。这种投资策略风险不太大,收益却比较高。但进行这种组合的人必须具备丰富的投资经验及进行证券投资的各种专业知识。

2. 证券投资组合的方法

(1) 选择足够数量的证券进行组合。证券数量增加,可分散风险会逐步减少,当数量足够时,大部分可分散风险都能分散掉。

(2) 把不同风险程度的证券组合在一起。可以用 1/3 资金投资于风险大的证券,用 1/3 资金投资于风险中等的证券,再用 1/3 资金投资于风险小的证券。这种组合法虽不会获得太高的收益,但也不会承担太大的风险。

(3) 把投资收益呈负相关的证券放在一起组合。负相关股票是指一种股票的收益上升而另一种股票的收益下降的两种股票,把收益呈负相关的股票组合在一起,能有效分散风险。

3. 证券组合的收益与风险

如果投资者投资于一种以上证券,那么这种证券组合的收益与风险如何来衡量呢?假定投资者投资于证券 W 和证券 M,其投资比重分别为 X_W 和 X_M,且 $X_W + X_M = 1$,可用案例来说明。

【例 7-12】 假设某公司投资股票 W 和 M,假设股票 W 和 M 的投资比重相等,其完全负相关和完全正相关的报酬率如表 7-2 至表 7-4 和图 7-2 至图 7-4 所示。

表 7-2 完全负相关的两种股票及其构成的投资组合的报酬率与标准差

计算期	股票 W 的实际报酬率 (K_W)	股票 M 的实际报酬率 (K_M)	投资组合 WM 的实际报酬率 (K_P)
1	31%	−9%	11%
2	−9%	31%	11%
3	30%	−8%	11%
4	−8%	30%	11%
5	11%	11%	11%
平均报酬率	11%	11%	11%
标准差	19.51%	19.51%	0%

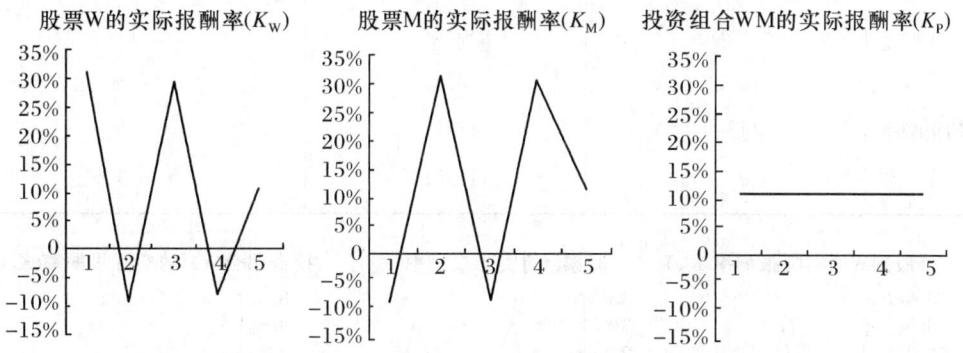

图 7-2 完全负相关的两种股票及其构成的投资组合的报酬率与标准差

表 7-3 完全正相关的两种股票及其构成的投资组合的报酬率与标准差

计算期	股票 W 的实际报酬率 (K_W)	股票 M 的实际报酬率 (K_M)	投资组合 WM 的实际报酬率 (K_P)
1	31%	31%	31%
2	−9%	−9%	−9%
3	30%	30%	30%
4	−8%	−8%	−8%
5	11%	11%	11%
平均报酬率	11%	11%	11%
标准差	19.51%	19.51%	19.51%

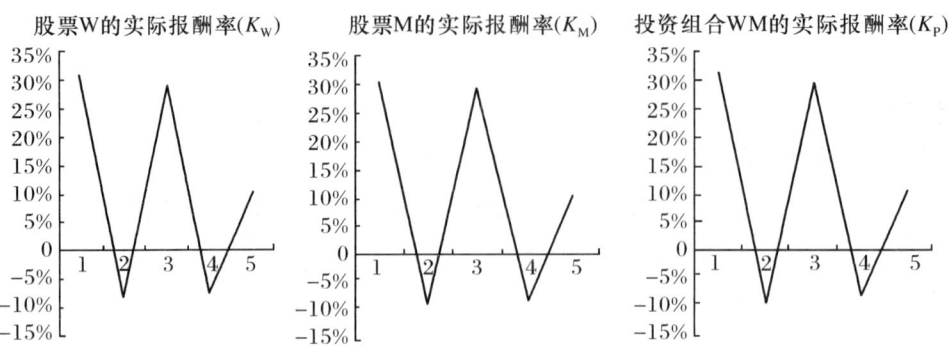

图 7-3 完全正相关的两种股票及其构成的投资组合的报酬率与标准差

表 7-4 部分正相关的两种股票及其构成的投资组合的报酬率与标准差

计 算 期	股票 W 的实际报酬率 (K_W)	股票 M 的实际报酬率 (K_M)	投资组合 WM 的实际报酬率 (K_P)
1	31%	−8%	11.5%
2	−9%	31%	11%
3	30%	11%	20.5%
4	−8%	30%	11%
5	11%	−9%	1%
平均报酬率	11%	11%	11%
标 准 差	19.51%	19.51%	6.90%

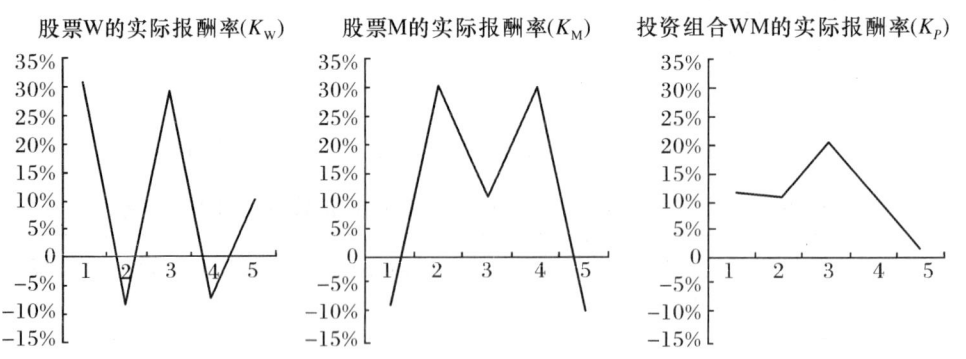

图 7-4 部分正相关的两种股票及其构成的投资组合的报酬率与标准差

(二) 证券组合投资的期望收益率

[例 7-12] 分析了不同相关性的两种股票及其构成的投资组合的收益和风险。投资组合的期望收益率是投资组合中单项资产预期收益率的加权平均数。其计算公式为:

$$\overline{K_P} = \sum_{i=1}^{n} \overline{K_i} \cdot W_i$$

式中 $\overline{K_P}$ ——证券组合投资的期望收益率;

$\overline{K_i}$ ——第 i 种证券的期望收益率;

W_i——第i种证券价值占证券组合投资总价值的比重;

n——证券组合中的证券数。

【例 7-13】 沿用[例 7-12]的资料。

要求:分三种情况讨论证券组合投资收益率。

解:(1) 两种股票完全负相关,则组合投资的期望收益率为:

第一年:$\overline{K_P}=31\%\times0.5+(-9\%)\times0.5=11\%$

第二年:$\overline{K_P}=-9\%\times0.5+31\%\times0.5=11\%$

第三年:$\overline{K_P}=30\%\times0.5+(-8\%)\times0.5=11\%$

第四年:$\overline{K_P}=-8\%\times0.5+30\%\times0.5=11\%$

第五年:$\overline{K_P}=11\%\times0.5+11\%\times0.5=11\%$

(2) 两种股票完全正相关,则组合投资的期望收益率为:

第一年:$\overline{K_P}=31\%\times0.5+31\%\times0.5=31\%$

第二年:$\overline{K_P}=-9\%\times0.5+(-9\%)\times0.5=-9\%$

第三年:$\overline{K_P}=30\%\times0.5+30\%\times0.5=30\%$

第四年:$\overline{K_P}=-8\%\times0.5+(-8\%)\times0.5=-8\%$

第五年:$\overline{K_P}=11\%\times0.5+11\%\times0.5=11\%$

(3) 两种股票部分正相关,则组合投资的期望收益率为:

第一年:$\overline{K_P}=31\%\times0.5+(-8\%)\times0.5=11.5\%$

第二年:$\overline{K_P}=-9\%\times0.5+31\%\times0.5=11\%$

第三年:$\overline{K_P}=30\%\times0.5+11\%\times0.5=20.5\%$

第四年:$\overline{K_P}=-8\%\times0.5+30\%\times0.5=11\%$

第五年:$\overline{K_P}=11\%\times0.5+(-9\%)\times0.5=1\%$

假设该公司对股票 W 和 M 的投资比重为 60% 和 40%,再对以上三种情况进行讨论。

(1) 两种股票完全负相关,则组合投资的期望收益率为:

第一年:$\overline{K_P}=31\%\times0.6+(-9\%)\times0.4=15\%$

第二年:$\overline{K_P}=-9\%\times0.6+31\%\times0.4=7\%$

第三年:$\overline{K_P}=30\%\times0.6+(-8\%)\times0.4=14.8\%$

第四年:$\overline{K_P}=-8\%\times0.6+30\%\times0.4=7.2\%$

第五年:$\overline{K_P}=11\%\times0.6+11\%\times0.4=11\%$

(2) 两种股票完全正相关,则组合投资的期望收益率为:

第一年:$\overline{K_P}=31\%\times0.6+31\%\times0.4=31\%$

第二年:$\overline{K_P}=-9\%\times0.6+(-9\%)\times0.4=-9\%$

第三年:$\overline{K_P}=30\%\times0.6+30\%\times0.4=30\%$

第四年:$\overline{K_P}=-8\%\times0.6+(-8\%)\times0.4=-8\%$

第五年:$\overline{K_P}=11\%\times0.6+11\%\times0.4=11\%$

(3) 两种股票部分正相关,则组合投资的期望收益率为:

第一年:$\overline{K_P}=31\%\times0.6+(-8\%)\times0.4=15.4\%$

第二年:$\overline{K_P}=-9\%\times0.6+31\%\times0.4=7\%$

第三年:$\overline{K_P}=30\%\times0.6+11\%\times0.4=22.4\%$

第四年：$\overline{K_P} = -8\% \times 0.6 + 30\% \times 0.4 = 7.2\%$

第五年：$\overline{K_P} = 11\% \times 0.6 + (-9\%) \times 0.4 = 3\%$

通过上述计算可以得知，两种部分正相关的股票收益率随着权数的变化而发生改变，两个完全负相关的股票收益率也随着权数的变化而发生改变。这就说明，两个完全负相关的股票收益率的差异只有在一个特定的权数下才能全部抵销，如果权数发生变化，也只能抵销部分风险。

（三）证券组合投资的风险

1. 两个证券投资组合的风险及有效组合与有效前沿

（1）两个证券投资组合的风险。证券组合投资的期望收益率可由各个证券期望收益率的加权平均而得，但证券组合投资的风险可能具有一定的相互抵销或增强的作用，所以，不能另求各个证券标准差的加权平均数，即 $\sigma_p \neq \sum\limits_{i=1}^{n} \sigma_i \cdot W_i$。就两个证券组合的风险而言，可以用该组合的方差来衡量。其计算公式为：

$$\sigma_p^2 = W_i^2 \cdot \sigma_i^2 + W_j^2 \cdot \sigma_j^2 + 2W_i W_j \cdot \sigma_{ij}$$

公式中的 σ_{ij} 为证券 i、j 的协方差，即证券 i 和 j 的实际报酬率与期望报酬率的离差之积的期望值，用来反映两种证券收益之间的互动性。如果协方差大于 0，表明两种证券收益变化的方向是相同的，两种证券组合的风险将在 $\sigma_p^2 = W_i^2 \cdot \sigma_i^2 + W_j^2 \cdot \sigma_j^2$ 的基础上增加一个正值的 $2W_i W_j \cdot \sigma_{ij}$，显然加大了证券组合的风险；如果协方差小于 0，表明两种证券收益率变化的方向是相反的，两种证券组合的风险将在 $\sigma_p^2 = W_i^2 \cdot \sigma_i^2 + W_j^2 \cdot \sigma_j^2$ 的基础上加一个负值的 $2W_i W_j \cdot \sigma_{ij}$，从而使证券组合的风险减小；如果协方差等于 0，表明两种证券收益率变化不具有互动性。

由此可见，证券组合投资的风险并不是各单个证券风险的简单的加权平均数，它不仅与单个证券风险有关，还与各证券之间的互动性有关，证券的互动性对证券组合的风险起到增大或减小的作用。协方差就是衡量证券之间互动性的一个标准。在证券组合中各单个证券的风险和投资比重一定的条件下，决定证券组合风险大小的唯一因素就是证券的协方差。当协方差等于 0 时，说明证券之间不具有互动性。

为了计算上的方便，通常将协方差标准化，即通过引入一个相关系数，就可以用单个证券的标准离差来表示协方差，σ_{ij} 为这两种证券之间的协方差，用 ρ_{ij} 表示投资组合中两种证券之间的相关系数，则其计算公式为：

$$\rho_{ij} = \frac{\sigma_{ij}}{\sigma_i \cdot \sigma_j} = \frac{n \sum X_i \cdot X_j - \sum X_i \cdot \sum X_j}{\sqrt{n \cdot \sum X_i^2 - (\sum X_i)^2} \times \sqrt{n \cdot \sum X_j^2 - (\sum X_j)^2}}$$

式中　X_i——第 i 种证券的期望收益率；

X_j——第 j 种证券的期望收益率；

n——n 种有效组合数。

由于 $\rho_{ij} = \dfrac{\sigma_{ij}}{\sigma_i \cdot \sigma_j}$，则

$$\sigma_{ij} = \rho_{ij} \cdot \sigma_i \cdot \sigma_j$$

相关系数仍然保持协方差的性质，但其限值范围在 -1 和 +1 之间。当相关系数为 -1 时，表明证券之间完全负相关；当相关系数为 +1 时，表明证券之间完全正相关；当相关系数为 0 时，表明证券之间完全不相关；当相关系数大于 0 而小于 1 时，表明证券之间正相关，当

相关系数小于 0 而大于 -1 时,表明证券之间负相关。风险分散效益随着相关系数 ρ_{ij} 由 -1 变化到 1 而由强变弱,特别的是,当 ρ_{ij} 为 -1 时风险分散效应最强,ρ_{ij} 为 1 时无风险分散效应。引入相关系数之后,两个证券组合风险就可以用下列公式来衡量:

$$\sigma_p^2 = W_i^2 \cdot \sigma_i^2 + W_j^2 \cdot \sigma_j^2 + 2W_iW_j \cdot \rho_{ij} \cdot \sigma_i \cdot \sigma_j$$

(2) 两个证券投资组合的有效组合与有效前沿。由两种性质的证券组成的证券投资组合,在同等风险条件下收益最高的证券组合都在同等收益条件下风险最低的证券组合就是有效组合。有这两种证券构成的投资组合所组成的集合就称为有效前沿。在两个证券投资组合的情况下,投资者的有效前沿是一条直线或曲线,如图 7-5 所示。

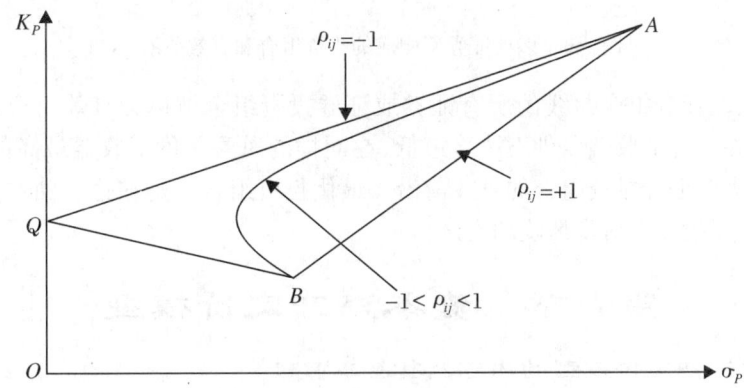

图 7-5　两个证券投资组合在不同相关系数下的有效前沿

两个证券投资组合在不同相关系数下的有效前沿(图 7-5)说明:当 $\rho_{ij}=1$ 时,证券 A 和 B 组合的收益与风险关系为直线 AB;当 $-1<\rho_{ij}<1$ 时,该组合的收益与风险关系为一条向左弯曲的曲线 AB,ρ_{ij} 越小,弯曲的程度越大;当 $\rho_{ij}=-1$ 时,该组合的收益与风险关系为折线 AQB。

2. 多个证券投资组合的风险及有效组合与有效前沿

上面只分析了两种证券的投资组合,但在实践中,证券投资组合往往包含多种证券。图 7-6 中,阴影面积表示多个证券组成的各种可行的投资组合,或者说形成一个投资组合在期望收益率和标准差之间的所有可能的结合,其风险可以用下列公式来衡量:

$$\sigma_p^2 = \sum_{i=1}^{n} W_i^2 \cdot \sigma_i^2 + \sum_{i=1}^{n}\sum_{j=1}^{n} W_iW_j \cdot \sigma_{ij} \quad (\text{其中 } i \neq j)$$

式中　σ_p^2——组合的方差;

W_i, W_j——第 i 种证券和第 j 种证券在组合中的比重;

σ_{ij}——证券 i 和 j 之间的协方差;

n——组合的 n 项证券种数。

形成各种组合的证券结合是无限的,但所有风险投资以及各风险投资间的全部组合都将位于图 7-6 的阴影面积中。这就是说,根据实证研究,投资者不可能得到比阴影面积所提供的更高的期望收益率,同时也不可能得到比阴影面积所提供的更低的期望收益率。

如图 7-6 所示,由许多项证券构成的各种投资组合填充了整个阴影部分的面积。投资者将选取阴影部分的上沿 $M\sim P$ 段。例如,位于上沿 $M\sim P$ 段的投资组合 W 及其下方的投资组合有同样的收益率标准差,但投资者将选择投资组合 W 以获取更高的期望收益率。

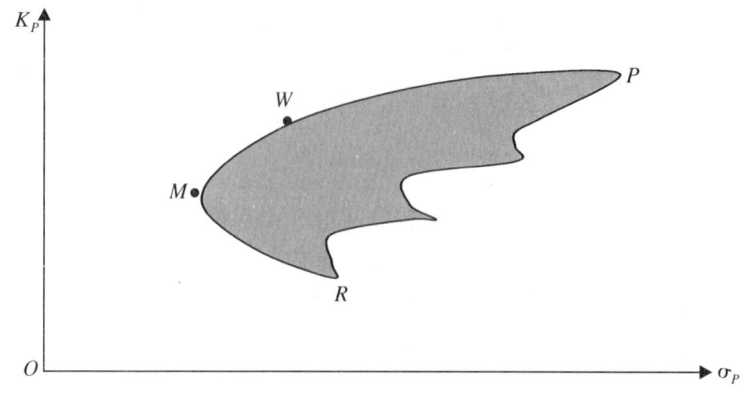

图 7-6 多项证券所构成的投资组合和有效前沿

此时,处于该线段投资组合曲线的所有证券或证券投资组合被称为有效组合,因为这些投资组合都满足在同样的收益条件下风险最低、在同样的风险条件下收益最高的条件。$M\sim P$ 段曲线就是多个证券投资组合的有效前沿。最优投资组合一定在这一曲线上,至于究竟是哪一点,取决于投资者对待风险的态度。

第六节 资本资产定价模型

一、资本资产定价模型的内容及其基本假设

资本资产定价模型(Capital Assets Pricing Model,CAPM)是在证券组合理论基础上发展起来的一种证券投资理论。它试图揭示多样化投资组合中资产的风险与所要求的收益之间的关系。由于该理论论证严谨、可操作性强、能较好地解释证券投资的一些基本问题,因而它在当代财务理论中占有重要地位。

由前述可知,非系统风险可以通过投资组合加以降低甚至消除,所以,投资者不应该也不可能期望市场对其所承担的非系统风险或可分散风险给予额外的补偿。对投资者而言,重要的是他所面临的系统风险或市场风险,因为投资者可以期望通过承受这一系统风险而得到补偿。在市场均衡条件下,证券的系统风险越高,投资者从该证券期望得到的收益就越多。证券的期望收益与系统风险之间的关系是资本资产定价模型的核心内容。资本资产定价模型的基本假设如下:

(1) 所有的投资者都追求单期最终财富的效用最大化,他们根据投资组合期望收益率和标准差来选择优化投资组合。

(2) 所有的投资者都能以给定的无风险利率借入或贷出资金,其数额不受任何限制,市场上对任何卖空行为无任何约束。同时,所有的投资者对每一项资产收益的均值、方差的估计相同,即投资者对未来的展望相同。

(3) 所有的投资者都是价格的接受者,即所有的投资者各自的买卖活动不影响市场价格,而且无任何税收。

(4) 所有的资产都可完全细分,并可完全变现(即可按市价卖出,且不发生任何交易费)。

二、资本市场线

(一) 风险资产与无风险资产的组合

前述假设在有效前沿上的各种资产均为风险资产。现引入无风险资产,这将大大增加

投资者的选择机会。所谓无风险资产,是指无违约风险的资产,如短期国库券等。

假设无风险证券 f 与风险证券 i 进行组合,无风险证券 f 的预期收益率为 R_f,风险为 0;风险证券 i 的预期收益率为 R_i,风险为 σ_i。投资比例分别为 W_f 和 W_i,且 $W_f+W_i=1$,根据组合模型计算公式得:

$$组合收益 R_p = W_f \cdot R_f + W_i \cdot R_i$$
$$组合风险 \sigma_p^2 = W_f^2 \cdot \sigma_f^2 + W_i^2 \cdot \sigma_i^2 + 2W_fW_i \cdot \rho_{ij} \cdot \sigma_f \cdot \sigma_i$$

由于证券 f 为无风险资产,所以 σ_f 为 0,$\rho_{ij} \cdot \sigma_f \cdot \sigma_i$ 也为 0,从而组合风险为:

$$\sigma_p^2 = W_i^2 \cdot \sigma_i^2$$

因此,证券组合的风险只与其中风险证券的风险大小及其在组合中的比重有关,只要缩小风险证券 i 的投资比重,就可以降低组合投资的风险。

(二)资金借贷与有效前沿

通过风险资产组合 j 和无风险资产 f 形成了资产组合直线 R_fJ,但位于直线上的资产组合对投资者而言并不是最佳的,还应将资产组合线提高到与有效前沿相切的最佳位置,把与无风险资产 f 构成资产组合同时又位于有效前沿切点的风险投资组合称为市场组合,记作 M,如图 7-7 所示。所谓市场组合(Market Portfolio)是指包括所有资产在内的有效资产组合,通常用股票市场指数表示。

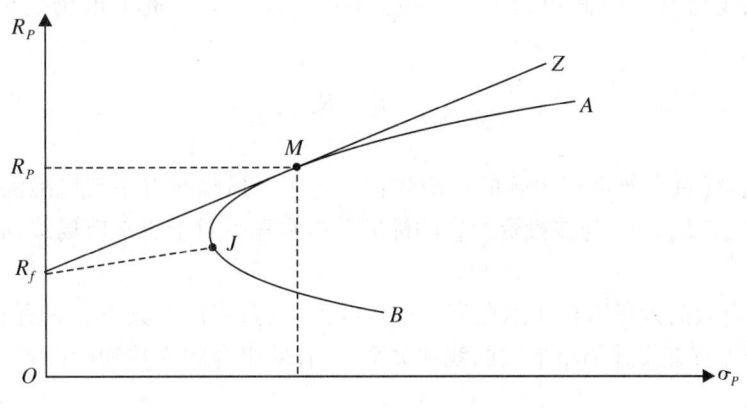

图 7-7 资金借贷与有效前沿

通过引入无风险资产 f 并按无风险利率 R_f 进行借款投资于市场组合 M,已经将由无风险资产和市场组合 M 构成的投资组合直线取代了原来仅由风险资产构成的投资组合曲线称为有效前沿。而且在原有的风险资产组合中只有市场组合 M 点得以保留,这意味着所有投资者都把市场组合 M 作为其风险资产组合,尽管他们对市场组合 M 的投资权重各有不同。有的投资者将一部分资金投在市场组合 M 上;另一部分资金按无风险利率贷出,即投资于无风险资产。有的投资者不仅把自有资金投资于市场组合 M 上,而且按无风险利率借款并投资于市场组合 M。当然,也有投资者仅将全部自有资金投资于市场组合 M。任何打算投资于风险资产的投资者都只应投资于市场组合 M,因为投资于任何其他风险资产是不理智的。由此,无风险资产的引入为投资者提供了一个新的投资选择范围,这就意味着无论投资者对风险的厌恶程度(或效用无差异曲线)如何,他们都能比不存在无风险资产时达到更高的效用水平,这是由于 M 点同时位于 R_fMZ 组合线,即资本市场线(The Capital

Market Line,CML)和由风险资产组成的有效前沿上。可是,大多数投资者都能通过无风险资产与风险资产的组合大大拓宽各自的投资机会,以达到更高的满意程度或效用水平。

投资者若把全部资金按上述投资比重分散到全部证券中,这样的证券组合就是市场组合,这种组合的作用是模拟市场,与市场取得相同风险与收益,与市场保持一致。

在 R_f 点上,投资者持有无风险资产并期望获得无风险收益率 R_f,所以线段 R_fM 为贷出资产组合(Lending Portfolio),即表示向风险回避程度较高的投资者通过资本市场将资金贷给风险回避程度较低的投资者。如果投资者的风险回避程度较低,他除了运用自有的资金外,还通过资本市场,向风险回避程度较高的投资者借入资金,也就是将无风险资产卖给风险回避者,然后将全部资金用于购买预期收益较高,但风险也较大的市场投资组合,由此而形成的投资组合被称为借入资产组合(Borrowing Portfolio),即线段 MZ 部分。

(三) 资本市场线表达式

以上讨论均假设在市场均衡的条件下,资金的借入数等于资金的贷出数,即资本市场借贷利率相等。如果投资者对所有资产收益的概率分布的预期是一致的,那么投资者面临的有效组合就是一致的,他们都会试图持有无风险资产和市场组合 M 的一个投资组合。或者说,任何一个投资者都会在直线 R_fMZ 上选点,直线 R_fMZ 是所有投资者的有效组合,通常被称为资本市场线(如图 7-7)。资本市场线(CML)描述了期望收益率与风险之间的线性关系,位于资本市场线上的每一点都代表效率投资组合。

资本市场线与纵轴的截距为 R_f,斜率为 $(R_m-R_f)/\sigma_m$。资本市场线可由下列方程表达:

$$R_p = R_f + \frac{(R_m - R_f)}{\sigma_m} \cdot \sigma_p$$

上式表明,任意有效资产组合的期望收益率等于无风险收益率与风险溢酬之和,该风险溢酬等于 $(R_m-R_f)/\sigma_m$ 与该投资组合的标准差的乘积。对于资本市场线,必须注意以下几点:

(1) 只有有效的投资组合才落在资本市场线上,其余将落在其下。只有有效资产组合的收益和标准差存在上述简单形式的线性关系,非有效组合的收益和标准差之间没有这种简单的关系。

(2) 资本市场线斜率表示期望收益与风险之间的比例关系 $(R_m-R_f)/\sigma_m$,即单位风险收益率。

(3) 市场证券组合在资本市场线上,显然有:

$$R_p = R_f + \frac{(R_m - R_f)}{\sigma_m} \cdot \sigma_p$$

三、证券市场线

(一) 系统性风险的衡量——β 系数

系统性风险是由于政治、经济及社会环境的变动影响整个证券市场上所有证券价格变动的风险。它使证券市场平均收益水平发生变化,但是,每一种具体证券受系统性风险的影响程度并不相同。

然而,市场仅给投资者承受的系统风险予以补偿,并不对投资者承受的可以通过多元化加以消除的非系统风险予以补偿。为了估计投资普通股所要求的收益率,应掌握衡量系统风险的方法。为了衡量系统风险,又引入了市场组合的概念。如果所有投资者都均衡地持有市场组合,第 i 项资产的系统风险可以用第 i 项资产与市场组合 m 收益率之间的协方差除以市场组合收益率方差来表示,这就构成了第 i 项资产的 β 系数。第 i 项资产的 β 系数表达式为:

$$\beta_i = \frac{\sigma_{im}}{\sigma_m^2}$$

其中, σ_{im} 是第 i 项资产与市场组合 M 收益率之间的协方差,而 σ_m^2 为市场组合 M 收益率的方差。根据协方差定义, $\sigma_{im} = \rho_{im} \cdot \sigma_i \cdot \sigma_m$,得:

$$\beta_i = \rho_{im} \cdot \frac{\sigma_i}{\sigma_m}$$

β 值就是用来测定一种证券的收益随整个证券市场平均收益水平变化程度的指标,它反映了一种证券收益相对于整个市场平均收益水平的变动性或波动性,实际上就是某一种证券收益与整个市场平均收益的回归系数。如果某种股票的 β 系数为 1,说明这种股票的风险情况与整个证券市场的风险情况一致,即如果市场行情上涨了 10%,该股票也会上涨 10%;如果市场行情下跌 10%,该股票也会下跌 10%。如果某种股票的 β 系数大于 1,说明其风险大于整个市场的风险;如果某种股票的 β 系数小于 1,说明其风险小于整个市场的风险。

β 系数值的计算方法有两种:一种是根据定义,按照证券与股票指数收益率的相关系数、股票指数的标准差和股票收益率的标准差直接计算;另一种就是使用回归直线法,通过某一种证券收益与同期整个市场平均收益建立回归方程,其回归系数(或斜率)就是 β 系数值。

【例 7-14】 市场收益率与 B 公司的股票收益率资料如表 7-5 所示。

要求:计算 β 系数值。

表 7-5 市场收益率与 B 公司的股票收益率

年　度	市场收益率(X_M)	B 公司的股票收益率(X_B)
1	4.41%	11.23%
2	−5.34%	−2.28%
3	2.02%	1.72%
4	8.08%	30.55%
5	6.04%	9.07%
6	−5.10%	0.82%
7	−1.66%	0.16%
8	13.66%	−18.44%
9	9.06%	10.71%
10	−2.03%	−11.00%
11	5.67%	5.72%
12	−9.27%	−33.78%

解:方法一:根据定义计算 β 系数值,相关指标计算如表 7-6 所示。

表 7-6 相关指标计算表

年 度	X_M	X_B	X_M^2	X_B^2	$X_M X_B$
1	4.41%	11.23%	0.19%	1.26%	0.50%
2	−5.34%	−2.28%	0.29%	0.05%	0.12%
3	2.02%	1.72%	0.04%	0.03%	0.03%
4	8.08%	30.55%	0.65%	9.33%	2.47%
5	6.04%	9.07%	0.36%	0.82%	0.55%
6	−5.10%	0.82%	0.26%	0.01%	−0.04%
7	−1.66%	0.16%	0.03%	0.00%	0.00%
8	13.66%	−18.44%	1.87%	3.40%	−2.52%
9	9.06%	10.71%	0.82%	1.15%	0.97%
10	−2.03%	−11.00%	0.04%	1.21%	0.22%
11	5.67%	5.72%	0.32%	0.33%	0.32%
12	−9.27%	−33.78%	0.86%	11.41%	3.13%
Σ	25.54%	4.48%	5.73%	29.00%	5.75%
平均数	2.13%	0.37%	—	—	—

$$\rho_{BM} = \frac{n \cdot \sum X_M \cdot X_B - \sum X_M \cdot \sum X_B}{\sqrt{n \cdot \sum X_M^2 - (\sum X_M)^2} \cdot \sqrt{n \cdot \sum X_B^2 - (\sum X_B)^2}}$$

$$= \frac{12 \times 5.75\% - 25.54\% \times 4.48\%}{\sqrt{12 \times 5.73\% - (25.54\%)^2} \times \sqrt{12 \times 29\% - (4.48\%)^2}} = 46.12\%$$

$$\sigma_M = \sqrt{\frac{\sum X_M^2}{n} - \left(\frac{\sum X_M}{n}\right)^2} = \sqrt{\frac{5.73\%}{12} - \left(\frac{25.54\%}{12}\right)^2} = 6.56\%$$

$$\sigma_B = \sqrt{\frac{\sum X_B^2}{n} - \left(\frac{\sum X_B}{n}\right)^2} = \sqrt{\frac{29\%}{12} - \left(\frac{4.48\%}{12}\right)^2} = 15.56\%$$

根据公式:

$$\beta_B = \rho_{BM} \cdot (\sigma_B / \sigma_M) = 46.12\% \times (15.56\% \div 6.56\%) = 1.09$$

方法二:根据回归直线法计算 β 系数值如下:

$$\beta_B = b = \frac{n \cdot \sum X_M \cdot X_B - \sum X_M \cdot \sum X_B}{n \cdot \sum X_M^2 - (\sum X_M)^2}$$

$$a = \frac{\sum X_B - b \cdot \sum X_M}{n}$$

建立 $X_B = a + b \cdot X_M$ 方程。

根据表 7-6 数据计算得出回归直线方程,并求出 β 系数值,如图 7-8 所示。

$$\beta_B = b = \frac{12 \times 5.73\% - 25.54\% \times 4.48\%}{12 \times 5.73\% - 25.54\%^2} = 1.09$$

$$a = \frac{4.48\% - 1.09 \times 25.54\%}{12} = -0.02$$

$$X_B = a + b \cdot X_M = -0.02 + 1.09 X_M$$

单一证券的 β 值通常会由一些投资服务机构定期计算并公布,证券投资组合的 β 值则可由证券组合投资中各组成证券 β 值加权计算而得。其计算公式为:

$$\beta_p = \sum_{i=1}^{n} W_i \cdot \beta_i$$

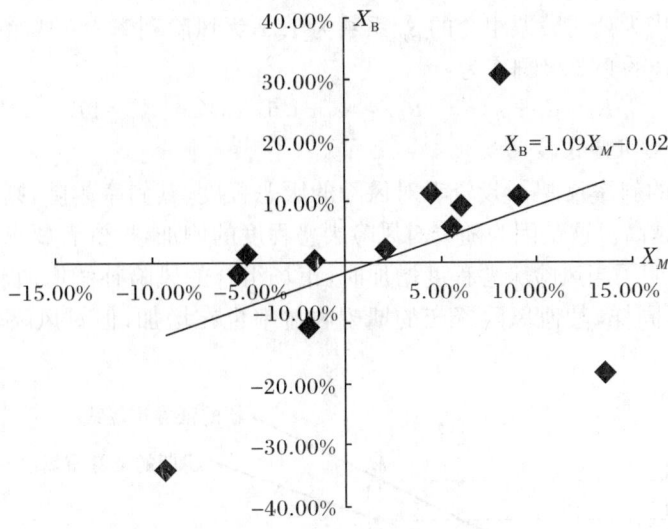

图 7-8 回归直线法求 β 系数值

式中 β_p——证券组合的 β 系数；

W_i——证券组合中第 i 种股票所占的比重；

β_i——第 i 种股票的 β 系数；

n——证券组合中股票的数量。

【例 7-15】 某公司共持有三种股票 100 万元，该组合中 A 股票 20 万元，B 股票 40 万元，β 系数均为 1.5；C 股票 40 万元，β 系数为 0.8，则该投资组合的 β 系数为：

$$\beta_p = 20\% \times 1.5 + 40\% \times 1.5 + 40\% \times 0.8 = 1.22$$

（二）证券市场线表达式及其图形

根据资本资产定价模型的理论及其核心内容，个别证券 i 的系统风险可用 β 系数来衡量，且该系统风险与其期望收益率 K_i 之间的关系可用证券市场线（Security Market Line，SML）来表示，如图 7-9 所示。其表达式为：

$$K_i = R_f + \beta_i \cdot (K_m - R_f)$$

式中 K_i——第 i 种股票或证券组合的必要报酬率；

β_i——第 i 种股票或证券组合的 β 系数；

K_m——市场收益率，证券市场上所有股票的平均收益率；

R_f——无风险收益率。

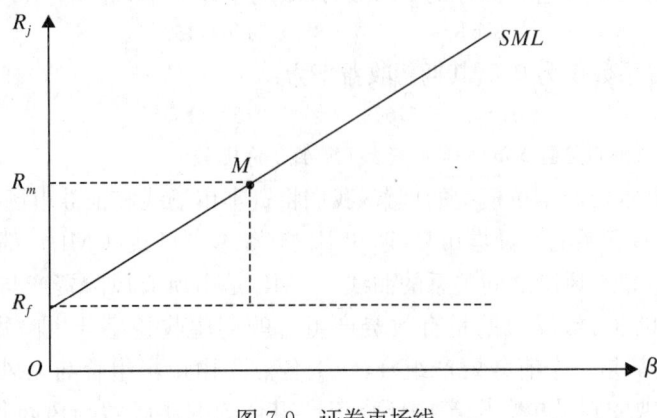

图 7-9 证券市场线

【例7-16】 华为公司股票组合的 β_p 系数为1.5,无风险利率为4%,市场平均收益率为8%,则该股票组合的必要报酬率为:

$$K_p = R_f + \beta_p(K_m - R_f) = 4\% + 1.5 \times (8\% - 4\%) = 10\%$$

（三）投资者对风险态度的变化

证券市场线的斜率反映了投资者对风险的厌恶程度,其斜率越陡,则市场上投资者对风险的厌恶程度越高。这是因为随着对风险厌恶程度的增加,投资者要求有更高的风险补偿。图7-10中说明了当风险厌恶程度增加时,市场组合的风险补偿增加,引起市场组合的必要报酬率上升,同样,其他风险资产的期望收益率也在增加,但对风险较高的资产影响更大。

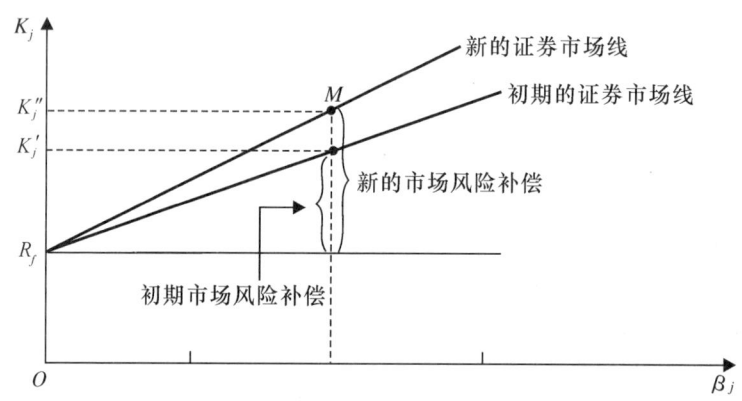

图7-10 投资者对风险态度的变化对股东必要报酬率的影响

（四）β 系数的变化

β 系数是一个通过某项资产(或资产组合)的收益率相对于市场平均收益率变化的敏感性来衡量该项资产(或资产组合)风险的指标。根据资本资产定价模型 $K_i = R_f + (K_m - R_f) \cdot \beta_i$ 得知,β 系数的变化将导致股东必要报酬率 K_i 的变化。

【例7-17】 广大公司投资某公司的股票 i,其 β 系数为1.5,另知国库券的期望收益率为8%,市场组合的期望收益率为15%,则该公司股票的必要报酬率：

$$K = 8\% + (15\% - 8\%) \times 1.5 = 18.5\%$$

这说明市场对该股票的期望收益率为18.5%。因为该公司股票的系统风险比市场更高,其收益率将高于市场股票一般的收益率。

当该股票具有与市场组合同样的 β 系数时,其期望收益率为：

$$K = 8\% + (15\% - 8\%) \times 1.0 = 15\%$$

假设该股票 β 系数仅为0.5,其期望收益率为：

$$K = 8\% + (15\% - 8\%) \times 0.5 = 11.5\%$$

（五）资本市场线(CML)和证券市场线(SML)的比较

为了加深对资本资产定价模型的理解,我们将资本市场线和证券市场线进行比较。

首先,两者是有联系的。证券市场线(SML)与资本市场线(CML),都是描述资产或资产组合的期望收益率与风险之间关系的曲线。CML是由所有风险资产与无风险资产构成的有效资产组合的集合,反映的是有效资产组合的期望收益率与风险程度之间的关系。CML上的每一点都是一个有效资产组合,线上各点是由市场组合与无风险资产构成的资产组合。SML反映的则是单项资产或任意资产组合的期望收益与风险程度之间的关系。

从本质上看，CML 是 SML 的一个特例。

其次，两者的区别表现在以下几点：

第一，在均衡市场上，只有充分多元化的有效投资组合位于资本市场线，而其他单一证券或投资组合散布在资本市场线的下方，这是因为这些单一证券或投资组合都不同程度地含有非系统风险，其标准差中由非系统风险引起的部分不会对期望收益率作出贡献；而对证券市场线来说，如果市场是均衡的，所有证券和组合都将正好落在证券市场线上，因为证券市场线与单一证券或投资组合的总风险无关，所反映的仅仅是 β 系数表示的系统风险。

第二，资本市场线采用标准差度量风险，即是对总风险的度量，考虑到位于资本市场线的投资组合已经将非系统风险基本消除，充分多元化投资组合收益率的标准差可以作为其系统风险的衡量；证券市场线则采用 β 系数度量风险，即是对系统风险的度量。

第三，资本市场线是由市场证券组合与无风险资产构成的，它所反映的是这些资产组合的期望收益与其全部风险间的依赖关系。证券市场线是由任意单项资产或资产组合构成的，但它只反映这些资产或资产组合的期望收益与其所含的系统风险的关系，而不是全部风险的关系。因此，它用来衡量资产或资产组合所含的系统风险的大小。

尽管资本资产定价模型已经得到了广泛的应用，但理论和实务界仍关注着资本资产定价模型的局限性，因为除了市场风险（或 β 系数）之外，公司规模、公司市场价值与账面价值之比等因素也可能对证券的收益产生影响。因此，"多因素的"资本资产定价模型正在研究和应用过程中。

（六）资本资产定价模型与资本成本

根据第五章以及《新帕尔格雷夫货币金融大辞典》对资本成本的定义——资本成本是投资者要求获得的预期收益率。公司经理人员以公司价值最大化为目标，把资本成本作为评价投资项目的贴现率或最低回报率。资本资产定价模型就是用以计算投资者所要求的回报率的工具。以普通股为例，资本成本的计算也常采用资本资产定价模型。

另外，在固定资产等项目的投资决策中，资本资产定价模型同样发挥作用，即可以用于估计固定资产投资方案的机会成本，固定资产投资方案的风险越大，资金的机会成本也就越大。如果固定资产投资方案的净现值大于零，就说明该固定资产投资方案的期望报酬率大于资金的机会成本。无论是固定资产投资决策还是证券投资，资本资产定价模型都是一个有效的工具。在固定资产投资决策中，用估计的资金机会成本作为折现率对固定资产投资方案的预期现金流量进行折现，计算其净现值，并根据计算结果的大小对投资方案作出取舍。

主 要 术 语

1. 证券投资
2. 债券投资
3. 债券收益率
4. 股票投资
5. 股票收益率
6. 基金投资
7. 封闭式基金
8. 开放式基金
9. 基金收益率
10. 系统性风险
11. 非系统性风险
12. 有效前沿
13. 资本资产定价模型（CAPM）
14. 资本市场线（CML）
15. β 系数
16. 证券市场线（SML）

复习思考题

1. 什么是证券投资？证券投资有哪些种类？
2. 影响债券和股票价值的因素分别有哪些？
3. 什么是基金？基金有哪些种类？
4. 什么是系统性风险和非系统性风险？
5. 什么是证券组合？简述证券组合的作用。
6. 简述有效前沿和市场组合。
7. 简述资本资产定价模型(CAPM)的假设条件、作用和局限性。
8. 比较证券市场线(SML)和资本市场线(CML)的不同点。

习 题

一、判断题

1. 一种5年期的债券和一种10年期的债券，假设两种债券的票面利率都为10%，而且其他因素都相同，那么在市场利率上涨时，前者比后者债券价格下跌得更少。（   ）
2. 股票投资的市场风险是无法避免的，不能通过多元化投资来回避，只能靠更高的报酬率来补偿。（   ）
3. 在通货膨胀情况下，债券比股票能更好地避免购买力风险。（   ）
4. 封闭型投资基金的持有人收回基金证券时，按净资产价值提出一定比例的手续费作为赎回价格。（   ）
5. 封闭式基金在信托契约期限未满时，不得向发行人要求赎回。（   ）
6. 当协方差为正值时，表示两种资产收益率呈同方向变动；反之，两种资产呈反方向变动。（   ）
7. 当某一投资组合所包含的股票种类足够多时，几乎可以把所有的风险分散掉。（   ）
8. 证券组合投资风险的大小，等于组合中各个证券风险的加权平均数。（   ）
9. 当β系数等于零时，表明投资无风险，必要收益率等于市场平均收益率。（   ）
10. β系数反映的是公司特有风险，β系数越大，则公司特有风险越大。（   ）

二、单项选择题

1. 设证券甲的期望收益率为10%，标准差为12%，证券乙的期望收益率为18%，标准差为20%，证券甲与证券乙之间的相关系数为0.25，若对两个证券各投资50%，则该投资组合的标准差为（   ）。
   A. 16%   B. 12.88%
   C. 10.26%   D. 13.79%

2. 下列各种证券中，属于变动收益证券的是（   ）。
   A. 国债   B. 普通股股票
   C. 不带息债券   D. 优先股股票

3. 星海公司欲投资购买某上市公司股票，预计持有期限为3年。该股票预计年股利额为8元/股，3年后市价可望涨至80元，公司报酬率为10%，则该股票现在最多可用（   ）元购买。

A. 59 B. 80
C. 75 D. 86

4. 在投资人想出售有价证券获取现金时，证券不能立即出售的风险是(   )。
   A. 流动性风险 B. 期限性风险
   C. 违约风险   D. 购买力风险

5. 下列属于契约型基金所具有的特点的是(   )。
   A. 基金公司的设立程序类似于一般股份公司
   B. 基金的资金为公司法人的资本
   C. 基金的资金是信托财产
   D. 依据基金公司章程运营基金

6. 下列说法中，正确的是(   )。
   A. 投资者购买该公司的股份即为认购基金，但不能成为该公司的股东
   B. 封闭式基金发起人在设立基金时，未限定基金单位的发行总额
   C. 开放式基金发起人在设立基金时，不能根据经营策略和发展需要而追加发行
   D. 契约型基金是基于基金契约原理而组织起来的代理投资行为

7. 投资组合能分散(   )。
   A. 所有风险   B. 系统性风险
   C. 非系统风险 D. 市场风险

8. 已知某证券的 β 系数等于 0.5，则表明该证券(   )。
   A. 无风险   B. 有非常低的风险
   C. 其风险等于整个市场风险 D. 其风险是整个市场证券风险的一半

9. 如果组合中包括了全部股票，则投资人(   )。
   A. 只承担市场风险   B. 只承担特有风险
   C. 只承担非系统风险 D. 没有风险

10. 振宇公司股票的 β 系数为 1.5，无风险收益率为 8%，市场上所有股票的平均收益率为 15%，则该公司股票的必要收益率应为(   )。
    A. 15%   B. 18.5%
    C. 19.5% D. 17.5%

三、多项选择题

1. 与股票投资相比，债券投资的优点有(   )。
   A. 投资收益稳定 B. 投资收益高
   C. 购买力风险低 D. 投资风险低

2. 下列证券中，属于固定收益证券的有(   )。
   A. 公司债券   B. 金融债券
   C. 优先股股票 D. 普通股股票

3. 下列会引起证券价格上升的情况有(   )。
   A. 银行利率上升 B. 通货膨胀适度增长
   C. 银行利率下降 D. 通货膨胀高速增长

4. 证券投资的收益包括(   )。
   A. 资本利得   B. 股利

C. 出售价格 D. 债券利息

5. 与债券投资相比，股票投资的优点有（　　）。
   A. 投资收益较高 B. 价格不稳定
   C. 购买力风险低 D. 拥有经营控制权

6. 契约型基金的当事人包括（　　）。
   A. 受益人 B. 管理人
   C. 托管人 D. 投资人

7. 开放型基金柜台交易价格通常采用两种报价形式，下列正确的包括（　　）。
   A. 基金认购价＝基金单位净值＋基金赎回费
   B. 基金认购价＝基金单位净值＋首次认购费
   C. 基金赎回价＝基金单位净值－首次认购费
   D. 基金赎回价＝基金单位净值－基金赎回费

8. 证券投资风险主要来源于（　　）等方面。
   A. 违约风险 B. 利息率风险
   C. 购买力风险 D. 流动性风险

9. 按照投资的风险分散理论，以等量资金投资于A、B两项目，（　　）。
   A. 若A、B项目完全负相关，组合后的非系统风险完全抵销
   B. 若A、B项目不完全负相关，组合非系统风险不扩大也不减少
   C. 实际上A、B项目的投资组合可以降低非系统风险，但难以消除非系统风险
   D. 若A、B项目完全正相关，组合非系统风险不扩大也不减少

10. 根据资本资产定价模型，下列表述中，正确的有（　　）。
    A. β越大，说明该股票的必要报酬率越高
    B. β越小，说明该股票的必要报酬率越低
    C. $\beta=1$，说明该股票的市场风险等于股票市场的平均风险
    D. β大于1，说明该股票的市场风险大于股票市场的平均风险

四、计算题

1. 华泰公司购买面值10万元、票面利率5％、期限为10年的债券，每年1月1日付息，当时市场利率为7％。

要求：

(1) 计算该债券价值。

(2) 若该债券市价是92 000元，判断购买该债券是否值得。

(3) 如果按债券价格92 000元购入了该债券，并一直持有至到期日，计算此时购买债券的到期收益率。

2. 振兴公司于2018年1月5日以每张1 080元的价格购买Y公司发行的利随本清的公司债券。该债券的面值为1 000元，期限为3年，票面年利率为10％，不计复利。购买时市场年利率为8％。不考虑所得税。

要求：

(1) 利用债券估价模型评价振华公司购买该债券是否合算。

(2) 如果振华公司于2019年1月5日将该债券以1 200元的市价出售，计算该债券的投资收益率。

3. 某公司计划利用一笔长期资金投资购买股票。现有 A 公司股票和 B 公司股票可供选择，某公司只准备投资一家公司股票。已知 A 公司股票现行市价为每股 8 元，上年每股股利为 0.14 元，预计以后每年以 6% 的增长率增长。B 公司股票现行市价为每股 6 元，上年每股股利为 0.5 元，股利分配政策将一贯坚持固定股利政策。某公司所要求的投资必要报酬率为 8%。

要求：
(1) 利用股票估价模型，分别计算 A、B 公司股票价值。
(2) 为该公司作出股票投资决策。

4. 假设资本资产定价模型成立，表中的数字是有关联的。
要求：计算表 7-7 中的序号 (1)～(11) 项。

表 7-7 计 算 表

证券名称	期望报酬率	标准差	与市场组合的相关系数	β 系数
无风险资产	(1)	(2)	(3)	(4)
市场组合	(5)	0.1	(6)	(7)
甲股票	0.205	(8)	0.6	1.2
乙股票	0.25	0.15	(9)	1.5
丙股票	0.31	(10)	0.2	(11)

5. 万华公司历年股票收益率和市场收益率如表 7-8 所示。

表 7-8 历年收益率

年 度	万华公司股票收益率	市 场 收 益 率
2013	2%	0.3%
2014	4%	5%
2015	1.7%	1.3%
2016	3.5%	2.8%
2017	−0.5%	1%
2018	−1%	−2%

要求：分别用定义法和回归直线法计算 β 系数值。

6. 光大公司拟投资一台新设备，其购买价格为 800 000 元，可使用 4 年，期满无残值，预计该设备投入使用后每年产量情况如下：

计算期	第一年	第二年	第三年	第四年
产量(千克)	400 000	500 000	600 000	600 000

已知光大公司产品售价为每件 8 元，每件产品所耗直接材料为 5 元，其他变动生产及经营费用为 2 元，每年固定生产及经营费用为 240 000 元。若光大公司采用直线法折旧，公司所得税税率为 25%；另获悉光大公司购买设备的款项筹集来源于 640 000 元的自有资金和 160 000 的银行贷款。光大公司的 β 系数为 0.875，国库券收益率为 4%，市场平均收益率为 12%，而且取得款项后，每年需付给银行 12 800 元的利息。试用净现值法对是否购买这台

设备做出决策。

7. 英诺公司持有科林公司股票,预计科林公司未来六年股利将高速增长,第一年到第三年增长率达40%,第四年到第六年增长率为20%,此后增长率预计将稳定在5%。公司最近支付的每股股利是2元。科林公司的β系数为1,国库券收益率为4%,市场平均收益率为10%。

要求:

计算科林公司的股票价值。

8. 有关证券甲和证券乙的信息如表7-9所示。

表7-9 证券信息资料表

市场情况	概率	证券甲收益率	证券乙收益率
很好	0.10	9%	10%
好	0.20	8%	11%
一般	0.40	7%	12%
差	0.20	6%	13%
很差	0.10	9%	14%

要求:

(1) 计算证券甲和证券乙之间的相关系数 ρ,并根据 ρ 的取值绘制由甲乙两种证券构成的投资组合的有效前沿。

(2) 在某投资者的投资组合中,证券甲和证券乙的比重分别是60%和40%,试计算该投资组合的收益和风险。

9. 浦海信公司持有由A、B、C三种股票构成的投资组合。这三种股票各自的β系数分别是1.5、1.7和1.8,而且它们在该投资组合中所占的比重分别为30%、30%、40%。另已知股票市场平均收益率为9%,无风险收益率为7%。

要求:

(1) 分别计算A、B、C三种股票各自的收益率。

(2) 计算该投资组合的β系数以及该投资组合的收益率。

(3) 浦海信公司拟对该投资组合进行调整,具体的措施包括调整各股票在投资组合中所占比重以及增加投资低风险或无风险证券等。试从证券投资组合策略来讨论该投资组合的调整方案。

案 例 分 析

一、案例资料

A公司是一家经济实力较强的家具生产公司。近年来,由于市场竞争不断加剧,经济效益开始出现下滑迹象。为保存实力,把有限的资金用在刀刃上,公司董事会决定"保持现有市场销售规模,积极寻求新产品、新项目,把暂时多余的资金2000万元用于对外投资,以获取投资收益"。

围绕这一决定,投资部人员通过调查分析,拟订可供公司选择的投资对象如下:

(1) 国家发行7年期国债,每年付息一次,实行浮动利率。第一年利率为2.8%,以后每年按"当年银行存款利率"加利差 0.5% 计算利息。预计第二年至第五年银行 1 年期存款利率为 2.1%，第六年至第七年 1 年期存款利率为 2%。

(2) 现代汽车集团发行 5 年期重点公司债券，票面利率 5%，每半年付息一次。经测算，$\beta=0.8$。

(3) B 电子公司普通股，目前市场价格 25 元/股。B 电子公司主要生产高科技电子产品，主要用于计算机、通信行业等，市场空间很大。公司总股本 5 000 万股。去年净资产收益率 25%，每股收益 0.30 元。今年上半年每股收益已经达到 0.20 元，预计全年可达到 0.50 元，预期可分红 0.20 元/股。估计公司增长潜力巨大，3 年内现金股利将以每年 20% 的速度增长。经测算，$\beta=3.6$。

(4) C 公司优先股，目前市场价 10 元。C 公司主要经营食品和餐饮，是一家历史悠久、具有很高知名度和稳定的市场占有率的老牌公司。近 3 年以来，公司每年的每股收益维持在 0.60～0.80 元，公司现金流量稳定，每年股利支付率在 60% 以上，优先股可获得 0.40 元/股的现金股利。经测算，$\beta=1.2$。

二、思考分析

(1) 分析各投资对象的收益与投资风险，选出投资收益最大和投资风险最小的证券。

(2) 为控制投资风险，公司决定采用分散投资策略，至少投资三种证券，请根据上述资料设计投资方案，并分析该投资方案的收益。

第八章 营运资金管理

学习目的与要求

- 了解营运资金的概念、特点与管理的基本要求。
- 理解货币资金、应收账款与存货的相关成本。
- 掌握最佳货币资金持有量的确定方法。
- 掌握信用政策的构成要素与决策方法。
- 能够利用经济批量模型、陆续到货模型、商业折扣模型确定最优订货批量。

本 章 提 要

(1) 营运资金是指流动资产减去流动负债后的余额,是企业用以维持正常经营活动所需的资金。流动资产的特点有:投资回收期短、流动性、并存性和波动性。

(2) 最佳货币资金持有量是使有关成本之和最小的货币资金持有数额,确定最佳货币资金持有量的方法有成本分析模式、存货分析模式、货币资金周转模式以及随机模式。

(3) 应收账款的成本包括机会成本、管理成本和坏账成本。机会成本是指将资金投放在应收账款上所丧失的潜在收益,如投资于有价证券所获得的利息收入。管理成本是指企业对应收账款进行管理而发生的开支,主要包括对客户的资信调查费用、应收账款记录分析费用、催收账款费用等。坏账成本是指因应收账款无法收回而造成的坏账损失。坏账成本一般与应收账款的数额大小和拖欠时间有关。

(4) 应收账款的信用政策包括信用标准、信用条件和收账政策。在信用条件优化选择中,现金折扣条款能降低机会成本、管理成本和坏账成本,但同时也需付出一定的代价,即现金折扣成本。信用条件优化的要点是:增加的销售利润能否超过增加的机会成本、管理成本、坏账成本和折扣成本之和。

(5) 存货的成本包括进货成本、储存成本和短缺成本。进货成本是指存货的取得成本,主要由存货的进价成本和进货费用两个部分构成。储存成本是指存货在储存过程中发生的支出,储存成本有一部分是固定性的,另一部分为与存货储存数额呈正比的变动成本。缺货成本是因存货不足而给企业造成的损失。

(6) 如何取得存货、管理存货,使存货在使用和周转过程中相关成本最小、效益最大是存货控制的主要内容。存货控制的方法有经济批量模型、陆续到货模型、商业折扣模型、存货 ABC 控制法、分级归口控制及适时性管理。

第一节　营运资金概述

一、营运资金的概念

营运资金是指流动资产减去流动负债后的余额,是企业用以维持正常经营活动所需的资金,即企业在生产经营中可用流动资产的净额。流动资产是指可以在1年或超过1年的一个营业周期内变现或者耗用的资产,包括货币资金、短期投资、应收预付款项、存货等。流动负债是指必须在1年或超过1年的一个营业周期内偿还的债务,包括短期借款、应付预收款项、应交税费等。营运资金的存在表明企业的流动资产占用的资金除了通过流动负债筹集外,还通过长期负债或权益资金筹集。

营运资金是企业从事生产经营活动的基础。因为流动资产可转化为现金,构成现金流入;企业偿还流动负债需支付现金,构成现金流出,所以企业持有的营运资金越多,偿债能力越强。另外,由于现金流入量和现金流出量具有非同步性和不确定性,企业必须保持一定数量的营运资金,以备偿付到期债务,支付当期费用和用于其他支出。企业营运资金的大小,还可以用来衡量经营风险的大小。在一般情况下,营运资金越多,企业违约风险就越小,举债融资能力就越强。

二、营运资金的特点

由于负债在第四章筹资决策中已作介绍,故本章重点介绍流动资产的管理。流动资产有以下几个主要特点。

(一)投资回收期短

投资于流动资产的资金一般在1年或一个营业周期内收回,对企业影响的时间比较短。因此流动资产投资所需要的资金一般可通过商业信用、短期银行借款等加以解决。

(二)流动性

流动资产在循环周转过程中,经过供、产、销三个阶段,其占用形态不断变化,即按照货币资金→原材料→在产品→产成品→应收账款→货币资金的顺序不断转化,并且这种循环是周而复始进行的。

(三)并存性

流动资金的占用形态从时间上看是并存的,各种占用形态同时分布在供、产、销各个过程中,这是由生产经营的连续不断决定的。

(四)波动性

占用在流动资产的资金不是固定不变的,它随着供、产、销及季节性等等的变化而变化,其资金占用时多时少,起伏不定。随着流动资产占用量的变动,流动负债的数量也会相应变化。

三、营运资金管理的基本要求

营运资金的管理就是对企业流动资产和流动负债的管理。它既要保证有足够的资金满足生产经营的需要,又要保证能按时偿还各种到期债务。企业营运资金管理的基本要求有三个方面。

(一)合理确定并控制流动资金的需要量

企业流动资金的需要量取决于生产经营规模和流动资金的周转速度,同时也受市场及供、产、销情况的影响。企业应综合考虑各种因素,合理确定流动资金的需要量,既要保证企业经营的需要,又不能因安排过量而浪费。平时也应控制流动资金的占用,将其纳入计划预算的良性范围内。

（二）合理确定流动资金的来源构成

企业应选择合适的筹资渠道及方式，力求以最小的代价谋取最大的经济利益，并使筹资与日后的偿债能力等合理配合。

（三）加快资金周转，提高资金效益

当企业的经营规模一定时，流动资产周转的速度与流动资金的需要量呈反方向变化。企业应加强内部责任管理，适度加速存货周转、缩短应收账款的收账周期、延长应付账款的付款周期，以改进资金的利用效果。

第二节 货币资金管理

货币资金是指企业在生产经营过程中暂时停留在货币形态的资金，包括库存现金、银行存款、其他货币资金。在资产中，货币资金的流动性和变现能力最强，但货币资金盈利能力最弱。现金是非盈利性的资产，银行存款虽有利息生成但也收益太小。企业因种种需要必须置存货币资金，但应合理安排货币资金的持有量，减少货币资金的闲置，提高货币资金的使用效果。

一、置存货币资金的原因与成本

（一）置存货币资金的原因

企业置存货币资金，主要是为了满足交易性需要、预防性需要和投机性需要。

交易性需要是指满足日常业务的现金支付需要，如购买原材料、支付人工工资、偿还债务、缴纳税款等。这种需要发生频繁、金额较大，是企业置存货币资金的主要原因。企业经常得到收入，也经常发生支出，两者不可能同步同量。收入大于支出，就形成货币资金置存；收入小于支出，则需要借入货币资金。企业必须维持适量的货币资金，才能使业务活动正常进行下去。

预防性需要是指企业为应付意外的、紧急的情况而置存货币资金的需要。企业有时会出现意想不到的开支，如生产事故、自然灾害、客户违约等打破原先的货币资金收支平衡。现金流量的不确定性越大，预防性需要的货币资金也就越大；反之，企业现金流量的可预测性强，预防性需要的货币资金则可小些。此外，预防性需要的货币资金数额还与企业的借款能力有关，如果企业能够很容易地随时借到短期资金，则可以减少预防性的货币资金数额。

投机性需要是指企业为抓住瞬息即逝的市场机会，投机获利而置存货币资金的需要，如捕捉机会低价购入原材料、商品，在适当的时机购入价格有利的股票和其他有价证券等。

（二）货币资金的持有成本

任何一项资产的占有和使用都要消耗一定的资源并形成成本，货币资金也不例外，货币资金的持有成本通常由以下四个部分组成：

（1）管理成本。管理成本是指企业因持有一定数量的货币资金而发生的各项管理费用，如管理人员的工资、安全措施费等。管理成本是一种固定成本，与货币资金持有量之间无明显的比例关系。

（2）机会成本。机会成本是指企业因持有一定数量的货币资金而丧失的再投资收益。由于货币资金属于非盈利性资产，保留货币资金会丧失再投资的机会及相应的投资收益，从而形成货币资金的机会成本。比如，企业欲持有50万元货币资金，在企业平均投资报酬率为10%的情况下,企业放弃的投资收益为5万元。机会成本属于变动成本,与货币资金持有量密切相关。企业为了经营业务,需要持有一定量的货币资金,付出相应的机会成本代价是必要的,但货币资金持有量过多,造成机会成本大幅上升,就不合算了。

(3) 转换成本。转换成本是指企业用货币资金购入有价证券以及转让有价证券换取货币资金而付出的交易费用,如委托买卖佣金、手续费、证券过户费、交割手续费等。转换成本与证券变现次数呈线性关系,即转换成本总额＝证券变现次数×每次的转换成本。转换成本与货币资金持有的关系是:在货币资金需要量既定的前提下,货币资金持有量越少,进行证券变现的次数越多,相应的转换成本就越大;反之,货币资金持有量越多,证券变现的次数越少,需要的转换成本也就越小。

(4) 短缺成本。短缺成本是指因货币资金持有量不足又无法及时通过有价证券变现加以补充而给企业造成的损失。短缺成本随货币资金持有量的增加而下降,随货币资金持有量的减少而上升,即两者呈负相关关系。

二、最佳货币资金持有量的确定

基于交易、预防、投机等动机的需要,企业必须保持一定数量的货币资金,但作为盈利能力较差的资产,货币资金持有太多或太少都对企业不利。最佳货币资金持有量就是使有关成本之和最小的货币资金持有数额,下面是几种确定最佳货币资金持有量的方法。

(一) 成本分析模式

成本分析模式是根据货币资金持有的相关成本,分析、预测其总成本最低时货币资金持有量的一种方法。在影响货币资金持有量的相关因素中,成本分析模式只考虑持有一定数量的货币资金而发生的管理成本、机会成本和短缺成本,而不考虑转换成本。其中,管理成本具有固定成本的性质,与货币资金持有量不存在明显的线性关系。机会成本与货币资金持有量呈正比例变动,机会成本＝货币资金持有量×有价证券利率。短缺成本同货币资金持有量呈负相关关系,持有量愈大,短缺成本愈小;反之,货币资金持有量愈小,短缺成本愈大。这些成本同货币资金持有量之间的关系如图8-1所示。

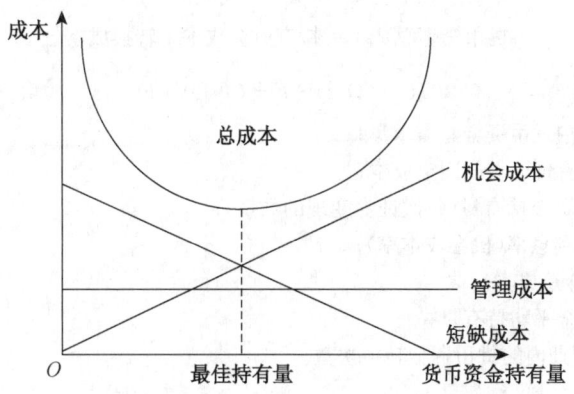

图8-1 各种成本与货币资金持有量的关系

从图8-1可以看出:总成本线呈一条抛物线,抛物线的最低点即是货币资金持有成本的最低点,该点所对应的货币资金持有量便是最佳持有量。最佳持有量的计算,可先分别算出各种方案的管理成本、机会成本、短缺成本之和,再从中选出成本之和最低的持有量就是最佳货币资金持有量。

【例8-1】 某企业有四种货币资金持有方案,机会成本率为10%,其他有关资料如表8-1所示。

要求:求出该企业的最佳货币资金持有量。

表8-1 货币资金持有方案

单位:元

项 目	A方案	B方案	C方案	D方案
货币资金持有量	30 000	40 000	50 000	60 000
机会成本	3 000	4 000	5 000	6 000
管理成本	3 000	3 000	3 000	3 000
短缺成本	3 500	2 100	800	0
总成本	9 500	9 100	8 800	9 000

将各方案的总成本进行比较可知,C方案的总成本最低。也就是说,当企业持有50 000元的货币资金时,各方面的总成本最低,故50 000元是该企业的最佳货币资金持有量。

(二)存货模式

存货模式又称鲍曼模式,它是由美国经济学家威廉·鲍曼首先提出的,他认为公司货币资金持有量在许多方面与存货相似,存货经济批量模型可用于确定目标货币资金持有量,并以此为出发点,建立了鲍曼模式。存货模式的着眼点也是货币资金有关成本最低。在这些成本中,管理成本因属固定成本,同货币资金持有量的多少关系不大,所以在存货模式中将其视为无关成本而不考虑。又由于短缺成本的发生都有很大的不确定性,且其短缺成本也无法计量,因而在此模式中,对短缺成本也不予考虑。在存货模式中,只对转换成本和机会成本予以考虑。企业的货币资金持有量越大,机会成本越多,在货币资金需要量一定的情况下,货币资金持有量越大,转换次数就越少,转换成本也就越小。也就是说,转换成本与机会成本呈反向变动。在所有的货币资金持有量中,肯定有一个持有量能使机会成本与转换成本之和最低,即最佳货币资金持有量。货币资金总成本的计算公式为:

$$货币资金总成本 = 持有机会成本 + 转换成本$$

即

$$TC = (Q/2) \cdot K + (T/Q) \cdot F$$

式中 T——一个周期内货币资金总需求量;
F——每次转换有价证券的固定成本;
Q——最佳货币资金持有量(每次证券变现的数量);
K——有价证券利息率(机会成本率);
TC——货币资金总成本;
$Q/2$——货币资金平均持有量;
T/Q——一个周期内的货币资金转换次数。

货币资金总成本与持有成本、转换成本的关系如图8-2所示。

从图8-2可以看出,总成本的最低点所对应的货币资金持有量就是最佳货币资金持有量,此时,机会成本与转换成本相等。最佳货币资金持有量的计算,可以通过求导求得:

令 $TC' = \dfrac{K}{2} - \dfrac{T \cdot F}{Q^2} = 0$,得:

$$Q = \sqrt{\dfrac{2T \cdot F}{K}}$$

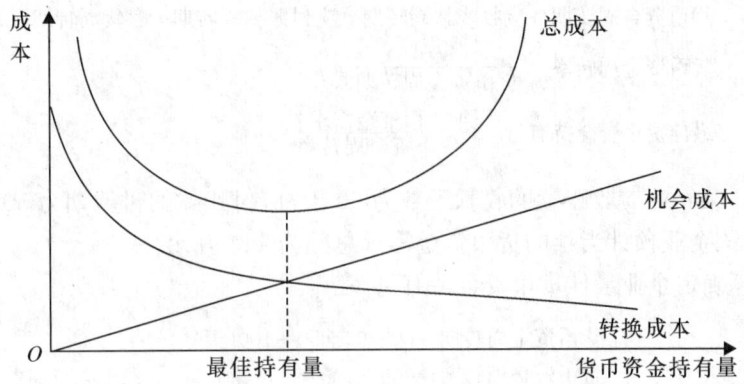

图 8-2　货币资金总成本与机会成本、转换成本的关系

这时

$$TC=\sqrt{\frac{2T\cdot F}{K}}\times\frac{K}{2}+TF\times\sqrt{\frac{K}{2T\cdot F}}=\sqrt{2T\cdot F\cdot K}$$

因为 $TC''=\dfrac{2T\cdot F}{Q^3}>0$，所以 $\sqrt{2T\cdot F\cdot K}$ 是 TC 的最小值。

由此，可以得到结论：

$$最佳货币资金持有量(Q)=\sqrt{\frac{2T\cdot F}{K}}$$

$$最低货币资金总成本(TC)=\sqrt{2T\cdot F\cdot K}$$

【例 8-2】 某企业货币资金收支状况比较稳定，预计全年（按 360 天计算）需要货币资金 400 000 元，货币资金与有价证券的转换成本为每次 800 元，机会成本率为 10%。

要求：计算该企业最佳货币资金持有量和最低货币资金成本。

解：　最佳货币资金持有量$(Q)=\sqrt{2\times400\,000\times800\div10\%}=80\,000(元)$

最低货币资金成本$(TC)=\sqrt{2\times400\,000\times800\times10\%}=8\,000(元)$

其中：

转换成本 $=(400\,000\div80\,000)\times800=4\,000(元)$

机会成本 $=(80\,000\div2)\times10\%=4\,000(元)$

有价证券转换次数 $=400\,000\div80\,000=5(次)$

（三）货币资金周转模式

货币资金周转模式是从货币资金周转的角度出发，根据货币资金的周转速度来确定最佳货币资金持有量的。货币资金周转期是指企业从购买材料支付货币资金开始，到销售商品收回货币资金的时间，包括：① 存货周转期，即将原材料转化为产成品并出售所需的时间；② 应收账款周转期，即将应收账款转换为货币资金所需要的时间；③ 应付账款周转期，即从收到尚未付款的材料开始到货币资金支出所用的时间。具体过程如图 8-3 所示。

图 8-3　货币资金周转期

货币资金周转期＝应收账款周转期－应付账款周转期＋存货周转期

货币资金周转率＝$\dfrac{360}{\text{货币资金周转期}}$

最佳货币资金持有量＝$\dfrac{\text{年货币资金需求量}}{\text{货币资金周转率}}$

【例 8-3】 某企业应收账款的收款天数为 60 天,应付账款的付款期为 50 天,存货周转天数为 90 天,该企业预计当年的货币资金需求总额为 144 万元。

要求:计算确定企业最佳货币资金持有量。

货币资金周转期＝60＋90－50＝100(天)

货币资金周转率＝360÷100＝3.6(次)

最佳货币资金持有量＝144÷3.6＝40(万元)

(四)随机模式

在企业的实际管理中,货币资金需求量往往波动大且难以预知,但企业可以根据历史经验和现实需要,测算出一个货币资金持有量的控制范围,即制定出货币资金持有量的上限和下限,将货币资金控制在上下限之内。当货币资金达到控制上限时,用货币资金购入有价证券,使货币资金持有量下降;当货币资金降到下限时,则抛售有价证券换回货币资金,使货币资金持有量回升。若货币资金在控制的上下限之内,便不必进行货币资金与有价证券的转换,保持它们各自的现有存量。我们将通过这种模式对货币资金持有量进行控制的方法称为随机模式,其具体操作如图 8-4 所示。

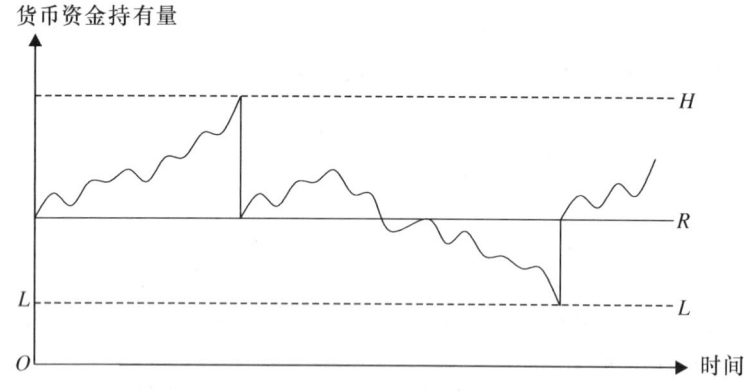

图 8-4 随机模式下货币资金控制原理

在图 8-4 中,H 为上限,L 为下限,R 为目标控制线。当货币资金持有量升至 H 时,则购进($H-R$)金额的有价证券,使货币资金持有量回落到 R 线上;当货币资金持有量降至 L 时,就需出售($R-L$)金额的有价证券,使货币资金持有量恢复到 R 的最佳水平上。目标货币资金持有量 R 线的确定,仍可按货币资金持有总成本最低,即持有货币资金的机会成本和转换有价证券的固定成本之和最低的原理来确定,并把货币资金持有量可能波动的幅度同时考虑在内。货币资金存量的上限 H、目标控制线 R 可按下列公式计算:

$$R=\sqrt[3]{\dfrac{3b\cdot\delta^2}{4i}}+L$$

$$H=3R-2L$$

式中 b——每次有价证券的固定转换成本;

i——有价证券的日利息率；

δ——预期每日货币资金余额变化的标准差。

下限 L 的确定，要受到企业每日的最低货币资金、管理人员的风险承受倾向等因素的影响。

【例8-4】 某公司有价证券的年利率为 7.2%，每次转换成本为 100 元，公司管理层认为其货币资金余额不能低于 3 000 元，根据以往经验，测算出货币资金余额波动的标准差为 500 元。

要求：计算货币资金目标控制线 R 和上限 H。

解：有价证券日利率 = 7.2% ÷ 360 = 0.02%

$$R = \sqrt[3]{\frac{3b \cdot \delta^2}{4i}} + L = \sqrt[3]{\frac{3 \times 100 \times 500^2}{4 \times 0.02\%}} + 3\,000 = 7\,543(元)$$

$$H = 3R - 2L = 3 \times 7\,543 - 2 \times 3\,000 = 16\,629(元)$$

由上例中可见，该企业最佳货币资金持有量为 7 543 元，当货币资金持有量升到 16 629 元时，则可购进 9 086 元(16 629 − 7 543)的有价证券；而当货币资金持有量下降到 3 000 元时，则可售出 4 543 元(7 543 − 3 000)的有价证券。

三、货币资金的日常管理

企业在确定了最佳货币资金持有量后，还应加强货币资金的日常管理，使货币资金得到最有效的利用。

(一) 货币资金收入的管理

货币资金收入的管理重在缩短收款时间。企业销售款项的收取一般要经历如下过程：由客户开出支票邮寄到收款企业，收款企业收到支票后交付银行，银行凭支票通过银行结算系统向客户的开户银行结算划转款项。以上过程需要时间，企业应尽量缩短这一过程的时间，使应收款项尽早进入本企业的银行账户。

(二) 货币资金支出的管理

货币资金支出的管理重在推迟付款日期。当企业购买原材料等发生应付账款时，如何合理合法地推迟付款日期是最为重要的，因为该付的钱推迟支付等于在推迟期间筹借到一笔可用资金。在诸多结算付款方式中如有可能则优先考虑用汇票结算，在异地结算中应选用有利的结算手段。

【例8-5】 某公司需在指定日期前把一笔款项汇到某外地单位。若用普通邮寄需 3 元，若用电汇需 13 元，但可快 4 天。假定该公司资金成本率为 10%，需汇款 9 万元。

要求：判断应采用普通邮寄还是电汇。

解：本问题相当于筹借到 4 天可用资金 9 万元，其收益为：

$$90\,000 \times 10\% \times \frac{4}{360} = 100(元)$$

而为此增加的成本为：

$$13 - 3 = 10(元)$$

因此，该公司应采用电汇，净收益为 90 元(100 − 10)。

(三) 闲置货币资金的利用

由于企业开出支票到开户银行实际划出这笔款项总会有一定的时间间隔，会形成企业货币资金账户余额与银行账户存款余额的差额,被称为货币资金"浮游量"。只要把握准时间,"浮游量"是可以利用的。另外,企业用于资本投资或经营支出的款项,往往是资金先到位,尔后再发生支付,这一段时间也会造成货币资金的闲置。上述情况如果估算准确,而且对证券市场的情况也熟悉,就能利用闲置货币资金进行短期证券投资而获利。由于企业的资金流量大,虽说证券投资期短,也能得到可观的收益。从财务管理角度来讲,有效利用闲置货币资金不失为生财的一种好手段。

第三节 应收账款管理

应收账款是企业因对外赊销产品、材料、供应劳务等而应向购货或接受劳务单位收取的款项。因赊销而形成的应收账款,对企业而言是一项投资,其效果是因赊销可能扩大销售,增加销售收入,其成本是由此延长收款期而可能造成的坏账损失和资金占用成本。因此,在应收账款管理中,主要是通过衡量可能增加的收益和可能发生的损失进行决策的,即正确衡量信用成本和信用风险,合理确定信用政策,及时收回应收账款。

一、应收账款的作用及成本

(一)应收账款的作用

在实际生产经营过程中,应收账款主要有以下两方面的作用。

1. 增加销售

在市场竞争比较激烈的情况下,赊销是促进销售的一种重要方式。进行赊销的企业,实际上是向顾客提供了两项交易:① 向顾客销售产品;② 在一个有限的时期内向顾客提供现金。虽然赊销仅仅是影响销售量的因素之一,但在银根紧缩、市场疲软、资金匮乏的情况下,赊销的促销作用是十分明显的。特别是在企业销售新产品、开拓新市场时,赊销更具有重要的意义。

2. 减少存货

企业持有产成品存货,要追加管理费、仓储费和保险费等支出;相反,企业持有应收账款,则无需上述支出。因此,无论是季节性生产企业还是非季节性生产企业,当产成品存货较多时,一般都可以采用较为优惠的信用条件进行赊销,把存货转化为应收账款,减少产成品存货,节约各种支出。

(二)应收账款的成本

企业在采取赊销方式促进销售的同时,会因持有应收账款而付出一定的代价,这种代价就是应收账款的成本。其内容包括三个方面。

1. 机会成本

应收账款的机会成本是指将资金投放在应收账款上所丧失的潜在收益,如投资于有价证券所获得的利息收入。这一成本的大小通常与企业维持赊销业务所需要的资金数量、资金成本率或有价证券利息率有关。其计算公式为:

$$应收账款机会成本 = 维持赊销业务所需资金 \times 资金成本率$$

其中,资本成本率可用有价证券利息率来计算。

$$维持赊销业务所需资金 = 应收账款平均余额 \times 变动成本率$$

$$应收账款平均余额 = \frac{销售收入}{应收账款周转率} = \frac{销售收入}{\frac{360}{应收账款周转期}}$$

$$= \frac{销售收入 \times 应收账款周转期}{360}$$

$$= 每日销售收入 \times 应收账款周转期$$

式中应收账款周转期,相当于应收账款平均收账期,在平均收账期不清楚的情况下,可用信用期限近似替代;如果存在现金折扣,平均收账期是一个加权平均数。

【例 8-6】 假设某企业预测的年度销售收入为 4 500 000 元,应收账款周转期为 60 天,变动成本率为 75%,资金成本率为 8%。

要求:计算应收账款机会成本。

解: 应收账款周转率 = 360 ÷ 60 = 6(次)

应收账款平均余额 = 4 500 000 ÷ 6 = 750 000(元)

维持赊销业务所需资金 = 750 000 × 75% = 562 500(元)

应收账款机会成本 = 562 500 × 8% = 45 000(元)

上述计算表明:企业投放 562 500 元的资金,可维持 4 500 000 元的赊销业务,是垫支资金的 8 倍。在赊销收入一定的情况下,垫支资金的多少取决于应收账款的周转速度。应收账款周转速度越快,所需垫支的资金就越少;反之,所需垫支的资金就越多。

2. 管理成本

应收账款的管理成本是指企业对应收账款进行管理而发生的开支,主要包括对客户的资信调查费用、应收账款记录分析费用、催收账款费用等。在应收账款一定数额范围内,管理成本一般为固定成本。

3. 坏账成本

坏账成本是指因应收账款无法收回而造成的坏账损失。存在应收账款就难以避免坏账的发生,这会给企业带来不稳定和风险,企业可按有关规定以应收账款余额的一定比例提取坏账准备。坏账准备一般与应收账款的数额大小和拖欠时间有关。

二、信用政策

制定合理的信用政策,是加强应收账款管理、提高应收账款投资效益的重要前提。信用政策包括信用标准、信用条件和收账政策三部分内容。

(一)信用标准

信用标准是客户获得企业商业信用所应具备的最低条件,通常以预期的坏账损失率表示。如果企业信用标准过高,将使许多客户因达不到所设的标准而不能获得商业信用,这虽然会减少坏账损失和收账费用,但同时也会影响企业销售收入的增加和竞争能力的提高。相反,若企业采取较低的信用标准,虽然有利于企业扩大销售,提高市场竞争力和占有率,但同时也会导致坏账损失风险和收账费用的增加。企业在制定信用标准时,要在提高的收入和增加的成本之间作出权衡,制定出对企业有利的信用标准。

企业在制定或选择信用标准时,应考虑以下三个因素:其一,同行业竞争对手情况。如果对手实力很强,企业要取得或保持优势地位,就需要采取低于对手的信用标准,以争取这部分客户;反之,其信用标准可以相应高一些。其二,企业承担违约风险的能力。当企业具有较强的违约风险承担能力时,就可以选择较低的信用标准,以提高竞争力、争取客户、扩大销售;若企业承担风险的能力比较弱,就只能选择严格的信用标准,以尽可能降低违约风险。其三,客户的资信程度。客户的资信程度通常取决于以下五个方面:客户的信用品质(Character)、偿付能力(Capacity)、资本(Capital)、抵押(Collateral)、经济状况(Conditions)等,简称"5C"系统。

(1) 信用品质,是指客户履行偿债义务的可能性。企业可以通过了解客户以往的付款记录及与其他供货企业的关系是否良好作出判断。信用品质是决定是否给予客户信用的首要因素。

(2) 偿付能力,是指客户偿还债务的能力。客户偿债能力的高低,取决于流动资产的数量、质量以及与流动负债的比例。一般来说,企业流动资产的数量越多,流动比率越大,则企业的偿债能力越强。当然流动资产的质量也非常重要,因为流动资产的质量越好,其变现能力就越强,企业的偿债能力也就越强。

(3) 资本,是指客户的经济实力和财务状况,是客户偿债的最终保证。

(4) 抵押,是指客户拒付款项或无力支付款项时能被用作抵押的资产。这对不知底细或信用状况有争议的顾客尤为重要。只要客户能提供自己所有的高质量的抵押品,就可考虑提供商业信用。

(5) 经济状况,是指可能影响顾客偿债能力的经济环境。企业在制定信用标准时,必须对客户的资信程度进行调查、分析,然后在此基础上,判断客户的信用等级并决定是否给予客户信用优惠。

(二) 信用条件

信用条件是指企业接受客户信用订单时所提出的付款要求,主要包括信用期限、折扣期限及现金折扣等。信用条件的基本表达方式是"3/10、1/30、N/60",意思是:若客户能在发票开出后10天内付款,可以享受货款金额3%的折扣;若10～30天内付款,可以享受货款金额1%的折扣;若30～60天内付款,必须全额支付货款。这里60天为信用期,10天、30天为折扣期限,3%、1%为现金折扣率。

1. 信用期限

信用期限是指企业允许客户从购货到支付货款的时间限定。一般而言,延长信用期,可以在一定程度上扩大销售量,但不适当延长信用期限,会给企业带来不良后果:一是延长收账期,使占用在应收账款上的资金增加,引起机会成本增加;二是引起坏账损失和收账费用的增加。因此,企业应否给客户延长信用期,应视延长信用期限增加的收入是否大于增加的成本而定。

【例 8-7】 某公司目前的收账政策过于严厉,不利于扩大销售,该公司正在研究修改现行的收账政策,将信用期限由当前的30天放宽至60天,设风险投资的最低报酬率为10%,其他有关数据如表8-2所示。

要求:确定该公司应采用的信用期限。

表 8-2 信用期限方案表

信用期 项 目	30 天	60 天
销售量(件)	120 000	150 000
销售额(元)(单价 5 元)	600 000	750 000
销售成本(元)		

(续表)

项目 \ 信用期	30天	60天
变动成本（每件3元）	360 000	450 000
固定成本（元）	60 000	60 000
毛利（元）	180 000	240 000
可能发生的收账费用（元）	4 000	8 000
可能发生的坏账损失（元）	10 000	20 000

解：在分析时，先计算放宽信用期限得到的收益，然后计算增加的成本，最后根据两者比较的结果作出判断。

增加的销售利润 = $(150\,000 - 120\,000) \times (5-3) = 60\,000$（元）

30天信用期机会成本 = $\dfrac{600\,000}{360} \times 30 \times \dfrac{360\,000}{600\,000} \times 10\% = 3\,000$（元）

60天信用期机会成本 = $\dfrac{750\,000}{360} \times 60 \times \dfrac{450\,000}{750\,000} \times 10\% = 7\,500$（元）

增加的机会成本 = $7\,500 - 3\,000 = 4\,500$（元）

增加的收账费用 = $8\,000 - 4\,000 = 4\,000$（元）

增加的坏账损失 = $20\,000 - 10\,000 = 10\,000$（元）

增加的净收益 = $60\,000 - (4\,500 + 4\,000 + 10\,000) = 41\,500$（元）

由于增加的收益大于增加的成本，因此应采用60天的信用期。

本例中，在固定成本不变的情况下，销售利润的增加也就是边际贡献的增加。

在上面的分析中，我们单纯考虑信用期限的变化对应收账款的影响，但在企业的实际经营中，应收账款、存货、应付账款等项目是紧密相连的，其中一个项目的变动会不可避免地引起其他项目的变动。这时，我们还必须考虑由于销售增加引起存货增加而多占用资金的机会成本，以及因存货增加而引起的应付账款的增加，这种负债的增加会节约企业的营运资金，减少营运资金的机会成本。

【例8-8】 假设在[例8-7]中，当信用期限由30天延长到60天后，由于销售的增加导致企业的存货从10 000件增加到30 000件，每件存货的单位成本为3元，企业的应付账款也从20 000元增加到40 000元。

要求：判断该公司是否应延长信用期限。

解：存货增加而多占用资金的机会成本 = $(30\,000 - 10\,000) \times 3 \times 10\% = 6\,000$（元）

应付账款增加减少营运资金的机会成本 = $(40\,000 - 20\,000) \times 10\% = 2\,000$（元）

信用期限由30天延长到60天净收益 = $41\,500 - (6\,000 - 2\,000) = 37\,500$（元）

可以看出，在考虑了存货和应付账款影响后，企业仍应当延长信用期限。

2. 现金折扣

延长信用期限会增加应收账款占用的时间和金额。企业为了及时收回货款，减少坏账损失，往往在延长信用期限的同时，采用一定的优惠措施，即在规定的时间内提前付款的客户可按销售收入的一定比率享受折扣，如"3/10、N/30"。现金折扣本质上是一种筹资行为，因此，现金折扣成本是筹资费用而非应收账款成本。在信用条件优化选择中，现金折扣条款能降低机会成本、管理成本和坏账成本,但同时也需付出一定的代价,即现金折扣成本。现金折扣条款有时也会影响销售额(比如有的客户冲着现金折扣条款来购买本企业产品),造成销售利润的改变。现金折扣成本是信用决策中的相关成本,在有现金折扣的情况下,信用条件优化的要点是:增加的销售利润能否超过增加的机会成本、管理成本、坏账成本和折扣成本之和。现金折扣成本的计算公式为:

$$现金折扣成本 = 销售收入 \times 折扣期内付款的销售额比例 \times 现金折扣率$$

【例 8-9】 根据[例 8-7]的资料,该公司在放宽信用期的同时,为了尽快回笼资金,提出了"1/20、N/60"的现金折扣条件,估计会有一半的客户(按 60 天信用期所能实现的销售量计)将享受现金折扣优惠,而收账费用和坏账损失均比信用期为 60 天的方案下降 10%。

要求:判断该企业应否向客户提供现金折扣。

解:在[例 8-7]中已判明 60 天信用期优于 30 天信用期,因此本例只需在 60 天信用期的前提下用现金折扣方案和无现金折扣方案相比较。

$$增加的销售利润 = 0$$

$$平均收账期 = 20 \times 50\% + 60 \times 50\% = 40(天)$$

$$增加的机会成本 = \frac{750\,000}{360} \times 40 \times \frac{450\,000}{750\,000} \times 10\% - \frac{750\,000}{360} \times 60 \times \frac{450\,000}{750\,000} \times 10\% = -2\,500(元)$$

$$增加的收账费用 = 8\,000 \times (-10\%) = -800(元)$$

$$增加的坏账损失 = 20\,000 \times (-10\%) = -2\,000(元)$$

$$增加的现金折扣成本 = 750\,000 \times 50\% \times 1\% - 0 = 3\,750(元)$$

$$增加的净收益 = 0 - (-2\,500 - 800 - 2\,000 + 3\,750) = 1\,550(元)$$

由于净收益大于零,因此应当向客户提供现金折扣。

【例 8-10】 某公司目前年销售收入为 30 万元,信用条件为"N/30",变动成本率为 70%,资本成本率为 12%。该公司为扩大销售,制定了 A、B 两个信用条件方案:

A 方案信用条件为"N/60",预计赊销收入将增加 8 万元,坏账损失率为 4%,预计收账费用为 2 万元。

B 方案信用条件为"1/30、N/60",预计销售收入将增加 14 万元,坏账损失率为 5%。估计约有 80% 的客户(按赊销额计算)会利用折扣,预计收账费用为 2.4 万元。

要求:确定该公司应选择的信用条件方案。

解: A 方案的预计销售收入 = 30 + 8 = 38(万元)

B 方案的预计销售收入 = 30 + 14 = 44(万元)

增加的销售利润 = (44 - 38) × (1 - 70%) = 1.8(万元)

$$B 方案比 A 方案增加机会成本 = \left(44 \times \frac{30 \times 80\% + 60 \times 20\%}{360} - 38 \times \frac{60}{360}\right) \times 70\% \times 12\% = -0.16(万元)$$

B 方案比 A 方案增加坏账损失 = 44 × 5% - 38 × 4% = 0.68(万元)

B 方案比 A 方案增加收账费用 = 2.4 - 2 = 0.4(万元)

B 方案比 A 方案增加现金折扣 = 44 × 80% × 1% = 0.352(万元)

B 方案比 A 方案增加净收益 = 1.8 - (-0.16 + 0.68 + 0.4 + 0.352) = 0.528(万元)

由于 B 方案的收益大于 A 方案,因此,应选择 B 方案。

(三) 收账政策

收账政策是指当客户违反信用条件,拖欠甚至拒付账款时企业所采取的收账策略与措施。

客户拖欠或拒付账款的原因是多种多样的,许多信用品质好的客户也可能因为某些原因而无法如期付款,所以对客户拖欠或拒付的货款,要具体情况具体分析,采取不同的措施和收账政策。

通常的步骤是:当客户拖欠或拒付时,企业应当首先分析现有的信用标准及信用审批制度是否存在纰漏;然后重新对违约客户的资信等级进行调查、评价。对于信用品质恶劣的客户应当从信用名单中排除,对其所拖欠的款项可以通过信函、电讯或者派员前往等方式进行催收,态度可以逐渐强硬,并提出警告。当这些措施无效时,可以通过法院裁决。对于信用记录一向正常的客户,在去电、去函的基础上,也可以派人与客户直接进行协商,彼此沟通意见,达成谅解协议。这样既可以密切相互间的关系,又有助于较为理想地解决账款拖欠问题。当然,如果双方无法取得谅解,也只能诉之于法律,让法院进行最后裁决。

企业对拖欠的应收账款,无论采用何种方式进行催收,都需要付出一定的代价,即收账费用,如收账所花的邮电通讯费、派专人收款的差旅费和不得已时的法律诉讼费等。通常,企业为了扩大销售,增强竞争能力,往往对客户的逾期未付款项规定一个允许的拖欠期限,超过规定的期限,企业就应该采取各种形式进行催收。如果企业制定的收款政策过宽,会导致逾期未付款项的客户拖延时间更长,对企业不利;收账政策过严,催收过急,又可能伤害无意拖欠的客户,影响企业未来的销售和利润。因此,企业在制定收账政策时,要权衡利弊,掌握好宽严界限。

一般而言,企业加强收账管理,可以减少坏账损失,减少在应收账款上的资金占用,但会增加收账费用。因此,制定收账政策就是要在增加收账费用与减少坏账损失和机会成本之间进行权衡,若前者小于后者,则说明制定的收账政策是可取的。

【例 8-11】 假设某企业应收账款原有的收账政策和拟改变的收账政策如表 8-3 所示。

表 8-3 收账政策备选方案表

单位:万元

项 目	现行收账政策	拟改变的收账政策
年收账费用	6	9
平均收账期	60	40
坏账损失率	3%	2%
销售额	540	540
变动成本率	60%	60%

假设资金成本率为 10%,根据表 8-3 的资料,两种方案的收账总成本计算如表 8-4 所示。

表表 8-4 收账政策分析评价表

单位:万元

项 目	现行收账政策	拟改变的收账政策
年销售额	540	540
应收账款周转次数	360÷60=6	360÷40=9

(续表)

项　　　目	现行收账政策	拟改变的收账政策
应收账款平均余额	540÷6＝90	540÷9＝60
应收账款占用资金	90×60％＝54	60×60％＝36
收账成本		
其中：应收账款机会成本	54×10％＝5.4	36×10％＝3.6
坏账损失	540×3％＝16.2	540×2％＝10.8
年收账费用	6	9
收账总成本	27.6	23.4

表 8-4 的计算结果表明,拟改变的收账政策发生的收账成本低于现行收账政策的收账成本。也表明拟改变的收账政策增加的收账费用(3 万元)小于减少的坏账损失和机会成本之和(7.2 万元),说明拟改变的收账政策是可取的。

因此,改变收账政策的方案是可行的。

三、应收账款的日常管理

企业应强化应收账款日常管理工作,采取有效的管理策略。比较成熟、有效的应收账款日常管理策略主要包括三个方面。

(一)建立客户档案

企业通常都建有客户档案,客户档案的建档范围不仅包括欠款客户,也包括信誉良好的客户。档案内容包括:客户的法定代表人、法定地址、联系电话等工商登记情况;业务经办人情况;银行账户情况;交易合同、协议情况;双方历次对账情况;客户信用记录;客户对其债务偿还的承诺情况等。所有档案材料要尽可能用原件,即便是复印件也要有对方确认的记录。考虑到客户档案是企业的重要商业秘密,企业一般都指定专人妥善保管。

(二)加强应收账款追踪分析

为达到足额收回客户所欠应收账款这一目的,企业往往在收账之前,对该项应收账款的运行过程进行追踪分析、把握。既然应收账款是存货变现过程的中间环节,因此,对应收账款实施追踪分析的重点要放在赊销商品的销售与变现方面。客户以欠账方式购入商品后,迫于获利与付款信誉的动力与压力,必然期望迅速地完成交易,并在规定的信用期间付款。如果客户具有良好的信用品质,企业就能如期足额地收回客户欠款。通过对应收账款进行追踪分析,企业可以准确预期应收账款发生坏账风险的可能性,研究和制定合理的收账政策,从而提高收账效率,减少坏账损失。

(三)定期对账和实地催收账款

企业可以向欠款客户寄发应收账款对账单,这种借鉴商业银行的做法费用低廉。企业还可以采用实地催收等办法,虽然需要在差旅费和人工成本方面承担较高费用,但企业采用这种做法的实效还是很明显的:可以提醒客户不要忘记履行偿债义务;可以更快地讨回欠款;可以设身处地地解决一些造成客户拒付的商业争端;可以实地、及时了解客户的经营和财务状况,特别是那些财务状况恶化、濒临破产的欠债户;可以索取客户盖有法人印章的还款计划或其他履行义务的书面承诺,为日后提起法律诉讼准备必要的资料。

第四节　存货管理

存货是指企业在生产经营过程中为生产或销售而储备的物资。存货控制或管理效率的高低,直接反映并决定企业收益、风险、流动性的综合水平,因而在整个投资决策中居于举足轻重的地位。

一、存货与存货成本

为开展正常的生产经营活动,企业必须储备一定数量的存货,如原材料、半成品、产成品、库存商品等,储备这些存货会发生资金占用、储存保管费用等,这就构成了存货成本。

(一)进货成本

进货成本是指存货的取得成本,主要由存货的进价成本和进货费用两个部分构成。其中,进价成本又称购置成本,它等于购货数量与单价的乘积,在一定时期进货总量既定的条件下,无论企业采购次数如何变动,存货的进价成本通常是不变的,因而属于决策无关成本。进货费用又称订货成本,是指企业为组织进货而开支的费用,如办公费、差旅费、邮寄费、电报电话费、运输费等支出。进货费用有一部分与订货次数有关,如办公费、差旅费、邮寄费、电报电话费等费用与进货次数成正相关变动;另一部分与订货次数无关,如专设采购机构的基本开支等,这类固定性进货费用则属于决策的无关成本。

(二)储存成本

储存成本是指存货在储存过程中发生的支出。储存成本有一部分是固定的,如仓库折旧费、仓库员工的固定工资等,这类成本与决策无关。储存成本中另一部分为与存货储存数额呈正比的变动成本,如存货资金的应计利息、存货的破损变质损失、存货保险费等,这类变动的储存成本是决策中的相关成本。

(三)缺货成本

缺货成本是因存货不足而给企业造成的损失,包括由于材料供应中断造成的停工损失、成品供应中断导致延误发货的信誉损失及丧失销售机会的损失等。缺货成本能否作为决策的相关成本,应视企业是否允许出现存货短缺的不同情形而定。若企业不允许发生缺货情形,则缺货成本为零,此时的缺货成本就属于决策无关成本。

二、存货控制的方法

如何取得存货、管理存货,使存货在使用和周转过程中相关成本最小,效益最大,就是存货的控制。存货控制的方法有多种,如经济批量模型、陆续到货模型、商业折扣模型、存货 ABC 控制法、分级归口控制及适时性管理。

(一)经济批量模型

存货的决策涉及四项内容:决定进货项目、选择供应单位、决定进货时间和决定进货批量。决定进货项目和选择供应单位是销售部门、采购部门和生产部门的职责。财务部门要做的是决定进货时间和决定进货批量。按照存货管理的目的,需要通过合理的进货批量和进货时间,使存货的总成本最低,这个批量叫作经济批量或经济订货量。有了经济批量,就可以很容易地找出最适宜的进货时间。

与存货总成本有关的变量(即影响总成本的因素)很多,为了解决比较复杂的问题,有必要简化或舍弃一些变量,先研究解决简单的问题,然后再扩展到复杂的问题。这需要一些假设,在此基础上建立经济批量的基本模型。

存货的经济批量基本模型是建立在下列假设基础上的：① 企业能够及时补充存货，即需要订货时可以立即取得存货；② 订货能瞬时一次到达，即存货能集中到货，而不是陆续入库；③ 不允许缺货；④ 总需求量稳定，且可以预测；⑤ 存货的单价保持不变，且不考虑现金折扣；⑥ 企业有足够的现金，不会因为现金短缺而影响进货。

经济批量模型中的相关总成本(TC)是由两项相关成本合成的：变动订货成本(TC_0)和变动储存成本(TC_c)。

设存货年需要量为 A，每次订货的变动订货成本为 P，全年订货 n 次，每次订货量为 Q，单位存货的变动储存成本为 C_1，则：

$$TC_0 = P \cdot n = P \cdot \frac{A}{Q}$$

存货的年相关总成本(TC)是 TC_0 与 TC_c 之和：

$$TC = TC_0 + TC_c = P \cdot \frac{A}{Q} + C_1 \cdot \frac{Q}{2}$$

如图 8-5 所示：每次订货量少，则储存成本小，但必然导致订货次数增多，引起订货成本增大；反之，每次订货量多，则储存成本变大，但可使订货次数减少，导致订货成本降低。可见，每次订货量太多或太少都不好，存货控制就是要寻求最优的订货量(Q^*)，使全年相关总成本达到最小值 TC，这个 Q^* 就是经济批量。

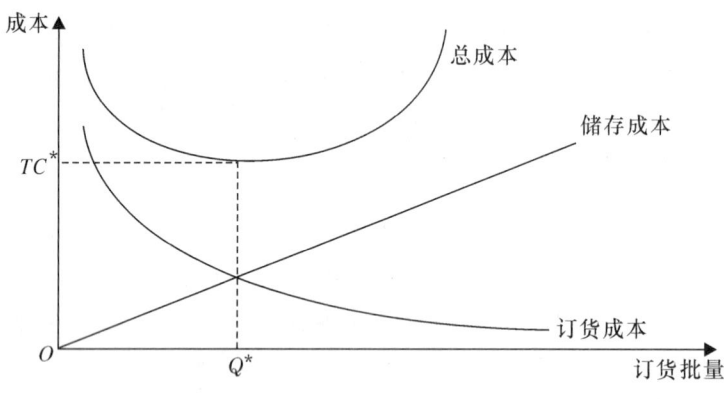

图 8-5 经济批量模型

经济批量模型可以用微积分方法求解：

$$TC' = -\frac{P \cdot A}{Q^2} + \frac{C_1}{2}, \text{令 } TC' = 0$$

可得

$$Q = \sqrt{\frac{2P \cdot A}{C_1}}$$

这时

$$TC = \sqrt{2P \cdot A \cdot C_1}$$

因为

$$TC'' = \frac{2P \cdot A}{Q^3} > 0$$

所以，$\sqrt{2P \cdot A \cdot C_1}$ 是 TC 的最小值。

可见，经济批量模型的最优解为：

$$最优订货批量(Q^*) = \sqrt{\frac{2P \cdot A}{C_1}}$$

$$最小相关总成本(TC^*) = \sqrt{2P \cdot A \cdot C_1}$$

经济批量模型下，存货储存情况如图 8-6 所示。

最优订货批量出现在变动订货成本和变动储存成本之和最小，也即变动订货成本和变动储存成本相等时。

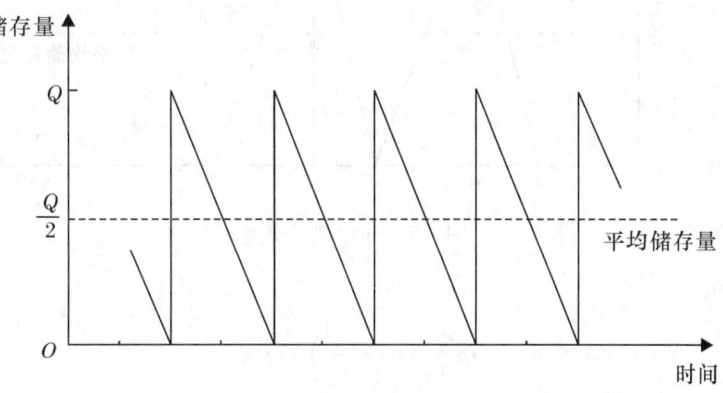

图 8-6　经济批量模型下存货储存情况

【例 8-12】 某企业每年需要耗用甲材料 20 000 千克，该材料的单位采购成本为 7.5 元，单位储存成本为 1.5 元，平均每次订货成本 600 元。

要求：

（1）计算经济进货批量。

（2）计算最佳订货次数。

（3）计算最佳订货周期。

（4）计算经济进货批量的相关总成本。

（5）计算经济进货批量平均占用的资金。

解：（1）经济进货批量 $=\sqrt{2\times 20\,000\times 600 \div 1.5}=4\,000$（千克）

（2）最佳订货次数 $=20\,000 \div 4\,000 = 5$（次）

（3）最佳订货周期 $=360 \div 5 = 72$（天）

（4）经济进货批量的相关总成本 $=\sqrt{2\times 20\,000\times 600 \times 1.5}=6\,000$（元）

（5）经济进货批量平均占用的资金 $=(4\,000\div 2)\times 7.5=15\,000$（元）

（二）陆续到货模型

在经济批量模型中作了六项基本假设，其中一项是"订货能瞬时一次到达"。然而，这只是假设，实际并非如此。为此，应分析讨论存货陆续到达情况下的最优决策。

在本模型中，存货储存情况如图 8-7 所示。图中时间段 AC 是一次订货周期，这一周期分为两部分：在 AB 段陆续到货又陆续耗用，在 BC 段只耗用。

设存货年需要量为 A，每次订货量为 Q，每次订货的变动性订货成本为 P，全年订货 n 次，则相关订货成本（TC_0）为：

$$TC_0 = P \cdot n = P \cdot \frac{A}{Q}$$

设存货年平均单位变动储存成本为 C_1，年平均储存量为 $\bar{Q}$，存货每日到货量为 m，每日耗用量为 n，则在 AB 段，每日增加储存 $m-n$，共到货 $\frac{Q}{m}$ 天，则最大库存量（$\tilde{Q}$）及相关储

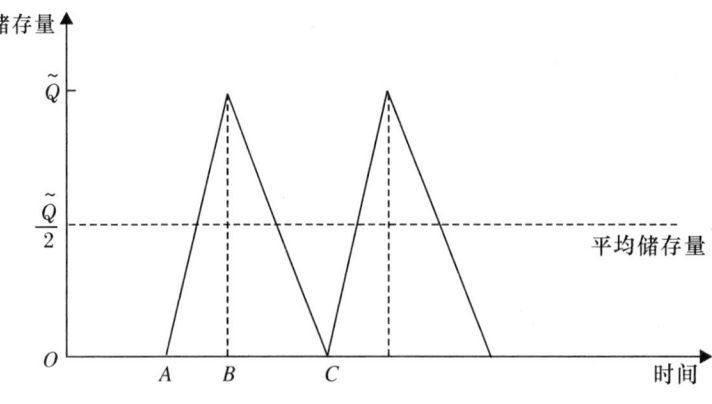

图 8-7 陆续到货模型

存成本(TC_c)为：

$$\widetilde{Q} = (m-n) \cdot \frac{Q}{m} = \left(1 - \frac{n}{m}\right) \cdot Q$$

$$TC_c = C_1 \cdot \overline{Q} = C_1 \cdot \frac{\widetilde{Q}}{2} = \frac{1}{2} C_1 \cdot \left(1 - \frac{n}{m}\right) \cdot Q$$

陆续到货模型的相关总成本(TC)为：

$$TC = TC_0 + TC_c = P \cdot \frac{A}{Q} + \frac{1}{2} C_1 \cdot \left(1 - \frac{n}{m}\right) \cdot Q$$

$$TC' = -\frac{P \cdot A}{Q^2} + \frac{1}{2} C_1 \cdot \left(1 - \frac{n}{m}\right)$$

令 $TC' = 0$，得

$$Q^* = \sqrt{\frac{2P \cdot A}{C_1 \cdot \left(1 - \frac{n}{m}\right)}}$$

$$TC'' = \frac{2P \cdot A}{Q^3} > 0$$

所以 Q^* 处 TC 有最小值：

$$TC^* = \sqrt{2P \cdot A \cdot C_1 \cdot \left(1 - \frac{n}{m}\right)}$$

陆续到货模型的最优解为：

$$最优订货量(Q^*) = \sqrt{\frac{2P \cdot A}{C_1 \cdot \left(1 - \frac{n}{m}\right)}}$$

$$最小相关总成本(TC^*) = \sqrt{2P \cdot A \cdot C_1 \cdot \left(1 - \frac{n}{m}\right)}$$

【例 8-13】 某企业全年需 A 零件为 3 600 件，每日送货量为 30 件，每日消耗量为 10 件，单价为 10 元，每次订货的变动订货成本为 25 元，每件零件年平均变动储存成本为 2 元。

要求：计算最优订货批量及全年最小相关总成本。

解： 最优订货量$(Q^*) = \sqrt{\dfrac{2 \times 25 \times 3\ 600}{2 \times \left(1 - \dfrac{10}{30}\right)}} = 367$(件)

最小相关总成本$(TC^*) = \sqrt{2 \times 25 \times 3\ 600 \times 2 \times \left(1 - \dfrac{10}{30}\right)} = 490$(元)

(三) 商业折扣模型

经济批量模型中的"存货的单价保持不变"假设也有可能与实际不符,为此应分析讨论在商业折扣下的最优决策。

设采购单价为 K,采购成本为 TC_k,这时采购成本随采购批量大小变动,是决策的一项相关成本。相关总成本为:

$$TC = TC_k + TC_0 + TC_c = K \cdot A + P \cdot \frac{A}{Q} + C_1 \cdot \frac{Q}{2}$$

本模型可按下列程序求最优解:

(1) 按经济批量模型求出订货批量。
(2) 按商业折扣条款查出与程序(1)求得的批量对应的采购单价及相关总成本。
(3) 按商业折扣条款中采购单价低于程序(2)求得的各档次单价与最低批量对应的相关总成本。
(4) 比较相关总成本,最低的为最优解。

【例 8-14】 某企业甲材料的年需要量为 16 000 千克,每千克标准价为 20 元。销售企业规定:客户每批购买量不足 1 000 千克的,按照标准价格计算;每批购买量 1 000 千克以上、2 000 千克以下的,价格优惠 2%;每批购买量 2 000 千克以上的,价格优惠 3%。已知每次变动性订货成本为 600 元,单位材料的年平均变动性储存成本 30 元。

要求:计算最优采购批量和全年最少相关总成本。

解:按经济批量模型确定的经济进货批量为:

$$Q^* = \sqrt{\frac{2 \times 16\,000 \times 600}{30}} = 800(千克)$$

这时甲材料的单价为标准单价 20 元。

相关总成本(TC_1) = 16 000 × 20 + 16 000 ÷ 800 × 600 + 800 ÷ 2 × 30 = 344 000(元)

或 相关总成本(TC_1) = 16 000 × 20 + $\sqrt{2 \times 16\,000 \times 600 \times 30}$ = 344 000(元)

当价格优惠 2% 时:

相关总成本(TC_2) = 16 000 × 20 × (1 − 2%) + 16 000 ÷ 1 000 × 600
+ 1 000 ÷ 2 × 30 = 338 200(元)

当价格优惠 3% 时:

相关总成本(TC_3) = 16 000 × 20 × (1 − 3%) + 16 000 ÷ 2 000 × 600
+ 2 000 ÷ 2 × 30 = 345 200(元)

通过比较发现,最优进货批量为 1 000 千克,此时全年最少相关总成本为 338 200 元。

(四) 存货 ABC 控制法

企业存货品种繁多,尤其是大中型企业的存货往往多达上万种甚至数十万种。实际上,不同的存货对企业财务目标的实现具有不同的作用。有的存货尽管品种数量很少,但金额巨大,如果管理不善,会给企业造成极大的损失。有的存货虽然品种数量繁多,但金额较小,即使管理当中出现一些问题,也不至于对企业产生较大的影响。如果对以上不同的存货都采用严格的控制方法,既不可能也无必要。存货 ABC 控制法正是基于这一考虑而提出的,其目的在于使企业分清主次,突出重点,以提高存货资金管理的整体效果。

所谓存货 ABC 控制法就是按照一定的标准,将企业的存货划分为 A、B、C 三类,分别实行分品种重点管理、分类别一般控制和按总额灵活掌握的存货管理方法。存货 A、B、C 分类的标准主要有两个:一是金额标准;二是品种数量标准。其中金额标准是最基本的,品种数量标准仅作为参考。

A类存货的特点是金额巨大,但品种数量较少;B类存货金额一般,品种数量相对较多;C类存货品种数量繁多,但金额却很少。一般说来,三类存货的金额比重大致为 A:B:C=0.7:0.2:0.1,而品种数量比重大致为 A:B:C=0.1:0.2:0.7。

通过对存货进行A、B、C分类,可以使企业分清主次,采取相应的对策进行有效的管理和控制。对A类存货,由于品种数量少,企业应该按照每一个品种进行管理;B类存货金额相对较少,企业不必像对待A类存货那样花费太多的精力,可以按照类别进行管理;C类存货由于其金额比重很小,企业只需控制其总金额就可以了。

（五）分级归口控制

分级归口控制是指按照使用资金和管理资金相结合、物资管理和资金管理相结合的原则,将存货资金定额按照各职能部门所涉及的业务归口管理,各个职能部门再将资金定额计划层层分解到车间、班组乃至个人,实行分级管理控制的方法。

（六）适时性管理

适时性管理是指企业在生产经营过程中努力实现经营需要与存货供应同步,存货传送与存货消耗同步,使存货库存最小化的方法。适时性管理能有效降低存货资金的占用,提高流动资金的使用效率。

主 要 术 语

1. 营运资金
2. "5C"系统
3. 信用政策
4. 经济批量模型
5. 陆续到货模型
6. 商业折扣模型
7. 存货 ABC 控制法

复 习 思 考 题

1. 营运资金包含哪些内容？它们分别有何特点？
2. 置存货币资金会发生哪些成本？
3. 运用存货模式在确定最佳货币资金持有量时,是如何考虑相关成本的？
4. 应收账款的成本由哪些内容构成？
5. 在有信用期限和现金折扣的情况下,如何才能作出正确的收款决策？
6. 存货的成本由哪些内容构成？
7. 经济批量模型包括哪些假设？
8. 什么叫存货 ABC 控制法？

习 题

一、判断题

1. 能够使企业的进货成本、储存成本和缺货成本之和最低的进货批量便是经济进货批量。　　　　　　　　　　　　　　　　　　　　　　　　　　　　（　）
2. 企业在进行货币资金管理时,可利用的货币资金浮游量是指企业实际货币资金余额超过最佳货币资金持有量之差。　　　　　　　　　　　　　　　　　　（　）
3. 企业营运资金余额越大,说明企业风险越小,收益率越高。　　　　　（　）

4. 赊销是扩大销售的有力手段之一，企业应尽可能放宽信用条件，增加赊销量。（ ）

5. 成本分析模式下当机会成本、管理成本和短缺成本之和最小时的货币资金持有量是最佳的。（ ）

6. 企业在不影响自己信誉的前提下，尽可能地推迟应付账款的支付期，是企业日常货币资金管理措施之一。（ ）

7. 一般来讲，当某种存货品种数量比重在70%左右时，可将其划分为A类存货，进行重点管理和控制。（ ）

8. 在存货的ABC分类管理法下，应当重点管理的是品种数虽少，但金额较大的存货。（ ）

9. 现金折扣是企业为了鼓励客户多买商品而给予的价格优惠，每次购买的数量越多，价格也就越便宜。（ ）

10. 在正常业务活动货币资金需要量的基础上，追加一定数量的货币资金余额以应付未来货币资金流入和流出的随机波动，这是出于预防动机。（ ）

二、单项选择题

1. 某企业全年需用A材料2 400吨，每次的订货成本为400元，每吨材料年储备成本12元，则每年最佳订货次数为（ ）次。
   A. 12   B. 6
   C. 3   D. 4

2. 下列各项中，不属于应收账款成本构成要素的是（ ）。
   A. 机会成本   B. 管理成本
   C. 坏账成本   D. 短缺成本

3. 在存货ABC分类管理法下，最基本的分类标准是（ ）。
   A. 金额   B. 品种
   C. 数量   D. 体积

4. 在最佳货币资金持有量的存货控制模式中，应考虑的相关成本主要是（ ）。
   A. 机会成本和固定性转换成本   B. 固定性转换成本和短缺成本
   C. 机会成本和短缺成本   D. 持有成本和短缺成本

5. 在企业应收账款管理中，明确规定了信用期限、折扣期限和现金折扣率等内容的是（ ）。
   A. 客户资信程度   B. 收账政策
   C. 信用等级   D. 信用条件

6. 在确定最佳货币资金持有量时，成本分析模式和存货模式均需考虑的因素是（ ）。
   A. 持有货币资金的机会成本   B. 固定性转换成本
   C. 货币资金短缺成本   D. 货币资金保管费用

7. 下列有关货币资金的成本中，属于固定成本性质的是（ ）。
   A. 货币资金管理成本   B. 占用货币资金的机会成本
   C. 转换成本中的委托买卖佣金 D. 货币资金短缺成本

8. 下列各项中，不属于信用条件构成要素的是（ ）。

A. 信用期限 B. 货币资金折扣(率)
C. 货币资金折扣期 D. 商业折扣

9. 在对存货实行 ABC 分类管理的情况下，A、B、C 三类存货的品种数量比重大致为( )。
   A. 0.7:0.2:0.1 B. 0.1:0.2:0.7
   C. 0.5:0.3:0.2 D. 0.2:0.3:0.5

10. 成本分析模式下的最佳货币资金持有量是使( )之和最小的货币资金持有量。
    A. 机会成本和转换成本 B. 机会成本和短缺成本
    C. 持有成本和转换成本 D. 持有成本、短缺成本和转换成本

三、多项选择题

1. 下列有关信用期限的表述中，正确的有( )。
   A. 缩短信用期限可能增加当期现金流量
   B. 延长信用期限会扩大销售
   C. 降低信用标准意味着将延长信用期限
   D. 延长信用期限将增加应收账款的机会成本

2. 下列各项中，属于存货的储存变动成本的有( )。
   A. 存货占用资金的应计利息 B. 紧急额外购入成本
   C. 存货的破损变质损失 D. 存货的保险费用

3. 流动资产又称经营性投资，与固定资产相比，具有( )的特点。
   A. 投资回报期短 B. 流动性强
   C. 并存性 D. 波动性

4. 存货成本包括( )。
   A. 购置成本 B. 进货费用
   C. 储存成本 D. 缺货成本

5. 信用标准过高的可能结果包括( )。
   A. 丧失很多销售机会 B. 降低违约风险
   C. 扩大市场占有率 D. 减少坏账费用

6. 下列各项中，属于应收账款管理成本的有( )。
   A. 坏账损失 B. 收账费用
   C. 客户信誉调查费 D. 应收账款占用资金的应计利息

四、计算题

1. 某公司货币资金收支平稳，预计全年(按 360 天计算)货币资金需要量为 250 000 元，货币资金与有价证券的转换成本为每次 500 元，有价证券年利率为 10%。
   要求：
   (1) 计算最佳货币资金持有量。
   (2) 计算最佳货币资金持有量下的全年货币资金管理总成本、全年货币资金转换成本和全年货币资金持有机会成本。
   (3) 计算最佳货币资金持有量下的全年有价证券交易次数和有价证券交易间隔期。

2. 某企业预计存货周转期为 90 天，应收账款周转期为 40 天，应付账款周转期为 30 天，预计全年需要货币资金 1 440 万元。

要求：计算最佳货币资金余额。

3. 某公司每次转换有价证券的固定成本为80元，有价证券的年利率为9%，预计日货币资金余额变化的标准差为600元，货币资金持有量最低不得少于1000元。

要求：计算该公司的最佳货币资金持有量和控制上限。

4. 某企业生产销售M产品，该产品单位价格为5元，单位变动成本为4元，固定成本为5000元，预计信用期若为30天，年销售量可达10000件，可能发生的收账费用为3000元，可能发生的坏账损失率为1%，若信用期为60天，年销售量可增加2000件，但可能发生的收账费用为4000元，增加销售部分的坏账损失率为1.5%，假定资金成本率为10%。

要求：根据上述情况，确定对企业有利的信用期。

5. 某企业2×06年A产品销售收入为4000万元，总成本为3000万元，其中固定成本为600万元。2×07年该企业有两种信用政策可供选用：

甲方案给予客户60天信用期限"N/60"，预计销售收入为5000万元，货款将于第60天收到，其应收账款成本为140万元。

乙方案的信用政策为"2/10、1/20、N/90"，预计销售收入为5400万元，将有30%的货款于第10天收到，20%的货款于第20天收到，其余50%的货款于第90天收到(前两部分货款不会产生坏账，后一部分货款的坏账损失率为该部分货款的4%)，收账费用为50万元。

该企业A产品销售额的相关范围为3000万～6000万元，企业的资金成本率为8%。

要求：通过计算判断该公司应选用的信用政策。

6. 某企业年需用甲材料250000千克，单价10元，目前企业每次订货量和每次订货成本分别为50000千克和400元/次。

要求：

(1) 计算该企业每年存货的订货成本。

(2) 若单位存货的年储存成本为0.1元/千克，企业存货管理相关最低总成本控制目标为4000元，计算企业每次订货的成本限额。

(3) 若企业通过测算可达上述(2)的限额，其他条件不变，计算该企业的经济订货批量及存货占用的资金量。

7. 某企业全年需原材料1000吨，订货后每天能运达10吨，而企业每天消耗3吨。每次订货的成本为70元，每吨原材料的平均储存成本为20元。

要求：计算最优订货批量及全年最低相关总成本。

8. 某企业全年需要A部件10000件，当采购量小于200件时，单价为50元；当采购量为200件时，单价为48元；当采购量为500件时，单价为46元；当采购量达到1000件时，单价为45元。每次订货的变动性订货成本为20元，每件部件年变动储存成本为10元。

要求：计算最优采购批量及最小相关总成本。

9. 某商店拟放弃现在经营的商品A，改为经营商品B，有关的数据资料如下：

(1) A的年销售量3600件，进货单价60元，售价100元，单位储存成本5元，一次订货成本250元。

(2) B的预计年销售量4000件，进货单价500元，售价540元，单位储存成本10元，一次订货成本288元。

(3) 该商店按经济订货量进货，假设需求均匀、销售无季节性变化。

(4) 假设该商店投资所要求的报酬率为18%,不考虑所得税的影响。

要求:计算分析该商店应否调整经营的品种(提示:要考虑资金占用的变化)。

10. 某公司2018年营业收入为3 600万元,营业成本为1 800万元,应付账款付款天数为24天。该公司与经营有关的购销业务均采用赊账方式。假设一年按360天计算。该公司简化的资产负债表如8-5表所示。

表8-5 资产负债表

单位:万元

资产	金额	负债和所有者权益	金额
货币资金	211	应付账款	
应收账款	600	应付票据	200
存货	150	应付职工薪酬	255
流动资产合计	961	流动负债合计	575
固定资产	850	长期借款	300
非流动资产合计	850	负债合计	875
		实收资本	600
		留存收益	336
		所有者权益合计	936
资产合计	1 811		1 811

要求:

(1) 计算D公司2018年的营运资金数额。

(2) 计算D公司2018年的应收账款周转期、存货周转期以及货币资金周转期(为简化计算,应收账款、存货平均余额均以期末数据代替)。

(3) 在其他条件相同的情况下,如果D公司利用供应商提供的现金折扣,判断对货币资金周转期会产生何种影响。

11. 某企业预测2018年度销售收入净额为3 600万元,应收账款平均收账天数为60天,变动成本率为80%,企业的资金成本率为10%。一年按360天计算。

要求:

(1) 计算2018年度应收账款的平均余额。

(2) 计算2018年维持赊销业务所需的资金。

(3) 计算2018年度应收账款的机会成本。

12. 某公司每年需要外购某材料108 000千克,现有A和B两家符合要求的材料供应企业,他们所提供的材料质量和价格都相同。公司计划从两家企业中选择一家作为供应商,相关信息如下:

(1) 从A企业购买该材料,一次性入库,每次订货费用为5 000元,年单位材料变动储存成本为30元/千克,假设不存在缺货。

(2) 从B企业购买该材料,每次订货费用为6 050元,年单位材料变动储存成本为30元/千克,材料陆续到货和使用,每日送货量为400千克,每日耗用量为300千克。

要求:

(1) 利用经济订货基本模型,计算从A企业购买材料的经济订货批量和相关存货总成本。

(2) 利用经济订货扩展模型,计算从 B 企业购买材料的经济订货批量和相关存货总成本。

(3) 基于成本最优原则,判断丙公司应该选择哪家企业作为供应商。

案例分析

一、案例资料

某房地产商计划在3年内完成城区内一个新型购物中心的建设。由于该项目位于城区中心地段,为了不影响市容和城市未来的经济发展,该企业必须在计划期内完成项目的全部开发,并保证3年后该项目能够按时投入使用。为此,开发企业把确保工程进度作为工作重点。

已知企业未来年度的货币资金需求状况可以根据施工计划较为准确地预测,并预计年需要货币资金为3 000万元,货币资金支出有一定的规律性。企业持有大量的有价证券,在必要的时候可以方便地将其转换为货币资金,每次转换成本为300元,有价证券的年利率为15%。还已知施工过程中主要消耗五种材料,其中四种需要搭配使用,只有第五种单独使用。这四种材料可以一起供货,每次订货成本2 000元,年平均储存成本20元,年需要量72 000件(套),每日送货量、耗用量分别为3 000件和200件。这四种材料的市场供给非常充分,企业发出订单后即可马上购得。第五种材料由于可以就近购买且供给也充分,企业订货后能够在当日一次集中到货,该种材料年需要量为360 000千克,材料单位成本为10元,每次订货成本为25元,年平均储存成本为2元。

二、思考分析

(1) 为了确保工程进度,财务部门对营运资金的管理应该有哪些要求?

(2) 相关营运资金的最佳持有量(或订货量)为多少?

第九章 利润分配管理

学习目的与要求

- 了解利润分配的基本原则和程序。
- 理解掌握股利分配政策。
- 了解股利种类。
- 掌握股利支付程序。
- 了解股票分割的概念。
- 理解股票分割的意义及对有关财务指标的影响。

本章提要

(1) 财务管理中的利润分配,主要是指企业的净利润分配,利润分配的实质就是确定给投资者分红与企业留用利润的比例。

(2) 利润分配程序是指公司制企业根据适用法律、法规或规定,对企业一定期间实现的净利润进行分派必须经过的先后步骤。

(3) 股利分配政策是指企业管理层对与股利有关的事项所采取的方针策略,其核心问题是确定股利支付率。

(4) 股利相关论认为公司的股利分配对公司价值有影响。公司的股利分配是在种种制约因素下进行的,影响股利分配的因素主要有法律因素、股东因素、企业因素及其他因素等。

(5) 股利种类。企业股利支付形式一般有现金股利、股票股利、财产股利和负债股利,其中最为常见的是现金股利和股票股利。

(6) 股利支付程序。在利润分配时,公司必须事先确定与股利支付相关的时间界限。这个时间界限包括:股利宣告日、股权登记日、除息日、股利发放日。

(7) 股票分割是将一股面值较大的股票交换成若干股面值较小的股票的行为,俗称"拆细"。股票分割的最显著特点是能够降低股价。

第一节 利润分配概述

利润分配是指企业如何分配其所实现的利润。这是一项政策性较强的工作,必须严格按照国家的法规和制度执行。利润分配的结果,形成了国家的所得税收入、投资者的投资报酬和企业的留存收益等不同的项目。由于税法具有强制性和严肃性,缴纳税款是企业必须履行的义务,因此,财务管理中的利润分配,主要是指企业的净利润分配,利润分配的实质就是确定给投资者分红与企业留存收益的比例。

一、利润分配基本原则

(一)依法分配原则

为规范企业的利润分配行为,国家制定和颁布了若干法规,这些法规规定了企业利润分配的基本要求、一般程序和重大比例。企业的利润分配必须依法进行,这是正确处理企业各项财务关系的关键。

(二)分配与积累并重原则

企业的利润分配,要正确处理长期利益和近期利益这两者的关系,坚持分配与积累并重。企业除按规定提取法定盈余公积金以外,可适当留存一部分利润作为积累,这部分未分配利润仍归企业所有者所有。这部分积累的净利润不仅可以为企业扩大生产筹措资金,增强企业发展能力和抵抗风险的能力,同时,还可以供未来年度进行分配,起到以丰补歉、平抑利润分配数额波动、稳定投资报酬率的作用。

(三)投资与收益对等原则

企业利润分配应当体现"谁投资谁收益"、收益大小与投资比例相适应,即投资与收益对等原则,这是正确处理各方投资者利益关系的立足点。企业在向投资者分配利润时,要遵守公开、公平、公正的"三公"原则,不搞幕后交易,不帮助大股东侵蚀小股东利益,一视同仁地对待所有投资者;投资者依据其出资额依法享有利润分配权,任何人不得以在企业中的其他特殊地位谋取私利,这样才能从根本上保护投资者的利益。

二、利润分配的一般程序

利润分配程序是指企业根据适用法律、法规或规定,对企业一定期间实现的净利润进行分派必须经过的先后步骤。根据我国《公司法》等有关规定,企业向投资者(股东)分配利润(支付股利)应按一定的顺序进行。

(1)确定可供分配的利润。我国财务和税收制度规定,企业的年度亏损,可以由下一年度的税前利润弥补,下一年度税前利润尚不足以弥补的,可以由以后年度的利润继续弥补,但用税前利润弥补以前年度亏损的连续期限不得超过5年。5年内仍未弥补的,用本年税后利润弥补。本年净利润(或亏损)与年初未分配利润(或未弥补亏损)合并即为企业可供分配的利润,只有可供分配的利润大于零时,企业才能进行后续分配。

(2)提取法定盈余公积金。法定盈余公积金以净利润扣除以前年度亏损为基数,按10%提取。企业年初未分配利润为借方余额时,法定盈余公积金计提基数为:本年净利润-年初未分配利润(借方)余额;若企业年初未分配利润为贷方余额时,法定盈余公积金计提基数为本年净利润。当企业法定盈余公积金达到注册资本的50%时,可不再继续提取。法定盈余公积金主要用于弥补企业亏损和按规定转增资本金,但转增资本金后的法定盈余公积金一般不低于注册资本的25%。

(3)发放优先股股利。如果企业有发行在外的优先股,应按事先约定的股利率向优先股股东发放优先股股利。

(4)提取任意盈余公积金。任意盈余公积金是根据企业发展的需要自行提取的公积金,其提取基数与计提盈余公积金的基数相同,计提比例由股东大会根据需要决定。

(5) 向投资者(股东)分配利润(发放股利)。企业本年净利润在经过上述(1)~(4)顺序后的余额,加上年初未分配利润,即为企业本年可供投资者分配的利润,可根据企业的利润分配政策确定应向投资者分配的利润数额。

第二节 股利分配政策

股份有限公司的利润分配政策比较具有代表性,这里我们就以股份有限公司的利润分配政策即股利分配政策为背景展开讨论。

一、股利理论

股利分配是否会影响公司的价值,存在着不同的两种观点。

(一) 股利无关论

股利无关论认为股利分配的多少不会影响股东对公司的态度,因而不会影响股票价格,也就是与公司价值无关。这种理论的代表人物是 M. Miller 和 F. Modigliani(MM)。他们认为,公司价值是由其基本盈利能力和经营风险决定的。换言之,公司价值只取决于资产经营所产生的利润,而不取决于利润在股利和留存收益之间的分配。这一理论建立在一些假设之上:

(1) 不存在任何个人和公司所得税。
(2) 不存在股票的发行和交易费用。
(3) 公司的财务杠杆不影响其资本成本。
(4) 公司的投资决策与股利决策彼此独立。
(5) 公司的投资者和管理者可获得相同的企业将来发展机会的信息。
(6) 公司的资本预算政策不受其股利分配政策影响。

上述假定描述的是一种完美无缺的市场,因而股利相关论又被称为完全市场理论。显然,上述假设不太切合实际,事实上公司与投资者都要支付所得税;股票的发行和交易都要发生费用;公司的经理比外部投资者知道更多的关于企业将来发展机会的信息;等等。因此人们提出了股利相关论。

(二) 股利相关论

股利相关论认为公司的股利分配对公司价值有影响。公司的股利分配是在种种制约因素下进行的,影响股利分配的因素有四个。

1. 法律因素

为了保护债权人、投资者和国家的利益,有关法规对企业的股利分配有如下限制:

(1) 资本保全限制。资本保全限制规定,企业不能用资本金发放股利。如我国法律规定:资本公积只能转增股本,不能分派现金股利;盈余公积主要用于弥补亏损和转增股本,一般情况下不得用于向投资者分配利润或现金股利。

(2) 企业积累限制。企业积累限制规定,企业必须按税后利润的一定比例和基数,提取法定盈余公积金。企业当年出现亏损时,一般不得给投资者分配利润。

(3) 超额累积利润限制。由于股东接受股利应缴纳的所得税高于其进行股票交易的资本利得税,因此,许多国家规定公司不得超额累积利润,一旦公司的留存收益超过了法律认可的水平,将被额外征税。我国法律目前尚未对此作出限制。

(4) 偿债能力限制。偿债能力是指企业按时、足额偿付各种到期债务的能力。如果企业已经无力偿付到期债务或因支付股利将使其失去偿还能力,则企业不能支付现金股利。

2. 股东因素

(1) 避税考虑。前已提及,股东接受股利应缴纳的所得税往往高于其进行股票交易的资本利得税,因此股东出于避税的考虑,通常反对公司发放较多的股利。在我国,由于现金股利收入的税率是20%,而对股票交易尚未征收资本利得税。因此,低股利支付政策,可以给股东带来更多的资本利得收入,达到避税目的。

(2) 稳定收入。一些依靠股利维持生活的股东,往往要求公司支付稳定的股利,若留存较多的利润,将遭到这部分股东的反对。

(3) 控制权稀释。高股利支付率会导致留存收益的减少,公司发行新股筹资的可能性加大,现有股东的控制权就有可能被稀释。对于公司原有的持有控制权的股东是不利的。如果他们没有更多资金购买新股以维持原有的控股权,则宁愿不分配现金股利。

(4) 规避风险。"双鸟在林,不如一鸟在手"。在一部分股东看来,通过增加留存收益促使股价上涨而获得资本利得的是有风险的,当期的股利是确定的、无风险的;将来的资本利得是不确定的、有风险的,现时较少的股利比未来或有的较多资本利得更实在。因此,他们往往会要求企业支付较多的股利,从而减少风险。

3. 企业因素

企业资金的灵活周转,是企业生产经营得以正常进行的必要条件。因此企业长期发展和短期经营活动对现金的需求,便成为对股利分配的最重要的限制因素。其相关因素主要有:

(1) 资产的流动性。企业现金股利的分配,应以一定资产流动性为前提。企业的资产流动性越好,说明其变现能力越强,股利支付能力也就越强。高速成长的盈利性企业,其资产可能缺乏流动性,因为企业的大部分资金都投资在固定资产和永久性流动资产上了,这类企业当期利润虽然多,但资产变现能力差,企业的股利支付能力就会削弱。

(2) 投资机会。有着良好投资机会的企业需要有强大的资金支持,因而往往少发现金股利,将大部分盈余留存下来进行再投资;缺乏良好投资机会的企业,保留大量盈余的结果必然是大量资金闲置,于是倾向于支付较高的现金股利。所以,处于成长中的企业,因一般具有较多的良好投资机会而多采取低股利政策,许多处于经营收缩期的企业,则因缺少良好的投资机会而多采取高股利政策。

(3) 筹资能力。企业规模大、经营好、利润丰厚,其筹资能力一般很强,那么在决定股利支付数额时,有较大选择余地。但对那些规模小、新创办、风险大的企业,其筹资能力有限,这类企业应尽量减少现金股利支付,而将利润更多地留存在企业,作为内部筹资。

(4) 盈利的稳定性。企业的现金股利来源于税后利润。盈利相对稳定的企业,有可能支付较高股利,而盈利不稳定的企业,一般采用低股利政策。这是因为,对于盈利不稳定的企业,低股利政策可以减少因盈利下降而造成的股利无法支付、企业形象受损、股价急剧下降的风险,还可以将更多的盈利用于再投资,以提高企业的权益资本比重,减少财务风险。

(5) 资本成本。留存收益是企业内部筹资的一种重要方式,同发行新股相比,不需要花费筹资费用,筹资成本较低。因而从资本成本考虑,如果企业扩大规模,需要增加权益资本时,可考虑采取低股利政策。

4. 其他因素

影响股利政策的其他因素主要包括:不属于法规规范的债务合同约束、政府对机构投资者的投资限制以及因通货膨胀带来的企业对重置实物资产的特殊考虑等。

（1）债务合同约束。公司的债务合同特别是长期债务合同，往往有限制企业现金股利支付的条款，使得企业只能采用低股利政策。

（2）通货膨胀的影响。在通货膨胀的情况下，公司折旧基金的购买水平会下降，会导致没有足够的资金来源重置固定资产。这时较多的留存利润就能弥补折旧基金购买力水平下降的影响。因此，在通货膨胀时期，公司股利政策往往偏紧。

二、股利分配政策与内部筹资

股利分配政策的核心问题是确定支付股利与留存收益的比例，两者存在着此长彼消的关系。增加发放股利会减少留存收益，将增加外部筹资需求。因此，股利分配政策同时也是内部筹资决策。

目前财务管理实务中，常用的股利政策主要有以下四种类型。

（一）剩余股利政策

1. 股利的确定

这种政策认为，对公司利润的分配，首先应该根据设定的目标资本结构测算出未来盈利性投资项目对权益资本的需要，如果还有剩余，可将剩余部分作为股利发放给股东。剩余股利政策的操作步骤如下：

（1）设定目标资本结构，在此资本结构下，加权平均资本成本将达到最低水平。

（2）根据目标资本结构确定投资项目所需的股东权益金额。

（3）最大限度地使用留存收益来满足投资项目所需的权益资本金额。

（4）如果还有剩余，可将其作为股利发放给股东。

【例 9-1】 某企业实行剩余股利政策，其目标资本结构为资产负债率 40%。

要求：

（1）如果该年的净利润为 1 200 万元，在没有增发新股的情况下，计算企业可以用于投资的最大支出数额。

（2）如果企业下一年拟投资 1 500 万元，计算企业将支付的股利数额。

解：（1）企业最大的投资支出＝1 200÷（1－40%）＝2 000（万元）

（2）企业将支付的股利＝1 200－1 500×（1－40%）＝300（万元）

2. 采用剩余股利政策的意义

剩余股利政策成立的基础是，大多数投资者认为，如果公司再投资的收益率高于投资者在同样风险下其他投资的收益率，他们宁愿把利润保留下来用于企业再投资，而不希望用于支付股利。例如，企业有投资收益率达 12% 的再投资机会，而股东取得股利后再投资的收益率只有 10% 时，则股东们愿意选择利润保留于公司。

剩余股利政策的优点，是可以最大限度地满足公司对再投资的权益资本需要，保持理想的资本结构，并能使加权平均资本成本最低；它的缺点是忽略了不同股东对资本利得与股利的偏好，损害了那些偏好现金股利的股东利益，从而有可能影响股东对企业的信心。此外，企业采用剩余股利政策是以投资的未来收益为前提的，由于企业管理层与股东之间存在信息不对称，股东不一定了解企业投资未来收益水平，也会影响股东对企业的信心。

需要指出的是：保持目标资本结构，并不意味着一年内始终保持固定的资本结构。由于平时生产经营产生的损益会导致股东权益的变化，使得资本结构发生变化。因此，保持目标资本结构是指利润分配时这一特定时点的状态。

(二) 固定股利政策

1. 股利的确定

这种政策将每年发放的股利固定在某一固定的水平上并在较长时期内保持不变,除非公司预期未来的收益将有显著的、不可逆转的增加,而且未来的盈利足以支付更多的股利时,企业才会提高每股股利支付额。

2. 采用固定股利政策的意义

固定股利政策的实行比较广泛。如果公司的盈利下降,而股利并未减少,那么,投资者会认为公司未来的经济情况会有好转。因此,一般的投资者都比较喜欢投资于股利支付政策稳定的企业。因为固定股利政策有助于消除投资者心中的不确定感,对于那些期望每期有固定数额收入的投资者,则更喜欢比较稳定的股利政策。因此,许多公司都在努力促使其股利的稳定性。固定股利政策的缺点主要在于股利的支付与盈利相脱节,当盈利较低时仍要支付固定股利,这可能会导致资金短缺、财务状况恶化,影响企业的长远发展。这种股利政策适用于盈利稳定或处于成长期的公司。

(三) 固定股利支付率政策

1. 股利的确定

固定股利支付率政策是指将每年盈利的某一固定百分比作为股利分配给股东的股利分配政策。

2. 采用固定股利支付率政策的意义

实行这一政策的公司认为,只有维持固定股利支付率,才能使股利与公司盈利紧密结合,体现多盈多分、少盈少分、不盈不分的原则,体现了风险投资与风险收益的对等,这样才算真正做到公平地对待每一股东。这一政策的问题在于,如果盈利各年间波动不定,则其股利也随之波动。由于股利随盈利而波动,会影响股东对未来经营的信心,不利于公司股票市场价格的稳定与上涨。因此一些收益比较稳定的公司才可采用这种政策。

(四) 低正常股利加额外股利政策

1. 股利的确定

这种股利政策是介于固定股利与固定股利支付率之间的一种股利分配政策。其特征是:公司一般每年都支付较低的固定股利,当盈利增长较多时,再根据实际情况加付额外股利;当公司盈余较低或现金投资较多时,可维持较低的固定股利。

2. 采用低正常股利加额外股利政策的意义

这种政策既能保证股利的稳定性,使依靠股利度日的股东有比较稳定的收入,从而吸引住这部分股东,又能做到股利和盈利有较好的配合,使企业具有较大的灵活性。这种股利政策适用于盈利与现金流量波动不够稳定的公司,因而也被大多数公司所采用。

以上各种股利政策各有所长,公司在确定其股利分配政策时,应充分考虑各种股利政策的优缺点,确定适合本公司实际情况的股利分配政策。

第三节 股利种类及其支付

一、股利种类

公司通常以多种形式发放股利,股利支付形式一般有现金股利、股票股利、财产股利和负债股利,其中最为常见的是现金股利和股票股利。目前,我国上市公司的股利分配只存在现金股利和股票股利两种形式。

（一）现金股利

现金股利是指公司以现金的方式向股东支付股利，也称为红利。现金股利是公司最常见的、也是最易被投资者接受的股利支付方式。采用现金股利形式的公司必须具备两个基本条件：① 要有足够的可供分配的利润；② 要有足够的现金。因此，公司在宣告发放现金股利前，必须做好财务上安排，以便有充足的现金支付股利。因为公司一旦向股东宣告发放现金股利，就对股东承担了支付的责任，必须如期履约，否则，不仅会丧失公司信誉，而且会带来不必要的麻烦。

在会计处理上，当公司宣告发放现金股利时：

借：利润分配　　　　　　　　　　　　　　　　　　　×××
　　贷：应付股利　　　　　　　　　　　　　　　　　　×××

当发放现金股利时：

借：应付股利　　　　　　　　　　　　　　　　　　　×××
　　贷：银行存款　　　　　　　　　　　　　　　　　　×××

（二）股票股利

1. 股票股利及其对股东权益的影响

股票股利俗称送股，是指公司以股票形式向股东发放股利。发放股票股利时，在账面上，一方面减少未分配利润项目金额；另一方面增加股本和资本公积等项目金额。它并不增加股东财富，企业的财产价值、股东的股权结构也不会改变，改变的只是股东权益内部各项目的金额。

在实务中，西方国家一般都以股票市价为基础发放股票股利，而我国则以股票面值为基础发放股票股利。

【例 9-2】 某企业在发放股票股利前，股东权益情况如表 9-1 所示。

表 9-1　发放股票股利前的股东权益情况

单位：元

项　　目	金　　额
普通股股本（面值 1 元，已发行 500 000 股）	500 000
盈余公积	500 000
资本公积	1 000 000
未分配利润	1 500 000
股东权益合计	3 500 000

假定该企业宣布发放 10% 的股票股利，即发放 50 000 股普通股股票，现有股东每持 100 股可得 10 股新发股票。如该股票当时市价 10 元，发放股票股利以市价计算。

要求：分析企业发放股票股利前后的股东权益情况。

解：未分配利润划出的资金：$10 \times 500\,000 \times 10\% = 500\,000$（元）
　　普通股股本增加：$1 \times 500\,000 \times 10\% = 50\,000$（元）
　　资本公积增加：$500\,000 - 50\,000 = 450\,000$（元）

会计处理为：

借：利润分配　　　　　　　　　　　　　　　　　　　　　500 000
　　贷：股本　　　　　　　　　　　　　　　　　　　　　　　50 000
　　　　资本公积　　　　　　　　　　　　　　　　　　　　 450 000

发放股票股利后，企业股东权益各项目如表9-2所示。

可见，发放股票股利，不会对企业股东权益总额产生影响，但会发生资金在各股东权益项目之间的再分配。

表9-2　发放股票股利后的股东权益情况

单位：元

项　目	金　额
普通股股本(面值1元,已发行550 000股)	550 000
盈余公积	500 000
资本公积	1 450 000
未分配利润	1 000 000
股东权益合计	3 500 000

【例9-3】　资料见[例9-2]，假定发放股票股利以面值计算。

要求：分析企业发放股票股利前后股东权益项目的变化。

解：会计处理为：

借：利润分配　　　　　　　　　　　　　　　　　　　　　 50 000
　　贷：股本　　　　　　　　　　　　　　　　　　　　　　　50 000

发放股票股利后，企业股东权益各项目如表9-3所示。

表9-3　发放股票股利后的股东权益情况

单位：元

项　目	金　额
普通股股本(面值1元,已发行550 000股)	550 000
盈余公积	500 000
资本公积	1 000 000
未分配利润	1 450 000
股东权益合计	3 500 000

2. 股票股利对有关财务指标的影响

发放股票股利后，如果盈利总额不变，会由于普通股股数增加而引起每股利润和每股市价的下降；但股东所持股票的市场价值总额仍保持不变。

【例9-4】　假定上述企业本年盈利220 000元，某股东持有20 000股普通股。

要求：分析发放股票股利对该股东的影响。

解：发放股票股利后对该股东的影响如表 9-4 所示。

表 9-4　发放股票股利后对股东的影响

单位：元

项　目	发　放　前	发　放　后
每股利润	$220\,000 \div 200\,000 = 1.1$	$1.1 \div (1+10\%) = 1$
每股市价	10	$10 \div (1+10\%) = 9.09$
持股比例	$20\,000 \div 200\,000 \times 100\% = 10\%$	$22\,000 \div 220\,000 \times 100\% = 10\%$
所持股总价值	$10 \times 20\,000 = 200\,000$	$9.09 \times 22\,000 = 200\,000$

发放股票股利后每股利润和每股市价的计算公式为：

$$发放股票股利后的每股利润 = \frac{EPS_0}{1+D}$$

$$发放股票股利后的每股市价 = \frac{M}{1+D}$$

式中　EPS_0——发放股票股利前的每股利润；

M——发放股票股利前的每股市价；

D——股票股利发放率。

【例 9-5】　某公司年终利润分配前的有关资料如表 9-5 所示。

表 9-5

单位：万元

项　目	金　额
年初未分配利润	1 000
本年税后利润	2 000
普通股股本(500 万股,每股 1 元)	500
资本公积金	100
盈余公积金	400
股东权益合计	4 000
每股市价(元)	40

该公司决定：本年按规定比例 10% 提取盈余公积金,发放股票股利 10%,并且按发放股票股利后的股数派发现金股利,每股 0.1 元。假设股票的每股市价与每股净资产呈正比例。

要求：计算利润分配后的盈余公积金、股本、股票股利、资本公积金、现金股利、未分配利润数额和预计的普通股每股市价。

解：由于本年可供分配的利润($1\,000 + 2\,000$)>0,可按本年税后利润计提盈余公积金。

盈余公积金余额 = $400 + 2\,000 \times 10\% = 400 + 200 = 600$(万元)

股本余额 = $500 \times (1 + 10\%) = 550$(万元)

股票股利＝40×500×10％＝2 000(万元)
资本公积金余额＝100＋(40－1)×500×10％＝2 050(万元)
现金股利＝500×(1＋10％)×0.1＝55(万元)
未分配利润余额＝1 000＋(2 000－200－2 000－55)＝745(万元)
利润分配后股东权益合计＝550＋2 050＋600＋745＝3 945(万元)

或 利润分配后股东权益合计＝4 000－55＝3 945(万元)

利润分配后的权益项目情况如表 9-6 所示。

表 9-6 利润分配后的权益项目情况

单位：万元

项 目	金 额
普通股股本(550 万股,每股 1 元)	550
资本公积金	2 050
盈余公积金	600
未分配利润	745
股东权益合计	3 945

利润分配前每股净资产＝4 000÷500＝8(元)
利润分配后每股净资产＝3 945÷550＝7.17(元)
利润分配后预计每股市价＝$7.17\times\dfrac{40}{8}$＝35.85(元)

3. 发放股票股利的意义

尽管股票股利不直接增加股东的财富,也不增加企业的价值,但对股东和企业都有好处。

(1) 对股东的意义在于：① 如果企业在发放股票股利后同时发放现金股利,股东会因为持股数的增加而得到更多的现金。② 有时企业发行股票股利后,股价并不呈同比例下降,这样便增加了股东的财富,因为股票股利通常为成长中的企业所采用,投资者可能会认为,企业的盈余将会有大幅度增长,并能抵销增发股票带来的消极影响,从而使股价稳定不变或略有上升。③ 在股东需要现金时,可以将分得的股票出售,由于通常资本利得的纳税比率低于现金股利的纳税比率,股东可从中获得纳税上的好处。

(2) 对公司的意义在于：① 能达到节约现金的目的。企业采用股票股利或股票股利与现金股利相互配合的政策,既能使股东满意,又能使企业留存一定现金,便于进行再投资,有利于企业长期发展。② 在盈余和现金股利不变的情况下,发放股票股利可以降低每股价值,从而吸引更多的投资者。

二、股利支付程序

企业通常在年度末计算出当期盈利之后,才决定向股东发放股利。但是,在资本市场中,股票可以自由交换,公司的股东也经常变换。那么,哪些人应该领取股利,对此,公司必须事先确定与股利支付相关的时间界限。这个时间界限包括：

(1) 股利宣告日。股利宣告日是指公司董事会将股利支付予以公告的日期。在公告中将宣布每股股利、股权登记日、除息日和股利支付日等事项。

(2) 股权登记日。股权登记日是指有权领取股利的股东资格登记截止日期。只有在股权登记日前在公司股东名册上有名的股东,才有权分享本次股利,在股权登记日以后列入名单的股东无权领取本次股利。

(3) 除息日。除息日是指领取股利的权利与股票相互分离的日期。在除息日前,股利权从属于股票,持有股票者即享有领取股利的权利;从除息日开始,股利权与股票相分离,新购入股票的人不能享有本次股利。在我国,由于采用次日交割方式,则除息日为股权登记日的下一个工作日。

(4) 股利发放日。股利发放日即向股东发放股利的日期。

【例 9-6】 假定某公司于 2009 年 3 月 6 日发布公告:"2009 年 3 月 6 日,本公司在某地召开的股东大会上通过了董事会关于每股普通股分派股利 0.5 元的 2008 年度股利分配方案;本公司将于 2009 年 5 月 8 日将股利支付给已在 2009 年 4 月 6 日登记在册的股东。"

要求:确定与股利支付相关的时间界限。

解:本例中,股利宣告日是 2009 年 3 月 6 日;股权登记日是 2009 年 4 月 6 日;除息日是 4 月 7 日;股利发放日为 2009 年 5 月 8 日。

第四节 股票分割

一、股票分割的概念

股票分割是将一股面值较大的股票交换成若干股面值较小的股票的行为,俗称"拆细"。例如,将 1 股面值为 100 元的股票交换成 100 股面值为 1 元的股票。股票分割不属于股利分配,但其产生的影响与发放股票股利相近。

二、股票分割对有关财务指标的影响

股票分割后,发行在外的股数增加,导致每股面值降低,每股收益降低;公司价值不变,股东权益总额不变,股东的持股比例不变,这些情况与发放股票股利相同;但是股票分割后,股东权益的结构仍然不变,这一点与发放股票股利不同。

【例 9-7】 某公司原发行面值 10 元的普通股 500 000 股,经股东大会同意,现按 1 股拆成 10 股的比例进行股票分割。股票分割前的股东权益项目见表 9-7 所示。

表 9-7 股票分割前的股东权益

单位:元

普通股股本(面值 10 元,已发行 500 000 股)	5 000 000
资本公积	15 000 000
留存收益	30 000 000
股东权益合计	50 000 000

要求:分析股票分割后相关指标项目的变化。

解:股票分割后的相关指标与项目分析:

(1) 发行在外股数由 500 000 股增加到 5 000 000 股。

(2) 每股面值由 10 元降低到 1 元。

(3) 假定公司本年度的净利为 6 000 000 元,如果不进行股票分割每股收益为 12 元,股

票分割后的每股收益为1.2元。

(4) 股票分割后的股东权益项目如表9-8所示。

表9-8 股票分割后的股东权益

单位：元

普通股股本(面值1元,已发行5 000 000股)	5 000 000
资本公积	15 000 000
留存收益	30 000 000
股东权益合计	50 000 000

(5) 某股东股票分割前持有50 000股,占总股本的10%,假定股票市价为192元,该股东所持股票的总价值为9 600 000元；股票分割后该股东所持股票增加到500 000股,仍然占总股本的10%,股票市价降至19.2元,但该股东所持股票的总价值仍为9 600 000元。

三、股票分割的意义

股票分割后公司股东权益总额、股东的持股比例、股东所持股票的价值等都不变,那么股票分割的意义何在？

1. 对股东来讲

(1) 股票分割后降低了股价,可能导致购买该股票的人增加,从而推动股价的上升,增加股东的财富。

(2) 如果股票分割后每股现金股利的下降幅度小于股票分割幅度,股东仍能多获现金股利。

2. 对公司来讲

(1) 通过增加股票,降低每股市价,吸引更多的投资者。

(2) 在投资者看来,股票分割是成长中公司的行为,因而能提高投资者对公司的信心,在一定程度上可稳定甚至提高公司股票的价格。

股票分割的最显著特点是能够降低股价,但一般只有在公司股价暴涨时采用；而在公司股价上涨幅度不大时,往往通过发放股票股利将股价维持在理想的水平。

反之,如果公司认为自己的股价太低,则可以通过反分割来提高每股市价。反分割是股票分割的逆向行为,是指将若干股面值较低的股票合并成一股面值较高股票的行为,俗称股票合并。

主 要 术 语

1. 利润分配
2. 利润分配程序
3. 股利分配政策
4. 剩余股利政策
5. 固定股利政策
6. 固定股利支付率政策
7. 低正常股利加额外股利政策
8. 股票股利
9. 现金股利
10. 股利宣告日
11. 股权登记日
12. 除息日
13. 股票分割

复习思考题

1. 什么是利润分配？利润分配的实质是什么？
2. 企业当年无盈利，能否发放股利？
3. 采用剩余股利政策，如何确定可发放的股利？其理由是什么？
4. 影响股利分配的法律因素有哪些？
5. 股利有哪些形式？我国主要有哪些股利形式？
6. 发放股票股利并不直接增加股东的财富，这样做的意义何在？
7. 股票股利和股票分割的主要区别是什么？

习 题

一、判断题

1. 股份有限公司的股利分配政策应当遵循"无利不分"的原则，当年无盈利就不能发放股利。（ ）
2. 成长中的企业，一般采用低股利政策；处于经营收缩期的企业，则可能采用高股利政策。（ ）
3. 由于发放股票股利后，增加了市场流通的股票股数，从而使每位股东所持股票的市场价值总额增加。（ ）
4. 一个新股东要想取得本期股利，必须在股权登记日之前购入股票，否则即使持有股票也无权领取本次股利。（ ）
5. 资本公积和盈余公积属于企业的经营积累。（ ）
6. 企业发放股票股利将使同期每股盈余下降。（ ）
7. 股东为防止控制权稀释，往往希望公司提高股利支付率。（ ）
8. 只要公司拥有足够现金，就可以发放现金股利。（ ）
9. 按照利润分配的积累优先原则，企业税后利润分配，不论什么条件下均应优先提取法定公积金。（ ）
10. 如果发放股票股利的比例大于股价下降的比例，股东就可得到收益。（ ）
11. 每股收益越高，意味着股东可以从公司分得的股利越高。（ ）
12. 在除息之前，股利权从属于股票；从除息日开始，新购入股票的人不能分享本次已宣告发放的股利。（ ）

二、单项选择题

1. 极易造成股利的支付与企业盈余相脱节的股利政策是（ ）。
   A. 固定股利政策   B. 剩余股利政策
   C. 固定股利支付率政策   D. 正常股利加额外股利政策
2. 上市公司提取法定盈余公积金达到注册资本的（ ）时，可不再提取法定盈余公积金。
   A. 15%   B. 25%
   C. 40%   D. 50%
3. 公司为了稀释流通在外的本公司股票价格，对股东支付股利的形式采用（ ）。
   A. 现金股利   B. 财产股利

C. 负债股利　　　　　　　　　D. 股票股利

4. 体现"多盈多分""少盈少分"的股利政策是（　　）。
   A. 剩余股利政策　　　　　　B. 固定股利政策
   C. 固定股利支付率政策　　　D. 正常股利加额外股利政策

5. 以下项目中，不属于利润分配的项目是（　　）。
   A. 盈余公积金　　　　　　　B. 优先股股利
   C. 普通股股利　　　　　　　D. 所得税

6. 若要保持目标资本结构，应采用的股利政策是（　　）。
   A. 剩余股利政策　　　　　　B. 固定股利政策
   C. 固定股利支付率政策　　　D. 正常股利加额外股利政策

7. 我国公司常采用（　　）两种股利分配方式。
   A. 现金股利和财产股利　　　B. 现金股利和股票股利
   C. 现金股利和负债股利　　　D. 财产股利和股票股利

8. 企业在（　　）情况下，才能按本年税后利润计提法定盈余公积金。
   A. 存在年初累计亏损　　　　B. 本年税后利润与计划相同
   C. 本年税后利润与上年相同　D. 不存在年初累计亏损

9. 某公司200×年实现税后利润为50万元，公司的目标资本结构为1:1，假定该公司第二年投资计划所需资金60万元，当年流通在外普通股10万股，若采用剩余股利政策，该年度股东可获每股股利为（　　）元。
   A. 1　　　　　　　　　　　　B. 2
   C. 3　　　　　　　　　　　　D. 5

10. 某公司现有发行在外的普通股100万股，每股面值1元，资本公积300万元，未分配利润800万元，股票市价20元，若按10%的比例发放股票股利并按市价折算，公司资本公积的报表列示将为（　　）万元。
    A. 190　　　　　　　　　　　B. 290
    C. 490　　　　　　　　　　　D. 300

11. 下列选项中，不属于股票回购方式的是（　　）。
    A. 向股东标购本公司普通股股票
    B. 与少数大股东协商购买本公司普通股股票
    C. 在市场上直接购买本公司普通股股票
    D. 用本公司普通股票换回优先股

12. 某公司近年来经营业务不断拓展，目前处于成长阶段，预计现有的生产经营能力能够满足未来十年稳定增长的需要，公司希望其股利与公司盈余紧密同步。基于以上条件，最为适宜该公司的股利政策是（　　）。
    A. 剩余股利政策　　　　　　B. 固定股利支付率政策
    C. 固定股利政策　　　　　　D. 低正常股利加额外股利政策

三、多项选择题

1. 股份有限公司股利支付的程序包括（　　）。
   A. 除息日　　　　　　　　　B. 股权登记日
   C. 股利宣告日　　　　　　　D. 股利发放日

2. 影响利润分配政策的股东因素有(   )。
   A. 控制权考虑   B. 资本保全约束
   C. 避税考虑   D. 规避风险
3. 企业发放股票股利的意义在于(   )。
   A. 企业盈利的资本化   B. 可节约企业的现金
   C. 股票价格不至于太高   D. 会使企业财产价值增加
4. 现行法律法规对公司股利分配方面的限制有(   )。
   A. 资本保全   B. 不允许股权稀释
   C. 保持资产的流动性   D. 按比例提取法定盈余公积金
5. 发放股票股利后,不会(   )。
   A. 改变股东的股权比例
   B. 增加企业的资产
   C. 引起每股盈余和每股市价发生变化
   D. 引起股东权益各项目的结构发生变化
6. 目前我国上市公司的股利支付方式主要有(   )
   A. 现金股利   B. 负债股利
   C. 财产股利   D. 股票股利
7. 下列各项目中,属于税后利润分配项目的有(   )。
   A. 法定盈余公积金   B. 任意盈余公积金
   C. 资本公积金   D. 股利支出
8. 从企业的角度看,制约股利分配的因素有(   )。
   A. 控制权稀释   B. 筹资能力大小
   C. 盈利变化   D. 未来投资机会
9. 采用正常股利加额外股利政策的理由有(   )。
   A. 有利于保持最优资本结构   B. 使企业具有较大的灵活性
   C. 保持理想的资本结构,降低资本成本
   D. 吸引住那些依靠股利度日的股东
10. 下列项目中,不能用于支付股利的项目有(   )。
    A. 股本   B. 上年未分配利润
    C. 资本公积金   D. 原始投资额
11. 下列说法正确的有(   )。
    A. 一般来说,一个公司的盈利越稳定,其股利支付率会越高
    B. 如果资产的流动性较低,则股利支付率会较低
    C. 在通货膨胀时期,公司股利支付率往往较高
    D. 从资本成本考虑,如果公司有筹资需要,则应当采取低现金股利政策
12. 公司实施剩余股利政策,意味着(   )。
    A. 公司接受了股利无关理论
    B. 公司可以保持理想的资本结构
    C. 公司统筹考虑了资本预算、资本结构和股利政策等财务基本问题
    D. 兼顾了各类股东、债权人的利益

四、计算题

1. N公司2017年的税后利润为520万元，目前最佳资本结构为45%，执行20%的固定股利支付率政策，因产品销路较好，2018年拟投资1 200万元扩大生产能力。

要求：
（1）计算公司当年的留存利润。
（2）计算公司外部权益资本筹资额。

2. 某公司本年税后利润为1 500万元，下年拟投资一新项目，需投资2 000万元，公司的目标资本结构为负债与权益之比2:3，公司流通在外的普通股为200万股，公司采用剩余股利政策。

要求：
（1）计算公司本年可发放的股利额。
（2）计算股利支付率。
（3）计算每股股利。

3. 某企业201×年实现销售收入2 480万元，全年固定成本570万元，变动成本率55%，所得税税率25%。201×年应用税后利润弥补上年度亏损40万元，按10%提取盈余公积金，向投资者分配利润的比率为可供分配利润的40%。

要求：
（1）计算201×年税后利润。
（2）计算201×年提取的盈余公积金和未分配利润。

4. F公司2017年全年实现净利润1 000万元，年末在分配股利前的股东权益账户余额如下（单位：万元）：

股本（面值1元）	1 000
盈余公积	500
资本公积	4 000
未分配利润	1 500
合计	7 000

若公司决定发放10%的股票股利（以市价为基础），并按发放股票股利后的股数支付现金股利，每10股派发1元，该公司股票目前市价为10元。

要求：
（1）计算各账户余额，比较发放股利前后该公司股东权益结构的变化。
（2）预计2018年净利润将增长5%，若保持10%的股票股利发放率与固定股利支付率，计算2018年发放的股利。
（3）预计2018年净利润增长5%，且年底将要有一个大型项目上马，该项目所需资金为2 500万元，若要保持资产负债率40%的目标资本结构，计算判断当年能否发放股利（法定盈余公积金提取比例为10%）。

5. A公司为上市公司，某年年末股本总额2 400万元，每股账面价值4.50元，每股面值1元，资产负债率60%，所得税税率30%，平均利息费用为负债总额的10%，息税前利润6 000万元，当年股利支付率为60%。该公司市场稳定，预计在很长时期内无增长率，未来股利支付率不变，预期股票必要报酬率为15%。

要求：计算A股票的每股价值。

案 例 分 析

一、案例资料

北京用友软件股份有限公司于 2001 年 5 月 18 日上市,2002 年 4 月 28 日,股东大会审议通过 2001 年度分配方案为 10 股派 6 元(含税),共计派发现金股利 6 000 万元。刚刚上市一年即大比例分红,一时间市场上众说纷纭。2001 年度用友公司主营业务依然专注于软件产业,并注重于管理软件领域。

2001 年,公司实现主营业务收入 33 348 万元,主营业务利润 30 444 万元,与去年同期相比,分别增长了 56.7% 和 55.9%,主要财务数据如表 9-9 所示。

表 9-9　用友软件 1999～2002 年中期主要财务数据

时间　　　　项目	2002 年中期	2001 年中期	2000 年中期	1999 年中期
主营业务收入(万元)	20 490.44	33 348.32	21 288.53	18 514.36
主营业务利润(万元)	18 561.04	30 443.66	19 523.85	16 740.18
其他业务利润(万元)	7.55	1.25	18.85	40.86
营业利润(万元)	2 821.98	5 010.51	2 632.84	4 226.28
投资收益(万元)	—	—	−61.14	6.95
补贴收入(万元)	1 781.47	3 132.90	2 030.18	118.13
营业外收支(万元)	7.36	−110.94	85.83	−14.31
利润总额(万元)	4 429.54	7 923.94	4 687.70	4 337.05
所得税(万元)	504.82	916.12	689.73	827.5
净利润(万元)	4 011.88	7 040.06	4 004.29	3 506.56
获利能力指标:				
销售毛利率	92.56%	93.21%	93.37%	94.03%
主营业务利润率	90.58%	91.29%	91.71%	90.42%
销售净利润	19.58%	21.11%	18.81%	18.94%
总资产报酬率	3.56%	6.03%	24.64%	27.04%
净资产收益率	3.85%	7.02%	47.76%	45.22%
营运能力指标:				
应收账款周转率(次)	6.85	12	9.09	11.33
存货周转率(次)	5.54	9.74	7.20	7.85
固定资产周转率(次)	—	5.59	3.66	3.17
股东权益周转率(次)	0.20	0.61	2.64	2.38
总资产周转率(次)	0.18	0.50	1.46	1.40
偿债能力指标:				
流动比率	12.46	6.60	1.13	1.12
速动比率	12.43	6.58	1.11	1.07
资产负债率	7.27%	13.82%	48.17%	39.96%
股东权益比率	92.44%	85.82%	51.60%	59.80%
固定资产比率	6.61%	5.49%	33.99%	47.02%

(续表)

项目 \ 时间	2002 年中期	2001 年中期	2000 年中期	1999 年中期
发展能力指标：				
主营业务收入增长率	53.66%	56.65%	14.98%	43.81%
营业利润增长率	31.54%	90.31%	−37.70%	60.40%
税后利润增长率	37.69%	75.81%	14.19%	60.00%
净资产增长率	2.09%	1 095.45%	8.11%	−0.99%
总资产增长率	4.78%	618.69%	25.31%	−3.98%
现金流量指标：				
现金及现金等价物净增额(万元)	−9 024.47	67 300.56	1 724.52	—
经营活动现金流量(万元)	1 543.79	10 329.34	4 764.64	—
销售商品收到的现金(万元)	23 153.14	40 116.22	24 163.62	—
销售商品收到的现金占主营业务收入比例	112.99%	120.29%	113.51%	—

注：由于根据合并报表数据计算，所以股东权益比率中的分子数(股东权益比率)未包含少数股东权益在内，致使资产负债率与股东权益比率相加并不等于1。

2001年，用友公司的大部分投资项目仍在运作中，投资项目资金陆续投入。

二、思考分析

(1) 用友软件股份有限公司是否应该发放如此之高的现金股利？
(2) 用友软件股份有限公司高派现，是否还有其他深层次的原因？

第十章 企业价值评估

学习目的与要求

- 了解企业价值评估的含义、目的与用途。
- 理解现金流量模型的形式和种类。
- 掌握现金流量模型的参数估计与应用。
- 理解和掌握经济利润模型的原理和应用。
- 理解和掌握相对价值模型的原理和应用。

本 章 提 要

(1) 企业价值评估简称价值评估,是一种经济评估方法,是投资者和管理当局为改善决策,采用科学的评估方法,对企业(或者企业内部的一个经营单位、分支机构)在特定时点上的公平市场价值进行评定和估算,并提供有关信息的过程。

(2) 价值评估使用的模型通常称为定价模型,它的功能是把预测数据转换为企业价值。在企业价值评估实务中,主要有现金流量折现模型、经济利润模型、相对价值模型三种模型。

(3) 现金流量模型的种类有股权现金流量模型和实体现金流量模型。这两类模型在具体应用中又可分为三种类型:永续增长模型、两阶段增长模型和三阶段增长模型。

(4) 现金流量模型和经济利润模型在概念上很健全,但是在应用时会碰到较多的技术问题。有一种相对容易的估价模型,就是相对价值模型,也称价格乘数模型或可比交易价值模型等。这种模型是利用类似企业的市场定价来估计目标企业价值的一种模型。它的假设前提是存在一个支配企业市场价值的主要变量(如净利等)。市场价值与该变量(如净利等)的比值,各企业是类似的、可以比较的。

(5) 相对价值模型分为两大类:一类是以股权市价为基础的模型;另一类是以企业实体价值为基础的模型。

第一节 企业价值评估概述

财务管理是一种综合性的价值管理,必须了解资产的价值和价值驱动因素。企业也是一种资产,与股票、债券等金融资产一样,也需要进行价值评估。企业价值评估是财务管理的重要工具之一,具有广泛的用途,是现代财务的必要组成部分。

一、企业价值评估的含义

企业价值评估简称价值评估,是一种经济评估方法,是投资者和管理当局为改善决策,采用科学的评估方法,对企业(或者企业内部的一个经营单位、分支机构)在特定时点上的公平市场价值进行评定和估算,并提供有关信息的过程。

正确理解价值评估的含义,需要注意 Darmodaran 教授在《价值评估》中提出的、在企业价值评估中必须摒弃的一些错误观念。

错误观念 1:价值评估是运用模型进行定量分析,因此价值评估是客观的。

尽管价值评估的模型是数量化的,但模型中的大量数据和变量都带有许多评估人员的主观判断的色彩。对于相同的情况,不同的人可能会有不同的判断,因此价值评估的结果必然受到评估人员主观思想的影响。

错误观念 2:经过充分调查和合理研究的估价不受时间的限制,永远都是正确的。

任何估价的结果都不是一成不变的,会受到新信息的影响。金融市场的信息总是不断流动的,因此公司的价值评估具有较强的时效性。

错误观念 3:一个好的估价能够得到精确的价值估计。

由于估价过程中存在许多假设条件,可受到宏观经济环境的变化和公司未来的战略发展等影响,即使价值评估做得再谨慎、再精确,但最后的结果仍然存在着不确定性。未来现金流量和折现率的估计必然会存在偏差,价值评估的最终结果是不可能完全正确的,评估人员总是会给自己留下一定的误差空间。

错误观念 4:模型的数量化程度越高,价值评估的结果就越精确。

各种估价模型的好坏很大程度上取决于评估人员在使用这些数据时所花费的时间和精力。如果评估人员并未尽职尽责,使用了错误的数据,那么最终得到的结果也将是错误的。价值评估结果的好坏不是取决于模型的数量化程度,而是与评估人员收集数据和分析数据所耗费的时间精力相关联的。

错误观念 5:市场的价格总是错误的。

价值评估的结果总是与市场价格相对比,当与市场价格发生偏离时,有两种可能性:一种是评估是正确的而市场是错误的;另一种是市场是正确的而评估是错误的。应该说,我们假设的前提都是市场是正确的,如果评估人员得出了与市场价格相偏离的结果,那么评估人员就必须拿出充分的证据来证明市场是错误的。鉴于打败市场的困难性,投资者必然会十分谨慎地对待这类评估结果。

二、企业价值评估的目的与用途

企业价值评估的目的是帮助投资人和管理当局改善决策。它的主要用途表现在三个方面。

1. 用于投资分析,提供决策依据

价值评估是股市基础分析的核心内容。投资人信奉不同的投资理念,有的人相信技术分析,有的人相信基础分析。相信基础分析的人认为企业价值与财务数据之间存在函数关系,这种关系在一定时间内是稳定的。根据价值规律原理,在股票市场上,企业价值决定证券价格,证券价格与价值的偏离经过一段时间的调整会向价值回归。他们据此原理寻找并且购进被市场低估的证券或企业,以期获得高于市场平均报酬率的收益。

2. 用于并购分析，推动战略重组

战略是指一整套的决策和行动方式，包括刻意安排的有计划的战略和非计划的突发应变战略。战略管理是指涉及企业目标和方向、带有长期性、关系企业全局的重大决策和管理。战略管理可以分为战略分析、战略选择和战略实施。战略分析是指使用定价模型清晰地说明经营设想和发现这些设想可能创造的价值，目的是评价企业目前和今后增加股东财富的关键因素是什么。价值评估在战略分析中起核心作用。例如，收购属于战略决策，收购企业要估计目标企业的合理价格，在决定收购价格时要对合并前后的价值变动进行评估，以判断收购能否增加股东财富，以及依靠什么来增加股东财富。

3. 用于价值管理，实现理财目标

企业价值最大化是现代财务管理的根本目标。企业决策正确性的根本标志是能否增加企业价值。不了解一项决策对企业价值的影响，就无法对决策进行评价。在这种意义上说，价值评估是改进企业一切重大决策的手段。为了搞清楚财务决策对企业价值的影响，需要清晰描述财务决策、企业战略和企业价值之间的关系。在此基础上实行以价值为基础的管理，依据价值最大化原则制定和执行经营计划，通过度量价值增加来监控经营业绩并确定相应报酬。

4. 企业价值评估与项目评估的区别与联系

企业也是资产，具有资产的一般特征。但是，它又与实物资产有区别，是一种特殊的资产。企业价值评估与项目价值评估既有类似之处，也有明显区别。

从某种意义上看，企业也是一个大项目，是一个由若干个投资项目组成的复合项目，或者说是一个项目组合。因此，企业价值评估与投资项目评价有许多类似之处：① 无论是企业还是项目，都可以给投资主体带来现金流量，现金流越大则经济价值越大。② 它们的现金流都具有不确定性，其价值计量都要使用风险概念。③ 它们的现金流都是陆续产生的，其价值计量都要使用现值概念。

企业价值评估与项目价值评估也有许多明显区别：① 投资项目的寿命是有限的，而企业的寿命是无限的，因此要处理无限期现金流折现问题。② 典型的项目投资有稳定的或下降的现金流，而企业通常将收益再投资并产生增长的现金流，它们的现金流分布有不同特征。③ 项目产生的现金流属于投资人，而企业产生的现金流仅在管理层决定分配它们时才流向所有者，如果管理层决定向较差的项目投资而不愿意支付股利，则少数股东除了将股票出售外别无选择。这些差别，也正是企业价值评估比项目评价更困难的地方。

价值评估使用的模型通常称为定价模型，它的功能是把预测数据转换为企业价值。在企业价值评估实务中，主要有现金流量模型、经济利润模型、相对价值模型三种模型。

第二节 现金流量模型

一、现金流量模型的基本形式

现金流量模型是企业价值评估使用最广泛、理论上最健全的模型。现金流量模型认为，企业价值在本质上是其未来现金流量的现值。任何资产都可以使用现金流量模型来估价。用公式表示为：

$$价值 = \sum_{t=1}^{n} \frac{现金流量}{(1+资本成本)^t}$$

可见，其价值都是现金流量、资本成本和现金流量的持续年数三个变量的函数。

(一) 现金流量

"现金流量 t"是指各期的预期现金流量。不同资产的未来现金流量表现形式不同,债券的现金流量是利息和本金,投资项目的现金流量是项目引起的增量现金流量。在价值评估中可供选择的企业现金流量主要有两种:股权现金流量和实体现金流量。依据现金流量的不同种类,企业估价模型也分为股权现金流量模型和实体现金流量模型两种。

(二) 资本成本

"资本成本"是指计算现值使用的折现率。折现率是现金流量风险的函数,风险越大则折现率越大,因此折现率和现金流量要相互匹配。股权现金流量只能用股权资本成本来折现,实体现金流量只能用企业实体的加权平均资本成本来折现。

(三) 现金流量的持续年数

"t"是指产生现金流量的时间,通常用"年"数来表示。从理论上说,现金流量的持续年数应当等于资源的寿命。企业的寿命是不确定的,通常采用持续经营假设,即假设企业将无限期地持续经营下去。预测无限期的现金流量数据是很困难的,时间越长,远期的预测越不可靠。为了避免预测无限期的现金流量,大部分估价将预测的时间分为两个阶段。第一阶段是有限的、明确的预测期,称为"详细预测期",或简称"预测期",在此期间需要对每年的现金流量进行详细预测,并根据现金流量模型计算其预测期价值;第二阶段是预测期以后的无限时期,称为"后续期"或"永续期",在此期间假设企业进入稳定状态,有一个稳定的增长率,可以用简便方法直接估计后续期价值。后续期价值也被称为"永续价值"或"残值"。这样,企业价值被分为两部分:

$$企业价值 = 预测期价值 + 后续期价值$$

二、现金流量模型的种类

(一) 股权现金流量模型

股权现金流量模型的基本形式为:

$$股权价值 = \sum_{t=1}^{n} \frac{股权现金流量_t}{(1 + 股权资本成本)^t}$$

股权现金流量是一定期间企业可以提供给股权投资人的现金流量。它等于企业实体现金流量扣除对债权人支付后剩余的部分。有多少股权现金流量会作为股利分配给股东,取决于企业的筹资和股利分配政策。

(二) 实体现金流量模型

实体现金流量模型的基本形式为:

$$实体价值 = \sum_{t=1}^{n} \frac{实体现金流量_t}{(1 + 加权平均资本成本)^t}$$

实体价值股权价值 = 股权价值 + 债务价值

$$债务价值 = \sum_{t=1}^{n} \frac{偿还债务现金流量_t}{(1 + 等风险债务利率)^t}$$

由于偿还债务现金流量比较稳定,因此债务价值与其面值比较接近,为简化计算,在实务中通常以债务面值作为债务价值。

实体现金流量是企业全部现金流入扣除成本费用和必要的投资后的剩余部分,它是企业一定期间可以提供给所有投资人(包括股权投资人和债权投资人)的税后现金流量。

三、现金流量模型参数的估计

现金流量模型的参数包括预测期的年数、各期的现金流量和资本成本。这些参数是相互影响的,需要整体考虑,不可以完全孤立地看待和处理。资本成本的估计在本教材其他章节已经做过介绍,这里主要说明预测期的确定和预测期现金流量的估计。

(一)预测期的确定

预测的时间范围涉及预测基期、详细预测期和后续期。

1. 预测基期

预测基期是指作为预测基础的时期,它通常是预测工作的上一个年度。基期的各项数据被称为基数,它们是预测的起点。基期数据不仅包括各项财务数据的金额,还包括它们的增长率以及反映各项财务数据之间联系的财务比率。

确定基期数据的方法有两种:一种是以上年实际数据作为基期数据;另一种是以修正后的上年数据作为基期数据。如果通过历史财务报表分析认为,上年财务数据具有可持续性,未来也不会发生重要的变化,则以上年实际数据作为基期数据。如果通过历史财务报表分析认为,上年的数据不具有可持续性,就应适当进行调整,使之适合未来的情况。

2. 详细预测期和后续期的划分

实务中的详细预测期通常为5~7年,如果有疑问还应当延长,但一般都在10年以内。企业增长的不稳定时期有多长,预测期就应当有多长。竞争均衡理论认为,一个企业不可能永远以高于宏观经济增长的速度发展下去。各企业的销售收入的增长率往往趋于恢复到正常水平。拥有高于或低于正常水平的企业,通常在3~10年中恢复到正常水平。

判断企业进入稳定状态的主要标志有两个:① 具有稳定的销售增长率,它大约等于宏观经济的名义增长率;② 具有稳定的投资资本回报率,它与资本成本接近。

预测期和后续期的划分不是事先主观确定的,而是在实际预测过程中根据销售增长率和投资回报率的变动趋势确定的。

【例10-1】 ABC公司处在高速增长的时期,2010年的销售增长了14%。预计2011年可以维持14%的增长率,2013年开始逐步下降,2016年及以后各年按6%的比率持续增长,见表10-1所示。

表10-1 ABC公司的销售预测

年份	基期	2011	2012	2013	2014	2015	2016	2017	2018	2019	2020
销售增长率	14.00%	14.00%	11.00%	8.00%	7.00%	6.00%	6.00%	6.00%	6.00%	6.00%	6.00%

要求:划分ABC公司的预测期和后续期。

解:ABC公司的预测以2010年为基期,以经过调整的2010年的财务报表数据为基数。该企业的财务预测将采用销售百分比法,需要根据历史数据确定主要报表项目的销售百分比,作为对未来进行预测的假设。

通过销售预测观察到ABC公司的销售增长率和投资资本回报率在2015年回复到正常水平(如表10-2所示)。销售增长率稳定在6%,与宏观经济的增长率接近;投资资本回报率稳定在13.2%,与其资本成本12%接近。因此,该企业的预测期确定为2011~2015年,

2016 年及以后年度为后续期。

表 10-2　ABC 公司的增长率投资资本回报率

单位：万元

年　份	销售增长率	息前税后利润	有息负债及股东权益	期初投资资本回报率
基期	14%		516.000	
2011	14%	73.325	588.240	14.210%
2012	11%	81.391	652.946	13.836%
2013	8%	87.902	705.182	13.462%
2014	7%	94.055	754.545	13.338%
2015	6%	99.698	799.817	13.213%
2016	6%	105.680	847.806	13.213%
2017	6%	112.021	899.675	13.213%
2018	6%	118.742	954.595	13.213%
2019	6%	125.867	1 012.751	13.213%
2020	6%	133.419	1 074.336	13.213%

（二）预测期现金流量的估计

1. 现金流量的概念

现金流量是财务管理的最重要概念之一。在价值评估中，主要使用实体现金流量和股权现金流量两个概念。

（1）实体现金流量是指企业全部投资人拥有的现金流量总和，包括股东和债权人，它有两种衡量方法：

一是加总全部投资人的现金流量：

$$实体现金流量 = 股权自由现金流量 + 债权人现金流量 + 优先股股东现金流量$$

由于我国基本没有优先股，为了简化，下面不再讨论优先股问题，也就是假设企业无优先股。即：

$$实体现金流量 = 股权自由现金流量 + 债权人现金流量$$

二是以息前税后利润为基础，扣除各种必要的支出后计算得出。在正常的情况下，企业获得的现金首先必须满足企业必要的生产经营活动及其增长的需要，剩余的部分才可以提供给所有投资人。

$$实体现金流量 = 营业现金净流量 - 资本支出$$

$$= 息前税后营业利润 + 折旧与摊销 - 营业流动资产增加 - 资本支出$$

$$= 息前税后营业利润 + 折旧与摊销 + 总投资$$

$$= 息前税后营业利润 - (总投资 - 折旧与摊销)$$

$$= 息前税后营业利润 - 净投资$$

公式中的"营业现金净流量"是指企业经营活动取得的息前税后利润,加上折旧与长期资产摊销等非付现费用,再减去营运资本的增加的结果。如果企业没有资本支出,它就是经营活动给投资人提供的现金流量。

公式中的"资本支出",是指用于购置各种长期资产的支出,减去无息长期负债的差额。长期资产包括长期投资、固定资产、无形资产、其他长期资产,对于持续经营和提高未来增长率是必须的。购置支出的一部分现金可以由无息长期负债提供,其余的部分必须由企业的实体现金流量提供。因此,营业现金净流量扣除了资本支出,剩余部分才可以提供给投资人。

公式中的营业流动资产是指流动资产减去无息流动负债后的余额,而"营业流动资产增加"是当期营业流动资产与上期营业流动资产的差额。

由于资本支出和营业流动资产增加都是企业的投资现金流出,因此它们的合计称为"总投资"。

$$总投资 = 营业流动资产增加 + 资本支出$$

企业在发生投资支出的同时,还通过"折旧与摊销"收回一部分现金,因此"净"的投资现金流出是总投资减去"折旧与摊销"后的剩余部分,称之为"净投资"。

第一种方法,是从现金流量的形成角度计算的,是企业剩余或短缺的现金流量。第二种方法是从融资角度计算的,是企业提供给投资人或从投资人处吸收的现金流量,也可以称为"融资现金流量"。由于企业提供的现金流量,就是投资人得到的现金流量,因此它们应当相等。

(2)股权自由现金流量与实体现金流量的区别,是它需要再扣除与债务相联系的现金流量。它也有两种衡量方法。

第一种衡量方法:

$$股权现金流量 = 实体现金流量 - 债权人现金流量$$

$$= 息前税后营业利润 + 折旧与摊销 - 营业流动资产增加 - 资本支出 - 税后利息费用 + 有息债务净增加$$

$$= (利润总额 + 利息费用) \times (1 - 税率) - 净投资 - 税后利息费用 + 有息债务净增加$$

$$= (税后利润 + 税后利息费用) - 净投资 - 税后利息费用 + 有息债务净增加$$

$$= 税后利润 - (净投资 - 有息债务净增加)$$

其中:(净投资 - 有息债务净增加)这部分差额是由股东承担的,又称为股权净投资。

第二种衡量方法:

$$股权现金流量 = 实体现金流量 - 债权人现金流量$$

$$= 实体现金流量 - 税后利息支出 - 偿还债务本金 + 新借债务$$

$$= 实体现金流量 - 税后利息支出 + 有息债务净增加$$

2. 预计利润表和资产负债表

未来现金流量的数据需要通过财务预测取得。财务预测可以分为单项预测和全面预测。单项预测的主要缺点是容易忽视财务数据之间的联系,不利于发现预测假设的不合理之处。全面预测是指编制成套的预计财务报表,通过预计财务报表获取需要的预测数据。预测销售收入是全面预测的起点,大部分财务数据与销售收入有内在联系。预计财务报表主要是预计利润表、预计资产负债表和预计现金流量表。

下面通过前述 ABC 公司的例子,说明预计利润和资产负债表的编制过程。该公司的预计利润表和资产负债表,如表 10-3 和表 10-4 所示,其中基期的数据和各年的各种比率是已知的。

表 10-3 ABC 公司的预计利润表

单位:万元

年 份	基 期	2011	2012	2013	2014	2015
利润表预测假设:						
销售增长率	14%	14%	11%	8%	7%	6%
销售成本率	68.000%	68.000%	68.000%	68.000%	68.000%	68.000%
营业、管理费用/销售	11%	11%	11%	11%	11%	11%
折旧/销售收入	5%	5%	5%	5%	5%	5%
短期债务利率	7%	7%	7%	7%	7%	7%
长期债务利率	9%	9%	9%	9%	9%	9%
平均所得税税率	25%	25%	25%	25%	25%	25%
利润表项目						
一、主营业务收入	600.000	684.000	759.240	819.979	877.378	930.020
减:主营业务成本	408.000	465.120	516.283	557.586	596.617	632.414
二、主营业务利润	192.000	218.880	242.957	262.393	280.761	297.607
加:其他业务收入	0.000	0.000	0.000	0.000	0.000	0.000
减:营业和管理费用	66.000	75.240	83.516	90.198	96.512	102.302
折旧费	30.000	34.200	37.962	40.999	43.869	46.501
短期借款利息	9.030	10.294	11.427	12.341	13.205	13.997
长期借款利息	6.966	7.941	8.815	9.520	10.186	10.798
财务费用合计	15.996	18.235	20.241	21.861	23.391	24.794
三、营业利润	80.004	91.205	101.237	109.336	116.990	124.009
加:投资收益	0.000	0.000	0.000	0.000	0.000	0.000
营业外收入	0.000	0.000	0.000	0.000	0.000	0.000
减:营业外支出	0.000	0.000	0.000	0.000	0.000	0.000
四、利润总额	80.004	91.205	101.237	109.336	116.990	124.009
减:所得税费用	20.001	22.801	25.309	27.334	29.247	31.002
五、净利润	60.003	68.404	75.928	82.002	87.742	93.007
加:年初未分配利润	22.000	9.600	52.944	91.768	123.109	152.727
六、可供分配的利润	82.003	78.003	128.872	173.770	210.851	245.734
减:应付普通股股利	72.403	25.059	37.104	50.661	58.125	65.843
七、未分配利润	9.600	52.944	91.768	123.109	152.727	179.891

表 10-4 ABC 公司的预计资产负债表

单位：万元

年　　　份	基　期	2011	2012	2013	2014	2015
资产负债表预测假设：						
销售收入	600.000	684.000	759.240	819.979	877.378	930.020
货币资金/销售收入	1.500%	1.500%	1.500%	1.500%	1.500%	1.500%
应收账款/销售收入	27.000%	27.000%	27.000%	27.000%	27.000%	27.000%
存货/销售收入	18.000%	18.000%	18.000%	18.000%	18.000%	18.000%
其他流动资产/销售收入	5.500%	5.500%	5.500%	5.500%	5.500	5.500%
应付账款/销售收入	9.500%	9.500%	9.500%	9.500%	9.500%	9.500%
其他流动负债/销售收入	4.500%	4.500%	4.500%	4.500%	4.500%	4.500%
固定资产净值/销售收入	48.000%	48.000%	48.000%	48.000%	48.000%	48.000%
短期借款/投资资本	25.000%	25.000%	25.000%	25.000%	25.000%	25.000%
长期借款/投资资本	15.000%	15.000%	15.000%	15.000%	15.000%	15.000%
资产负债表项目：						
货币资金	9.000	10.260	11.389	12.300	13.161	13.950
应收账款	162.000	184.680	204.995	221.394	236.892	251.106
存货	108.000	123.120	136.663	147.596	157.928	167.404
其他流动资产	33.000	37.620	41.758	45.099	48.256	51.151
小计	312.000	355.680	394.805	426.389	456.236	483.611
减：应付账款	57.000	64.980	72.128	77.898	83.351	88.352
减：其他流动负债	27.000	30.780	34.166	36.899	39.482	41.851
等于：营业流动资产	228.000	259.920	288.511	311.592	333.404	353.408
固定资产原值	418.000	492.520	566.597	636.751	708.171	779.941
（本年折旧）	30.000	34.200	37.962	40.999	43.869	46.501
减：累计折旧	130.000	164.200	202.162	243.161	287.030	333.531
固定资产净值	288.000	328.320	364.435	393.590	421.141	446.410
投资资本总计	516.000	588.240	652.946	705.182	754.545	799.818
短期借款	129.000	147.060	163.237	176.296	188.636	199.954
长期借款	77.400	88.236	97.942	105.777	113.182	119.973
有息负债合计	206.400	235.296	261.179	282.073	301.818	319.927
股东权益合计	309.600	352.944	391.768	423.109	452.727	479.891
股东权益增加:股权融资		43.344	38.824	31.341	29.618	27.164
其中：股本	300.000	300.000	300.000	300.000	300.000	300.000
年末未分配利润	9.600	52.944	91.768	123.109	152.727	179.890
股东权益合计	309.600	352.944	391.768	423.109	452.727	479.890
股东权益增加:股权融资		43.344	38.824	31.341	29.618	27.164
有息负债及股东权益	516.000	588.240	652.946	705.182	754.545	799.817
净投资		72.240	64.706	52.236	49.363	45.273

下面以2011年的数据为例,说明主要项目的计算过程:

(1) 预计成本、费用和支出。根据预计销售收入和成本费用销售百分比,可以估计主营业务成本、营业和管理费用以及折旧费。ABC公司的主营业务成本的销售百分比为68%,营业和管理费用的销售百分比为11%,折旧的销售百分比为5%,已经列示在报表的"利润表预测假设"部分。

$$主营业务成本 = 684 \times 68\% = 465.120(万元)$$

$$营业和管理费用 = 684 \times 11\% = 75.240(万元)$$

$$折旧费 = 684 \times 5\% = 34.2(万元)$$

财务费用的驱动因素是借款利率和借款金额,通常不能根据销售百分比直接预测。短期借款和长期借款的利率已经列入"利润表预测假设"部分,借款的金额需要根据资产负债表来确定。因此,预测工作转向资产负债表。

(2) 预计需要的营业资产。根据预计销售额和各项营业资产的销售百分比,可以估计各项营业资产的金额。有关的销售百分比已列在表10-4的"资产负债表预测假设"部分。

$$货币资金 = 684 \times 1.5\% = 10.260(万元)$$

$$应收账款 = 684 \times 27\% = 184.680(万元)$$

$$年末存货 = 684 \times 18\% = 123.120(万元)$$

$$其他流动资产 = 684 \times 5.5\% = 37.620(万元)$$

$$应付账款 = 684 \times 9.5\% = 64.980(万元)$$

$$其他流动负债 = 684 \times 4.5\% = 30.780(万元)$$

表10-4将无息流动负债列在流动资产之后,是为了显示营业流动资产,以便计算投资资本的总额。

$$营业流动资产 = 流动资产 - 无息流动负债$$
$$= 10.260 + 184.680 + 123.120 + 37.620$$
$$- 64.980 - 30.780 = 259.920(万元)$$

预测假设固定资产净值随销售增长,其销售百分比为48%。

$$固定资产净值 = 684 \times 48\% = 328.320(万元)$$

提取的折旧数额要与预计利润表的折旧费衔接:

$$累计折旧 = 上年累计折旧 + 本年提取折旧 = 130 + 34.2 = 164.2(万元)$$

固定资产原值根据累计折旧和固定资产净值求和得出:

$$固定资产原值 = 固定资产净值 + 累计折旧 = 328.320 + 164.2 = 492.520(万元)$$

$$营业资产合计 = 营业流动资产 + 营业固定资产净值 + 营业其他长期资产 - 无息长期负债$$

ABC公司没有其他长期资产和无息长期负债,所以:

$$营业资产 = 营业流动资产 + 营业固定资产净值$$

$$=259.920+328.320=588.24(万元)$$

营业资产与非营业资产的合计称为"投资资本"。在忽略非营业资产的情况下,营业资产等于投资资本。

投资资本是总资产扣除无息负债后的净额,因此也称"总资产净额"。它是有息债权人和权益投资人投入的资金,应与"有息负债及股东权益"合计相等。

(3) 预计所需的融资。预计得出的投资资本是全部的筹资需要,如何筹集这些资金取决于企业的筹资政策。ABC 公司存在一个目标资本结构,即有息负债/投资资本为 40%,其中短期负债/投资资本为 25%,长期负债/投资资本为 15%。企业采用剩余股利政策,需要筹集资金时按目标资本结构配置留存利润(权益资本)和借款(债务资本),剩余的利润分配给股东。如果当期利润小于需要筹集的权益资本,在"应付股利"项目中显示为负值,表示需要向股东筹集的现金(增发股本)数额。如果有剩余现金,按目标资本结构同时减少借款和留存利润,企业不保存多余现金。在这种情况下,全部股权现金流量都作为股利分配给股东,股利现金流量和股权现金流量是相同的。

$$短期借款 = 投资资本 \times 短期借款比例 = 588.24 \times 25\% = 147.060(万元)$$

$$长期借款 = 投资资本 \times 长期借款比例 = 588.24 \times 15\% = 88.236(万元)$$

$$股东权益 = 投资资本 - 借款 = 588.24 - (147.060 + 88.236) = 352.944(万元)$$

$$股东权益增加(权益筹资) = 期末股东权益 - 期初所有者权益$$

$$= 352.944 - 309.600 = 43.344(万元)$$

企业也可以采取其他的融资政策,如采用固定的股利支付率政策等,不同的融资政策会导致不同的融资额预计方法。

(4) 预计财务费用。ABC 公司的财务费用是根据当期期末有息债务和预期利率预计的。

$$财务费用 = 短期借款 \times 短期利率 + 长期借款 \times 长期利率$$

$$= 147.060 \times 7\% + 88.236 \times 9\%$$

$$= 10.2942 + 7.94124 = 18.235(万元)$$

(5) 预计股利和年末未分配利润。在确定了财务费用之后,就可完成净利润的预计。

$$利润总额 = 主营业务收入 - 主营业务成本 - 营业和管理费用 - 折旧费 - 财务费用 =$$
$$684 - 465.120 - 75.240 - 34.200 - 18.235 = 91.205(万元)$$

$$净利 = 利润总额 - 所得税费用 = 91.205 - 91.205 \times 25\% = 68.404(万元)$$

$$股利 = 本年净利 - 内部筹资 = 68.404 - 43.344 = 25.06(万元)$$

$$年末未分配利润 = 年初未分配利润 + 本年净利润 - 股利$$

$$= 9.6 + 68.404 - 25.06 = 52.944(万元)$$

将"年末未分配利润"数额填入 2011 年的资产负债表相应栏目,然后完成资产负债表其他项目的预计。

$$年末股东权益 = 股本 + 年末未分配利润 = 300 + 52.944 = 352.944(万元)$$

$$\begin{matrix}\text{有息负债及}\\ \text{股东权益}\end{matrix}=\begin{matrix}\text{有息}\\ \text{负债}\end{matrix}+\begin{matrix}\text{股东}\\ \text{权益}\end{matrix}=235.296+352.944=588.24(\text{万元})$$

由于利润表和资产负债表的数据是相互衔接的,所以要先完成 2011 年利润表和资产负债表数据的预测工作,才能转向 2012 年的预测,而不可能编完 5 年的预计利润表再去编制预计资产负债表。

3. 预计现金流量

根据预计利润表和资产负债表,经过数据转换就可以直接编制预计现金流量表,如表 10-5 所示。

表 10-5　ABC 公司的预计现金流量表

单位:万元

年　　　份	2011	2012	2013	2014	2015
净利润调节:					
净利润	68.404	75.928	82.002	87.742	93.007
加:税后利息费用	13.677	15.181	16.395	17.543	18.596
等于:息前税后营业利润	82.080	91.109	98.398	105.285	111.602
直接计算:					
主营业务收入	684.000	759.240	819.979	877.378	930.020
减:主营业务成本	465.120	516.283	557.586	596.617	632.414
加:其他业务收入	0.000	0.000	0.000	0.000	0.000
减:营业和管理费用	75.240	83.516	90.198	96.512	102.302
减:折旧	34.200	37.962	40.999	43.869	46.501
等于:息税前营业利润	109.440	121.478	131.197	140.380	148.803
减:营业利润所得税	27.360	30.370	32.799	35.095	37.201
等于:息前税后营业利润	82.080	91.109	98.398	105.285	111.602
加:固定资产折旧	34.200	37.962	40.999	43.869	46.501
等于:营业现金毛流量	116.280	129.071	139.396	149.154	158.103
减:现金增加	1.260	1.129	0.911	0.861	0.790
减:应收账款增加	22.680	20.315	16.400	15.498	14.214
减:存货增加	15.120	13.543	10.933	10.332	9.476
减:其他流动资产增加	4.620	4.138	3.341	3.157	2.895
加:应付款项增加	7.980	7.148	5.770	5.453	5.001
加:其他流动负债增加	3.780	3.386	2.733	2.583	2.369
等于:营业现金净流量	84.360	100.480	116.316	127.343	138.099
减:固定资产净值增加	40.320	36.115	29.155	27.551	25.268
减:折旧	34.200	37.962	40.999	43.869	46.501
等于:实体现金流量	9.84	26.402	46.162	55.923	66.330
融资流动:					
利息费用	18.235	20.241	21.861	23.391	24.794

(续表)

年　份	2011	2012	2013	2014	2015
减：利息减税(25%)	4.559	5.060	5.465	5.848	6.199
等于：税后利息费用	13.677	15.181	16.395	17.543	18.596
减：短期借款增加	18.060	16.177	13.059	12.341	11.318
减：长期借款增加	10.836	9.706	7.835	7.404	6.791
等于：债权人现金流量	−15.219	−10.702	−4.499	−2.202	−0.478
股利分配(或股票发行)	25.059	37.104	50.661	58.125	65.843
等于：股权现金流量	25.059	37.104	50.661	58.125	65.843
融资现金流量	9.84	26.402	46.162	55.923	66.330

同时用以上两种方法计算实体现金流量并进行核对，可以减少差错。下面以2011年的数据为例，说明各项目的具体计算过程。

(1) 息税前营业利润。息税前营业利润是指未含利息收支，也没有扣除所得税的营业利润。

$$\text{息税前营业利润} = \text{主营业务收入} - \text{主营业务成本} + \text{其他业务利润} - \text{营业和管理费用} - \text{折旧}$$

2011年息税前营业利润 $= 684 - 465.120 + 0 - 75.240 - 34.2 = 109.44$(万元)

这里的营业利润是指营业活动产生的利润，即销售产品和提供劳务取得的利润。它不包括对外投资损益、利息损益(财务费用)和营业外收支等与营业活动没有直接关系的"非营业损益"。

(2) 息前税后营业利润。息前税后营业利润是指已经扣除所得税，但未扣除利息的营业利润。

$$\text{息前税后营业利润} = \text{息税前营业利润} - \text{息税前营业利润所得税}$$

公式中的"息税前营业利润所得税"，是指息税前营业利润应当负担的所得税。在价值评估中使用税后的资本成本作折现率，根据现金流量与折现率的匹配原则，现金流量也必须是税后的。因此，在计算现金流量时要扣除其应负担的所得税。

按照《企业会计制度》编制的"利润表"，没有直接提供"息税前营业利润"和"息前税后营业利润"的数据。"利润表"中的"营业利润"项目反映已扣除了财务费用但未扣除所得税的营业利润，实际上是"息后税前营业利润"。计算息前税后营业利润所得税有两种方法。

第一种是平均税率法。如果各项应税所得的实际税率相差不多，可以使用平均税率计算息税前营业利润应负担的所得税。

$$\text{息税前营业利润所得税} = \text{息税前营业利润} \times \text{平均所得税税率}$$

2011年息税前营业利润所得税 $= 109.44 \times 25\% = 27.36$(万元)

2011年息前税后营业利润 $= 109.44 - 27.36 = 82.080$(万元)

这种算法，实际上是将所得税平均分摊到营业损益和其他损益，而不管其实际税率的差别，分摊的结果并不精确。由于税法对不同应税项目规定有不同税率，并且有许多不可扣除项目和税收优惠,比较准确的计算方法是使用所得税调整法。

第二种是所得税调整法。所得税调整法是以企业的全部所得税为基础,扣除利息应计所得税(通常是利息支出减少所得税),得出息税前营业利润应当负担的所得税的计算方法。

$$息税前营业利润所得税 = 所得税额 + 利息支出抵税$$

$$2011年息税前营业利润所得税 = 22.801 + 18.235 \times 25\% = 27.36(万元)$$

$$2011年息前税后营业利润 = 109.44 - 27.36 = 80.080(万元)$$

如果利息的适用税率与营业利润有显著不同,则两种方法的计算结果会有较大差别。

息前税后营业利润也可以通过净利润调节,即间接法计算:

$$2011年息前税后营业利润 = 净利润 + 税后利息费用$$
$$= 68.404 + 18.235 \times (1 - 25\%)$$
$$= 68.404 + 13.676 = 82.080(万元)$$

(3) 营业现金毛流量。营业现金毛流量是指在没有资本支出和营业流动资产增长的情况下,企业可以提供给投资人的现金流量总和。它有时也被称为常用现金流量。

$$营业现金毛流量 = 息前税后营业利润 + 折旧与摊销$$

$$2011年的营业现金毛流量 = 82.080 + 34.2 = 116.28(万元)$$

公式中的折旧与摊销,是指在计算利润时已经扣减的固定资产折旧和长期资产摊销数额。它们虽然也是可以减税的项目,但是本期并未支付现金。"折旧与摊销"包括计提长期资产减值准备、固定资产折旧、无形资产和长期待摊费用摊销。

(4) 营业现金净流量。营业现金净流量是指营业现金毛流量扣除营业流动资产增加后的剩余现金流量。如果企业没有资本支出,它就是可以提供给投资人(包括股东和债权人)的现金流量。

$$营业现金净流量 = 营业现金毛流量 - 营业流动资产增加$$

$$2011年营业现金净流量 = 116.28 - 1.260 - 22.680 - 15.120 - 4.620 + 7.980 + 3.780 = 84.360(万元)$$

这里的营业现金净流量与按现行会计制度编制的现金流量表中的经营活动产生的现金流量净额不同。首先,它们包含的损益范围不同。经营活动产生的现金流量净额的损益范围是经营活动损益,包括罚款支出、非常损失、罚款净收入等营业外损益。营业现金流量净额仅仅包括营业损益,不包括营业外损益。其次,它们的所得税扣除数不一样。经营活动产生的现金流量净额将企业全部所得税(包括筹资、投资损益和其他营业外损益所得税)作为经营现金流出予以扣除,而营业现金净流量仅仅扣除了息税前营业利润应负担的所得税。

(5) 实体现金流量。实体现金流量是营业现金净流量扣除资本支出后的剩余部分。它是企业在满足营业活动和资本支出后,可以支付给债权人和股东的现金流量。

$$实体现金流量 = 营业现金净流量 - 资本支出$$

$$2011年实体现金流量 = 84.360 - 34.2 - 40.32 = 9.84(万元)$$

为了简化，现假设 ABC 公司没有其他长期资产和无息长期负债，因此资本支出等于购置固定资产的支出，即等于固定资产净值增加与本期折旧之和。

本例还可以这样计算：

$$\text{实体现金流量} = \text{息前税后营业利润} - \text{净投资} = 82.080 - 72.24 = 9.84(\text{万元})$$

其中：

$$2011\text{年净投资} = (1.260 + 22.680 + 15.120 + 4.620 - 7.980 - 3.780)$$
$$+ (34.2 + 40.32) - 34.2 = 72.24(\text{万元})$$

净投资是股东和债权人提供的，可以通过他们投资资本的增加来验算。

$$\text{净投资} = \text{本期投资资本增加} = \text{期末投资资本} - \text{期初投资资本}$$
$$= (\text{期末有息负债} + \text{期末所有者权益}) - (\text{期初有息负债} + \text{期初所有者权益})$$
$$= \text{本期有息负债增加} + \text{本期股东权益增加}$$

$$2011\text{年净投资} = (18.060 + 10.836) + (352.944 - 309.600) = 72.24(\text{万元})$$

(6) 股权现金流量。

$$2011\text{年股权现金流量} = 9.84 - 13.677 + 18.060 + 10.836 = 25.059(\text{万元})$$

或

$$2011\text{年股权现金流量} = 68.404 - (72.24 - 18.060 - 10.836) = 25.059(\text{万元})$$

如果企业按照固定的负债率为投资筹集资本，企业保持稳定的财务结构，净投资和债务净增加存在固定比例关系，则股权现金流量的公式可以简化为：

$$\text{股权现金流量} = \text{税后利润} - (1 - \text{负债率}) \times \text{净投资}$$
$$= \text{税后利润} - (1 - \text{负债率}) \times (\text{资本支出} - \text{折旧与摊销})$$
$$- (1 - \text{负债率}) \times \text{营业流动资产增加}$$

$$2011\text{年股权现金流量} = 68.040 - (1 - 40\%) \times 72.24 = 25.059(\text{万元})$$

该公式表示，税后净利是属于股东的，但要扣除净投资。净投资中股东负担部分是 (1−负债率)×净投资，称为股权净投资，其他部分的净投资由债权人提供。税后利润减去股权净投资，剩余的部分成为股权现金流量。

(7) 现金流量的平衡关系。由于企业提供的现金流量就是投资人得到的现金流量，因此它们应当相等。实体现金流量是从企业角度观察的，企业产生剩余现金用正数表示，企业吸收投资人的现金则用负数表示。融资现金流量是从投资人角度观察的实体现金流量，投资人得到现金用正数表示，投资人提供现金则用负数表示。实体现金流量应当等于融资现金流量。

$$2011\text{年实体现金流量} = \text{息前税后营业利润} - \text{净投资}$$
$$= 82.080 - 72.24 = 9.84(\text{万元})$$

$$2011\text{年融资现金流量} = \text{债权人现金流量} + \text{股权现金流量}$$
$$= -15.219 + 25.059 = 9.84(\text{万元})$$

现金流量的这种平衡关系,给我们提供了一种检验现金流量计算是否正确的方法。

4. 企业价值的计算

(1) 实体现金流量模型。

续前例:假设 ABC 公司的加权平均资本成本是 12%,用它折现实体现金流量可以得出企业实体价值,扣除债务价值后可以得出股权价值。有关计算过程如表 10-6 所示。

表 10-6 ABC 公司的实体现金流量折现

单位:万元

年 份	基 期	2011	2012	2013	2014	2015
实体现金流量		9.84	26.402	46.162	55.923	66.330
平均资本成本		12%	12%	12%	12%	12%
折现系数(12%)		0.8929	0.7972	0.7118	0.6355	0.5674
预测期现金流量现值	135.867695	8.78571429	21.04783163	32.8570517	35.5398115	37.6372857
后续期增长率						6%
后续期价值	664.925381					1 171.82571
实体价值	800.793076					
债务价值	206.400					
股权价值	594.393					

预测期股权现金流量现值 = ∑各期现金流量现值 = 135.868(万元)

$$\text{后续期终值} = \text{现金流量}_{t+1} \div (\text{资本成本} - \text{现金流量增长率})$$

$$= 66.330 \times (1+6\%) \div (12\% - 6\%) = 1\,171.826(万元)$$

$$\text{后续期现值} = \text{后续期终值} \times \text{折现系数} = 1\,171.826 \times 0.567\,4 = 664.925(万元)$$

$$\text{企业实体价值} = \text{预测期现金流量现值} + \text{后续期现值}$$

$$= 135.868 + 664.925 = 800.793(万元)$$

股权价值 = 股权价值 - 债务价值

$$= 800.793 - 206.400 = 594.393(万元)$$

(2) 股权现金流量模型。

假设 ABC 公司的股权成本是 15.1880%,用它折现股权现金流量可以得出企业股权价值。有关计算过程如表 10-7 所示。

表 10-7 ABC 公司的股权现金流量折现

单位:万元

年 份	基 期	2011	2012	2013	2014	2015
股权现金流量		25.059	37.104	50.661	58.125	65.843
股权成本		15.1880%	15.1880%	15.1880%	15.1880%	15.1880%
折现系数(12%)		0.8929	0.7972	0.7118	0.6355	0.5674
预测期现金流量现值	162.313046	22.3744821	29.57904672	36.0592092	36.9391785	37.3611296

(续表)

年份	基期	2011	2012	2013	2014	2015
后续期增长率						6%
后续期价值	431.027398					645.1602
股权价值	593.340445					
债务价值	206.400					
实体价值	799.740					

预测期股权现金流量现值=∑各期现金流量现值=162.313(万元)

后续期股权现金流量终值=现金流量$_{t+1}$÷(资本成本-现金流量增长率)

=65.843×(1+6%)÷(15.188%-6%)=759.618(万元)

后续期股权现金流量现值 = 后续期终值 × 折现系数 = 759.618×0.5674 = 431.027(万元)

股权价值=预测期股权现金流量现值+后续期股权现金流量现值

=162.313+431.027=593.340(万元)

实体价值 = 股权价值 + 债务价值 = 593.340+206.40 = 799.740(万元)

上述两种方法计算结果是一致的,有一点误差是计算过程中小数点保留的缘故。

四、现金流量模型的应用

(一)股权现金流量模型的应用

股权现金流量模型分为三种类型:永续增长模型、两阶段增长模型和三阶段增长模型。

1. 永续增长模型

永续增长模型假设企业未来长期稳定、可持续的增长。在永续增长的情况下,企业价值是下期现金流量的函数。

永续增长模型的一般表达式为:

$$股权价值 = \frac{下期股权现金流量}{股权资本成本 - 永续增长率}$$

永续增长模型的特例是永续增长率等于零,即零增长模型。

$$股权价值 = \frac{下期股权现金流量}{股权资本成本}$$

永续增长模型的使用条件:企业必须处于永续状态。所谓永续状态是指企业有永续的增长率和投资资本回报率。使用永续增长模型,企业价值对增长率的估计值很敏感,当增长率接近折现率时,股票价值趋于无限大。因此,对于增长率和股权成本的预测质量要求很高。

【例10-2】 D公司目前处于稳定增长状态。2×09年每股净利润为5.45元,每股资本支出为1.8元,每股折旧费为1.55元,每股营业流动资产比上年增加额为0.60元,投资资本中有息负债占29.97%。根据全球经济预期,长期增长率为5%。预计该公司的长期增长率与宏观经济相同,资本结构保持不变,净利润、资本支出、折旧费和营业流动资产的销售百分比保持不变。据估计,该企业的股权资本成本为13.05%。

要求:计算该企业 2×10 年每股股权现金流量和每股价值。

解: 每股净利润=5.45(元/股)

$$每股股权净投资=\left(\begin{array}{c}资本\\支出\end{array}-\begin{array}{c}折旧\\摊销\end{array}+\begin{array}{c}营业流动\\资产增加\end{array}\right)\times(1-负债率)$$

$$=(1.80-1.55+0.60)\times(1-29.97\%)=0.5953(元/股)$$

$$\begin{array}{c}股权现\\金流量\end{array}=\begin{array}{c}每\ 股\\净利润\end{array}-\begin{array}{c}每股股权\\净\ 投\ 资\end{array}=5.45-0.5953=4.8547(元/股)$$

每股股权价值=(4.8547×1.05)÷(13.05%-5%)=63.32(元/股)

2. 两阶段增长模型

两阶段增长模型的一般表达式为:

$$股权价值=预测期股权现金流量现值+后续期价值的现值$$

假设预测期为 n,则:

$$股权价值=\sum_{t=1}^{n}\frac{股权现金流量_t}{(1+股权资本成本)^t}+\frac{股权现金流量_{n+1}/(股权资本成本-永续增长率)}{(1+股权资本成本)^n}$$

两阶段增长模型的使用条件:两阶段增长模型适用于增长呈现两个阶段的企业。第一个阶段为超常增长阶段,增长率明显快于永续增长阶段,第二个阶段具有永续增长的特征,增长率比较低,是正常的增长率。

【例 10-3】 E 公司是一个高技术企业,具有领先同业的优势。2009 年每股营业收入 25 元,每股净利润 5 元,每股资本支出 3.9 元,每股折旧费 1.5 元。每股营业流动资产 9.75 元,比上年每股增加 1.45 元。投资资本中有息负债占 15%。

预计 2009~2014 年的营业收入增长率维持在 25% 的水平。到 2015 年增长率下滑到 4%。

该公司的资本支出、折旧与摊销、净利润与营业收入同比例增长。营业流动资产占收入的 39%,可以维持不变。

2009~2014 年该企业的 β 值为 1.4,自 2015 年起 β 值降为 1.2。国库券的利率为 3%,市场组合的预期报酬率为 13%。

要求:计算目前的股票价值。

解:详细计算过程如表 10-8 所示。

表 10-8 E 企业的股票价值评估

单位:万元

年　　　份	2009	2010	2011	2012	2013	2014	2015
营业流动资产增加:							
收入增长率		25%	25%	25%	25%	25%	4%
每股收入	25	31.250	39.063	48.828	61.035	76.294	79.346
乘:营业流动资产/收入	39%	39%	39%	39%	39%	39%	39%
等于:营业流动资产	9.750	12.188	15.234	19.043	23.804	29.755	30.945
营业流动资产增加	1.45	2.438	3.047	3.809	4.761	5.951	1.190
股权净投资:							
资本支出	3.9	4.875	6.09375	7.6171875	9.5214844	11.90185547	12.37793

(续表)

年份	2009	2010	2011	2012	2013	2014	2015
减:折旧	1.5	1.875	2.34375	2.9296875	3.6621094	4.577636719	4.7607422
加:营业流动资产增加	1.45	2.4375	3.046875	3.8085938	4.7607422	5.950927734	1.1901855
等于:实体净投资	3.8500	5.4375	6.7969	8.4961	10.6201	13.2751	8.8074
乘:(1－负债率)	85%	85%	85%	85%	85%	85%	85%
等于:股权净投资	3.2725	4.6219	5.7773	7.2217	9.0271	11.2839	7.4863
股权现金流量:							
净利润	5	6.2500	7.8125	9.7656	12.2070	15.2588	15.8691
减:股权净投资	3.2725	4.6219	5.7773	7.2217	9.0271	11.2839	7.4863
等于:股权现金流量	1.7275	1.6281	2.0352	2.5439	3.1799	3.9749	8.3829
股权成本:							
无风险利率	3%	3%	3%	3%	3%	3%	3%
市场组合报酬率	13.0000%	13.0000%	13.0000%	13.0000%	13.0000%	13.0000%	13.0000%
β值	1.40	1.40	1.40	1.40	1.40	1.40	1.20
股权资本成本	17.0000%	17.0000%	17.0000%	17.0000%	17.0000%	17.0000%	15.0000%
股权价值计算:							
股权现金流量		1.6281	2.0352	2.5439	3.1799	3.9749	8.3829
折现系数		0.8547009	0.7305136	0.6243706	0.53365	0.4561111	
预测期现金流量现值	7.9766	1.3916	1.4867	1.5883	1.6970	1.8130	
后续期价值	34.7586					76.20818	
股权价值	42.7352						

各项数据的计算过程简要说明如下。

(1) 根据给出资料确定各年的增长率:有限预测期增长率25%,后续期增长率4%。

(2) 计算各年销售收入:

$$本年收入＝上年收入\times(1＋增长率)$$

(3) 计算营业流动资产:

$$营业流动资产＝本年收入\times营业流动资产百分比$$

(4) 计算营业流动资产增加额:

$$营业流动资产增加＝本年营业流动资产－上年营业流动资产$$

(5) 计算净投资:

$$净投资＝资本支出－折旧＋营业流动资产增加$$

其中,各年的资本支出和折旧费按收入的增长率递增。

(6) 计算股权净投资:

$$股权净投资＝实体净投资\times(1－负债比例)$$

(7) 计算股权现金流量:

股权现金流量＝净利润－股权净投资

(8) 计算资本成本：

第一阶段的资本成本＝3％＋1.4×(13％－3％)＝17％

第二阶段的资本成本＝3％＋1.2×(13％－3％)＝15％

(9) 计算企业价值：

后续期终值＝后续期第一年现金流量÷(资本成本－永续增长率)

＝8.3829÷(15％－4％)＝76.20818(万元)

后续期现值＝76.20818×0.4561＝34.7586(万元)

预测期现值＝∑(现金流量×折现系数)＝7.9766(万元)

每股股权价值＝34.7586＋7.9766＝42.7352(万元)

3. 三阶段增长模型

三阶段增长模型包括一个高速增长阶段、一个增长率递减的转换阶段和一个永续增长的稳定阶段。

$$\text{股权价值} = \text{增长期现金流量现值} + \text{转换期现金流量现值} + \text{后续期现金流量现值}$$

$$= \sum_{t=1}^{n} \frac{\text{增长期现金流量}_t}{(1+\text{资本成本})^t} + \sum_{t=n+1}^{n+m} \frac{\text{转换期现金流量}_t}{(1+\text{资本成本})^t}$$

$$+ \frac{\text{后续期现金流量}_{n+m+1}/(\text{资本成本}-\text{永续增长率})}{(1+\text{资本成本})^{n+m}}$$

模型的使用条件是被评估企业的增长率应当与模型假设的三个阶段特征相符。

【例10-4】 F企业2009年的有关数据如下：销售收入每股12.5元，每股净收益占收入的26％，每股资本支出1.35元，每股折旧1.2元，每股营业流动资产5元。

预计2010～2014年期间每股销售收入增长率可以保持在30％的水平，2015～2019年增长率按算术级数均匀减少至5％，2019年及以后保持5％的增长率不变。该企业在经营中没有负债，预计将来也不利用负债。资本支出、折旧与摊销、营业流动资产增加、每股净收益等与销售收入的增长率相同。

2010～2014年的β值为1.25，从2010年开始每年按算术级数均匀下降，2014年降至1.15，并可以持续。已知国库券利率为6％，市场组合的预期报酬率为12.50％。

要求：估计该企业股票的价值。

解：有关的计算过程如表10-9所示，其他的有关说明如下。

(1) 增长率：高增长阶段每年增长30％。

转换阶段每年增长率递减＝(30％－5％)÷5＝5％

2010年的增长率＝30％－5％＝25％

以下年度的增长率可以类推。

(2) 净投资：

净投资＝资本支出－折旧＋营业流动资产增加

2010年净投资＝1.755－1.56＋1.5＝1.695(元)

表 10-9　F 企业的股票价值估计

单位：万元

年　份	2009	2010	2011	2012	2013	2014	2015	2016	2017	2018	2019
销售增长率		30%	30%	30%	30%	30%	25.00%	20.00%	15.00%	10.00%	5.00%
每股收入	12.5	16.2500	21.1250	27.4625	35.7013	46.4116	58.0145	69.6174	80.0601	88.0661	92.4694
乘：净收益/收入		26%	26%	26%	26%	26%	26%	26%	26%	26%	26%
等于：每股净收益	2.500	4.2250	5.4925	7.1403	9.2823	12.0670	15.0838	18.1005	20.8156	22.8972	24.0420
资本支出	1.35	1.7550	2.2815	2.9660	3.8557	5.0125	6.2656	7.5187	8.6465	9.5111	9.9867
减：折旧	1.2	1.5600	2.0280	2.6364	3.4273	4.4555	5.5694	6.6833	7.6858	8.4543	8.8771
加：营业流动资产增加（营业流动资产）	5	6.5000	8.4500	10.9850	14.2805	18.5647	23.2058	27.8470	32.0240	35.2264	36.9877
净投资		1.5000	1.9500	2.5350	3.2955	4.2842	4.6412	4.6412	4.1770	3.2024	1.7613
股权现金流量		1.6950	2.2035	2.8646	3.7239	4.8411	5.3373	5.4766	5.1378	4.2592	2.8710
股权成本：		2.5300	3.2890	4.2757	5.5584	7.2259	9.7464	12.6240	15.6778	18.6380	21.1711
国库券利率	6%	6%	6%	6%	6%	6%	6%	6%	6%	6%	6%
市场券组合报酬率	12.5000%	12.5000%	12.5000%	12.5000%	12.5000%	12.5000%	12.5000%	12.5000%	12.5000%	12.5000%	12.5000%
β 值	1.30	1.30	1.30	1.30	1.30	1.30	1.27	1.24	1.21	1.18	1.15
股权资本成本	14.4500%	14.4500%	14.4500%	14.4500%	14.4500%	14.4500%	14.2250%	14.0600%	13.8650%	13.6700%	13.4750%
股权价值计算：											
股权现金流量		2.5300	3.2890	4.2757	5.5584	7.2259	9.7464	12.6240	15.6778	18.6380	21.1711
折现系数		0.87374	0.76343	0.66704	0.58282	0.50924	0.44570	0.39076	0.34318	0.30191	0.26606
预测期现金流量现值	25.9170	2.2106	2.5109	2.8521	3.2396	3.6797	4.3440	4.9330	5.3803	5.6270	5.6327
转换期现金流量现值	69.7861										
后续价值	110.1959										262.2966
每股价值											

288　财务管理学

以下各年以此类推。

(3) 股权现金流量：

$$股权现金流量 = 每股净收益 - 每股股权净投资$$

2010年股权现金流量 = 4.225 - 1.695 = 2.53(元)

以下各年以此类推。

(4) 资本成本：

高增长阶段的资本成本 = 6% + 1.3 × (12.5% - 6%) = 14.45%

转换阶段的资本成本每年递减 = (14.45% - 13.475%) ÷ 5 = 0.00195%

转换阶段的资本成本也可以先计算各年的 β 值：

转换阶段 β 的递减 = (1.3 - 1.15) ÷ 5 = 0.03

然后，再用资本资产定价模型，分别计算各年的资本成本：

2015年的 β = 1.3 - 0.03 = 1.27

2015年的资本成本 = 6% + 1.27 × (12.5% - 6%) = 14.255%

稳定阶段的资本成本 = 6% + 1.15 × (12.5% - 6%) = 13.475%

(5) 折现系数：折现系数需要根据资本成本逐年滚动计算。

$$某年折现系数 = 上年折现系数 ÷ (1 + 本年资本成本)$$

2010年折现系数 = 1 ÷ (1 + 14.45%) = 0.87374

2011年折现系数 = 0.87374 ÷ (1 + 14.45%) = 0.763425

以下各年以此类推。

(6) 各阶段的价值：

高增长阶段的现值 = 各年现金流量折现求和 = 14.4928(元/股)

转换阶段的现值 = 各年现金流量折现求和 = 25.917(元/股)

后续阶段的终值 = 21.1711 × (1 + 5%) ÷ (13.475% - 6%) = 262.2966(元/股)

后续阶段的现值 = 262.2966 × 0.26606 = 69.7861(元/股)

每股价值 = 14.4928 + 25.917 + 69.7861 = 110.1959(元/股)

(二) 实体现金流量模型的应用

在实务中使用实体现金流量模型较多，主要原因是股权成本受资本结构的影响较大，估计起来比较复杂。债务增加时，风险上升，股权成本会上升，而上升的幅度不容易测定。加权平均资本成本受资本结构的影响较小，比较容易估计。债务成本较低，增加债务比重使加权平均资本成本下降。与此同时，债务增加使风险增加，股权成本上升，使得加权平均资本成本上升。在无税和交易成本的情况下，两者可以完全抵销，这就是资本结构无关论。在有税和交易成本的情况下，债务成本的下降也会大部分被股权成本的上升所抵销，平均资本成本对资本结构变化不敏感，估计起来比较容易。

实体现金流量折现的上述三种模型,在形式上分别与股权现金流量折现的三种模型一样,只是输入的参数不同,以实体现金流量代替股权现金流量,以加权平均资本成本代替股权资本成本。具体计算不再详述。

第三节　经济利润模型

企业既然以增加价值为目标,计量其价值的增加额就成为非常重要的问题。考察企业价值增加最直接的方法是计算其市场增加值。

$$市场增加值=企业市值-总资本$$

企业市值是投资人按当时的市价出售企业可获得的现金流入,包括股本市值和债务市值。总资本是指投资人投入企业的总现金,包括股权资本和债务资本。但是,在日常决策中很少使用市场增加值。这是因为:① 只有上市企业才有市场价格,才能计算市场增加值,而上市企业只是少数。② 短期股市总水平的变化大于企业决策对企业价值的影响,股市行情湮没了管理作为。

大量的实证研究发现,经济利润(或称经济增加值、附加经济价值、剩余收益等)可以解释市场增加值的变动。经济利润不是什么新的理论,它的大部分内容已存在很长时间。经济利润模型与现金流量折现模型相比的突出优势是,经济利润模型是了解任何单独一年绩效的有效衡量工具,而且能够显示出企业是否真正赚回了资本成本。现实中日益严重的代理问题,使它成为越来越热门的理财思想。它的诱人之处在于把投资决策、业绩评价和奖金激励统一起来。它把企业的目标定位为增加经济利润,并用经济利润的增加作为投资决策的标准和衡量经营业绩的尺度,奖金的发放也可以根据创造多少经济利润来确定。这就使得基于价值的管理变得简单、直接,且更趋于科学、合理。

一、经济利润模型的原理

(一)经济利润的概念

经济学家与会计师在收入、成本和利润等概念上所持的观点常常是不一致的。经济利润是指经济学家所持的利润概念。虽然经济学家的利润也是收入减去成本后的差额,但是经济收入不同于会计收入,经济成本不同于会计成本,因此经济利润也不同于会计利润。

经济利润是实际收益与资本成本之间的差额。计算经济利润的一种最简单的办法,是用息前税后营业利润减去企业的全部资本费用;复杂的方法是逐项调整会计收入使之变为经济收入,同时逐项调整会计成本使之变为经济成本,然后计算经济利润。斯特恩-斯图尔特公司设计了非常具体的经济增加值(EVA)计算程序以及经营者激励模型,并被许多著名的公司采用。

我们这里通过一个举例介绍经济利润最简单的计算方法。

【例10-5】　H企业的期初投资资本为1 200万元,期初投资资本回报率(息前税后营业利润/投资资本)为9%,加权平均资本成本为7%。

要求:计算该企业的经济利润。

解:　经济利润=息前税后营业利润-全部资本费用
　　　　　　=1 200×9%-(1 200×7%)=108-84=24(万元)

计算经济利润的另一种办法是用投资资本回报率与资本成本之差,乘以投资资本。

$$经济利润 = 期初投资资本 \times (期初投资资本回报率 - 加权平均资本成本)$$
$$= 1\,200 \times (9\% - 7\%) = 24(万元)$$

这种方法得出的结果与前一种方法相同,其推导过程为:

$$经济利润 = 税后净利润 - 股权费用$$
$$= 息前税后营业利润 - 税后利息 - 股权费用$$
$$= 息前税后营业利润 - 全部资本费用$$
$$= 期初投资资本 \times 期初投资资本回报率 - 期初投资资本 \times 加权平均资本成本$$
$$= 期初投资资本 \times (期初投资资本回报率 - 加权平均资本成本)$$

按照最简单的经济利润计算办法,经济利润与会计利润的区别是它扣除了全部资本的费用,而会计利润仅仅扣除了债务利息。

(二) 价值评估的经济利润模型

根据现金流量折现原理可知,如果某一年的投资资本回报率等于加权平均资本成本,则企业现金流量的净现值为零。此时,息前税后营业利润等于投资各方的期望报酬,经济利润也必然为零,企业的价值与期初相同,既没有增加也没有减少。如果某一年的投资资本回报率超过加权平均资本成本,则企业现金流量有正的净现值。此时,息前税后营业利润大于投资各方期望的报酬,也就是经济利润大于零,企业的价值将增加。如果某一年的投资资本回报率小于加权平均资本成本,则企业现金流量有负的净现值。此时,息前税后营业利润不能满足投资各方的期望报酬,也就是经济利润小于零,企业的价值将减少。

因此,企业价值等于期初投资资本加上经济利润的现值:

$$企业价值 = 期初投资资本 + 经济利润现值$$

公式中的期初投资资本是指企业在经营中投入的现金:

$$全部投资资本 = 所有者权益 + 有息债务 = (流动资产 - 无息流动负债) + (长期资产净值 - 无息长期负债)$$

【例 10-6】 I 企业年初投资资本 1 200 万元,预计今后每年可取得息前税后营业利润 120 万元,每年净投资为零,资本成本为 8%。

要求:计算企业价值。

解: 每年经济利润 = 120 - 1 200 × 8% = 24(万元)

经济利润现值 = 24 ÷ 8% = 300(万元)

企业价值 = 1 200 + 300 = 1 500(万元)

如果用现金流量模型,可以得出同样的结果:

$$实体现金流量现值 = 120 \div 8\% = 1\,500(万元)$$

经济利润模型与现金流量模型在本质上是一致的,但是经济利润模型具有可以计量单一年份价值增加的优点,而现金流量模型却做不到。因为,任何一年的现金流量都受到净投资的影响,加大投资会减少当年的现金流量,推迟投资可以增加当年的现金流量。投资不是业绩不良的表现,而找不到投资机会反而是不好的征兆。因此,某个年度的现金流量不能成为计量业绩的依据。管理层可以为了改善某一年的现金流量而推迟投资,但会使企业的长期价值创造受到损失。

经济利润模型之所以受到重视,关键是它把投资决策必需的现金流量法与业绩考核必需的权责发生制统一起来了。它的出现,结束了投资决策用现金流量的净现值评价,而业绩考核用权责发生制的利润评价,决策与业绩考核的标准分离,甚至是冲突、混乱的局面。

二、经济利润估价模型的应用

结合上一节中 ABC 公司的例子,说明经济利润估价模型的应用。

有关的计算过程如表 10-10 所示。

(一)预测期经济利润的计算

以 ABC 公司 2010 年的数据为例:

$$经济利润=(期初投资资本回报率-加权平均资本成本)\times 期初投资资本$$
$$=(14.2102\%-12\%)\times 516=2.210\%\times 516=11.4036(万元)$$

或者

$$经济利润=息前税后营业利润-期初投资资本\times 加权平均资本成本$$
$$=73.325-516\times 12\%=73.325-61.92=11.405(万元)$$

(二)后续期价值的计算

ABC 公司在 2015 年进入永续增长的稳定状态,该年经济利润为 9.7020 万元,以后每年递增 6%。

$$后续期经济利润终值=后续期第一年经济利润\div(资本成本-增长率)$$
$$=9.7020\div(12\%-6\%)=161.7(万元)$$

$$后续期经济利润现值=后续期经济利润终值\times 折现系数$$
$$=161.7\times 0.567427=91.75295(万元)$$

(三)期初投资资本的计算

期初投资资本是指评估基准时间的企业价值。估计期初投资资本价值时,可供选择的方案有三个:账面价值、重置价值或可变现价值。

举例采用的是账面价值。这样做的原因不仅仅是简单,而在于它可靠地反映了投入的成本,符合经济利润的概念。

不采用重置价值的原因主要是资产将被继续使用,而不是真的需要重置。此外,企业使用中的资产缺乏有效的公平市场,其重置价值估计有很大的主观性。

可变现价值在理论上是一个值得重视的选择。不过,有两个原因妨碍了这种方法的实际应用。首先,如果使用市价计量投资资本,为保持计量的一致性,必然结果是将每年的持产收益(存量资产升值)计入当年的经济利润。然而,预计未来每年存量资产的市价变动是很难操作的。存量资产一般没有公开交易的市场,预计的可靠性难以评估。其次,事实上多数资产的变现价值低于账面价值,在账面价值已经提取过减值准备的情况下,使用账面价值不会导致重要的失真。当然,如果通货膨胀严重,资产的可变现价值超过账面价值很多,并且能够可靠估计可变现价值的时候,也可以采用变现价值。

ABC 公司期初投资资本账面价值是 516 万元,我们以此作为投资资本。

(四)企业总价值的计算

企业的总价值为期初投资资本、预测期经济利润现值、后续期经济利润现值的合计。

表 10-10　ABC 公司的经济利润估价模型定价

单位：万元

年　份	基　期	2010	2011	2012	2013	2014	2015
息前税后营业利润		73.325	81.391	87.902	94.055	99.698	105.680
投资资本（年初）		516.000	588.240	652.946	705.182	754.545	799.817
投资资本回报率		14.210%	13.836%	13.462%	13.338%	13.213%	13.213%
加权平均资本成本		12.000%	12.000%	12.000%	12.000%	12.000%	12.000%
差额		2.210%	1.836%	1.462%	1.338%	1.213%	1.213%
经济利润		11.4036	10.8001	9.5461	9.4353	9.1526	9.7020
折现系数（12%）		0.892857143	0.797193878	0.711780248	0.635518078	0.567426856	
预测期经济利润现值	36.77602	10.18179	8.60977	6.79473	5.99630	5.19343	
后续期价值	91.75295					161.7001884	
期初投资资本	516.000						
现值合计	644.529						

企业总价值＝期初投资资本＋预测期经济利润现值＋后续期经济利润现值
＝516＋36.77602＋91.75295＝644.529(万元)

如果假设前提一致,这个数值应与现金流量模型的评估结果相同。

第四节　相对价值模型

现金流量模型和经济利润模型在概念上很健全,但是在应用时会碰到较多的技术问题。有一种相对容易的估价模型,就是相对价值模型,也称价格乘数模型或可比交易价值模型等。

这种模型是利用类似企业的市场定价来估计目标企业价值的一种模型。它的假设前提是存在一个支配企业市场价值的主要变量(如净利等)。市场价值与该变量(如净利等)的比值,各企业是类似的、可以比较的。

其基本做法是:首先,寻找一个影响企业价值的关键变量(如净利);其次,确定一组可以比较的类似企业,计算可比企业的市价/关键变量的平均值(如平均市盈率);最后,根据目标企业的关键变量(如净利)乘以得到的平均值(平均市盈率),计算目标企业的评估价值。

相对价值模型,是将目标企业与可比企业对比,用可比企业的价值衡量目标企业的价值。如果可比企业的价值被高估了,则目标企业的价值也会被高估。实际上,所得结论是相对于可比企业来说的,以可比企业价值为基准,是一种相对价值,而非目标企业的内在价值。

例如,你准备购买商品住宅,出售者报价90万元,你如何评估这个报价呢？一个简单的办法就是寻找一个类似地段、类似质量的商品住宅,计算每平方米的价格(价格与面积的比率),假设是1.2万元/平方米,你拟购置的住宅是80平方米,利用相对价值法评估它的价值是96万元,于是你认为出售者的报价低了。你对报价高低的判断是相对于类似商品住宅说的,它比类似住宅的报价低了。实际上,也可能是类似住宅的价格偏高。

这种做法看起来很简单,真正使用起来却并不简单。因为类似商品住宅与你拟购置的商品住宅总有"不类似"的地方,类似商品住宅的价格也不一定是公平市场价格。准确的评估还需要对计算结果进行另外的修正,而这种修正比一般人想象的要复杂。它涉及每平方米价格的决定因素问题。

现金流量模型的假设是明确显示的,而相对价值模型的假设是隐含在比率内部的。因此,它看起来简单,实际应用时并不简单。

一、相对价值模型的原理

相对价值模型分为两大类:一类是以股权市价为基础的模型,包括股权市价/净利、股权市价/净资产、股权市价/销售额等比率模型;另一类是以企业实体价值为基础的模型,包括实体价值/息前税后营业利润、实体价值/实体现金流量、实体价值/投资资本、实体价值/销售额等比率模型。我们这里只讨论三种最常用的股权市价比率模型。

(一) 市价/净利比率模型

1. 基本模型

市价/净利比率,通常称为市盈率。

$$市盈率 = 市价 \div 净利 = 每股市价 \div 每股净利$$

运用市盈率估价的模型为：

$$目标企业每股价值 = 可比企业平均市盈率 \times 目标企业的每股净利$$

该模型假设股票市价是每股净利的一定倍数。每股净利越大，则股票价值越大。同类企业有类似的市盈率，所以目标企业的股权价值可以用每股净利乘以可比企业的平均市盈率计算。

2. 模型原理

为什么平均市盈率可以作为计算股价的乘数呢？影响市盈率高低的基本因素有哪些？根据股利折现模型，处于稳定状态企业的股权价值为：

$$股权价值 = P_0 = \frac{股利_1}{股权成本 - 增长率}$$

两边同时除以每股净利$_0$，得：

$$\frac{P_0}{每股净利_0} = \frac{股利_1 \div 每股净利_0}{股权成本 - 增长率}$$

$$= \frac{[每股净利_0 \times (1 + 增长率) \times 股利支付率] \div 每股净利_0}{股权成本 - 增长率}$$

$$= \frac{股利支付率 \times (1 + 增长率)}{股权成本 - 增长率} = 本期市盈率$$

上述根据当前市价和同期净利计算的市盈率，称为本期市盈率，简称市盈率。

这个公式表明，市盈率的驱动因素是企业的增长潜力、股利支付率和风险（股权资本成本）。这三个因素类似的企业，才会具有类似的市盈率。可比企业实际上应当是这三个比率类似的企业，同业企业不一定都具有这种类似性。

如果把公式两边同除的当前每股净利$_0$，换为预期下期每股净利$_1$，其结果称为内在市盈率或预期市盈率：

$$\frac{P_0}{每股净利_1} = \frac{股利_1 \div 每股净利_1}{股权成本 - 增长率}$$

$$内在市盈率 = \frac{股利支付率}{股权成本 - 增长率}$$

如果用内在市盈率为股票定价，其结果应与现金流量模型一致。但需要注意以下几个问题。

首先，我们这样分析问题，并不是为了重复演示现金流量模型，而是为了关注影响市盈率可比性的因素，以便合理选择可比企业，防止误用市盈率估价模型。实际上，在现实生活中市盈率估价模型很容易被误用。比较常见的是，有人认为市盈率低的股票更便宜，其实不一定。一个企业的市盈率比同行业高，可能是因为它有更高的增长率或者风险较低，而不是被市场高估了。再如，有人常用行业平均的市盈率为新股定价，而不管企业的这三个比率高低，这也是很不科学的。

其次，在影响市盈率的三个因素中，关键是增长潜力。所谓增长潜力类似，不仅指具有相同的增长率，还包括增长模式的类似性。例如，同为永续增长，还是同为由高增长转为永续低增长。

最后，上述内在市盈率模型是根据永续增长模型推导的。如果企业符合两阶段模型的条件,也可以通过类似的方法推导出两阶段情况下的内在市盈率模型。它比永续增长的内在市盈率模型形式复杂,但是仍然由这三个因素驱动。

3. 模型的适用性

市盈率模型的优点主要体现在:第一,计算市盈率的数据容易取得,并且计算简单;第二,市盈率把价格和收益联系起来,直观地反映投入和产出的关系;第三,市盈率涵盖了风险补偿率、增长率、股利支付率的影响,具有很高的综合性。

市盈率模型的局限性主要是:第一,如果收益是负值,市盈率就失去了意义;第二,市盈率除了受企业本身基本面的影响以外,还受到整个经济景气程度的影响。在整个经济繁荣时市盈率上升,整个经济衰退时市盈率下降。这样,如果目标企业的 β 显著大于1,经济繁荣时评估价值会被夸大,经济衰退时评估价值会被缩小。如果目标企业 β 值明显小于1,则出现相反的情况。只有目标企业的 β 为1时,评估价值才能正确反映对未来的预期。因此,市盈率模型最适合连续盈利,且 β 值接近于1的企业。

4. 举例

【例10-7】 甲企业今年的每股净利是0.8元,分配股利0.40元/股,该企业净利润和股利的增长率都是5%,β 值为0.85。政府长期债券利率为6%,股票的风险附加率为4.5%。

要求:(1) 分别计算该企业的本期净利市盈率和预期净利市盈率。

(2) 乙企业与甲企业是类似企业,今年实际净利为0.8元,根据甲企业的本期净利市盈率对乙企业估价,计算其股票价值。

(3) 乙企业预期明年净利是0.84元,根据甲企业的预期净利市盈率对乙企业估价,计算其股票价值。

解:(1) 甲企业股利支付率=每股股利÷每股净利=0.40÷0.8=50%

甲企业资本成本=无风险利率×风险附加率=6%+0.85×4.5%=9.825%

甲企业本期市盈率=[股利支付率×(1+增长率)]÷(资本成本用职权-增长率)

=[50%×(1+5%)]÷(9.825%-5%)=10.8808

甲企业预期市盈率=股利支付率÷(资本成本-增长率)

=50%÷(9.825%-5%)=10.3627

(2) 乙企业股票价值=目标企业本期每股净利×可比企业本期市盈率

=0.8×10.8808=8.70464(元/股)

(3) 乙企业股票价值=目标企业预期每股净利×可比企业预期市盈率

=0.84×10.3627=8.704668(元/股)

通过这个例子可知:如果目标企业的预期每股净利变动与可比企业相同,则根据本期市盈率和预期市盈率进行估价的结果相同。

需要注意的是:在估价时,目标企业本期净利必须要乘以可比本期净利市盈率,目标企业预期净利必须要乘以可比企业预期市盈率,两者必须匹配。这一原则不仅适用于市盈率,也适用于市净率和收入乘数;不仅适用于未修正价格乘数,也适用于后面所讲的各种修正的价格乘数。

(二) 市价净资产比率模型

1. 基本模型

市价/净资产比率,通常称为市净率。

$$市净率＝市价÷净资产$$

这种方法假设股权价值是净资产的函数，类似企业有相同的市净率，净资产越大则股权价值越大。因此，股权价值是净资产的一定倍数，目标企业的价值可以用每股净资产乘以平均市净率计算。

$$股权价值＝可比企业平均市净率×目标企业净资产$$

市净率模式的原理与市盈率模型相同。

2. 模型的适用性

市净率估价模型的优点在于：第一，净利为负值的企业不能用市盈率进行估价，而市净率极少为负值，可用于大多数企业。第二，净资产账面价值的数据容易取得，并且容易理解。第三，净资产账面价值比净利稳定，也不像利润那样经常被人为操纵。第四，如果会计标准合理并且各企业会计政策一致，市净率的变化可以反映企业价值的变化。

市净率估价模型的不足之处在于：第一，账面价值受会计政策选择的影响，如果各企业执行不同的会计标准或会计政策，市净率会失去可比性。第二，固定资产很少的服务性企业和高科技企业，净资产与企业价值的关系不大，其市净率比较没有什么实际意义。第三，少数企业的净资产是负值，市净率没有意义，无法用于比较。因此，这种方法主要适用于拥有大量资产、净资产为正值的企业。

（三）市价/收入比率模型

1. 基本模型

这种方法假设影响企业价值的关键变量是销售收入，企业价值是销售收入的函数，销售收入越大则企业价值越大。既然企业价值是销售收入的一定倍数，那么目标企业的价值可以用销售收入乘以平均收入乘数估计。

由于市价/收入比率的使用历史不长，不像市盈率和市净率应用得广泛和长久，因此还没有一个公认的比率名称，这里暂且称之为收入乘数。

$$收入乘数＝股权市价÷销售收入＝每股市价÷每股销售收入$$

$$目标企业股权价值＝可比企业平均收入乘数×目标企业的销售收入$$

收入乘数模式的原理与市盈率模型相同。

2. 模型的适用性

收入乘数估价模型的优点：第一，它不会出现负值，对于亏损企业和资不抵债的企业，也可以计算出一个有意义的价值乘数。第二，它比较稳定、可靠，不容易被操纵。第三，收入乘数对价格政策和企业战略变化敏感，可以反映这种变化的后果。

收入乘数估价模型的局限性：不能反映成本的变化，而成本是影响企业现金流量和价值的重要因素之一。

因此，这种方法主要适用于销售成本率较低的服务类企业，或者销售成本率趋同的传统行业的企业。

二、相对价值模型的应用

（一）可比企业的选择

相对价值模型应用的主要困难是选择可比企业。通常的做法是选择一组同行业的上市企业，计算它们的平均市价比率，作为估计目标企业价值的乘数。

根据前面的分析可知,市盈率取决于增长潜力、股利支付率和风险(股权资本成本)。选择可比企业时,需要先估计目标企业的这三个比率,然后按些条件选择可比企业。在三个因素中,最重要的驱动因素是增长率,可以作为判断增长率类似的主要依据。

如果符合条件的企业较多,可以进一步根据规模的类似性进一步筛选,以提高可比性的质量。

在使用市净率和收入乘数模型时,选择可比企业的方法与市盈率类似,只是它们的驱动因素有区别。

(二) 修正的市价比率

选择可比企业的时候,往往没有像上述举例那么简单。经常找不到符合条件的可比企业。尤其是要求的可比条件较严格,或者同行业的上市企业很少的时候,经常找不到足够的可比企业。解决问题办法之一是采用修正的市价比率。

此外,在得出评估价值后还需要全面检查评估的合理性。例如,公开交易企业的股票流动性高于非上市企业。因此,非上市企业的评估价值要减掉一部分。一种简便的办法是按上市成本的比例减少其评估价值。当然,如果是为新发行的原始股定价,该股票将很快具有流动性,则无须折扣。再如,对于非上市企业的评估往往涉及控股权的评估,而可比企业大多选择上市企业,上市企业的价格与少数股权价值相联系,不含控股权价值。因此,非上市目标企业的评估值需要加上一笔额外的费用,以反映控股权的价值。

总之,由于认识价值是一切经济和管理决策的前提,增加企业价值是企业的根本目的,所以价值评估是财务管理的核心问题。价值评估是一个认识企业价值的过程,由于企业充满了个性化的差异,因此每一次评估都带有挑战性。不能把价值评估(或资产评估)看成是履行某种规定的程序性工作,而应始终关注企业的真实价值到底是多少,它受哪些因素驱动,尽可能进行深入的分析。

主 要 术 语

1. 企业价值评估
2. 整体价值
3. 企业的经济价值、会计价值与市场价值
4. 现时市场价值与公平市场价值
5. 实体价值与股权价值
6. 持续经营价值与清算价值
7. 少数股权价值与控股权价值
8. 现金流量模型
9. 经济利润模型
10. 相对价值模型

复 习 思 考 题

1. 企业价值评估的对象是什么?
2. 如何理解股权价值与实体价值的区别?
3. 什么是息前税后营业利润?如何确定?
4. 企业价值评估与项目价值评估的区别是什么?
5. 为什么在确定营业流动资产增加资本支出时,不扣除有息负债?

习 题

一、判断题

1. 价值评估运用定量分析模型,具有科学性和客观性,因此,评价结果是精确的。( )

2. 资产负债表的资产总计可以反映企业的整体价值。( )
3. 经济价值是指一项资产的公平市场价值,通常用该资产所产生的现金流量来计量。( )
4. 一个企业的继续经营价值已经低于其清算价值,但控制企业的人拒绝清算而继续经营,这将会摧毁股东能从清算中得到的价值。( )
5. 资产的公平市场价值就是未来现金流入的现值。( )
6. 现金流量折现模型是企业价值评估使用最广泛、理论上最健全的模型。( )
7. 收入乘数估价模型主要适用于销售成本率较低的服务类企业,或者销售成本率趋同的传统行业的企业。( )
8. B公司的投资资本为2 000万元,投资报酬率(息前税后利润)为15%,加权平均资本成本为12%,则该公司的经济利润为60万元。( )

二、单项选择题

1. 目标企业的资产总额3 600万元,税后净利为50万元,所处行业的平均市盈率为12,则可估算目标企业的价值为( )万元。
   A. 300
   B. 600
   C. 72
   D. 64

2. 企业价值评估与投资项目评价有许多类似之处,下列表述中,错误的是( )。
   A. 都能给投资主体带来现金流量
   B. 它们的现金流都具有可测算的确定性
   C. 其价值计量都要使用现值概念
   D. 其价值计量都要使用风险概念

3. 在实体现金流量折现模型中,所采用的折现率是( )。
   A. 权益资本成本
   B. 边际资本成本
   C. 加权平均资本成本
   D. 债务资本成本

4. 下列关于市价/收入比率模型优点表述中,错误的是( )。
   A. 它不会出现负值,可用于亏损企业和资不抵债企业的评估
   B. 它比较稳定、可靠,不容易被操纵
   C. 能反映企业价值的变化
   D. 对价格政策和企业战略变化敏感

5. 企业价值评估的一般对象是( )。
   A. 企业整体的经济价值
   B. 企业部分的经济价值
   C. 企业单项资产合计
   D. 资产负债表的资产总计

6. 经济利润和会计利润的主要区别在于( )。
   A. 会计利润仅扣除债务利息
   B. 会计利润扣除了股权资本成本
   C. 经济利润没有扣除股权资本费用
   D. 经济利润仅扣除债务利息

7. 下列计算"息前税后利润"的公式中,正确的是( )。
   A. 息前税后利润=税后利润+所得税
   B. 息前税后利润=息税前利润-息税前利润所得税

C. 息前税后利润＝息税前利润－所得税

D. 息前税后利润＝息税前利润＋所得税

8. 市净率估价模型主要适用于（　　）。

A. 销售成本率较低的服务类企业

B. 销售成本率趋同的传统行业企业

C. 需要拥有大量资产、净资产为正值的企业

D. 销售成本率较高的机械加工企业

三、多项选择题

1. 下列实体自由现金流量的计算公式中,正确的有（　　）。

A. 实体自由现金流量＝息税前利润＋折旧－资本支出－营运资本增加

B. 实体自由现金流量＝息前税后利润＋折旧－资本支出－营运资本增加

C. 实体自由现金流量＝股权自由现金流量＋债权人现金流量＋优先股现金流量

D. 实体自由现金流量＝股权自由现金流量－债权人自由现金流量－优先股现金流量

2. 企业价值评估与项目价值评估有明显的区别,下列表述中,正确的有（　　）。

A. 它们的现金流分布有不同的特征

B. 投资项目的寿命期是有限的,而企业的寿命是无限的

C. 项目产生的现金流属于投资人,而企业产生的现金流仅在管理层决定分配时才流向所有者

D. 项目现金流具有确定性,而企业现金流具有明显的不确定性

3. 营业现金流量计算公式中的折旧与摊销包括（　　）。

A. 无形资产摊销　　　　　　　　B. 长期待费用摊销

C. 固定资产折旧　　　　　　　　D. 计提长期资产减值准备

4. 在稳定状态下,实体现金流量可持续增长率也是（　　）。

A. 资产增长率　　　　　　　　　B. 营运资本增长率

C. 资本支出增长率　　　　　　　D. 折旧增长率

5. 市盈率模型的优点包括（　　）。

A. 数据容易取得,计算简单

B. 能直观地反映投入和产出的关系

C. 涵盖了风险补偿率、增长率、股利分配率的影响

D. 如果收益是负值仍然是有意义的比率

6. 不同的资产,其现金流量的具体表现形式不同,下列正确的有（　　）。

A. 债券的现金流量是利息和本金

B. 股票的现金流量是股利

C. 投资项目的现金流量是利润

D. 企业实体是实体现金流量

7. 估算股权现金流量时,要从企业在生产经营中获得的现金流量中扣除的有（　　）。

A. 各种费用　　　　　　　　　　B. 必要的投资支出

C. 偿还债务本息　　　　　　　　D. 支付的股利

8. 计算息前税后利润的方法有（　　）。

A. 收入乘数调整法　　　　　　　B. 平均税率法

C. 所得税调整法　　　　　　　　D. 利息调整法

四、计算题

1. K公司刚刚收购了同行业的另一家公司,经测算本年的自由现金流量为1 000万元,预计今后4年自由现金流量增长率为10%,从第五年起每年以5%的增长率增长。公司本年底发行在外的普通股有300万股,股价28元。公司的β值为1.655,负债比率按市值计算为45%,负债利率为11%,市场平均报酬率为12%,无风险报酬率8%,公司所得税税率为20%。公司目前债务价值4 500万元。

要求：通过计算判断该股票被市场高估还是低估了。

2. ABC公司2007年销售收入150万元,息税前利润12万元,资本支出5万元,折旧4万元,年底营运资本3万元。该公司刚刚收购了另一家公司,使得目前公司债务价值为50万元,资本成本为12%。2007年年底发行在外的普通股股数50万股,股价0.8元。预计2008~2010年销售增长率为8%,预计息税前利润、资本支出、折旧和营运资本与销售同步增长。预计2011年进入永续增长阶段,销售额和息税前利润每年增长4%。资本支出、折旧、营运资本与销售同步增长,2011年偿还到期债务后资本成本降为10%。公司所得税税率为40%。

要求：计算公司实体价值和股权价值。

3. A公司收购同行业的B公司,该行业各企业的收益和风险较为均衡。有关资料如下：目标企业今年的净利润250万元,普通股股数200万股。A公司今年的净利润1 000万元,普通股股数500万股,分配股利1.4元,公司净利润和股利的增长率都是6%,β值为0.85。国库券利率为5%,股票的风险附加率为4.5%。

要求：计算目标企业每股价值。

4. 某公司年初投资资本1 600万元,预计投资资本报酬(息前税后利润)率为10%,每年净投资为零。加权平均资本成本为8%。

要求：按经济利润模型和现金流量折现模型分别计算公司价值。

案 例 分 析

一、案例资料

2009年年底,A公司董事会讨论全面收购B公司的事宜,实施多元化战略。B公司发行在外的股票有180万股,目前收购股价2.7元。B公司2005年息税前利润为150万元,资本支出36万元,折旧与摊销28万元,营业流动资产25万元。对收购B公司后的财务数据预计如下：

(1) 今后5年,预计每年销售增长率为6%,息前税后利润、资本支出、折旧与摊销及营业流动资产的变动都随销售同步增长。

(2) 从第六年开始,公司将进入永续增长阶段,销售额、息前税后利润和营业流动资产都将每年增长2%,而折旧与摊销能满足资本支出要求。

(3) 无风险报酬率为5%,收购后的5年内股票β系数为2,随着公司进入稳定期,股票β系数下降为1.5。B公司有息负债的平均利率为10%。前5年因资产负债率较高,加权平均资本成本为11%,以后因资产负债率的下降,加权平均资本成本为12%。

(4) B公司目前账面债务为485万元,预计所有债务违约风险很小。

二、思考分析

董事会讨论的收购方案能否为A公司增加财富(B公司平均所得税税率为36%)？

第十一章 财务预算

学习目的与要求

- 了解全面预算的概念和构成内容。
- 理解财务预算的意义、特点和编制流程。
- 理解各类预算编制方法的概念及其优缺点。
- 掌握财务预算的编制方法。
- 掌握现金预算及预计利润表和预计资产负债表的编制。

本章提要

(1) 全面预算体系按其涉及的业务活动领域可分为生产经营预算、专门决策预算和财务预算。在全面预算体系中，各种预算前后衔接，相互勾稽，形成了一个较完整的体系。

(2) 财务预算编制方法主要有固定预算、弹性预算、零基预算、增量预算、定期预算、滚动预算和概率预算等。

(3) 现金预算的编制过程是以销售预算为起点，依次经过生产预算、直接材料预算、直接人工预算、制造费用预算、产品成本预算、销售及管理费用预算，然后依据上述预算的有关信息编制现金预算。

(4) 现金预算是按照现金流量表主要项目内容编制的、反映企业预算期内一切现金收支及其结果的预算。现金预算通常包括现金收入、现金支出、现金多余和不足、资金的筹集和使用等四部分。

(5) 预计财务报表是反映企业未来的财务状况，控制企业资金、成本和利润总量的重要手段和方法。预计财务报表包括预计利润表和预计资产负债表。

第一节 财务预算概述

一、财务预算的概念及内容

(一) 全面预算的概念及内容

全面预算（简称预算）是指企业对某一特定期间如何取得及使用资源的一种详细的规划，代表了企业生产经营应达到的目标。它以企业短期经营决策和长期决策目标为依据，并以价值形式进行分解，使之具体化为企业内部各管理部门、各分支机构的目标，用数据将企业全部经营活动的各项目标具体地、系统地反映出来。因此，预算又是企业有效地进行资源配置的手段。预算的主要目的是有效地运用资源并提供绩效评价的标准,因而预算编制过程实质上就是资源配置过程。

企业定期或不定期地将各部门经营的实际成果同预算对比,进行考核与评价,同时揭示两者间的差异并分析其原因,及时纠正偏差,就可对未来的经济活动加以控制,确保决策目标的实现。所以说预算在企业财务战略管理的计划和控制系统中占有十分重要的地位。

企业全面预算体系是以目标利润为依据的企业全面预算管理。与传统的企业预算管理不同的是,它是首先分析企业所处的市场环境,结合企业的销售、成本、费用,以及资本状况、管理水平和战略能力来确定目标利润,然后以此为基础详细编制企业的业务预算和财务预算,尔后形成预计资产负债表、利润表、现金流量表,最终用货币以及其他数量形式表示的企业未来一定期间全部经营活动及其成果的一系列详细规划。由于预算最终用量化的形式表示,因而更具可比性和可控性,而且由于进一步明确了相关的责、权、利而成为随后的业绩评价与激励活动的基础。

全面预算体系按其涉及的业务活动领域可分为生产经营预算、专门决策预算和财务预算。

生产经营预算也称业务预算,是指与企业日常经营活动直接相关的经营业务的各种预算,是为规划和控制未来时期的生产销售等日常业务以及与此相关的成本费用和收入而编制的预算。产品的生产、销售作为日常经营活动的重要环节,是每时每刻都在发生变化的。所以,在一个企业的预算管理体系中,包括销售、生产、成本、费用、存货等项目的经营预算有较强的操作性和时效性,是最基本的预算,也是企业总预算的基础,在企业战略计划和具体生产经营之间起着承上启下的作用。它不仅能明确各级工作人员的权责关系,调动全体职工的工作积极性,而且有利于企业内外和上下级之间的沟通协调。具体做法是:在目标利润和销售预测的基础上,首先对企业的产品销售进行预算,然后再按"以销定产"的方法逐步对生产、材料采购、存货、费用等方面进行预算。

业务预算具体包括销售预算、生产预算、直接材料预算、直接人工预算、制造费用预算、产品生产成本预算、销售及管理费用预算等,既有实物量指标,又有价值量指标(见图11-1)。

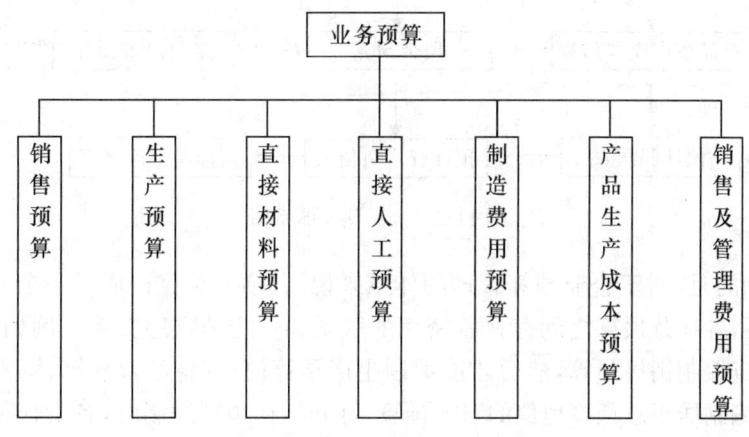

图 11-1　业务预算图

专门决策预算是指企业在预算期内进行资本性投资活动的预算,主要包括固定资产投资决策、研发支出资金的预算。广义上的专门决策预算还包括权益性资本投资预算和债券投资预算。

财务预算是指反映未来一定预算期内预计财务状况、经营成果和现金收支的各种预算的总称,主要是由财务部门利用各职能部门传递来的各项经营预算和资本支出预算资料来编制完成的。财务预算是全面预算体系的最后环节,可以从价值方面总括地反映专门决策预算和日常业务预算的结果,是各项经营预算、资本支出预算和筹资预算的汇总,因此也称"总预算"。它包括现金预算和预计资产负债表、预计利润表和预计现金流量表等。

在全面预算体系中,各种预算前后衔接,相互勾稽,形成了一个较完整的体系。图11-2是一个简化了的企业预算体系图,它粗略地反映了在预算管理模式下各预算之间的主要关系。其中,产品生产成本预算和现金预算是相关预算的汇总,预计利润表、预计资产负债表和预计现金流量表是全部预算的综合。

财务预算与业务预算、专门决策预算共同构成企业的全面预算。企业财务预算应当围绕企业的战略要求和发展规划,以业务预算、资本预算为基础,以经营利润为目标,以现金流为核心进行编制,并主要以财务报表形式予以充分反映。企业财务预算按年度编制,业务预算、资本预算、筹资预算分季度、月份落实。

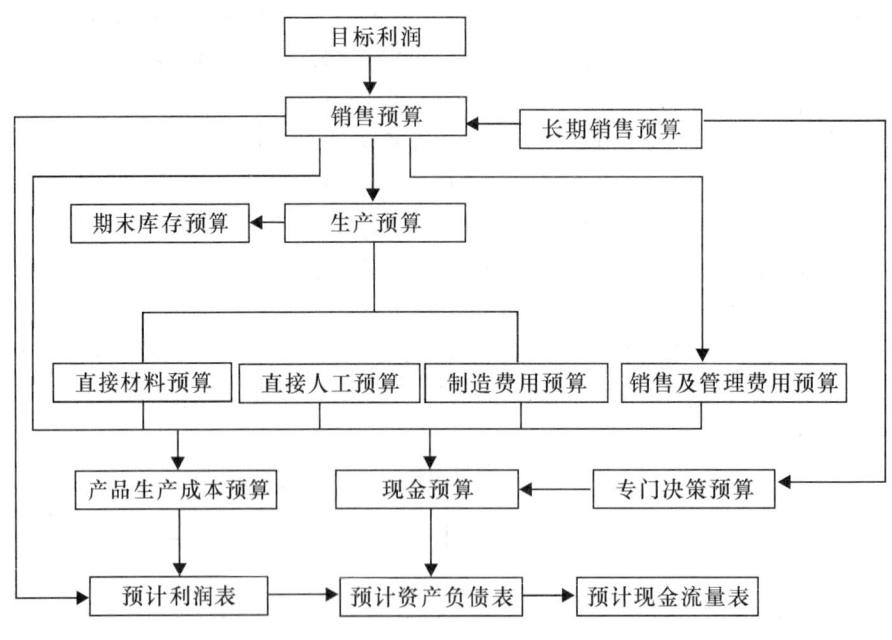

图11-2 全面预算体系图

需要强调的是,对于企业预算管理的体系来说,各项分预算构成了一个完整的互相支撑的预算体系,各项分预算之间存在着密切的联系和一定的顺序关系。例如,根据以销定产原则,首先应编制销售预算,然后才能编制生产预算;只有将经营预算、资本预算等分预算编完,才能编制居于总预算地位的财务预算。同时,在预算编制时,各责任部门应在预算编制方针的指引下,树立全局观念,互相沟通信息,作为编制本部门预算的参考,以避免某项预算对部门来说是最佳的,但对企业来说不是最合理的现象发生。

(二)财务预算的特征

通过上述对财务预算概念的描述,可以归纳出财务预算的一些重要特征。

1. 财务预算具有综合性

财务预算是一种综合预算,具有全面控制的能力。

财务预算不是数据的罗列,而是一种与公司治理结构相适应的、涉及企业内部各个管理层次的权利和责任安排,是企业全部经营活动的集大成。它通常以企业目标利润为预算目标,以销售前景为预算的编制基础,并综合考虑市场和企业生产营销诸因素,按照目标明确的原则,以企业最高权力机构讨论通过的企业未来一定期间经营思想、经营目标、经营决策作为依据进行编制。这种依据用于企业的一切生产经营领域,并将各个预算统一于总预算体系,所以也是"全面预算"。它通过相应利益分配来实现内部管理与控制机制,因而财务预算不只是财务部门的事情,而是具有全面控制约束力的一种机制。

2. 财务预算是一种战略管理

预算管理是一种战略管理。首先,预算目标实际上是企业战略目标,没有战略意识的预算不可能增强企业竞争优势。所以预算管理过程必须是围绕着企业战略的制定、实施、控制而采取的一系列措施的全过程,预算管理应该具有整体性、长期性和相对稳定性的特征。其次,预算的战略性还应该体现不同类型企业的战略重点的差异。一般而言,企业战略包括地域扩张、多元经营、兴办合资企业、产品开发、市场渗透、收缩、剥离、清算等。战略的不同决定了企业的发展思路与方针的差异,所以不同企业和同一企业的不同时间预算管理的目标与重点应该是不一样的。最后,预算管理的战略性体现于它沟通了企业战略与经营活动的关系,使企业的战略意图得以具体贯彻,长短期预算计划得以衔接。

3. 财务预算具有价值属性

财务预算的价值属性主要体现在以下四个方面:① 财务预算指标最终都落实在价值形式上,即都为价值指标。这些指标有利润、销售收入、成本费用额、投资额、筹资额、现金流量和现金净流量等。② 在财务预算中也使用实物量指标,但它只是作为计算价值量的基础,最后都应转化为价值指标。③ 财务预算通常都可以用预计资产负债表、预计利润表和预计现金流量表表示,它们都属于价值报表。④ 财务计划可以体现为收支流和现金流。收支流是以利润为中心而形成的收支预算体系,它通过企业总收入额与总支出额的比较形成利润。现金流是以现金净流量为中心而形成的现金流入和流出预算体系,它通过企业现金流入额与现金流出额的比较形成现金净流量。不难看出,财务预算的收支流和现金流都是价值流。

4. 财务预算以利润(或出资者权益)为前提

随着产权主体的明晰化,以及出资者对经营者约束的强化,以利润(或出资者权益)为起点的财务预算模式最为人们接受。这里利润是指资本报酬率或每股净收益。从长期观点看,出资人追求自身财富最大化,表现为企业的市场价值最大化。但就每一个财务预算期而言,则必须是在保证资产质量优良的条件下,资本报酬率或每股净收益尽可能最大化。如果持续地看,每一期的资本报酬率或每股净收益最大,则企业的市场价值最大。以利润作为财务预算目标,不仅要求企业追求销售额最大,成本费用最低,而且要求尽可能减少资本投入。同时,由于以利润作为财务预算编制的起点,就使得利润不再是预算的结果,而是预算的前提,从而表现为一种主动性。

二、财务预算的作用

财务预算被认为是一种有效的管理制度,它在企业的经营管理中具有积极的作用。

1. 财务预算具有科学管理的作用

企业财务预算通过反映生产经营明细计划,使管理者能确保某一时期目标的实现。具体表现在：首先，要为高层经营管理者提供决策信息，以衡量效益与风险的关系，制定企业长远发展战略；为中层管理人员提供详细的管理信息，以实现投入与产出的最优配比；为基层管理人员提供及时准确的成本费用信息，以达到实现预算标准、控制成本费用的目的。其次，要充分考虑企业的需要与企业软硬件环境的结合，最大限度地提高企业预算体系的运作效率，通过规范的预算管理实施业务流程，降低预算实施风险。再次，要从企业的角度来协调、控制企业财务和运营风险，通过完善的信用机制、付款机制及库存资金占用机制，重点解决企业在经营中所碰到的应收款难以收回、存货积压和资金短缺并存等问题，有意识地将企业运营财务风险控制在合理的范围之内。最后，预算管理中的较大部分是开展现金流量的计划与分析，通过对现金流量的计划与分析，企业能够有效控制现金的流入与流出情况，掌握资金动态。

总之，只要经过科学的预测，制定出最佳预算方案，合理挖掘现有资源潜力，有效控制预算的执行，即可达到科学管理、进一步提高企业综合盈利能力的目的。

2. 财务预算可以合理配置资源

企业管理的重要特征之一就是将各种不同的企业资源，通过内部化来节约交易成本，优化配置资产结构，从而发挥规模经营效应。发挥这一效应需要借助各种管理机制与手段，其中财务预算扮演着重要角色。财务预算能将企业资源加以整合优化，将有限的资源分配给获利最高的相关部门，有助于管理者合理配置资源和控制组织中各项活动的开展，使资源浪费最小化而利用效率最大化。

3. 财务预算可以进行有效的战略支持

企业管理最为核心的是财务战略管理，它是对未来进行的规划，具有前瞻性特征。财务预算本质上是对未来的一种管理，它通过规划未来的发展来指导现在的实践，因而具有战略性，对企业战略起着全方位的支持作用。战略支持最充分地体现在预算的动态性上，它通过滚动预算和弹性预算形式，将未来置于现实之中。财务预算在企业战略指导下，定量反映企业的经营方针和经营目标，详细列示出实现企业战略目标应采取的方法和措施，有利于企业各部门及职工了解整个企业的经营战略，从而为实现企业战略目标而共同努力奋斗。

4. 财务预算有助于企业内部的协调平衡

财务预算不是单一部门或单一个人的管理行为，财务预算过程涉及企业的各个部门及所有员工。在企业经营管理过程中，企业各部门之间及各部门与企业整体之间，存在着非常紧密的联系，这些联系往往又直接或间接地决定着企业整体利益与各部门及职工个人的局部利益，这就要求为了完成企业整体目标和任务，各部门必须密切配合，相互协调，统筹兼顾，合理安排。对于企业尤其是大企业来说，管理跨度的加大、信息的利用与控制功能的加强都需要有一个机制来强化管理的协调，而财务预算无疑成为这样一种机制，即通过预算本身的制定、执行与监督，来保证各子公司间、母公司与子公司间及各职能部门间的沟通和协调，使各方在统一目标下协调工作，共同完成各自的任务，促进企业总体目标的实现。

5. 财务预算可以帮助管理者进行有效的绩效评估和激励

根据企业总体预算目标分解和细化以后的各个分级、分部门的预算指标，是对部门、员工进行奖惩、人事任免的主要依据之一。企业通过将实绩与预算进行比较，了解各个部门预算执行情况的好坏，对各个部门及每位员工的工作业绩进行评价和考核，全面、综合分析预算执行差异的原因，分析其中的客观环境因素以及各部门（员工）自身的主观因素，使企业每个部门、每个员工都了解本部门的经济活动与企业整个预算目标之间的关系,激励每个部门、每个员工努力为实现预算目标而努力工作。它将预算主体和预算单位的行为调整到"自我约束"与"自我激励"这一层面上。也就是说,预算作为一根"标杆",使所有预算执行主体都知道自己的目标是什么,现在做得如何,如何努力地去完成预算,预算完成与否是如何与其自身收益挂钩等,从而起到一种自我约束与自我激励相对等的作用,它是企业管理工作的重要组成部分。

6. 财务预算可以帮助企业进行有效的财务控制

财务预算对于企业而言,既是对执行主体的行为过程控制,同时也是对其行为结果控制的一种机制。因为企业各职能部门都根据预算的要求,有目的、有步骤地安排日常工作,组织生产经营活动。通过预算目标、实际业绩的比较,预算控制能使经理人员随时了解预算主体范围内的企业实际业绩进展情况;通过分析产生差异的原因,可促使各有关部门对差异及时采取措施,解决问题,保证预算最大限度地得以实现,并最大限度地提高企业的经营效率,有助于培育勤俭节约、精打细算的工作作风,为降低成本、提高效益创造条件。同时,通过分析目标与实际的差异,揭示产生差异的原因,能够反映初始预算的现实性与可行性,并由此决定是否修改初始预算,使之更有利于目标的科学与合理,更有利于企业实施责任会计,从而有利于企业的控制与经营。

第二节 财务预算的编制方法

财务预算的编制方法很多,主要有固定预算、弹性预算、增量预算、零基预算、定期预算和滚动预算等。

一、固定预算和弹性预算

编制预算的方法按预算可否按业务量调整可分为固定预算和弹性预算两大类。

(一)固定预算

固定预算又称静态预算,是预算的最基本方法。它是指以预算期内正常的、可实现的某一业务量(如生产量、销售量)水平作为唯一基础来编制预算的方法。传统预算大多采用固定预算的方法。其特点是不考虑预算期内业务量水平可能发生的变动,对所有经营活动只以某一特定的、不变的业务量水平为基础编制预算,并将预算的实际执行结果与按预算期内计划规定的单一业务量水平所确定的预算数进行比较,并据以进行业绩评价、考核。

虽然固定预算是一个较常用的预算方法,但这种方法存在以下缺点:

第一,过于机械呆板,因为编制预算的业务量基础是事先假定的某个业务量。在固定预算方法下,不论预算期内业务量水平可能发生哪些变动,都只以事先确定的某一个业务量水平作为编制预算的基础。

第二,可比性差。如果用来衡量业务量水平经常变动的企业的耗费与成果,特别是当实际的业务量水平与预算确定的业务量水平相差甚远时,各费用项目的实际数与预算数就失去了可比的基础,很难判断究竟是由于产量增加(减少)引起成本的增加(减少),还是由于成本控制不得力而发生的超支(节约)等。这时就很难正确地考核和评价企业预算的执行情况。

由于有以上不足,在一般情况下,对不随业务量变化的固定成本与费用多采用固定预算法进行编制,而对变动成本,在编制预算时不宜用此方法。此外,固定预算也可用于那些业务量水平较为稳定的企业或非营利组织。

(二) 弹性预算

弹性预算是为克服固定预算的缺点而设的,又称变动预算。它是指在编制费用预算时,预先估计到计划期间业务量可能发生的变动,在成本习性分析的基础上,以业务量、成本和利润之间的依存关系为依据,按照预算期可预见的多种业务量水平编制出一套适用于多种业务量的费用预算,以便分别反映各种业务量情况下所应开支的费用水平。由于这种预算要随业务量的变动而作相应的调整,具有伸缩性和动态性,因此称作弹性预算。弹性预算适用于未来的业务量水平难以确定,并且不同业务量水平对预算影响较大条件下预算的编制。

编制弹性预算所依据的业务量可以是产量、销售量、直接人工工时、机器工时、材料消耗量和直接人工工资等。弹性预算具有两个特征:一是能够反映预算期某一相关范围内可预见的一系列业务量水平,从而扩大了预算的适用范围。二是在成本习性分析的基础上,按成本的不同性态列示预算数,在预算期实际业务量与计划业务量不一致的情况下,可以将实际执行数与实际业务量对应的预算额进行对比,从而使预算执行情况的评价与考核建立在更加现实可比的基础上,便于更好地发挥预算的控制作用。

弹性预算主要用于编制成本预算、销售及管理费用预算和利润预算。由于直接材料和直接人工随业务量的变动呈正比例变动,用标准成本制度进行控制更为方便,不必为其编制弹性预算,因此弹性成本预算主要指制造费用预算。下面以弹性成本预算为例介绍弹性预算的编制方法。

1. 弹性成本预算

弹性成本预算的编制方法主要有列表法和公式法两种。

(1) 列表法。列表法又称多水平法,是指在确定的业务量范围内,将业务量划分为若干个不同水平(一般可定在正常生产能力的 70%～110%,或以历史上最高业务量和最低业务量为其上下限),然后根据各个不同业务量水平分别计算各项预算成本,汇总列示在一个预算表格中的方法。采用列表法时,业务量的间距可根据企业实际情况自行确定。间距较大,水平级别就少一些,可以简化预算编制工作,但间距太大会失去弹性预算的优点;间距较小,就容易在表中找出与实际相近的业务量对应的预算,用以控制成本较为准确,但间距太小会增加编制的工作量。

需要注意的是,业务量计量单位应根据企业的具体情况进行选择。一般来说,生产单一产品的部门,可以选用产品实物量;生产多品种产品的部门,可以选用人工工时、机器工时等;修理部门可以选用修理工时等。以手工操作为主的企业应选用人工工时,机械化程度较高的企业选用机器工时更为适宜。

【例 11-1】 某公司在预算期内固定制造费用为 4 200 元,其中办公费 1 500 元、折旧费 2 200 元、租赁费 500 元。预计生产甲产品 300 件,单位成本构成如下:直接材料 20 元,直接人工 15 元、变动性制造费用 12 元,其中间接材料 5 元、间接人工 6 元、动力费 1 元。

要求:用列表法编制该公司的弹性成本预算。

解:用列表法编制的该公司弹性成本预算如表 11-1 所示。

列表法的优点是可以直接比较不同业务量水平下实际数与预算数的差异,便于预算的考核与控制。但是,这种方法不能包括所有业务量条件下的费用预算,在实际运用列表法进行弹性预算的评价和考核实际成本时,往往需要使用插补法计算实际业务量的预算成本,比较麻烦。

表 11-1 弹性成本预算(列表法)

20×9 年度   单位：元

项目	单位成本(元/件)	预计生产量(件)			
		250	300	350	400
变动成本：					
直接材料	20	5 000	6 000	7 000	8 000
直接人工	15	3 750	4 500	5 250	6 000
变动性制造费用	12	3 000	3 600	4 200	4 800
其中：间接材料	5	1 250	1 500	1 750	2 000
间接人工	6	1 500	1 800	2 100	2 400
动力费	1	250	300	350	400
合　计	47	11 750	14 100	16 450	18 800
固定性制造费用					
其中：办公费		1 500	1 500	1 500	1 500
折旧费		2 200	2 200	2 200	2 200
租赁费		500	500	500	500
合　计		4 200	4 200	4 200	4 200
生产成本总计		15 950	18 300	20 650	23 000

(2) 公式法。公式法就是利用成本与业务量的方程式来编制弹性预算的方法。在成本习性分析的基础上，可将任何成本近似地表示为 $y=a+bx$（a 为固定成本；b 为单位变动成本；y 为成本总额；x 为业务量，如产销量、直接人工工时等），所以只要在预算中列示出 a 和 b，便可随时利用公式计算出在允许范围内任何与业务量水平对应的预算成本。下例是用公式法表示的某公司制造费用弹性预算。

【例 11-2】 表 11-2 是某公司 20×9 年度当业务量水平为 300～500 人工小时制造费用弹性预算资料。

要求：利用公式法编制各项制造费用预算表。

解：用公式法编制的该公司制造费用弹性预算表如表 11-3 所示。

表 11-2 某公司 20×9 年度制造费用弹性预算资料

单位：元

业务量范围(人工工时)	300～500 小时	
项　目	固定成本(a)	单位变动成本(b)
电力		0.8
间接材料		0.5

(续表)

业务量范围(人工工时)	300~500 小时	
项　　　　　目	固定成本(a)	单位变动成本(b)
运输费		0.2
修理费	100	0.78
油料	180	0.32
折旧费	1 000	
管理人员工资	800	
保险费	200	
合　　　　　计	2 280	2.6

表 11-3　制造费用弹性预算表(公式法)

项　　　　　目	金　　额　(元)
电力	0.8×350＝280
间接材料	0.5×350＝175
运输费	0.2×350＝70
修理费	100＋0.78×350＝373
油料	180＋0.32×350＝292
折旧费	1 000
管理人员工资	800
保险费	200
合　　　　　计	3 190＝2 280＋2.6×350

公式法的优点是便于计算在规定范围内任何业务量的弹性预算成本,缺点是按细目逐项分解成本比较麻烦,而且不能直接查出特定业务量下的总成本预算数额。在实际工作中可按需要综合采用固定预算和弹性预算,以达到更好的考核和控制目标。

此外,成本的弹性预算方法还有图示法,即在平面直角坐标系上把各种业务量的预算成本用描绘图像的形式表示出来,以反映弹性预算水平的方法。此法不仅能反映变动成本、固定成本项目,而且能在一定程度上反映混合成本,能够在坐标图上直观地反映不同业务量水平上的预算成本,但精确度相对差一些。

2. 弹性利润预算

弹性利润预算的编制方法主要有因素法和百分比法。

(1) 因素法是指根据受业务量变动影响的有关收入、成本等因素与利润的关系,列表反映这些因素分别变动时相应的预算利润水平的方法。该方法适用于编制单一品种经营或采用分别计算法处理固定成本的利润预算。

(2) 百分比法又称销售额百分比法,即按不同销售额的百分比编制弹性预算的方法。该方法比较简单,适用于编制多品种经营企业的利润预算。

二、增量预算和零基预算

编制成本费用预算的方法按其出发点的特征不同可分为增量预算方法和零基预算方法两大类。

(一) 增量预算

增量预算又称调整预算,是指以基期成本费用水平为基础,结合预算期业务量水平的变动情况及相关影响因素变动的程度,通过调整有关原有项目而编制预算的方法。增量预算法的运用有以下基本假定:

第一,现有的业务活动是企业必需的。只有保留企业现有的每项业务活动,才能使企业的经营过程得到正常发展。

第二,原有的各项开支都是合理的。既然现有的业务活动是必需的,那么原有的各项费用开支都是合理的,必须予以保留。

第三,增加费用预算是值得的。

增量预算简便易行,但它以过去的经验为基础,实际上是承认过去所发生的一切都是合理的,主张不需在预算内容上作较大改进,而是因循以前的预算项目。这种方法可能导致以下不足:第一,不利于费用项目的改进。由于按这种方法编制预算,往往不加分析地保留或接受原有的成本项目,可能使原来不合理和不必要的费用开支继续存在下去,造成预算上的浪费。第二,滋长预算中的"平均主义"和"简单化"。采用此法,容易鼓励预算编制人凭主观臆断按成本项目平均削减预算或只增不减,不利于调动各部门降低费用的积极性。第三,不利于企业未来的发展。按照这种方法编制的费用预算,对于那些未来实际需要开支的项目可能因没有考虑未来情况的变化而造成预算的不足。

(二) 零基预算

零基预算全称为"以零为基础编制计划和预算的方法",是为克服增量预算的缺点而设计的方法。它是指在编制成本费用预算时,不考虑以往会计期间所发生的费用项目或费用数额,而是将所有的预算支出均以零为出发点,一切从实际需要与可能出发,逐项审议预算期内各项费用的内容及开支标准是否合理,在综合平衡的基础上编制费用预算的一种方法。

1. 零基预算编制的程序

(1) 确定预算目标。动员企业内部所有部门,根据企业的总目标,在充分讨论的基础上提出本部门的具体目标,并提出本部门在预算期内应当发生的费用项目、费用金额以及未来的效果。

(2) 对费用开支进行必要性分析。由预算的管理高层部门对各部门提出的费用项目进行必要性和效益分析,并进行分类,划分不可避免项目和可避免项目。对不可避免项目必须保证资金供应。

(3) 将酌量性固定成本中的每一费用项目分为不可避免项目和可避免项目。其中,对可避免项目逐项进行成本—效益分析,按照各项目开支必要性的大小确定各项费用预算的优先顺序。

(4) 按轻重缓急合理分配资金。将预算期内可供支配的资金数额在各费用项目之间进行分配。应优先保证满足不可延缓项目的开支,然后再根据需要和可能,按照项目的轻重缓急确定可延缓项目的开支标准。

【例11-3】 某企业用零基预算方法编制管理费用预算。该企业管理部门经过分析讨论,确定预算期内管理费用项目有:办公室租金、员工培训费、差旅费、研究开发费用以及办公费用。经充分论证,确定其中的办公室租金、差旅费和办公费用属于不可避免的费用开支,必须得到全额保证。而员工培训费和研究开发费用则是可避免项目,需根据历史资料进行成本-效益分析,经过适当的调整来确定预算期的金额。

要求:确定该企业管理费用项目预算。

成本-效益分析如表11-4所示。

表 11-4 费用项目(可避免项目)的成本-效益分析表

单位:元

项 目	成 本	收 益
员工培训费	100	200
研究开发费用	100	300

假设该企业在预算期内可用于管理费用的资金总额为20 000元,满足不可避免的费用支出后尚余10 000元,将这10 000元分配于员工培训费和研究开发费用:

$$员工培训费分配额 = \frac{200}{200+300} \times 10\,000 = 4\,000(元)$$

$$研究开发费用分配额 = \frac{300}{200+300} \times 10\,000 = 6\,000(元)$$

所以,该企业最后确定的管理费用预算为:办公室租金5 000元、差旅费3 000元、办公费用2 000元、研究开发费用6 000元、员工培训费4 000元。

2. 零基预算的优点

(1) 不受现有费用项目限制。这种方法可以促使企业合理有效地进行资源分配,将有限的资金用在最需要的地方。

(2) 能够调动各方面降低费用的积极性。这种方法可以充分发挥各级管理人员的积极性、主动性和创造性,促进各预算部门精打细算,合理使用资金,提高资金的利用效率。

(3) 有助于企业未来发展。由于这种方法以零为出发点,对一切费用一视同仁,有利于企业面向未来,以发展的眼光考虑预算问题。

零基预算的缺点在于这种方法一切从零出发,在编制费用预算时需要完成大量的基础工作,而且也需要比较长的编制时间。该方法一般适用于产出较难辨认的服务性部门费用预算的编制。

三、定期预算和滚动预算

编制预算的方法按其预算期的时间特征不同,可分为定期预算的方法和滚动预算的方法两大类。定期预算和滚动预算的具体划分依据是:预算期是否与会计期间相配合,是否逐期向后滚动。

(一) 定期预算

定期预算是指在编制预算时以不变的会计期间(如日历年度)作为预算期的一种预算编制方法,也就是预算期固定、与会计年度相配合、定期编制预算的方法。企业的经营预算和财务预算通常是定期(如1年)编制的。

定期预算的优点是能够将预算期间与会计年度相配合,便于考核和评价预算的执行结果。按照定期预算方法编制的预算主要缺点是适应性和协调性较差。表现在：第一，定期预算多是在其执行年度开始前的两三个月进行的，在编制时，对于整个预算年度的某些生产经营活动很难做出准确的预算，特别是对预算期的后半阶段，往往只能提出一个较为笼统的预算，缺乏准确性。预算中所规划的各种经营活动在预算期内往往发生变化（如临时中途转产），而定期预算却不能随情况的变化及时调整，缺乏远期指导性，从而使原有的预算显得不相适应，给预算的执行带来种种困难，不利于生产经营活动的考核与评价。第二，由于受预算期间的限制，经营管理者们的决策视野往往局限于本期规划的经营活动，形成人为的预算间断，缺乏长远考虑。因此，按固定预算方法编制的预算不能适应连续不断的经营过程，从而不利于企业长期稳定的发展。

为了克服定期预算的缺点，在实践中可采用滚动预算的方法编制预算。

（二）滚动预算

滚动预算又称连续预算或永续预算，是指在编制预算时，将预算期与会计年度脱离开，随着预算的执行不断延伸补充预算，逐期向后滚动，使预算期永远保持为 12 个月的一种方法。其具体做法是：在编制滚动预算时，应遵循"长计划、短安排"的原则。在编制下一年的预算时，先按年度分季，并将其中第一季度按月划分，精确预算各月的详细数额，以便监督和控制预算的执行。其他三个季度的预算可以粗略一些，只列明各季度的预算总数即可。等第一季度结束后，再将第二季度的预算按月细分，第三、第四季度及增加的下一年度第一季度，只列明各季度的预算总数。以此类推，以逐期向后滚动、连续不断的预算形式规划企业未来的经营活动，其具体做法如图 11-3 所示。在滚动预算编制的过程中，对近期预算提出较高的精度要求，使预算的内容相对详细，对远期预算提出较低的精度要求，这是由于人们对近期的预计把握较大、对远期的预计把握较小。这样做可以减少预算工作量，使预算的内容相对简单。

在实际工作中，企业可以根据自身的情况和需要采用逐月滚动、逐季滚动和混合滚动的预算方式。逐月滚动是指在预算编制过程中，以月份为预算的编制和滚动单位，每个月调整一次预算的方法；逐季滚动是指在预算编制过程中，以季度为预算的编制和滚动单位，每个季度调整一次预算的方法。逐季滚动编制的预算比逐月滚动的工作量小，但预算精度较差。混合滚动是指在预算编制过程中，同时使用月份和季度作为预算的编制和滚动单位的方法，它是滚动预算的一种变通方式。

与传统的定期预算相比，按滚动预算方法编制的预算具有以下优点：由于滚动预算在时间上不再受日历年度的限制，能够连续不断地规划未来的经营活动，不会造成预算的人为间断，可以使管理人员始终能够从动态的角度把握住企业近期的规划目标和远期的战略布局，连续性、完整性突出。同时，由于滚动预算能根据前期预算的执行情况，结合各种因素的变动影响，及时调整和修订近期预算，从而使预算更加切合实际，能够充分发挥预算的指导和控制作用。

采用滚动预算的方法编制预算的缺点是预算工作量较大。

除了上述不同的预算方法，企业还可采用确定性预算与概率预算。确定性预算是指在编制预算时，有关变量以稳定不变的数值表达，并据以编制预算的方法。概率预算是对具有不确定性的预算项目，估计其发生各种变化的概率，根据可能出现的最大值和最小值计算其期望值，从而编制的预算，主要用于编制成本预算和利润预算，以及难以推算预测变动趋势的预算项目，如销售新产品、开拓新业务等。

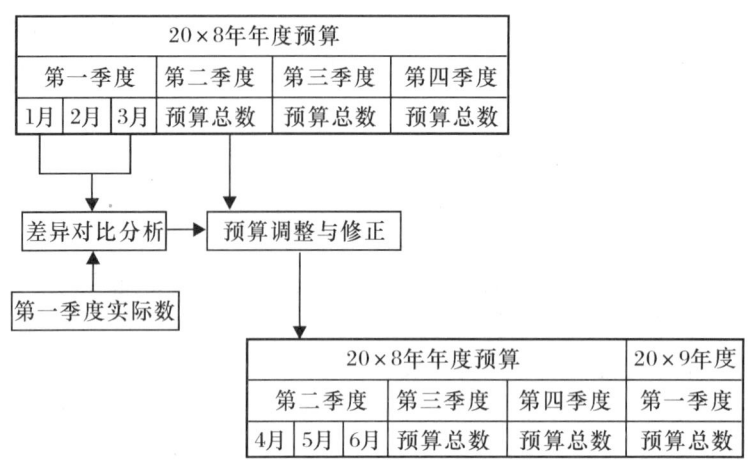

图 11-3 滚动预算示意图

第三节 现金预算与预计财务报表编制

在完成了生产经营预算、资本预算的编制之后,就可以进入全面预算体系的财务预算编制了。财务预算是在预测和决策的基础上,围绕企业战略目标,把经营预算、资本预算及筹资预算中的数据进行分析、汇总,对一定时期内企业资金取得和投放、各项收入和支出、企业经营成果及其分配等资金运动所作的具体安排。财务预算主要包括现金预算、预计利润表和预计资产负债表。

一、现金预算的编制

现金预算是按照现金流量表主要项目内容编制的反映企业预算期内一切现金收支及其结果的预算。这里所说的现金包括库存现金、银行存款和其他货币资金。现金预算是企业财务预算体系的核心,对企业的经营管理有如下的作用:

(1) 现金预算的编制可以使管理当局预计到在预算期内现金的多余或不足情况。这样就可以根据预计现金多余或不足出现的时间和金额,采取相应的应对措施,防患于未然。现金不足,即现金周转出现困难,给企业的正常运转带来不利影响;现金多余,则会造成闲置浪费,而且容易被管理者浪费在奢侈品的购置上,而不进行高收益的投资,从而给企业带来很高的机会成本。另外,从企业并购理论来看,大量的现金多余还可能引起被并购的危险。这种并购的目的都是为了获得企业的现金,不是出于改善企业经营的目的,企业要付出很大的代价应对这种恶意收购。因此,加强现金预算的管理是很重要的。

(2) 编制现金预算可以预计企业在未来时期对到期债务的直接偿付能力。企业的负债需要用现金来偿还,如果不能够合理预计未来时期企业的现金短缺情况,就很可能出现无法清偿到期债务的危机,引起债权人的诉讼甚至导致企业破产,对企业的信誉也有不良的影响。现金预算的编制能在一定程度上避免这个问题。

(3) 现金预算的编制也可以对其他预算提出改进建议。现金预算是有关预算的总结,可以发现整个企业的现金流动情况,据此可以给相关部门提出改进意见。例如,在编制现金预算过程中,如果发现现金短缺,可以建议销售部门重新安排销售计划或者建议采购部门推迟采购材料计划,以增加现金收入,减少现金支出。

现金预算的编制过程包括八个方面。

(一) 销售预算

销售预算是预算期内预算执行单位销售各种产品或者提供各种劳务可能实现的销售量或者业务量及其收入的预算，主要依据年度目标利润、预测的市场销量或劳务需求及提供的产品结构以及市场价格编制。

在现代市场经济条件下，企业是根据"以销定产"进行经营活动的。因此，以销售预测为基础的销售预算是其他预算的起点，只有把销售预算做好了，此后的生产预算才有可靠的基础，从而进一步影响到成本、费用及存货的预算。而且销售收入是企业现金收入最主要的来源，所以，销售预测的准确程度对整个全面预算的科学合理性起着至关重要的作用。

销售预算的主要内容是销售量、销售单价和销售收入。销售量主要是根据市场预测或销货合同并结合企业生产经营能力来确定的，只有得出了比较合理的销售量，再辅以企业经过市场供需情况及竞争状态的分析并结合长期战略确定的价格，才能得出一定期间的销售收入。

销售预测的基本方法有定性预测法和定量预测法。

定性预测法是在预测人员具有丰富的实践经验和广泛的专业知识的基础上，根据其对事物的分析和主观判断能力对预测对象的性质和发展趋势作出推断的预测方法，主要用判断分析法。这种方法是在企业所掌握的数据资料不完全、不准确的情况下使用的。参加预测的专家既可以是企业内部人员，如销售部门经理和销售人员，也可以是企业外部人员，如有关推销商和经济分析家。他们通过对经济形势、国内外科学技术发展水平、市场动态、产品特点和竞争对手等情况资料的分析研究，进而对本企业产品的未来销售情况作出判断。

判断分析法常见的有两种具体方式：① 意见汇集法，也称主观判断法。它是由企业内部熟悉销售业务、对市场发展变化趋势比较敏感的领导人、主管人员和业务人员根据其多年的实践经验集思广益，分析各种不同意见并对之进行综合分析后所作的判断预测。这是因为企业内部由于产品业务范围和分工的不同，有关人员对职责范围内的业务及市场环境比较熟悉，但对问题理解的广度和深度却受一定的限制，因此，需要内部各专业人员的交流互补才能得出全面客观的销售判断。② 德尔菲法，又称专家调查法。它是一种客观判断法。由美国兰德公司在20世纪40年代首先倡导使用。它主要采用通讯的方式，向熟悉市场并有专业知识的有关专家发出预测问题调查问卷，以收集和征询专家们的意见，然后经过多次反复、综合、整理和归纳来预测产品的销售量。

在企业根据自身具体情况进行销售预测后，就可以编制销售预算情况表了。销售预算通常要分品种、月份、销售区域、推销人员进行编制。在编制销售预算的同时，还要编制应收账款收入预算，以反映各期销售额的应收数和实收数，以便为编制现金预算提供必要的资料。

【例11-4】 A企业在计划年度20×9年只生产和销售一种产品——甲产品。预计售价为100元。每一季度的现金收入都包括两部分，即上一季度的应收账款在本季度的回收额和本季度的销售收现额。假设每季度销售收入中的收现比率是60%，另外的40%在下一季度收到；并且已知上年年末的应收账款余额为18 000元。

要求：编制该公司甲产品的销售预算。

解：该公司甲产品的销售预算如表11-5所示。

表 11-5　甲产品的销售预算

季　　　度	第一季度	第二季度	第三季度	第四季度	全　年
预计销售量(件)	1 000	1 250	1 500	1 300	5 050
预计销售单价(元)	100	100	100	100	100
销售收入(元)	100 000	125 000	150 000	130 000	505 000
预　计　现　金　收　入　(元)					
上年应收账款	18 000				18 000
第一季度(销货 100 000)	60 000	40 000			100 000
第二季度(销货 125 000)		75 000	50 000		125 000
第三季度(销货 150 000)			90 000	60 000	150 000
第四季度(销货 130 000)				78 000	78 000
现金收入合计	78 000	115 000	140 000	138 000	471 000

注意：销售预算中的预计现金收入不仅包括预算期预计收到的销售货款，还包括上年应收账款。

(二) 生产预算

生产预算是从事工业生产的预算执行单位在预算期内所要达到的生产规模及其品种结构的预算。如果生产出来的产品没有市场，即使生产出来也只能是永远的"存货"，因此在竞争激烈的市场经济条件下，企业要保持其竞争优势和获利能力，应该以销定产。也就是说，企业的生产预算要在销售预算的基础上，依据各种产品的生产能力、各项材料及人工的消耗定额及其物价水平、期初和期末存货状况编制。企业生产的产品需要一定的资源投入，在生产出来之后还要有市场，因此，生产预算需要企业生产部门会同储运、财务部门共同编制。

为了更加详细明确地揭示出企业生产、销售和存货间的协调关系，明确企业生产活动的总进程，实现有效管理，还应当进一步编制直接人工预算、直接材料预算、制造费用预算。如果是多环节生产的产品，往往还需要编制每一环节的半成品预算。但在编制这些预算之前，必须编制生产预算，然后根据生产预算编制相应的成本费用预算。

需要注意的是，生产预算在编制时要考虑企业的实际情况，如生产能力、仓库容量等。只能在此范围内安排企业的各期生产量和库存量。另外，季节性产品受到发展周期的影响，有的季度产品的销量会很大，可以用赶工的方法来增加产量，为此还要多付加班费，但是如果企业预计未来有较大的销量，提前在淡季生产，由于会增加存货而多付资金利息及其他相关成本。因此，遇到这种情况，企业应权衡利弊，选择成本最低的方案。

企业必须努力生产出充足的各种产品，来满足销售预算中预计的销售量，并提供年末预期正常的存货数量，所以，对产品库存也就是预算年度的期初存货量也要进行预算。

企业产品库存预算应当根据销售预算的详略程度的不同来编制。其编制方法有库存宽裕度编制法和库存总额编制法两种。

1. 库存宽裕度编制法

这种方法主要应用于企业能够根据历史资料按月设定各种产品的销售计划的情况,以企业保持多大程度的库存宽裕度进行衡量,并以此为依据确定库存方案,但是对于随季节而变动的产品,则要进一步权衡维持产品生产应有多大程度的库存平均数。

库存宽裕度的大小,是由企业特征、市场情况、生产经营情况、产品特征等决定的,因此必须进行综合考虑才能得出科学合理的预算,这对管理人员的职业素质及专业判断能力有着较高的要求。以下是库存宽裕度的五种具体编制法。

(1) 以每月应该供应的数量来确定。例如,某种产品的各月月初库存量可依靠销售计划的3个月中移动平均的两个月来确定。

(2) 以最高限度来确定。例如,某种产品的库存量以不超过3 000单位为限。

(3) 以最高限度和最低限度来确定。在规定最高限量的同时,又规定了最低限量。

(4) 以特定数量来确定。按与历史销量的一定数量关系来确定。这也是本章中采用的方法。

(5) 以盘存资产的周转率来确定。根据历史情况了解某种存货的周转率,就可以以此确定企业生产的多种产品的存量。

2. 库存总额编制法

这种方法主要根据库存产品与营业额之间应维持的基本关系,确定库存预算编制的基础。例如,某种产品应维持每年5次的资产周转率,编制这种产品的库存预算时,应把它们视为一个整体。以上述资产周转率作为库存预算编制的基础,据以测算出该类型各种产品的库存总额。产品库存预算要与该产品的营业额联系起来确定,并使用销售管理控制各种产品的库存量,以便库存与标准资产周转率保持一致。存货管理者要定期检查各种库存产品,并要关注市场需求变化、竞争情况的变化、经济生产量的变化等,以便在控制预算执行时对其进行及时修正,从而保证生产过程和销售过程的有效衔接。

确定好存货量后,预算期的生产量可以计算为:

$$预期生产量 = 预期期末存货量 + 预期销售量 - 预算期间的期初存货量$$

预期生产量也可用表格的形式来表示,如表11-6所示。

表11-6 产品生产数量预算

项目	数量
销售预算中的销售数量	×××××
加:预算期间的预期期末存货量	×××××
减:预算期间的期初存货量	×××××
预算期间产品生产数量	×××××

【例11-5】 在[例11-4]中,A企业各季度的期末存货按下一季度销售量的10%计算。假定上年年末甲产品的存货为100件,20×9年年末甲产品存货为150件。

要求:编制A企业的生产预算。

解:该企业20×9年度的生产预算如表11-7所示。

表 11-7　生　产　预　算

单位：件

季　　　　度	第一季度	第二季度	第三季度	第四季度	全　　年
预计销售量	1 000	1 250	1 500	1 300	5 050
加：预计期末存货	125	150	130	150	150
产品需要量合计	1 125	1 400	1 630	1 450	5 200
减：预计期初存货	100	125	150	130	100
预计生产量	1 025	1 275	1 480	1 320	5 100

（三）直接材料预算

直接材料在产品生产过程和最终的成本核算中占据重要的地位。直接材料的预算就是以生产预算为基础，考虑原材料存货水平之后进行的企业生产产品所需直接材料的使用、购买情况的预算。

在实际工作中，经常把直接材料预算分为耗用预算和采购预算两部分分别编制。这是因为，直接材料的采购和使用的部门是不同的，因此其预算编制也应该由各自负责的部门进行。其中直接材料的耗用预算通常由生产部门编制，采购预算通常由采购部门根据生产部门的需要进行编制。

1. 直接材料耗用预算

当产品产量确定以后，就可以根据工艺流程和产品设计确定产品消耗定额，估算出需要的直接材料；当产品是由多种原料共同生产的时候，应该先确定主要原料的使用量，再根据主料和辅料的搭配投入比例计算出辅助材料的使用数量。直接材料的耗用预算一般由生产部门编制。

$$预计材料耗用量＝预计生产量×单位产品材料耗用量$$

公式中的单位产品材料耗用量可根据标准材料耗用量或定额耗用量来确定。

【例 11-6】　接［例 11-5］，该企业生产甲产品需耗用一种原材料，单位产品材料耗用量为 5 千克。

要求：编制该企业直接材料耗用预算。

解：该企业直接材料耗用预算如表 11-8 所示。

表 11-8　直接材料耗用预算

季　　　　度	第一季度	第二季度	第三季度	第四季度	全　　年
预计生产量（件）	1 025	1 275	1 480	1 320	5 100
单位产品耗用量（千克）	5	5	5	5	5
生产需用量（千克）	5 125	6 375	7 400	6 600	25 500

其中，预计生产量是根据生产预算得来的，单位产品耗用量是根据标准成本资料或者消耗定额资料得来的，生产需用量是预计生产量与单位产品耗用量两项的乘积。

编制直接材料耗用预算时，应考虑材料投入中除了正常的消耗转化为产品之外，还会有预算内的材料损失,如生产中的损失等,这些损失在一定范围内是难以避免的,应视为正常损失。因此,应将正常的材料损失包括在预算内。当材料损耗超出正常的范围时,管理人员需要进行实地调查分析,找出材料损耗超常的原因,并尽快采取措施进行修正,以提高材料利用率,减少损失。

2. 直接材料采购预算

生产部门将直接材料耗用预算编制完成之后,采购部门就可以编制直接材料的采购预算了。材料的采购量必须能满足预计的使用量,并且在预算期末有适当的材料库存,以保证日后生产的顺利进行,也就是说,既要防止超储积压(超储积压会严重占用企业资金,造成资金浪费),又要防止供应不足(供应不足也会影响企业生产的正常进行,甚至失去优先抢占市场的大好时机)。

在直接材料采购预算中存在以下等式关系:

$$\text{预计采购量} = \text{预计生产需用量} + \text{预计期末材料存货} - \text{预算期初的材料存货}$$

$$\text{预计采购总成本} = \text{预计采购量} \times \text{预计采购单价}$$

【例 11-7】 接[例 11-6],设各季度材料期末库存量按下一季度材料耗用量的 20% 计算。年初预计库存材料 1 300 千克,年末预计库存材料 1 400 千克,采购单价为 2 元。该材料的采购款于当季支付 50%,其余 50% 在下季支付。20×8 年应付账款余额为 5 000 元。

要求:编制该企业直接材料采购预算。

解:该企业的直接材料采购预算如表 11-9 所示。

表 11-9 直接材料采购预算

季　　　度	第一季度	第二季度	第三季度	第四季度	全　年
预算直接材料需用量(千克)	5 125	6 375	7 400	6 600	25 500
加:预算期期末材料库存(千克)	1 275	1 480	1 320	1 400	1 400
合计(千克)	6 400	7 855	8 720	8 000	30 975
减:预算期期初材料库存(千克)	1 300	1 275	1 480	1 320	1 300
直接材料采购量(千克)	5 100	6 580	7 240	6 680	25 600
直接材料采购单价(元/千克)	2	2	2	2	2
直接材料采购总成本(元)	10 200	13 160	14 480	13 360	51 200
预 计 现 金 支 出 （元）					
上年应付账款	5 000				5 000
第一季度(采购 10 200)	5 100	5 100			10 200
第二季度(采购 13 160)		6 580	6 580		13 160
第三季度(采购 14 480)			7 240	7 240	14 480
第四季度(采购 13 360)				6 680	6 680
合　　　计	10 100	11 680	13 820	13 920	49 520

（四）直接人工预算

直接人工预算通常由生产部门编制，是用来确定预算期生产车间人工工时消耗水平、人工成本水平及相关因素的预算。它与直接材料预算相同，都以产品生产预算为基础，以必需的产量倒推出生产这些产量所需要的直接人工工时，再确定小时工资率和直接人工成本。其基本计算公式为：

$$\text{预计直接人工总成本} = \text{预计生产量} \times \text{单位产品直接人工工时定额} \times \text{单位工时工资率}$$

预计生产量数据来自生产预算，单位产品直接人工工时和单位工时直接人工成本数据来自标准成本资料。

由于直接人工成本大都以现金当期支付，因此不需要另外编制预计现金支出表，现金预算所需相关数据可直接从直接人工预算获得。

【例 11-8】 仍沿用 A 企业的资料，假定 A 企业预算期 20×9 年单位产品直接人工工时定额为 5 工时，单位工时工资率为 2 元。

要求：编制该企业直接人工预算。

解：该企业直接人工预算如表 11-10 所示。

表 11-10　直接人工预算

季度	第一季度	第二季度	第三季度	第四季度	全年
预计生产量（件）	1 025	1 275	1 480	1 320	5 100
单位产品直接人工（小时/件）	5	5	5	5	5
预计总工时（小时）	5 125	6 375	7 400	6 600	25 500
小时工资率（元/小时）	2	2	2	2	2
直接人工成本（元）	10 250	12 750	14 800	13 200	51 000

在表 11-10 中，预计产量数据来自生产预算，单位产品人工成本和每小时人工成本来自标准成本资料。人工总工时和人工总成本是在直接人工预算中计算出来的。

与直接材料预算需考虑材料的正常损耗相同，人工预算中也应考虑工人劳动时间里的一些不构成最终产品的时间，如工人工作时间内正常的休息、吃饭、检修机器等，这正是价值链管理中所说的非增值作业耗费的时间，企业要根据实际生产情况确定适当的非增值时间比例，将这些非增值时间在预算中体现出来，并且在预算执行过程中监督调整，以充分、合理、高效地利用人力资源。

（五）制造费用预算

制造费用预算是从事工业生产的预算执行单位在预算期内为完成生产预算而需耗费的各种间接费用的预算。这些间接费用大都不是直接用于产品生产的费用，而是间接用于产品生产的费用，如车间辅助人员的工资，车间厂房的折旧费、修理费、水电费等。所以，制造费用预算就是除了直接材料和直接人工以外的生产费用的规划，主要由生产部门在生产预算的基础上，按照费用项目及其上年预算执行情况，根据预算期降低成本、费用的要求来编制。

在采用变动成本法编制预算时，应将制造费用按成本习性分为变动制造费用和固定制造费用，分别编制预算。

变动制造费用的预算是以生产预算为基础，根据预计生产总工时和预计变动制造费用

分配率计算编制的。通常将单位产品的预算分配率与预算产量相乘,得到相应的预算金额,具体的计算公式为:

$$变动性制造费用 = 预计生产量 \times 单位工时 \times 变动性制造费用预算分配率$$

其中,

$$变动性制造费用预算分配率 = \frac{变动性制造费用预算总额}{分配标准预算数}$$

上式中的分母可在预算生产量或预算直接人工工时总数中选择,在多品种产品生产条件下,一般按后者进行分配。

固定制造费用的预算,需要逐项进行预计。由于它们通常与本年产量无关,因此固定制造费用可按照零基预算的方法确定并按每季度实际需要支付额进行预计,然后求出全年数;也可在上年的基础上,根据预期变动加以适当修正进行预计。固定制造费用作为期间成本直接列入利润表,作为收入的扣减项目。

【例 11-9】 接[例 11-8],A 企业采用变动成本法编制 20×9 年制造费用预算,变动性制造费用按产品直接人工工时比例分配。在制造费用中,除折旧费用外都必须在当季支付现金。

要求:编制该企业的制造费用和现金支出预算。

解:制造费用和现金支出预算的编制如表 11-11 和表 11-12 所示。

表 11-11 制造费用预算

制造费用项目		金额(元)	费用分配率计算
变动性制造费用	间接材料	9 000	变动性制造费用分配率 = 15 300 ÷ 25 500 = 0.6(元/小时)
	间接人工	2 100	
	维修费	2 100	
	水电费	2 100	
	合　　计	15 300	
固定性制造费用	折旧费	4 000	
	维修费	2 000	
	管理人员工资	12 000	
	保险费	2 400	
	合　　计	20 400	

表 11-12 现金支出预算

项　　目	第一季度	第二季度	第三季度	第四季度	全　年
预计直接人工工时(小时)	5 125	6 375	7 400	6 600	25 500
变动性制造费用分配率(元/小时)	0.6	0.6	0.6	0.6	0.6
预计变动性制造费用(元)	3 075	3 825	4 440	3 960	15 300
预计固定性制造费用(元)	5 100	5 100	5 100	5 100	20 400

(续表)

项目	第一季度	第二季度	第三季度	第四季度	全年
预计制造费用合计(元)	8 175	8 925	9 540	9 060	35 700
减:折旧费用(元)	1 000	1 000	1 000	1 000	4 000
现金支出的制造费用(元)	7 175	7 925	8 540	8 060	31 700

(六)产品成本预算

产品成本预算是从事工业生产的预算执行单位用于规划预算期内的单位产品成本、生产成本、销售成本及期初、期末产成品存货成本等内容的预算,主要依据生产预算、直接材料预算、直接人工预算、制造费用预算等汇总编制。因此,成本预算是对生产预算中的直接材料预算、直接人工预算、制造费用预算的汇总,也是编制预计利润表、预计资产负债表的依据之一。

【例 11-10】 仍用 A 企业的资料,假定 A 企业期初、期末均没有在产品存货,产成品年初存货 100 件,年末存货 150 件。

要求:编制企业产品成本预算。

解:编制产品成本预算如表 11-13 所示。

表 11-13 产品成本预算

成本项目	单位成本		成本(元)
	单位价格	投入量	
直接材料	2元/千克	5千克	10
直接人工	2元/小时	5小时	10
变动性制造费用	0.6元/小时	5小时	3
固定性制造费用	0.8元/小时	5小时	4
单位产品生产成本			27
生产总成本(生产量5 100件)			137 700
加:年初存货成本(100件)			2 700
减:年末存货成本(150件)			4 050
销售成本(销售量5 050件)			136 350

说明:

(1)本例的单位成本有关数据来自前面三个预算。生产量、期末存货量来自生产预算,销售量来自销售预算。生产成本、存货成本和销售成本等数据,根据单位成本和有关数据计算得出。

(2)本例中 A 企业是按完全成本法计算成本的。若采用变动成本法,则其单位生产成本应减去固定制造费用4元(0.8×5),减去之后单位生产成本为23元。年初存货成本为2 300元;年末存货成本为3 450元;销售成本为116 150元。

本例是针对生产型预算执行单位而言的,对于非生产型预算执行单位,要编制营业成本预算,即要在预算期内,为了实现营业预算而在人力、物力、财力方面编制必要的直接成本预算,主要依据企业有关定额、费用标准、物价水平、上年实际执行情况等资料编制。

(七)销售及管理费用预算

销售及管理费用预算是指对预算期内为了组织产品销售活动和一般行政管理活动所发生的费用开支的规划。销售及管理费用一般都属于期间费用。

1. 销售费用预算

销售费用预算是指为了实现销售预算所需支付的费用预算。它以销售预算为基础,利用本量利分析法分析销售收入、销售利润和销售费用的关系,按品种、地区、用途进行具体编制,力求实现销售费用的最有效利用,使费用的支出能获取更多的收益。

在进行销售费用预算时,应对过去的销售费用进行分析,考察过去销售费用支出的必要性和效果。同时,销售费用预算不仅要反映预算期间预计的销售量所需要的相应费用支出,而且还要考虑企业进行的市场营销活动,如采用广告、促销等推广手段。因为广告、促销等产品推广活动是与企业的战略目标相关联的,为了在较长的时间内保持并增加企业的市场份额,相关市场推广的支出在企业的日常经营中也是必不可少的。因此,预算人员在编制销售费用预算时,需要综合考虑所有会影响销售费用的因素,以合理的方式确定销售费用预算额。

2. 管理费用预算

管理费用是一般管理业务所必需的费用,随着企业规模的日益扩大,企业的管理职能对正常运营、盈利有着更为重要的作用,因此用于经营管理企业的费用开支也会不断增加。在编制管理费用预算时,应分析以往费用开支中,哪些是必要的、会给企业带来增值的费用,哪些是不能使企业增值的支出,从而在预算中减少不必要的开支,同时结合企业的业务状况、经营业绩及经济形势,尽量做到费用合理化和提高资金使用的效率。

在销售费用和管理费用的预算中,为了得到更为详细和准确的预算金额,应当区分变动费用与固定费用、可控费用与不可控费用的性质,根据上年实际费用水平和预算期内的变化因素,结合费用开支标准和企业降低成本、费用的要求,分项目、分责任单位进行编制。由于大多销售费用和管理费用不是变动费用,而是半变动费用或固定费用。因此,预算管理人员的职业判断和经验就更为重要。

例如,表 11-14 是 A 企业的销售及管理费用预算。

表 11-14 销售及管理费用预算

单位:元

项目	第一季度	第二季度	第三季度	第四季度	全年
销售费用:					
销售人员工资	5 000	5 000	5 000	5 000	20 000
广告费	3 000	3 000	3 000	3 000	12 000
包装、运杂费	500	500	500	500	2 000
其他销售费用	400	400	400	400	1 600

(续表)

项　　目	第一季度	第二季度	第三季度	第四季度	全　　年
管理费用：					
管理人员工资	4 500	4 500	4 500	4 500	18 000
培训费	600	600	600	600	2 400
保险费	350	350	350	350	1 400
办公费	250	250	250	250	1 000
合　　计	14 600	14 600	14 600	14 600	58 400
每季度支付现金				14 600	

注意：如果有折旧费，应当从总费用中扣除以计算现金支付，因为折旧是不用现金支付的。

（八）现金预算

现金预算是进行现金管理最重要的手段，是所有有关现金收支的预算的汇总。它综合反映了企业在预算期内现金流转的预计情况，主要作为企业资金头寸调控管理的依据。现金预算通常包括现金收入、现金支出、现金溢余和短缺、现金融通等四部分。现金流量状况如何，不仅直接关系到企业的获利和竞争能力，而且对企业财务风险的大小具有决定性的影响。所以，企业财务部门编制现金预算的目的主要是合理处理企业现金收支业务，保证有足够的现金可以满足企业的经营需要，并且要适时合理地调度资金，对多余现金加以有效利用，以保证企业财务的正常流转。

1. 现金收入

现金收入包括期初的现金结余数和预算期内预计发生的营业现金收入和其他现金收入。营业现金收入是指产品销售所取得的现金收入，如企业预算期内预计的现销收入、应收款项回收额、应收票据到期兑现额和票据贴现净额等。其他现金收入是指除了产品销售外的其他所有现金收入，如出售固定资产的收入、报废清理固定资产的变价收入、固定资产出租收入、无形资产转让收入、证券投资利息收入等。

2. 现金支出

现金支出是指预算期内预计发生的现金支出。它包括营业现金支出和其他现金支出。营业现金支出是指日常经营过程中发生的支出，如采购原材料支付货款、支付工资、支付部分制造费用、支付销售管理费用及财务费用、偿付应付款项等。其他现金支出包括购置固定资产的支出，企业对自办医院、学校及离退休人员的费用支出，解除劳动关系补偿的支出，缴纳税金、政策性补贴支出，对外捐赠支出及支付股利等。

无论是现金收入还是现金支出，其数据都是来自前面的有关预算。

3. 现金溢余或短缺

现金溢余或短缺是指企业预算期间内现金收支相抵后的余额。若收大于支，则现金溢余，除了可以用来偿还银行借款之外，还可以用来进行投资，如购买各种有价证券；若为收小于支，则现金短缺，需要设法筹集资金，可用下式表示：

现金溢余（或短缺）＝期初现金余额＋现金收入－现金支出

4. 现金融通

现金融通是指企业预算期内因为资金不足,而向银行借款或发放债券以筹集资金,以及还本付息等。

现金预算中一般都要显示每一季度的期初和期末现金余额。企业在编制现金预算时对期初、期末余额的处理一般有两种情况。

(1) 企业对每一季度的期末余额没有具体要求,以预算中计算出来的数额为标准,将每一季度的期末余额结转成为下一季度的期初余额。这样预算就需要根据季度依次编制并且第四季度的期末余额也就是预算年度的期末余额。

(2) 有些企业为了保证生产经营的安全,会对每一季度的期末余额也就是下一季度的期初余额有一定的要求,如果预算中某一个季度的期末现金余额没有达到要求,就需要通过借款等方式将差额补齐。

【例 11-11】 仍以 A 企业为例,假设 A 企业 20×9 年第一季度购置设备一台,预计支付现金 30 000 元,支付现金股利 10 000 元;第二、第三和第四季度支付现金股利各 40 000 元,每季度所得税支出预计为 22 000 元。另假定 A 企业借款应为 1 000 元的整数倍,每季支付一次利息,并且所有借款发生在季初,还款发生在季末。借款年利率为 10%。公司每季度末需要保留的最低现金余额为 18 000 元。假定年初现金余额为 18 000 元。

要求:编制 A 企业的现金预算。

解:A 企业 20×9 年现金预算如表 11-15 所示。

表 11-15 现 金 预 算

单位:元

季　　度	第一季度	第二季度	第三季度	第四季度	全　年
期初现金余额	18 000	18 200	18 570	22 260	18 000
加:预计销售收入	78 000	115 000	140 000	138 000	471 000
其他预计现金收入	0	0	0	0	0
可供使用现金合计	96 000	133 200	158 570	160 260	489 000
减:本期现金支出					
直接材料	10 100	11 680	13 820	13 920	49 520
直接人工	10 250	12 750	14 800	13 200	51 000
制造费用	7 175	7 925	8 540	8 060	31 700
销售及管理费用	14 600	14 600	14 600	14 600	58 400
所得税费用	22 000	22 000	22 000	22 000	88 000
购买设备	30 000				30 000
支付股利	10 000	40 000	40 000	40 000	130 000
本期现金支出合计	104 125	108 955	113 760	111 780	438 620
现金溢缺	−8 125	24 245	44 810	48 480	50 380
资金筹措及运用					
银行借款(+)	27 000				27 000
偿还借款(−)		5 000	22 000		27 000
借款利息(−)	675	675	550		1 900
期末现金余额	18 200	18 570	22 260	48 480	48 480

在本例中，该企业需要保留的现金余额为 18 000 元，不足此额时要向银行借款。

假设第一季度借款为 x，则：

$$-8\,125+x-x\times 10\%\div 4\geqslant 18\,000 \qquad 即\ x\geqslant 26\,794.87(元)$$

由于借款为 1 000 元的倍数，所以借款为 27 000 元。第一季度需支付的利息为 $x\times 10\%\div 4=675(元)$。

第二季度企业出现现金溢余，可用来偿还借款本息，还款后企业仍应保持最低现金余额，否则只能归还部分借款。假设第二季度还本金 y，则：

$$24\,245-y-27\,000\times 10\%\times \frac{1}{4}\geqslant 18\,000$$

即 $24\,245-y-675\geqslant 18\,000$，得到 $y\leqslant 5\,570(元)$。

由于还本金为 1 000 元的倍数，所以还本金 5 000 元。

应注意的是第二季度支付的利息与第一季度相同，均为 675 元。

类似地，第三季度可归还剩余的本金 22 000 元，利息为：

$$22\,000\times 10\%\times \frac{1}{4}=550(元)$$

现金预算是企业现金管理的重要工具，有助于企业合理安排和调度资金，降低资金的使用成本。编制现金预算需要注意以下问题。

(1) 权责发生制与收付实现制。会计在确认和计量时遵循权责发生制，但现金预算的编制应遵循收付实现制，即以实际收到现金的时间确认现金收入，以实际支付现金的时间确认现金支出。

(2) 现金预算提供的是一种预测值，现金预算编制表中提供的所有数据也都是预测值。因此，要保证现金预算的准确合理，之前的基础预算也必须合理。如果前面某一项目的实际发生额与预算出现差异，那么，预计的现金结余或不足也就不会准确，从而无法做出正确的投资或筹资决策。因此，整个预算管理工作都必须科学合理地进行。

(3) 利润表与资产负债表。在编制现金预算的时候，不需要考虑某项目是利润表项目还是资产负债表项目，不需考虑其经济性质，只要与现金流量有关的项目都应该包括在现金预算里面。

(4) 如果在一个预算期内的现金流入和现金流出发生的时间不一致，就有可能高估或者低估融资需求量，这时一般以期中为基准编制现金流量表更为合适。

(5) 企业之所以会根据现金溢余或者短缺进行投资或者融资，是为了保持一个合理的现金持有量。当企业预计的现金余额与最佳目标现金持有量之间不一致时，可采用融资策略或归还借款或投资于有价证券等来实现目标现金持有状况。每个企业都应该有一个目标现金余额，这样既能保证企业生产经营的需要，又能使企业获得最大收益。这也是现金管理的另一内容——目标现金余额的确定，无论企业采用什么方式确定最佳现金持有量，都必须根据自身经营的季节性特点和经营规模的变动，及时地进行调整。

二、预计财务报表的编制

在上述各项预算编制完成之后，就可以编制预计财务报表了，这是财务总预算中继现金预算之后的又一重要内容。预计财务报表包括了资产、负债、股东权益、收入、成本及利润等所有会计要素的预测。

预计财务报表与实际财务报表在内容和格式上都是相同的，只不过其数字是属于预算期的。但是,预计财务报表的作用与企业会计上编制财务报表的作用是不同的,根据企业会计制度的规定,所有企业都要在年终编制当年实际的财务报表,其主要目的就是向有关报表信息使用者提供财务信息,而且主要是为外部报表使用人提供财务信息。而预计财务报表反映的是企业未来的财务状况,主要是为企业内部财务管理服务,是控制企业资金、成本和利润总量的重要手段和方法。

(一)预计利润表

预计利润表是以货币为单位,按照利润表的内容和格式编制的全面综合反映预算执行单位在预算期间全部经营活动及其最终财务成果的预算报表。预计利润表是在经营预算的基础上按照权责发生制的原则进行编制的,其编制方法与编制一般财务报表中的利润表相同。它揭示的是企业未来的盈利状况,企业管理当局可以据此了解企业的发展趋势,并适时调整其经营战略。预计利润表是财务预算中的一个重要环节,也是编制预计资产负债表的基础。

预计利润表的构成主要来自两方面:一是企业生产经营管理活动的收支,二是企业财务活动的收支。有关企业生产经营活动的项目可以从前面的生产经营预算中直接取得,有关财务活动的数据可以从生产经营预算中取得,也可以从资本支出预算和研究开发预算中取得。如果企业在进行生产经营活动的同时,还专门从事金融投资活动,如进行证券投资等,则企业会产生相应的投资收益或者损失。因此,有关的财务活动在形成现金收入和现金支出的同时,必然会带来财务费用的增加或者减少,包括利息支出及各种财务管理费用。

我们在现金预算的编制中已经强调了现金流量与利润的不同了,两者不同的本质在于确认的原则不同,现金流量的确认依据是收付实现制,而会计利润的确认依据是权责发生制。权责发生制是依据企业是否从实质上获得了收取现金的权利或承担了支付现金的义务,再对现金收入和支出予以确认。因此确认的时点与实际收到现金或支付现金的时间是有一定的差异的,正是这个时间差导致了现金流量和会计利润确认原则的不同,从而也就使现金流量和会计利润出现差异。还需要注意的就是,利润表中也有许多非付现的费用,如折旧、各种摊销费用和坏账准备。

例如,仍用 A 企业资料,编制 A 企业的预计利润表如表 11-16 所示。

表 11-16 预 计 利 润 表

20×9 年度　　　　　　　　　　　　　　　　　　　单位:元

项　　　　　目	金　　额
销售收入	505 000
减:销售成本	136 350
销售毛利	368 650
减:销售及管理费用	58 400
利息费用	1 900
利润总额	308 350
减:所得税费用	88 000
净利润	220 350

说明:在预计利润表中,所得税项目,是在利润规划时估计的,并已列入现金预算。它

通常不是根据"利润"和所得税税率计算出来的,因为有诸多纳税调整事项的存在。另外,从编制程序上来看,如果根据"本年利润"和税率重新计算所得税,就需要修改现金预算,引起融资计划的修订,从而要改变利息,最终又要修改"本年利润",陷入数据的循环修改。

通过编制预计利润表,可以了解企业预期的盈利水平。如果预算利润与最初编制方案中的目标利润有很大的不同,就需要调整部门预算,设法达到目标,或者经企业领导人的同意后修改目标利润。同时,预计利润表的编制,可作为编制预计现金流量表的依据。

(二)预计资产负债表

预计资产负债表是以货币形式按照资产负债表的内容和格式编制的综合反映预算执行单位期末财务状况的预算报表。

预计资产负债表是财务总预算中的最后一个组成部分,在编制之前不仅需要编制各职能预算,即生产经营预算和专门决策预算,而且还要编制现金预算和预计利润表。资本预算的数据会在预计资产负债表中直接体现出来,比如固定资产数会增加。如果企业还出于战略目的进行了特定项目的预算,也会将其反映在预计资产负债表中。为了进行对比分析,在编制预计资产负债表时,也可以将期初实际数与期末预计数一并列示。

例如,仍以 A 企业为例,编制 A 企业的预计资产负债表如表 11-17 所示。

表 11-17 预计资产负债表

20×9 年 12 月 31 日　　　　　　　　　　　　　　　　　　单位:元

资产			负债及股东权益		
项目	期初数	年末数	项目	期初数	年末数
货币资金	18 000	48 480	应付账款	5 000	6 680
应收账款	18 000	52 000	长期借款	33 000	33 000
原材料	2 600	2 800	股东权益:		
产成品	2 700	4 050	实收资本	30 000	30 000
固定资产原值	40 000	70 000	未分配利润	7 300	97 650
减:累计折旧	6 000	10 000			
固定资产净值	34 000	60 000			
资产总额	75 300	167 330	负债及股东权益总额	75 300	167 330

说明:表中的期初数是指预算期初的数据,年末数指预算期末的数据,即预算额。

期末应收账款=第四季度销售额×40%=130 000×40%=52 000(元)
期初产成品成本=期初产成品数量×单位成本=100×27=2 700(元)
期末产成品成本=期末产成品数量×单位成本=150×27=4 050(元)
期末应付账款=第四季度材料采购金额×50%=13 360×50%=6 680(元)
期末未分配利润=期初未分配利润+本期净利润-本期发放股利=
　　　　7 300+220 350-130 000=97 650(元)

编制预计资产负债表的目的是为了反映预算期期末财务状况的稳定性和流动性及其偿债能力。通过对预计资产负债表的分析,可以发现不良的财务比率,必要时修改有关预算,以改善财务状况。

主要术语

1. 财务预算
2. 固定预算
3. 弹性预算
4. 增量预算
5. 零基预算
6. 定期预算
7. 滚动预算
8. 现金预算
9. 预计财务报表

复习思考题

1. 编制全面预算的作用有哪些?
2. 全面预算有哪些内容?它们之间的关系如何?
3. 现金预算由哪几个组成部分?如何编制现金预算?
4. 弹性预算和固定预算有什么不同?
5. 增量预算与零基预算相比有什么不同?
6. 预计财务报表是如何编制的?

习 题

一、判断题

1. 全面预算按其涉及的内容分为业务预算和财务预算。( )
2. 财务预算是关于资金的使用和筹措的预算。( )
3. 弹性预算是以基期数为基准,再考虑有关变动因素,对基期数进行调整的一种预算编制方法。( )
4. 在编制预算时,销售预算、生产预算、费用预算以及现金收支预算都属于财务预算。( )
5. 在现金预算中,现金收入的主要来源是产品销售收入。( )
6. 在编制预计利润表时,生产预算不能作为编制预计利润表的依据。( )
7. 为了克服固定预算的盲目性、不变性和间断性,可采用零基预算的方法。( )
8. 销售及管理费用预算与生产预算没有直接联系。( )
9. 产品成本预算是直接材料预算、直接人工预算、制造费用预算的汇总。其主要内容是产品的单位成本和总成本。( )
10. 预计财务报表的编制程序是先编制预计资产负债表,然后编制预计利润表。( )
11. 在全面预算中的利润表预算编制中,"所得税费用"项目的数据,通常是根据利润表预算中的"利润"项目金额和本企业适用的法定所得税税率计算出来的。( )
12. 以预算期正常的、可实现的某一业务量水平为唯一基础来编制预算的方法称为静态预算法。( )

二、单项选择题

1. 企业全面预算的起点和基础是( )。
   A. 生产预算　　　　　　　　B. 销售预算

C. 材料预算　　　　　　　　　　D. 财务预算

2. 根据预算期可预见的不同业务水平，分别确定其相应的预算额，这种预算方法叫作（　　）。
   A. 滚动预算　　　　　　　　　　B. 固定预算
   C. 弹性预算　　　　　　　　　　D. 零基预算

3. 在编制预算时，不受基期水平的约束，而是根据预算期的实际情况重新考虑各项目应达到的预算数额，这种预算方法叫作（　　）。
   A. 滚动预算　　　　　　　　　　B. 固定预算
   C. 弹性预算　　　　　　　　　　D. 零基预算

4. 在企业预算中，只反映实物量而不反映价值量的预算是（　　）。
   A. 生产预算　　　　　　　　　　B. 销售预算
   C. 产品成本预算　　　　　　　　D. 直接人工预算

5. 下列不需要另外编制现金收入（支出）表的预算是（　　）。
   A. 制造费用预算　　　　　　　　B. 销售预算
   C. 直接材料预算　　　　　　　　D. 直接人工预算

6. （　　）是编制生产预算的基础。
   A. 制造费用预算　　　　　　　　B. 销售预算
   C. 直接材料预算　　　　　　　　D. 直接人工预算

7. 在编制预算时，需按成本习性将企业成本划分为固定成本和变动成本的预算编制方法是（　　）。
   A. 增量预算　　　　　　　　　　B. 固定预算
   C. 弹性预算　　　　　　　　　　D. 零基预算

8. 预计资产负债表中的应收账款期末数是在（　　）的基础上分析确定的。
   A. 现金预算　　　　　　　　　　B. 销售预算
   C. 生产预算　　　　　　　　　　D. 直接材料预算

9. 预计资产负债表中的应付账款期末数是在（　　）的基础上分析确定的。
   A. 现金预算　　　　　　　　　　B. 销售预算
   C. 生产预算　　　　　　　　　　D. 直接材料预算

10. 下列各项中，不属于财务预算的是（　　）。
    A. 现金预算　　　　　　　　　　B. 预计利润表
    C. 生产成本预算　　　　　　　　D. 预计资产负债表

11. 某企业年初应收账款6 200万元，第一季度销售收入20 000万元。如果销售当季度收款60%，销售下季度收款40%，则第一季度的现金收入为（　　）万元。
    A. 20 000　　　　　　　　　　　B. 26 200
    C. 14 200　　　　　　　　　　　D. 18 200

12. 甲公司正在编制下一年度的生产预算，期末产成品存货按照下季度销量的10%安排。预计第一季度和第二季度的销售量分别为150件和200件，第一季度的预计生产量是（　　）件。
    A. 155　　　　　　　　　　　　 B. 150
    C. 145　　　　　　　　　　　　 D. 170

三、多项选择题

1. 下列预算中,能够既反映经营业务又反映现金收支内容的有( )。
   A. 销售预算
   B. 生产预算
   C. 直接材料消耗及采购预算
   D. 制造费用预算

2. 编制生产预算中的预计生产量项目时,需要考虑的因素有( )。
   A. 预计销售量
   B. 预计期初存货
   C. 预计期末存货
   D. 前期实际销量

3. 下列各项中,被纳入现金预算的有( )。
   A. 税金的缴纳
   B. 现金盈余或不足
   C. 现金收入
   D. 股利和利息支出

4. 下列各项中,属于滚动预算优点的有( )。
   A. 及时性
   B. 连续性
   C. 完整性
   D. 编制简便

5. 下列各项中,属于定期预算缺点的有( )。
   A. 编制工作量大
   B. 间断性
   C. 协调性差
   D. 适应性差

6. 全面预算包括的内容有( )。
   A. 专门决策预算
   B. 日常业务预算
   C. 经济指标预算
   D. 财务预算

7. 从实用角度来看,弹性预算主要用来编制( )。
   A. 销售及管理费用预算
   B. 成本预算
   C. 销售预算
   D. 利润预算

8. 下列各项中,属于现金支出预算内容的有( )。
   A. 直接材料
   B. 直接人工
   C. 制造费用
   D. 购置固定资产

9. 在现金预算中,可供使用的现金收入内容有( )。
   A. 销售收入
   B. 发放股利
   C. 预交所得税
   D. 期初现金余额

10. 下列属于固定预算缺点的有( )。
    A. 动态性
    B. 机械呆板
    C. 可比性差
    D. 编制较简单

11. 与增量预算编制方法相比,零基预算编制方法的优点有( )。
    A. 编制工作量小
    B. 可以重新审视现有业务的合理性
    C. 可以避免前期不合理费用项目的干扰
    D. 可以调动各部门降低费用的积极性

12. 编制全面预算时,以生产预算为编制基础的有( )。
    A. 直接材料预算
    B. 销售预算
    C. 直接人工预算
    D. 变动制造费用预算

四、计算题

1. 某企业预算年度第四季度材料生产需用量为 2 000 千克,期初材料存量为 100 千克,预算期末材料存量 150 千克,材料单价 5 元,材料采购款有 40% 在当季付清,其余 60% 在下季付清。

要求:计算该企业年末应付账款项目的金额。

2. 某公司计划根据正常生产能力利用率编制弹性制造费用预算。制造费用由变动成本、混合成本和固定成本三部分构成。变动成本中,电力的单位变动成本为 0.8 元/小时;间接材料的单位变动成本为 0.1 元/小时。混合成本中,修理费在生产能力利用率为 70% 时是 350 元,生产能力利用率每提高 10%,修理费则增加 35 元;油料费在生产能力利用率为 70% 时是 280 元,生产能力利用率每提高 10%,修理费则增加 30 元。固定成本中,折旧费为 1 000 元;管理人员工资为 400 元。

要求:用列表法编制该公司的弹性制造费用预算(见表 11-18)。

表 11-18 弹性制造费用预算表

业务量(机器工时)	350	400	450	500	550
正常生产能力利用率	70%	80%	90%	100%	110%
变动成本:					
合　计					
混合成本:					
合　计					
固定成本:					
合　计					
总　计					

3. 某公司 2×10 年 9 月至 2×11 年 1 月的预计销售额如表 11-19 所示(单位:元)。

表 11-19 预计销售额

9月	10月	11月	12月	1月
160 000	180 000	200 000	250 000	220 000

公司当月收款 60%,销售后第一个月收 30%,其余账款在销售后的第二个月收回,公司提前一个月购买原料,所购数量为下月预计销售额的 80%。购买材料的货款在购买当月支付 70%,次月支付余下的 30%。其他费用如表 11-20 所示(单位:元)。

表 11-20 其他费用表

	工　资	租　金	其他费用	税　金
11月	12 000	5 000	2 000	—
12月	20 000	5 000	3 000	80 000

若该公司11月1日的现金余额为65 000元，每月现金余额不少于50 000元，借款为1 000元的整数倍。

要求：根据以上资料编制11月、12月的现金预算。

4. 某公司2×11年第一至第四季度的销售预算如表11-21所示（单位：元）。

表 11-21 销售预算表

	第一季度	第二季度	第三季度	第四季度	全　年
预计销售量（件）	2 600	2 400	2 200	2 800	10 000
销售单价	100	100	100	100	100
销售收入	260 000	240 000	220 000	280 000	1 000 000

该公司的收账政策为：每季度销售收入中70%在当季收现，30%在下季度收现。年初现金余额为30 000元，已知上年年末应收账款余额为100 000元。假设该公司只生产一种产品，每季度末产品存货占下季度销售量的10%，年初产品存货预计为250件，年末产品存货预计为300件；单位产品甲材料的耗用量为6千克，单价10元，预计季度末的材料存货占下季度生产用量的10%，年初存货1 200千克，年末材料存货预计为1 400千克；付账政策为直接材料采购中每季度付现60%，另40%在下季度付清，不享受现金折扣。已知2×10年年末应付账款为48 000元。生产单位产品需直接人工工时为6小时，直接工人成本为5元/小时。制造费用和期间费用预算和预计现金支出如表11-22所示（单位：元）。

表 11-22 预计费用表

	变动费用	固定费用
制造费用	160 800	160 000
其中折旧		40 000
销售及管理费用	108 540	72 000
其中折旧		20 000

假设制造费用、销售及管理费用中除了折旧其余均需付现，固定费用每季度平均分摊。单位变动制造费用16元/件，单位变动销售及管理费用10.8元/件。一季度预计购买设备需支出20 000元。预计每季度预交所得税25 000元。第四季度支付股利20 000元。假设该公司与银行商定于季初借入借款，并分期于季度末还本付息，借款年利率为10%。假设借款或还款本金必须为10 000元的整数倍，利随本清。同时要求每个季度现金余额不低于10 000元。

要求：

(1) 完成生产预算表（见表11-23）。

表 11-23 生产预算表

项目	第一季度	第二季度	第三季度	第四季度	全年
预计销售量					
加:期末存货					
减:期初存货					
预计产量					

（2）完成直接材料预算表（见表 11-24）。

表 11-24 直接材料预算表

数量单位：千克
金额单位：元

项目	第一季度	第二季度	第三季度	第四季度	全年
预计产量					
单位产品材料耗用量	6	6	6	6	6
生产耗用材料总量					
加:期末材料存货					
材料需要量合计					
减:期初材料存货					
预计采购量					
采购单价	10	10	10	10	10
材料采购金额					

（3）完成直接人工预算表（见表 11-25）。

表 11-25 直接人工预算表

项目	第一季度	第二季度	第三季度	第四季度	全年
预计产量(件)					
单位产品直接人工工时	6	6	6	6	6
需用直接人工总工时					
每小时直接人工成本(元)	5	5	5	5	5
耗用直接人工总成本(元)					

（4）完成现金预算表（见表 11-26）。

表 11-26 现金预算表

项目	第一季度	第二季度	第三季度	第四季度	全年
期初现金余额					
加:销售现金收入					

(续表)

项目	第一季度	第二季度	第三季度	第四季度	全年
可供使用现金					
减:现金支出					
直接材料					
直接人工					
制造费用					
销售及管理费用					
所得税费用					
购买设备					
支付股利					
支出合计					
现金收支差额					
银行借款					
归还借款					
借款利息					
期末现金余额					

5. ABC 公司预计明年的销售收入为 240 万元,每月的销售分配较为平均,试依据下列资料编制资产负债表预算及利润表预算。现金占销售收入的比例为 4%,应收账款平均收现期 60 天;存货每年周转 8 次;固定资产净值目前 50 万元,资本支出将与折旧额相等;应付账款相当于 1 个月的购货;其他应付款为年销货的 3%;短期银行借款目前 5 万元,最高可增加 10 万元;长期负债目前 30 万元,年底应偿还 7.5 万元;普通股目前 10 万元,没有增加发行股票的计划;留存收益目前 50 万元,销售净利率为 8%;股利支付率为 0;销售成本率为 60%;采购金额为销售成本的 40%;所得税税率为 40%。假设所有涉及资产负债表数据的指标均取年末数。

要求:根据上述资料编制利润表预算(见表 11-27)与资产负债表预算(见表 11-28)。

表 11-27 利润表预算

单位:万元

项目	金额
销售收入	
销售成本	
毛利	
期间费用	
税前利润	
所得税费用	
税后净利	

表 11-28 资产负债表预算

单位：万元

资产	金额	负债及股东权益	金额
货币资金		应付账款	
应收账款		其他应付款	
存货		短期借款	
流动资产		流动负债	
固定资产净值		长期负债	
		普通股本	
		留存收益	
资产合计		负债及股东权益合计	

案 例 分 析

一、案例资料

某企业生产甲、乙两种产品，2×11 年的预计价格分别为 100 元和 50 元。假定 2×10 年 12 月 31 日简明的实际资产负债表如表 11-29 所示。

表 11-29 资产负债表

2×10 年 12 月 31 日

单位：元

资产		权益	
项目	金额	项目	金额
货币资金	1 000	应付账款	2 000
应收账款	7 000	短期借款	5 000
材料存货	4 110	实收资本	35 000
产成品存货	6 100	留存收益	14 450
固定资产净值	38 240		
资产合计	56 450	权益合计	56 450

现在该企业财务部门正在准备编制 2×11 年度的业务预算和财务预算。已知：

(1) 根据销售预测，每季度甲产品的预计销售量为 100 件，第一至第四季度乙产品预计销售分别为 400 个、500 个、600 个和 500 个；甲产品的现销比例为 100%，乙产品的现销比例为 70%；以现金形式支付的销售环节税金及附加为销售收入的 5%。

(2) 预计产成品存货量资料如下：甲产品 2×11 年年末存货量为 50 件，单位变动成本为 91.6 元，每季末存货量均为 50 件；乙产品 2×11 年年末存货量为 60 个，其余每季末存货量均为下季销售量的 10%，存货按先进先出法计价。

(3) 直接材料和直接人工的消耗定额及单价如表 11-30 所示。

表 11-30 消耗定额及单价

项　　目	直 接 材 料		直 接 人 工	
	A 材料	B 材料	一车间	二车间
单位甲产品消耗定额	10 千克/件	5 千克/件	3 小时/件	2 小时/件
单位乙产品消耗定额	3 千克/个	2 千克/个	2 小时/个	1 小时/个
材料单价	2 元/千克	7 元/千克	—	—
小时工资率	—	—	4 元/小时	4 元/小时

(4) 预计材料存货量及付款方式如下：

2×10 年年末 A 材料存货量 669 千克，B 材料 396 千克；预计 2×11 年年末 A 材料存货量 840 千克，B 材料 510 千克。每种材料的季末存货量均为下季生产总耗用量的 30%。每季购买 A、B 材料只需支付 60% 现金，余款下季内付清。根据资本支出预算，该企业拟于 2×11 年第四季度用现金购买 10 000 元 C 材料，以备下年开始生产新产品之用。

(5) 该企业预计发生的制造费用、销售及管理费用如下：变动制造费用为 16 120 元；固定制造费用为 12 000 元，其中固定资产折旧为 4 000 元，其余均为各季均衡发生的付现成本；销售及管理费用合计为 8 000 元。

(6) 其他资料如下：企业每季度预分 500 元股利，免交所得税；各季末现金余额分别为下季预计现金收入的 5%，第四季度余额为 2 000 元；各季末应收账款均在下季收回；各季现金余缺可通过归还短期借款或取得短期借款解决。

二、思考分析

根据上述有关资料编制该企业的业务预算和财务预算并作分析。

第十二章 财务控制

学习目的与要求

- 了解财务控制原则、条件与特征。
- 理解财务控制、责任中心和内部转移价格的含义。
- 掌握成本中心、利润中心和投资中心的基本内容与考核指标。
- 能够对责任中心各项考核指标进行计算。
- 能够对内部转移价格运用进行正确分析。

本章提要

(1) 财务控制是在财务管理过程中,利用有关信息和特定手段,依据一定的控制标准,对企业财务活动施加影响或调节,以确保企业财务目标实现的活动。财务控制作为企业财务管理工作的重要环节,具有价值控制、综合控制的特征。

(2) 设置责任中心体现了分权管理的要求,也是企业有效实施财务控制的重要形式。责任中心是指在企业内部具有一定的管理权限,承担相应经济责任,并能够严格控制经济责任指标的部门、单位或个人。责任中心按其责任权限范围及业务活动的特点不同,可分为收入中心、成本中心、利润中心和投资中心四大类。

(3) 正确制定内部转移价格,有利于正确评价企业内部各责任中心的经营业绩,明确区分各自的经济责任。内部转移价格是指企业内部各责任中心之间转移中间产品,或相互提供劳务而发生内部结算和进行内部责任结转所使用的计价标准。内部转移价格主要有市场价格、协商价格、双重价格和以成本作为内部转移价格四种。

第一节 财务控制概述

一、财务控制的概念

控制是指对客观事物进行约束和调节,使之按照设定的目标和轨迹运行的过程。财务控制是在财务管理过程中,利用有关信息和特定手段,依据一定的控制标准,对企业财务活动施加的影响或调节,以确保企业财务目标的实现。它是财务管理人员保证财务管理工作有效进行,完成财务预算目标而采取的一系列行为。

预算是控制的前提,控制是完成预算的保证。预算和控制是相互依存的两个方面,预算确定目标,控制保证实现。当财务活动与财务预算(计划)目标不符或完不成计划时,需要采取措施或调整原预算目标。财务控制是对整个企业经济活动进行的监督与调节,其目的在于使企业的经济活动按预定的轨道进行,并保证企业完成预算目标。

二、财务控制的种类

(一)按照财务控制的内容分为一般控制和应用控制

一般控制是指对企业财务活动的内部环境所实施的总体控制,因而亦称基础控制或环境控制。它包括组织控制、人员控制、财务预算、业绩评价、财务记录等项内容。这类控制的特征,是并不直接地作用于企业的财务活动,而是通过应用控制对企业财务活动产生影响。

应用控制是指直接作用于企业财务活动的具体控制,亦称业务控制,如业务处理程序中的批准、授权、审核与复核以及为保证资产安全而采取的限制接近等项控制。这类控制的特征,在于它们构成了业务处理程序的一部分,并都具有防止和纠正一种或几种错弊的作用。

(二)按照财务控制的功能分为防护性控制、侦查性控制、纠正性控制和前馈性控制

防护性控制又称排除干扰控制,是指通过内部设置的具有约束性的制度来防范风险、错弊和非法行为的发生或尽量减少其发生机会所进行的一种控制。它主要是解决"如何能够一开始就防止风险和错弊的发生"的问题。例如,为了保证现金的安全与完整,就要规定现金的使用范围,制定内部牵制制度;为了节约各种开支,则可事先规定开支标准等。在财务管理中,各种事先制定的标准、制度、规定都属于防护性控制系统的组成部分。

侦查性控制是指为及时识别已存在的财务危机和已发生的错弊和非法行为或增强识别风险和发现错弊机会的能力所进行的各项控制。在缺乏完善可行的预防性控制措施的情况下,侦查性控制是一种很有效的监督工具,它主要是解决"如果风险和错弊仍然发生如何识别"的问题。例如,通过账账核对、实物盘点,以发现记账错误和货物短缺;通过有关财务指标的分析识别存在的财务风险等。

纠正性控制是对那些由侦查性控制查出来的问题的控制。通过实际执行的结果与设计标准的比较,对发现的差异予以适当的纠正。

前馈性控制又称补偿性控制,是指通过对实际财务系统运行的监视,运用科学方法预测可能出现的偏差,采取一定措施使差异得以消除,从而保证既定目标完成的控制。例如,企业的货币资金控制系统就是一个前馈性控制系统,这个系统不仅要计量货币资金已经发生的收支和余额,而且还要监督和预测即将发生的各项货币收支,预测货币资金余额的未来值。根据预测余额未来值的大小,采取不同的措施予以解决;若预测的余额过低或超支,应事先采取措施,开源节流,增收节支;若预测的余额过高,应事先采取措施,充分利用资金,提高资金使用效益。补偿性控制要求掌握大量的信息,并要进行正确的预测。

(三)按控制的依据分为预算控制和制度控制

预算控制是以财务计划或预算的分解指标为标准,对企业的财务活动进行监督、调整的一种控制形式。预算控制表现其执行主体的责任和奋斗目标,规定了预算执行主体的行为。

制度控制是以公司章程、财务制度为依据,约束企业和各责任中心财务活动的一种控制形式。制度控制通常规定只能做什么、不能做什么。与预算控制比较,制度控制具有防护性的特征,而预算控制主要具有激励的特征。

（四）按控制的对象分为收支控制和现金控制

收支控制是对企业各责任中心的财务收入、支出活动所进行的控制。控制财务收入活动,旨在达到高收入的目标;控制财务支出活动,旨在降低成本、减少开支、实现利润最大化。

现金控制是对企业和责任中心的现金流入和现金流出活动所进行的控制。现金控制应力求实现现金流入流出的基本平衡,既要防止因现金短缺而可能出现的支付危机,也要防止因现金沉淀而可能出现的机会成本增加。

（五）按控制的手段分为定额控制和定率控制

定额控制是对企业和责任中心的财务指标采用绝对额进行的控制。一般而言,对激励性指标确定最低控制标准,对约束性指标确定最高控制标准。

定率控制是对企业和责任中心的财务指标采用相对比率进行的控制。相对而言,定率控制具有投入与产出对比、开源与节流并重的特征。比较而言,定额控制缺乏弹性,定率控制具有弹性。

三、财务控制的程序

财务控制是对整个企业经济活动进行的调整与监督,其目的在于使企业经济活动按预定的程序进行,并保证企业完成最终目标。

（一）制定控制标准

标准是财务控制的关键,也是衡量企业的经济活动是否按预定的轨道进行的尺度。企业的控制标准包括企业外部的控制标准和企业内部的控制标准两部分。前者是由国家有关部门或主管部门制定的;后者是由企业单位按照有关规定制定的,具体包括整个企业各项经营收支计划、各项资产消耗定额以及企业内部的牵制制度等。有了控制目标,能使财务控制更具有客观性、统一性和强制性,在具体控制过程中,要严格掌握控制标准,使企业的一切经济活动控制在标准之内,从而实现企业的预定目标。

（二）建立责任控制中心

责任中心是一种责权利相结合的内部管理制度。按照责权利相结合的原则,将计划任务以标准或指标的形式分解落实到车间、科室、班组以致个人,这样,企业内部每个单位、每个职工都有明确的工作要求,便于落实责任,检查考核。同时可以根据确定的控制标准,揭示偏差,及时调整,从而达到协调和控制整个企业经济活动的目的。

（三）分析比较执行情况

按照"干什么、管什么、算什么"的原则,详细记录指标执行情况,将实际与标准进行比较,确定差异的程度和性质,对于已产生的差异进行认真的分析,属于工作中的原因,要进一步查明原因,改善管理,改进工作方法,不断挖掘潜力;属于目标本身不切实际的原因,要加强预测,不断改进和完善目标。

（四）考核奖惩

在一定时期终了,企业应对各责任单位的计划执行情况进行评价,考核各项财务指标的执行情况,把财务指标的考核纳入各级岗位责任制,运用激励机制,实行奖优罚劣,以便更好地调动各级部门、职工的积极性。

四、财务控制的方式

（一）授权批准控制

授权是指授予对某一大类业务或某项具体业务的决策作出决定的权利。授权通常包括一般授权和特别授权两种方式。

一般授权主要是对日常业务活动的授权。这类授权通常以管理部门文件的形式,规定一般性交易办理的条件、范围和对该交易的责任关系。企业对各职能部门权限范围和职责的规定属于一般授权。例如,管理部门规定某些赊销政策,那么当符合这些赊销政策的客户申请赊销时,业务人员就可以按这些业务的授权办理赊销业务。特别授权是指对非常经济业务行为进行专门研究作出的授权,如对投资、资产处置、资金调度、资产重组、收购兼并、担保抵押、关联交易等重要经济业务事项的决策权,以及超过一般授权限制的常规交易,都需要特殊授权。与一般授权不同,特殊授权只涉及特定的经济业务处理的具体条件及有关具体人员。

批准是检查已确立的授权条件得到满足的实际步骤。一个完善授权批准体系包括以下几个方面:① 授权批准的范围,企业各项财务活动通常都应纳入。② 授权批准的层次,应根据经济活动的重要性和金额大小确定,以保证不同的管理层既有权也有责。③ 授权批准的程序,应规定每一类经济业务的审批程序,以便按程序办理审批,避免越权审批、违章审批的情况发生。④ 授权批准的责任,需明确授权批准人员所承担的责任。

一个企业的授权控制应做到:① 企业所有人员只有经合法授权,才能行使相应权利。不经合法授权,任何人不能审批;有授权的人则应在规定的权限范围内行使,不得越权授权。② 企业的所有业务未经授权不能执行。

(二) 职务分离控制

职务分离控制是指将处理某种经济业务所涉及的职责分派给不同的人员,使每个人的工作都能够对其他有关人员的工作进行自动检查。

职务分离的主要目的是预防和及时发现职工在履行职责过程中产生错误和舞弊行为。

从控制的观点看,如果一位负有多项责任的人员在其正常的工作过程中会发生错误或舞弊,并且财务控制制度又难以发现,那么就可以肯定他所兼任的职务是不相容的。对于不相容职务必须进行分离,包括在组织机构之间的分离和组织机构内部有关人员之间的分离。

财务分离控制要求做到:① 任何业务尤其是货币资金收支业务的全过程,不能由一个岗位或某一个人包办。② 经济业务的责任转移环节不能由某一个岗位单独办理。③ 某一岗位履行职责情况绝不能由自己说了算。④ 财务权力的行使必须接受定期独立审查。

常见的不相容职务包括:业务授权与执行职务相分离;业务执行与记录职务相分离;财产保管与记录职务相分离;记录总账与明细账职务相分离;经营责任与记账责任相分离;财产保管与财产核对职务相分离;对一项经济业务处理的全过程的各个步骤也要分派给不同的部门和人员来负责。

(三) 全面预算控制

全面预算控制是以全面预算为手段,对企业财务收支和现金流量所进行的控制。全面预算应注意以下环节:① 建立预算体系,包括确定预算目标、标准和程序。② 预算的编制和审定。③ 预算指标的下达及相关责任人或部门的落实。④ 预算执行的授权。⑤ 预算执行过程的监督。⑥ 预算差异的分析与调整。⑦ 预算业绩的考核。

(四) 财产保全控制

财产保全控制是指为保护企业资产、物质以及会计账表等实物的安全和完整,防止舞弊行为所进行的控制。具体包括:

(1) 限制接触财产。限制非授权人接触某项资产,建立必要的防护措施,确保资产的安全完整。通常,纳入严格限制接触的资产有:现金、易变现资产(如股票、债券等有价证券、存货)、重要票据(如支票)以及个人印章等。

(2) 定期盘点清查。定期盘点和账实核对不应由担任保管或担任记录事务的人员单独进行。企业可以采用全面清查,也可以采用局部清查。从控制效果上讲,采用永续盘存制的盘点比采用定期盘存制的盘点效果更好。企业财务控制应当明确处理盘点差异的权限,以及相应人员的责任。

(3) 记录保护。严格限制接近会计记录与企业业务记录的人员,对重要的数据资料应当备份。

(4) 财产保险。通过对资产投保(如火灾险、盗窃险、责任险等),减少实物受损的程度与机会,以保证企业的实物安全。

(5) 财产记录监控。建立资产个体档案,对资产增减变动及时全面记录,以保证账实一致。

(五) 独立检查控制

独立检查控制是指由业务执行者以外的人员对已执行业务的正确性所进行的验证,又称为内部稽核。

内部稽核包括凭证与凭证、凭证与账簿、账簿与账簿、账簿与报表、书面记录与实物之间的核对,也包括对一些计算表、汇总表、调节表、分析表的复核。

一个有效的独立检查控制应当满足三个条件:① 检查工作由一个独立于原来业务活动、记录、保管的人员来执行。② 全部复核或抽样复核工作需经常进行。③ 错误和例外必须迅速地传达给有关人员更正。重复犯错或重大错误及所有不当行为必须向适当的管理层次报告。

(六) 业绩评价控制

业绩评价是指将实际业绩与评价标准,如前期业绩、预算和外部基准尺度进行比较,对营运业绩等进行的评价。

财务控制的最终效率取决于是否有切实可行的奖罚制度,以及是否严格执行这一制度。否则,即使有符合实际的财务预算,也会因为财务控制的软化而得不到贯彻落实。奖惩制度及执行包括以下内容:

(1) 奖惩制度必须结合各责任中心的预算责任目标制定,体现公平、合理、有效的原则。

(2) 要形成严格的考评机制。是否奖惩取决于考评的结果,考评是否正确直接影响奖惩制度的效力。严格的考评机制包括建立考评机构、确定考评程序、审查考评数据、依照制度进行考评和执行考评结果。

(3) 要把过程考评与结果考核结合起来,把即时奖惩与期间奖惩结合起来。这一方面要求在财务控制过程中,随时考核各责任中心的责任执行情况,并依据考核结果当即奖惩;另一方面要求一定时期终了(一般为年度),根据财务预算的执行实际结果,对各责任中心进行全面考评,并进行相应奖惩。

第二节 责任中心

责任中心的设置既是有效实施财务控制的重要形式,又是实施分权管理的必要条件。

分权管理是西方企业将庞大的组织机构分而治之的一种做法。第二次世界大战后，科学技术迅速发展，竞争的加剧促使资本进一步集中、企业规模进一步扩大，形成多元化经营格局和跨国经营的大公司。企业规模的扩大，一方面有效提高了企业的竞争能力；另一方面也使企业内部的经营管理日趋复杂。传统的管理模式已不适用或效率低下，使直线职能制的集权管理改变成事业部式的分权管理成为必然。

现代管理学家认为：任何从事复杂经营、产销各种产品并在许多地区经营的大中型企业，它的整个组织机构都需要建立某种形式的分权管理制度。所谓分权管理，就是将决策权随同相应的责任下放给基层管理人员，许多关键性的决策由接近这些问题的经理人员作出。分权管理的主要表现形式是事业部制，即在企业中建立一种具有半自主权的组织结构，通过由企业管理中心向下或向外的层层授权，使各个部门拥有一定的权力和职责。

实施分权管理的优点：一是可以将日常管理问题交给基层经理处理，从而减轻高层管理人员的工作负担，使其把工作中重点放在企业重要的战略决策上，而基层经理则能在授权范围内迅速地对客观情况作出反应，从而作出更为有效的决策。二是有利于激励基层管理人员，提高决策管理人员的积极性。但分权管理必须加强自上而下的控制与考核，以达到企业整体利益的最大化。因而必须从企业的发展战略出发来协调和控制组织层次的行为。

企业实行分权管理，逐级下放权责后，企业所属各部门就成为许多责任中心。所谓责任中心是指在企业内部具有一定的管理权限，承担相应经济责任，并能够严格控制经济责任指标的部门、单位或个人。责任中心按其责任权限范围及业务活动的特点不同，可分为收入中心、成本中心、利润中心和投资中心四大类，这四大类责任中心的区别在于控制的区域和责任范围不同。

一、责任中心设置的基本原则

（一）责权利相结合原则

责权利相结合原则要求明确各个责任中心应承担的责任，同时赋予相应的管理权力，并根据其责任的履行情况给予适当的奖惩。一方面，责任中心的权限大小要与责任大小相匹配；另一方面，责任中心的利益大小要与其责任大小相适应。责是各个责任中心为完成目标任务所应当承担的经济责任。它具有分工明确、责任界限清楚、可操作性强的特点，是三者的中心；权是各责任中心为完成目标任务所具备的人力、物力和财力安排的权力，是履行责任的保证；利是指责任中心完成目标任务可以获得的物质利益，是不可缺少的激励因素。

（二）目标一致原则

目标一致原则就是要求各责任中心目标任务的完成要有助于企业总体目标的实现。因此，在确定责任目标、进行责任指标分解、制定业绩考核和评价标准时，应当与企业总体目标相吻合。同时要兼顾企业、部门单位和个人三者的利益，以便通过影响各级、各类责任者的行为而达到预定的总体目标，避免各自为政、单纯追求局部利益而损害企业整体利益的现象发生。

（三）公平原则

公平原则就是各责任中心之间相互经济利益的处理应该公平合理，应有利于调动各责任中心的积极性。根据这一原则，在编制责任中心责任预算时，应注意预算水平的协调性，避免出现诸如由于内部结算价格制定不当而导致不能"等价交换"等情况。贯彻公平原则，可以使各责任中心在公平合理的条件下进行各自的生产经营活动,从而更好地实现企业总体目标。

(四)可控原则

可控原则是指责任中心只能对其可控制和管理的经济活动负责。各责任中心对其权力可以控制的经济活动必须负责,对其权力不及或控制不了的经济活动不承担经济责任,以便企业管理当局对各责任中心的工作业绩与经营成果进行正确的监控、评价和考核。在考核中,还应尽可能排除责任中心不可控因素的相互影响,避免出现职责不清、相互混淆的状态。

二、收入中心

收入中心是指对收入负责的责任中心,其特点是只对收入负责,不对成本负责,因此只考核其收入实现情况。收入中心是为了组织营销活动而设置的,典型的收入中心是公司的销售部门。

收入中心主要对销售收入负责。由于现金在企业财务活动中具有重要作用,因此收入中心的职责还包括保证现金回收率、降低坏账比例等。具体而言,收入中心的考核指标包括销售收入目标完成百分比、现金回款率、销售款平均回收天数、坏账发生率等。其计算公式为:

销售收入完成百分比=实际实现销售收入÷目标销售收入×100%

现金回款率=实际收到的现金÷平均应收账款

销售款平均回收天数=∑(销售收入×回收天数)÷全部销售收入

坏账发生率=某年的坏账发生数÷某年的全部销售收入

上述公式中,最主要的指标是销售收入完成百分比。此外,销售中心还应提供销售数量、产品结构等数据供管理层考核评价。

销售部门等作为纯粹的收入中心不核算成本的一个重要原因是:在传统的成本计算法下,无论是其销售产品的成本还是提供服务的成本都不能准确计量,由于缺乏配比信息,所以也就无法对其利润进行评估。但随着作业成本法以及战略成本管理法在公司中的应用,对于营销费用也可以按照作业进行准确核算,以计算与评价利润,从而有可能将收入中心转化为利润中心。因此,收入中心在分权化管理中的地位和作用将逐渐减小。

三、成本中心

成本中心是指对职权范围内发生的成本或费用承担经济责任的责任中心。成本中心往往没有收入,其职责是用一定的成本去完成规定的具体任务。成本中心一般包括产品生产的生产部门、提供劳务的部门和有一定费用控制指标的企业管理部门。

成本中心是责任中心中应用最为广泛的一种责任中心形式。任何发生成本的责任领域,都可以确定为成本中心,上至企业,下至车间、工段、班组,甚至个人都可以划分为成本中心。成本中心的规模不一,一个成本中心可以由若干个更小的成本中心组成,因而在企业可以形成一个逐级控制,并层层负责的成本中心体系。

(一)成本中心的类型

广义的成本中心有两种类型:标准成本中心和费用中心。

标准成本中心是以实际产出量为基础,并按标准成本进行成本控制的成本中心。通常,制造业的工厂、车间、工段、班组等是典型的标准成本中心。在产品生产中,这类成本中心的投入与产出有着明确的函数对应关系,它不仅能够计量产品产出的实际数量,而且每个产品因有明确的原材料、人工和制造费用的数量标准和价格标准,从而对生产过程实施有效的弹性成本控制。实际上,任何一项重复性活动,只要能够计量产出的实际数量,并且能够建立起投入与产出之间的函数关系,都可以作为标准成本中心。

费用中心是指产出物不能以财务指标衡量,或者投入与产出之间没有密切关系的有费用发生的单位,通常包括一般行政管理部门、研究开发部门及某些销售部门。一般行政管理部门的产出难以度量,研究开发和销售活动的投入量与产出量没有密切的联系。费用中心的费用控制应重在预算总额的审批上。

狭义的成本中心将标准成本中心划分为基本成本中心和复合成本中心两种,前者是指没有下属的成本中心,它属于较低层次的成本中心。后者是指有若干个下属的成本中心,它属于较高层次的成本中心。

(二)成本中心的责任成本与可控成本

由成本中心承担责任的成本就是责任成本,成本中心的责任成本必须是可控成本。基本成本中心的责任成本就是其可控成本,复合成本中心的责任成本既包括本中心的责任成本,也包括下属成本中心的责任成本,各成本中心的可控成本之和即是企业的总成本。

在特定时期,凡是责任中心能够控制的各种耗费为可控成本,责任中心不能控制的成本就是不可控成本。可控成本有以下几个特征:① 责任中心能够通过一定的方式预知成本的发生。② 责任中心能够对发生的成本进行计量。③ 责任中心能够通过自己的行为对这些成本加以调节和控制。

凡不能同时满足上述条件的成本就是不可控成本。对于特定成本中心来说,它不应当承担不可控成本的相应责任。

正确判断成本的可控性是成本中心承担责任成本的前提。从整个企业的空间范围和较长时间来看,所有的成本都是人的某种决策或行为的结果,都是可控的。但是,对于特定的人或时间来说,则有些是可控的,有些是不可控的。所以,对成本的可控性理解应注意以下几个方面。

(1)成本的可控性总是与特定责任中心相关,与责任中心所处管理层次的高低、管理权限及控制范围的大小有直接关系。同一成本项目,受到责任中心层次高低影响其可控性不同。就整个企业而言,所有的成本都是可控成本;而对于企业内部的各部门、车间、工段、班组和个人来讲,则既有其各自的可控成本又有其各自的不可控成本。有些成本对于较高层次的责任中心来说属于可控成本,而对于其下属的较低层次的责任中心来讲,可能就是不可控成本。比如,车间主任的工资,尽管要计入产品成本,但不是车间的可控成本,而它的上级则可以控制。属于较低层次责任中心的可控成本,则一定是其所属较高层次责任中心的可控成本。至于下级责任中心的某项不可控成本,对于上一级的责任中心来说就有两种可能,要么仍然属于不可控成本,要么是可控成本。

成本的可控性要受到管理权限和控制范围的约束。同一成本项目,对于某一责任中心来讲是可控成本,而对于处在同一层次的另一责任中心来讲却是不可控成本。比如,广告费对于销售部门是可控的,但对于生产部门却是不可控的;又如,直接材料的价格差异对于采购部门来说是可控的,但对于生产耗用部门却是不可控的。

(2)成本的可控性要联系时间范围考虑。一般说来,待消耗或支付的当期成本是可控的,一旦消耗或支付就不再可控了。例如,折旧费、租赁费等成本是过去决策的结果,这在添置设备和签订租约时是可控的,而使用设备或执行契约时就无法控制了。成本的可控性是一个动态概念，随着时间推移，成本的可控性还会随企业管理条件的变化而变化。例如，某成本中心管理人员工资过去是不可控成本，但随着用工制度的改革，该责任中心既能决定工资水平，又能决定用工人数，则管理人员工资成本就转化为可控成本了。

（3）成本的可控性与成本性态和成本可辨认性的关系。一般来讲，一个成本中心的变动成本大都是可控成本，固定成本大都是不可控成本。直接成本大都是可控成本，间接成本大都是不可控成本。但实际上也并不如此，需要结合有关情况具体分析。例如，广告费、科研开发费、教育培训费等酌量性固定成本是可控的；某个成本中心所使用的固定资产的折旧费是直接成本，但不是可控成本。

（三）成本中心的责任成本与产品成本

作为产品制造的标准成本中心，必然会同时面对责任成本和产品成本两个问题，承担责任成本还必须了解这两个成本的区别与联系。责任成本和产品成本的主要区别是：

（1）成本归集的对象不同。责任成本以责任成本中心为归集对象；产品成本则以产品为对象。

（2）遵循的原则不同。责任成本遵循"谁负责谁承担"的原则，承担责任成本的是"人"；产品成本则遵循"谁收益谁负担"的原则，负担产品成本的是"物"。

（3）核算的内容不同。责任成本的核算内容是可控成本；产品成本的构成内容是指应归属于产品的全部成本，它既包括可控成本，又包括不可控成本。

（4）核算的目的不同。责任成本的核算目的是为了实现责权利的协调统一，考核评价经营业绩，调动各个责任中心的积极性；产品成本的核算目的是为了反映生产经营过程的耗费，规定配比的补偿尺度，确定经营成果。

责任成本和产品成本的联系是：两者内容同为企业生产经营过程中的资金耗费。就一个企业而言，一定时期发生的广义产品成本总额应当等于同期发生的责任成本总额。

（四）成本中心考核指标

由于成本中心只对成本负责，对其评价和考核的主要内容是责任成本，即通过各责任成本中心的实际成本与预算责任成本的比较，以此评价各成本中心责任预算的执行情况。成本中心考核指标包括责任成本变动额和变动率两个指标。其计算公式为：

$$责任成本变动额 = 实际责任成本 - 预算责任成本$$

$$责任成本变动率 = 责任成本变动额 \div 预算责任成本 \times 100\%$$

在进行成本中心指标考核时，如果预算产量与实际产量不一致时，应按弹性预算的方法先行调整预算指标，然后再按上述指标进行计算。

【例 12-1】 某企业内部一车间为成本中心，生产甲产品，预算产量为 4 000 件，单位成本 100 元；实际产量 5 000 件，单位成本 95 元。

要求：计算该成本中心的责任成本变动额和变动率。

解：责任成本变动额 = $95 \times 5\,000 - 100 \times 5\,000 = -25\,000$（元）

责任成本变动率 = $-25\,000 \div (100 \times 5\,000) \times 100\% = -5\%$

（五）成本中心责任报告

成本中心责任报告是以实际产量为基础，反映责任成本预算实际执行情况，揭示实际责任成本与预算责任成本差异的内部报告。由于各责任中心是逐级设置的，因而责任报告也应是自下而上,从最基层的成本中心逐级向上汇总,直至最高管理层。每一级的责任报告,除最基层只有本身的可控成本外,都应包括下属单位转来的责任成本和本身的可控成本,这样就形成了"连锁责任"。成本中心通过编制责任报告,以反映、考核和评价责任中心责任成本预算的执行情况。

【例 12-2】 表 12-1 是某公司装配车间责任成本报告。

要求:分析该车间的成本控制情况。

表 12-1 某公司装配车间责任成本报告

单位:元

项　　目	实　　际	预　　算	差　　异
下属单位转来的责任成本			
甲班组	11 400	11 000	+400
乙班组	13 700	14 000	−300
合　　计	25 100	25 000	+100
本车间的可控成本			
间接人工	1 580	1 500	+80
管理人员工资	2 750	2 800	−50
设备维修费	1 300	1 200	+100
合　　计	5 630	5 500	+130
本车间的责任成本合计	30 730	30 500	+230

解:由表 12-1 中计算可知,该成本中心实际责任成本较之预算责任成本增加 230 元,上升了 0.8%,主要在于本成本中心的可控成本增加 130 元和下属责任中心转来的责任成本增加 100 元所致,究其主要原因是设备维修费超支 100 元和甲班组责任成本超支 400 元,没有完成责任成本预算。乙班组责任成本减少 300 元,初步表明责任成本控制有成效。

四、利润中心

利润中心是对利润负责的责任中心。由于利润中心对收入与成本的差额利润负责,所以其对收入和成本都要承担责任。利润中心是比成本中心更高一层的责任中心,其权利和责任都相对较大。利润中心通常是那些具有产品或劳务生产经营决策权的部门。

(一)利润中心类型

按照收入来源的性质不同,利润中心可分为自然利润中心和人为利润中心两类。

自然利润中心是指能直接对外销售产品或提供劳务,取得实际收入的利润中心,如分公司、分厂等。这类责任中心一般具有独立的产品销售权、价格制定权、材料采购权和生产决策权,它和独立企业一样可以在外界市场上销售产品或劳务取得收入,赚取利润。

人为利润中心是不直接对外销售产品或提供劳务,而是在企业内部各责任中心之间按照内部转移价格,相互提供产品或劳务而形成的利润中心。大多数成本中心都可以转化为人为利润中心。这类责任中心一般也具有相对独立的经营管理权,即能够自主决定本利润中心生产的产品品种、产品产量、作业方法、人员调配和资金使用等。但这些部门提供的产品或劳务主要在企业内部转移,很少对外销售。

(二) 利润中心考核指标

利润中心既要对其发生的成本负责,又要对其发生的收入和实现的利润负责。所以,利润中心业绩评价和考核的重点是边际贡献和利润,但对于不同范围的利润中心来说,其指标的表现形式也不相同。例如,某公司采用事业部制,其考核指标可采用以下四种形式:

部门边际贡献＝部门销售收入总额－部门变动成本总额

部门经理可控利润＝部门边际贡献－部门经理可控固定成本

部门可控利润＝部门经理可控利润－部门经理不可控固定成本

部门税前利润＝部门经理可控利润－分配的公司管理费用

其中,部门边际贡献表明部门销售收入在补偿已售出产品的变动成本后还有多余,就可以为补偿部门固定成本、为实现利润作出贡献。部门经理可控利润反映了部门经理在其权限范围内有效使用资源的能力,部门经理可控制收入,以及变动成本和部分固定成本,因而可以对可控利润承担责任,该指标主要用于评价部门经理的经营业绩。这里的主要问题是,要将各部门的固定成本进一步区分为可控成本和不可控成本,这是因为有些费用虽然可以追溯到有关部门,却不为部门经理所控制,如广告费、保险费等。因此在考核部门经理业绩时,应将其不可控成本从中剔除。部门可控利润,主要用于对部门的业绩评价和考核,用以反映该部门补偿共同性固定成本后对企业利润所作的贡献。如果要决定该部门的取舍,部门可控利润是有重要意义的信息。部门税前利润,用于计算部门提供的可控利润必须抵补总部的管理费用等,否则企业作为一个整体就不会盈利。这样,部门经理可集中精力增加收入并降低可控成本,为企业实现预期的利润目标作出应有的贡献。

【例 12-3】 某企业的某部门(利润中心)的有关资料如下:

部门销售收入	100 万元
部门销售产品的变动生产成本和变动性销售费用	74 万元
部门可控固定成本	6 万元
部门不可控固定成本	8 万元
分配的公司管理费用	5 万元

要求:计算该部门的各级利润考核指标。

解:(1) 部门边际贡献＝100－74＝26(万元)

(2) 部门经理可控利润＝26－6＝20(万元)

(3) 部门可控利润＝20－8＝12(万元)

(4) 部门税前利润＝12－5＝7(万元)

采用利润作为评价指标存在两个缺陷:一是利润只是一个概括性的指标,它只是总括地反映了部门对公司所作的贡献,但无法直接地让组织成员知道应该如何做才能提高公司的业绩;二是利润是一个短期指标,而且容易被操纵,极易造成管理人员注重眼前利润而牺牲公司长期利益,如不充分提供研究开发基金和员工培训、降低质量控制和维护水平等。

(三) 利润中心责任报告

利润中心通过编制责任报告,可以集中反映利润预算的完成情况,并对其产生差异的原因进行具体分析。

【例 12-4】 表 12-2 是某利润中心责任报告。

要求:分析该利润中心的预算完成情况。

表 12-2　某利润中心责任报告

单位：万元

项　　目	实　　际	预　　算	差　　异
销售收入	250	240	+10
变动成本			
变动生产成本	154	148	+6
变动销售成本	34	35	-1
变动成本合计	188	183	+5
边际贡献	62	57	+5
固定成本			
直接发生的固定成本	16.4	16	+0.4
上级分配的固定成本	13	13.5	-0.5
固定成本合计	29.4	29.5	-0.1
营业利润	32.6	27.5	+5.1

解：由表 12-2 中计算可知，该利润中心的实际利润超额完成预算 5.1 万元，如果剔除上级分配来的固定成本这一因素，利润超额完成 4.6 万元。

五、投资中心

投资中心是指既要对成本、利润负责，又要对投资效果负责的责任中心。投资中心与利润中心的主要区别是：利润中心没有投资决策权，需要在企业确定投资方向后组织具体的经营；而投资中心则不仅在产品生产和销售上享有较大的自主权，而且具有投资决策权，能够相对独立地运用其所掌握的资金，有权购置或处理固定资产，扩大或削减现有的生产能力。投资中心是最高层次的责任中心，它具有最大的决策权，也承担最大的责任。一般而言，大型集团所属的子公司、分公司、事业部往往都是投资中心。

投资中心拥有投资决策权和经营决策权，同时各投资中心在资产和权益方面应划分清楚，以便准确地算出各投资中心的经济效益，对其进行正确的评价和考核。

(一) 投资中心的考核指标

投资中心评价与考核的内容是利润及投资效果，反映投资效果的指标主要是投资报酬率和剩余收益。

1. 投资报酬率

投资报酬率是由杜邦公司在 20 世纪初创建并开始使用的，是指投资中心所获得的利润占投资额的比率，可以反映投资中心的综合盈利能力。其计算公式为：

$$投资报酬率 = 利润 \div 投资额 \times 100\%$$

投资报酬率指标可分解为：

$$投资报酬率 = 投资周转率 \times 销售利润率$$

以上公式中投资额是指投资中心的总资产扣除负债后的余额，即投资中心的净资产。所以，该指标也可以称为净资产利润率，它主要说明投资中心运用公司产权资金所取得的利润对企业整体利润贡献的大小。

为了考核投资中心的总资产运用情况，也可以计算投资中心的总资产息税前利润率。

它是投资中心的息税前利润与总资产的比率。用公式表示为：

$$总资产息税前利润率 = 息税前利润 \div 总资产 \times 100\%$$

总资产是指生产经营中占用的全部资产。因资金来源中包含了负债，相应分子也要采用息税前利润，它以利息加利润总额来计算。采用资产总额计算投资报酬率，主要是评价和考核由投资中心掌握、使用的全部资产的盈利能力。

值得说明的是，由于利润或息税前利润均为期间指标，故上述投资额或总资产占用额应按平均投资额或平均占用额计算。

目前，有许多企业采用投资报酬率作为评价投资中心业绩的指标。该指标的优点是：投资报酬率能反映投资中心的综合盈利能力，且由于剔除了因投资额不同而导致的利润差异的不可比因素，因而具有横向可比性，有利于判断各投资中心经营业绩的优劣；此外，投资利润率可作为选择投资机会的依据，有利于优化资源配置。

这一评价指标的不足之处是缺乏全局观念。当一个投资项目的投资报酬率低于某投资中心的投资报酬率而高于整个企业的投资报酬率时，虽然企业希望接受这个投资项目，但该投资中心可能拒绝它；当一个投资项目的投资报酬率高于该投资中心的投资报酬率而低于整个企业的投资报酬率时，该投资中心可能只考虑自己的利益而接受它，而不顾企业整体利益是否受到损害。

假设某个部门现有资产200万元，年净利润44万元，投资报酬率为22%。部门经理目前面临一个投资报酬率为17%的投资机会，投资额为50万元，每年净利8.5万元。企业投资报酬率为15%。尽管对整个企业来说，由于该项目投资报酬率高于企业投资报酬率应当利用这个投资机会，但是它却使这个部门的投资报酬率由过去的22%下降到21%，企业会拒绝该项投资机会。

$$投资报酬率 = (44 + 8.5) \div (200 + 50) \times 100\% = 21\%$$

假设情况与此相反，该部门现有一项资产价值50万元，每年获利8.5万元，投资报酬率17%，该部门经理却愿意放弃该项资产，以提高部门投资报酬率。

$$投资报酬率 = (44 - 8.5) \div (200 - 50) \times 100\% = 23.67\%$$

当使用投资报酬率作为业绩评价标准时，部门经理可以通过加大公式分子或减少公式的分母来提高这个比率。这样做，会失去不是最有利但可以扩大企业总净利的项目。从引导部门经理采取与企业总体利益一致的决策来看，投资报酬率并不是一个很好的指标。

因此，为了使投资中心的局部目标与企业的总体目标保持一致，弥补投资报酬率这一指标的不足，还可以采用剩余收益指标来评价、考核投资中心的业绩。

2. 剩余收益

剩余收益是由通用电气公司首先推广实施的，是指投资中心获得的利润扣减投资额按预期最低投资报酬率计算的投资报酬后的余额。其计算公式为：

$$剩余收益 = 利润 - 投资额 \times 预期最低投资报酬率$$

$$剩余收益 = 投资额 \times (投资利润率 - 预期最低投资报酬率)$$

以剩余收益作为投资中心经营业绩评价指标，各投资中心只要投资利润率大于预期最低投资报酬率，即剩余收益大于零，该项投资项目就是可行的。剩余收益是个绝对数正指标，这个指标越大，说明投资效果越好。

【例12-5】 某企业有若干个投资中心，平均投资报酬率为15%，其中甲投资中心的投资报酬率为20%,该中心的经营资产平均余额为150万元。预算期甲投资中心有一追加投资的机会,投资额为100万元,预计利润为16万元。投资报酬率为16%。

要求:

(1) 假定预算期甲投资中心接受了上述投资项目,分别用投资报酬率和剩余收益指标来评价考核甲投资中心追加投资后的工作业绩。

(2) 分别从整个企业和甲投资中心的角度,说明是否应当接受这一追加投资项目。

解:(1) 甲投资中心接受投资后的评价指标分别为:

$$投资报酬率 = (150 \times 20\% + 16) \div (150 + 100) \times 100\% = 18.40\%$$

$$剩余收益 = 16 - 100 \times 15\% = 1(万元)$$

从投资报酬率指标看,甲投资中心接受投资后的投资报酬率为18.40%,低于该中心原有的投资报酬率20%,追加投资使甲投资中心的投资报酬率指标降低了。从剩余收益指标看,甲投资中心接受投资后可增加剩余收益1万元,大于零,表明追加投资使甲投资中心有利可图。

(2) 如果从整个企业的角度看,该追加投资项目的投资报酬率为16%,高于企业的投资报酬率15%;剩余收益为1万元,大于零。结论是:无论从哪个指标看,企业都应当接受该项追加投资。

如果从甲投资中心看,该追加投资项目的投资报酬率为16%,低于该中心的投资报酬率20%,若仅用这个指标来考核投资中心的业绩,则甲投资中心不会接受这项追加投资(因为这将导致甲投资中心的投资报酬率指标由20%降低为18.40%);但若以剩余收益指标来考核投资中心的业绩,则甲投资中心会因为剩余收益增加了1万元,而愿意接受该项追加投资。

通过[例12-5]可以看出,利用剩余收益指标考核投资中心的工作业绩,不仅能使个别投资中心的局部利益与企业整体利益达到一致,避免投资中心本位主义倾向,同时它考虑了权益资本成本的补偿,可以防止投资中心的短期行为。

但剩余收益也有它的缺点。首先,它是一个绝对数指标,不利于不同规模企业之间的比较,以这种方法作为业绩衡量标准时对于规模较大的企业来讲,由于其投资金额基数较大,因此,计算的剩余收益也较大,评价结果会更加有利。其次,这一指标未能反映现金的增量流进,而对于企业来说,其决策的标准不仅是增加账面上的会计利润,更重要的是能够带来实际的现金增量流入。

(二) 投资中心责任报告

投资中心责任报告的结构与成本中心和利润中心类似。通过编制投资中心责任报告,可以反映该投资中心投资业绩的具体情况。

【例12-6】表12-3是某投资中心责任报告。

要求:分析该投资中心的业绩情况。

表12-3 某投资中心责任报告

单位:万元

项 目	实 际	预 算	差 异
营业利润(1)	600	450	+150
平均经营资产(2)	3 000	2 500	+500

(续表)

项　目	实　际	预　算	差　异
投资报酬率(3)=(1)÷(2)	20%	18%	+2%
按最低投资报酬率15%计算的投资报酬(4)=(2)×15%	450	375	+75
剩余收益(5)=(1)-(4)	150	75	+75

解：由表 12-3 中计算可知，该投资中心的投资报酬率和剩余收益指标都超额完成了预算，表明该投资中心投资业绩比较好。

第三节　内部转移价格

企业内部各责任单位既相互联系又相互独立地开展各自的活动，它们经常相互提供产品和劳务。为了正确评价企业内部各责任中心的经营业绩，明确区分各自的经济责任，使各责任中心的业绩考核建立在客观而可比的基础上，企业必须根据各责任中心业务活动的具体特点，正确制定企业内部的转移价格。

一、内部转移价格的含义及作用

内部转移价格是指企业内部各责任中心之间转移中间产品或相互提供劳务，而发生内部结算和进行内部责任结转所使用的计价标准。例如，上道工序加工完成的产品转移到下道工序继续加工；辅助生产部门为基本生产车间提供劳务等，都是一个责任中心向另一个责任中心"出售"产品或提供劳务，都必须采用内部转移价格进行结算。又如，某工厂生产车间与材料采购部门是两个成本中心，若生产车间所耗用的原材料由于质量不符合原定标准，而发生的超过消耗定额的不利差异，也应由生产车间以内部转移价格结转给采购部门。

在任何企业中，各责任中心之间的相互结算，以及责任成本的转账业务都是经常发生的，它们都需要依赖一个公正、合理的内部转移价格作为计价的标准。由于内部转移价格对于提供产品或劳务的生产部门来说表示收入，对于使用这些产品或劳务的购买部门来说则表示成本，所以，这种内部转移价格有两个明显的特征：

（1）在内部转移价格一定的情况下，卖方（产品或劳务的提供方）必须不断改善经营管理，降低成本和费用，以其收入抵偿支出，取得更多利润。买方（产品或劳务的接受方）则必须在一定的购置成本下，千方百计地降低再生产成本，提高产品或劳务的质量，争取较高的经济效益。

（2）内部转移价格所影响的买卖双方都存在于同一企业中，在其他条件不变的情况下，内部转移价格的变化会使买卖双方的收入或内部利润向相反方向变化，但就企业整体来看，无论内部转移价格怎样变化，企业总利润是不变的，变动的只是内部利润在各责任中心之间的分配份额。

二、内部转移价格的种类

内部转移价格主要有市场价格、协商价格、双重价格和以成本作为内部转移价格四种。

（一）市场价格

市场价格是根据产品或劳务的市场供应价格作为计价基础的。在利润中心或投资中心之间转移产品或劳务，以市价为内部转让价格，最符合责任会计的要求。因为完全竞争市场的价格最为客观,对双方都是公正的,也很少发生争议,并且能促使企业内部各部门参加市场竞争。

对于按市价对内提供其产品的利润中心来说,由于可以节省大量销售费用,因此较对外销售更有利。对于按市价从内部购得其所需原材料(包括半成品、部件等)的利润中心来说,由于可以节省大量采购运输费用,并在质量、时间等方面得到更加可靠的保证,因此也较向外部采购有利。既然对转让双方有利,当然就会给企业带来更好的经济效益。在西方国家,通常认为市场价格是制定内部转移价格的最好依据。因为市场价格客观公正,对买卖双方无所偏袒,而且还能激励卖方努力改善经营管理,不断降低成本,在企业内部创造一种竞争的市场环境,让每个利润中心都成为名副其实的独立生产经营单位,以利于相互竞争,最终通过利润指标来考核和评价其工作成果。

在采用市价作为计价基础时,为了保证各责任中心的竞争建立在与企业的总目标相一致的基础上,企业内部的买卖双方一般应遵守以下基本原则:① 如果卖方愿意对内销售,且售价不高于市价时,买方有购买的义务,不得拒绝;② 如果卖方售价高于市价,买方有改向外市场购入的自由;③ 若卖方宁愿对外销售,则应有不对内销售的权利。

然而,以市场价格作为内部转移价格的计价基础,也有其自身的局限性。这是因为企业内部相互转让的产品或提供的劳务,往往是本企业专门生产的,具有特定的规格,或需经过进一步加工才能出售的中间产品,因而往往没有相应的市价作为依据。

(二) 协商价格

协商价格简称议价,它是指买卖双方以正常的市场价格为基础,定期共同协商,确定出一个双方都愿意接受的作为计价标准的价格。

利润中心的特征是有权就其产品的销售问题作出决定,并能实现实际的销售收入,即它的产品主要用于对外销售。由于内部转让意味着必须放弃对外销售的机会,所以,要求以市价为内部转让价格。但是,因为对内转让往往可以节约部分以致全部变动销售费用,所以有可能接受低于市价的内部转移价格,而接受转让的利润中心,也必定会提出这一要求。由此可见,内部转移价格并不能简单地按市价确定,而需要由转让双方协定。此外,利润中心的有些产品,往往仅属于半成品,需要有其他利润中心做进一步加工后才能对外销售,这类产品一般并无市价,故其内部转让价格也需要由转让双方协商确定。

由此可见,在大多数情况下,产品的内部转让价格必须由转让双方在以市价为上限、以单位变动成本为下限的范围内,通过协商共同议定。议定内部转移价格的原则和方法如下。

1. 供应方无闲置生产能力时的内部转让价格

在这种情况下,产品或劳务在内部转让,就必须削减其对外的销售量。为了使供应方不致遭受损失,内部转让价格应以维持市价或接近市价为原则。具体而言,又可分为以下两种情况:

第一,如果销售费用全部是固定的,应以市价为转让价格。

第二,如果内部转让时节省部分或全部变动销售费用,则转让价格应低于市价而高于市价扣除所节约费用后的余额,即由于内部转让而引起节约的费用,应由转让双方共同受益。

2. 供应方有闲置生产能力时的转让价格

一般来说,利润中心的现有生产能力之所以没有得到充分利用而被部分闲置,其主要原因是在当前市价条件下,已难以扩大对外销售。在此情况下,内部转让有利于利用闲置的生产能力,而不必增加固定成本,因此其转移价格只要不低于产品的单位变动成本,对转让单位总是有利的,而接收转让单位则可不必按市价向外部采购而受益。具体而言,有以下三种情况:

第一,转让产品可全部由闲置生产能力提供。在此情况下,虽然转让价格只要不低于产品的单位变动成本就总是对提供产品的利润中心有利,但事实上,它却总会倾向于要求得到尽可能接近于市价的价格。解决这一矛盾,使内部转让得以实现的关键,是应该使双方公平分享由于内部转让所产生的利润。也就是说,转让价格应以产品的单位变动成本为下限,以市价与接受单位负担能力较低者为上限,并使转让价格尽可能地接近上、下限的平均数。

第二,转让产品不能全部由闲置生产能力提供。如果需要内部转让的产品数量超过闲置的生产能力,提供产品的利润中心就要压缩对外销售量,由此而失去的对外销售收益,就成为议定转让价格的一项机会成本,也就是说,提供产品的单位变动成本内必须加入此项机会成本,从而提高议定转让价格的下限。

第三,转让单位的闲置生产能力可通过对外降价充分利用。如果提供产品的利润中心的闲置生产能力,可以通过降价提高的对外销售量而得到充分利用,则内部转移价格必须能使它得到同样多的收益,否则,它就会拒绝内部转让以免遭受损失。在此情况下,降价后可能增加的收益应全部由转让产品提供,并在这一基础上议定内部转让价格。

3. 无市价产品的议价

在大中型企业中,由于生产的专业分工,有些利润中心的部分产品往往是专供另一利润中心进一步加工并按其特殊要求而生产的,此类产品一般并不对外销售,因而也无市价可循,其内部转让价格只能根据以下不同情况进行议价:

第一,如果此类产品可由提供产品单位的闲置生产能力生产,则其内部转让价格可以按成本加成法议定。

第二,如果为提供此类产品,需要转让单位压缩对外销售量,则其内部转让价格必须补偿由此而引起的机会成本。

采用协商价格的缺陷是:在双方协商过程中,不可避免地要花费很多人力、物力和时间,当买卖双方的负责人协商相持不下时,往往需要企业高层领导进行裁定。这样就丧失了分权管理的初衷,也很难发挥激励责任单位的作用。

(三)双重价格

双重价格是指由买卖双方分别采用不同的内部转移价格作为计价基础的价格。例如,对产品(半成品)的"出售"部门,可按协商的市场价格计价;而对"购买"部门,则按"出售"部门的单位变动成本计价;其差额由会计部门进行调整。西方国家采用的双重价格通常有两种形式:

(1)双重市场价格,即当某种产品或劳务在市场上出现几种不同价格时,买方采用最低的市价,卖方则采用最高的市价。

(2)双重转移价格,即卖方按市价或协议价作为计价基础,而买方则按卖方的单位变动成本作为计价基础。

采用双重价格的好处是:既可较好地满足买卖双方不同的需要,也便于激励双方在生产经营上充分发挥其主动性和积极性。

采用双重价格的前提条件：一是内部转让的产品或劳务有外部市场，供应方有剩余生产能力；二是供应方单位变动成本低于市价。特别当采用单一的内部转移价格，不能达到激励各责任中心有效经营、保证责任中心与整个企业的经营目标达成一致时，应采用双重价格。

（四）以成本作为内部转移价格

以产品或劳务的成本作为内部转移价格，是许多企业过去最常用的办法。因为传统的会计观念认为，在企业内部各部门、各单位之间相互提供和接受产品或劳务，其性质为成本转移，并不引起增值，只有通过对外销售，才会由于实际收入超过成本而产生利润。因此，即使在利润中心之间相互提供和接受产品，也应该按成本或以成本为基础进行转让。但由于成本的概念不同，以成本作为内部转移价格也有多种不同形式，它们对转移价格的制定、业绩评价将产生不同的影响。

以成本为基础的内部转移价格主要有三种形式。

1. 标准成本法

标准成本法是指以各中间产品的标准成本作为内部转移价格的方法。这种方法适用于成本中心产品（半成品）或劳务的转移，其最大优点是能将管理和核算工作结合起来。由于标准成本在制定时就已排除无效率的耗费，因此，以标准成本作为转移价格能促进企业内买卖双方改善生产经营，降低成本。其缺点是不一定使企业利益最大化，如中间产品标准成本为30元，单位变动成本24元，卖方有闲置生产能力，当买方只能接受26元以下的内部转移价格时，此法不能促成内部交易，从而使企业整体丧失一部分利益。

2. 标准成本加成法

标准成本加成法是指根据产品（半成品）或劳务的标准成本加上一定的合理利润作为计价基础的方法。当转移产品（半成品）或劳务涉及利润中心或投资中心时，可以将标准成本加利润作为转移价格，以分清双方责任。但利润的确定，难免带有主观随意性。

3. 标准变动成本法

标准变动成本法是指以产品（半成品）或劳务的标准变动成本作为内部转移价格的方法，它符合成本习性，能够明确揭示成本与产量的关系，便于考核各责任中心的业绩，也利于经营决策。不足之处是产品（半成品）或劳务中不包含固定成本，不能鼓励企业内卖方进行技术革新，也不利于长期投资项目的决策。

【例12-7】 A、B两公司均为某总公司下属的自然利润中心。A公司产品可直接按20元/件外销，也可提供给B公司进一步加工，内部转让可减少固定销售费用3元/件。A公司产品单位变动生产成本10元，最大生产能力2 000件，B公司需用量1 000件。

要求：

（1）假定A公司产品有完全竞争的外部市场，试确定其内部转移价格能为A、B两公司所共同接受的合理变动范围。

（2）假定A公司产品在外部市场可实现的最大销量为1 500件，其生产能力无法转移，试确定其内部转移价格的合理变动范围。

解：（1）最高价＝市场价格＝20（元/件）

最低价＝市场价格－外销费用＝20－3＝17（元/件）

（2）内部转让将放弃外销500件，其机会成本为：

$$(20-10)\times 500-3\times 500=3\,500(元)$$

内部转移价格的合理变动范围为：

最高价＝市场价格＝20(元/件)

最低价＝变动生产成本＋机会成本＝10＋3 500÷1 000＝13.5(元/件)

【例 12-8】 已知大华公司下属的甲、乙两个分部均为投资中心。其中，甲分部每年发生固定成本 90 000 元，生产的 A 部件单位变动成本为 6 元，如果直接对外出售，其市场价格为 10 元/件。A 部件也可以作为乙分部的原材料。乙分部每年发生固定成本 40 000 元，每年最多可将 10 000 件 A 部件深加工为 10 000 件 B 产品，单价为 20 元，追加单位变动成本 5 元。A 产品的市场容量为 30 000 件。

要求：

(1) 假定甲分部全年最多可生产 30 000 件 A 部件，分析能否采用市场价格作为甲、乙分部内部交易 A 部件的内部转移价格。

(2) 假设甲分部最大生产能力为 40 000 件，分析是否应采用市场价格作为甲、乙分部内部交易 A 部件的内部转移价格。

(3) 假设甲分部最大生产能力为 40 000 件，A 部件的协商价格为 8 元/件，分析是否应当以该协商价格作为内部转移价格。

解：(1) 以市场价格作为内部转移价格，无论乙分部是从甲分部购买还是从外部购买 A 部件，甲、乙分部和总公司的营业收益均无影响。该公司简易的利润情况如表 12-4 所示。

表 12-4 大华公司利润表

单位：元

项　　目	甲　分　部	乙　分　部	合　　计
销售收入			
A 部件 10×30 000	300 000		300 000
B 部件 20×10 000		200 000	200 000
收入合计	300 000	200 000	500 000
成本			
变动成本			
A 部件 6×30 000	180 000		180 000
B 产品 (10＋5)×10 000		150 000	150 000
固定成本	90 000	40 000	130 000
成本合计	270 000	190 000	460 000
营业利润	30 000	10 000	40 000

(2) 甲分部有 10 000 件(40 000－30 000)的剩余生产能力，这时如果采用市场价格作为内部转移价格，乙分部愿意购买，其公司总利润为 8 万元，公司具体利润情况如表 12-5 所示。

表 12-5　大华公司利润表

单位：元

项目	甲分部	乙分部	合计
销售收入			
A 部件 10×40 000	400 000		400 000
B 部件 20×10 000		200 000	200 000
收入合计	400 000	200 000	600 000
成本			
变动成本			
A 部件 6×40 000	240 000		240 000
B 产品(10＋5)×10 000		150 000	150 000
固定成本	90 000	40 000	130 000
成本合计	330 000	190 000	520 000
营业利润	70 000	10 000	80 000

然而对乙分部来说，无论从外部购入，还是从甲分部购入，其成本都是一样的，这种转移价格对乙分部没有吸引力。如果乙分部从外部购买，就会使甲分部的剩余生产能力闲置，同时使公司的利润减少 40 000 元。该公司简易的利润情况如表 12-6 所示。

表 12-6　大华公司利润表

单位：元

项目	甲分部	乙分部	合计
销售收入			
A 部件 10×30 000	300 000		300 000
B 部件 20×10 000		200 000	200 000
收入合计	300 000	200 000	500 000
成本			
变动成本			
A 部件 6×30 000	180 000		180 000
B 产品(10＋5)×10 000		150 000	150 000
固定成本	90 000	40 000	130 000
成本合计	270 000	190 000	460 000
营业利润	30 000	10 000	40 000

（3）应采用协商价格作为内部转移价格。如果协商价格低于市场价格，但高于甲分部生产这种半成品的变动成本，会使供需双方收益都增加，进而使整个公司的收益增加。采用协商价格时，甲、乙双方及整个公司的利润情况如表 12-7 所示。

表 12-7　大华公司利润表

单位：元

项　　目	甲分部	乙分部	合　计
销售收入			
A 部件(外)10×30 000	300 000		300 000
A 部件(内)8×10 000	80 000		80 000
B 部件 20×10 000		200 000	200 000
收入合计	380 000	200 000	580 000
成本			
变动成本			
A 部件 6×40 000	240 000		240 000
B 产品(8+5)×10 000		130 000	130 000
固定成本	90 000	40 000	130 000
成本合计	330 000	170 000	500 000
营业利润	50 000	30 000	80 000

主 要 术 语

1. 财务控制　　　　　　　　2. 责任中心
3. 成本中心　　　　　　　　4. 利润中心
5. 投资中心　　　　　　　　6. 投资报酬率
7. 剩余收益　　　　　　　　8. 内部转移价格

复 习 思 考 题

1. 什么是责任中心？在企业内部划分和建立责任中心的前提和意义是什么？

2. 简述成本中心、利润中心和投资中心的主要特征和区别。

3. 以投资报酬率的高低衡量、考核和评价投资中心的绩效有何积极意义？举例说明压缩占用资金额度、降低成本和增加销售额三者对提高投资报酬率的不同影响。

4. 如何计算剩余收益？相对于投资报酬率，以剩余收益的多少衡量、考核和评价投资中心的绩效有何优缺点？

5. 什么是内部转移价格？内部转移价格的高低对企业责任中心有何影响？简述各自适用的条件。

习　　题

一、判断题

1. 企业内部个人不能构成责任实体，企业内部个人就不能作为责任中心。　　（　）

2. 只要制定出合理的内部转移价格，就可以将企业大多数生产的半成品或提供劳务的成本中心改造成自然利润中心。　　（　）

3. 某项会导致个别投资中心的投资报酬率提高的投资,不一定会使整个企业的投资报酬率提高;某项会导致个别投资中心的剩余收益指标提高的投资,则一定会使整个企业的剩余收益提高。( )

4. 内部转移价格只能用于企业内部各责任中心之间由于进行产品(半成品)或劳务的流转而进行的内部结算。( )

5. 同一成本项目,对有的部门来说是可控的,而对另一个部门则可能是不可控的。也就是说,成本的可控与否是相对的,而不是绝对的。( )

6. 编制责任预算需要在责任报告上进行;责任报告是考核评价经营业绩的载体。( )

7. 在其他因素不变的条件下,一个投资中心的剩余收益的大小与企业最低投资报酬率呈反向变动。( )

8. 利润中心必然是成本中心,投资中心必然是利润中心,所以投资中心首先是成本中心,但利润中心并不一定都是投资中心。( )

9. 为了体现公平性原则,内部转移价格双方必须一致,否则将有失公正。( )

10. 只有组织内部结算,才需要内部仲裁。( )

二、单项选择题

1. 责任会计核算的主体是( )。
   A. 责任中心　　B. 产品成本　　C. 生产部门　　D. 管理部门

2. 产品在企业内部各责任中心之间销售,只能按内部转移价格取得收入的利润中心是( )。
   A. 自然利润中心　B. 人为利润中心　C. 利润中心　　D. 投资中心

3. 具有最大的决策权,承担最大的责任,处于最高层次的责任中心是( )。
   A. 成本中心　　B. 人为利润中心　C. 自然利润中心　D. 投资中心

4. 协商价格的下限是( )。
   A. 生产成本　　B. 市价　　　　C. 单位固定成本　D. 单位变动成本

5. 成本中心控制和考核的内容是( )。
   A. 目标成本　　B. 责任成本　　C. 产品成本　　D. 直接成本

6. 在投资中心的主要指标考核中,( )指标能使个别投资中心的局部利益与企业整体利益相一致。
   A. 投资利润率　B. 利润总额　　C. 剩余收益　　D. 责任成本

7. 在责任会计中,企业办理内部交易结算和内部责任结转所采用的价格是( )。
   A. 变动成本　　B. 单位责任成本　C. 内部转移价格　D. 重置价格

8. 在责任预算的基础上,将实际数与预算数进行比较,用来反映与考核各责任中心工作业绩的内部报告是( )。
   A. 差异分析表　　　　　　　　B. 责任报告
   C. 预算执行情况表　　　　　　D. 实际情况与预算比较表

9. 对于任何一个成本中心来说,其责任成本应等于该中心的( )。
   A. 产品成本　　　　　　　　　B. 固定成本之和
   C. 可控成本之和　　　　　　　D. 不可控成本之和

10. 某公司某部门的有关数据为:销售收入50 000元,已销产品的变动成本和变动销售费用30 000元,可控固定成本2 500元,不可控固定成本3 000元,分配来的公司管理费用为

1 500 元。那么,该部门的利润中心负责人可控利润为( )元。
  A. 20 000 B. 17 500 C. 14 500 D. 10 750

三、多项选择题

1. 责任中心一般可分为( )。
  A. 成本中心 B. 收入中心 C. 利润中心 D. 投资中心
2. 考核投资中心投资效果的主要指标有( )。
  A. 责任成本 B. 营业收入 C. 剩余收益 D. 投资报酬率
3. 不适宜作为考核利润中心负责人业绩的指标有( )。
  A. 利润中心边际贡献   B. 公司利润总额
  C. 利润中心可控利润   D. 利润中心负责人可控利润
4. 划分责任中心的标准包括( )。
  A. 可以划清管理范围   B. 能明确经济责任
  C. 必须自负盈亏   D. 能单独进行业绩考核
5. 内部转移价格的主要类型有( )。
  A. 市场价格 B. 协商价格 C. 双重价格 D. 成本转移价格
6. 下列项目中,属于责任中心考核指标的有( )。
  A. 剩余收益 B. 可控成本 C. 利润 D. 投资报酬率
7. 影响剩余收益的因素有( )。
  A. 利润   B. 投资额
  C. 规定或预期的最低投资报酬率 D. 利润留存比率
8. 甲利润中心常年向乙利润中心提供劳务,在其他条件不变的情况下,如果提高劳务的内部转移价格,可能出现的结果有( )。
  A. 甲利润中心内部利润增加 B. 乙利润中心内部利润减少
  C. 企业利润总额增加   D. 企业利润总额不变
9. 下列各项中,属于揭示自然利润中心特征的表述包括( )。
  A. 直接面向市场   B. 具有部分经营权
  C. 对投资效果负责   D. 对外销售产品而取得收入
10. 投资报酬率可分解为( )。
  A. 边际贡献率   B. 投资周转率
  C. 销售利润率   D. 销售成本率

四、计算题

1. 某公司下设 A、B 两个分公司,其中 A 分公司 2018 年营业利润 60 万元,平均经营资产为 200 万元,总公司决定 2019 年追加投资 100 万元扩大 A 分公司经营规模,预计当年可增加营业利润 24 万元,总公司规定的最低投资报酬率为 20%。

要求:

(1) 计算 A 分公司 2018 年投资报酬率和剩余收益。

(2) 计算 A 分公司 2019 年追加投资后的投资报酬率和剩余收益。

(3) 根据以上计算结果,分别以投资报酬率和剩余收益指标评价 A 分公司的经营业绩,并说明 A 分公司接受该追加投资是否有利。

2. A 公司下设甲、乙两个投资中心。甲投资中心的投资额为 200 万元,投资报酬率为

15%；乙投资中心的投资报酬率为17%，剩余收益为20万元。A公司要求的平均最低投资报酬率为12%。A公司决定追加投资100万元，若投向甲投资中心，每年可增加利润20万元；若投向乙投资中心，每年可增加利润15万元。

要求：

(1) 计算追加投资前甲投资中心的剩余收益。

(2) 计算追加投资前乙投资中心的投资额。

(3) 计算追加投资前A公司的投资报酬率。

(4) 若甲投资中心接受追加投资，计算其剩余收益。

(5) 若乙投资中心接受追加投资，计算其投资报酬率。

3. 某百货公司下设的鞋帽部当年销售收入为200万元，变动成本率为60%，固定成本为30万元，其中折旧10万元。

要求：

(1) 若该鞋帽部为利润中心，其固定成本中只有折旧为不可控的，试评价该部门经理业绩，评价该部门对百货公司的贡献有多大。

(2) 若该部门为投资中心，其所占用的资产平均额为100万元，剩余收益为35万元，计算该公司要求的最低投资利润率。

4. 某公司的平均投资报酬率为13%，其所属A投资中心的经营资产为800万元，经营净利润为130万元，销售收入为2 000万元。

要求：

(1) 计算A投资中心的投资报酬率和剩余收益。

(2) 假定对该投资中心追加投资300万元，追加投资后该投资中心的剩余收益达到33万元，计算追加投资增加的净利润。

(3) 另一B投资中心的投资报酬率与A投资中心的报酬率相同，其销售净利率为5%。分别计算A、B两中心的资产周转率。

5. 某公司有甲、乙两个下属分公司，均为利润中心，并且均有较大的剩余生产能力。甲分公司专门生产A部件，该部件一部分按市价卖给乙公司，另一部分在市场上直接出售，单价为100元，单位变动生产成本为85元。

乙分公司生产B产品，在市场上的销售单价为260元，单位变动生产成本资料如表12-8所示。

表12-8 单位变动生产成本资料

单位：元

直接材料	150
其中：A部件	100
其他材料	50
直接人工	30
变动制造费用	30
变动销售及管理费用	15
单位变动生产成本合计	215

现有一客户要求订购 100 万件 B 产品，出价仅为 190 元，低于单位变动生产成本。由于这笔订单不需要增加销售及管理费用，并且乙分公司也有剩余生产能力。于是乙分公司经理向甲分公司提议，A 部件按 85 元卖给乙分公司，高于此价格，乙分公司将不愿意接受上述订单。

由于 A 部件的单位变动生产成本已达 85 元，因而甲分公司不同意乙分公司提议，认为 A 部件的内部转购价格起码在 95 元以上才可接受。假定内销 A 部件无须销售及管理费。如果你是总公司财务负责人，你认为这笔订单应如何决策。

案 例 分 析

一、案例资料

某企业以所属的各事业部为利润中心，其电子部的一种多功能计时器，年产销量为 400 000 件，其中 60% 按每件 18 元对外销售，另 40% 则按每件 15 元供应企业的家电部。其上年度的利润资料如下（单位：元）：

销售收入	6 720 000
减：变动成本	3 600 000
边际贡献	3 120 000
减：固定费用	1 600 000
营业净利（税前）	1 520 000

由于电子行业的竞争非常激烈，最近由一家厂商以每件 12 元的价格向家电部推销一种同样功能和质量的电子计时器。经调查，该企业确有保证正常供应的能力，因此，家电部要求电子部将计时器的转让价格至少降至不高于 12 元的水平，否则，将不再接受其转让而从外部采购。

但电子部宁可放弃此项内部转让业务，也不同意降低转让价格的要求，因为经过测算确认，如按 12 元的价格转让，每件将亏损 1 元。其计算资料如下（单位：元）：

变动成本总额（400 000 件）	3 600 000
固定费用总额	1 600 000
成本总额	5 200 000
单位成本（5 200 000÷400 000）	13
预计内部转让亏损[(12−13)×400 000]	400 000

二、思考分析

(1) 该电子部关于按 12 元内部转让每件亏损 1 元的计算资料是否正确？如不正确，请指出其错误之处。

(2) 比较电子部按 12 元的价格转让和放弃内部转让（不能增加对外销售量）两者的效果，指出何者有利。

(3) 如果继续转让较为有利，为尽可能地排除外部竞争，你认为转让价格应确定为多少较合理？

(4) 电子部经研究试制，按新设计将该计时器大加改进，可以按 16 元的价格对外销售 400 000 台（相当于该部现有生产能力），但每年需增加固定费用 100 000 元，单位变动成本可降低 0.5 元。此方案是否可取（即按 16 元对外销售与 12 元继续转让比较）？

第十三章 公司并购、重组与清算

学习目的与要求

- 了解公司并购的概念、分类、动因,以及公司反并购策略。
- 理解公司并购的财务分析。
- 理解公司重组的内容、种类和方式。
- 理解公司清算的类型、破产清算财务管理的内容。
- 理解破产预警系统。

本章提要

(1) 并购是兼并、收购的统称,是指在市场机制作用下企业为了获得其他企业的控制权而进行的产权交易活动。并购一方称为买方或并购企业,被并购一方称为卖方或目标企业。

(2) 并购分类方式有多种:按双方产品与产业的联系划分,并购可分为横向并购、纵向并购、混合并购;按并购双方是否友好协商划分,并购分为善意并购和敌意并购;按并购交易是否通过证券交易所划分,并购分为要约收购与协议收购;按并购的实现方式划分,并购分为承担债务式、现金购买式和股份交易式并购;按并购涉及被并购企业的范围划分,并购分为整体并购和部分并购。

(3) 公司重组的内容主要有:业务重组、资产重组、负债重组、股权重组、职员重组、管理体制重组等。公司重组的种类通常包括:内部重组和外部重组、政府主导型重组和市场主导型重组、上市前的资产重组和上市后的资产重组。公司重组的方式可分为:原续整体重组、合并整体重组、分解重组、主体重组、分拆上市重组、"买壳借壳"重组。

(4) 公司清算的直接原因是公司解散,但并非所有解散的公司都必须经过清算程序。公司解散的种类主要有:营业期满解散、违法经营解散、合并或分立解散、破产解散等。企业清算按其原因可分为解散清算和破产清算;企业清算按其是否自行开始可分为普通清算和特别清算。

第一节 公司并购

一、公司并购相关概念

国外理论界对公司并购的概念是"M & A"即兼并(Merger)和收购(Acquisition)。兼并通常是指两家以上的公司合并成一家公司,原公司的权利与义务由新设的公司承受。兼并一般有两种情形,即"吸收合并"与"新设合并"。所谓"吸收合并"是合并中的一个续存下来,其他的公司则结束终止。"新设合并"是合并的公司都终结,而新产生一家公司。收购是指买方公司向卖方公司购买部分或全部资产或股票的行为。这里又包括购买资产与购买股份两种形式。

国外的 M&A 概念是建立在企业产权制度与市场竞争基础之上的。它表明的是一种企业产权的交易行为,并且通过对企业产权,尤其是股权的拥有,对公司的治理结构发生影响,取得对目标公司的控制权、决策权、分配权等,实现公司股东财富增长的目标。

企业分立是与企业并购相对应的一种活动。企业分立是通过出售、分设、以产易股、管理层收购等将资产或股权分立或分派的活动。企业分立的主要目的是调整公司战略,公司将不适应战略发展的部门分立出去,突出主营业务;提高管理效率,当公司规模扩大到一定规模后,会带来管理效率的下降,这时会分立不具优势的部门和产业;分立出售资产取得现金流入,避免企业出现的财务危机与清算危机;有些公司分立是出于国家反托拉斯法规的限制。

公司分立常常是公司并购的一部分,并购公司可能通过分拆出卖获得收购资金,或分立后更利于并购实施。分立作为反敌意收购的手段,如对效益好的部门分立,实行出售"皇冠上的珍珠"制约收购方。

《中华人民共和国公司法》把一般的兼并、合并统称为合并,实际工作中常称为并购。《公司法》规定:"公司合并可以采用吸收合并或者新设合并。一个公司吸收其他公司为吸收合并,被吸收的公司解散。两个以上公司合并设立一个新的公司为新设合并,合并各方解散。"

我国《中华人民共和国证券法》第四章对上市公司收购也作出了相应的规定:上市公司收购可以采用要约收购或者协议收购的方式。通过证券交易所的证券交易,投资者持有一个上市公司已发行的股份的 5% 时,应当在该事实发生之日起 3 日内,向国务院管理机构、证券交易所作出书面报告,通知该上市公司,并予以公告;在上述规定期限内,不得再行买卖该上市公司股票。投资者持有一个上市公司已发行股份的 5% 后,通过证券交易所的证券交易,其所持有的该上市公司已发行的股份比例每增加或减少 5%,应当依照前款规定进行报告和公告。在报告期限内和作出报告、公告 2 日内,不得再行买卖该上市公司的股票。通过证券交易所的证券交易,投资者持有一个上市公司已发行股份的 30% 时,继续进行收购的,应当依法向该上市公司所有股东发出收购要约。但经国务院证券监督管理机构免除发出要约的除外。

可见,我国《公司法》中的吸收合并的法律界定更加接近西方兼并的概念。而我国对企业收购行为仅仅有一些松散的法律规范。从法律角度考察,我国企业兼并(吸收合并)同企业收购存在较大差别,分属于两个层次上的概念,企业收购强调的是行为,而企业兼并强调的是结果,企业收购这一行为可能导致企业兼并的结果。

如前所述,企业兼并和企业收购的界限本身已不太明显,企业并购作为企业兼并和企业收购这两个词的合称,纯粹是经济学意义上的,包含着若干经济力量的重新组合,是将以前并无关系的力量凝聚到一起的含义。虽然严格地讲收购就是收购,兼并就是兼并,合并就是合并,但由于在运作中它们的联系远远超过其区别,在我国不十分强调三者的区别(即便想区分,在我国法律仍然不太健全的情况下,也是不太可能的),所以兼并、合并与收购常作为同义词一起使用,泛指在市场机制作用下企业为了获得其他企业的控制权而进行的产权交易活动。在大多数场合,具有表达流畅特点并与 M & A 有对应的效果的企业并购在实际的使用中逐步增多,日益成为一个较为普遍的说法,成为具有兼并、合并与收购一般意义的泛称。

企业重组是企业对现有的各种生产要素和资源通过企业间的兼并与收购、出售与分立等各种方式,实现生产要素和资源在企业间的合理流动与重新配置,从而实现资源共享、提升效益、公司扩张和发展目标的行为。企业重组一般会对原有公司产权结构、组织结构、控制权以致法人地位等产生重大影响。

二、公司并购的分类

企业并购的形式多种多样,按照不同的分类标准可划分为许多不同的类型。

(1) 按双方产品与产业的联系划分,并购可分为横向并购、纵向并购、混合并购。当并购方与被并购方处于同一行业、生产或经营同一产品,并购使资本在同一市场领域或部门集中时,被称为横向并购(Horizontal Merger)。横向并购有两个明显的效果:实现规模经济和提高行业集中度。一方面,横向并购可以扩大同类产品的生产规模,扩大市场份额,降低生产成本,产生规模效益,从而增强公司的市场支配能力与控制力,消除竞争,增加垄断实力;另一方面,横向并购很可能导致行业间竞争的减弱、经济运行效率的降低,形成垄断。因此,对横向并购的管制一直是各种反托拉斯法的重点。纵向并购(Vertical Merger)是对生产工艺或经营方式上有前后关联的企业进行的并购,是生产、销售的连续性过程中互为购买者和销售者(即生产经营上互为上下游关系)的企业之间的并购。混合并购(Conglomerate Merger)是对处于不同产业领域、产品属于不同市场,且与其产业部门之间不存在特别的生产技术联系的企业进行的并购,因而产生多种经营企业。

(2) 按并购双方是否友好协商划分,并购分为善意并购和敌意并购。善意并购是指并购公司事先与目标公司协商,征得其同意并通过谈判,对收购条件达成一致意见而完成收购活动的并购方式。敌意并购是指并购公司在收购目标公司股权时虽然遭到目标公司的抗拒,仍然强行收购,或者并购公司事先并不与目标公司进行协商,而突然直接向目标公司股东开出价格或收购要约的并购行为。

(3) 按并购交易是否通过证券交易所划分,并购分为要约收购与协议收购。要约收购通过证券交易所的证券交易,而协议收购不通过证券交易所的证券交易。

(4) 按并购的实现方式划分,并购可分为承担债务式、现金购买式和股份交易式并购。承担债务式并购是并购方以承担被并购方全部或部分债务为条件,取得被购并方的资产所有权与经营权。现金购买式并购是并购方以现金购买被并购方资产,使原有企业法人地位消失并入购买企业;或并购方以现金购入被并购方一部分股票,控制其经营权或资产。现金购买式并购需要对被并购方产权、债权债务关系有清楚的了解,并对被并购方价值作出合理的估算。股权式并购是指并购方发行自己股票以交换被并购方的股票或资产,以达到控制目标公司的目的,在股票交换中,交换股票至少达到并购方能够控制的足够表决权,通过此安排被并购方成为其子公司,或者解散。

(5) 按并购涉及被并购企业的范围划分,并购分为整体并购和部分并购。整体并购是指资产和产权的整体转让,是产权的权益体系或资产不可分割的并购方式。部分并购是指将企业的资产和产权分割为若干部分进行交易而实现企业并购的行为。

三、公司并购的动因

企业存在并购活动的基础在于并购活动能够为公司带来效益和增值。对此理论界一般有以下几种代表观点:

(1) 效率理论(Efficiency Theory)。该理论认为,公司并购能够增加社会利益,交易双方也能提高效率。这个理论包含六个子理论:① 效益差异化理论,即交易双方管理效率不一致,而通过公司并购可将其中较差的公司提升管理效率。② 非效率管理理论,即公司并购引起外部介入,改善原有的资产绩效。③ 经营协同效益理论,即并购双方优势互补可产生更高效益。④ 多元化理论,即在所有权与经营权相分离下,多元化可以分散公司员工报酬风险,也使无形资产有效使用,收购可迅速达成多元化。⑤ 策略性结盟理论,即公司并购可使公司多角化,适应变化的经济环境。⑥ 价值低估理论,即当目标公司市场价值由于某种原因未能反映出真实价值时,并购活动将会进行。

(2) 信息信号理论(Information and Signaling)。该理论认为,当目标公司被收购时,资本市场将重新对该公司进行价值评估,包括股票收购传播了目标公司被低估的信息,或收购活动显示目标公司从事更有效率的活动。

(3) 代理问题与管理主义(Agency Problem and Managerialism)。该理论认为,公司管理人与股东利益存在冲突,出现了代理问题。Fama & Jensen(1983年)认为收购可以解决代理问题,公司代理问题可由适当的组织设计解决,收购事实上可以提供控制代理问题的外部机制,当目标公司管理人出现代理问题时,收购的竞争可以降低代理成本。Muller(1969年)提出收购本身就是代理问题的产生,假设代理人报酬取决于公司规模,代理人有动机使公司规模扩大。但Lewellen(1970年)又实证显示代理人报酬与公司报酬率有关而与公司规模无关。Roll(1986年)认为收购者在评估目标时常常盲目乐观,尽管交易没有投资价值,其假设是资本市场视为强式效率市场。

(4) 自由现金流量假说(Free Cash Flow Hypothesis)。所谓自由现金流量,是指公司的现金在支付了所有净现值(NPV)为正的投资项目后剩余的现金流量。Jensen(1986年)认为,自由现金流应完全交给股东,以降低经理人的权力,避免代理问题的发生。他认为适度的债权由于必须在将来某一时期支付现金,更容易降低成本。在面临低迷增长的公司,如果自由现金流量过大,控制财务上的债权,通过收购公司活动适当提高负债比例,能够增加公司的价值。

(5) 市场力理论(Market Power)。该理论认为,公司并购的好处就是可以提高市场占有率,减少竞争对手,增强对公司的控制力。但是由收购达到的市场占有率会受到政府反托拉斯法的限制而影响并购活动。

(6) 税收考虑(Tax Consideration)。这种理论认为,通过企业并购可使盈利企业应纳税额因并入另一公司而降低,从而为公司带来效益。如果政府鼓励企业并购而出台减免税收措施,效果更为明显。

四、公司并购的财务分析

(一) 并购目标公司的价值评估方法

1. 并购目标公司的价值评估一般方法

所谓价值评估,是指并购对并购目标公司的股权或资产价值作出的价值估算。这是并购双方最关心的问题。合理的价值评估是并购双方进行价格协商的基础,在目前市场条件下,确定目标公司价值区间,维护股东的合法权益,对并购后公司的成长和发展有积极的意义。

目标企业价值评估是遵循资产评估的基本原则和方法程序作出的估算。它受到诸多因素的影响。例如,受到目标公司信息准确性影响,如果并购是不友好的行为,那么会极大增加信息获取的难度;并购支付方式不同,评估价值也会相应调整,并购支付方式一般有资产置换、股权交换、支付现金三种,在前两种方式下,还应考虑受到作为支付手段的资产与股权价值评估的影响;受到并购双方主观意愿的影响,目标公司价值评估也会产生很大差异,影响最后的价格协商;上市公司与非上市公司的差异,一般理论上认为非上市公司股票由于受到转让限制,信息披露更困难,缺少市场影响力,受到持有股票人对控制权、发新股等能力的影响,从而降低其价值,在实际评估中一般会依据一定比例制定价格折扣率。目标企业价值评估的方法一般有资产价值法、市盈率法等。

(1) 资产价值法。这是指通过对目标公司资产进行价值评估来确定公司价值的方法。一般通行的有以下四种估价标准:

第一,账面价值法。这是以目标公司会计核算记账的资产价值来估算其净资产价值的方法。这种方法不考虑现时资产市价波动,以历史成本来估计资产价值;也不考虑资产未来收益状况,是静态的估价方法,一般只适合资产价格变动较小的公司使用。而且该方法对无形资产价值认定也是较薄弱的。

第二,市场价值法。这是通过资产或股权在市场上公平竞价,在供需平衡前提下确定市场价值的方法。就股票价格而言,它在证券市场处于均衡状态时反映了投资人对目标公司的未来投资收益与风险的预期,股价反映了目标公司客观真实的价值。市场价值法的优点在于真实体现了上市公司收购的自由支付的价值,在成熟的证券市场中可操作性强、真实性强。但在一个不成熟的市场中,上市公司股价由于各种因素会远远偏离其真实价值,如我国上市公司由于上市资格是稀缺资源而高估其价值等。

第三,清算价值法。这是按公司由于停业或亏损破产风险出现,公司资产变现出售时确定价格的方法,当公司盈利能力下降,已低于公司资产丧失整体盈利能力而单独出售时,可以采用清算价值法。这是对某些严重亏损公司并购时采用的方法。

第四,净现值法。并购公司的目的是为了获取公司未来经营效益,因此,将目标公司未来利润予以资本化的方法,就是净现值法。一般理论界认为,净现值法是最成熟、科学的评估方法。它是用目标公司未来行业发展和盈利能力预测公司每年预期净现金流量 CF_t,并在考虑风险、时间价值基础上,按适当折现率 I 计算现值,从而得出评估价值的方法,即:

$$PV = \sum_{t=0}^{n} \frac{CF_t}{(1+I)^t}$$

这种方法的优点是:评估着重于目标企业未来发展,反映企业续存价值,避免历史与收益估算价值的偏差,充分考虑投资风险价值与时间价值;评估着重于目标公司未来发展,反映企业续存价值,避免因历史成本与收益估算价值产生的偏差,充分考虑投资风险价值与时间价值。但是这种方法很难避免预期测算误差。

(2) 市盈率法。它是针对上市公司价值评估的方法,即以目标公司的收益水平和市场平均市盈率确定公司价值的方法。即:

$$目标公司价值 = 目标公司预计每股收益 \times 平均市盈率 \times 普通股股数$$

$$平均市盈率 = \frac{同行业平均股价}{同行业平均每股收益}$$

在市盈率法中,预计每股收益时应对目标公司近期盈利水平进行检查,对虚假的、不符合会计准则规定的内容要进行调整;应选择并购时目标公司同行业所体现的平均市盈率,并保证目标公司发展潜力与风险和行业发展保持同步,如果有偏差要及时调整。

市盈率法从证券市场投资平均收益水平、风险水平等角度评估目标公司价值,具有相对的客观性、可操作性,对通过证券市场的并购行为特别实用。但是,我国证券市场发展过程中存在的市盈率偏高的问题影响了采用此方法的准确性。

2. 运用三种收购估价模型来评估企业价值的方法

(1) 现金流量折现法。此方法是美国经济学家阿尔弗雷德·拉巴波特提出的。他认为企业收购是根据企业收购预期的自由现金流和贴现率确定并购最高可接受价格的。所谓自由现金流是目标企业被收购后对收购企业现金流量的贡献,是指目标企业履行了所有财务责任(如偿付债务、支付优先股股息等)并满足企业再投资需求后的现金流量。

(2) 企业评估法。此方法是美国教授弗瑞德·沃斯顿创立的。他假定企业经历零成长后会进入超常增长阶段。而企业在早期阶段的成长率要高于整个经济系统成长率,中期分阶段的企业成长率等于经济系统成长率,晚期分阶段的企业成长率则低于经济系统成长率。

(3) 杜邦分析法。杜邦分析法以税前投资报酬率作为最具代表性指标,分析了影响指标的重要因素,如成本费用控制、加速资本周转、固定资产投资等,为评估企业收益水平提供了坚实基础。

以上几种方法的具体应用在本书其他章节已经有较详细的介绍。

(二) 企业兼并收购的财务融资分析

1. 企业并购的支付方式分析

在公司并购活动中,一般可以选择三种支付方式:现金收购、股票收购、混合证券收购。

(1) 现金收购。对并购公司来讲,现金收购是巨大的财务负担,或是公司动用现有现金存量,或是对外筹集现金,都要涉及筹资渠道、筹资成本、筹资结构等一系列问题,应该考虑公司的资产流动性、资本结构、公司借款能力、金融市场及利率水平等众多因素。现金收购还应考虑税收。世界大多数国家认定,公司股权的出售涉及投资人的资本损益,在已实现资本收益的前提下必须缴纳资本收益税。例如,英国税法规定,对个人股东只有在三种情况下可以减轻或免除资本收益税:① 资本收益与通货膨胀挂钩,实际资本收益下降。② 年度资本收益减免(1994～1995年度免收益税最低限额为5 800英镑)。③ 股东证券投资组合中,资本收益被其他投资亏损抵销。当然,分期支付现金也是推迟纳税的方式。

(2) 股票收购。股票收购的特点是:并购公司可以节约大量的现金支出,避免并购对公司财务状况带来影响;并购公司如果是绩优公司,股票收购比现金收购更加受欢迎,它可以在出售股票时才纳税,而现金收购必须当年纳税;同时,目标公司股东不会因并购失去他们的权益,而是将权益由目标公司转入并购公司,成为并购公司的新股东,但是由并购公司原有股东占有控制权。

股票收购要考虑的因素是:① 股票收购会对并购公司方的股权结构产生影响,因为股票收购会对原有股权比例产生很大影响,因此大股东会评估控制股权问题。② 股票收购会对每股收益产生影响,如目标公司盈利状况较差,或支付价格偏高,都会导致并购公司每股收益的下降。新股的发行会摊薄每股净资产。③ 股票收购对当前股价有重大影响。如果股票市场处于一个上升阶段,公司并购能够带来预期收益的提高,股票收购方式会受到目标公司的欢迎,股票收购使股价提高;反之,股票收购使股价下跌。④ 股票收购要考虑股息因素,如果股息太高,股票收购方式就不适宜。此外,股票收购还要考虑股票市场的制度规定。

在股票收购中股票的交换比率是关键。对于公开上市股票一般按如下公式计算:

$$股价交换比率 = \frac{并购公司每股市价 \times 股票交换率}{目标每股市价}$$

如果这一比例大于1,表明并购对公司有利,企业因并购获利。如果小于1,则表明目标公司因此遭受损失。对于上市公司,在并购交易完成后,由于并购公司股权变动,很可能会作为新公司重新申请上市。这时可能会考虑证券交易规则,向证券交易所请求豁免。

(3) 混合证券收购。混合证券收购是指并购公司对目标公司收购的出资方式包括现金、股票、公司债券、可转换债券、认股权证等多种证券的组合。其中,可转换债券向持有人提供公司债券,并附有在一定时期内可按特定价格转为股票的期权。

混合收购方式的优势在于避免并购公司大量的现金支出,可减轻财务压力,同时能对控股权实行控制。这种收购方式近几年在国外呈现上升趋势。目前我国资本市场发育不够完善,多种信用工具与金融中介机构发展滞后,各种法律规范不够健全。因此,混合收购方式的实现还有一个过程。

2. 并购中的融资渠道与方式分析

按资金来源划分,公司并购中融资渠道分为两类:内部融资渠道和外部融资渠道。

内部融资渠道主要是指公司自有资金内部留存。这部分资金的特点是公司长期持有,可自由支配,无需偿还,无募集成本费用等。这主要依靠公司历来收益留存积累和资本公积金积累形成,它表明了公司并购的资金实力。

外部融资渠道主要包括向公司现有或潜在股东、商业银行机构、非银行金融机构、其他企业、社会资金、外资等渠道融资。其中,对于股东是采用增资扩股的方式融资。并购公司选择这一方式取得现金时,要充分考虑股东增资认购的意愿。如果是上市公司,拥有公司控制权的大股东要分析自身的认购资金成本和其他股东认购意向,在其他股东放弃认购时要与股票承销商协调包销事宜,特别要考虑增资扩股后并购公司股权结构会发生变动。有时大股东会因此转用负债方式融资。而商业金融机构、非银行金融机构是并购企业借款融资的主渠道。这种贷款有别于一般商业贷款,它表现为金额较大、偿债期可能较长、风险较大,所以公司应尽早与金融机构协商,在并购中取得银行支持是至关重要的。其他企业资金是并购公司融资又一渠道,在商业信用、资金拆借、公司债券、股票等多种形式下都可实现融资。特别是并购中对目标公司推迟支付出现卖方融资,类似于"分期付款"方式,可以减轻目标公司股东纳税负担,也可以要求并购公司支付一定的利息补偿。而外资是并购中越来越重要的融资渠道。随着中国加入世界贸易组织,越来越多的国外资本要进入中国,途径之一就是参与中国企业并购。

收购方融资的基本原则是:尽量利用债务资本的杠杆效应,降低资本成本,避免因此带来的财务风险。在诸多的融资渠道中,公司并购首先选择内部融资。因为它筹资阻力小,保险性好,不必再支付融资发行成本,迅速且保密。在外部融资中首先是选择银行借款。银行借款供应资金量大,供应及时,融资成本相对较低,取得金融机构支持是并购成功的关键条件之一。随着中国资本市场发展,越来越多的公司也会选择发行有价证券的形式融资。首先倾向发行公司债券、可转换公司债券,之后才选择发行普通股或配股。

3. 并购中的融资成本分析

公司并购涉及大量资金的筹集,如何选择最佳方案以降低资金成本,是非常重要的问题。并购中的融资成本计算方法与第三章筹资成本计算方法相同,不再赘述。

4. 杠杆收购的财务分析

杠杆收购(LBO)是 20 世纪 80 年代美国企业兼并高潮中出现的重要手段。所谓杠杆收购,就是并购公司主要通过负债增加来获取目标公司的产权,又通过目标公司的现金流量归还借款,从而完成并购行为。从经济原理上讲,杠杆收购是高负债的收购方式,在美国表现为并购资金"一成自备,九成贷款"的格局,它是对财务杠杆原理的运用。在资本不变的条件下,公司要从息税前利润中支付利息、优先股息、租赁费,这是固定的。当息税前利润增大时,每一元利润负担的固定利息、优先股息、租赁费会相对减少,从而给普通股带来额外收益,这就是财务杠杆利益。

依据财务杠杆原理,公司负债增加在投资利润率大于借款利率前提下可以增大普通股东收益;反之,也可以减少普通股东收益。而将其用于企业并购也极大增大了并购的风险,并在风险中追求高收益。杠杆收购的优点是:① 极高的股权回报率。杠杆收购使公司资本结构发生变化,银行贷款、公司债券占巨大比例,增强了财务杠杆利益;这在收购的前期表现特别明显,在公司用每年的现金流量还债后,债务资本结构下降,财务杠杆利益会逐步降低。② 税收优惠。杠杆收购使公司资本结构中债务资本增加,债务资本的成本按照税法规定可以在税前扣除,从而减少纳税额。同时,目标公司在收购前有亏损,可以抵冲收购后公司以后年度的利润。

杠杆收购的一般程序是:首先由投资银行贷给并购公司一笔贷款,并购公司只支出极少的自有资金就可买下目标公司。取得控制权后,安排目标公司发行大量债券筹款,来偿还贷款。由于公司负债比率过大,信用风险过大,这类债券信用等级很低,发行利率达到 15%,被称为"垃圾债券"。在实际操作中,并购公司常常先设立一家"纸上公司"(Paper Company)来收购目标公司,"纸上公司"的资本结构包括过渡性贷款及自有资金。通过"再融资",该公司偿还过渡性贷款,同时将目标公司与"纸上公司"合并,完成并购过程。

五、公司反并购的策略

并购有善意和敌意之分。对于善意并购,并购双方在友好协商的气氛下平稳地完成并购。但对于敌意并购,被并购方的所有者及管理者,特别是高层管理者则会竭力抵御,以防止本企业被并购。

在当今公司并购之风盛行的情况下,越来越多的公司从自身利益出发,在投资银行等外部顾问机构的帮助下,开始重视采用各种积极有效的防御性措施进行反并购,以抵制来自其他公司的敌意并购。

(一)反并购的经济手段

反并购时可以运用的经济手段主要有四大类。

1. 提高并购者的并购成本

(1)资产重估。在现行的财务会计中,资产通常采用历史成本来估价。普遍的通货膨胀,往往使历史成本低于资产的实际价值。多年来,许多公司定期对其资产进行重新评估,并把结果编入资产负债表,提高了净资产的账面价值。由于并购出价与账面价值有内在联系,提高账面价值会抬高并购出价,以此抵制并购动机。

(2)股份回购。公司在受到并购威胁时可回购股份,其基本形式有两种:一是公司将可用的现金分配给股东,这种分配不是支付红利,而是购回股票;二是换股,即发行公司债、优先股或其组合以回收普通股股票,通过减少在外流通股数抬高股价,迫使并购者提高每股并购价。但此法对目标企业颇危险,因为负债比例提高,财务风险增加。

(3) 寻找"白衣骑士"。"白衣骑士"是指目标企业为免遭敌意并购而自己寻找的善意并购者。公司在遭到并购威胁时,为不使本企业落入敌意并购者手中,可选择与自己关系密切的有实力的公司,以更优惠的条件达成善意并购。一般地讲,如果并购者出价较低,目标企业被"白衣骑士"拯救的希望就大;若买方公司提供了很高的并购价格,则"白衣骑士"的成本提高,目标公司获救的机会相应减少。

(4) "金色降落伞"。公司一旦被并购,目标企业的高层管理者就可能遭到撤换。"金色降落伞"则是一种补偿协议,它规定在目标公司被并购的情况下,高层管理人员无论是主动还是被迫离开公司,都可以领到一笔巨额的安置费。与之相似,还有针对低层雇员的"银色降落伞"。但此种策略的弊病也是显而易见的——支付给管理层的巨额补偿反而有可能诱导管理层低价将企业出售。

2. 降低并购者的并购收益或增加并购者风险

(1) "皇冠上的珍珠"对策。从资产价值、盈利能力和发展前景诸方面衡量,在混合公司内经营最好的企业或子公司被喻为"皇冠上的珍珠"。这类公司通常会诱发其他公司的并购企图,成为并购的目标。目标企业为保全其他子公司,可将"皇冠上的珍珠"这类经营好的子公司卖掉,从而达到反并购的目的。作为替代方法,也可把"皇冠上的珍珠"抵押出去。

(2) "毒丸计划"。"毒丸计划"包括"负债毒丸计划"和"人员毒丸计划"两种。前者是指目标公司在并购威胁下大量增加自身负债,降低企业被并购的吸引力。例如,发行债券并约定在公司股权发生大规模转移时,债券持有人可要求立刻兑付,从而使并购公司在并购后立即面临巨额现金支出,降低其并购兴趣。"人员毒丸计划"的基本方法则是公司的绝大部分高级管理人员共同签署协议,在公司被以不公平价格并购,并且这些人中有一人在并购后被降职或革职时,则全部管理人员将集体辞职,这一策略不仅保护了目标公司股东的利益,而且会使并购方慎重考虑并购后更换管理层对公司带来的巨大影响。企业的管理层阵容越强大、越精干,实施这一策略的效果将越明显。

(3) "焦土战术"。这是公司在遇到并购袭击而无力反击时,所采取的一种两败俱伤的做法。例如,将公司中引起并购者兴趣的资产出售,使并购者的意图难以实现。

3. 并购并购者

并购并购者策略又称"帕克门"战略。这是作为并购对象的目标企业为挫败并购者的企图而采用的一种战略,即目标企业威胁进行反并购,并开始购买并购者的普通股,以达到保卫自己的目的。

4. 适时修改公司章程

这是公司对潜在并购者或诈骗者所采取的预防措施。反并购条款的实施、直接或间接提高并购成本、董事会改选的规定都可使并购方望而却步。常用的反并购公司章程包括:董事会轮选制、超级多数条款、公平价格条款等。

(二) 反并购的法律手段

诉讼策略是目标公司在并购防御中经常使用的策略。诉讼的目的通常包括:逼迫并购方提高并购价以免被起诉;避免并购方先发制人,提起诉讼;延缓并购时间,以便另寻"白衣骑士";在心理上重振目标公司管理层的士气。

诉讼策略的第一步往往是目标公司请求法院禁止并购继续进行。于是，并购方必须首先给出充足的理由证明目标公司的指控不成立，否则不能继续增加目标公司的股票。这就使目标公司有机会采取有效措施进一步抵御被并购。不论诉讼成功与否，都为目标公司争得了时间，这是该策略被广为采用的主要原因。

目标公司提起诉讼的理由主要有三条。第一，反垄断。部分并购可能使并购方获得某一行业的垄断或接近垄断地位，目标公司可以此作为诉讼理由。第二，披露不充分。目标公司认定并购方未按有关法律规定向公众及时、充分或准确地披露信息等。第三，犯罪。除非有十分确凿的证据，否则目标公司难以以此为由提起诉讼。

反并购防御的手段层出不穷，除经济、法律手段以外，还可利用政治等手段，如迁移注册地，增加并购难度等。以上种种反并购策略各具特色，各有千秋，很难断定哪种更为奏效。但有一点是可以肯定的，企业应该根据并购双方的力量对比和并购初衷选用一种策略或几种策略的组合。

第二节 公 司 重 组

公司在完成了对目标公司财务上的并购之后，两家公司要进行整合发展，只有成功地使被并购公司与并购公司协同，发挥出最佳价值，才是一个成功的并购。

一、公司重组的内容

公司重组是为了更有效地创新公司制度，从而提高公司运行效率和竞争力，而对公司之间或单个公司的生产要素进行分拆和整合的优化组合过程。它的本质是对公司的生产力的重组，核心是对生产力诸要素包括公司的劳动者、劳动资料、劳动对象、生产管理和科学技术等的重组。公司重组可以说是其并购后的自然延伸，但公司重组的内涵和意义决定了它的作用远远超越了并购的范围。公司重组的主要内容包括以下几方面：

（1）业务重组。业务重组是指对目标公司的业务进行划分，将其划分为盈利性业务和非盈利性业务。前者是指以盈利为目的的业务，又包括主营盈利业务和非主营盈利业务；后者是指不以盈利为目的的业务，主要包括"企业办社会"的内容。业务划分之后，可以决定哪些业务保留在公司中或者改造后的股份制公司中，哪些业务剥离出去。业务重组是公司重组的基础，是资产重组和其他重组的前提。

（2）资产重组。资产重组是指对一定重组公司范围内的资产进行分拆、整合或优化组合的活动，它是公司重组的核心。资产重组主要侧重于固定资产重组、长期投资重组和无形资产重组。

（3）负债重组。在存在资产重组的情况下，负债重组一般以"负债随资产行"的原则进行重组。在我国，由于国有企业资产负债率高，企业债务负担过重，债权转股权也是我国国有企业负债重组的一种模式。

（4）股权重组。股权重组是指对公司股权的调整，是公司重组的内在表现。对于并购后的公司来讲，股权重组包括两个层次：一个层次是将目标公司改制成股份有限公司的股权重组；另一个层次是进一步成为向社会公开发行股票及上市的股份有限公司或者已是上市公司继续发行股票融资的股权重组。

（5）职员重组。企业被并购后，一方面，其高层管理人员、技术人员、熟练工人等要重新安排，这是并购战略的重要内容；另一方面，职员重组要求减少企业冗员，优化劳动组合，提高劳动生产率。但这需要两个外部条件,即发达的劳动力市场和健全的社会保障体系,否则,并购提高失业率,不利于社会稳定,政府会通过各种途径向企业界施加压力,使其尽量安置被并购方员工。

(6) 管理体制重组。并购与自创新建不同,主要在于是否有一个现存的立即可用的管理制度。并购后,并购方必然要考虑将本身实施良好的管理制度转移到目标公司,如存货控制、生产流程、销售分析等。当然,目标公司好的制度也可转移到并购方。另外,如果并购目的是多角化经营,目标公司可保持管理体制上的一定独立性,因为双方业务相关性小,制度整合不易。还有,如果目标公司经营不善,并购方需全面分析原因,引入管理新思维,进行公司重建。

二、公司重组的种类

按照不同的分类标准,公司重组可分成许多类型:

(1) 内部重组和外部重组。按照重组主体和发生范围,公司重组可以分为内部重组和外部重组。内部重组是指公司内部的资产重组或者公司所属集团内部的资产重组;外部重组是指公司以外的其他公司参与的资产重组。

(2) 政府主导型重组和市场主导型重组。资产重组按其推动者和实施者划分,可以分为政府主导型和市场主导型两种。此外,也有一些资产重组是市场、企业和政府共同作用的结果,因此,在上述两种之外,还存在政府协助型、市场协助型等一些混合类型。

政府主导型重组是运用政府和市场管理者的力量来引导重组行为的重组,其优势在于:第一,有利于各方关系的协调,在较短的时间内完成资产重组活动;第二,能够使资产重组符合国家产业政策和其他社会目标,在社会经济层面上完成资源的优化配置;第三,在市场功能发育还不是很完善的情况下,由政府参与引导资产重组,可以加快市场的发展和功能的发挥。然而,政府主导型也存在着一大弱点,即重组过程中可能存在着行政力量的"拉郎配",可能不符合公司的最佳决策和长远发展规划。

市场主导型重组的优势在于能够充分发挥市场力量这一"无形之手"的作用:第一,能够防止"拉郎配"现象,使重组能在单个公司层面上实现资源的优化配置;第二,能够充分发挥市场中介机构的作用,特别是有助于投资银行等专业机构的培育和壮大;第三,能够充分发挥公司管理者的能动性。市场主导型的弱点是在经济条块分割时可能难以开展跨行业、跨地区的资产重组。

(3) 上市前的资产重组和上市后的资产重组。上市公司的资产重组按照重组时间来分类,可分为上市前的资产重组和上市后的资产重组。上市前的资产重组是指公司在改组为股份有限公司时将原公司的资产和负债进行合理划分,通过分立和合并等方式,对公司资产及组织重新进行组合与设置。上市后的资产重组则是指上市公司通过与其他上市公司或非上市公司之间的股权置换,实现资源的重新组合及公司经营规模的迅速扩大。

三、公司重组的方式

根据我国国有企业改制上市发生的重组,结合国外证券市场的经验,可以归纳出六种主要的公司重组方式。

(一) 原续整体重组

原续整体重组,是指将目标公司的全部资产投入股份有限公司,然后再增资扩股发行股票和上市的重组模式。按照该模式进行重组,公司组织结构的变化是在原公司组织结构基础之上的,从原有的管理体制转接为适应上市的股份有限公司的管理体制。

原续整体重组方式的优点在于：可以整体包装上市，一般不存在对部分资产的剥离，重组的程序简单、时间短、效率高、成本低；原公司的资产与负债及其他生产要素在改组之后不会发生重大变动；关联交易比较少，有利于日后上市公司的信息披露。但是这种模式的适用范围很小，不适于较大规模企业集团的改组；不利于公司在改组过程中获取剥离所能产生的效益；不利于公司裁减（或剥离）冗员。

（二）合并整体重组

合并整体重组，是指以投入目标公司的全部资产并吸收其他权益的投资人作为共同发起人，设立股份有限公司，然后再增资扩股发行股票而上市的重组模式。采用这种模式关键在于选择合适的合并对象，对象应具有现实或潜在的较好经济效益。

合并整体重组基本上具有前述"原续整体重组"模式的优点。同时，因为合并对象一般是与上市主体有密切关系的实体，如具有权益关系、新产品关系、债务关系等的实体，合并后能进行内部优化组合，有利于增强上市公司的竞争力；合并增加了股本，增加了筹资数量；合并整体重组使原公司的体制构架、内部管理制度以及人员发生较大变化，有利于上市公司按新的方式运行。这种模式也具有原续整体重组模式的主要缺点。另外，合并吸收其他经济实体的过程中要做大量协调工作，且合并各方在管理、经营上还存在整合的问题，导致重组成本较高。

（三）分解重组

分解重组，是指将被改组公司的专业生产的经营和管理系统与原公司的其他部门相分离，并分别以此为基础成立两个（或多个）独立法人，直属于原公司的所有者，原公司的法人地位不复存在，再将专业生产的经营管理系统重组为股份有限公司的重组模式。

分解重组模式的优点是，通过剥离非上市部分，可全面优化上市主体，提高竞争力；使非上市部分，尤其是"企业办社会"的实体逐步走向市场；可优化管理层次，有利于提高上市公司的管理效率。分解重组模式的不足是，由于需要比较判断某些部门是否剥离，重组难度较大；多方面的剥离将表现为不同实体（主要是上市部分与非上市部分），职工的既得利益和潜在利益的差别，容易产生职工对重组的抵触；关联交易的处理比较复杂。

（四）主体重组

主体重组，是指将目标公司的专业生产经营系统改组为股份有限公司，原公司变成控股公司，原公司非专业生产经营系统改组为控股公司的全资子公司（或其他形式）的重组模式。这种模式的特点在于保留了原公司的法人地位，把主要生产经营资产投入了上市公司。

主体重组模式在实际运作上与分解模式相似，主要区别在于控股公司是原公司。因此，除具有大致相同的优缺点外，主体重组方式下，集团公司与上市公司的经营者相互重合，使重组前公司拥有的一些权力和利益仍然存在；而且，上市公司的红利交给集团公司或控股公司，有利于集团公司从整个集团利益的角度来运作经营，尤其有利于上市主体的负债重组和削减冗员，使其得以有效筹资或将一定数量的负债转移到控股公司。但是，此种方式下的关联交易会更加复杂，上市后的信息披露也会更加复杂和麻烦；由于集团内各方面错综复杂的关系和相互兼职，很可能导致上市公司的管理体制不规范。

（五）分拆上市重组

上面所分析的几种资产重组方式具有一个共同的特点，即基本上以混合并购为主，导致上市公司的规模越来越大，上市公司的业务范围越来越广。然而，任何事物都要一分为二地看待。混合并购虽能扩大公司规模和增加抗风险能力，但往往也导致公司的管理效率低下，主营业务偏废。

事实上，除走兼并扩大这条路外，上市公司进行资产重组还存在另外一种手段，即企业分拆。企业分拆指的是将部分业务或者某个子公司从某公司独立出来单独上市，或者原公司分解成几个相对独立单位的重组模式。

分拆上市在海外证券市场，尤其是香港市场上获得了广泛的运用。这是因为分拆上市具有以下一些优点：首先，通过分拆活动，母公司可以将某些具有市场发展潜力，但暂时未达收益期的项目在证券市场套现，而母公司可通过控股形式继续保持对子公司的控股权。其次，如果子公司的上市价格理想，母公司还可通过子公司的分拆上市获得可观的资本溢价。最后，分拆也有利于母公司注重于主业或核心业务的经营。

（六）"买壳借壳"重组

与一般公司相比，上市公司的优势在于能够利用其在证券市场上的筹资途径，实现公司规模的迅速增长，可见，上市公司的"上市"资格是一种宝贵的资源。"买壳借壳"就是在我国证券市场发展的特殊阶段中充分利用上市资源的两种资产重组形式。

（1）买壳上市。买壳上市是指非上市公司通过收购上市公司，获得上市公司的控股权后，再利用这家上市公司，将其他资产通过配股、收购等机会注入，来实现间接上市目的的重组方式。买壳方式的本质是股权的转换，它可以通过股票二级市场实现，也可通过内部协议转让实现。买壳方式一般发生在无关联的企业之间。这种方式的优点在于技术操作上相对简单，可以绕开许多行政法规障碍。买壳上市的公司通过引入新的大股东注入优质资产，拓展更有发展前景的新项目、新产品，可实现经营结构与经济效益的改观。其缺点在于资金耗用量大。

（2）借壳上市。借壳上市的基本思路是在各方面条件受到限制的情况下，特别是在股票发行实行额度管理的环境下，集团公司或某个大型企业先将一个子公司或部分资产改造后上市，然后再将其他资产注入，实现重组上市，从而达到整体上市目的的重组方式。与买壳上市相比，借壳上市具有许多优点：首先，借壳上市的公司本身就是一家上市公司的控股方，不需要通过证券市场控股或收购一家上市公司再进行注资改造，从而省略了买壳这一步。其次，借壳上市中当事双方原先就处于同一管理体系之中，这一点使双方在资产注入、资金融通及以后的经营管理上容易协调。

第三节 公 司 清 算

公司清算是指在公司解体过程中，为保护债权人、所有者等利益相关者的合法权益，依法对公司财产、债务等进行清理、变卖，以终止其经营活动，并依法取消其法人资格的行为。公司清算的产生，是市场经济环境下竞争的必然结果，是优胜劣汰的具体体现。

一、公司清算的类型

公司清算的直接原因是公司解散，但并非所有解散的公司都必须经过清算程序。因而在探讨清算类型前，有必要了解公司解散的种类。

（一）公司解散的种类

（1）营业期满解散。根据公司章程规定，如达到营业期限而又没有展期要求的可以按期解散。

(2) 营业目标已经实现或无法实现的解散。任何公司的设立都有其特定的营业目标。有的公司在经过一段营业后,实现了其设立的宗旨,实现了既定目标,届期解散。而有的公司在设立时对各项条件的估计过于乐观,可行性报告不切实际,按照现实条件无法达到既定目标,则应适时解散。

(3) 股东会决定解散。当股份制公司出现一些重大变故而不能恢复正常营业时,可由股东会讨论决定公司解散。一般讲,应征得2/3以上有表决权的股东同意方可解散。

(4) 违法经营解散。公司在经营中有违反国家法律法规行为的,其主管部门可依法宣告解散。

(5) 合并或分立解散。公司与公司之间如果采取吸收合并,则被合并公司自然解散,如采取新设合并,形成一个新公司,则合并双方自然解散。企业内如分立两个以上公司,形成两个以上独立法人,独立行使法人权利,则原公司也因此解散。

(6) 破产解散。公司如因经营管理不善造成严重亏损,不能清偿到期债务时,因债权人或公司申请,由人民法院宣告破产后即行解散,进入清算程序。

(二) 企业清算的种类

企业清算的前提是企业已宣告解散,但并非所有解散的企业均需要清算。清算主要是终结企业的各种法律关系,合法处理各种财产及债权债务,维护债权人及所有者的合法权利。在合并或分立解散中,解散前企业的财产及债权债务由合并后的企业或新设立企业承担,债权人可就新设企业或合并后的企业索取债权,不会损害债权人的利益,所有者权利也因为财产只是转移了使用人和地点而不会发生损失。因此在合并与分立解散下不存在清算问题。其他类型的解散则必须经过清算程序。为此,企业清算可以有如下分类:

(1) 企业清算按其原因可分为解散清算和破产清算。导致企业解散清算的原因前已述及。破产清算的原因是经营管理不善造成严重亏损,不能偿还到期债务。其情形有二:一是企业的负债总额大于其资产总额,即资不抵债;二是没有支付到期债务的现金资产,迫使其变卖其他资产而导致企业生产经营中断,被迫依法宣告破产。

(2) 企业清算按其是否自行开始可分为普通清算和特别清算。普通清算是指企业自行开始,在法院一般监督下进行的清算。特别清算是指企业依法院的命令开始,并且自始至终都在法院的严格监督之下进行的清算。

二、破产清算的财务管理

企业宣布清算,意味着会计核算的前提条件发生了变化。会计分期、持续经营等会计基本假定在清算企业已不再适用。为了确定清算前企业的财务状况和经营成果,明确经济责任,应由清算企业会计人员编制自年初至破产宣告日的利润表及资产负债表,并经注册会计师验证,作为正常经营的终结和清算的开始。

(一) 清算企业资产权益状况

破产企业在破产宣告日资产负债表中列示的资产、负债与破产企业用于清偿的资产和承担的债务在范围、内容构成上存在较大差异,因此,如何确定破产企业的资产、负债范围并对其正确计量,是破产清算会计面临的首要问题。

1. 资产的范围

在破产清算条件下,企业的资产由两部分组成,即非破产资产和破产资产。前者包括已作为担保物的财产和递延资产、待摊费用。其中递延资产和待摊费用应在清算期内一次转入清算费用,因此非破产财产实质上即为作担保的资产;后者是指企业被宣告破产后,可用来进行财产清算和清偿的财产，根据有关规定，破产财产由以下内容组成：

（1）破产宣告日破产企业拥有的全部财产扣除非破产财产后的余额。如果担保物的价款大于其所担保的债务数额时，差额作为破产财产，反之作为债务。递延资产和待摊费用实质上是费用资本化，在企业持续经营的情况下以资产的形式反映是必要的、有益的，但在破产清算的条件下，这部分没有实物形态的资产不能用于清偿债务，因此不能作为破产财产。

（2）破产宣告后至破产程序终结前所取得的财产，计入清算期间破产企业的破产财产。

（3）向投资者收取的已认缴而未缴的出资。

（4）人民法院受理破产案件前6个月至破产宣告日期间，因破产企业的无效行为由清算机构追回的财产。其中破产企业隐匿、私分或无偿转让、压价出售、对未到期债务提前清偿的财产及破产企业自动放弃的债权，由清算机构报请法院收回；对原来没有担保的债务提供财产担保的，由清算机构宣告担保无效。

（5）按国家有关规定应计入破产财产的其他财产。

2. 债务的范围

破产企业破产宣告日负债表上的债务由两部分组成，即非破产债务和破产债务。前者是指清偿得到保障的那部分债务，也叫有担保债务，后者是指只能通过破产程序而清偿的债务，也叫无担保债务。无担保债务包括破产宣告前成立的无资产担保的债务，债权人放弃优先受偿权利的有资产担保的债务以及破产宣告前成立的有资产担保的债务中因超过担保物价款而未受清偿部分。破产企业的债权人对破产企业负有的债务，是可以在破产清算前实行等额抵销的，破产企业同时降低资产额和负债额，破产债务大于债权的差额作为破产债务；反之，作为破产财产。根据我国《破产法》规定，无担保债务中的应付职工薪酬、应交税费优先于一般债务得到清偿。因此，无担保债务按清偿顺序可分为有优先权的债务和无优先权的债务。

3. 破产企业资产权益状况表

破产企业的资产、债务范围确定以后，由清算机构对破产企业的各项财产、债务等全面清查并按选定的财产作价方法逐项确定其重置价值或变现值，在此基础上编制"破产企业资产权益状况表"。破产企业资产权益状况表是反映破产企业可分配资产、应偿还权益及分配情况的报表。它包括破产企业资产、可变现价值以及应偿还权益的构成和分配顺序。

（二）清算损益的确定

清算损益是破产企业自破产宣告日起至清算结束日止的清算时间内的清算成果，它直接影响破产企业的分配结果。它包括如下内容：

（1）清算收入包括：① 清算期间的财产盘盈收入。② 因破产企业债权人的原因确实无法偿还的债务。③ 破产宣告日未了业务的经营收益。④ 清算期间资产变现增值。

（2）清算费用包括：① 清算期间发生的财产盘亏损失。② 清算期间的破产费用即清算机构对破产财产的管理、变卖和分配所需的费用，破产案件诉讼费用以及为保护债权人的共同利益而支出的其他费用。③ 清算期间资产清算减值。④ 清算所得依法缴纳的所得税。

（3）清偿债务利益：即清算期间因资产不足而未能清偿的债务。破产企业应设置"破产清算权益"账户核算上述内容，清算过程中的清算费用记入该账户的借方，清算过程中的清算收入和清偿债务利益记入该账户的贷方，清算结束日该账户的余额为清算净损失或净收益，转入"资产负债表"有关项目。

(三) 变现财产及其分配

1. 资产变现

破产企业的债务,绝大部分应以货币资金偿付,破产企业资产确定后,应将全部财产变现出售,债权收回,有价证券通过证券交易市场出售,同时由清算会计人员按实际收回的变现借款借记"库存现金""银行存款"账户,按变现财产的账面价值贷记有关资产账户,差额即变现损益以"破产清算损益"账户列支;如果破产企业的债务与债权等额抵销,应借记"应付账款"等账户,贷记"应收账款"等账户。全部资产变现或收回后,填制"财产变现情况清单",反映每一种财产物资的名称、数量、账面价值、变现款、变现损益等情况,作为清算的依据之一;对未能实现变现的财产,由清算机构按时价估价,清偿债务时以市价抵债。

2. 变现财产分配

根据我国《破产法》的规定,一般由清算机构提出分配方案,经债权人会议通过后,由人民法院进行审查,然后以裁定书的形式批准分配方案。

(1) 债务偿还程序:首先,以非破产财产(有担保财产)偿还有担保债务;其次,以破产财产按下列顺序分配:破产费用、所欠职工工资和劳动保险费用、所欠税款、破产债务。上述分配顺序中,当财产数额不足以清偿同一顺序清偿要求时,应按比例清偿。

(2) 剩余财产分配程序:破产企业的资产清偿债务后如有剩余财产,应根据公平对等的原则,按投资方投资比例分配给投资者,其中,如果是股份制企业,应首先用于对优先股股东的分配,如有剩余,再按普通股股东的持股比例进行分配。

(3) 破产债务分配率:这个比率反映的是破产企业以其财产按顺序清偿有担保债务、无担保有优先权的债务之后,对破产企业债务人的清偿率。

$$\text{无担保无优先权的债务分配率} = \left(\text{全部变现财产} - \text{有担保债务} - \text{无担保有优先权的债务}\right) \div \text{无担保无优先权债务之和} \times 100\%$$

如果上诉分配率小于100%,说明债务不能全部清偿;反之,意味着债务全部清偿后尚有剩余财产分配给投资人。

(4) 财产分配的处理:破产企业清偿有担保债务时,借记有关负债账户,贷记"银行存款""库存现金"账户;支付破产费用时,借记"破产清算损益"账户,贷记"银行存款""库存现金"账户;清偿无担保债务时,借记有关负债账户,贷记"银行存款"账户;如果在债务清偿过程中,破产财产不足以全部清偿,将未能清偿数额作为清偿债务利益反映在"破产清算损益"账户,借记有关负债账户,贷记"破产清算损益"账户。破产企业按投资者投资比例向投资者分配剩余财产时,借记"实收资本"账户,贷记"银行存款"账户。

(5) 破产程序的终结:破产企业的清偿工作结束后,应编制清算结束日资产负债表、清算期间利润表以及清算货币资金收支表作为破产清算会计的清算报告。资产负债表反映清算结束日破产企业的财务状况,由于在清算结束日破产企业资产已全部用于清偿债务,故资产为零;破产企业债务已得到清偿,未清偿数额已转入"破产清算损益账户",故负债亦为零,股东权益与清算损失抵销后总额为零。清算期间损益表反映清算期间的清算结果,由清算收入、清算费用、清偿债务利益和清算净收入(净损失)四项内容构成。

(四) 破产与清算的财务管理举例

中兴公司因连年亏损,资不抵债,已由债权人提出破产申请,法院于是在2010年3月31日依法宣告破产。此时,该公司的资产负债表如表13-1所示。

表 13-1　中兴公司资产负债表

2018 年 3 月 31 日　　　　　　　　　　　　　　　　　　单位：万元

资　　产	金　额	负债和股东权益	金　额
货币资金	10	短期借款	40
应收账款	30	应付账款	40
存货	60	应付职工薪酬	20
固定资产原值	110	应交税费	10
减：累计折旧	10	长期借款	40
固定资产净值	100	担保债券	10
		股东权益	40
资　产　总　计	200	负债和股东权益总计	200

清算组根据中兴公司的资产，对实存的财产、债权、债务进行清查，以便进行清算。

1. 财产的清查、确认与变卖

经对财产的实地调查，发现中兴公司的固定资产与账面情况基本相符，只是多出载重卡车一辆，后经调查发现该车是安保公司暂存的，清算组已让安保公司取回。固定资产经拍卖后实际收得价款 50 万元，扣除 10 万元的担保债务，尚能作为破产财产的有 40 万元。

中兴公司的存货有许多毁损，经拍卖后得价款 30 万元。应收账款经清算组多方努力，收回 25 万元，其余 5 万元已无法收回。现金及银行存款数额与账面一致，共计 10 万元。这样，中兴公司的流动资产实际构成破产财产的只有 65 万元（30＋25＋10）。

2. 破产债权的确认

经清算组审查和核对后，对企业各种债权作如下确认：

(1) 长期借款和短期借款是企业分别从中国建设银行和中国工商银行借入的款项，在企业破产之前已成立，构成破产债权，合计 80 万元。

(2) 担保债券因为有固定资产做担保，故这 10 万元债权不能构成破产债权。

(3) 应付账款共有 40 万元，其中 10 万元没有到期，应扣除利息 1 万元。另外，有一笔 4 万元的应付账款，债权人未在法定期限内向法院申报债权数额，被认为是自动放弃，不作为破产债权。因而，40 万元应付账款中属于破产债权的只有 35 万元。

(4) 应付职工薪酬 20 万元是最近几个月积欠职工的，应付税费 10 万元是最近两年欠缴的，这两项均应属于破产债权。

3. 破产费用支出情况

中兴公司在破产清算过程中，发生了如下费用：

(1) 破产财产管理、变卖和催收账款等费用 8 万元。

(2) 破产案件的诉讼费用 1 万元。

(3) 为债权人共同利益而支付的其他费用 1 万元。

以上三项费用共 10 万元。

4. 债务清偿情况

清算组根据各种财产收入和法定清偿顺序，对财产收入编制了破产分配方案如表 13-2 和表 13-3 所示。

表 13-2 中的应付职工薪酬和应付税费属于优先债权,能全部受偿。表 13-3 中长期借款、短期借款、应付账款只能偿还 56.52%。未清偿部分则不能清偿,成为债权人的损失。

表13-2　破产财产分配方案表

单位:万元

项　　目	金　　额
1. 破产财产收入	
固定资产	40
流动资产	65
2. 破产财产收入合计	105
3. 破产费用	10
4. 供债权人分配的破产财产收入	95
5. 优先清偿的破产债权	
应付职工薪酬	20
应交税费	10
6. 可供一般破产债权人分配的破产财产	65
7. 一般无担保债权	
短期借款	40
长期借款	40
应付账款	35
合计	115
8. 求偿率=65÷115×100%	56.52%

表13-3　破产财产债权清偿表

单位:万元

债权类别	求偿权	求偿率	清偿金额
短期借款	40	56.52%	22.6087
长期借款	40	56.52%	22.6087
应付账款	35	56.52%	19.78261
合　计	115	56.52%	65

三、破产预警系统

对于企业来说,生存和发展是其根本目标。任何企业都不希望陷入破产清算的境地。企业如有一个合适的破产预警系统,该系统就可以为企业提供重要的信息,这对破产加以防范是非常重要的。

虽然造成企业破产的原因可能很多,但是破产总是与企业的财务状况和经营成果直接关联的。因此,破产预警系统应当紧密围绕对企业会计信息的加工和处理来建立。

企业破产预警系统的构造,通常采用两种方式:定性方式和定量方式。这两种方式的区别,在于是否将预测的结论予以量化。也就是说,采用定性方式所得出的结论是一种判断,而采用定量方式则可以给出破产风险的具体数值。定性方式一般是财务报表分析法,而定量方式则采用多种模式——主要有评分法和判别法。但是无论定性方式还是定量方式,都是以财务报告分析为基础的,所以在构成破产预警系统时,有关比率的设计应当科学、合理。

(一) 定性法

其特点是只能根据经验作出判断,因此,在判断过程中,判断者的风险倾向会影响到评价的结果,具有较强的主观性。

(二) 评分法

它是运用指数计算来反映企业破产风险大小的综合指数。评分法的具体运用步骤如下:

(1) 选择一组财务指标,并且确定它们的标准值。
(2) 确定各个财务指标的权重。
(3) 计算各个指标的实际值。
(4) 将实际值除以标准值,计算出"关系系数"。
(5) 将"关系系数"乘以权重,得出综合指数,然后加总。

评分法的规则是:综合指数的加总结果越接近于1,企业的破产风险就越小;综合指数的加总结果超过1,企业的破产风险就越大。

必须说明的是:在使用评分法时,所有的财务指标都应当设计为正指标。评分法的主要缺点在于,它难以确定当得出结果为多少时,企业就要破产的结论。

(三) 判别法

它是通过构造统计模型来计算企业面临破产风险的临界值。1968年,美国学者奥特曼采用统计学中的判别分析方法,建立了预测破产的量化模型。他发现,与企业破产相关性较大的财务指标有五个:① 营运资金比率(X_1)=营运资金÷资产总额。② 留存收益比率(X_2)=留存收益÷资产总额。③ 税息前资产利润率(X_3)=税息前利润÷资产总额。④ 权益负债比率(X_4)=股东权益市值÷负债账面价值。⑤ 总资产周转率(X_5)=销售收入÷资产总额。

将以上五个指标作为自变量,奥特曼的判别模型为:

$$Z = 0.021X_1 + 0.014X_2 + 0.033X_3 + 0.006X_4 + 0.999X_5$$

在该模型中,$X_1 \sim X_4$的值都取百分点。例如,税息前资产利润率为10%,在计算Z值时,X_3取值为10。X_5取百分数。例如,总资产周转率为100%,X_5的取值就为100%或1。在奥特曼的判别模型中,Z的判别值为2.675,即当Z值大于2.675时,企业就不会面临破产;而当Z值小于2.675时,企业就面临破产的境地。

奥特曼运用此模型计算了已破产的33家企业的判别值Z,发现Z值小于2.675的有31家,占样本的96%;而计算没有破产的另外33家企业的判别值Z时,结果正确率达到97%。此外,他还发现,预测的准确度受到预测期间的影响。由于企业财务指标在破产前两三年才开始变化,因此提前两三年预测破产就容易影响结果的准确度。

主 要 术 语

1. 公司并购
2. 企业分立
3. 企业重组
4. 横向并购
5. 纵向并购
6. 混合并购

7. 善意并购和敌意并购
8. 要约收购与协议收购
9. 整体并购和部分并购
10. 市盈率法
11. 原续整体重组
12. 合并整体重组
13. 分解重组
14. 主体重组
15. 公司清算
16. 公司解散
17. 破产预警

复习思考题

1. 企业并购的类型有哪些?
2. 简述企业并购的相关理论。
3. 试述企业收购兼并的融资渠道与方式。
4. 企业收购兼并的财务动因是什么?
5. 企业收购兼并的主要形式及其特点是什么?
6. 并购目标企业价值评估的重要意义在哪里? 主要方法有几种?
7. 企业收购兼并融资政策的特点是什么?
8. 简述企业破产预警系统。

习 题

一、判断题

1. 混合并购是指承担债务式并购、现金购买式并购、股权并购的结合并购形式。
 ( )
2. 杠杆收购后,目标公司的财务状况会发生重大改变,从较小负债变为巨额负债。
 ( )
3. 公司分立的财务决策基础是分立后的母公司价值大于分立前的母公司价值。
 ( )
4. 在进行破产财产分配时,企业所欠税款在企业所欠职工工资和劳动保险费用之前进行清偿。 ( )
5. 企业一旦陷入财务困境就必然进入破产清算程序。 ( )
6. 企业进入破产清算程序后,对企业所有者已认未缴的资本金不予以追究。 ( )

二、单项选择题

1. 某钢铁集团并购某石油企业,这种并购方式属于( )。
 A. 横向并购　　　　　　　B. 纵向并购
 C. 混合并购　　　　　　　D. 其他并购
2. 最容易受到各国有关反垄断法律政策限制的并购行为是( )。
 A. 敌意并购　　　　　　　B. 混合并购
 C. 纵向并购　　　　　　　D. 横向并购
3. 并购的实质是为了取得对被并购方的( )。
 A. 经营权　　　　　　　　B. 管理权
 C. 控制权　　　　　　　　D. 债权
4. 企业财产拨付清算费用后,清偿债务的顺序是( )。

A. 应付未付职工薪酬、应缴未缴国家税费、劳动保险费、尚未偿付的债务
B. 应付未付职工薪酬、应缴未缴国家税费、尚未偿付的债务、劳动保险费
C. 应付未付职工薪酬、劳动保险费、应缴未缴国家税费、尚未偿付的债务
D. 应缴未缴国家税费、应付未付职工薪酬、劳动保险费、尚未偿付的债务

5. 在反并购的法律策略中,目标公司提起诉讼的主要理由一般不包括(　　)。
A. 反垄断。部分收购可能使收购方获得某一行业的垄断或接近垄断地位,目标公司可以此作为诉讼理由
B. 披露不充分。目标公司认定收购方未按有关法律规定向公众及时、充分或准确地披露信息等
C. 犯罪。除非有十分确凿的证据,否则目标公司难以以此为由提起诉讼
D. 收购价太低

6. 通过合并,可以达到规模经济效益,这体现了(　　)理论。
A. 管理协同效应　　　　　　B. 多样化经营
C. 经营协同效应　　　　　　D. 财务协同效应

三、多项选择题

1. 清算收入包括(　　)。
A. 清算期间的财产盘盈收入
B. 因破产企业债权人的原因确实无法偿还的债务
C. 破产宣告日未了业务的经营收益
D. 清算期间资产变现增值

2. 公司重组的种类主要有(　　)。
A. 分解重组　　　　　　　　B. 政府主导型重组
C. 市场主导型重组　　　　　D. 内部重组
E. 外部重组

3. 在反收购策略中,降低收购者的收购收益或增加收购者风险的策略包括(　　)。
A. "皇冠上的珍珠"对策　　　B. "毒丸计划"
C. "焦土战术"　　　　　　　D. "金色降落伞"

4. 在公司并购活动中,一般可以选择的支付方式有(　　)。
A. 现金收购　　　　　　　　B. 股票收购
C. 混合证券收购　　　　　　D. 物物交换

5. 并购目标公司的价值评估的资产价值法主要有(　　)。
A. 市盈率法　　　　　　　　B. 净现值法
C. 清算价值法　　　　　　　D. 市场价值法
E. 账面价值法

6. 以下属于并购完成成本的有(　　)。
A. 并购费用
B. 并购过程中的法律鉴定费
C. 整合改制成本
D. 并购过程中的资产评估费

案 例 分 析

一、案例资料

（一）梅西公司面临破产

梅西公司是美国最大的零售集团之一，属下有111家百货商店和84家专卖店，年销售额最高曾达到60亿美元。梅西公司的发展主要是通过举债收购来进行的，1986年，梅西公司借债36亿美元，通过杠杆收购的方式收购了数十家连锁商店。1988年，梅西公司花费11亿美元从联合百货公司手中买下两家连锁百货商店。梅西公司虽然通过举债经营迅速扩大了规模，但是杠杆收购中所承担的巨额债务也为其后的债务问题及破产埋下了伏笔。

梅西公司在20世纪80年代大规模收购之后曾有过一段较为迅速的发展时期，但是由于1990年度和1991年度销售状况极为惨淡，再加上在杠杆收购中借了过多的债务，梅西公司的资金周转出现了巨大的困难。1991年5月10日，梅西公司将其下属的信用卡机构以14亿美元的价格出售，但于事无补。1992年1月27日，梅西公司及其9家子公司根据美国《破产法》第十一章有关规定提出破产请求。4天之后，另外的78家子公司也提出破产请求。

（二）联合百货公司提出收购

联合百货公司也是美国最大的零售商之一，由于经营方面出现各种问题，该公司1988年提出破产申请，被加拿大房地产大王收购，合并后的公司继续保留联合百货公司的名称。经过几年的努力，联合百货公司的经营重新走向正轨并有了相当的盈利，联合百货公司的管理层也试图通过并购的方式扩大经营规模，并怀着"复仇"的心态将收购目标定为此时困难重重的梅西公司。

1994年1月，联合百货公司收购了梅西公司约10亿美元的担保债权，成为梅西公司的主要债权人，在购买了梅西公司的债务之后，联合百货公司提出兼并梅西公司和资产重组计划。

（三）资产重组过程

在解决企业破产问题上，美国企业可按《破产法》进行清算或重组。清算时由法院指定接收人或受托管理人。这些人接管企业应尽早出售企业本身或其财产，并按优先权顺序将变现资产支付给债权人。但是美国《破产法》的主要原则不是以清算为主，而是以重组为主，以求最大限度地保护债权人的利益，避免由于清算而可能导致的经济损失。这一原则集中体现在《破产法》第十一章的相关条款上：① 第十一章规定破产企业可以自动继续经营，此时破产企业也被称为持产债务人。上述条款可为企业稳定业务、重新研究改造和转产的可行性、重新组织资本提供必要的机会。② 企业在重组时，应在申请破产程序之前鉴别对企业的所有赔偿要求，并初步确定债权人的优先权。③ 持产债务人在重新签订合同之前可以不支付利息，但要向债权人和法院提供财务报告，让他们了解企业的财务状况。④ 组成债权人委员会协商资产重组方案。

1992年1月29日，梅西公司以持产债务人的身份筹措了6亿美元，得以按第十一章规定继续经营业务。

破产法庭将1992年12月15日定为就梅西公司剩余财产提出权利要求的截止日。当时的权利要求共达14 000件，总金额达88亿美元。梅西公司请求法庭驳回或除去许多债务索赔。至1994年10月21日，梅西公司成功地否定了约40亿美元的债务索赔。经法庭最后确定,梅西公司的债务为 48 亿美元。

联合百货公司利用其对梅西公司的有担保债务方面的投资与梅西公司的其他债权人进行谈判,并提出资产重组方案。该方案对梅西公司资产的估值为 32 亿～33 亿美元。联合百货公司的计划得到了债权人委员会的支持。但梅西公司对联合百货公司的计划予以坚决反对。

梅西公司特别是董事长为了保护自身的利益,也提出了相应资产重组方案,梅西公司对本公司的资产估值为 36 亿美元,如果公司股票价格在其后上升,债权人还将另外获得 5 亿美元的补偿。

并购双方在资产重组方案上争执的焦点问题有以下两个:

(1) 梅西公司是否接受联合百货公司的收购计划。当时除了联合百货公司提出收购外,还有数家公司也提出收购梅西公司,梅西公司董事会内部存在分歧。关键要看最大债权人倾向于哪家公司。

(2) 梅西公司的资产价值。出于对自身利益的权衡,不同的利益集团提出了相差较大的估值方案,债券持有者对梅西公司的资产估值为 40 亿美元,梅西公司对本公司的资产估值为 36 亿美元,联合百货公司对梅西公司资产的估值为 32 亿～33 亿美元。债券持有者提出的估值较高,目的是清盘或重组时可以获得较大的补偿;联合百货公司提出的估值较低,目的在于减少收购成本;梅西公司的估值介于两者之间,也可看出梅西公司的良苦用心,它既不愿意估值过高,让债券持有者获利,也不愿意估值过低,让联合百货公司以低价收购。

联合百货公司、梅西公司、债权人委员会以及梅西公司的有担保债权人经过数月的谈判,最终各方同意了综合的联合—梅西重组方案。此方案规定联合百货公司与梅西公司合并,并以现金、债券及股票的形式向梅西的债权人分配 41 亿美元的资产。1994 年 12 月,美国破产法庭批准了联合百货公司的资产重组方案。

二、思考分析

1. 梅西公司资产重组有何特点?
2. 梅西公司资产重组案例对我国国有企业改革有何借鉴意义?

附录一

习题参考答案

第一章 财务管理总论

一、判断题

1. × 2. √ 3. × 4. × 5. × 6. √ 7. × 8. √ 9. × 10. √ 11. √ 12. ×

二、单项选择题

1. D 2. B 3. C 4. D 5. D 6. D 7. A 8. C 9. D 10. C 11. A 12. A

三、多项选择题

1. ABD 2. ABC 3. ABCD 4. ABCD 5. ABC 6. BC 7. ABD 8. ACD 9. BCD 10. ABCD 11. CD 12. ABCD

第二章 财务管理基础知识

一、判断题

1. × 2. √ 3. × 4. × 5. × 6. √ 7. √ 8. × 9. × 10. √ 11. × 12. √ 13. × 14. √ 15. ×

二、单项选择题

1. B 2. A 3. B 4. C 5. B 6. A 7. A 8. D 9. B 10. C 11. D 12. B 13. A 14. A 15. C

三、多项选择题

1. ABCD 2. AC 3. BCD 4. AC 5. AB 6. ABD 7. BCD 8. BD 9. ABD 10. ABCD 11. AC 12. BC 13. ABCD 14. ABC 15. ACD

四、计算题

1. (1) $F_A = 125.78$(万元)

    $P_A = 77.217$(万元)

   (2) $F = 162.89$(万元)

   (3) 不应投资该项目。

2. (1) $A = 14.90$(万元)

   (2) $A = 3.66$(万元)

3. $F_A = 110.512$(万元)

   $P_A = 74.8$(万元)

4. (1) $F = 3\,310.1$(万元)

      $P = 2\,859.26$(万元)

   (2) $A = 764.55$(万元)

   (3) $P = 4\,728.99$(万元)

(4) 需 4 年

5. (1) $E_A = 59$(万元)

$E_B = 63$(万元)

$E_C = 56$(万元)

$\sigma_A = 28.09$(万元)

$\sigma_B = 34.94$(万元)

$\sigma_C = 23.75$(万元)

$q_A = 47.61\%$

$q_B = 55.46\%$

$q_C = 42.41\%$

(2) $A = 3.81\%$

$B = 4.99\%$

$C = 4.24\%$

(3) 从风险来看,C 最低,A 其次,B 最高;从风险收益来看,A 最低,C 其次,B 最高。投资者应选择 C,喜欢冒险的投资者选 B。

第三章 财务报表分析

一、判断题

1. × 2. × 3. × 4. √ 5. × 6. × 7. × 8. × 9. × 10. × 11. × 12. √ 13. √ 14. × 15. ×

二、单项选择题

1. D 2. B 3. B 4. C 5. D 6. B 7. A 8. D 9. A 10. B 11. C 12. D 13. B 14. C 15. D

三、多项选择题

1. CD 2. AD 3. ACD 4. ABCD 5. ABCD 6. AC 7. BCD 8. ABD 9. ABCD 10. AB 11. BCD 12. ABC 13. BD 14. ABCD 15. AB

四、计算题

1. (1) 流动资产期末数 = 360(万元)

流动资产期初数 = 112.5 + 180 = 292.5(万元)

(2) 本期营业收入 = 1 080(万元)

(3) 本期流动资产平均余额 = 326.25(万元)

流动资产周转次数 = 1 080 ÷ 326.25 = 3.31(次)

2. 本年营业收入 = 63.75(万元)

3. 应收账款平均收账期 = 95(天)

附表 1-1 ××公司资产负债表

2009 年 12 月 31 日

项 目		金 额	项 目		金 额
货币资金	(1)	750	应付账款	(6)	5 000
应收账款	(2)	5 950	应交税费	(7)	50

(续表)

项　　目		金　额	项　　目		金　额
存货	(3)	3 400	长期负债	(8)	1 620.6
固定资产净值	(4)	6 100	实收资本	(9)	7 500
			未分配利润	(10)	2 029.4
资产合计	(5)	16 200	负债和股东权益合计	(11)	16 200

4. (1) 基本每股收益 $=\dfrac{4\,500}{4\,400}=1.02(元)$

假设全部转股,则增加的净利润 $=800\times4\%\times\dfrac{6}{12}\times(1-25\%)=12(万元)$

假设全部转股,则增加的年加权平均普通股股数 $=\dfrac{800}{100}\times90\times\dfrac{6}{12}=360(万股)$

(2) 稀释每股权益 $=\dfrac{4\,500+12}{4\,400+360}=0.95(元)$

(3) 年末每股净资产 $=\dfrac{20\,000+(4\,500-4\,000\times0.15)}{4\,400}$
$=5.43(元)$

(4) 年末市盈率 $=\dfrac{20}{1.02}=19.61$

年末市净率 $=\dfrac{20}{5.43}=3.68$

5. 营业净利率=22.33%　总资产周转率=0.8次　总资产净利率=17.87%
净资产收益率=29.78%

6. (1) 计算并填列该公司财务比率表。

附表1-2　财务比率表

比　率　名　称		本　公　司	行业平均数
流动比率	(1)	1.98	1.98
资产负债率	(2)	61.9%	62%
利息保障倍数	(3)	2.86	3.8
存货周转率(次)	(4)	6.69	6
应收账款周转天数(天)	(5)	70	35
固定资产周转率(次)	(6)	5.5	13
总资产周转率(次)	(7)	1.7	3
营业净利率	(8)	1.71%	1.3%
总资产净利率	(9)	2.9%	3.4%
净资产收益率	(10)	7.62%	8.3%

(2) 可能存在的问题有:应收账款管理不善;固定资产投资偏大;营业收入偏低。

7. (1) 流动比率=2.1　速动比率=0.9　资产负债率=50%

(2) 总资产周转率=0.5次　营业净利率=18%　净资产收益率=18%

(3) 销售利润率变动、总资产周转率变动和权益乘数变动对净资产收益率影响分别为:2.5%、0和-4.5%。

第四章 筹资决策

一、判断题

1. √ 2. × 3. × 4. √ 5. × 6. × 7. × 8. × 9. × 10. √ 11. × 12. √

二、单项选择题

1. C 2. B 3. B 4. D 5. B 6. A 7. D 8. C 9. D 10. A 11. C

三、多项选择题

1. ABC 2. AD 3. ABC 4. ABCD 5. ABDE 6. ACD 7. BCD 8. ABCD 9. BCD 10. ABC 11. ABD

四、计算题

1. 每年支付的租金＝12 183.23(元)
2. 转换价格＝20(元)
3. 认股权证的理论价格＝65(元)
4. 外部筹资需要量＝210.8(万元)
5. 2011年销售量为9万件，所求资金需要量＝900.89(万元)

第五章 资本成本与资本结构

一、判断题

1. × 2. × 3. × 4. √ 5. × 6. × 7. √ 8. × 9. × 10. × 11. × 12. √

二、单项选择题

1. A 2. C 3. A 4. D 5. B 6. B 7. D 8. D 9. C 10. A 11. A 12. C

三、多项选择题

1. BCD 2. AC 3. ABD 4. ABC 5. ACD 6. ACD 7. AC 8. ACD 9. BCD 10. AB 11. AC 12. ACD

四、计算题

1. (1) 债券资本成本＝7.14％
   (2) 债券资本成本＝8.77％
2. (1) 优先股资本成本＝15.63％
   (2) 普通股资本成本＝12.53％
   (3) 留存收益资本成本＝10.38％
3. 综合资本成本＝9.95％
4.

附表1-3 边际资本成本规划表

筹资总额	资金种类	资金结构	资本成本	边际资本成本
20万元以内	长期借款	12.5％	5％	5×12.5＝0.625％
	长期债券	37.5％	7％	7×37.5＝2.625％
	普通股	50％	10％	10×50＝5％ 8.25％

(续表)

筹资总额	资金种类	资金结构	资本成本	边际资本成本
20万~30万元	长期借款	12.5%	5%	5×12.5=0.625%
	长期债券	37.5%	8%	8×37.5=3%
	普通股	50%	10%	10×50=5%
				8.625%
30万~40万元	长期借款	12.5%	5%	5×12.5=0.625%
	长期债券	37.5%	8%	8×37.5=3%
	普通股	50%	12%	12×50=6%
				9.625%
40万元以上	长期借款	12.5%	6%	6×12.5=0.75%
	长期债券	37.5%	8%	8×37.5=3%
	普通股	50%	12%	12×50=6%
				9.75%

5. (1) 边际贡献=200(万元)

(2) 息税前利润=100(万元)

(3) 经营杠杆系数=2

(4) 财务杠杆系数=2

(5) 综合杠杆系数=4

6. 每股利润变动率=72%

7. (1) 原来的综合资本成本≈7.97%

(2) 方案一：

综合资本成本≈7.74%

方案二：

综合资本成本≈8.50%

结论：应选方案一筹资。

8. $EBIT=147$(万元)

这时 $EPS_甲=EPS_乙=7.80$(元/股)

结论：因120万元小于147万元，应采用甲方案筹资。

9. (1) $EPS_债=0.945$(元/股)

$EPS_优=0.675$(元/股)

$EPS_普=1.02$(元/股)

(2) "普"↔"债"

$EBIT=2\,500$(万元)

"普"↔"优"

$EBIT=4\,300$(万元)

(3) 筹资前：$DFL=1.23$

筹资后：

$DFL_债=1.59$

$DFL_{优}=2.22$

$DFL_{普}=1.18$

(4) 应选择普通股筹资。因为其每股收益最高,财务风险最小。

10.

附表1-4 公司价值和资本成本

债务的市场价值B(万元)	股票市场价值S(万元)	公司的市场价值V(万元)	税前债务成本K_b	股票资本成本K_s	综合资本成本K_w
0	11 320.75	11 320.75	—	10.6%	10.6%
500	10 967.44	11 467.44	7%	10.75%	10.46%
1 000	10 285.71	11 285.71	8%	11.2%	10.67%
1 500	9 173.55	10 673.55	10%	12.1%	11.24%
2 000	8 123.08	10 123.08	12%	13%	11.85%

从附表1-4可以发现当债务为500万元时公司的总价值最高,同时综合资本成本最低,因此应举债500万元,资本结构是最佳的。

第六章 项目投资决策

一、判断题

1. √ 2. × 3. × 4. √ 5. × 6. √ 7. × 8. √ 9. × 10. × 11. × 12. × 13. √ 14. × 15. √

二、单项选择题

1. D 2. C 3. D 4. C 5. C 6. B 7. B 8. A 9. A 10. D 11. D 12. B 13. D 14. C 15. C

三、多项选择题

1. ABD 2. AC 3. CD 4. CD 5. BCD 6. BC 7. AB 8. BCD 9. ABC 10. BC 11. BC 12. CD 13. ABD 14. AB 15. ABD

四、计算题

1. (1) 投资利润率=43.33% 静态投资回收期=2.4(年)

   (2) 净现值=13 908(元) 净现值率=13 908÷24 000=0.5795

   现值指数=1.5795 内含报酬率=30.83%

2. (1) (A)=−900(万元) (B)=1 800(万元)

   (2) 包括建设期的投资回收期=3.5(年)

   不包括建设期的投资回收期=2.5(年)

   净现值为1 863.3(万元)

3. (1) 净现值=1 720.9(元)

   (2) 内含报酬率=24.24%

   该投资方案可行。

4. (1) 甲:$NCF_0=-20\ 000$(元) $NCF_1=-3\ 000$(元) $NCF_{2\sim4}=9\ 200$(元)

   $NCF_5=12\ 200$(元)

乙：$NCF_0=-20\,000(元)$　　$NCF_1=5\,800(元)$　　$NCF_2=5\,680(元)$
　　$NCF_3=5\,560(元)$　　$NCF_4=5\,440(元)$　　$NCF_5=5\,320(元)$

(2) $\Delta NCF_0=0(元)$　　$\Delta NCF_1=-8\,800(元)$　　$\Delta NCF_2=3\,520(元)$
　　$\Delta NCF_3=3\,640(元)$　　$\Delta NCF_4=3\,760(元)$　　$\Delta NCF_5=6\,880(元)$
　　$\Delta NPV=4\,483.45(元)$

(3) 因为 $\Delta NPV>0$，所以选择甲方案。

5. (1) $\Delta NCF_0=-100\,000(元)$
　　$\Delta NCF_{1\sim5}=27\,500(元)$

(2) $\Delta IRR=11.66\%$

(3) ① 由于 $\Delta IRR=11.66\%>i=8\%$，所以应更新。
　　② 由于 $\Delta IRR=11.66\%<i=12\%$，所以不应更新。

6. 甲方案的年回收额＝7.7764(万元)
　　乙方案的年回收额＝8.8963(万元)
应选择乙方案。

7. 年回收额＝34.23(万元)（建设期为5年）
　　年回收额＝46.15(万元)（建设期为3年）
应缩短投资建设期。

8. $\Delta NPV=46.6435(万元)$

9. 继续使用旧设备的年均成本＝3\,631.4(元)
　　使用新设备的年均成本＝3\,562.13(元)
应对旧设备进行更新改造。

10. $NCF_{1\sim5}=252\,000(元)$　　销售量＝97\,000(件)

第七章　证　券　投　资

一、判断题

1. √　2. √　3. ×　4. ×　5. √　6. √　7. ×　8. ×　9. ×　10. ×

二、单项选择题

1. B　2. B　3. B　4. A　5. C　6. D　7. C　8. D　9. A　10. B

三、多项选择题

1. AD　2. ABC　3. BC　4. ABD　5. ACD　6. ABCD　7. BD　8. ABCD
9. ACD　10. ABCD

四、计算题

1. (1) $V=85\,948(元)$

(2) 该债券市价92\,000元高于债券价值，不值得购买该债券。

(3) $K=6.096\%$

2. (1) $V=1\,031.94(元)$，购买该债券不合算。

(2) $K=11.11\%$，该债券的投资收益率为11.11\%。

3. (1) $V_A=7.42(元)$　　$V_B=6.25(元)$

(2) A公司股票现行市价为每股8元，高于股票价值，不应投资；
　　B公司股票现行市价为每股6元，低于股票价值，可以投资。

4.

附表 1-5 计 算 表

证券名称	期望报酬率	标 准 差	与市场组合的相关系数	β 系 数
无风险资产	(1) 0.025	(2) 0	(3) 0	(4) 0
市场组合	(5) 0.175	0.1	(6) 1	(7) 1
甲股票	0.205	(8) 0.2	0.6	1.2
乙股票	0.25	0.15	(9)	1.5
丙股票	0.31	(10) 0.95	0.2	(11) 1.9

5. $\beta = 0.8547 \times (2.3605 \div 2.0351) = 0.99$

   $X_B = a + bX_M = -0.2 + 0.99 X_M$

6. 净现值 ≈ 16 010(元)

7. 科林公司的股票价值:
   $P_0 = 24.6662 + P_6 \times (P/F, 10\%, 6) = 24.6662 + 292.4055 = 317.4$(元)

8. (1) $\rho_{甲乙} = \sigma_{甲乙} / (\sigma_甲 \times \sigma_乙) = -0.3581$

   (2) 证券组合预期报酬率 $K_{组合} = 9.24\%$

   组合风险 $\sigma_{组合} = 0.6119\%$

9. (1) $K_A = 10\%$ $K_B = 10.4\%$ $K_C = 10.6\%$

   (2) $\beta_p = 1.68$ $K_p = 10.36\%$

   (3) 答案要点(但不局限于):

   (1) 冒险型策略:浦海信公司会倾向于增大高风险高收益的证券的比重,同时不会倾向于选择低风险或无风险的证券。

   (2) 保守型策略:浦海信公司会倾向于投资尽可能多的证券包括低风险或无风险的证券,以便分散掉全部可分散风险,得到市场的平均收益。

   (3) 适中型策略:介于保守型与冒险型策略之间。

第八章 营运资金管理

一、判断题

1. √ 2. × 3. × 4. × 5. √ 6. √ 7. × 8. √ 9. × 10. √

二、单项选择题

1. B 2. D 3. A 4. A 5. D 6. A 7. A 8. D 9. B 10. B

三、多项选择题

1. ABD 2. ACD 3. ABCD 4. ABCD 5. ABD 6. BC

四、计算题

1. (1) 最佳货币资金持有量 = 50 000(元)

   (2) 最低货币资金管理总成本 = 5 000(元)

   转换成本 = 2 500(元)

   机会成本 = 2 500(元)

(3) 有价证券交易次数 5(次)
   有价证券交易间隔期 72(天)

2. 货币资金周转期＝90＋40－30＝100(天)
   最佳货币资金余额＝1 440÷360×100＝400(万元)

3. 最佳货币资金持有量＝5 421 元 控制上限＝14 263 元

4. 改变信用期的净损益＝383 元，应采用 60 天信用期。

5. 采用乙方案的应收账款成本＝238.64(万元)
   甲、乙两方案的收益差额＝－160(万元)
   甲、乙两方案的净损益＝－160－(140－238.64)＝－61.36(万元)
   企业应选用乙方案。

6. (1) 订货成本为 2 000 元。
   (2) 成本限额＝320(元/次)
   (3) 经济订货批量＝40 000(千克) 存货占用资金＝200 000(元)

7. 最优订货批量＝$\sqrt{\dfrac{2\times 70\times 1\,000}{20\times\left(1-\dfrac{3}{10}\right)}}=100$(吨)

   全年最低相关总成本＝$\sqrt{2\times 70\times 1\,000\times 20\times\left(1-\dfrac{3}{10}\right)}=1\,400$(元)

8. 最优采购批量＝1 000(件)
   最小相关总成本＝455 200(元)

9. 总的收益减少 4 160 元，不应调整经营的品种。

10. (1) 营运资金＝961－575＝386(万元)
    (2) 应收账款周转期＝60(天)
        存货周转期＝30(天)
        货币资金周转期＝66(天)
    (3) 会使货币资金周转期延长。

11. (1) 应收账款的平均余额＝600(万元)
    (2) 维持赊销业务所需的资金＝480(万元)
    (3) 应收账款的机会成本＝48(万元)

12. (1) 经济订货批量＝6 000(千克)
        相关存货总成本＝180 000(元)
    (2) 经济订货批量＝13 200(千克)
        相关存货总成本＝99 000(元)
    (3) 应该选择 B 企业作为供应商。

第九章　利润分配管理

一、判断题

1. ×　2. √　3. ×　4. √　5. ×　6. √　7. ×　8. ×　9. ×　10. √　11. ×
12. √

二、单项选择题

1. A　2. D　3. D　4. C　5. D　6. A　7. B　8. D　9. B　10. C　11. D　12. B

三、多项选择题

1. ABCD 2. ACD 3. ABC 4. AD 5. AB 6. AD 7. ABD 8. BCD 9. BD
10. ACD 11. BD 12. BC

四、计算题

1. （1）公司留存利润＝416（万元）
   （2）公司外部权益资本筹资额＝244（万元）
2. （1）公司本年可发放的股利额＝300（万元）
   （2）股利支付率＝20％
   （3）每股股利＝1.5（元）
3. （1）200×年税后利润＝365.82（万元）
   （2）提取的盈余公积金＝32.58（万元）
     可供分配的利润＝293.24（万元）
     应向投资者分配的利润＝117.30（万元）
     未分配利润＝175.94（万元）
4. （1）股本＝1 100（万元）
     盈余公积金＝500（万元）
     未分配的利润＝390（万元）
     资本公积＝4 900（万元）
     合计6 890（万元）
   （2）2006年应发放股利＝115.5（万元）
     每股股利＝0.095（元）
   （3）390＋1 050－1 500＝－60（万元）
   所以不能发放现金股利。
5. 每股股票价值＝0.7665÷15％＝5.11（元）

第十章　企业价值评估

一、判断题

1. × 2. × 3. × 4. √ 5. √ 6. √ 7. √ 8. √

二、单项选择题

1. B 2. B 3. C 4. C 5. A 6. A 7. B 8. C

三、多项选择题

1. BC 2. ABC 3. ABCD 4. ABCD 5. ABC 6. ABD 7. ABC 8. BC

四、计算题

1. （1）计算权益资本成本＝14.62％
     加权平均资本成本＝12％
   （2）预测期现金流量现值＝3 824.64（万元）
     后续期现值＝13 956.53（万元）
   （3）公司价值计算：
     公司实体价值＝17 781（万元）
     股权价值＝13 281（万元）

每股价值＝44.27(元)

该股票目前的市价 28 元,所以它被市场低估了。

2. 预测期自由现金流量的现值计算(单位：万元)：

附表1-6 计 算 表

年　　份	2007	2008	2009	2010	2011
增长率		8%	8%	8%	4%
息前税后利润	7.2	7.7760	8.3981	9.0699	9.4327
减：资本支出	5	5.4000	5.8320	6.2986	6.5505
加：折旧	4	4.3200	4.6656	5.0388	5.2404
营运资本	3	3.2400	3.4992	3.7791	3.9303
减：营运资本变动		0.2400	0.2592	0.2799	0.1512
实体现金流量		6.4560	6.9725	7.5302	7.9714
折现率(12%)		0.892857	0.797194	0.71178	
预测期现金流量现值		5.76428	5.55844	5.35985	
预测期现值合计	16.68257				
后续期现值	94.57				
公司实体价值	111.25				

3. (1) 目标企业的每股收益＝1.25(元)

(2) 内在市盈率＝[支付率×(1＋增长率)]÷(股权资本成本－增长率)＝
70%×(1＋6%)÷(8.825%－6%)＝26.27(倍)

(3) 目标企业每股价值＝26.27×1.25＝32.84(元)

4. (1) 经济利润法：

经济利润＝32(万元)

经济利润现值＝400(万元)

公司价值＝2 000(万元)

(2) 现金流量折现法：

实体现金流量＝160(万元)

公司价值＝2 000(万元)

第十一章　财　务　预　算

一、判断题

1. ×　2. √　3. ×　4. ×　5. ×　6. √　7. ×　8. √　9. √　10. ×　11. ×　12. √

二、单项选择题

1. B　2. C　3. D　4. A　5. D　6. B　7. C　8. B　9. D　10. C　11. D　12. A

三、多项选择题

1. ACD　2. ABC　3. ABCD　4. ABC　5. BCD　6. ABD　7. ABD　8. ABCD

9. AD 10. BC 11. BCD 12. ACD

四、计算题

1. 年末应付账款＝6 150(元)

2.

附表1-7　弹性制造费用预算表

业务量(机器工时)	350	400	450	500	550
正常生产能力利用率	70%	80%	90%	100%	110%
总　　　计	2 345	2 455	2 565	2 675	2 785

3. (1) 销售及现金收入预算：

附表1-8　销售及现金收入预算表

月　　份	9	10	11	12	1
现金收入合计	96 000	156 000	190 000	228 000	

(2) 直接材料预算：

附表1-9　直接材料预算表

月　　份	9	10	11	12	1
合　　计	100 800	155 200	188 000	183 200	

(3) 11月、12月的现金预算：

附表1-10　现金预算表

月　　份	11	12
现金净损益(现金多余或不足)	48 000	－13 200
预计现金余额	50 000	50 800

4. (1) 生产预算表：

附表1-11　生产预算表

项　目	第一季度	第二季度	第三季度	第四季度	全　年
预计产量	2 590	2 380	2 260	2 820	10 050

(2) 直接材料预算表：

附表1-12　直接材料预算表

项　目	第一季度	第二季度	第三季度	第四季度	全　年
材料采购金额	157 680	142 080	138 960	166 280	605 000
现金支出					
合　　计	142 608	148 320	140 208	155 352	586 488

(3) 直接人工预算表：

附表1-13　直接人工预算表

项　　目	第一季度	第二季度	第三季度	第四季度	全　年
耗用直接人工总成本	77 700	71 400	67 800	84 600	301 500

(4) 现金预算表：

附表1-14　现金预算表

项　　目	第一季度	第二季度	第三季度	第四季度	全　年
期末现金余额	34 280	38 776	38 200	36 672	36 672

5.

附表1-15　利润表预算

单位：万元

项　　目	金　　额
税后利润	19.2

附表1-16　资产负债表预算

单位：万元

资　产	金　额	负债和股东权益	金　额
资产合计	173.6	负债和股东权益合计	173.6

第十二章　财务控制

一、判断题

1. ×　2. ×　3. √　4. ×　5. √　6. ×　7. √　8. √　9. ×　10. ×

二、单项选择题

1. A　2. B　3. D　4. D　5. B　6. C　7. C　8. B　9. C　10. B

三、多项选择题

1. ABCD　2. CD　3. ABC　4. ABD　5. ABCD　6. ABCD　7. ABC　8. ABD　9. AD　10. BC

四、计算题

1. (1) A分公司2009年投资报酬率＝30%

　　　剩余收益＝20(万元)

　(2) A分公司2010年追加投资后的投资报酬率＝28%

　　　剩余收益24＝(万元)

　(3) A分公司接受追加投资有利。

2. (1) 追加投资前甲投资中心的剩余收益＝6(万元)

　(2) 追加投资前乙投资中心的投资额＝400(万元)

　(3) 追加投资前A公司的投资报酬率＝16.33%

　(4) 甲投资中心接受追加投资剩余收益＝14(万元)

　(5) 乙投资中心接受追加投资的投资报酬率＝16.60%

3. (1) 部门经理可控利润＝60(万元)

利润中心可控利润,即对公司的贡献＝50(万元)

(2) 该公司要求的最低投资利润率＝15%

4. (1) A 投资中心的投资报酬率＝16.25%

剩余收益＝26(万元)

(2) 追加投资增加的净利润＝46(万元)

(3) A 投资中心的资产周转率＝2.5(次)

B 投资中心的资产周转率＝3.25(次)

5. 从总公司角度分析,这笔 A 部件内销价格应采用双重内部转购价格,即:甲分公司按 95 元计价,乙分公司按 85 元计价,以便调动双方生产积极性。乙分公司接受此项订单,每件 B 产品新增成本为 185 元,计算过程如附表 1-17 所示。

附表 1-17 成本计算过程

单位:元

直接材料	135
其中:A 部件	85
其他材料	50
直接人工	20
变动制造费用	30
合计	185

B 产品订单单价为 190 元,单位变动生产成本 185 元,总公司新增利润＝(190－185)×100＝500(万元)

第十三章 公司并购、重组与清算

一、判断题

1. × 2. √ 3. × 4. × 5. × 6. ×

二、单项选择题

1. C 2. D 3. C 4. C 5. D 6. C

三、多项选择题

1. ABCD 2. BCDE 3. ABC 4. ABC 5. BCDE 6. ABD

附录二

资金时间价

表 2-1 1 元复利终

期数	1%	2%	3%	4%	5%	6%	7%	8%	9%	10%
1	1.0100	1.0200	1.0300	1.0400	1.0500	1.0600	1.0700	1.0800	1.0900	1.1000
2	1.0201	1.0404	1.0609	1.0816	1.1025	1.1236	1.1449	1.1664	1.1881	1.2100
3	1.0303	1.0612	1.0927	1.1249	1.1576	1.1910	1.2250	1.2597	1.2950	1.3310
4	1.0406	1.0824	1.1255	1.1699	1.2155	1.2625	1.3108	1.3605	1.4116	1.4641
5	1.0510	1.1041	1.1593	1.2167	1.2763	1.3382	1.4026	1.4693	1.5386	1.6105
6	1.0615	1.1262	1.1941	1.2653	1.3401	1.4185	1.5007	1.5809	1.6771	1.7716
7	1.0721	1.1487	1.2299	1.3159	1.4071	1.5036	1.6058	1.7138	1.8280	1.9487
8	1.0829	1.1717	1.2668	1.3686	1.4775	1.5938	1.7182	1.8509	1.9926	2.1436
9	1.0937	1.1951	1.3048	1.4233	1.5513	1.6895	1.8385	1.9990	2.1719	2.3579
10	1.1046	1.2190	1.3439	1.4802	1.6289	1.7908	1.9672	2.1589	2.3674	2.5937
11	1.1157	1.2434	1.3842	1.5395	1.7103	1.8983	2.1049	2.3316	2.5804	2.8531
12	1.1268	1.2682	1.4258	1.6010	1.7959	2.0122	2.2522	2.5182	2.8127	3.1384
13	1.1381	1.2936	1.4685	1.6651	1.8856	2.1329	2.4098	2.7196	3.0658	3.4523
14	1.1495	1.3195	1.5126	1.7317	1.9799	2.2609	2.5785	2.9372	3.3417	3.7975
15	1.1610	1.3459	1.5580	1.8009	2.0789	2.3966	2.7590	3.1722	3.6425	4.1772
16	1.1726	1.3728	1.6047	1.8730	2.1829	2.5404	2.9522	3.4259	3.9703	4.5950
17	1.1843	1.4002	1.6528	1.9479	2.2920	2.6928	3.1588	3.7000	4.3276	5.0545
18	1.1961	1.4282	1.7024	2.0258	2.4066	2.8543	3.3799	3.9960	4.7171	5.5599
19	1.2081	1.4568	1.7535	2.1068	2.5270	3.0256	3.6165	4.3157	5.1417	6.1159
20	1.2202	1.4859	1.8061	2.1911	2.6533	3.2071	3.8697	4.6610	5.6044	6.7275
21	1.2324	1.5157	1.8603	2.2788	2.7860	3.3996	4.1406	5.0338	6.1088	7.4002
22	1.2447	1.5460	1.9161	2.3699	2.9253	3.6035	4.4304	5.4365	6.6586	8.1403
23	1.2572	1.5769	1.9736	2.4647	3.0715	3.8197	4.7405	5.8715	7.2579	8.2543
24	1.2697	1.6084	2.0328	2.5633	3.2251	4.0489	5.0724	6.3412	7.9111	9.8497
25	1.2824	1.6406	2.0938	2.6658	3.3864	4.2919	5.4274	6.8485	8.6231	10.835
26	1.2953	1.6734	2.1566	2.7725	3.5557	4.5494	5.8074	7.3964	9.3992	11.918
27	1.3082	1.7069	2.2213	2.8834	3.7335	4.8823	6.2139	7.9881	10.245	13.110
28	1.3213	1.7410	2.2879	2.9987	3.9201	5.1117	6.6488	8.6271	11.167	14.421
29	1.3345	1.7758	2.3566	3.1187	4.1161	5.4184	7.1143	9.3173	12.172	15.863
30	1.3478	1.8114	2.4273	3.2434	4.3219	5.7435	7.6123	10.063	13.268	17.449
40	1.4889	2.2080	3.2620	4.8010	7.0400	10.286	14.794	21.725	31.408	45.259
50	1.6446	2.6916	4.3839	7.1067	11.467	18.420	29.457	46.902	74.358	117.39
60	1.8167	3.2810	5.8916	10.520	18.679	32.988	57.946	101.26	176.03	304.48

值系数表

值系数表

12%	14%	15%	16%	18%	20%	24%	28%	32%	36%
1.1200	1.1400	1.1500	1.1600	1.1800	1.2000	1.2400	1.2800	1.3200	1.3600
1.2544	1.2996	1.3225	1.3456	1.3924	1.4400	1.5376	1.6384	1.7424	1.8496
1.4049	1.4815	1.5209	1.5609	1.6430	1.7280	1.9066	2.0872	2.3000	2.5155
1.5735	1.6890	1.7490	1.8106	1.9388	2.0736	2.3642	2.6844	3.0360	3.4210
1.7623	1.9254	2.0114	2.1003	2.2878	2.4883	2.9316	3.4360	4.0075	4.6526
1.9738	2.1950	2.3131	2.4364	2.6996	2.9860	3.6352	4.3980	5.2899	6.3275
2.2107	2.5023	2.6600	2.8262	3.1855	3.5832	4.5077	5.6295	6.9826	8.6054
2.4760	2.8526	3.0590	3.2784	3.7589	4.2998	5.5895	7.2058	9.2170	11.703
2.7731	3.2519	3.5179	3.8030	4.4355	5.1598	6.9310	9.2234	12.166	15.917
3.1058	3.7072	4.0456	4.4114	5.2338	6.1917	8.5944	11.806	16.060	21.647
3.4785	4.2262	4.6524	5.1173	6.1759	7.4301	10.657	15.112	21.199	29.439
3.8960	4.8179	5.3503	5.9360	7.2876	8.9161	13.215	19.343	27.983	40.037
4.3635	5.4924	6.1528	6.8858	8.5994	10.699	16.386	24.759	36.937	54.451
4.8871	6.2613	7.0757	7.9875	10.147	12.839	20.319	31.691	48.757	74.053
5.4736	7.1379	8.1371	9.2655	11.974	15.407	25.196	40.565	64.359	100.71
6.1304	8.1372	9.3576	10.748	14.129	18.488	31.243	51.923	84.954	136.97
6.8660	9.2765	10.761	12.468	16.672	22.186	38.741	66.461	112.14	186.28
7.6900	10.575	12.375	14.463	19.673	26.623	48.039	86.071	148.02	253.34
8.6128	12.056	14.232	16.777	23.214	31.948	59.568	108.89	195.39	344.54
9.6463	13.743	16.367	19.461	27.393	38.338	73.864	139.38	257.92	468.57
10.804	15.668	18.822	22.574	32.324	46.005	91.592	178.41	340.45	637.26
12.100	17.861	21.645	26.186	38.142	55.206	113.57	228.36	449.39	866.67
13.552	20.362	24.891	30.376	45.008	66.247	140.83	292.30	593.20	1 178.7
15.179	23.212	28.625	35.236	53.109	79.497	174.63	374.14	783.02	1 603.0
17.000	26.462	32.919	40.874	62.669	95.396	216.54	478.90	1 033.6	2 180.1
19.040	30.167	37.857	47.414	73.949	114.48	268.51	613.00	1 364.3	2 964.9
21.325	34.390	43.535	55.000	87.260	137.37	332.95	784.64	1 800.9	4 032.3
23.884	39.204	50.066	63.800	102.97	164.84	412.86	1 004.3	2 377.2	5 483.9
26.750	44.693	57.575	74.009	121.50	197.81	511.95	1 285.6	3 137.9	7 458.1
29.960	50.950	66.212	85.850	143.37	237.38	634.82	1 645.5	4 142.1	10 143
93.051	188.83	267.86	378.72	750.38	1 469.8	5 455.9	19 427	66 521	*
289.00	700.23	1 083.7	1 670.7	3 927.4	9 100.4	46 890	*	*	*
897.60	2 595.9	4 384.0	7 370.2	20 555	56 348	*	*	*	*

*>99 999

表 2-2　1 元复利现

期数	1%	2%	3%	4%	5%	6%	7%	8%	9%	10%
1	0.9901	0.9804	0.9709	0.9615	0.9524	0.9434	0.9346	0.9259	0.9174	0.9091
2	0.9803	0.9712	0.9426	0.9246	0.9070	0.8900	0.8734	0.8573	0.8417	0.8264
3	0.9706	0.9423	0.9151	0.8890	0.8638	0.8396	0.8163	0.7938	0.7722	0.7513
4	0.9610	0.9238	0.8885	0.8548	0.8227	0.7921	0.7629	0.7350	0.7084	0.6830
5	0.9515	0.9057	0.8626	0.8219	0.7835	0.7473	0.7130	0.6806	0.6499	0.6209
6	0.9420	0.8880	0.8375	0.7903	0.7462	0.7050	0.6663	0.6302	0.5963	0.5645
7	0.9327	0.8606	0.8131	0.7599	0.7107	0.6651	0.6227	0.5835	0.5470	0.5132
8	0.9235	0.8535	0.7874	0.7307	0.6768	0.6274	0.5820	0.5403	0.5019	0.4665
9	0.9143	0.8368	0.7664	0.7026	0.6446	0.5919	0.5439	0.5002	0.4604	0.4241
10	0.9053	0.8203	0.7441	0.6756	0.6139	0.5584	0.5083	0.4632	0.4224	0.3855
11	0.8963	0.8043	0.7224	0.6496	0.5847	0.5268	0.4751	0.4289	0.3875	0.3505
12	0.8874	0.7885	0.7014	0.6246	0.5568	0.4970	0.4440	0.3971	0.3555	0.3186
13	0.8787	0.7730	0.6810	0.6006	0.5303	0.4688	0.4150	0.3677	0.3262	0.2897
14	0.8700	0.7579	0.6611	0.5775	0.5051	0.4423	0.3878	0.3405	0.2992	0.2633
15	0.8613	0.7430	0.6419	0.5553	0.4810	0.4173	0.3624	0.3152	0.2745	0.2394
16	0.8528	0.7284	0.6232	0.5339	0.4581	0.3936	0.3387	0.2919	0.2519	0.2176
17	0.8444	0.7142	0.6050	0.5134	0.4363	0.3714	0.3166	0.2703	0.2311	0.1978
18	0.8360	0.7002	0.5874	0.4936	0.4155	0.3503	0.2959	0.2502	0.2120	0.1799
19	0.8277	0.6864	0.5703	0.4746	0.3957	0.3305	0.2765	0.2317	0.1945	0.1635
20	0.8195	0.6730	0.5537	0.4564	0.3769	0.3118	0.2584	0.2145	0.1784	0.1486
21	0.8114	0.6598	0.5375	0.4388	0.3589	0.2942	0.2415	0.1987	0.1637	0.1351
22	0.8034	0.6468	0.5219	0.4220	0.3418	0.2775	0.2257	0.1839	0.1502	0.1228
23	0.7954	0.6342	0.5067	0.4057	0.3256	0.2618	0.2109	0.1703	0.1378	0.1117
24	0.7876	0.6217	0.4919	0.3901	0.3101	0.2470	0.1971	0.1577	0.1264	0.1015
25	0.7798	0.6095	0.4776	0.3751	0.2953	0.2330	0.1842	0.1460	0.1160	0.0923
26	0.7720	0.5976	0.4637	0.3604	0.2812	0.2198	0.1722	0.1352	0.1064	0.0839
27	0.7644	0.5859	0.4502	0.3468	0.2678	0.2074	0.1609	0.1252	0.0976	0.0763
28	0.7568	0.5744	0.4371	0.3335	0.2551	0.1956	0.1504	0.1159	0.0895	0.0693
29	0.7493	0.5631	0.4243	0.3207	0.2429	0.1846	0.1406	0.1073	0.0822	0.0630
30	0.7419	0.5521	0.4120	0.3083	0.2314	0.1741	0.1314	0.0994	0.0754	0.0573
35	0.7059	0.5000	0.3554	0.2534	0.1813	0.1301	0.0937	0.0676	0.0490	0.0356
40	0.6717	0.4529	0.3066	0.2083	0.1420	0.0972	0.0668	0.0460	0.0318	0.0221
45	0.6491	0.4102	0.2644	0.1712	0.1113	0.0727	0.0476	0.0313	0.0207	0.0137
50	0.6080	0.3715	0.2281	0.1407	0.0872	0.0543	0.0339	0.0213	0.0134	0.0085
55	0.5785	0.3365	0.1968	0.1157	0.0683	0.0406	0.0242	0.0145	0.0087	0.0053

值系数表

12%	14%	15%	16%	18%	20%	24%	28%	32%	36%
0.8929	0.8772	0.8696	0.8621	0.8475	0.8333	0.8065	0.7813	0.7576	0.7353
0.7972	0.7695	0.7561	0.7432	0.7182	0.6944	0.6504	0.6104	0.5739	0.5407
0.7118	0.6750	0.6575	0.6407	0.6086	0.5787	0.5245	0.4768	0.4348	0.3975
0.6355	0.5921	0.5718	0.5523	0.5158	0.4823	0.4230	0.3725	0.3294	0.2923
0.5674	0.5194	0.4972	0.4762	0.4371	0.4019	0.3411	0.2910	0.2495	0.2149
0.5066	0.4556	0.4323	0.4104	0.3704	0.3349	0.2751	0.2274	0.1890	0.1580
0.4523	0.3996	0.3759	0.3538	0.3139	0.2791	0.2218	0.1776	0.1432	0.1162
0.4039	0.3506	0.3269	0.3050	0.2660	0.2326	0.1789	0.1388	0.1085	0.0854
0.3606	0.3075	0.2843	0.2630	0.2255	0.1938	0.1443	0.1084	0.0822	0.0628
0.3220	0.2697	0.2472	0.2267	0.1911	0.1615	0.1164	0.0847	0.0623	0.0462
0.2875	0.2366	0.2149	0.1954	0.1619	0.1346	0.0938	0.0662	0.0472	0.0340
0.2567	0.2076	0.1869	0.1685	0.1373	0.1122	0.0557	0.0517	0.0357	0.0250
0.2292	0.1821	0.1625	0.1452	0.1163	0.0935	0.0610	0.0404	0.0271	0.0184
0.2046	0.1597	0.1413	0.1252	0.0985	0.0779	0.0492	0.0316	0.0205	0.0135
0.1827	0.1401	0.1229	0.1079	0.0835	0.0649	0.0397	0.0247	0.0155	0.0099
0.1631	0.1229	0.1069	0.0980	0.0709	0.0541	0.0320	0.0193	0.0118	0.0073
0.1456	0.1078	0.0929	0.0802	0.0600	0.0451	0.0259	0.0150	0.0089	0.0054
0.1300	0.0946	0.0808	0.0691	0.0508	0.0376	0.0208	0.0118	0.0068	0.0039
0.1161	0.0829	0.0703	0.0596	0.0431	0.0313	0.0168	0.0092	0.0051	0.0029
0.1037	0.0728	0.0611	0.0514	0.0365	0.0261	0.0135	0.0072	0.0039	0.0021
0.0926	0.0638	0.0531	0.0443	0.0309	0.0217	0.0109	0.0056	0.0029	0.0016
0.0826	0.0560	0.0462	0.0382	0.0262	0.0181	0.0088	0.0044	0.0022	0.0012
0.0738	0.0491	0.0402	0.0329	0.0222	0.0151	0.0071	0.0034	0.0017	0.0008
0.0659	0.0431	0.0349	0.0284	0.0188	0.0126	0.0057	0.0027	0.0013	0.0006
0.0588	0.0378	0.0304	0.0245	0.0160	0.0105	0.0046	0.0021	0.0010	0.0005
0.0525	0.0331	0.0264	0.0211	0.0135	0.0087	0.0037	0.0016	0.0007	0.0003
0.0469	0.0291	0.0230	0.0182	0.0115	0.0073	0.0030	0.0013	0.0006	0.0002
0.0419	0.0255	0.0200	0.0157	0.0097	0.0061	0.0024	0.0010	0.0004	0.0002
0.0374	0.0224	0.0174	0.0135	0.0082	0.0051	0.0020	0.0008	0.0003	0.0001
0.0334	0.0196	0.0151	0.0116	0.0070	0.0042	0.0016	0.0006	0.0002	0.0001
0.0189	0.0102	0.0075	0.0055	0.0030	0.0017	0.0005	0.0002	0.0001	*
0.0107	0.0053	0.0037	0.0026	0.0013	0.0007	0.0002	0.0001	*	*
0.0061	0.0027	0.0019	0.0013	0.0006	0.0003	0.0001	*	*	*
0.0035	0.0014	0.0009	0.0006	0.0003	0.0001	*	*	*	*
0.0020	0.0007	0.0005	0.0003	0.0001	*	*	*	*	*

* <0.0001

表 2-3　1 元年金终

期数	1%	2%	3%	4%	5%	6%	7%	8%	9%	10%
1	1.0000	1.0000	1.0000	1.0000	1.0000	1.0000	1.0000	1.0000	1.0000	1.0000
2	2.0100	2.0200	2.0300	2.0400	2.0500	2.0600	2.0700	2.0800	2.0900	2.1000
3	3.0301	3.0604	3.0909	3.1216	3.1525	3.1836	3.2149	3.2464	3.2781	3.3100
4	4.0604	4.1216	4.1836	4.2465	4.3101	4.3746	4.4399	4.5061	4.5731	4.6410
5	5.1010	5.2040	5.3091	5.4163	5.5256	5.6371	5.7507	5.8666	5.9847	6.1051
6	6.1520	6.3081	6.4684	6.6330	6.8019	6.9753	7.1533	7.3359	7.5233	7.7156
7	7.2135	7.4343	7.6625	7.8983	8.1420	8.3938	8.6540	8.9228	9.2004	9.4872
8	8.2857	8.5830	8.8923	9.2142	9.5491	9.8975	10.260	10.637	11.028	11.436
9	9.3685	9.7546	10.159	10.583	11.027	11.491	11.978	12.488	13.021	13.579
10	10.462	10.950	11.464	12.006	12.578	13.181	13.816	14.487	15.193	15.937
11	11.567	12.169	12.808	13.486	14.207	14.972	15.784	16.645	17.560	18.531
12	12.683	13.412	14.192	15.026	15.917	16.870	17.888	18.977	20.141	21.384
13	13.809	14.680	15.618	16.627	17.713	18.882	20.141	21.495	22.953	24.523
14	14.947	15.974	17.086	18.292	19.599	21.015	22.550	24.214	26.019	27.975
15	16.097	17.293	18.599	20.024	21.579	23.276	25.129	27.152	29.361	31.772
16	17.258	18.639	20.157	21.825	23.657	25.673	27.888	30.324	33.003	35.950
17	18.430	20.012	21.762	23.698	25.840	28.213	30.840	33.750	36.974	40.545
18	19.615	21.412	23.414	25.645	28.132	30.906	33.999	37.450	41.301	45.599
19	20.811	22.841	25.117	27.671	30.539	33.760	37.379	41.446	46.018	51.159
20	22.019	24.297	26.870	29.778	33.066	36.786	40.995	45.752	51.160	57.275
21	23.239	25.783	28.676	31.969	35.719	39.993	44.865	50.423	56.765	64.002
22	24.472	27.299	30.537	34.248	38.505	43.392	49.006	55.457	62.873	71.403
23	25.716	28.845	32.453	36.618	41.430	46.996	53.436	60.883	69.532	79.543
24	26.973	30.422	34.426	39.083	44.502	50.816	58.177	66.765	76.790	88.497
25	28.243	32.030	36.459	41.646	47.727	54.863	63.249	73.106	84.701	98.347
26	29.526	33.671	38.553	44.312	51.113	59.156	68.676	79.954	93.324	109.18
27	30.821	35.344	40.710	47.084	54.669	63.706	74.484	87.351	102.72	121.10
28	32.129	37.051	42.931	49.968	58.403	68.528	80.698	95.339	112.97	134.21
29	33.450	38.792	45.219	52.966	62.323	73.640	87.347	103.97	124.14	148.63
30	34.785	40.568	47.575	56.085	66.439	79.058	94.461	113.28	136.31	164.49
40	48.886	60.402	75.401	95.026	120.80	154.76	199.64	259.06	337.88	442.59
50	64.463	84.579	112.80	152.67	209.35	290.34	406.53	573.77	815.08	1 163.9
60	81.670	114.05	163.05	237.99	353.58	533.13	813.52	1 253.2	1 944.8	3 034.8

值系数表

12%	14%	15%	16%	18%	20%	24%	28%	32%	36%
1.0000	1.0000	1.0000	1.0000	1.0000	1.0000	1.0000	1.0000	1.0000	1.0000
2.1200	2.1400	2.1500	2.1600	2.1800	2.2000	2.2400	2.2800	2.3200	2.3600
3.3744	3.4396	3.4725	3.5056	3.5724	3.6400	3.7776	3.9184	3.0624	3.2096
4.7793	4.9211	4.9934	5.0665	5.2154	5.3680	5.6842	6.0156	6.3624	6.7251
6.3528	6.6101	6.7424	6.8771	7.1542	7.4416	8.0484	8.6999	9.3983	10.146
8.1152	8.5355	8.7537	8.9775	9.4420	9.9299	10.980	12.136	13.406	14.799
10.089	10.730	11.067	11.414	12.142	12.916	14.615	16.534	18.696	21.126
12.300	13.233	13.727	14.240	15.327	16.499	19.123	22.163	25.678	29.732
14.776	16.085	16.786	17.519	19.086	20.799	24.712	29.369	34.895	41.435
17.549	19.337	20.304	21.321	23.521	25.959	31.643	38.593	47.062	57.352
20.655	23.045	24.349	25.733	28.755	32.150	40.238	50.398	63.122	78.998
24.133	27.271	29.002	30.850	34.931	39.581	50.895	65.510	84.320	108.44
28.029	32.089	34.352	36.786	42.219	48.497	64.110	84.853	112.30	148.47
32.393	37.581	40.505	43.672	50.818	59.196	80.496	109.61	149.24	202.93
37.280	43.842	47.580	51.660	60.965	72.035	100.82	141.30	198.00	276.98
42.753	50.980	55.717	60.925	72.939	87.442	126.01	181.87	262.36	377.69
48.884	59.118	65.075	71.673	87.068	105.93	157.25	233.79	347.31	514.66
55.750	68.394	75.836	84.141	103.74	128.12	195.99	300.25	459.45	770.94
63.440	78.969	88.212	98.603	123.41	154.74	244.03	385.32	607.47	954.28
72.052	91.025	102.44	115.38	146.63	186.69	303.60	494.21	802.86	1 298.8
81.699	104.77	118.81	134.84	174.02	225.03	377.46	633.59	1 060.8	1 767.4
92.503	120.44	137.63	157.41	206.34	271.03	469.06	812.00	1 401.2	2 404.7
104.60	138.30	159.28	183.60	244.49	326.24	582.63	1 040.4	1 850.6	3 271.3
118.16	158.66	184.17	213.98	289.49	392.48	723.46	1 332.7	2 443.8	4 450.0
133.33	181.87	212.79	249.21	342.60	471.98	898.09	1 706.8	3 226.8	6 053.0
150.33	208.33	245.71	290.09	405.27	567.38	1 114.6	2 185.7	4 260.4	8 233.1
169.37	238.50	283.57	337.50	479.22	681.85	1 383.1	2 798.7	5 624.8	11 198.0
190.70	272.89	327.10	392.50	566.48	819.22	1 716.1	3 583.3	7 425.7	15 230.3
214.58	312.09	377.17	456.30	669.45	984.07	2 129.0	4 587.7	9 802.9	20 714.2
241.33	356.79	434.75	530.31	790.95	1 181.9	2 640.9	5 873.2	12 941.	28 172.3
767.09	1 342.0	1 779.1	2 360.8	4 163.2	7 343.2	2 729.0	69 377.0	*	*
2 400.0	4 994.5	7 217.7	10 436.0	21 813.0	45 497.0	*	*	*	*
7 471.6	18 535.0	29 220.0	46 058.0	*	*	*	*	*	*

* >99 999

表 2-4　1 元年金现

期数	1%	2%	3%	4%	5%	6%	7%	8%	9%
1	0.9901	0.9804	0.9709	0.9615	0.9524	0.9434	0.9346	0.9259	0.9174
2	1.9704	1.9416	1.9135	1.8861	1.8594	1.8334	1.8080	1.7833	1.7591
3	2.9410	2.8839	2.8286	2.7751	2.7232	2.6730	2.6243	2.5771	2.5313
4	3.9020	3.8077	3.7171	3.6299	3.5460	3.4651	3.3872	3.3121	3.2397
5	4.8534	4.7135	4.5797	4.4518	4.3295	4.2124	4.1002	3.9927	3.8897
6	5.7955	5.6014	5.4172	5.2421	5.0757	4.9173	4.7665	4.6229	4.4859
7	6.7282	6.4720	6.2303	6.0021	5.7864	5.5824	5.3893	5.2064	5.0330
8	7.6517	7.3255	7.0197	6.7327	6.4632	6.2098	5.9713	5.7466	5.5348
9	8.5660	8.1622	7.7861	7.4353	7.1078	6.8017	6.5152	6.2469	5.9952
10	9.4713	8.9826	8.5302	8.1109	7.7217	7.3601	7.0236	6.7101	6.4177
11	10.3676	9.7868	9.2526	8.7605	8.3064	7.8869	7.4987	7.1390	6.8052
12	11.2551	10.5753	9.9540	9.3851	8.8633	8.3838	7.9427	7.5361	7.1607
13	12.1337	11.3484	10.6350	9.9856	9.3936	8.8527	8.3577	7.9038	7.4869
14	13.0037	12.1062	11.2961	10.5631	9.8986	9.2950	8.7455	8.2442	7.7862
15	13.8651	12.8493	11.9379	11.1184	10.3797	9.7122	9.1079	8.5595	8.0607
16	14.7179	13.5777	12.5611	11.6523	10.8378	10.1059	9.4466	8.8514	8.3126
17	15.5623	14.2919	13.1661	12.1657	11.2741	10.4773	9.7632	9.1216	8.5436
18	16.3983	14.9920	13.7535	12.6896	11.6896	10.8276	10.0591	9.3719	8.7556
19	17.2260	15.6785	14.3238	13.1339	12.0853	11.1581	10.3356	9.6036	8.9601
20	18.0456	16.3514	14.8775	13.5903	12.4622	11.4699	10.5940	9.8181	9.1285
21	18.8570	17.0112	15.4150	14.0292	12.8212	11.7641	10.8355	10.0168	9.02922
22	19.6604	17.6580	15.9369	14.4511	13.4886	12.3034	11.0612	10.2007	9.4424
23	20.4558	18.2922	16.4436	14.8568	13.4886	12.3034	11.2722	10.3711	9.5802
24	21.2434	18.9139	16.9355	15.2470	13.7986	12.5504	11.4693	10.5288	9.7066
25	22.0232	19.5235	17.4131	15.6221	14.0939	12.7834	11.6536	10.6748	9.8226
26	22.7952	20.1210	17.8768	15.9828	14.3752	13.0032	11.8258	10.8100	9.9290
27	23.5596	20.7059	18.3270	16.3296	14.6430	13.2105	11.9867	10.9352	10.0266
28	24.3164	21.2813	18.7641	16.6631	14.8981	13.4062	12.1371	11.0511	10.1161
29	25.0658	21.8444	19.1885	16.9837	15.1411	13.5907	12.2777	11.1584	10.1983
30	25.8077	22.3965	19.6004	17.2920	15.3725	13.7648	12.4090	11.2578	10.2737
35	29.4086	24.9986	21.4872	18.6646	16.3742	14.4982	12.9477	11.6546	10.5668
40	32.8347	27.3555	23.1148	19.7928	17.1591	15.0463	13.3317	11.9246	10.7574
45	36.0945	29.4902	24.5187	20.7200	17.7741	15.4558	13.6055	12.1084	10.8812
50	39.1961	31.4236	25.7298	21.4822	18.2559	15.7619	13.8007	12.2335	10.9617
55	42.1472	33.1748	26.7744	22.1086	18.6335	15.9905	13.9399	12.3186	11.0140

附录二 资金时间价值系数表

值系数表

10%	12%	14%	15%	16%	18%	20%	24%	28%	32%
0.9091	0.8929	0.8772	0.8696	0.8621	0.8475	0.8333	0.8065	0.7813	0.7576
1.7355	1.6901	1.6467	1.6257	1.6052	1.5656	1.5278	1.4568	1.3916	1.3315
2.4869	2.4018	2.3216	2.2832	2.2459	2.1743	2.1065	1.9813	1.8684	1.7663
3.1699	3.0373	2.9173	2.8550	2.7982	2.6901	2.5887	2.4043	2.2410	2.0957
3.7908	3.6048	3.4331	3.3522	3.2743	3.1272	2.9906	2.7454	2.5320	2.3452
4.3553	4.1114	3.8887	3.7845	3.6847	3.4976	3.3255	3.0205	2.7594	2.5342
4.8684	4.5638	4.2882	4.1604	4.0386	3.8115	3.6046	3.2423	2.9370	2.6775
5.3349	4.9676	4.6389	4.4873	4.3436	4.0776	3.8372	3.4212	3.0758	2.7860
5.7590	5.3282	4.9164	4.7716	4.6065	4.3030	4.0310	3.5655	3.1842	2.8681
6.1446	5.6502	5.2161	5.0188	4.8332	4.4941	4.1925	3.6819	3.2689	2.9304
6.4951	5.9377	5.4527	5.2337	5.0286	4.6560	4.3271	3.7757	3.3351	2.9776
6.8137	6.1944	5.6603	5.4206	5.1971	4.7932	4.4392	3.8514	3.3868	3.0133
7.1034	6.4235	5.8424	5.5831	5.3423	4.9095	4.5327	3.9124	3.4272	3.0404
7.3667	6.6282	6.0021	5.7245	5.4675	5.0081	4.6106	3.9616	3.4587	3.0609
7.6061	6.8109	6.1422	5.8474	5.5755	5.0916	4.6755	4.0013	3.4834	3.0764
7.8237	6.9740	6.2651	5.9542	5.6685	5.1624	4.7296	4.0333	3.5026	3.0882
8.0216	7.1196	6.3729	6.0472	5.7487	5.2223	4.7746	4.0591	3.5177	3.0971
8.0216	7.2497	6.4674	6.1280	5.8178	5.2732	4.8122	4.0799	3.5294	3.1039
8.3649	7.3658	6.5504	6.1982	5.8775	5.3162	4.8435	4.0967	3.5386	3.1090
8.5136	7.4694	6.6231	6.2593	5.9288	5.3527	4.8696	4.1103	3.5458	3.1129
8.6487	7.5620	6.6870	6.3125	5.9731	5.3837	4.8913	4.1212	3.5514	3.1158
8.7715	7.6446	6.7429	6.3587	6.0113	5.4099	4.9094	4.1300	3.5558	3.1180
8.8832	7.7184	6.7921	6.3988	6.0442	5.3421	4.9245	4.1371	3.5592	3.1197
8.9847	7.7843	6.8351	6.4338	6.0726	5.4509	4.9371	4.1428	3.5619	3.1210
9.0770	7.8431	6.8729	6.4641	6.0971	5.4669	4.9476	4.1474	3.5640	3.1220
9.1609	7.8957	6.9061	6.4906	6.1182	5.4804	4.9563	4.1511	3.5656	3.1227
9.2372	7.9426	6.9352	6.5135	6.1364	5.4919	4.9636	4.1542	3.5669	3.1233
9.3066	7.9844	6.9607	6.5335	6.1520	5.5016	4.9697	4.1566	3.5679	3.1237
9.3696	8.0218	6.9830	6.5509	6.1656	5.5098	4.9747	4.1585	3.5687	3.1240
9.4269	8.0552	7.0027	6.5660	6.1772	5.5166	4.9789	4.1601	3.5693	3.1242
9.6442	8.1755	7.0700	6.6166	6.2153	5.5386	4.9915	4.1644	3.5708	3.1248
9.7791	8.2438	7.1050	6.6418	6.2335	5.5482	4.9966	4.1659	3.5712	3.1250
9.8628	8.2825	7.1232	6.6543	6.2421	5.5523	4.9986	4.1664	3.5714	3.1250
9.9148	8.3045	7.1327	6.6605	6.2463	5.5541	4.9995	4.1666	3.5714	3.1250
9.9471	8.3170	7.1376	6.6636	6.2482	5.5549	4.9998	4.1666	3.5714	3.1250

参 考 文 献

[1] 张玉英.财务管理[M].北京:高等教育出版社,2005.
[2] 陆正飞.财务管理学[M].南京:南京大学出版社,2000.
[3] 朱开悉.财务管理学[M].长沙:中南大学出版社,2004.
[4] 戴蓬军.财务管理[M].北京:中国农业出版社,2003.
[5] 邵瑞庆.会计学原理[M].上海:立信会计出版社,2006.
[6] 葛文雷.财务管理[M].上海:东华大学出版社,2003.
[7] 陆正飞.高级财务管理[M].杭州:浙江人民出版社,2000.
[8] 杨淑娥.财务管理研究[M].北京:经济科学出版社,2002.
[9] 傅元略.财务管理[M].厦门:厦门大学出版社,2003.
[10] 郭复初.财务管理学[M].北京:高等教育出版社,2005.
[11] 汤谷良.企业财务管理学[M].北京:经济科学出版社,2000.
[12] 吴井红.财务预算与分析[M].上海:上海财经大学出版社,2005.
[13] 汤谷良.企业财务管理[M].杭州:浙江人民出版社,2000.
[14] 张鸣.财务管理学习题与案例[M].上海:上海财经大学出版社,2006.
[15] 秦永和.财务管理[M].北京:首都经济贸易大学出版社,2002.
[16] 汪平.中级财务管理[M].上海:上海财经大学出版社,2004.
[17] 王欣兰.财务管理学[M].北京:清华大学出版社,北京交通大学出版社,2005.
[18] 涂必胜.财务管理学习题集[M].上海:立信会计出版社,2005.
[19] 张家伦.企业价值评估与创造[M].上海:立信会计出版社,2005.
[20] 荆新.财务管理学[M].北京:中国人民大学出版社,2002.
[21] 谷祺.财务管理[M].大连:东北财经大学出版社,2003.
[22] 张鸣.财务管理学[M].上海:上海财经大学出版社,2002.
[23] 田明.2006年会计资格考试练习题库——中级财务管理[M].北京:北京大学出版社,2005.
[24] 曹惠民.全国会计专业技术资格考试习题集[M].上海:立信会计出版社,2006.
[25] 全国会计专业技术资格领导小组办公室.财务管理[M].北京:中国财政经济出版社,2005.
[26] 中国注册会计师协会.财务成本管理[M].北京:经济科学出版社,2006.
[27] 全国人民代表大会常务委员会.中华人民共和国公司法[M].北京:法律出版社,2005.
[28] 全国人民代表大会常务委员会.中华人民共和国合伙企业法[M].北京:法律出版社,1997.
[29] 全国人民代表大会常务委员会.中华人民共和国个人独资企业法[M].北京:法律出版社,1999.
[30] 上海证券交易所网站　www.sse.com.cn
[31] ICHAEL C E, EUGENE F B. Financial Management:Theory and Practice[M]. 10th edition. [s.l.]: Thomson Press, 2003.
[32] TEPHEN A R, RANDOLPH W W, JEFFREY F J. Corporate Finance[M]. 7th

edition. [s. l.]: Irwin McGraw-Hill Book Company, 2005.
- [33] STEPHEN A R, RANDOLPH W W, JEFFREY F J. Corporate Finance[M]. 7th edition. [s. l.]: Irwin McGraw-Hill Book Company, 2005.
- [34] DENZIL W, ANTONY H. Corporate Finance [M]. 4th edition. [s. l.]: FT Prentice Hall, 2007.